CB074408

DIREITO
dos Valores Mobiliários

DIREITO
dos Valores Mobiliários

Ary Oswaldo Mattos Filho
Professor Sênior da FGV DIREITO SP

VOLUME 1

Dos valores mobiliários

[Tomo 2]

2015

SUMÁRIO

8. Debêntures 11
8.1 Natureza e realidade 16
8.2 Nascimento e evolução 17
8.3 A evolução legislativa 18
    8.3.1 A Lei n. 3.150/1882 e seus decretos reguladores 18
    8.3.2 O Decreto n. 177-A/1893 21
        8.3.2.1 Quanto à defesa patrimonial do investidor 22
        8.3.2.2 Quanto à preferência dos obrigacionistas 22
        8.3.2.3 Quanto à emissão 22
    8.3.3 O Decreto n. 22.431/1933 23
    8.3.4 A Lei n. 4.728/1965 25
8.4 Valor mobiliário para subscrição pública 26
8.5 Os valores mobiliários de dívida são só aqueles nominados em lei? 27
8.6 A Lei n. 6.404/1976 31
    8.6.1 Emissão e séries 31
    8.6.2 Limites de emissão 35
    8.6.3 Escritura de emissão 40
    8.6.4 Valor nominal 41
    8.6.5 Remuneração da debênture 43
        8.6.5.1 Juros fixos 45
        8.6.5.2 Juros variáveis 47
        8.6.5.3 Prêmio de reembolso 48
        8.6.5.4 Repactuação da escritura de emissão 48
        8.6.5.5 Participação no lucro da companhia 53
    8.6.6 As garantias da emissão 54
    8.6.7 Espécies de garantias 55
        8.6.7.1 Garantia real 55

- 8.6.7.2 O penhor ... 59
- 8.6.7.3 A anticrese ... 62
- 8.6.7.4 A hipoteca ... 64
- 8.6.7.5 A alienação fiduciária em garantia ... 66
- 8.6.7.6 A emissão com garantia flutuante ... 70
- 8.6.7.7 A emissão sem preferência ... 73
- 8.6.7.8 A emissão subordinada ... 73
- 8.6.8 Os certificados, as cautelas e os títulos múltiplos ... 75
- 8.6.9 Forma, propriedade e circulação ... 76
  - 8.6.9.1 Forma ... 76
  - 8.6.9.2 Propriedade ... 78
  - 8.6.9.3 Circulação ... 80
- 8.6.10 Amortização e remuneração ... 83
  - 8.6.10.1 Amortização antecipada ... 83
- 8.6.11 Vencimento, amortização e resgate ... 84
  - 8.6.11.1 Vencimento ... 84
    - 8.6.11.1.1 Nas emissões por prazo indeterminado ... 84
    - 8.6.11.1.2 Nas emissões com prazo determinado ... 112
  - 8.6.11.2 Amortização e resgate ... 115
  - 8.6.11.3 Extinção da debênture ... 119
- 8.6.12 Conversibilidade em ação ... 120
- 8.6.13 O agente fiduciário e o trustee ... 124
  - 8.6.13.1 Nomeação, exercício e substituição ... 135
  - 8.6.13.2 Os deveres do agente fiduciário ... 138
- 8.6.14 Requisitos, remuneração, incompatibilidades e restrições ... 142
  - 8.6.14.1 Requisitos ... 142
  - 8.6.14.2 Remuneração do agente fiduciário ... 143
  - 8.6.14.3 Incompatibilidades e restrições ... 144
- 8.6.15 Os deveres e atribuições do agente fiduciário ... 150
  - 8.6.15.1 A responsabilidade do agente fiduciário ... 153
    - 8.6.15.1.1 O ato ilícito ... 155
    - 8.6.15.1.2 O dano ... 156
  - 8.6.15.2 A responsabilidade subjetiva e a responsabilidade objetiva ... 156
  - 8.6.15.3 Culpa ou dolo ... 157
  - 8.6.15.4 O ressarcimento pelo dano material ou moral ... 159
  - 8.6.15.5 O dano na Lei Societária ... 159
  - 8.6.15.6 O poder de representação ... 160
  - 8.6.15.7 O entendimento da jurisprudência quanto ao poder de representação ... 163
    - 8.6.15.7.1 O agente fiduciário é o representante dos debenturistas ... 163

   8.6.15.7.2 O debenturista diretamente em juízo e a renúncia do
   agente fiduciário... 170
   8.6.15.7.3 O agente fiduciário, de fato, sempre existirá?........... 180
 8.6.16 A assembleia de debenturistas.................................... 187
   8.6.16.1 Convocação, quórum e realização......................... 188
   8.6.16.2 Quórum e deliberação 189
 8.6.17 Emissão de debêntures no exterior 193
 8.6.18 Registro de emissão 194
 8.6.19 A remuneração 195
 8.6.20 Cédula de debêntures... 197

9. Contratos derivados 209

9.1 Os derivativos e a normatização brasileira 221
 9.1.1 Os derivativos diferenciais e os jogos de azar 223
 9.1.2 A competência regulatória dos contratos derivados................. 227
9.2 Registro e autorização dos contratos derivados 234
9.3 As contestações aos contratos derivados 235
 9.3.1 Contratos aleatórios... 235
 9.3.2 A onerosidade excessiva 238
 9.3.3 Sujeitam-se os contratos derivados ao Código de Defesa do
 Consumidor?.. 248
9.4 As espécies dos contratos derivados 253
 9.4.1 Os contratos a termo 253
   9.4.1.1 Os contratos a termo no mercado brasileiro 254
 9.4.2 Os contratos futuros.. 257
   9.4.2.1 Os contratos com vencimento futuro no mercado brasileiro ... 260
 9.4.3 Os contratos com opção.. 261
   9.4.3.1 As opções no mercado brasileiro............................. 263
 9.4.4 O contrato de swap.. 266
   9.4.4.1 Os swaps no mercado brasileiro...............................267
 9.4.5 Contratos sintéticos 273
   9.4.5.1 Os contratos sintéticos no mercado brasileiro 279
 9.4.6 Outros contratos derivados.. 281
   9.4.6.1 Direitos de subscrição de valores mobiliários 281
   9.4.6.2 Recibos de subscrição de valores mobiliários............... 282
   9.4.6.3 Contratos de índice 295

10. Títulos e contratos de investimento coletivo 297

10.1 Os condomínios... 306

10.1.1 Os direitos e deveres dos condôminos............................308
10.2 Os *crowdfundings*..310
   10.2.1 Há investimento no crowdfunding?...............................314
   10.2.2 O crowdfunding realiza uma oferta pública?......................315
   10.2.3 Como é feita a distribuição e a negociação?.....................316
   10.2.4 A importância dos crowdfundings como ferramenta de capitalização...317
10.3 Os clubes de investimento...318
   10.3.1 Os clubes de investimento no Brasil.............................320
   10.3.2 As mudanças, o regramento vigente e a competência da CVM......321
   10.3.3 Os clubes de investimento e a regulação da CVM.................322
   10.3.4 Características dos clubes de investimento......................323
      10.3.4.1 Cotas de participação.....................................323
      10.3.4.2 As bolsas de valores como agentes de registro...............324
      10.3.4.3 O estatuto do clube.......................................327
      10.3.4.4 As deliberações condominiais..............................328
      10.3.4.5 Gestão dos clubes de investimento.........................328
      10.3.4.6 A extinção do clube de investimento.......................330
10.4 Os certificados de investimento......................................333
   10.4.1 Certificado de privatização.....................................333
   10.4.2 Certificado de depósito de valores mobiliários...................334
   10.4.3 Certificado de investimento na indústria cinematográfica.........336
   10.4.4 Certificado de recebíveis imobiliários...........................337
   10.4.5 Certificado de depósito de valor mobiliário – DR (depositary receipt)...338
   10.4.6 Certificado de depósito de valor mobiliário – BDR (brazilian depositary receipt)...339
   10.4.7 Certificado de investimento a termo em energia elétrica...........340
   10.4.8 Certificado de potencial adicional de construção – Cepac.........341
10.5 Fundos de investimento coletivo.....................................343
   10.5.1 São os fundos de investimento contratos derivados?..............344
   10.5.2 O regramento geral dos fundos de investimento coletivo...........347
   10.5.3 Os principais fundos de investimento............................357
      10.5.3.1 Fundo Mútuo de Investimento em Ações...................357
      10.5.3.2 Fundo de Investimento Imobiliário........................358
      10.5.3.3 Fundo Mútuo de Investimento em Empresa Emergente......360
      10.5.3.4 Fundo Mútuo de Investimento em Ações (FMIA), Fundo Mútuo de Investimento em Ações – Carteira Livre (FMIA-CL) e Fundo Mútuo de Investimento em Cotas de Fundos Mútuos de Investimento em Ações (FIQFMIA)...........................362

  10.5.3.5 Fundo de Investimento em Direitos Creditórios e Fundo de Investimento em Fundos de Direitos Creditórios 365
  10.5.3.6 Fundo de Investimento em Participações.................. 367
  10.5.3.7 Fundo de Investimento em Direitos Creditórios 369
  10.5.3.8 Fundo de Índice 373
  10.5.3.9 Fundo de Investimento Garantidor de Locação Imobiliária . . 377
 10.5.4 Os limites da competência da CVM 379

11 Conclusões 389

Referências 393

Índice Remissivo 399

capítulo 8

DEBÊNTURES

As debêntures, no Direito brasileiro, são instrumentos de emissão peculiar às sociedades por ações; representam dívida da companhia, compreendendo, além do principal investido, acréscimos resultantes de juros fixos, variáveis ou de participação no lucro da sociedade como um todo ou em determinado empreendimento desta, conforme as obrigações assumidas na escritura de emissão.

Quando objeto de oferta pública, passam a sofrer o regramento e o exercício do poder de polícia da Comissão de Valores Mobiliários, além da preexistente normatização constante da Lei das Companhias. Segundo a maioria dos autores nacionais, as debêntures são títulos de crédito, e, quando objeto de oferta pública, passam, por definição legal, à condição de valores mobiliários.

Em sua origem, as debêntures traçam o grande marco divisório entre as duas modalidades de obtenção de recursos pelas sociedades por ações, a saber, os títulos de participação e os representativos de dívida da sociedade para com o investidor.

Ao longo dos anos, têm sido, e de longe, o mais importante instrumento de dívida de que lança mão a companhia junto ao mercado de valores mobiliários brasileiro. Ademais, representa, de acordo com levantamentos feitos periodicamente pela Comissão de Valores Mobiliários, conjuntamente com as ações, o principal meio de captação de recursos das companhias junto ao mercado investidor brasileiro, alternando a primazia de captação com a ação, conforme aumentem ou diminuam os juros praticados pelo mercado em face dos dividendos previstos no estatuto social da companhia.

Historicamente, a debênture surge no Brasil ainda no século XIX, aproveitada do Direito inglês, inclusive quanto ao próprio nome (*debentur*)[1] — muito embora,

---

1. "Etimologicamente *debênture* vem do latim (*debeo, es, ui, itum, ere*) [...]." (SANTOS, João Manoel de Carvalho. **Repertório enciclopédico do Direito brasileiro**. Rio de Janeiro: Borsoi, 1947, v. 14, p. 342). "Esta operação de crédito teve sua criação na Inglaterra. Dali adveio o nome do documento pelo qual a operação se apresenta: debênture [...]." (PEIXOTO, Carlos Fulgêncio da Cunha. **Sociedade por ações**. São Paulo: Saraiva, 1972-1973, v. 3, p. 150). Este mesmo autor transcreve Eduardo de Carvalho esclarecendo

por exemplo, à época, o mesmo instituto existisse sob o nome de "*obligation*" nos Direitos francês e belga, ou sob o nome de "*obbligazioni al portatore*" no Direito italiano. Em todos os mencionados sistemas jurídicos a debênture é um valor mobiliário representativo de dívida[2] da companhia para com o seu tomador,[3] nascendo como forma de endividamento alternativo à situação de associação inerente à condição de acionista.

Com o tempo, as alterações da normatização societária e do mercado de valores mobiliários têm se encaminhado na direção de dar maior incentivo à utilização desses valores mobiliários, estimulando inclusive a formação de um verdadeiro mercado secundário ou de liquidez por parte daqueles que atuam no mercado de capitais. Na busca desse objetivo, temos assistido que este valor mobiliário, nascido como paradigma da remuneração paga pelos juros incorridos, vem sofrendo gradativa alteração, assumindo, por vezes, determinadas características inerentes aos valores mobiliários de renda variável.

Nesse sentido, e para repulsa de juristas presos a formas ortodoxas, hoje a debênture pode ser emitida por prazo indeterminado ou perpétuo. Nesta situação, o investidor só recupera o principal investido via mercado secundário, ou, como também ocorre com as ações, via resgate ou pela ocorrência de dada situação expressamente prevista na escritura de emissão, tal como o leilão de compra pelo menor preço.

> que "Debênture, ou debêntura, neologismo advindo do médio ou do velho inglês (*middle or old English*) *debentur*, que por sua vez o adotou do latim (voz passiva do verbo *debeor, deberis, deberi, debitus sum* = ser devido), por se iniciarem os recibos ou títulos de dívida com as palavras latinas *debentur mihi*, são-me devidos, devem-me. Era inicialmente uma confissão escrita de dívida, ou um certificado assinado por oficial ou corporação pública, como documento de um débito; quase exclusivamente usado como instrumento de confissão de obrigações de corporações de grandes capitais, emitido com o fim de ser comerciado como investimento de capital." (CARVALHO, Eduardo de. **Teoria e prática das sociedades anônimas**. São Paulo: José Bushatsky, 1960, p. 456, apud PEIXOTO, Carlos Fulgêncio da Cunha. Op. cit.).

2. O Professor Waldemar Ferreira, ao assinalar a origem do título, relata que: "Vocábulo antigo da língua inglesa (*debentur mihi*), somente por volta de 1845 a 1850 adquiriu o sentido técnico com que se apresenta no mundo dos negócios. Exprimiu, antes, documento emitido pela armada, ou pela alfândega, contendo o reconhecimento de dívida resultante de mercadoria recebida ou de serviços prestados. Em 1415, conta o tratadista [LEBLOND, Jean. **De l'emprunt obligataire en droit anglais**. Paris, 1925, p. 3], pelo que referem os Parliamentary Rolls de Henrique IV, que os membros da comissão encarregada de examinar as reclamações, '*ne voillent paier lasomme suidit suppliant due, à cause qu'il demonstre pás billes de Debentur, temoignauntz la dete suidit*'." (FERREIRA, Waldemar. **Tratado das debêntures**. Rio de Janeiro: Freitas Bastos, 1944, v. 1, p. 23).

3. "*A debenture is basically a document containing an acknowledgement of indebtness. It may be, but need not to be, under seal. It will commonly be secured.*" (HAHLO, H. R. **A Case Book on Company Law**. Londres, Sweet & Maxwell, 1970, p. 145); ou "*These are bonds given under the seal of the company, and evidence the fact that the company is liable to pay the amount specified, with interest, and generally charge the payment of it upon the property of the company.*" (BOYLE, A. J.; BIRDS, John; PENN, Graham. **Company Law**. Londres: Jordan & Sons, 1987, p. 340). Também é de se anotar o seu campo de abrangência constante do Companies Act de 1985, para o qual "*debenture includes debenture stock, bonds and any other securities of a company, whether constituting a charge on the assets of a company or not*". (Section 744).

De outro lado, e como se verá mais adiante, a debênture pode, similarmente à ação, ter sua remuneração decorrente e na proporção do lucro da sociedade, ou de determinada atividade da sociedade, ao invés de se limitar ao pagamento de uma remuneração fixa. Tanto a renda variável como a renda fixa são passivos da companhia; porém, a renda variável é passivo de longo prazo, sendo a renda fixa exigível quando do vencimento. Mas como catalogar as debêntures perpétuas?

O que distingue a debênture da ação é o fato de a primeira não outorgar ao investidor a condição de sócio,[4] direito este inserto nos direitos essenciais do acionista, constantes do artigo 109 da Lei das Companhias. Ou seja, o acionista é sempre sócio do empreendimento, enquanto o debenturista é essencialmente credor da sociedade por empréstimo de recursos financeiros a ela feito pelo investidor.[5]

No Direito inglês e no Direito europeu continental, por ser a debênture um título de dívida genérico, observa-se que a amplitude do termo não foi limitada por qualquer parâmetro — como tempo de vida do papel, regras para o exercício de direitos dos investidores ou da garantia dada pela emissão —, não sendo objeto de normas específicas, como no vigente ordenamento nacional. Tal procedimento fez com que, vez por outra, os poderes judiciários alienígenas encontrassem dificuldades para conceituar esse valor mobiliário, situação tanto mais difícil na medida em que é a Inglaterra, por excelência, o país do Direito construído com ênfase muito maior nos precedentes judiciais do que nas codificações legais.[6]

---

4. *"On the face of it, therefore, the debenture holder stands entirely aloof from the company and is dependent on its prosperity only to the extent that any creditor is"*; assim como *"Basically, therefore, a debenture, unlike a share, is an entirely orthodox item of property; it is a normal chose in action, a debt, generally secured by a mortgage, and most of the rules relating to it depend on the normal law of personal property, mortgage and civil procedure."* (GOWER, L. C. B. **Gower's Principles of Modern Company Law**. Londres: Stevens & Sons, 1979, p. 409; p. 468).

5. "Os títulos, em diferença das acções ordinárias do capital são reembolsáveis. O pagamento pode ser realizado, ou por meio de sorteio das debentures, ou por amortização gradual semestral ou anual, ou por via de resgate em prazo determinado. A garantia dos tomadores esta no credito da sociedade, em primeiro logar, e, em segundo, o nosso direito positivo, de não poder a emissão exceder em seu valor o do capital da sociedade." (VEIGA JÚNIOR, Didimo Agapito da. **As sociedades anonymas**. Rio de Janeiro: Imprensa Nacional, 1888, p. 539).

6. *"Lindley J.: Now, what the correct meaning of "debenture" is I do not know. I do not find anywhere any precise definition of it. We know that there are various kinds of instruments commonly called debentures. You may have mortgage debentures, which are charges of some kind on property. You may have debentures which are bonds; and if this instruments are under seal, it would be a debenture of that kind. You may have a debenture which is nothing more than an acknowledgment of indebtedness. And you may have a thing like this, which is something more; it is a statement by two directors that the company will pay a certain sum of money on a given day, and will pay interest [...] at a certain place, upon production of certain cupons by the holder of the instrument. I think any of these things which I referred to may be debentures within the Act [...]."* (British India Steam Navigation Co. v. Commissioners of Inland Revenue, Queen's Bench division Court (1881) 7 Q.B.D. 165; 50 L.J.Q.B. 517; 44 L.T. 378; 29 W.R. 610). Veja-se, também, *"Bowen L. J.: It seems that there are three usual forms of debenture [...]. The first is a simple acknowledgement, under seal, of that debt; the second an instrument of acknowledging the debt, and charging the property of the company with repayment; and a third instrument acknowledging the property with repayment and further restricting the company from*

Essa é a razão pela qual a debênture, que nasce entre nós no século XIX, ao copiar o modelo britânico, traz para nossa legislação a forma bastante imprecisa e ampla que a caracterizou em seu nascimento, principalmente se comparada a outros instrumentos de endividamento então já constantes de nossa legislação e copiados dos Direitos francês ou italiano.

8.1 Natureza e realidade

A debênture nada mais é do que um título de dívida emitido pelas companhias, sendo-lhes peculiar. Pertence ao grande grupo de outros títulos representativos também de dívida, como as notas promissórias, os *warrants*, enfim, à categoria de documentos que provam a existência de um mútuo.

Por sua natureza, surge vocacionada a servir como mecanismo de captação de poupança de mais longo prazo junto ao público. Nesta circunstância, é a debênture um investimento coletivo desenhado a ser transacionado em mercados de bolsa ou de balcão. Nada impede, entretanto, que a mesma emissão não seja objeto de colocação pública, mas sim de oferta privada a um ou muito poucos investidores. Apesar de sua vocação original, em nosso mercado é a debênture um valor mobiliário de difícil acesso a um investidor comum, que não uma instituição financeira ou um investidor institucional, como mais abaixo se mostrará.

Na realidade brasileira de mercado, esse valor mobiliário só gozou de liquidez de fato junto ao mercado secundário à época do Encilhamento, quando sua colocação era pulverizada junto ao público. Até hoje, baldados os esforços das autoridades governamentais federais, o que se constata é que a debênture não é um valor mobiliário distribuído a um grande número de investidores, atuando mais como elemento de financiamento controlado pelas instituições financeiras, fundos de pensão ou fundos de investimento. O controle por tais instituições se dá desde o seu lançamento, pela aquisição dos valores mobiliários por essas entidades, passando por negociações não acessíveis a outros atores que não as próprias instituições, todas sócias do mesmo mercado de negociação secundária, ou mesmo em mercado de balcão não organizado.

Ou seja, a debênture, muito embora seja um valor mobiliário desenhado para captar os recursos de longo prazo dos poupadores pulverizados, atua como

---

giving any prior charge [...]." (English and Scottish Mercantil Investment Co. v. Bruton, Court of Appeal (1892) 2 Q.B. 700; 62 L.J.Q.B. 136; 67 L.T. 406; 41 W.R. 133; 8 T.L.R. 772; 4 R. 58). Veja-se, também: *"The term itself imports a debt — an acknowledgement of a debt — and speaking of the numerous and various forms of instruments which have been called debentures without anyone being able to say the term is incorrectly used, I find that generally, if not always, the instrument imports an obligation or convenant to pay. This obligation or convenant is in most cases at the present day accompanied by some charge or security. So that there are debentures which are secured, and debentures which are not secured [...]."* (Chitty J. Edmonds v. Blaina Furnaces Co. (1887) 36 Ch. D. 215/219).

instrumento concentrador da atividade das entidades acima mencionadas, não permitindo que da competição nascida das aquisições e negociações em recintos de amplo acesso pelo público possam resultar custos menores de captação de recursos pelo setor produtivo, ou mesmo a mais límpida e transparente formação de preço quando de seu lançamento ou de sua posterior negociação.

A inexistência de pulverização de tomadores talvez seja um dos motivos por que mesmo institutos inovadores — tal como o condomínio de interesse, instituído pelo Decreto n. 22.431/1933 e um pouco mais bem detalhado pela Lei n. 6.404/1976 — ainda não tenham sido analisados com mais frequência pelo Poder Judiciário ou pela doutrina.

A razão dever-se-ia ao fato de que os debenturistas, na maioria das emissões, estão em pequeno número de subscritores, cada qual detentor de enormes quantidades de tais valores mobiliários, sendo todos os tomadores de grande porte financeiro, o que alia não só o conhecimento técnico, mas, e principalmente, uma força econômica superior à da empresa emitente das debêntures.

Em sendo constatável tal afirmação, teremos que, em dado futuro, quando as emissões forem subscritas por um número expressivo de tomadores, as regras hoje constantes da Lei das Companhias concernentes às debêntures serão insuficientes — haja vista o crescimento do número de comandos legais na Lei n. 6.404/1976 referentes aos direitos dos acionistas, incremento este sem dúvida alguma devido ao enorme aumento do número de tomadores de ações em cada lançamento primário. É da essência do Direito dos Valores Mobiliários que a pulverização dos subscritores traga consigo a necessidade de proteção do investidor em geral, e dos de pequeno porte em especial. Isto, muito embora constatável no mundo das ações ofertadas ao público, ainda não se verifica quando a Lei das Companhias regula o relacionamento entre emissores e tomadores deste valor mobiliário que, de longe, movimenta o maior volume de recursos captados junto aos investidores.

8.2 Nascimento e evolução

As companhias sempre buscaram recursos financeiros nos mercados de renda fixa e renda variável. A estes se somam os lucros capitalizados ou os aportes de capital, com cujo cardápio as companhias realizam os investimentos necessários e a produção dos bens ou serviços a que se propõem. Historicamente, os empreendimentos sempre buscaram os recursos necessários junto aos mercados de dívida, sendo o fenômeno associativo bem mais recente na vida dos empreendedores.

Esse é o motivo por que, embora as companhias pudessem emitir dívida — hoje conhecida como debênture —, já o faziam livremente, através de outros instrumentos, com a emissão de documentos comprobatórios da existência de uma relação credor/devedor. Até então, o endividamento era resultante da relação entre poupador e tomador, baseada em critérios de confiança, tendo como suporte instrumentos detentores ou não de garantia.

Entretanto, quando os empréstimos passaram a ser de grande vulto e, como consequência, alocados a um número crescente de credores, surge a necessidade da regulação estatal, em busca da proteção do crédito. Assim, o regramento legal é reclamado quando o volume dos recursos captados e a necessidade de sua obtenção por um número crescente de prestadores coloca em risco uma parcela relevante da renda privada disponível em dado país.

Foi justamente essa a ideia implantada entre nós com a importação da sistemática das debêntures, inicialmente quase sem nenhum constritor quanto a sua utilização. Não obstante, a liberdade para a emissão desse título de dívida sofreu sua primeira restrição em face do grande desarranjo da economia brasileira à época do Segundo Império. Tal *débâcle*, que atingira as instituições financeiras, gera a edição da Lei n. 1.083, de 22 de agosto de 1860, que cuidou de regular e limitar a emissão de dívida somente por parte dos bancos de emissão.

A partir dessa lei, ficaram as instituições financeiras e demais companhias obrigadas a obtenção prévia para o respectivo funcionamento.[7] No que dizia respeito à limitação de emissão de dívida dos bancos,[8] fixou o diploma legal que as novas emissões "de notas ou bilhetes" não poderiam exceder a média semestral da emissão anterior. O objetivo foi limitar a criação de quase moeda pelas instituições financeiras, limitando a capacidade de seus empréstimos. A partir de então, para que as instituições bancárias pudessem emitir "obrigações", era necessário que mantivessem um percentual mínimo de lastro em ouro em relação aos papéis de dívida que tivessem emitido.

8.3 A EVOLUÇÃO LEGISLATIVA

8.3.1 A Lei n. 3.150/1882 e seus decretos reguladores

Provavelmente buscando destravar a economia, certamente dificultada desde a edição da Lei n. 1.083/1860, em 4 de novembro de 1882 é promulgada a Lei n.

---

7. "Enquanto o Governo não declarar constituída huma Companhia ou Socyedade Anonyma, não se poderá emittir, sob qualquer pretexto, título algum, cautela, promessa de acções, ou declaração de qualquer natureza, que possa certificar a qualidade de accionista; e ainda depois de constituida, suas acções não serão negociaveis, nem poderão ser coptadas, sem que esteja realisado um quarto do seu valor". Vide § 5º do art. 2º da Lei n. 1.083/1860.

8. Em seu artigo 1º, dizia a Lei n. 1.083/1860 que "Nenhum dos Bancos creados por Decreto do Poder Executivo poderá emittir, sob a forma de notas ou bilhetes ao portador, quantia superior ao termo médio de sua emissão operada no decurso do primeiro semestre do corrente ano, enquanto não estiver habilitado para realizar em ouro o pagamento de suas notas [...]".

3.150, a fim de regular "o estabelecimento de companhias e sociedades anonymas". Para o que aqui nos interessa, temos que o seu artigo 32 estabelece regras genéricas quanto à capacidade de endividamento das companhias, estabelecendo que "É permittido ás sociedades anonymas contrahir emprestimo de dinheiro por meio de emissão de obrigações ao portador. § 1º A importancia do emprestimo nunca poderá exceder a totalidade do capital social. § 2º Os portadores de obrigações podem nomear um fiscal, que funccione conjunctamente com os de que trata o art. 14 [a gênese do atual conselho fiscal], e com as mesmas attribuições. § 3º É licito aos mesmos portadores assistir ás assembléas geraes e tomar parte nas discussões, sem voto deliberativo".

A Lei n. 3.150/1882 tem duas previsões a serem notadas. A primeira é a possibilidade de constituição das companhias sem a necessidade de autorização prévia governamental, muito embora a sua constituição só se desse após a integralização total do capital social subscrito. A segunda é a instituição de um corpo de terceiros cuja tarefa é a fiscalização do andar da companhia, ao invés de se esperar a realização de assembleia geral para se tomar conhecimento dos atos de gestão praticados durante o exercício social.

Em 30 de dezembro de 1882 é promulgado o Decreto n. 8.821, que regulamentou a Lei n. 3.150/1882. No que diz respeito às "obrigações ao portador", o Decreto apenas estabeleceu uma multa para as companhias que emitissem obrigações que excedessem o seu capital social. Porém, no que tange ao nome dos títulos emitidos, continuava a denominação de "obrigações ao portador", não tendo ainda sido importado para o texto legal a denominação "debênture".

Em 1891, já na Primeira República, é editado o Decreto n. 434, de 4 de julho de 1891, que revoga o Decreto n. 8.821/1882, criando uma nova consolidação das normas inerentes às sociedades anônimas. É nesse decreto que, pela primeira vez, surge uma única citação, ainda de maneira envergonhada e entre parênteses, da denominação atual do valor mobiliário. Nos quatro artigos (art. 41 a art. 45), a única menção ao termo "debênture" está no artigo 41, que diz: "É permittido ás sociedades anonymas contrahir emprestimos em dinheiro, dentro ou fóra do paiz, emittindo para esse fim obrigações (debentures) ao portador".

Tal permissibilidade, desacompanhada de qualquer poder fiscalizatório do governo federal, constituiu-se no desaguadouro da crise financeira então denominada como Encilhamento. É de se sublinhar que não foi a rápida valorização das ações e das debêntures no mercado de valores mobiliários a causa única da *débâcle* econômica então ocorrida. Foram vários os eventos que culminaram na crise. Pode-se apontar como primeira causa o empobrecimento do setor cafeeiro do estado do Rio de Janeiro, as dificuldades com a falta de mão de obra escrava para trabalhar nos cafezais paulistas, então pujantes, bem como a falta geral de liquidez no país. Para remediar a crise causada pela paralisia econômica e, principalmente, pela falta de moeda disponível no país, decide o governo federal autorizar a criação dos bancos de emissão, instituições estas que poderiam emitir notas de curso forçado, equivalentes à metade que tivessem garantido em ouro ou em títulos federais. Essa autorização, ajudada pela injeção de recursos do erário público federal, transforma a falta de liquidez em excesso.

Mas esse excesso de liquidez não mais se encaminha para o setor agrícola, então representativo de quase toda a economia do país, dada a falta de mão de obra nas lavouras e, em consequência, a desnecessidade de novos investimentos. O caminho encontrado pela enorme disponibilidade de recursos financeiros é a aplicação em empreendimentos não rurais, tais como a construção de portos,[9] linhas férreas ou companhias de desenvolvimentos. Dessa feita, toda a massa de recursos financeiros "empossam" na capital federal, tornando-se dinheiro fácil para investimentos de retorno duvidoso. Enfim, criou-se o cenário clássico da formação de uma bolha especulativa.

Mas dois eventos ocorrem que conduzem à crise. Um é o natural surgimento de aventureiros de toda espécie que buscavam ganhar dinheiro de qualquer maneira, o que levou à constituição de empresas com a única finalidade de arrecadar fundos pela emissão de ações e debêntures, fechando as portas após a colheita de recursos dos incautos. O outro evento, também ligado ao excesso de liquidez, foi, mesmo nas companhias sérias e bem-estruturadas, a excessiva e constante valorização dos papéis, criando a nossa primeira bolha do mercado de valores mobiliários. Após a crise, o mercado definha, vindo a ter uma recuperação tímida no final do século XIX, que dura até a década de 1920; e, posteriormente, na década de 1970, culmina com a criação de outra bolha — só que desta vez o estouro ocorre somente com o mercado de ações, já que o mercado de debêntures nunca mais foi acessível aos pequenos investidores.

Porém, mesmo durante toda a montagem do cenário econômico que deságua no Encilhamento, é de se sublinhar que o valor mobiliário cumpriu importante função na estrutura de poder das companhias, principalmente quanto ao poder de controle dos acionistas. Isso porque a emissão das debêntures representava uma forma neutra de buscar recursos junto ao mercado, alternativa à emissão de ações, que, à época, somente poderiam ser emitidas na espécie ordinária e, em consequência, detentoras do direito de voto. Ademais, em sendo o juro barato, convinha mais a emissão de debêntures do que a emissão de ações; e isto por dois motivos: de um lado, o controlador não diluiria sua participação e, de outro, sobrariam mais recursos a serem distribuídos a título de dividendos.[10]

---

9. Vide Decreto n. 1.746, de 13 de outubro de 1869.
10. "O accionista é sócio, tira maiores ou menores proveitos e vantagens do melhor ou pior resultado das operações da sociedade anonyma [...] e quanto mais limitado ou menor for o capital social, maior sera

Talvez pela facilidade com que fossem emitidas, tendo como único limite o capital social subscrito, talvez pela pouca transparência da real situação financeira das sociedades emitentes, resulta que normalmente se atribui à debênture, no início de sua existência, sendo Ruy Barbosa Ministro da Fazenda, a qualidade de ser um dos causadores da primeira grande crise do mercado de valores mobiliários nacional.[11] Assim, o abuso, pelo que se depreende da história, não decorreu da existência de um título de dívida genérico, mas da falta de fiscalização governamental e da ausência de mecanismos de divulgação de informação ao mercado comprador e, fundamentalmente, de uma política econômica desastrada. Nunca é demais lembrar que à época havia um mercado de valores mobiliários bastante ativo e nenhuma regra governamental para sua atuação, bem como nenhum organismo de Estado habilitado para tanto.

8.3.2 O Decreto n. 177-A/1893

Uma vez ocorrido o desastre pela *débâcle* causada pela crise do Encilhamento, destruindo os mercados de renda fixa e renda variável, volta o governo federal seus olhos para dar aos investidores lesados maior garantia nas eventuais e futuras emissões de debêntures. É nesse sentido que é editado o Decreto n. 177-A, em 15 de setembro de 1893, trazendo uma série de novidades tendentes a dar maior transparência às ofertas de obrigações, além de garantir as emissões com o patrimônio social da emitente. Dentre as medidas, é de se ressaltar a eliminação de debêntures emitidas ao portador sem autorização prévia do Governo. Provavelmente tal medida tenha sido uma resposta aos desmandos e falcatruas cometidos por alguns emitentes e investidores que, dotados de informações não disponíveis ao mercado, auferiram enormes lucros, causando, como consequência, enormes prejuízos aos vendedores, antes e durante a subida dos preços, e aos compradores, quando da eminência do desastre.

Para tanto, o Decreto n. 177-A/1893, em seus pontos principais, estabelece o que será discutido a seguir.

---

o lucro, isto é, o dividendo [...]. Ao obrigacionista, porém, não acontece o mesmo, porquanto elle não é socio, não tem voto deliberativo, e não pode impedir as mais arriscadas e aventurosas negociações que os accionistas queiram efectuar, jogando os interesses sociais muitas vezes, em um acto de audacia, no qual prevejam as probabilidades de um ganho espantoso, sem considerar que pode sobrevir a ruina completa da empresa." (MONIZ, Salvador. **Sociedades anonymas**. Rio de Janeiro: Francisco Alves, 1914, p. 226).

11. Vide CARVALHOSA, Modesto. **Comentários à Lei de Sociedades Anônimas**. 2. ed., São Paulo: Saraiva, 1997, v. 1, p. 454; TANURI, Luiz Antonio. **O Encilhamento**. São Paulo: Hucitec; FunCamp, 1981; e, TAUNAY, Alfredo d'Escragnolle (Visconde de). **O Encilhamento**: scenas contemporâneas da Bolsa em 1890, 1891 e 1892. São Paulo: Melhoramentos, 1923.

8.3.2.1 Quanto à defesa patrimonial do investidor

O Decreto passou a obrigar as companhias emitentes a informarem aos eventuais subscritores suas situações financeiras com um grau de transparência até então inexistente, a dar garantias mais robustas aos debenturistas, garantias estas que repousavam sobre todos os ativos sociais. Tais garantias prefeririam a todos os títulos de dívida emitidos pela companhia, sendo sua emissão limitada ao valor do capital social. O limite de emissão, entretanto, não se aplicava às companhias de crédito hipotecário, de transporte ferroviário e navegação, nem às companhias de mineração e colonização, visto que essas companhias necessitavam da autorização prévia do Governo para poderem funcionar.

8.3.2.2 Quanto à preferência dos obrigacionistas

A emissão das debêntures passou a ser afiançada por "todo o activo e bens de cada companhia, preferindo a outros quaesquer titulos de divida". Quanto à preferência dos credores, estabeleceu-se que, em caso de liquidação da sociedade anônima, seus portadores teriam pagos os respectivos créditos antes de quaisquer outros, ressalvados os credores hipotecários, anticréticos ou pignoratícios. Finalmente, limitou-se o valor da emissão ao montante do capital social constante dos estatutos sociais, ressalvadas as companhias hipotecárias, de estrada de ferro, de colonização e mineração, as quais necessitavam de autorização específica para se constituírem, bem como para alterar o estatuto social.

Ressalvadas as quatro últimas espécies de companhia, as demais poderiam ultrapassar tal limite caso a quantia excedente fosse adquirida em títulos de emissão governamental, títulos estes com data de vencimento igual à da época do resgate das debêntures, ficando, até tal data, depositados junto à esfera de governo emitente dos mesmos.

Claro que tal comando eliminava boa parte do interesse na emissão, já que a remuneração paga em título de dívida privada, como a debênture, usualmente é maior do que a remuneração dos títulos governamentais, principalmente do governo federal. Poderia ser, no máximo, uma maneira de "arrumar" o balanço, criando, ao mesmo tempo, um débito, pelas debêntures, e um crédito, pelos títulos de emissão governamental.

8.3.2.3 Quanto à emissão

As debêntures passam a necessitar da deliberação autorizativa da assembleia geral de acionistas, autorização esta somente concedida se a aprovação se der por representantes de, no mínimo, metade do capital social e "em reunião a que assista numero de accionistas correspondente a tres quartos delle, pelo menos". Ou seja, a aprovação deveria ser concedida levando-se em consideração o número de votos, bem como o número de acionistas da companhia, sendo a ata da assembleia publicada no diário oficial e em outro jornal de grande circulação no local.

A inobservância dos quóruns deliberativos, bem como a falta das condições gerais da emissão implicava a "nullidade, em proveito dos obrigacionistas". Uma vez aprovada a emissão, e antes que fosse levada a efeito, o Decreto obrigava a que os administradores fizessem outra publicação "na folha official, e em uma das de maior circulação do logar onde a emissão se houver de fazer, um manifesto annunciando" uma série de informações. Dentre elas, é de se destacar: o montante dos empréstimos anteriormente emitidos, o valor e remuneração da nova emissão, a situação do ativo e do passivo da companhia, os bens hipotecáveis em garantia da emissão, etc.

Caso a emissão fosse objeto de oferta pública, a companhia deveria fazer constar dos cartazes, prospectos, anúncios e circulares as mesmas informações publicadas anteriormente nos dois jornais.

A emissão das obrigações não poderia ser feita ao portador, se não fosse objeto de autorização prévia do Poder Legislativo. Para tanto, estabelecia o Decreto n. 177-A/1893 que "Nenhuma sociedade ou empreza de qualquer natureza, [...] poderá emittir, sem autorisação do Poder Legislativo, notas, bilhetes, ficas, vales, papel ou titulo, contendo promessa de pagamento em dinheiro ao portador, ou com o nome deste em branco, sob pena de multa do quadruplo de seu valor e de prisão simples por quatro a oito mezes. A pena de prisão só recahe sobre o emissor, e a de multa, tanto sobre este, como sobre o portador." Na mesma penalidade incorriam os administradores "[...] das sociedades que emittirem titulos de obrigação (debentures) ao portador sem os requisitos da presente lei".[12]

8.3.3 O Decreto n. 22.431/1933[13]

A emissão de debêntures continha uma peculiaridade em relação aos demais títulos de crédito[14] até então existentes. De um lado, a companhia emitente ofertava em bloco um determinado valor de debêntures. Se para a emitente esse era um valor unitário, para os credores ele se subdividia em um grande número de títulos: as frações, todas de mesmo valor, e sujeitas às mesmas regras quanto ao vencimento,

---

12. Vide Decreto n. 177-A/1893, art. 3º.
13. Alguns anos após a edição do Decreto em comento, em 12 de outubro de 1938 é editado o Decreto-Lei n. 781, com a finalidade de regular a "comunhão de interesses entre os portadores de debêntures".
14. A criação da comunidade de interesses, com poderes para modificar, por deliberação da maioria dos obrigacionistas, cláusulas que dão direitos e garantias creditícias individuais, tornou mais afastada ainda a caracterização da debênture como um título de crédito que preencha seus requisitos clássicos e mesmo legais.

à remuneração, garantias, etc. Não obstante, como já mencionado, cada debênture era considerada, na perspectiva do credor, uma obrigação em separado, cabendo a cada um deles a negociação e a defesa individual só de seus direitos creditórios junto à companhia emitente.

A dificuldade, portanto, era causada pela percepção de que cada debenturista seria detentor de direitos individuais e autônomos em face dos outros portadores de obrigações. Mas tal individualidade quanto aos credores levava a que as discussões de direitos e deveres fossem individuais ou de parcelas de debenturistas, atingindo a todos os debenturistas da mesma emissão e série.

É na busca de solucionar tal conflito que nasceu o Decreto n. 22.431, de 6 de fevereiro de 1933, que estabeleceu e regulou, dentre outros institutos, "a comunhão de interesses entre os portadores de debenturas",[15] como um coletivo que deliberava com um quórum mínimo de 75% dos debenturistas, mas com qualquer número em terceira convocação.

Como tal comunhão delibera seus interesses, podendo a comunidade, inclusive, decidir até mesmo sobre as condições contratadas quando da emissão das debêntures, tal decisão majoritária pode alterar direitos que levaram determinados acionistas a subscrever os valores mobiliários. Tal alteração,[16] feita pela maioria em prejuízo de uma minoria, pode levar a que os prejudicados queiram se valer do Judiciário. Ressalvava, entretanto, o direito do credor de atuar solitariamente, caso ocorresse a impontualidade por mais de sessenta dias no pagamento dos juros, e se nem a companhia devedora nem o representante dos obrigacionistas tivesse convocado uma assembleia dos debenturistas. Se a falta de pagamento fosse de

---

15. "Art. 1º - Os empréstimos por obrigações ao portador (debêntures), contraídos pelas sociedades anônimas ou em comandita por ações ou autorizadas por leis especiais, criam entre os portadores dos títulos da mesma categoria, a saber, emitidos com fundamento no mesmo contrato de mutuo; subordinados ás mesmas condições de amortização e de juros e que gozem das mesmas garantias, uma comunhão de interesses, a qual fica sujeita ás disposições da presente lei."

16. Nesse sentido, o art. 10 previa que: "Podem ser objeto das deliberações da assembléa regularmente convocada e constituída: 1º, todas as medidas de conservação, defesa e salvaguarda dos interesses comuns dos acionistas; 2º, todas e quaisquer modificações temporárias ou definidas em cláusulas e estipulações do contrato de empréstimo, tais como: a) suspensão por prazo determinado do pagamento e das amortizações anuais das obrigações emitidas, com a incorporação destes juros ao capital do empréstimo e aumento correlativo do valor de cada obrigação, ou emissão de novos títulos de valor correspondente á importância dos juros e das amortizações suspensas, amortizáveis em prazo determinado, os quais vencerão, ou não, juros, ou darão apenas direito a juros variáveis, cumulativos ou não; b) prorrogação do prazo de amortização do empréstimo; c) substituição da amortização por sorteio pelo resgate dos títulos mediante compra em Bolsa; d) supressão do prêmio das obrigações, cujo reembolso foi contratado com esta vantagem; e) a substituição do pagamento dos juros fixos estipulados pelo de juros variáveis, cumulativos, ou não; f) redução da taxa de juros e do valor de cada obrigação; g) a novação por substituição do devedor, em conseqüência de fusão ou incorporação da sociedade devedora a outra que assuma a responsabilidade da dívida; h) renúncia de determinadas garantias especiais estipuladas em favor dos obrigacionistas."

ordem individual, poderia o obrigacionista readquirir automaticamente o seu direito de agir solitariamente.

Mas é importante notar que a criação de uma comunidade de interesse não era uma obrigação, mas uma possibilidade, já que o Decreto-Lei n. 781/1938 deixava a critério dos debenturistas a sua instituição, o que se verifica na redação de seu artigo 1º:

> Os empréstimos por obrigações ao portador (debentures) contraidos pelas sociedades anônimas [...] criarão, quando tal condição constar do manifesto da sociedade e do contrato devidamente inscrito, uma comunhão de interesses entre os portadores dos títulos da mesma categoria, a saber, emitidos com fundamento no mesmo ato, subordinados às mesmas condições de amortização e juros, e gozando das mesmas garantias.[17]

Ao contrário, como se verá abaixo, a redação dada pela Lei n. 6.404/1976 prevê a sua *obrigatoriedade*, e não uma *possibilidade*.

8.3.4 A Lei n. 4.728/1965

O Decreto-Lei n. 2.627/1940 não tratou das debêntures, permanecendo em vigor a normatização nascida na década de 1930. Em 1965, buscando criar fórmulas alternativas para o surgimento de um verdadeiro mercado de valores mobiliários no Brasil, veio a Lei n. 4.728. Sua criação partia da constatação do fato de que o sistema financeiro privado nacional não financiava o setor produtivo com empréstimos de longo prazo, capazes de permitir a produção e venda de produtos em espaço suficiente de tempo para gerar renda necessária a pagar os empréstimos tomados. Então — e como ainda ocorre, fundamentalmente, até hoje —, a tomada de recursos com a emissão de dívida era financiada pelos bancos estatais, sobretudo no que concerne ao setor industrial, pelo então denominado Banco Nacional de Investimento.

Essa nova legislação tratou de assuntos inerentes ao mercado de valores mobiliários, estabelecendo legalmente o sistema de distribuição do mercado de capitais, seu acesso à poupança privada, o mercado de ações e obrigações endossáveis, tributação, sociedades de capital aberto, etc. Entretanto, e para o que nos interessa, criou a figura das debêntures conversíveis em ações. Tal legislação, ao que parece, teve por intuito criar um estágio anterior à categoria de acionista, de tal sorte que o investidor, enquanto rentista da companhia, teria as condições necessárias e

---

17. "Indispensável é, portanto, em razão dos efeitos que isso possa produzir, seja explícita a deliberação dos acionistas. A omissão afasta a comunhão de interesses, nos termos daquele decreto-lei." Vide FERREIRA, Waldemar. **Tratado das debêntures**. Op. cit., p. 100.

suficientes para, após avaliá-la, tornar-se ou não sócio da companhia.[18] A outra inovação foi a criação da possibilidade de emissão das debêntures sob a forma endossável, tirando a obrigatoriedade de serem emitidas ao portador.

O que resta de concreto é que, até hoje, muito embora as debêntures representem um volume muito expressivo dos valores mobiliários objeto de oferta pública, tal mercado é ofertado, adquirido e negociado fundamentalmente por instituições bancárias e fundos de pensão de origem estatal. Há dúvida, inclusive, se seu mercado de liquidez preenche as condições necessárias para ser caracterizado como um mercado de balcão organizado. Uma nova tentativa de melhoria das regras referentes às debêntures teria que aguardar onze anos, o que ocorreu com a edição da vigente Lei das Companhias

8.4 Valor mobiliário para subscrição pública

Foi a partir da vigência da atual lei societária (Lei n. 6.404/1976) que a debênture adquiriu contorno legal mais bem adequado aos tempos atuais. Com a lei criadora da CVM (Lei n. 6.385/1976), a debênture é qualificada como valor mobiliário e, se ofertada publicamente, sujeita ao regramento complementar da Comissão e, em alguns casos, do Conselho Monetário Nacional. É a partir de tal enquadramento que ela passa a ocupar um lugar de crescente relevo na capitalização das sociedades por ações, elo vital no processo de aquisição de recursos de dívida junto a terceiros poupadores.

A Lei n. 6.404/1976 sofisticou os ritos de emissão, bem como a proteção dos debenturistas, dando um tratamento visando a atender as necessidades de um valor mobiliário de pulverização junto ao mercado. Para tanto, a lei tratou das séries dentro da mesma emissão, de sua valoração em moeda nacional e em moeda estrangeira, da remuneração fixa ou variável devida ao investidor, das regras de sua conversibilidade em ações, dos tipos de garantias de que pode gozar, do papel do agente fiduciário e dos mecanismos de deliberação da comunhão de interesses.

Como apontado pela prática de mercado, ficou claro que a debênture é uma das formas de captação de recursos não indicada para obtenção de capitais de curto prazo, muito menos voltada para um pequeno número de investidores. Grosso modo, pode-se vislumbrar na estrutura da debênture um valor mobiliário voltado para a obtenção de recursos de longo prazo e que não tragam a condição de acionista.

Entretanto, dos contratos de dívida é a debênture aquele que detém o maior volume de regras legais e administrativas, se comparada com as outras possibilidades de endividamento das companhias. De outro lado, a legislação estabeleceu poucas exigências e procedimentos, distinguindo as emissões destinadas à

---

18. Artigos 40 a 44 da Lei n. 4.728/1965

subscrição pública daquelas outras de subscrição privada. E, entre as colocações públicas, aquelas dirigidas a um grande número de eventuais subscritores, daquelas outras destinas a um número reduzido de debenturistas. Essa desnecessária burocracia para as emissões de porte reduzido se volta contra as companhias de capital fechado, afastando-as desse mercado, privando-as do acesso a recursos de dívida de longo prazo, retirando-as do mercado de valores mobiliários e acorrentando-as ao mercado financeiro.

8.5 Os valores mobiliários de dívida são só aqueles nominados em lei?

Com o surgimento da determinação legal de que são valores mobiliários os contratos de investimento coletivo, passou a nossa norma legal a agasalhar formas de valores mobiliários que não somente aquelas nominadas especificamente. Como já discutido anteriormente, quando se adotou o procedimento de conceituar "valor mobiliário" por meio da definição das suas características, ampliou-se em muito a possibilidade de criação de novas hipóteses, sendo a régua para sua avaliação a análise do conceito de "investimento coletivo". Ou seja, o aparecimento de um novo tipo de captação de poupança será ou não valor mobiliário se se encaixar no conceito de investimento coletivo, não necessitando mais a menção expressa em lei do novo tipo desenhado pelo mercado.

É nesse passo que se torna relevante analisar outra técnica legislativa que crie regras mais abrangentes para a emissão dos títulos de dívida, sem nominá-los, deixando à companhia a liberdade de escolha, evitando-se que, para o nascimento de cada novo tipo de título de dívida, haja a necessidade de lei prévia específica criando aquele determinado e regulado valor mobiliário.

Talvez essa discussão possa ser feita a partir do modelo societário espanhol, que, ao tratar da emissão de obrigações, dá liberdade de criação, pela não individualização do tipo, mas cria regras de segurança para o investidor[19] — ou mesmo o modelo francês, que adota regras semelhantes.[20] Essa discussão torna-se relevante na medida em que a necessidade de regra legal específica para cada tipo característico de valor mobiliário representativo de dívida afasta a possibilidade de acesso das companhias ao mercado da desintermediação, fazendo com que só

---

19. *"La Sociedad podrá emitir series numeradas de obligaciones y otros valores que reconozcan o creen una deuda, siempre que el importe total de las emisiones no sea superior al capital social desembolsado [...]."* (art. 282). Ademais, o mesmo capítulo 10 trata das condições de emissão, suas garantias, escritura pública de emissão, anúncio de subscrição, etc.

20. *"Les obligations sont des titres négociables qui, dans une même émission, conferent les memes droits de créance pou une même valeur nominale."* (art. 284 da Lei n. 66-537). Confira-se até o art. 339, nos quais ficam estabelecidas as regras garantidoras dos inversionistas em obrigações.

reste a alternativa da busca do mercado da intermediação representado pelo sistema bancário. É importante deixar à criatividade negocial, ditada pelas condições específicas de uma determinada conjuntura econômica, a possibilidade de desenhar uma variável de um dado valor mobiliário, desde que mantida a segurança do público investidor.

Essa pouca competitividade, limitando as alternativas de risco, altera o custo do dinheiro em desfavor das empresas tidas como potenciais emitentes de valores mobiliários representativos de dívida. A discussão é importante na medida em que a debênture prevista pela legislação brasileira é, pelo menos teoricamente, um título de longo prazo,[21] destinado a ser ofertado e negociado publicamente, mas deveria haver liberdade para que pudesse haver a oferta de títulos de dívida de prazos distintos sem a obrigatoriedade de seguir todo o ritual que demanda a emissão de título de dívida de vencimento muito mais longo.

Foi por tal motivo que, por exemplo, para possibilitar o lançamento de títulos de dívida de curto prazo, foi necessário revestir a nota promissória,[22] quando emitida por companhia e para ser ofertada ao público, de nova roupagem, na medida em que as regras existentes para as debêntures tornam inexequível o lançamento de título com resgate de curto e médio prazo, a começar pela exigência de prospecto, agente fiduciário e outros mecanismos de informação para os títulos de longo prazo.

É nesse sentido a sugestão de que, ao invés de detalhar somente a oferta de valor mobiliário de dívida, com mecanismos legais voltados para o endividamento de longo prazo, seria de se pensar em prever definições legais mais genéricas de resguardo do investidor de mercado, deixando à Comissão de Valores Mobiliários a competência para estabelecer as regras e condições para as emissões de instrumentos de dívida de longo, médio e curto prazo, sempre buscando a proteção equitativa do mercado, mas acreditando que a informação pública é arma melhor na proteção do investidor do que um excesso de regras que tornem ineficaz a vida do valor mobiliário.

As maneiras de se financiar o empreendimento capitalista, entretanto, evoluíram em velocidade maior do que a sistemática legislativa pela qual ocorrem as atualizações em nossa legislação societária. Foi nessa toada que a legislação

---

21. "As obrigações representam um financiamento a longo prazo da sociedade, tendo em vista a constituição de seu 'capital fixo'. Correspondem, por conseguinte, 'economicamente', à função a que, em princípio, deveria corresponder as ações, a despeito das profundas diferenças; não objetivam o financiamento do 'giro' dos negócios sociais, ao qual atendem, ao contrário, o desconto bancário e operações análogas. Essa circunstância e o fato de ser feito, esse financiamento, através de títulos de crédito emitidos em massa e lançar entre o público, torna necessária uma disciplina legal especial seja para tutelar os debenturistas, seja para tutelar a sociedade e os demais credores dela." (ASCARELLI, Túlio. **Problemas das sociedades anônimas e Direito comparado**. Campinas: Bookseller, 2001, p. 339, nota 39).
22. Vide Resolução n. 1.723, de 27 de junho de 1990, do Conselho Monetário Nacional.

— nascida enquanto tipo aberto, com a denominação abrangente de "obrigações"[23] — foi construída, desde o seu surgimento, ligado às sociedades por ações, com a criação de regras e obrigações acessórias. Tal evolução significou, pelo menos em termos de legislação pátria, que a debênture, apregoada por todos os juristas como tendo por característica o fato de ser um investimento de longo prazo, deixou órfãs as sociedades por cotas, que, tanto quanto as companhias, também necessitam de fontes de financiamento de longo prazo, muito embora, possivelmente, em montantes menores.

Com o surgimento dos contratos de investimento coletivo, conforme anteriormente discutido, surgia para as sociedades limitadas uma porta de acesso à poupança detida pelo público, na medida em que poderiam emitir "obrigações" para colocação junto ao público. A Comissão de Valores Mobiliários, entretanto, rapidamente fechou, por ato administrativo, tal possibilidade, na medida em que exigiu que os valores mobiliários sujeitos à sua jurisdição só poderiam ser emitidos pelas companhias, e não por qualquer outro tipo societário.[24] Mas restou aberta a porta para a emissão de outros tipos de "contratos de investimento coletivo", cabendo à CVM a capacidade regulatória mas não impeditiva de seu surgimento sem qualquer justificativa, na medida em que este contrato de investimento nasceu de preceito de lei, sendo inconcebível, por exemplo, a discriminação injustificada entre os investimentos ofertados publicamente por uma companhia de responsabilidade limitada. Também será de se levar em consideração que a eventual recusa pela autarquia deve, como ato da administração pública, ser justificada tendo em vista a obediência constitucional aos princípios da legalidade, impessoalidade, moralidade, publicação e eficiência, que regem necessariamente a atuação do servidor público.[25]

---

23. Segundo Inglez de Souza, levando em consideração a grande latitude que o termo agasalha, "A palavra 'obrigação', no sentido em que é particularmente empregada no commercio, representa o crédito resultante da emissão de um empréstimo, ou objetivamente o título negociável que o mutuário entrega ao mutuante como e prova de seu direito. Em regra esse título é passado ao portador, e nesse caso não só prova o direito, mas também incorpora o próprio crédito, conforme a theoria da legislação brasileira. A expressão ingleza 'debenture' é mais geralmente empregada entre nós do que a correspondente franceza — obligation — que o legislador brasileiro também adoptou (obrigação ao portador)." (INGLEZ DE SOUZA, Herculano. **Títulos ao portador**. Rio de Janeiro: Francisco Alves, 1898, p. 267).

24. Tal comando ficou curiosamente colocado em xeque pela própria CVM, quando passou a aprovar a emissão e oferta pública de um gigantesco volume de valores mobiliários emitidos por condomínios, tais como os fundos de investimento, os certificados de investimento e as cotas dos clubes de investimento. De outro lado, não se encontra nenhuma razão específica para que se obrigue às sociedades por cotas a se transformarem em sociedades por ações para poderem emitir valores mobiliários ao público. O que resta de concreto é que as cotas das limitadas são contratos de investimento coletivo. Talvez ela devesse vir a público mostrar a justificativa do veto, já que a Administração Pública tem o dever legal de fazê-lo.

25. Vide artigo 37 da Constituição Federal.

Partindo do propositivo para a constatação, temos que a debênture, como visto, é uma das formas de assunção de dívida pela companhia, que, de outra forma, poderia fazê-lo através de empréstimo bancário, desconto de duplicatas, notas promissórias, *commercial papers, export notes*, etc., empréstimos estes tomados com ou sem garantia. Porém, distintamente da debênture, as três primeiras modalidades de empréstimos são destinadas à tomada de recursos de forma individualizada ou, na expressão de J. X. Carvalho de Mendonça, através de "empréstimos singulares", por oposição à debênture e aos dois últimos, que são valores mobiliários destinados fundamentalmente à oferta pública.[26]

Ou seja, desde seu nascimento no ordenamento jurídico nacional, foi esse valor mobiliário pensado para ser emitido como título de massa e, como tal, ofertado ao público e sendo negociado na bolsa de valores[27] ou outro mercado secundário de liquidez. São, portanto, as debêntures uma das formas jurídicas de obtenção de recursos para as companhias, através de um único e uniforme contrato de mútuo por emissão, materializadas em valores mobiliários de vida autônoma e detentores dos mesmos direitos e garantias, podendo ser negociados em mercado secundário.

Por exigir um ritual de lançamento inerente aos denominados títulos de massa, pressupõe a sua emissão todo um conjunto de publicações das informações que o público investidor possivelmente necessita ter anteriormente à colocação, o que, nas companhias de pequeno porte ou em outras formas societárias, como apontado acima, termina por gerar uma série de atos desnecessários pela superposição de papéis na figura de um mesmo ator. Esta situação mostra que a vigente lei societária, muito embora digna de elogios, talvez devesse separar ou especificar mais os comandos legais destinados às companhias de capital aberto, distinguindo-os daqueles outros dirigidos às sociedade de capital fechado, que, por sua natureza, prescindem de tantas regras como aquelas destinadas a dar a transparência que o mercado de valores mobiliários exige. Tal refinamento legislativo poderia também estabelecer na dicção legal que as companhias só são empresas de capital aberto se e quando houver a colocação de ações junto ao público; de outro lado, no lançamento de dívida não é correto utilizar o qualificativo "de capital aberto", já que o capital não foi modificado, muito menos o quadro de acionistas.

Hoje, nas empresas que não têm ações junto ao público, bem mais simples do que emitir debêntures será tornar-se credor da sociedade mediante simples empréstimo em conta corrente, garantido ou não, na medida em que administrador e controlador se fundem na mesma pessoa e não há a figura do sócio investidor

---

26. Vide Carvalho de Mendonça: "Elas obtêm de grande número de prestamistas a quantia desejada, mediante uma só operação e garantia comum" (CARVALHO DE MENDONÇA, José Xavier. **Tratado de Direito Comercial brasileiro**. Rio de Janeiro: Freitas Bastos, 1963, v. 4, p. 95).

27. A respeito de sua negociabilidade na bolsa de valores, vide CARVALHO DE MENDONÇA, José Xavier. **Tratado de Direito Comercial brasileiro**. Op. cit., v. 4, p. 143 et seq.

intuito pecuniae, característico das sociedades com valores mobiliários colocados junto ao público. Isso aparecerá com muita nitidez quando analisarmos os mecanismos de lançamento e controle incidentes sobre a oferta pública de valores mobiliários, os quais são exigidos pela lei societária na busca de proteção aos investidores em relação à companhia.

8.6 A Lei n. 6.404/1976

8.6.1 Emissão e séries

A debênture, quer seja emitida, quer surja sob a forma escritural, é sempre tida como representativa de uma fração de um mútuo unitário, cujos direitos e obrigações oferecidos aos poupadores encontram-se inscritos no contrato de adesão que se materializa na escritura de emissão.

Enquanto natureza diferenciadora, a emissão é a movimentação só da companhia em direção ao mercado, no sentido de ofertar publicamente as debêntures. Para tanto, e antes do ato oficial da emissão, a companhia já terá deliberado em sentido positivo. A partir da autorização da assembleia ou do conselho de administração, bem como após obtida a aprovação da CVM, nasce o direito de ofertar publicamente as debêntures.

A emissão já tem condições de ser apresentada ao público investidor, na medida em que já percorreu as três fases necessárias: (i) a autorização da assembleia ou do conselho de administração, (ii) a contratação da instituição financeira ou do *pool* de instituições que irá fazer a oferta e (iii) a aprovação da oferta pela CVM. Mesmo após seu nascimento, mas antes da colocação, é a emissão um ato unilateral da companhia, a qual decidirá se a emissão será única ou dividida em séries, ou poderá deliberar se a emissão terá o valor já fixado, bem como o número de séries indeterminado ou não, permitindo à companhia se ajustar às condições de mercado vigentes no momento ou momentos da subscrição.

Como acima apontado, a subscrição será sempre precedida pela obtenção prévia da devida autorização da Comissão de Valores Mobiliários para a realização da oferta pública. Já a instituição ofertante, necessariamente pertencente ao sistema de distribuição de valores mobiliários, já terá sido contratada, na medida em que é ela quem encaminha o pedido de colocação, bem como se relaciona com a autarquia em nome da companhia emitente. É só a partir de tal contratação e autorização que se pode dar início ao processo de oferta pública e subscrição. A partir do ato de subscrição completa-se a operação, tornando-se o subscritor credor debenturista da companhia.

Ou seja, a decisão assemblear não cria ou emite as debêntures. É dela a autorização necessária, porém não suficiente, para que, após a ocorrência de outros atos formais, possam ser emitidas. Significa a decisão dos acionistas ou do conselho de administração, conforme o caso, para que, se e quando o valor mobiliário for criado, nasça para ser ofertado ao público dentro de determinadas condições já deliberadas anteriormente.[28]

Documento necessário a ser apresentado à CVM é a escritura de emissão, a qual retratará as condições da oferta da emitente ao mercado poupador. Nesse momento, mesmo que não haja oferta ou que, feita a oferta, esta seja cancelada — o que poderá ocorrer desde que não haja subscritores suficientes em relação ao montante da emissão —, as debêntures já existem. Uma vez criada a debênture a sociedade torna pública a sua oferta de assunção unilateral de obrigação, bem como determina quais serão as garantias, se houver, que irão ser colateralizadas dando confiabilidade à liquidação da obrigação assumida. É nesse momento que está materializada para o público poupador a emissão a ser ofertada a subscrição.

Assim é que a observância de tais requisitos sucede a aprovação da companhia para emitir as debêntures e antecede à sua colocação, buscando a lei fazer com que se torne de conhecimento público a aprovação dos acionistas da emissão dos valores mobiliários, através: (i) do arquivamento da ata da assembleia autorizativa, (ii) se for o caso, da inscrição da escritura de emissão no registro de imóveis da sede da sociedade, bem como (iii) pela formalização da constituição das garantias reais dadas ao valor mobiliário. É a partir da prática desses atos de registro pela companhia que se pode considerar a emissão das debêntures como apta a ser ofertada ao público. A falta da prática de tais atos não significa que a emissão inexista. Na verdade, a lei veda que a emissão já existente seja ofertada ao público no caso de descumprimento de tais obrigações acessórias. Uma vez emitidas, as debêntures poderão ou não ser colocadas em circulação, ato que significa estar o valor mobiliário sendo ofertado a eventuais subscritores.

Tanto é verdade que a emissão já se realizou com a lavratura da respectiva escritura que, caso seja ofertada sem a tomada das três providências apontadas acima, pode o agente fiduciário ou qualquer debenturista praticar os atos necessários e suficientes a que haja a publicidade das decisões assembleares anteriormente tomadas. Ademais, poderá providenciar para que sejam feitos os registros competentes para a constituição das garantias reais em face daquela específica emissão, sanando as lacunas ou irregularidades existentes.[29]

---

28. Vide, em sentido contrário, Egberto Lacerda Teixeira e José Alexandre Tavares Guerreiro: "Sendo certo que a previsão estatutária não é condição suficiente para o nascimento da debênture, parece-nos que a criação delas resulta da deliberação da Assembléia Geral que torna efetiva a intenção da companhia de proceder a essa modalidade de operação de crédito [...]. A emissão das debêntures, porém, é ato subsequente à deliberação assemblear, materializado pela escritura de emissão [...] com a consequente instrumentação da dívida debenturística [...]." (TEIXEIRA, Egberto Lacerda; GUERREIRO, José Alexandre Tavares. **Das sociedades anônimas no Direito brasileiro**. São Paulo: José Bushasky, 1979, v. 1, p. 358).

29. Vide § 2º do art. 62 da Lei Societária.

Pelo fato de a emissão já existir, sem que tenham os administradores da companhia, quando da realização da assembleia de acionistas, tomado as devidas cautelas para ou tornar público o ato ou dar vida às garantias ofertadas à emissão, respondem pelas perdas e danos que vierem a causar à sociedade ou aos terceiros em geral, incluídos neste caso os debenturistas prejudicados pela omissão.

Como visto acima, enquanto regra geral, a emissão se origina de uma deliberação da assembleia de acionistas, a qual delibera ou autoriza a companhia, pela atuação do conselho de administração ou da diretoria, à prática dos atos administrativos para a emissão das debêntures. Por outro lado, nas companhias de capital aberto o conselho de administração tem competência legal para decidir sobre a emissão de debêntures simples, não conversíveis em ações e que não tenham garantia real como lastro.

Entretanto, o mesmo conselho de administração necessitará de autorização dos acionistas reunidos em assembleia quando se tratar de deliberar assuntos relacionados a:

> Art. 59. [...][30]
> VI – a época e as condições de vencimento, amortização ou resgate;
> VII – a época e as condições do pagamento dos juros, da participação nos lucros e do prêmio de reembolso, se houver;
> VIII – o modo de subscrição ou colocação, e o tipo das debêntures.

Mas a lei societária determina como de competência da assembleia, insuscetível de delegação, assuntos tidos pela lei como sendo de maior sensibilidade para aferir a receptividade do mercado, tais como a determinação quanto ao tempo para a colocação, ou se a debênture terá ou não o valor nominal ou as condições da eventual correção monetária. Convenhamos que, mesmo no caso das debêntures conversíveis, tais tarefas ficariam mais adequadamente alojadas na competência dos administradores da companhia, que têm maior percepção diária das variações de mercado e das necessidades financeiras da sociedade. Já a assembleia não poderá acompanhar facilmente as variações dos humores do mercado, além do fato de que suas reuniões assembleares demandam o cumprimento de todo um ritual de convocação e decurso de prazos, que podem fazer com que a companhia emissora perca oportunidades de mercado.

Em resumo, nossa legislação societária, como se vê, atribuiu à assembleia de acionistas a competência solitária para deliberar sobre a emissão de debêntures

---

30. Os itens I a V foram suprimidos em razão do § 4º do artigo 59, *in verbis*: "Nos casos não previstos nos §§ 1º e 2º, a assembleia geral pode delegar ao conselho de administração a deliberação sobre as condições de que tratam os incisos VI a VIII do *caput* e sobre a oportunidade da emissão." (Incluído pela Lei n. 12.431, de 2011).

pela companhia, estabelecendo as condições necessárias previstas nos itens I a VIII do artigo 59 da lei societária. De outro lado, atribuiu ao conselho de administração das companhias abertas a faculdade deliberativa, desde que restrita à emissão de debêntures simples. Essa diferenciação prende-se ao fato de que as conversíveis, conforme as regras de colocação, podem alterar, quando da conversão em ações votantes, a estrutura de poder da companhia. Aqui, mais uma vez, as regras que foram pensadas para as companhias de capital fechado estão sendo ineficientes quando aplicadas às companhias de capital aberto, na medida em que as abertas devem ou deveriam colocar seus papéis por meio de uma oferta pública; situação na qual os debenturistas todos irão competir via preço quando do lançamento.

A companhia somente pode realizar uma emissão de debêntures de cada vez, não podendo fazer nova emissão antes de colocadas as debêntures da emissão precedente. Cada emissão é uma unidade típica, já que todos os valores mobiliários de uma mesma emissão detêm as mesmas características quanto aos direitos e obrigações. Disso decorre a possibilidade de, uma vez colocada uma emissão, poder a sociedade realizar outra, em condições diferenciadas da anterior. Pode ocorrer que durante o processo de colocação das debêntures haja mudança repentina e dramática nas condições de mercado, situação impeditiva de continuidade do *book building* ou da colocação, caso a emissão seja ofertada em etapas distintas.

Se a instituição financeira do mercado de distribuição de valores mobiliários ainda estiver no processo de coleta das manifestações de intenção de subscrição, ou de sondagem de mercado quanto à eventual demanda, inexiste a criação do vínculo obrigacional. Neste caso, a emissão pode ser postergada para época mais propícia para a empresa, sendo que em algumas hipóteses poderá ocorrer a retirada da sondagem de demanda por falta de interesse do mercado ou da emitente por conta do preço sugerido pelo *road show*. É fato que tal atitude poderá resultar em prejuízo ao prestígio da companhia junto aos investidores. Para a companhia, entretanto, dos males o menor.

A situação será diferente se já tiver sido iniciada a fase de subscrição em uma única série. Neste caso, estamos frente a uma oferta firme, a qual não pode ser cancelada unilateralmente. Entretanto, se a autorização dada, bem como a aprovação governamental concedida for para colocação em várias séries, a obrigação da companhia só existe para a série já ofertada à subscrição pública. As demais séries, dependendo das obrigações unilaterais assumidas pela companhia pelo prospecto e/ou escritura de emissão, poderão ou não vincular a companhia ofertante.

Ocorre, entretanto, como já visto anteriormente, que a colocação da debênture depende fundamentalmente das condições então existentes no mercado financeiro, quer pela remuneração paga à época em relação às alternativas de investimentos concorrentes, quer no que diga respeito à taxa de juros então praticada pelo mercado, quer pelo fluxo de recursos que a emitente requeira, quer, enfim, pela variação das próprias condições financeiras da empresa emitente, cuja saúde influi não só na remuneração aceita pelo mercado, mas também na demanda pelo papel em face do risco apresentado pelo investimento.

A colocação das debêntures deve ter por horizonte a necessidade de caixa da companhia levando-se em consideração seu fluxo de gastos. Caso contrário, a companhia será onerada sem necessidade ao pagamento de juros de recursos sem utilização imediata. Essa é a razão da existência das séries. Isso permite que a companhia emitente ofereça suas debêntures de acordo com a necessidade de seu fluxo de saída de caixa. Todas as debêntures de uma mesma emissão, colocadas ou não em séries distintas, terão "igual valor nominal e conferirão a seus titulares os mesmos direitos".[31] Em síntese, a emissão é uma e a colocação pode se dar parceladamente, em séries distintas, mas todas essas séries são detentoras das mesmas características.

8.6.2 Limites de emissão

Até hoje ainda não se chegou, e talvez nunca se chegue, a uma conclusão sobre o que deve ser deixado ao livre acordo entre as partes e o que deve ser objeto de intervenção do Estado. Nos países respeitantes de uma ordem jurídica construída democraticamente, o Estado se manifesta através de seu ordenamento jurídico; nos não democráticos, por meio da vontade incontrastável do grupo dominante. Mas, fundamentalmente, toda norma legal implica uma restrição de agir. Mesmo para aquelas situações em que cria direitos para alguns, significou restrições de agir para aquele que até então não tinha obrigação legal de respeitar os novos limites.

No caso do limite de emissão das debêntures, aparecem de forma nítida as variáveis políticas quanto àquilo que deve ser objeto do livre contratar, tendo por contraponto a vontade/dever do Estado de proteger o investidor através da edição de normas cogentes.

Deve-se ter em mente o papel que as crises sistêmicas do capitalismo exercem nesse movimento pendular entre a regulação e a autorregulação. No ponto sob exame, vemos que o Decreto n. 177-A/1893 nasceu em função da quebra do mercado de valores mobiliários no início da Primeira República, buscando estabelecer obrigatoriamente garantias aos debenturistas, que então viram seus investimentos arruinados.

A legislação matriz das debêntures limitava o montante de suas emissões ao capital social deliberado pelos acionistas. Nesse sentido, o Decreto n. 177-A/1893

---

31. Vide o parágrafo único do art. 53 da Lei das Sociedades por Ações.

dispunha que "O valor total das emissões de uma companhia não excederá ao do capital estipulado nos seus estatutos", estabelecendo o próprio texto algumas exceções à regra geral quanto ao tipo de negócio realizado pela sociedade.[32] O Decreto-Lei n. 2.627/1940 não alterou as regras aplicáveis aos limites de emissão das debêntures desde a vigência do Decreto n. 177-A/1893, o mesmo ocorrendo, de maneira fundamental, com a edição da Lei n. 4.728/1965, já que em seu texto nada constou sobre limites de emissão.

A grande alteração ocorre com a edição da Lei n. 6.404/1976, em sua redação original, que estabelecia o limite de emissão tendo como base de cálculo ou o capital social ou o patrimônio da companhia.

A antiga redação do artigo 60 da Lei das Sociedades por Ações, hoje revogada pela Lei n. 12.431/2011, ao dispor sobre o limite de emissão, adotava como regra geral a manutenção da fórmula do Decreto n. 177-A/1893. Ou seja, o comando geral continuou sendo o limite de emissão dado pelo capital social; entretanto, foram criadas exceções quantitativas em seus parágrafos, tornando sem efeito o limite constante do próprio artigo.

A alteração maior quanto à maneira de o legislador encarar o papel do Estado, em contraste com o livre contratar, ocorre com a edição da Medida Provisória n. 517, de 30 de dezembro de 2010, hoje Lei n. 12.431/2011, a qual busca incentivar o crescimento do mercado secundário de debêntures, fundamentalmente via incentivos fiscais tendentes a propiciar a subscrição desses títulos de dívida pelos investidores estrangeiros.

É nesse contexto que se eliminou o artigo 60 da Lei n. 6.404/1976,[33] retirando-se todos os limites de emissão em face do capital social, ou suas exceções, caso as debêntures tivessem garantia real, flutuante, ou nenhuma garantia. Ou seja, voltou-se ao conceito anterior ao Decreto n. 177-A/1893, deixando ao investidor a responsabilidade de analisar a garantia de seu investimento.

Com tal decisão, com características de um novo olhar na política econômica do mercado, optou-se pelo modelo bem mais liberal de se atribuir às partes a exclusiva defesa de seus interesses. Com tal mudança, as emissões de debêntures passaram a ter seu limite de emissão somente adstrito à capacidade de aceitação do mercado, quer da quantidade, quer de preço. Assim, a partir da edição da Medida Provisória n. 517/2010, o Estado retirou-se de seu papel de limitador dos montantes das debêntures, deixando às leis do livre mercado estabelecer os limites das emissões, bem como deixando para o mercado estabelecer as garantias eventualmente ofertadas como colateral da dívida.

---

32. Vide os §§ 3º e 4º do artigo 1º do Decreto n. 177-A, de 15 de setembro de 1893.
33. Vide art. 21 da Lei n. 12.431/2011.

Entretanto, como a preocupação bem mais acadêmica do presente trabalho é acompanhar as mudanças ocorridas no tempo — no caso, desde a edição do Decreto n. 177-A/1893 até hoje —, aqui serão discutidos os preceitos revogados pela entrada em vigor da Lei n. 12.431/2011. Assim, poder-se-ão estudar, por meio de uma análise comparativa, os mandamentos legais e suas consequências econômicas no lançamento das debêntures nas respectivas épocas.

De outro lado, enquanto repercussão econômica do texto legal revogado, é de se sublinhar que a enorme maioria das emissões de debêntures até então feitas o foram como oferta de garantia subordinada. Ou seja, as emissões aceitas pelo mercado já eram, em sua quase totalidade, sem limite e sem garantia palpável. Talvez se possa dizer que a exclusão do artigo 60 só tenha levado a reconhecer uma realidade existente no mercado de valores mobiliários e combatida pelos doutrinadores, que jocosamente a chamam de "monstrengo."[34]

Como regra geral, a Lei das Companhias previa, no revogado artigo 60, que o limite para a emissão de debêntures não poderia ultrapassar o capital social. Entretanto, contemplava duas exceções enquanto hipóteses de outros limites alternativos ao capital social para estabelecer ou não o limite para as emissões de debêntures. Neste sentido, ou as emissões eram limitadas a um percentual dos valores das garantias ofertadas, como ocorre com as emissões dotadas de garantia real ou garantia flutuante; ou, na segunda situação, as emissões poderiam ser passíveis de serem limitadas somente pela demanda do mercado ou pela Comissão de Valores Mobiliários.

A primeira categoria classificava as debêntures quanto à existência ou não de limite de emissão. Esta categoria se dividia em emissões de debêntures (i) sem preferência ou quirografárias e (ii) com garantia subordinada. Para essas duas subcategorias a norma vigente era a inexistência de qualquer limite quanto à emissão, enquanto preceito constante da Lei das Companhias, mas a lei societária outorgava poderes à CVM para estabelecer limites para as emissões sem garantia, negando a lei tal competência para estabelecer restrições no que tange às emissões com garantia subordinada.

A segunda categoria abrangia duas subcategorias distintas. A primeira era a das emissões que contavam com garantia patrimonial especificada pelo devedor,

---

34. "[...] a debênture pode, ainda, ser subordinada aos demais credores da companhia, o que na prática significa a criação da debênture subquirografária, abaixo da quirografária, classe de credores essa até então absolutamente inédita do direito pátrio." Vide MONIZ, Eduardo. Debênture: natureza jurídica, novas normas. **Revista Forense**, v. 281, p. 216-223, 1983, p. 219. No mesmo sentido, Modesto Carvalhosa, ao afirmar que: "Ao instituir esse nenhum direito, ou seja, a antigarantia para as debêntures chamadas 'subordinadas', a lei criou tal iniquidade que suscitou justa indignação e repulsa". Vide CARVALHOSA, Modesto. **Comentários à Lei de Sociedades Anônimas**. Op. cit., v. 1, p. 793.

a saber, a garantia real. A segunda, a emissão com garantia flutuante, em que se concedia o privilégio creditício tendo como garantia todo o ativo da companhia.

Assim, se a emissão tivesse a garantia real, esta seria de bens específicos e determinados da companhia, ou de terceiros que concordassem em ser garantidores da operação. Nesta hipótese, a emissão não poderia suplantar 80% do valor dos bens gravados. A lei não estabelecia qual seria esse valor, se contábil ou nascido de uma avaliação feita para garantir a emissão.

Se a garantia da emissão fosse flutuante, o valor de emissão não poderia ultrapassar a 70% do capital social, tendo como base de cálculo o valor contábil do ativo da companhia, valor que seria diminuído da eventual existência de bens sociais já dados em garantia real.

Pode-se inferir que, na subcategoria da oferta de garantia real, por limitar a emissão a 80% "do valor dos bens gravado", haveria a necessidade de uma avaliação especial. Isso porque, de um lado, a lei não mencionava como base de cálculo o capital social; de outro lado, seria de se levar em consideração que o valor contábil não necessariamente refletiria o valor de mercado dos bens a serem gravados.

Tal distinção entre as bases de cálculo — de 80% para as emissões com garantia real e de 70% para emissões garantidas por bens indeterminados do ativo da companhia — poderia causar espécie, na medida em que ambas eram garantidas por bens físicos do ativo social. Poderia esta diferença ser justificada pela dação, em uma hipótese, de garantia de bem específico, e em outra de bens indeterminados, que podem ser alienados durante o tempo de vigência da garantia?

Outro ponto interessante se referia a saber se, quando se tem como base de cálculo o capital social, este deveria ser considerado enquanto capital subscrito ou capital integralizado.

Nesta hipótese, creio que não seria possível limitar o montante de emissão ao capital integralizado, visando com essa interpretação restritiva aumentar a proteção dos debenturistas.[35] Isto porque tal visão não levava na devida conta o fato de que os acionistas respondem pessoalmente pelo capital subscrito e ainda não integralizado, de sorte a criar um colateral indireto para as debêntures, além do fato de que a verdadeira garantia se encontra na mensuração do patrimônio líquido da companhia. Assim, tenho como demasia interpretar-se a lei, colocando nela limites que ela não prevê, baseando-se em falsos e inexistentes conteúdos éticos, na medida em que a lei não prevê limites para outras formas de endividamento.

---

35. Vide, em sentido contrário: FERREIRA, Waldemar. **Tratado das debêntures**. Op. cit., p. 78; MARTINS, Fran. **Comentários à Lei das S.A.** Rio de Janeiro: Forense, 1977, v. 1, p. 367 e CARVALHOSA, Modesto. **Comentários à Lei de Sociedades Anônimas**. Op. cit., v. 1, p. 602. A favor do não limite ao capital subscrito, mas ao integralizado, vide VALVERDE, Trajano de Miranda. **Sociedade por ações**: comentários ao Decreto-Lei n. 2.627, de 26 de setembro de 1940. Rio de Janeiro: Forense, 1959, v. 2, p. 155 e CARVALHO DE MENDONÇA, José Xavier. **Tratado de Direito Comercial brasileiro**. Op. cit., v. 4, itens 1.271 e 1.272.

Ressalve-se, entretanto, que tal fato deveria ser explicitado ao mercado, deixando a este decidir se iria ou não investir, ou se iria pedir melhora na remuneração ou no deságio. Isso porque, legalmente, caso o acionista não integralizasse o valor da subscrição, sendo a companhia incapaz de cobrar a dívida do subscritor remisso ou de recolocar tais ações, só restaria à sociedade diminuir o montante do capital, o que acarretaria um excedente de debêntures já colocadas junto ao mercado investidor.

No que diz respeito ao capital autorizado, os casos limite previstos no artigo 60 só se aplicariam ao capital subscrito, na medida em que o capital autorizado, por não ter tido subscritores, não existiria no mundo legal, sendo mera autorização assemblear de colocação futura, a ser exercida pela administração da companhia. É expectativa, possibilidade de futuro aumento do capital social que se materializaria somente quando da subscrição das ações. De qualquer forma, há sempre que se levar em consideração a dúvida doutrinária decorrente da amplitude conceitual adotada pela lei societária.

No sentido de minorar as mudanças que necessariamente ocorrem junto ao mercado, acompanhando as alterações na economia, a Lei das Companhias outorgava competência à CVM para fixar percentuais diferentes em relação às debêntures objeto de oferta pública, a serem negociadas nos mercados de bolsa ou balcão. Mas a Lei das Companhias não concedia à CVM o mesmo poder de alteração dos percentuais fixados em lei, no que se refere às emissões subordinadas; em outras palavras, as emissões subordinadas não sofriam qualquer limite quanto ao montante a ser emitido, deixando-se a critério do ofertante e do mercado a aceitação da emissão.

Agora, com a inexistência de limites de emissão, torna-se crucial o exame do prospecto de lançamento, bem como requisitar ao emitente as informações da companhia, bem como das eventuais garantias ofertadas. Ou seja, o mesmo tipo de análise que o mercado fazia em relação à solidez das emissões subordinadas agora deverá ser feito, embora com menor risco, em relação às emissões com garantia fixa ou flutuante. Tal situação em nada deve alterar os fluxos de oferta e demanda, na medida em que a quase totalidade das emissões até hoje ofertadas o são na forma de emissões com garantia subordinada, conforme se verifica dos informes da CVM.

Como se verifica em mais esta alteração de lei, as crises e as situações de intenso investimento, ou a possibilidade de que venham a ocorrer em um futuro próximo, são os motores das alterações, que necessariamente seguem movimentos pendulares, das legislações de fundo econômico. Tais mudanças ora dão ouvidos aos perdedores em uma crise, ora dão ajuda aos investidores que querem se ver livres das restrições que atrapalham seus movimentos rumo ao lucro. Creio que inexiste acerto ou erro nesta equação, mas momentos distintos nos quais o passado, já desvanecido pelo tempo, constrói a certeza de um futuro de perenes ganhos.

8.6.3 Escritura de emissão

Uma vez deliberado pela assembleia de acionistas o valor e as condições nas quais se dará a emissão das debêntures, compete aos administradores da sociedade providenciar a materialização da oferta pública por intermédio de uma instituição financeira e com a prática de determinados atos pela própria sociedade. O passo fundamental se dá com a elaboração, por meio de instrumento público ou particular, da denominada "escritura de emissão". Temos, portanto, três etapas distintas, a começar pela assembleia autorizativa da emissão, passando pela elaboração do instrumento de oferta pública e seu registro junto à Comissão feito por uma instituição do sistema de distribuição de valores mobiliários e terminando pela subscrição da emissão pelos investidores.

É a escritura o instrumento pelo qual a companhia oferece ao público as debêntures, estabelecendo as condições de aquisição, os direitos dos compradores e as obrigações que a sociedade ou terceiro por ela assumem. Assim, a companhia, ao ofertar as debêntures através da escritura de emissão, o faz segundo os direitos e obrigações deliberados pela assembleia geral, sendo que o adquirente a eles adere; ou seja, trata-se de um contrato de investimento coletivo, materializado pela subscrição desse gênero de valor mobiliário, ao qual aderem os subscritores, segundo as regras obrigacionais unilateralmente ofertadas pela companhia e aceitas pelos investidores.

O agente fiduciário, por disposição da lei societária, será interveniente necessário na escritura de emissão, sendo esta o instrumento formal de sua designação. Esse preceito legal pode soar estranho, na medida em que o agente, devendo ser o elemento de confiança dos debenturistas, e não da companhia emitente, é escolhido, inicialmente, por esta, que é parte oposta na relação obrigacional.

Em verdade, quando da escritura de emissão, não se sabe quais investidores aceitarão a oferta de subscrição das debêntures e, portanto, seria o agente detentor da fidúcia de pessoa indefinida. Seria mais coerente se, após o encerramento da subscrição, a instituição financeira encarregada da distribuição das debêntures junto ao mercado tivesse como incumbência final a convocação da primeira assembleia de debenturistas, e nela fosse eleito o agente fiduciário dos debenturistas, ao invés de se estabelecer como agente o indicado pela companhia emitente.

Em prol da solução adotada pela lei pode ser dito que, ao aderir às cláusulas da escritura de emissão, lá consta o nome do agente fiduciário e, assim como o subscritor aderiu às demais condições, também aceitou o agente, a ele outorgando a sua confiança para representá-lo na defesa de seus interesses perante a companhia. De concreto, resta notar que a CVM, quando examina a escritura de emissão, o faz também com relação ao agente fiduciário. Caso este fosse indicado pelos debenturistas, quando da realização da primeira assembleia, teria que obter o *nihil obstat* e o *imprimatur* da CVM, o que poderia ser por demais burocrático para a companhia emitente e para os debenturistas.

A decisão legal foi no sentido de se atribuir aos debenturistas, que surgem após o ato de subscrição, a condição de, em assembleia geral, eleger outro detentor da confiança dos subscritores. O silêncio dos debenturistas, entretanto, implicará o reconhecimento tácito de que o agente fiduciário escolhido pela empresa emitente representa legitimamente os interesses da categoria dos investidores.

A escritura de emissão deverá conter todas as cláusulas e condições necessárias e suficientes para permitir ao investidor formar seu juízo quanto à conveniência ou não de realizar o investimento. Também neste ponto o ato é um símile do prospecto que necessariamente deve ser colocado à disposição do subscritor de ações. A escritura pode ser feita por instrumento público ou particular, preferindo o mercado a última forma, muito embora sejam ambas detentora da mesma força obrigacional.

8.6.4 Valor nominal

A debênture, por previsão legal, é um valor mobiliário que necessariamente terá que ser emitido com seu valor nominal já expresso, como condição necessária para que seja válida desde a deliberação assemblear autorizativa até seu lançamento. O valor nominal ou valor de emissão não necessariamente coincide com o valor de colocação. O primeiro significa o valor pelo qual é a debênture emitida e, como consequência, o seu valor de resgate. O segundo, diferentemente, é o valor pelo qual o mercado está disposto a adquirir o valor mobiliário e a emitente a aceitá-lo. Da comparação entre esses dois montantes decorre que a colocação poderá ser feita com ágio ou deságio em face do valor nominal ou de emissão. Isso significa que o deságio de colocação é uma perda para a companhia, na medida em que irá remunerar o investidor tendo como base de cálculo valor maior do que aquele efetivamente entrado nos cofres da sociedade e, quando do resgate, terá que pagar o valor de face da debênture. *A contrario sensu*, o ágio de colocação significa uma redução indireta na remuneração paga pela companhia emitente ao investidor, devida ao maior volume de recursos que a empresa recebe quando da colocação, se comparado ao valor do resgate e também à base de cálculo para a remuneração fixa paga ao debenturista.

Porém, a necessidade da existência do valor nominal de emissão decorre de dois fatores, ambos ligados à constatação de que este é um típico contrato de mútuo e, como tal, bipartindo-se em montante mutuado, qual seja, o principal, e em remuneração fixa ou variável a que o credor faz jus pelo empréstimo.[36]

O primeiro ponto que faz com que haja necessidade de um valor nominal é que a debênture tradicionalmente detém uma data de resgate, fazendo com que, nesse momento, o montante mutuado seja devolvido ao prestador. Assim, o valor de emissão corresponde ao valor de resgate. O outro, este sim fundamental, deflui do mandamento legal, o que inviabiliza qualquer lançamento sem seu cumprimento.[37]

Ressalve-se que, nos casos de emissão de debêntures subordinadas, emitidas como perpétuas, bem como nas hipóteses de remuneração variável em relação ao lucro da empresa ou de determinado empreendimento, o valor nominal ou de lançamento só terá significado caso o inciso II do artigo 59 da Lei das Companhias não seja cumprido, ou caso haja o descumprimento de cláusula constante da escritura de emissão que ocasione o vencimento imediato das debêntures, com o consequente resgate.

O valor nominal também será irrelevante na hipótese de debênture perpétua, cuja escritura de emissão preveja a ocorrência de leilões periódicos de resgate cujo vencedor será aquele investidor que se predispuser a receber por sua debênture o menor preço. Nesta hipótese, não haveria a necessidade de se ter o valor de emissão, muito embora o debenturista leve em consideração o capital por ele investido.[38] Essa sistemática já não se aplica às debêntures cuja remuneração seja de participação variável. Aqui, o pagamento da remuneração periódica prescinde de uma base de cálculo, na medida em que é uma proporção de determinado lucro dividido pelo número de debêntures constantes de dada emissão. A mesma desnecessidade de valor nominal ocorrerá se essa debênture de remuneração variável for paga pelo menor preço aferido em leilão público. Entretanto, se o resgate for feito só quando do vencimento da obrigação principal, a companhia terá que restituir ao investidor o montante equivalente ao valor nominal de emissão.

---

36. A partir da edição da Medida Provisória n. 1620-33/1998, que dispôs sobre medidas referentes ao Plano Real, são nulas as cláusulas contratuais que estipulem reajustes ou correção monetária tendo por parâmetro índices de preço, variação de preço do ouro ou moeda estrangeira, em contratos cujas obrigações sejam exigíveis em prazo inferior a um ano. Tal norma legal restringe e limita a aplicação do disposto no parágrafo único do artigo 54 da Lei Societária, que dispunha que: "A debênture poderá conter cláusula de correção monetária, aos mesmos coeficientes fixados para a correção da dívida pública, ou com base na variação da taxa cambial."
37. Vide art. 54 da Lei das Sociedades por Ações.
38. É de se ter em mente que, quando do resgate voluntário pelo menor preço, os investidores, tendentemente, levam em conta não o valor nominal do valor mobiliário, mas quanto efetivamente foi investido na sua aquisição, o tempo decorrido e investimentos alternativos futuros que possam ser feitos com o produto recebido.

8.6.5 Remuneração da debênture

Historicamente, as debêntures são vistas, e em sua grande maioria emitidas, como uma espécie de valor mobiliário cuja remuneração é calculada em função do valor unitário; ou seja, um pagamento prefixado enquanto taxa de juros periódicos, ou pago ao final, se assim constante da escritura de emissão. Tal percepção nasce com a edição do Decreto n. 177-A, de 1893, que, em seu artigo 2º, n. 5, estabeleceu que o manifesto autorizativo da emissão deveria explicitar "o número e o valor nominal das obrigações, cuja emissão se pretende, com o juro correspondente a cada uma, assim como a época e as condições da amortização ou do resgate, e do pagamento dos juros". Previa o Decreto de 1893, em síntese, que as debêntures seriam remuneradas pelo pagamento dos juros fixos, no mínimo de 3%, além de um eventual prêmio de reembolso.

Em 1938, com a edição do Decreto-Lei n. 781, o artigo 3º, letra "e", previa a possibilidade de a assembleia de debenturistas alterar o pagamento "dos juros fixos estipulados pelo de juros variáveis, cumulativos ou não". Mas os juros ainda eram a base de cálculo do investimento, assim permanecendo até o fim de 1976, muito embora aos juros fixos pudessem ser acrescidos juros variáveis em função do bom desempenho da sociedade em determinado exercício social.

Com a edição da atual Lei das Companhias ocorre uma radical mudança, na medida em que o artigo 56 estabeleceu que "A debênture poderá assegurar ao seu titular juros, fixos ou variáveis, participação no lucro da companhia e prêmio de reembolso". Tal mudança não foi bem aceita por alguns doutrinadores, que viram no alargamento das formas de remuneração uma descaracterização do valor mobiliário.[39]

A nova redação foi atropelada pela edição de atos administrativos conjuntos do Banco Central e da Comissão de Valores Mobiliários "revogando" a abertura trazida pela Lei das Companhias em seu artigo 56. Assim é que, anteriormente à Decisão Conjunta n. 13/2003, outras duas no mesmo sentido, as Decisões Conjuntas n. 3 e n. 7, respectivamente de 1996 e 1999, já haviam inscrito em seus artigos 1º as limitações quanto à remuneração que poderia ser pactuada.[40] É interessante notar que a Decisão Conjunta n. 13 teve como suporte legal alegado pelas duas

---

39. "Essa flexibilidade não se afigura conveniente, uma vez que atenta contra a tradição brasileira, a qual, em matéria de títulos de crédito, sempre se fundou na certeza. Uma debênture cujo rendimento depende do desempenho da emitente não é uma verdadeira debênture e a sua existência, sob o aspecto psicológico, apresenta a desvantagem de esgarçar a consistência do título, descaracterizando-o." (BORBA, José Edwaldo Tavares. Debêntures. **Revista de Direito Mercantil, Industrial, Econômico e Financeiro**, v. 16, n. 26, nova série, p. 135-152, 1977, p. 138).

40. "Art. 1º – Estabelecer que as debêntures somente podem ter por remuneração: I – taxas de juros prefixada; II – taxa referencial – TR ou taxa de juros de longo prazo – TJLP, observado o prazo mínimo de um mês para vencimento ou período de repactuação; III – taxa básica financeira – TBF, observado o prazo mínimo

autarquias o próprio artigo 56 da Lei das Companhias aqui comentado. De outro lado, também é de se anotar que a primeira Decisão Conjunta (de n. 3) abrangia toda e qualquer emissão de debêntures.

Posteriormente, em 2003, com a edição da Decisão Conjunta n. 13, retifica-se o artigo 1º da Decisão n. 3, restringindo-se o alcance da proibição somente para as emissões que fossem objeto de colocação pública, tendo como suporte legal a Lei n. 8.177/1991, que permitia somente a utilização da Taxa Referencial – TR como base de remuneração. Ocorre que esse dispositivo restritivo dizia respeito só "aos contratos com prazo de repactuação igual ou superior a três meses". A mesma "mágica" foi aplicada ao se utilizar como suporte legal para a Decisão Conjunta n. 13/2003 os artigos 8º e 9º da Lei n 8.660/1989, os quais, salvo melhor interpretação, não se referem ao assunto objeto de ambas as autarquias. O primeiro refere-se à utilização da TR nos contratos com prazo igual ou superior a três meses; o segundo delega ao Banco Central o poder regulamentar das operações financeiras. Ou seja, o ato administrativo conjunto não tem suporte legal, na medida em que contrariou dispositivo expresso de lei. O que se pode imaginar é que, na busca do controle inflacionário, o Banco Central decidiu atropelar o mandamento legal, conjuntamente com a CVM como coadjuvante no exercício ilegal de seu poder regulamentar. O que mais espanta é que, passados mais de dez anos, o indigitado diploma ainda não tenha sido revogado, permanecendo uma restrição não só abusiva, mas incoerente na atual situação do mercado de valores mobiliários. Por ser este um trabalho jurídico, e considerando que a Decisão Conjunta n. 13/2003 é ilegal, temos que a remuneração das debêntures pode ser ofertada, conforme prescrito em lei, com o pagamento de juros fixos, variáveis, com a participação nos lucros da companhia, além da possibilidade de pagamento de prêmio por ocasião do reembolso.

A Lei das Companhias, ao tratar da remuneração das debêntures, criou três categorias distintas, de acordo com a dicção do artigo 56. A primeira refere-se à possibilidade de os juros serem calculados de acordo com o percentual fixo ou variável no tempo, criado quando da edição da escritura de emissão. A segunda de certa maneira inova ao explicitar claramente que o pagamento da remuneração deve ser calculado sobre o lucro da companhia. Finalmente, como terceira categoria, foi estabelecido o prêmio de reembolso, de amortização ou de resgate, o qual se soma ao pagamento feito de acordo com cada uma destas três modalidades, como um estímulo a mais aos debenturistas.

---

de dois meses para vencimento ou período de repactuação; IV – taxas flutuantes, na forma admitida pela Resolução n. 1143 [...]."

8.6.5.1 Juros fixos

Tradicionalmente, as debêntures pagam uma remuneração a título de juros pelo contrato de mútuo realizado. Os juros fixos são aqueles constantes da escritura de emissão e aceitos pelo subscritor, os quais são limitados pelos dois dispositivos do Código Civil[41] inscritos nos artigos 406 e 591. A cobrança de juros entre nós sempre foi um assunto muito mais tratado sob o viés das restrições religiosas do que sob o aspecto econômico. Assim é que, já 1933 é editado o Decreto n. 22.626, mais conhecido com Lei da Usura, que proibia e punia qualquer remuneração de empréstimo que fosse superior ao dobro do percentual previsto no Código Civil de 1916 — ou seja, não poderia ultrapassar os 12% anuais. Tal restrição, entretanto, não era aplicável aos contratos de mútuo praticado pelas instituições financeiras, as quais, desde 1933, tinham liberdade para estabelecer a remuneração dos empréstimos de acordo com a realidade econômica.

Posteriormente, tal percentual limitativo foi colocado como preceito constitucional, não havendo qualquer ressalva aos empréstimos contratados pelas instituições financeiras. Isso levaria o Poder Judiciário a entender que todo o artigo 192 da Constituição Federal dependia de lei complementar, inclusive seu parágrafo 3º, o qual fixou os juros reais máximos de 12% ao ano, sob pena de crime de usura. A partir da então denominada "Emenda Fernando Gasparian", ainda no âmbito da Constituinte, iniciam-se os debates em torno de o que seria juro real. Após a promulgação da Constituição Federal, o Supremo Tribunal Federal decidiu, com base no *caput* do artigo 192 — o qual previa que "o sistema financeiro nacional [...] será regulado em lei complementar, que disporá inclusive sobre: [...]" —, que, enquanto não houvesse a lei complementar, o preceito constitucional não seria aplicável. Finalmente, em 2003, pela Emenda Constitucional n. 40, o artigo 192 da Constituição Federal perdeu todos os seus parágrafos e incisos, tendo o *caput* recebido nova redação parcial, no sentido de que o sistema financeiro seria regulado por distintas leis complementares, de sorte a que cada fatia do mercado financeiro seria objeto de comando distinto, além de se ter excluído do texto constitucional a referência à cobrança máxima de juros de 12% ao ano.

Se a emenda constitucional resolveu os problemas do mercado financeiro, o mesmo não pode ser dito com relação à remuneração fixa das debêntures. Isso porque a redação dada pelo vigente Código Civil não ajuda o entendimento. Remuneração de capital, muito mais do que um problema jurídico, é uma questão

---

41. "Art. 591 – Destinando-se o mútuo a fins econômicos, presumem-se devidos juros, os quais, sob pena de redução, não poderão exceder a taxa a que se refere o art. 406, permitida a capitalização anual." "Art. 406 – Quando os juros moratórios não forem convencionados, ou forem sem taxa estipulada, ou quando provierem de determinação de lei, serão fixados segundo a taxa que estiver em vigor para a mora no pagamento de impostos devidos à Fazenda Nacional."

econômica. O artigo 591 do Código Civil comanda que os juros em mútuos com fins econômicos (como os pagos aos debenturistas) não poderão exceder os juros moratórios, conforme previsto no artigo 406, calculados pela Fazenda Nacional para o pagamento serôdio dos tributos federais.

Ora, juros moratórios não possuem quaisquer semelhanças com juros compensatórios. Se os legisladores do Código Civil olhassem para a realidade, veriam que os juros compensatórios variam em função da oferta e demanda de dinheiro, nada tendo a ver com o pagamento punitivo pelo atraso no pagamento de tributos. Se olharmos para qualquer fase da vida econômica dos países, verificaremos que poucas vezes os dois coincidem. À época, devido à inflação, os juros compensatórios eram negativos e os punitivos não. Dada a controvérsia, o Conselho de Justiça Federal, em sua Primeira Jornada de Direito Civil, ao tratar do artigo 406 do Código Civil, baixou dois enunciados. O primeiro, de número 20, estabeleceu que:

> A taxa de juros moratórios a que se refere o art. 406 é a do art. 161, § 1º, do Código Tributário Nacional, ou seja, um por cento ao mês. A utilização da taxa Selic como índice de apuração dos juros legais não é juridicamente segura, porque impede o prévio conhecimento dos juros; não é operacional, porque seu uso será inviável sempre que se calcularem somente juros ou somente correção monetária; é incompatível com a regra do art. 591 do novo Código Civil, que permite apenas a capitalização anual dos juros, e pode ser incompatível com o art. 192, § 3º, da Constituição Federal [já revogado], se resultarem juros reais superiores a doze por cento ao ano.

Também editou o Enunciado n. 34, no sentido de que, "No novo Código Civil, quaisquer contratos de mútuo destinados a fins econômicos presumem-se onerosos (art. 591), ficando a taxa de juros compensatórios limitada ao disposto no art. 406, com capitalização anual". Ou seja, os juros moratórios são calculados à razão de 1% ao mês ou 12% ao ano. Já os juros compensatórios serão iguais àqueles devidos pela mora no recolhimento dos tributos federais.

Para tornar a situação ainda mais confusa, não podemos nos esquecer do parágrafo único do artigo 1º do Código de Defesa do Consumidor, que leva em consideração outros elementos não tratados pelo Código Civil.[42] Efetivamente, a contribuição do mundo jurídico para regular os juros não pode ser tida como uma atuação minimamente competente.

O mercado, entretanto, tende a resolver essa pendenga jurídica por meio do desconto ou sobrepreço quando da colocação do valor mobiliário junto ao público,

---

42. "Para a configuração do lucro ou vantagens excessivos, considerar-se-ão a vontade das partes, as circunstâncias da celebração do contrato, seu conteúdo e natureza, a origem das correspondentes obrigações, as práticas de mercado e as taxas de juros legalmente permitidas."

de sorte a compensar eventual discussão futura quanto ao entendimento dos dois artigos do Código Civil, bem como dos respectivos Enunciados.

Esqueceram-se os legisladores que os juros remuneratórios obedecem cegamente às disponibilidades maiores ou menores de dinheiro em um dado momento. De outro lado, olvidou-se que os juros compensatórios tendem a refletir também o risco do tomador de recursos, existindo, inclusive, agências de *rating*, ou agências de avaliação de risco, que orientam os detentores de poupança. Finalmente, é de se ter em mente que, quando o Tesouro Nacional, que é considerado risco zero pelos tomadores, pagava 12,5% ao ano, será irreal imaginar que os subscritores de debêntures se conformassem em receber menos por um risco maior.

8.6.5.2 Juros variáveis

Com as devidas cautelas e dúvidas — como acima apontado —, pode-se dizer que os juros variáveis são aqueles que podem, conforme previsto na escritura de emissão, sofrer alteração para mais ou para menos dentro de um teto e um piso, em decorrência de determinados eventos futuros previstos na mesma escritura de emissão. A finalidade econômica do preceito é dar flexibilidade para adequar a remuneração às condições de mercado, bem como as eventuais alterações econômicas ocorridas na emitente, tais como melhora ou piora no caixa da companhia ou a possibilidade de agregar outras garantias à emissão. A Lei das Companhias trata somente das variações da remuneração contratada previamente e não das eventuais mudanças ocorridas no curso da vida da debênture, mas por deliberação entre a companhia emitente e a assembleia de debenturistas, o que será discutido em seguida.

Também, nada tem a ver com a construção da taxa de juros durante o processo de oferta pública da debênture. Nessas ocasiões, quando do encerramento do processo de subscrição, a companhia pode ter duas faculdades constantes da escritura de emissão. A primeira é aquela que estabelece uma correlação do preço de emissão em função da demanda apresentada pelo mercado subscritor. Quanto maior forem os pedidos de subscrição, sobrepassando o volume ofertado, haverá uma correspondente variação negativa do preço inicial objeto da oferta. O contrário também poderá ocorrer. Ambas as hipóteses, entretanto só surgirão se dentro dos parâmetros e limites constantes da escritura de emissão previamente aprovadas pela Comissão de Valores Mobiliários. Este processo, denominado *book building* pelo mercado, pode permitir que, só quando do fechamento do processo de subscrição, ocorra variação no preço de subscrição ou na remuneração paga pela debênture, tudo em função da intensidade ou fraqueza da demanda pelos subscritores. Mas isso nada tem a ver com a debênture de renda variável prevista no artigo 56 da Lei das Companhias.

8.6.5.3 Prêmio de reembolso

É uma vantagem financeira a mais que pode ser contemplada na escritura de emissão, ou por proposta da companhia emitente das debêntures e aceita pelos investidores reunidos em assembleia geral. O pagamento do prêmio, de acordo com a escritura, poderá ocorrer quando do vencimento do investimento, quando da amortização ou do resgate, expresso em uma quantia fixa do investimento inicial, ou em uma quantia fixa, conforme estabelecido entre a companhia emitente e os debenturistas. Se ocorrer sob a forma de amortização ou resgate, será o prêmio pago pelas debêntures sorteadas. Por ser um prêmio, significa o pagamento de uma quantia a maior, além do preço do valor do investimento inicial corrigido monetariamente, se for o caso. É ele normalmente utilizado pelas companhias que queiram diminuir seu endividamento ou que durante a vida útil da debênture encontrem condições financeiras de mercado mais favoráveis do que o custo do dinheiro pago quando da emissão.

Se as regras para o pagamento do prêmio já estiverem previstas na escritura de emissão, a companhia emitente só terá que seguir as regras lá acordadas. Caso tais comandos lá não tenham sido previstos, caberá à companhia propor o prêmio. Tal como ocorre com as ações, o resgate significa o pagamento do total devido ao investidor com o cancelamento do valor mobiliário.

8.6.5.4 Repactuação da escritura de emissão

A repactuação implica a extinção do vínculo obrigacional anterior e, concomitantemente, a novação em um novo pacto obrigacional, conforme constante no artigo 360 do Código Civil.[43] No caso das debêntures, está se utilizando o inciso primeiro do preceito, o qual define sua ocorrência quando o credor contrai com o devedor dívida distinta que, em consequência, extingue a primeira relação obrigacional. A novação, enquanto forma extintiva de obrigações, foi transportada sem alterações do Código de 1916, conforme se verifica em seu artigo 999.

Como ensina Clóvis Beviláqua, as características do contrato de novação pressupõem a observância dos seguintes pontos: a) a existência de um acordo de vontades entre o credor e o devedor no sentido de novar o vínculo obrigacional

---

43. "Dá-se a novação: I – quando o devedor contrai com o credor nova dívida para extinguir e substituir a anterior; II – quando o novo devedor sucede o anterior, ficando este quite com o credor; III – quando, em virtude da obrigação nova, outro credor é substituído ao antigo, ficando o devedor quite com este." De forma semelhante, a novação mercantil constava do Código Comercial de 1850, em seu artigo 438, com a seguinte redação: "Dá-se a novação: 1. Quando o devedor contrai com o credor uma nova obrigação que altera a natureza da primeira; 2. Quando um novo devedor substitui o antigo e este fica desobrigado; 3. Quando por uma nova convenção se substitui um credor a outro, por efeito da qual o devedor fica desobrigado do primeiro. A novação desonera todos os coobrigados que nela não intervêm (artigo n. 262)."

antecedente; b) que a obrigação anterior seja legalmente válida; c) a manifestação clara e irrestrita de novar deve constar do segundo vínculo obrigacional, na medida em que, conforme adverte Clóvis, a falta clara de tal manifestação implica a existência concomitante de ambos os vínculos obrigacionais; d) a segunda obrigação precisa ser legalmente válida e apta a produzir os efeitos da obrigação contratada.[44]

A novação ocorre, na maioria das situações, entre um devedor e um credor. Entretanto, no caso das debêntures, o devedor será único, mas o credor será sempre o universo de subscritores da mesma série, caso a emissão seja desta forma dividida. De qualquer sorte, na hipótese sob análise, a novação será sempre objetiva, na medida em que implica a alteração das cláusulas estabelecidas na escritura de emissão — muito embora, em outras situações, possa ser subjetiva, quando implicar a troca do sujeito passivo ou ativo da obrigação, o que ocorrerá quando da alienação do valor mobiliário a terceiro ou, conforme o caso, pela substituição do devedor.

Dessa constatação decorre que a troca ou novação do credor é pressuposto inerente à própria natureza da liquidez que deve caracterizar os valores mobiliários ofertados publicamente, já que faz parte desta modalidade de colocação a possibilidade de troca de credores por meio do mercado secundário ou pela venda privada direta. Já na hipótese da novação objetiva, como o que se altera são cláusulas da escritura de emissão, o novo contrato pode alterar total ou parcialmente o primeiro vínculo obrigacional, quase sempre ocorrendo alterações de cláusulas específicas da escritura de emissão, normalmente para se conformar a uma distinta situação econômica que atenda às vontades novadas entre a companhia e os debenturistas.

Naturalmente, a oferta pública de um valor mobiliário só se completa com a aceitação do investidor pela subscrição, situação na qual ele adere às cláusulas e condições constantes da oferta; ou seja, da subscrição nasce o vínculo obrigacional entre o emitente e o subscritor. Ocorre que, se analisarmos as prescrições constantes do Código Civil, fica-se com a impressão de que seus comandos destinam-se a regrar o relacionamento obrigacional entre um único credor e um só devedor, remanescendo a dívida quando, em verdade, o relacionamento do devedor se dá com inúmeras partes credoras.

Para serem implementadas, as novas regras, objeto da novação, devem obter a aprovação da totalidade dos debenturistas detentores de uma dada classe, ou basta a sua aprovação pela maioria? Há diferença se a escritura de emissão contiver quóruns distintos conforme a matéria a ser deliberada? Ou seja, em que condições podem ser alterados os diretos e obrigações constantes de uma dada escritura de emissão?

---

44. BEVILÁQUA, Clóvis. **Código Civil dos Estados Unidos do Brasil comentado**. Rio de Janeiro: Francisco Alves, 1958, v. 4, p. 124.

Se de um lado é certo que os debenturistas formam uma comunhão de interesses, de outro não é menos verdade que as obrigações são por eles assumidas individualmente quando da subscrição, não prevendo a Lei das Companhias o regramento específico para as deliberações de suas assembleias, mas remetendo, no que couber, às normas aplicáveis à assembleia geral de acionistas. A expressão "no que couber", constante do parágrafo 2º do artigo 71, pode ser classificada como norma aberta, deixando ao intérprete a árdua tarefa de examinar em cada caso se as regras das assembleias de acionistas se aplicam àquelas outras compostas por debenturistas.

As deliberações dos acionistas de sociedades com ações colocadas junto ao público, conforme prescrição do artigo 129, são divididas em duas categorias: aquelas previstas em lei e que exigem um quórum de aprovação qualificado, e aquelas outras dela não constantes. O artigo 136 da Lei das Companhias, por exemplo, elenca dez hipóteses para cuja deliberação exige-se aprovação pela metade das ações votantes, se maioria mais qualificada não for exigida pelo estatuto social da companhia. Porém, se analisadas as previsões lá constantes, verificaremos que nenhuma delas se aplica às debêntures,[45] já que todas se voltam a mudanças referentes às ações preferenciais, dividendo, fusão, cisão, liquidação ou incorporação da companhia. Ou seja, nenhuma das hipóteses do artigo 136 ajuda a encontrar uma solução para a enigmática locução do legislador: "no que couber". Se em nada couber, como fica o quórum de deliberação das assembleias de debenturistas?

De outro lado, a Lei das Sociedades Anônimas teve o cuidado de, ao mesmo tempo em que previu um quórum qualificado para a aprovação de determinadas matérias importantes aos acionistas minoritários, permitiu que estes pudessem estabelecer no estatuto social quórum mais qualificado. Mesmo assim, foi criado um mecanismo de saída para o acionista descontente, conforme previsão do artigo 137. O direito de recesso ou de retirada não é aplicável aos debenturistas, mesmo nas hipóteses de mudanças fundamentais, isto é, naqueles elementos que os levaram ao ato de subscrição, tais como a remuneração, as garantias oferecidas inicialmente, o prazo de resgate ou o esquema de amortização.

Como já anteriormente apontado, os doutrinadores que se aventuraram nesse campo minado divergem. Modesto Carvalhosa analisa um ponto quanto

---

45. O artigo 136 exige o quórum qualificado para: "I – criação de ações preferenciais ou aumento de classe de ações preferenciais sem guardar proporção com as demais classes de ações preferenciais, salvo se já previsto ou autorizado pelo estatuto; II – alteração nas preferências, vantagens e condições de resgate ou amortização de uma ou mais classes de ações preferenciais, ou criação de classe mais favorecida; III – redução de dividendo obrigatório; IV – fusão da companhia ou sua incorporação em outra; V – participação em grupo de sociedade; VI – mudança de objeto da companhia; VII – cessação do estado de liquidação da companhia; VIII – criação de partes beneficiárias; IX – cisão da companhia e, X – dissolução da companhia."

à mudança de cláusulas da escritura de emissão, alterações essas que, se feitas com a discordância da minoria, não ensejariam o direito de recesso "em face do princípio da unicidade do crédito debenturístico"; mas, de outro lado, não analisa a situação da não aplicabilidade da nova cláusula só aos majoritários, mostrando que a mesma emissão não poderia conter direitos diferentes.[46] Restaria saber de outra hipótese, qual seja, que ou a decisão da maioria seria inaplicável, por derrogar direito essencial de outros, ou implicaria automaticamente a criação de uma nova série ou a sua conversão em uma nova emissão.

Em sentido contrário professa José Edwaldo Tavares Borba, para quem se afigura mais consentâneo o entendimento de que as alterações poderão ser deliberadas validamente pela maioria dos debenturistas, somado à vontade positiva da emitente, se levada em consideração a circunstância de se estar alterando uma condição assessória da escritura de emissão. *A contrario sensu*, a alteração não poderá surtir efeitos se a mudança se referir a um comando essencial. Assim sendo, para o jurista, se a alteração não disser respeito às condições essenciais do contrato, poderão ser modificadas.[47]

A Quarta Turma do Superior Tribunal de Justiça,[48] conforme decisão unânime de lavra do Ministro Ruy Rosado de Aguiar, entendeu válida a separação feita por José Edwaldo Tavares Borba, no sentido de que:

> [...] 2. O valor das debêntures não é condição que possa ser alterada por decisão da assembléia geral, nos termos do disposto no artigo 71, § 5º, da Lei 6.404/76, pois diz com

---

46. "Essa deliberação tomada validamente em assembleia (art. 71) não enseja o resgate antecipado das debêntures por parte dos dissidentes, em face do princípio da unicidade do crédito debenturístico. No caso, prevalece necessariamente esse princípio, vinculando à repactuação todos os titulares de debêntures. Assim deliberando validamente a assembleia (art. 71), não poderá o debenturista dissidente reivindicar o resgate antecipado, como acima comentado. Não deve, portanto, temer a companhia emissora uma corrida ao reembolso por parte dos dissidentes que poderia comprometer a operação de fortalecimento da colocação." (CARVALHOSA, Modesto. **Comentários à Lei de Sociedades Anônimas**. 6. ed., São Paulo: Saraiva, 2011, v. 1, p. 753).

47. "A escritura de emissão constitui uma declaração unilateral de vontade, mas, uma vez colocadas as debêntures, configura-se uma relação bilateral entre a emissora e os titulares das debêntures em circulação. Qualquer modificação da escritura passa então a depender de um acordo de vontades entre a emissora e a comunhão de debenturistas. A extensão dos poderes da assembleia de debenturistas afigura-se como uma controvertida questão. Poderia a assembleia modificar qualquer condição da emissão? [...] Algumas condições inserem-se no complexo dos interesses comuns dos debenturistas, enquanto outras vinculadas mais acentuadamente ao interesse individual de cada credor. [...] A legislação brasileira situa-se entre aquelas que não enumeram as condições que podem ser modificadas por maioria, de modo a distingui-las daquelas que somente podem ser modificadas mediante decisão unânime. [...] A tendência, porém, nos países que se defrontam com essa definição, é a de inclinar-se pela posição restritiva ou intermediária, separando as condições acessórias das condições substanciais, de modo a considerar essas últimas apenas modificáveis mediante manifestação unânime dos debenturistas." Vide BORBA, José Edwaldo Tavares. **Das debêntures**. Rio de Janeiro: Renovar, 2005, p. 144-147.

48. Vide Recurso Especial n. 303.825/SP (2001/001826-5).

a própria essência dos títulos, assim como ficou bem explicado no respeitável acórdão, do qual extraio parte da fundamentação do voto vencedor do ilustre Des. Ivan Sartori: "No merecimento, tem-se por inconcusso que o valor das debêntures não diz com suas condições, mas com a própria essência dessa modalidade titular, que sem aquele não pode existir. Por conseguinte, não é possível a redução de que trata a assembléia em que se funda a autora, limitada que está a possibilidade de alteração às condições (art. 7, § 5º, da Lei Societária)".

Também assim constou do voto do em. Des. César Peluso, nesse ponto concordante: "É que, à luz do art. 71, § 5º, da Lei federal n. 6.404, de 15 dezembro de 1976, não está a assembléia autorizada a modificar o valor unitário das debêntures".

Ao argumento tão bem esgrimido pela autora, no sentido de que será quebrada a unicidade que deve existir entre as debêntures com a instituição de títulos de valores desiguais, pode-se redargüir que essa situação foi criada pela própria assembléia geral, ao adotar decisão não unânime que alterou indevidamente o valor das debêntures, e com isso permitiu a insurgência da minoria.

Claro fica que a dúvida quanto ao confronto entre os direitos essenciais e assessórios não foi resolvida pela decisão acima parcialmente transcrita, bem como não se discutiu se o conceito genérico de "comunhão de interesses" pode ter o condão de transformar direitos individuais naqueles outros de decisão colegiada sem que exista expressa previsão de lei, tal como previsto para as deliberações entre acionistas votantes.

Tenho para mim que a comunhão de interesses, para poder revogar direitos inerentes aos contratos cujas obrigações são assumidas individualmente, como no caso da subscrição de ações, necessitaria também de ordenamento legal específico para que um direto que foi razão fundamental de contratar possa ser alterado por vontade da maioria.

Tais constatações nos levam a que, na medida em que a Lei das Companhias não dispõe a respeito do quórum de deliberação, muito menos se o contrato entre a companhia emitente e os subscritores pode ser alterado contra a vontade da minoria, tais alterações irão depender fundamentalmente do contrato entre as partes. Ou seja, é de fundamental importância que a escritura de emissão regre as possibilidades e os quóruns de deliberação para a validade das alterações na escritura de emissão.

Caso o contrato entre partes nada estabeleça, e enquanto não for alterada a legislação, restará aos discordantes de uma ou outra posição discutir se a maioria pode alterar cláusulas fundamentais da escritura de emissão, tais como remuneração das debêntures, o prazo de resgate ou a alteração nas garantias, por exemplo. Se e quando o assunto for discutido em face de um projeto de lei ou de uma medida provisória, será conveniente discutir-se a possibilidade de se atribuir aos debenturistas dissidentes o direito de recesso ou de resgate antecipado.

8.6.5.5 Participação no lucro da companhia

Das modalidades de remuneração das debêntures, esta foi a que sofreu maior rejeição por parte dos doutrinadores, aferrados que estavam ou ainda estão ao modelo tradicional segundo o qual a debênture tem como maior qualificativo o fato de ser um valor mobiliário de renda fixa. Fran Martins entendia que a remuneração da debênture calculada em função do lucro da companhia era criticável, na medida em que "[...] os lucros sociais devem ser distribuídos apenas aos sócios, que, pondo o seu capital em risco, ao transferi-lo para a sociedade na subscrição ou aquisição de ações, devem compensar esse risco com o direito aos lucros obtidos pela empresa".[49]

A contestação, quando da discussão do então projeto de lei, partiu não só de parte da academia, mas também de setores do mundo empresarial.[50] Entretanto, como assinalou Luiz Gastão Paes de Barros Leães:

> Nenhuma das objeções levantadas tem consistência, nem encontra apoio da legislação revogada, ou no direito comparado. Com efeito, o Decreto-Lei n. 781, de 12 de outubro de 1938, regulava a comunhão de interesses entre portadores de debêntures com renda variável, ajustada à lucratividade da empresa.[51]

Creio, entretanto, que a distinção marcante entre a debênture e a ação é que a segunda tem por natureza ser um valor mobiliário que caracteriza uma associação em um empreendimento comum, já a debênture representa um empréstimo pagável ao final de um prazo combinado ou legal.[52] A remuneração do capital, entretanto, dependerá fundamentalmente dos direitos e obrigações assumidos quando da adesão do subscritor à oferta feita pela companhia. Já o debenturista será o investidor que assumiu um risco maior e, consequentemente, perceberá uma remuneração também maior, recebendo antes de qualquer acionista, visto se tratar de uma dívida e não de resultado eventualmente atribuível a sócio. Tais características tornam ainda mais clara a dicotomia, de um lado, do sócio e seus

---

49. Vide MARTINS, Fran. **Comentários à Lei das S.A.** Op. cit., p. 56.
50. "A Federação do Comércio do Estado de São Paulo se pronunciou pela eliminação dessa possibilidade advertindo que 'a debênture é título característico de empréstimo, sendo os juros e a correção monetária a remuneração a ele peculiar, não se justificando a concessão de vantagens adicionais, dada a natureza do negócio jurídico que origina seu lançamento, lucro e remuneração de capital de risco e, salvo o caso especial das partes beneficiárias, não deve ser estendido a outros títulos que não as ações.' Aliás, o projeto, prevendo participações com participação em lucros, e ações, sem participação nos lucros permanentes (cf. art. 17), o que faz é desnaturar os títulos, como tirar-lhes as características próprias." Vide LEÃES, Luiz Gastão Paes de Barros. **Comentários à Lei das Sociedades Anônimas**. São Paulo: Saraiva, 1980, p. 26.
51. Vide obra citada na nota anterior, p. 26-27.
52. Mesmo as debêntures perpétuas têm que ser liquidadas quando do encerramento das atividades sociais.

direitos aos dividendos na forma da lei e do estatuto social; de outro lado, o prestador de capital que, dentro das modalidades previstas na Lei das Companhias e contratando segundo elas, concorda em ser remunerado com um percentual do lucro, sem, entretanto, aderir ao pacto dos sócios.

Ou seja, não é relevante o fato de a remuneração da debênture ter por base de cálculo a lucratividade da sociedade; poderá, isso sim, ser considerada heresia à tradição, mas não ao preceito legal. Mesmo porque a legislação prevê aos empregados uma participação no lucro, não sendo eles detentores da qualidade de sócios. De outro lado, aqueles que emprestam seus recursos às companhias correm riscos iguais ou maiores que os acionistas conforme as ações sejam ou não votantes e a debênture seja emitida com ou sem garantia ou mesmo com cláusula de direitos quirografários quanto à garantia de recebimento de seu investimento.

Também não creio que a emissão tenha que necessariamente contar com o pagamento de juros fixos, sendo a remuneração variável um acréscimo ao pagamento feito aos debenturistas.[53] De fato, a novidade introduzida pelo artigo 56 da Lei das Companhias estabeleceu três modalidades distintas e de igual valor quanto à remuneração das debêntures, sendo uma delas a participação nos lucros da companhia. A Lei das Companhias deu aos investidores e às companhias emissoras a mais ampla liberdade para contratar a remuneração de seus investimentos, não tendo criado, a lei, a obrigatoriedade de que essa remuneração seja necessariamente de renda fixa, tendo um acréscimo variável nascido do livre contratar.

8.6.6 As garantias da emissão

A lei societária estabelece quais espécies de debêntures podem ser emitidas em face das garantias dadas a seus subscritores. É a escritura de emissão que estabelece o grau de segurança do valor mobiliário, garantindo o pagamento da remuneração periódica e do resgate quando do vencimento do valor mobiliário. Em termos econômicos, das garantias deve resultar que, quanto maiores e melhores, menor deverá ser a remuneração paga durante a vida do valor mobiliário, bem como, possivelmente, melhor será a colocação deste junto aos tomadores.

Emissões distintas poderão ter garantias distintas, mas as séries de uma mesma emissão usualmente têm que deter as mesmas garantias ou a falta delas. Tal decorre do fato de que, nesta hipótese, os direitos e obrigações da emissão são estabelecidos na escritura. Porém, se a escritura de emissão contiver provisões

---

53. Em sentido contrário, vide Modesto Carvalhosa, ao afirmar que: "Assim, os juros fixos constituem a remuneração básica e indeclinável das debêntures, sendo as demais modalidades acessórias daqueles, como a participação dos lucros da companhia e/ou o prêmio de reembolso." (CARVALHOSA, Modesto. **Comentários à Lei de Sociedades Anônimas**. Op. cit., v. 1, p. 748).

distintas em relação às garantias dadas a cada uma das séries a serem emitidas, os ofertados têm todas as condições para analisar a segurança do eventual investimento.

Essa é a razão da permissão de tal distinção constante do artigo 53, parágrafo único, da Lei Societária, quando comanda que "as debêntures da mesma série terão igual valor nominal e conferirão a seus titulares os mesmos direitos". Ou seja, os mesmos direitos referem-se ao valor nominal e à garantia do credor, já que a garantia ofertada compõe o rol dos direitos do investidor.

8.6.7 Espécies de garantias

Em seu poder cogente, a lei estabelece que as debêntures poderão ser emitidas com: (i) garantia real; (ii) garantia flutuante; (iii) não gozar de preferência; e (iv) sem garantia, por ser subordinada aos demais credores. Tais garantias, apresentadas em ordem decrescente pela lei quanto à sua efetividade enquanto colateral ao débito, têm as características a seguir descritas.

8.6.7.1 *Garantia real*

É aquela que tem como colateral determinado bem que responde pela dívida, desde que cumpridas determinadas formalidades legais, preferindo aos demais credores detentores de garantia flutuante, sem preferência e subordinada. Esta garantia real dá ao credor um direito que pode ser exercido contra qualquer um que queira desrespeitá-la, todas as vezes que a ameaça ao crédito assim garantido se manifeste.

A emissão de debêntures com garantia real significa a criação de vínculo obrigacional que afasta de outros credores a possibilidade de lançarem mão desse colateral para a satisfação de seus créditos. Tal garantia dá a seu detentor o direito de requerer a venda judicial do bem ofertado em garantia, sendo o produto destinado primeiramente à satisfação de seu crédito — ressalvado o credor garantido por anticrese, ao qual é dado o direito de reter a garantia enquanto o crédito não for satisfeito.

A garantia real nasce com a criação do vínculo obrigacional de uma das três modalidades previstas em lei, quais sejam: o penhor, a anticrese e a hipoteca; lembrando-se, entretanto, que somente podem ser dados em garantia os bens suscetíveis de serem alienados.

O direito real de garantia sobre determinado bem, entretanto, não mais é absoluto. Assim é que o exercício dos direitos creditícios preferenciais, garantidor da primazia sob todos os demais credores, ficou reduzido com a edição de outras leis específicas que criaram preferências legais que se sobrepuseram aos detentores de garantia real ou flutuante.[54] Isso significa que os debenturistas detentores de garantias reais ou flutuantes poderão ser preteridos por outros créditos preferenciais, tal como ocorre hoje com os créditos tributários e trabalhistas.

É, portanto, a garantia real um acessório colateralizado à obrigação principal, qual seja, a obrigação creditícia. A variabilidade quanto à prestação de garantia apareceu entre nós com a edição da lei societária de 1976, já que a legislação anterior previa que todo o conjunto de ativos e bens da companhia responderia pela quitação da dívida assumida pela emissão.[55] Essa solidariedade da totalidade do patrimônio social foi uma reação às emissões sem lastro feitas no final do século XIX, e que redundaram, como já mostrado anteriormente, em parte por culpa da crise do mercado de capitais, na denominada crise do Encilhamento.

Como acima já mencionado, o débito pode existir tendo colateralmente determinada ou nenhuma garantia para por ele responder em caso de inadimplemento da obrigação contratada. Ou seja, há uma hierarquia quanto às garantias suscetíveis de serem ofertadas pelo devedor ao credor. Nos sistemas jurídicos de raízes romano-germânicas, o direito real de garantia ocupa o ápice da pirâmide, por ser um direito oponível *erga omnes*. Mas mesmo sobre este direito tão antigo os juristas ainda não chegaram a um consenso quanto à sua natureza, isto é, se se trata de direito real ou de direito pessoal.[56]

Para aqueles defensores da teoria realista, mais seguida entre os nossos juristas, o direito real significa o poder de uma pessoa sobre um dado bem, poder este que é exercível contra todo e qualquer que não o respeite — ou, como aprendemos nas escolas de Direito, um poder exercível *erga omnes*. Por isso, o direito real é considerado um direito perene, exercível contra qualquer um que o ameace e enquanto existir o vínculo entre pessoa determinada e o bem dado em garantia. É exercido tantas vezes quantas forem as tentativas de seu esbulho e, consequentemente, ele se sobrepõe a todas as pessoas.

---

54. Vide artigo 186 do Código Tributário Nacional: "O crédito tributário prefere a qualquer outro, seja qual for a natureza ou tempo da constituição deste, ressalvados os créditos decorrentes da legislação do trabalho ou do acidente do trabalho. Parágrafo único: Na falência: I – o crédito tributário não prefere os créditos extraconcursais ou as importâncias passíveis de restituição, nos termos da lei falimentar, nem aos créditos com garantia real, no limite do bem gravado; II – a lei poderá estabelecer limites e condições para a preferência dos créditos decorrentes da legislação do trabalho; e III – a multa tributária prefere apenas aos créditos subordinados."

55. Vide § 1º do artigo 1º do Decreto 177-A, de 1893: "As obrigações que as sociedades anônimas emitirem terão por fiança todo o ativo e bens da companhia, preferindo a outros quaisquer títulos de dívida. I – liquidando-se a sociedade, os portadores dessas obrigações (obrigacionistas) serão pagos antes de quaisquer outros créditos, os quais não serão admitidos senão depois de recolhidas todas elas, ou depositado seu valor. II – a preferência assegurada aos obrigacionistas não prejudicará aos credores hipotecários, anticresistas e pignoratícios, quanto às hipotecas, às anticreses e aos penhores anteriores e regularmente inscritos."

56. Vide GOMES, Orlando. **Direitos Reais**. Atualização Luiz Edson Fachin. 19. ed., Rio de Janeiro: Forense, 1997, p. 11.

Como paradigma do direito real é de se apontar a propriedade,[57] *jus in re propria*, que no passado era um direito absoluto, o de "usar e abusar", mas que hoje sofre as restrições do uso social do direito. Em sendo, entre nós, um preceito de ordem pública, significa que mesmo o direito real, nos ordenamentos modernos, sofre limitações quanto a sua extensão e profundidade.[58]

Mas há a possibilidade de criação do direito real *in re aliena*, ou sobre bem de terceiro. Esses direitos reais sobre coisas de terceiros se subdividem em direitos de fruição — tais como o usufruto, a servidão, o uso, a habitação, etc. — e direitos reais de garantia, que são direitos limitados ou vinculados ao patrimônio do garantidor, tais como o penhor, a hipoteca, a anticrese e a alienação fiduciária em garantia.[59] São essas quatro hipóteses as que são utilizáveis como garantias com direito privilegiado nas emissões de debêntures. No Código Civil, as regras gerais às três primeiras hipóteses de garantia real foram tratadas em conjunto, enquanto a alienação fiduciária em garantia, hipótese adventícia ao sistema, foi contemplada fora das regras gerais. O mesmo esquema do Código Civil será aqui observado.

Há a necessidade de que aquele que dá determinado bem em garantia tenha o direito de aliená-lo de qualquer forma, na medida em que o penhor, a hipoteca ou a anticrese implicam a transferência física ou documental do bem dado em garantia. Tal transferência, para segurança de terceiro, produz efeito após registro, servindo também para tornar pública e eficaz a "propriedade superveniente". O bem dado em garantia, caso tenha mais de um proprietário, deverá ter contado com a aquiescência prévia dos demais; mas se o garantidor entregar só sua cota parte, tal concordância será desnecessária, ressalvada a hipótese de restrição a tal procedimento sem a manifestação de vontade dos demais.

A garantia dada é una, mesmo que seja composta de vários e distintos bens. Em sendo a garantia considerada como uma unidade, decorre que a quitação de parte da dívida garantida não tem o condão de liberar por si só a parte excedente ao débito remanescente. Ou seja, se não houver concordância do credor garantido, e por ser a garantia indivisível, permanecerá vinculada ao crédito até seu total pagamento. Tal concordância terá que constar do documento instituidor da garantia ou de outro, posterior, que a ele se consolide. Essa é a razão pela qual, em caso de falecimento de devedor, seus herdeiros devem quitar a dívida em sua totalidade.[60]

---

57. "O proprietário tem a faculdade de usar, gozar e dispor da coisa, e o direito de reavê-la do poder de quem quer que injustamente a possua ou detenha" (art. 1.228 do Código Civil).
58. "O direito de propriedade deve ser exercido em consonância com as suas finalidades econômicas e sociais e de modo que sejam preservados, de conformidade com o estabelecido em lei especial, a flora, a fauna, as belezas naturais, o equilíbrio ecológico e o patrimônio histórico e artístico, bem como evitada a poluição do ar e das águas" (art. 1.228, § 1º, do Código Civil).
59. Vide artigos 1.419 a 1.510 do Código Civil.
60. Caso um só herdeiro quite a dívida em sua totalidade, adquire o direito de regresso contra os demais, que

Tais garantias são solenes, portanto exigindo a forma escrita, documento este elaborado por instrumento público ou privado. Mas, para sua validade e eficácia, deverá conter, enquanto cláusulas obrigatórias, uma valoração do crédito garantido em valor exato, ou, se for o caso, por estimativa ou pelo valor máximo da garantia dada. É relevante notar que uma garantia dada por estimativa implica fixar um valor, assim como aquela outra dada pelo valor máximo. Na medida em que a garantia é una, por mandamento legal, decorre que o valor estimado ou dado como máximo é o montante garantido até a extinção do vínculo obrigacional real.

Por ser uma obrigação pecuniária, o contrato instituidor da garantia real deverá necessariamente fixar prazo para o pagamento, inclusive porque inexiste obrigação sem o marco inicial e final de sua existência no mundo legal, devendo prever, inclusive, a remuneração pela garantia prestada, se essa for devida. Também há necessidade de descrever o bem dado em garantia, na medida em que a garantia sobre o bem tem que ser dada a conhecimento público pelo registro do instrumento público ou privado, além de sua individualização ser necessária caso haja a necessidade de venda em hasta pública para quitar a dívida garantida.

Porém, a dívida não se considera vencida somente pelo pagamento ou quando levada à hasta pública como acima apontado. As garantias dadas podem ser bens suscetíveis de deterioração ou perecimento durante o prazo em que para tal estão servindo. Isso pode ocorrer tanto com garantias físicas, como no caso de imóveis profundamente deteriorados por enchentes ou destruídos por incêndio, como com bens semoventes que morrem ou títulos que percam seu valor. Nesta situação, o credor pode pedir ao devedor a complementação ou substituição da garantia, se tal estiver contratado. Mas, em caso da inexistência de tal obrigação, e se o devedor não concordar com o pedido do credor, estará vencida a dívida, e como tal deve ser paga, porém não mais como crédito privilegiado. Porém, se o bem perecido ou deteriorado estiver coberto por apólice de seguro, manda a lei que o credor se sub-rogará preferencialmente no crédito securitário a ser pago. Se o montante pago pela seguradora for inferior ao valor do bem dado em garantia, a diferença se transformará em crédito sem garantia, concorrendo com os eventuais demais credores.

Mas, se o devedor se torna inadimplente, a dívida é considerada vencida, devendo o credor, como apontado acima, levar a garantia à hasta pública para se ressarcir com aquilo que for apurado no leilão, já que a lei classifica como nula cláusula que autorize o credor a ficar com o objeto dado em garantia. Caso haja saldo não atendido pelo resultado do leilão público, tal saldo se transforma

---

passam à categoria de inadimplentes em face de credor agora sem garantia, já que a garantia real cessou de existir pelo pagamento feito por um só herdeiro devedor.

em crédito quirografário, concorrendo com os demais credores pelo pagamento remanescente.

8.6.7.2 O penhor

O penhor, na lição de Clóvis Beviláqua:

> é o direito real que submete uma coisa móvel ou imobilizável ao pagamento de uma dívida. [...] Podem ser objeto de penhor as coisas móveis alienáveis, sejam corpóreas, semoventes fungíveis ou meramente representativas, como os títulos de crédito (letras, apólices, ações de companhia), e, ainda, os frutos pendentes e os instrumentos agrícolas imobilizados nos estabelecimentos rurais.[61]

Quando o penhor recair sobre títulos de crédito, estes são entregues em caução da dívida. Por suposto, como o penhor é uma garantia de pagamento, podem ser dados em penhor aqueles bens que sejam insuscetíveis de excussão no caso de não cumprimento da obrigação principal. Porém, daí decorre que se tal bem for ofertado, e aceito pelo credor, mas não for honrado pelo emitente original do título, o crédito deixa de ser garantido e, no caso do não pagamento, comporá o grupo dos demais credores sem garantia.

Trata-se de um contrato acessório, que exige um contrato principal ao qual garanta. Assim, se nula for a obrigação principal, por decorrência, nulo será o penhor, muito embora o reverso não ocorra necessariamente. Dessa situação decorre que, se o nascimento do contrato depender de uma situação futura, também o penhor só terá eficácia com a completude do contrato principal. Pode ocorrer que o contrato principal esteja perfeito e acabado, mas a obrigação pignoratícia contenha vício formal sanável. Assim, até que o vício seja corrigido, apresentando-se de acordo com os requisitos exigidos por lei, tem-se por não formalizada o penhor.

É da essência do penhor, por ser um contrato acessório, que exista uma obrigação a ser garantida, um bem sobre o qual recaia o penhor, que haja a transferência física ou jurídica do bem e exista um contrato criando direitos e deveres entre as partes contratantes do penhor, desde que cumpridos os mandamentos da lei civil. A tradição do bem pode ser feita ao credor ou a quem ele indicar como seu representante.

A essência do penhor é a passagem de bem dotado de valor econômico do devedor para o credor. Entretanto, o garante da obrigação poderá ser ou o próprio beneficiário ou terceiro por ele indicado e que aceite e cumpra os procedimentos necessários instituídos pela lei civil, mantendo esse terceiro a capacidade jurídica

---

61. Vide BEVILÁQUA, Clóvis. **Código Civil dos Estados Unidos do Brasil comentado**. Op. cit., v. 3, p. 272.

de apresentar todas as exceções cabíveis que não sejam personalíssimas do devedor, tais como a deterioração do bem por culpa do beneficiário depositário da garantia.

O beneficiário do penhor, ou credor pignoratício, além de ter o direito de deter a posse do bem dado em garantia, o mantém até a extinção da obrigação pelo pagamento contratual ou pela execução em hasta pública do bem, em caso de inadimplemento por parte do devedor. Mas nada impede que o contrato preveja a possibilidade de venda amigável pelo credor, situação factível se ambos concordarem com o preço alcançável na venda amigável. Caso contrário, restará a venda sob supervisão judicial pelo preço que venha a obter na hasta pública.

O penhor pode ser subdividido em duas grandes categorias: (i) o penhor comum e (ii) o penhor especial. O penhor comum é o que estivemos tratando acima. Já o penhor especial se subdivide, conforme prevê o Código Civil, em penhor industrial, penhor mercantil, penhor de veículos, penhor de direitos e de títulos de créditos (ou caução) e penhor rural, o qual, por sua vez, se subdivide em penhor agrícola e penhor pecuário.[62]

Se o credor pignoratício é detentor de direitos, também o é, por outro lado, devedor de obrigações. Na medida em que o bem garantidor do débito lhe é entregue, ou que seja entregue a terceiro por ele indicado, deve retornar no estado e condição que recebeu. Caso o bem entregue em penhor esteja danificado ou sumido, deve o credor pignoratício ressarcir ao outrora devedor todo o prejuízo causado. O dano pela avaria ou perda poderá ser compensado pela quantia devida, em devolução, ao credor pignoratício. Se tal montante for insuficiente, responde o outrora credor por perdas e danos em favor do antigo devedor. Na qualidade de depositário do bem apenhado, o credor tem a obrigação de defendê-lo, bem como cientificar o proprietário do ocorrido, propondo, se for o caso, a competente ação possessória.

Determinados bens dados em garantia, e na posse do credor, são suscetíveis de produzir frutos, tal como pode ocorrer no penhor agrícola ou no penhor pecuário. Nesta hipótese, o credor pignoratício é obrigado a "imputar o valor dos frutos, de que se apropriar (art. 1.433, inciso V) nas despesas de guarda e conservação, nos juros e no capital da obrigação garantida, sucessivamente", mas, uma vez paga a dívida, deve restituir com os respectivos frutos, bem como devolver a quantia excedente, caso tenha, previamente ao vencimento do penhor agrícola, vendido os frutos.

Como toda e qualquer obrigação, tem o penhor um termo inicial criando o vínculo obrigacional, e outro final quando o vínculo se extingue. As formas pelas quais ocorre a extinção da dívida seguem a regra geral prevista na lei civil. A forma

---

62. A peculiaridade que distingue essas duas formas de penhor rural é que o penhor agrícola, cujo objeto são bens móveis e imóveis, pode ser pactuado por um período de dois anos, renovável por igual período, enquanto o penhor pecuário pode ser concedido por três anos, renovável por igual período.

mais usual é a sua extinção pelo pagamento da obrigação principal e a devolução da garantia ao antigo devedor. Mas a extinção pode ocorrer caso haja perecimento do bem apenhado, se, por convenção entre as partes, não for substituído. Maneira não usual, mas precavidamente prevista no Código Civil, é a desistência do credor pignoratício em ser garantido. Mesmo que tal preceito não constasse, creio que, por se tratar de uma liberalidade, o credor poderia unilateralmente abrir mão de um direito renunciável. Também prevê o Código Civil o término do vínculo obrigacional caso ocorra o perdão da dívida pelo credor ao devedor, situação mais avançada do que a desistência da garantia, já que a remissão implica na extinção da dívida e, por consequência, na obrigação de devolução do bem apenhado, por falta de causa ou pela inexistência da obrigação principal.

A confusão é outra forma prevista e não muito usual de extinção de obrigação, a qual ocorre quando se confundem na mesma pessoa as figuras de credor e devedor. É de se notar, entretanto, que, se o objeto da confusão abranger só parte da garantia, remanesce, em sua integralidade, como garantia da dívida líquida resultante. Isso decorre do fato, como já discutido anteriormente, de que a garantia é una, não podendo ser diminuída a não ser por acordo prévio ou posterior entre as partes contratantes. Como já apontado anteriormente, a obrigação se desfaz com a adjudicação do bem ao credor, se assim estiver contratado ou judicialmente autorizado. Por derradeiro, a obrigação se extingue pela adjudicação do bem feita pelo credor.

Podem ser dados em penhor todos os direitos que possam ser cedidos, devendo o garantidor entregar ao credor a documentação comprobatória da existência da garantia e de sua intocabilidade até o fim do contrato, excetuando a lei o "interesse legítimo em conservá-los". Como nas demais garantias acima examinadas, cabe ao credor pignoratício tomar todos os cuidados em defesa dos títulos e dos direitos apenhados, respondendo pela eventual perda incorrida. De outro lado, o titular dos créditos só poderá recebê-los se detentor da anuência escrita do credor pignoratício. Como garantia do credor original, cabe ao garantido não só manter a posse dos direitos a ele inerentes como buscar recuperá-los em caso de esbulho.

O penhor de direitos e de títulos de crédito apresenta duas possibilidades: trata-se ou de bens fungíveis ou de emissão única, como ocorre com a caução de nota promissória emitida como garantia de pagamento e não enquanto contrato de investimento coletivo. Daí decorre que, se a caução se der com valores mobiliários — portanto, bens fungíveis que, de fato, são objeto quase que necessariamente de depósito em instituição financeira, portanto sem a emissão do título —, diferente será o procedimento. Nesta hipótese, a anotação da caução dos títulos de crédito ou dos valores mobiliário, conforme o caso, será feita pela instituição financeira depositária, a qual manterá a indisponibilidade da garantia até o adimplemento da dívida garantida ou pela ocorrência de uma das formas previstas como capazes de pôr fim ao vínculo obrigacional. Nas hipóteses em que os títulos existam, e sempre sob a forma nominativa, fará a pessoa emitente a devida anotação nos livros de registro de acionistas, impossibilitando a sua movimentação, ou deverá produzir documento que dê conta da garantia dada, bem como de sua permanência junto à sociedade emitente até o término do vínculo contratual.

8.6.7.3 A anticrese

Esta é a segunda forma de garantia que cria vínculo obrigacional real, situação na qual o devedor dá ao credor o direito sobre os frutos de bem imóvel próprio ou de terceiro aquiescente. A sua caracterização enquanto garantia real decorre do texto legal, que estendeu tal privilégio creditício com todas as características de um direito real, quais sejam: (i) a anticrese recebe em garantia um bem imóvel, que é a situação paradigmática da existência de um direito real; (ii) pode se opor à pretensão de qualquer credor quirografário ou detentor de crédito real posteriormente instituído; bem como (iii) os frutos do bem dado em anticrese são insuscetíveis de penhora.

Tal caracterização nasceu da definição de Clóvis Beviláqua, para quem a anticrese é "o direito real sobre imóvel alheio, em virtude do qual o credor obtém a posse da coisa, a fim de perceber-lhe os frutos e imputá-los no pagamento da dívida, juros e capital, sendo, porém, permitido estipular que os frutos sejam, na sua totalidade, percebidos à conta de juros".[63] Ou seja, é o direito à percepção dos rendimentos produzidos pelo bem imóvel dado em garantia, ou seu uso pelo credor anticrético, sendo o valor da renda percebida abatido da dívida.

Como os frutos são da essência do pagamento, criou a lei a possibilidade de, na hipótese de sua inexistência, ser arbitrado um valor pelo uso do bem, por parte do credor, valor esse que será deduzido da obrigação assumida pelo devedor anticrético. A percepção dos frutos pode recair sobre imóvel do próprio devedor ou de terceiro por ele indicado e concorde com a sua prestação da garantia real. Como a obrigação principal nasce de um mútuo, é possível estipular que os frutos correspondam ao pagamento da sua remuneração e que a quantia excedente aos juros pagos extinga, proporcionalmente, pelo valor encontrado, o principal.

Na anticrese, a garantia real recai não sobre o imóvel, mas sobre os frutos por ele produzidos, sendo também considerada como fruto a utilização do imóvel em benefício do próprio credor ou de terceiro se o contrato não vedar tal situação. É essa a razão pela qual, no caso de inadimplemento da obrigação garantida por penhor ou por hipoteca, tem o credor o direito de executar o bem dado em garantia para o cumprimento da obrigação assumida, ao passo que, na anticrese, cumpre

---

63. BEVILÁQUA, Clóvis. **Código Civil dos Estados Unidos do Brasil comentado**. Op. cit., v. 3, p. 301.

ao credor reter o bem dado em garantia até que os frutos nascidos do contrato satisfaçam totalmente a obrigação principal.

Se houver acordo entre as partes, o credor anticrético ou terceiro poderá administrar o bem imóvel durante o período de vigência da obrigação secundária. Nesta hipótese, o credor ou terceiro administrador do imóvel deverá apresentar ao devedor balanço do transcorrer do exercício, tendo o devedor direito de aceitar ou não a prestação de contas. Caso não concorde, pode requerer judicialmente a transformação da anticrese em arrendamento, devendo a sentença fixar um valor mensal da locação para efeito de abatimento da dívida.

A anticrese, como é garantia que recai sobre os frutos, permite que o devedor possa alienar o bem imóvel produtor dos frutos, situação na qual o novo proprietário tem que respeitar os direitos do credor anticrético, remanescendo o credor com o direito real de sequela dos frutos, isto é, a possibilidade de seguir com a percepção dos frutos anteriormente contratada.

Pode o credor ser, concomitantemente, detentor de duas garantias reais: a hipoteca e a anticrese. Pela primeira, ele detém o imóvel como garantia do pagamento da remuneração do mútuo e do principal; como credor anticrético, passa a deter direitos não inerentes à hipoteca, quais sejam, o poder de se apropriar dos frutos produzíveis pelo mesmo bem imóvel. Por ser garantido por bem imóvel, para a validade do contrato de anticrese será necessário o cumprimento de todo o ritual inerente à hipoteca, tais como escritura pública, inscrição no registro de imóveis, etc.

Uma vez cumprido o ritual registrário, o credor anticrético passa a ter garantidos os direitos previstos em lei, quais sejam: (i) a posse do bem garantidor; (ii) receber os frutos; (iii) a retenção da garantia até o pagamento da obrigação; (iv) o direito de sequela; e (v) o direito de se ressarcir caso o imóvel produtor dos frutos seja alienado. De outro lado, são obrigações do credor anticrético: (i) cuidar do bem dado em garantia e produtor dos frutos, (ii) respondendo pelo seu perecimento ou deterioração; (iii) na ocorrência do mencionado no item "ii" o credor responde por perdas e danos; e (iv) prestar contas dos frutos percebidos e da gestão do bem ao proprietário do bem garantidor.

Ao lado dos deveres para com o credor, o devedor é detentor de direitos estipulados por lei. Estes são: (i) o direito de reaver a garantia hipotecária quando da extinção da obrigação principal; (ii) ser indenizado pelo dano por atuação ou falta de zelo para com o bem de propriedade do devedor ou para com seus frutos; (iii) pedir e receber as demonstrações financeiras produzidas pelo contrato de anticrese e seus reflexos no contrato principal.

A extinção do contrato de anticrese se resolve concomitantemente com o pagamento total da obrigação assumida no contrato principal. Se o imóvel garantidor for desapropriado, o credor anticrético não tem preferência nos recursos pagos pelo poder desapropriante; se perecer o bem, inexiste preferência no recebimento do seguro eventualmente existente, ressalvada a hipótese de que o credor conste como beneficiário de apólice feita pelo devedor, ou mesmo pelo próprio credor. Como na hipoteca, o perecimento do imóvel causa perecimento da garantia, por falta de objeto, ressalvada, novamente, a hipótese de que, quando da constituição da garantia, o contrato preveja a sua substituição, sendo esta uma obrigação voluntariamente assumida pela parte devedora da obrigação principal.

8.6.7.4 A hipoteca

A terceira modalidade de aquisição de direito real de garantia é a hipoteca. Segundo J. M. Carvalho Santos,[64] "a hipoteca é o direito real de garantia, concedido a certos credores, de serem pagos pelo valor de certos bens do devedor, se seus créditos estiverem devidamente transcritos". É, portanto, a hipoteca um importante instrumento de crédito para a aquisição de bens pelas pessoas, ou para o exercício da atividade negocial por meio de recursos providos por terceiros credores hipotecários. O diferencial do penhor e da anticrese é que para seu aperfeiçoamento não se requer a entrega do bem ao credor, exigindo só sua forma, enquanto escritura pública, e sua inscrição no registro competente.

A hipoteca é sempre um contrato secundário, jungido ao contrato primário de empréstimo, o que conduz a que se o contrato principal for declarado nulo ou anulável, a mesma sorte acompanhará o contrato assessório prestador da garantia hipotecária. Pelo mesmo motivo, a cessão do crédito hipotecário acompanhará a do contrato principal, passando ao novo credor hipotecário; e, por andarem sempre juntos e acoplados, decorre que a garantia hipotecária, assim como o contrato principal, conterá sempre o nome das partes contratantes, não podendo a hipoteca ser contratada ao portador.

Os contratos principal e assessório andam juntos quando do nascimento da criação da garantia em face de determinada obrigação pecuniária. Mas isso não significa que estejam juntos até o momento do desfazimento do vínculo obrigacional pelo pagamento. Pode ocorrer que o credor desista da garantia, situação na qual o contrato principal — o da dívida — permanece, mas o secundário não.

Podem ser objeto de hipoteca bens imóveis determinados e seus acessórios, além daqueles tidos por lei como bens imóveis, tais como os navios e as aeronaves.

É a hipoteca uma obrigação de conhecimento público, unilateral, assumida pelo devedor, obrigando-o a se abster de qualquer ação ou omissão que possa diminuir as características ou o valor do bem. Tal obrigação decorre do fato de que,

---

64. Vide SANTOS, João Manoel de Carvalho. **Código Civil brasileiro interpretado**. 11. ed., Rio de Janeiro: Freitas Bastos, 1986, v. 10, p. 261.

diferentemente do penhor, o devedor, no caso da hipoteca, continua detentor do direito de uso o gozo da coisa. Não há impedimento para que o devedor possa sobre o mesmo imóvel estabelecer uma segunda garantia hipotecária, a qual, entretanto, não afetará a garantia dada ao primeiro credor hipotecário. Disso resulta que a hipoteca, para produzir os efeitos de garantia real, deve: (i) ter uma obrigação principal à qual esteja vinculada; (ii) recair sobre um bem imóvel dado em garantia; devendo (iii) o hipotecante ser sujeito de direito e capaz para tanto, além de ser o proprietário do imóvel hipotecado, seja ele o devedor do contrato principal ou terceiro que execute tal ato.

Como ocorre com o penhor, também por disposição legal, a garantia hipotecária é indivisa, no sentido de que o pagamento parcial da dívida não libera parte do imóvel. Em nosso sistema, a garantia hipotecária admite mais de um credor tendo como garantia o mesmo bem, e isso ocorre por vontade dos credores, mas também pode ocorrer em caso de falecimento do credor hipotecário. Neste caso, os herdeiros passam a ser credores em conjunto da dívida, a qual passa a ter vários garantidos dentro da mesma hipoteca, juntos na mesma garantia em uma comunhão de interesses, sendo cada fração suscetível de alienação a terceiro, muito embora dentro de uma garantia una. Permanece, entretanto, o devedor hipotecário com os mesmos direitos originários, inclusive o de dispor do bem desde que quitando todos os credores. Também se admite a existência de mais de um credor, os quais, porém, devem ter sido garantidos em épocas distintas.

No caso do falecimento do credor hipotecário, os herdeiros garantidos pela mesma hipoteca gozam dos mesmos direitos e deveres. Já na situação de segunda hipoteca, o primeiro credor hipotecário prefere ao segundo quando do pagamento; da mesma forma, os direitos e obrigações quanto ao bem hipotecado cabem ao primeiro credor, e subsidiariamente ao segundo. Em caso de não pagamento da dívida, será honrado com o produto da venda do bem hipotecado o primeiro credor e, com o saldo, em havendo, o segundo credor hipotecário será satisfeito.

É suscetível de ser dado em hipoteca o bem imóvel e demais acessórios a ele relacionados ou dele decorrentes. Assim, podem ser objeto de hipoteca os acessórios do imóvel, desde que dados em conjunto com o bem principal. Há outras hipóteses previstas em lei, mas que, por sua pouca utilização, não necessitam ser objeto de maior detalhamento, visto que aqui só tratamos das hipóteses ligadas às garantias ofertadas às emissões das debêntures. Como registro, vale mencionar a possibilidade de se hipotecar as estradas de ferro, os navios, as aeronaves, as jazidas e minas e demais recursos minerais.

A hipoteca se extingue pelo desaparecimento da obrigação, o que poderá ocorrer pelo pagamento, pela remissão do crédito, pela prescrição, pela arrematação em leilão, etc. Também pode a garantia hipotecária deixar de existir pela destruição do bem, situação na qual o crédito permanece íntegro, mas sem garantia quanto ao pagamento. Por outro lado, a lei estabelece que é nula a disposição que proíba a venda do imóvel hipotecado, devendo a escritura de hipoteca prever o vencimento automático da garantia, com o pagamento da dívida com o produto da alienação.

O não pagamento da dívida à época devida dá ao credor hipotecário o direito de executar a garantia em hasta pública ou, se de comum acordo entre credor e devedor, poder-se-á realizar alienação privada, ressarcindo-se o credor, em ambas as hipóteses, com o produto da venda. Em todo caso, o devedor hipotecário poderá manter a propriedade do imóvel se conseguir efetuar o pagamento da dívida até o momento da assinatura do auto de arrematação, oferecendo para tanto, no mínimo, preço igual àquele resultante da avaliação para a realização da hasta, caso inexista licitante, ou se der lance superior ao de terceiro. Se o valor resultante da avaliação for inferior ao crédito garantido pela hipoteca, vencida esta, poderá o credor requerer judicialmente a adjudicação do bem. Porém, a execução da garantia hipotecária requer necessariamente que esta esteja registrada junto ao cartório do registro de imóveis do local onde o bem se encontra. Isso porque a garantia hipotecária só se perfaz e se completa com este registro. Sem a prática das anotações no registro de imóveis da localidade do imóvel, inexiste a hipoteca e, portanto, a garantia.

A expectativa é que a hipoteca se extinga pelo pagamento, com o consequente perecimento necessário do vínculo obrigacional. Entretanto, pode a garantia, assim como no penhor, perecer também pela renúncia da garantia por parte do credor, pela arrematação e adjudicação do imóvel.

8.6.7.5 *A alienação fiduciária em garantia*

Esta quarta modalidade de garantia, diferentemente das anteriores, pressupõe a existência de um bem móvel ou imóvel, garantindo privilegiadamente um débito. Muito embora não conste do Código Civil como uma das modalidades de garantia real, é a alienação fiduciária uma hipótese criada por lei específica, que se agrega às outras três acima analisadas. Na legislação brasileira, a alienação fiduciária em garantia nasce em dois momentos distintos, para atender a duas situações concretas diferentes, as quais poderão servir de garantia para a eventual emissão pública de debêntures ou de outros valores mobiliários.[65]

---

65. "A securitização enquadra-se na categoria das operações nas quais o valor mobiliário emitido, que pode circular indiretamente nas mãos do público, está lastreado ou vinculado, de alguma forma, a um direito de crédito, também simplesmente denominado recebível. 15. Dentro dessa perspectiva, o princípio fim da Lei 9.514/97 foi o de viabilizar a circulação do crédito imobiliário, delineando a estrutura de um mercado secundário de créditos imobiliários, que funciona calcado nos seguintes instrumentos básicos: a) o Certificado de Recebíveis Imobiliários – CRI [...] b) as companhias securitizadoras [...] c) a alienação fiduciária que o legislador estendeu aos imóveis. [...] 24. Na securitização, a idéia central, como concebida pelo legislador da Lei 9.514/97, consiste na segregação do risco da sociedade, que dá origem ao direito creditório,

A primeira, nascida em 1965, com a edição da Lei n. 4.728/1965, foi criada, fundamentalmente, para dar garantia à venda consignada de veículos automotores, muito embora pudesse ser também aplicada para qualquer outro bem móvel. Não resta dúvida de que esta primeira aplicação da alienação fiduciária nasceu por pressão das instituições financiadoras de veículos, mas nada obsta que o credor fiduciário seja qualquer pessoa física ou jurídica que queira ter seu contrato de mútuo garantido por bem móvel. Entretanto, foi necessária a criação de jurisprudência judicial no sentido de sua aplicabilidade não só para o financiamento feito por instituições financeiras, mas também a financiamentos feitos por qualquer terceiro.

Num segundo momento, em 1997, passou-se a utilizar o contrato de alienação fiduciária para garantir os empréstimos imobiliários, em função da lentidão com que ocorre a retomada judicial de imóveis de devedores inadimplentes. A nova aplicação dos contratos de alienação fiduciária nasce com a edição da Lei n. 9.514, de 20 de novembro de 1997, sendo ainda mais drástica com a inadimplência na medida em que estabelece que a falta da purgação da mora, dentro do prazo, acarretará a "a averbação, na matrícula do imóvel, da consolidação da propriedade em nome do fiduciário [...]";[66] sendo que o leilão público ocorrerá com o bem imóvel já em nome do proprietário fiduciário.

Não será demasia afirmar que, das garantias reais que temos, esta é até mais forte do que aquelas outras modalidades de garantia real constantes da lei civil, na medida em que transfere a propriedade fiduciária ao credor, mantendo o bem em seu nome para todos os efeitos legais. Se a compararmos com a garantia hipotecária, veremos que, em caso de inadimplência, o credor de hipoteca terá que vender o bem em leilão público, ao passo que na alienação fiduciária o proprietário fiduciário de bem móvel poderá vendê-lo.[67]

Sua introdução razoavelmente recente em nosso mundo jurídico não traduz os seus séculos de existência em solo europeu. Talvez por esse motivo é que os juristas não concordam quanto às origens do instrumento de garantia de crédito. Para alguns, a fonte inspiradora seria o *trust receipt* — conforme afirma Arnold

---

do risco da companhia emitente dos valores mobiliários. [...] 25. Com estes instrumentos, pretende a lei assegurar o efetivo funcionamento do mercado secundário de crédito, lastreado em garantias imobiliárias, no âmbito do qual as companhias securitizadoras funcionarão como uma espécie de elemento catalisador, tendo por função precípua vincular os mercados da produção e da comercialização de imóveis ao mercado investidor." Vide WALD, Arnold. Alguns aspectos do regime jurídico do Sistema Financeiro Imobiliário (Lei 9.514/97). **Revista de Direito Bancário e do Mercado de Capitais**, v. 2, n. 4, p. 13-27, jan./abr. 1999.

66. Vide arts. 25, § 7º, e 27, da Lei n. 10.931/2004, que alterou a redação original do mesmo parágrafo constante da Lei n. 9.514/1997.

67. "No caso de inadimplemento da obrigação garantida, o proprietário fiduciário [de bens móveis] pode vender a coisa a terceiros e aplicar o preço da venda no pagamento de seu crédito e das despesas decorrentes da cobrança, entregando ao devedor o saldo porventura apurado, se houver" (art. 1º do Decreto-Lei n. 911/1969, que deu nova redação ao art. 66 da Lei n. 4.728/1965).

Wald, um dos artífices do Decreto-Lei n. 911/1969,[68] ao transcrever José Luiz Bulhões Pedreira, um dos autores da emenda parlamentar que resultou na redação original do artigo 66 da Lei n. 4.728/1965.

O *trust receipt*, no Direito costumeiro, é o contrato de financiamento pelo qual uma instituição financeira adquire determinado bem, figurando a adquirente como proprietária, podendo o financiado usar o bem e mesmo vendê-lo, desde que o produto se destine ao pagamento da dívida para com a instituição financeira. Como consequência, o bem não poderá ser contabilizado no ativo da companhia beneficiária. O *receipt* é o documento pelo qual o beneficiário dá notícia a terceiro de seu direito de uso do bem *in trust* da instituição financeira, mantida a propriedade em nome do adquirente. Como se vê, esta é uma das várias maneiras que o Direito costumeiro criou no sentido de facilitar a atividade empresarial, com inúmeras facetas, tal como na operação inversa propiciada pelo *sale and leaseback*. Por esta operação, a empresa vende determinado ativo para continuar usando-o, com o pagamento de aluguel, tendo o direito de adquirir o bem ao término do contrato, usualmente por seu valor residual.

Mas outros estudiosos discordam, vendo a origem de nossa alienação fiduciária na figura, também inglesa, do *chattel mortgage*,[69] figura do Direito costumeiro desenhada para a realização de financiamento de bens móveis.[70]

Mais perto da realidade seria considerar-se a alienação fiduciária brasileira como uma tropicalização de ambos os institutos, adequando-os à realidade nacional. O contrato de alienação aqui tratado pertence à categoria dos negócios

---

68. "A alienação fiduciária em garantia corresponde ao *trust receipt*, amplamente utilizado nos países anglo-saxões, pelo qual o devedor transfere fiduciariamente o domínio da coisa, para que sirva de garantia."

69. "A alienação fiduciária em garantia, como se acha definida no direito brasileiro, aproxima-se de um instituto do Direito inglês, considerado como hipoteca imobiliária (*chatell mortgage*), radicado no antigo penhor de propriedade germânico. O *chatell mortgage* consiste numa forma de garantia de origem consuetudinária, mas posteriormente disciplinada por diversas leis, em que a propriedade legal (*legal property*) de uma coisa móvel pertencente ao devedor é transferida ao credor (*mortgage*) mediante venda (*Bill of sale*), que deve ser atestada por uma testemunha digna de fé e inscrita de sete dias na repartição competente; o devedor (*mortgager*) fica, porém, com a propriedade substancial (*equitable property*) e a posse da coisa, e, pagando o débito, recupera a propriedade legal da mesma — caso contrário, o credor tornar-se-á, pelo direito comum (*common law*), seu proprietário pleno. O *mortgage* de móveis, que acabamos de referir, manifesta grande semelhança com o mortgage de imóveis (*mortgage of realty*), embora existam diferença substanciais entre ambos." (COSTA, Mário Júlio de Almeida. Notas de direito comparado. **Revista dos Tribunais**, v. 512, jun. 1978, p. 11-19, apud SANTOS, Francisco Cláudio de Almeida. A regulamentação da alienação fiduciária de imóveis em garantia. **Revista de Direito Bancário e do Mercado de Capitais**, v. 2, n. 4, jan./abr. 1999, p. 31).

70. "O *chatell mortgage*, ou hipoteca mobiliária, consiste na transferência da propriedade coisa móvel ao credor, conservando o devedor a posse, sob condição resolutiva do pagamento do *quantum* devido. O devedor (*mortgager*) oferecia ao credor um *state* de que era proprietário, e, uma vez paga a dívida, o devedor podia reclamar do credor a retrocessão do *state*; se não houve o pagamento, o credor adquirirá a titularidade." Vide DINIZ, Maria Helena. **Tratado teórico e prático dos contratos**. 9. ed., São Paulo: Saraiva, 1993, v. 5, p. 54.

fiduciários constantes do nosso Código Civil,[71] pelo qual se dá a translação resolúvel de determinado bem ao fiduciário, o qual adquire a plena propriedade uma vez extinta a obrigação.

O contrato de alienação em garantia nasce trazendo necessariamente em seu bojo uma condição resolutiva, que será o pagamento, o perdão ou a comprovação judicial da inexistência do débito. Caracteriza-se por realizar uma translação ficta da propriedade ao devedor pela posse fiduciária do bem, mantendo o credor a propriedade, direito resolúvel este criado por lei.

O negócio fiduciário entre nós surge no bojo da Lei n. 4.728, de 1965, restrita sua aplicabilidade a bens móveis.[72] O novo instrumento de garantia de crédito trouxe a peculiaridade de propiciar a transferência fiduciária do domínio do bem alienado, prescindindo da sua translação ao credor, ficando o bem em posse do devedor, mas registrado em nome do credor proprietário fiduciário. Caso ocorresse o inadimplemento da obrigação, o proprietário fiduciário poderia vender o bem a terceiro interessado, ressarcindo-se de seu crédito, entregando ao devedor eventual saldo apurado. A venda era obrigação necessária, já que a lei tornava nula a apropriação pelo credor do bem dado em garantia, caso não ocorresse o pagamento da dívida.

Em 1969, com a edição do Decreto-Lei n. 911, há um maior refinamento da definição das características do contrato de alienação fiduciária, cuja contratação, embora continuasse restrita a bens móveis, passou a ser admitida por meio de instrumento privado.[73] Ademais, a alteração explicitou melhor que, em caso de inadimplemento, a necessária venda a terceiro poderá ser feita independentemente de "leilão, hasta pública, avaliação prévia ou qualquer outra medida judicial ou extrajudicial, salvo disposição expressa em contrário prevista no contrato".[74] Ademais tornou-se o procedimento judicial expedito, na medida em que se estabeleceu que, com a comprovação do não pagamento, o juiz liminarmente ordenará a busca e apreensão do bem alienado fiduciariamente, sendo a propriedade consolidada junto ao credor em cinco dias após a execução da medida liminar.

---

71. "Considera-se fiduciária a propriedade resolúvel de coisa móvel infungível que o devedor, com escopo de garantia, transfere ao credor." Vide art. 1.361 do Código Civil.
72. Vide redação original do art. 66, ao permitir que "Nas obrigações garantidas por alienação fiduciária de bem móvel, o credor tem o domínio da coisa alienada, até a liquidação da dívida garantida."
73. Neste sentido, o art. 66 da Lei n. 4.728/1965 passa a ter a seguinte redação: "A alienação fiduciária em garantia transfere ao credor o domínio resolúvel e a posse indireta da coisa móvel alienada, independentemente da tradição efetiva do bem, tornando-se o alienante ou devedor em possuidor direto e depositário com todas as responsabilidades e encargos que lhe incumbem de acordo com a lei civil e penal."
74. Vide art. 2º do Decreto-Lei n. 911/1969.

Em 1997 é sancionada a Lei n. 9.514,[75] ampliando a aplicabilidade dos contratos de alienação fiduciária, na medida em que estende sua abrangência para apanhar também a "propriedade resolúvel de coisa imóvel".[76] Importante notar que, para efeito da prestação de garantia imobiliária, no processo de emissão de debêntures, a Lei n. 9.514/1997 estabeleceu que a alienação fiduciária com imóveis pode ser contratada por pessoa física ou jurídica, não sendo privativa das entidades pertencentes ao Sistema Financeiro Imobiliário.[77]

8.6.7.6 A emissão com garantia flutuante

A nova denominação, que qualificou de "flutuante" a garantia existente desde o advento do Decreto n. 177-A/1893, resulta da tradução do termo inglês "*floating charge*", como nos dá conta a doutrina nacional.[78]

Este tipo de colateral à obrigação principal tem raízes na solidariedade de todo o patrimônio social à dívida para com os debenturistas. Tal princípio, como já apontado anteriormente, vem ao mundo quando da edição do Decreto n. 177-A/1893, na medida em que a totalidade do patrimônio social existente, no momento do não pagamento das debêntures, quando de seu vencimento, responde preferencialmente pelo pagamento da dívida. Essa solidariedade e preferência sobre os demais credores era a única forma de garantia existente até o advento da atual lei societária.[79] A diferença que pode ser apontada entre o preceito constante do Decreto n. 177-A/1893 e a atual legislação societária é que a norma do século XIX previa que só a totalidade dos bens sociais garantia a dívida das debêntures. A vigente lei, entretanto, prevê a garantia flutuante como uma das modalidades garantidoras da emissão.

Na verdade, as inovações ocorreram pela criação das debêntures sem garantia e das detentoras de garantia real. No caso da garantia flutuante, repetiu a

---

75. Posteriormente alterada parcialmente pelas Leis n. 10.931/2004 e 11.481/2007.
76. "A alienação fiduciária regulada por esta Lei é o negócio jurídico pelo qual o devedor, ou fiduciante, com o escopo de garantia, contrata a transferência ao credor, ou fiduciário, da propriedade resolúvel de coisa imóvel" (art. 22).
77. Vide art. 22, § 1º, da Lei n. 9.514/1997.
78. Vide LEÃES, Luiz Gastão Paes de Barros. **Estudos e pareceres sobre sociedades anônimas**. São Paulo: Revista dos Tribunais, 1989, p. 87, que nos dá conta que: "A 'garantia flutuante' na emissão de debêntures, de que fala a lei de 1976, corresponde, portanto, ao empréstimo em debêntures afiançado por todo ativo e bens da sociedade, a que se referia a lei revogada, e não passa de mera tradução do *floating charge*, existente no direito inglês. Fazendo referência a isso, Carvalho de Mendonça assevera: 'Na Inglaterra, diz-se que esta forma de empréstimo tem a *floating security*, que as debêntures tem a *floating charge*.'"
79. As exceções à regra da preferência dos créditos oriundos de debêntures sobre os demais foram criadas pelo próprio Decreto n. 177-A/1893. Assim, preferiam os créditos das sociedades de crédito hipotecário, crédito agrícola, transporte ferroviário e marítimo, colonização e mineração.

lei a mecânica existente, dando-lhe a denominação do Direito anglo-saxão para distingui-la das três novas formas de garantia criadas, a saber, a com garantia real, a sem garantia e a subordinada.

Tal tipo de garantia não impede que a sociedade aliene ou onere os bens. Tem a sociedade o direito de praticar os atos necessários à boa condução dos negócios sociais, de sorte a buscar o interesse social. Isso significa que, ressalvada a fraude contra os credores debenturistas, tem a sociedade a livre disponibilidade dos bens garantidores do crédito. Como demonstra a doutrina e a jurisprudência anglo-saxã, o que responde pela dívida é o conjunto de bens existentes no momento da inadimplência.[80]

Assim, quer os credores quer os administradores da companhia devem cuidar para que as eventuais alienações patrimoniais não sejam impeditivas do atendimento dos interesses sociais e, por outro lado, que não se caracterizem como medidas fraudulentas tendentes a esvaziar as garantias dos credores.[81] A lei brasileira não impede a negociação dos bens sociais componentes do ativo da companhia.

Esse delicado equilíbrio, se rompido e levado à apreciação do Poder Judiciário, poderá colocar o juiz na condição de decidir sobre a conveniência ou inconveniência da prática de determinado ato de gestão. Não se pede uma decisão quanto ao dolo do ato praticado pelos administradores na busca de esvaziar as garantias do crédito, mas quanto à conveniência ou não da venda de determinado bem ou da compra de outro ativo.

O Direito costumeiro processual norte-americano evita que o Poder Judiciário se substitua aos administradores enquanto decisão sobre o acerto ou não da prática comercial. Em contrário, nosso Código Civil estabelece quatro categorias como caracterizadoras do eventual impedimento de alienação de bens sociais. A primeira categoria nasce quando da prática de atos gratuitos por devedor insolvente. A segunda, quando, em decorrência da alienação, resulte a insolvência da companhia, ainda que o devedor ignore tal fato. A terceira, quando a alienação torne a garantia insuficiente para garantir a dívida. Por fim, a quarta possibilidade surge quando a insolvência seja notória. Disso pode decorrer que o julgador tenha

---

80. *"The floating charge, i.e., a charge which floats like a cloud over the whole assets from time to time falling within a generic description, but without preventing the mortagor from disposing of these assets in the usual course of business until something occurs to cause the charge to become crystallized or fixed."* (GOWER, L. B. C. **Modern Company Law**. 2. ed., 1957, p. 73, apud LEÃES, Luiz Gastão Paes de Barros. **Estudos e pareceres sobre sociedades anônimas**. Op. cit.).

81. Vide Código Civil, art. 158: "Os negócios de transmissão gratuita de bens ou remissão de dívida, se os praticar o devedor já insolvente, ou por eles reduzido à insolvência, ainda quando o ignore, poderão ser anulados pelos credores quirografários, como lesivos aos seus direitos. § 1º – Igual direito assiste aos credores cuja garantia se tornar insuficiente. § 2º – Só os credores que já o eram ao tempo daqueles atos podem pleitear a anulação deles." Art. 159: "Serão igualmente anuláveis os contratos onerosos do devedor insolvente, quando a insolvência for notória, ou houver motivo para ser conhecida do outro contratante."

que entrar no mérito de determinada alienação em face não só da legitimidade do ato, mas da sua conveniência negocial ou administrativa, ou seja, substituindo-se ao administrador.

O acima apontado faz com que surja, de um lado, a fraude contra credores, figura clássica e milenar no Direito ocidental. Em nosso ordenamento, temos mandamento legal cogente impeditivo da prática, direta ou indireta, de qualquer forma de desvio fraudulento de patrimônio feito na busca de prejudicar o crédito legalmente constituído. De outro, surge a possibilidade de desfazimento de alienação que prejudique o crédito, que pode ser contraposto à real necessidade para continuar com a atividade geradora de renda pela empresa.

Situação mais simples é aquela mencionada pela Lei das Companhias ao permitir a alienação de determinado bem para que seja substituído por outro. Mas mesmo nesta situação o julgador poderá ser chamado a decidir, caso haja a acusação ou suspeita de que a substituição acarretará o risco de sucateamento do ativo ou de troca por outro de menor utilidade para o desempenho da atividade da companhia. Novamente o Judiciário estará sendo chamado a exercitar o *business judgement*, o qual não necessariamente estará apto a fazer, quer pelo seu conhecimento — advindo de sua formação profissional e, portanto, distante das práticas comerciais —, quer pela conhecida demora para se chegar a um veredito final a tempo de salvar a companhia e os credores.

Dentro da mesma perspectiva, entretanto, permite a lei que nova emissão possa ser feita, contratando a emitente com os credores que o produto será destinado à aquisição de novos bens, os quais comporão necessariamente o conjunto das garantias flutuantes da emissão passada e da presente. Ainda, permite-se que, dentre os bens constantes da garantia flutuante, sejam alguns cumulados com uma das modalidades de garantia real. Entretanto, deve-se cuidar que as duas garantias têm consequências distintas quanto à mobilidade ou disponibilidade do bem. Isso porque a existência da garantia real pressupõe, para sua validade, a prática de determinados atos cartoriais, os quais vinculam o bem diretamente à dívida, o que tornaria duvidosa a capacidade do devedor para alienar o bem dotado da dupla garantia sem a expressa anuência do credor.

Finalmente, é de se notar que, se existirem emissões distintas com garantia flutuante, em caso de não pagamento a primeira emissão prefere às posteriores. Tal preceito parte da constatação de que os adquirentes de debêntures das emissões posteriores já sabem das garantias anteriormente oferecidas, enquanto os debenturistas das emissões anteriores não teriam como interferir na defesa de seus créditos, na medida em que não são parte legítima nas emissões subsequentes. Mas, com relação às debêntures da mesma emissão, se colocadas em séries distintas, gozam todas dos mesmos direitos, já que nascidas da mesma escritura de emissão e do mesmo prospecto oferecido à avaliação do mercado.

A regra geral prevista na redação original do artigo 60 da Lei das Companhias era que a emissão de debêntures não poderia ultrapassar o montante do capital social. Entretanto, no que tange às emissões que tivessem garantia flutuante, estabelecia a Lei das Companhias que o limite do capital social poderia ser ultrapassado em até 70%[82] do valor contábil dos ativos, já descontados os bens eventualmente dados em garantia real por outra emissão. Hoje, com a eliminação do artigo 60, todas as emissões, independentemente do tipo de garantia da emissão, não sofrem qualquer limitação.

8.6.7.7 A emissão sem preferência

Nesta hipótese, constante do artigo 58, § 4º, da Lei das Companhias, os credores debenturistas não gozam de qualquer preferência no recebimento de seus créditos, sendo também denominados credores quirografários, concorrendo conjuntamente com os outros credores sem garantia da companhia; ou seja, são todos, debenturistas ou não, credores sem qualquer garantia na ordem de recebimento de seus créditos. Receberão caso haja saldo remanescente disponível, estando à frente somente dos acionistas.

Ocorrendo a hipótese de inadimplência, segue-se a ordem creditícia, segundo a qual primeiramente receberão os credores preferenciais estabelecidos por lei, tais como os detentores de créditos tributários e trabalhistas, nesta ordem de pagamento. Em seguida, receberão aqueles que, por deterem créditos com garantia real, executarão as garantias específicas de seus créditos, recebendo o produto do leilão dos bens garantidores, até a satisfação do que lhes é devido.

Restando algum patrimônio social, serão satisfeitos os credores dotados de garantia flutuante. O saldo eventualmente existente será dividido proporcionalmente entre os vários credores sem qualquer garantia sobre o patrimônio social, inclusive os debenturistas cuja emissão foi lançada sem garantia, ficando como últimos recebedores os acionistas da companhia.

8.6.7.8 A emissão subordinada

Esta é quarta espécie de debênture introduzida pela Lei n. 6.404/1976. Foi trazida do Direito norte-americano, cujo sistema abre uma enorme latitude para o estabelecimento de regras a serem contratadas entre as partes, diferentemente do nosso Direito Obrigacional, que estabelece limites mais rígidos quanto a suas possibilidades. Dessa liberdade nascem, no Direito norte-americano, as várias hipóteses de se contratar as garantias a serem atribuídas ou não ao crédito concedido.

---

82. Vide art. 60, § 1º, "b", da Lei n. 6.404/1976.

A subordinação,[83] em termos gerais, significa o estabelecimento de uma hierarquia creditícia, pela qual a satisfação de um crédito depende da satisfação do anterior constante dentro da escala decrescente das garantias dadas, até se chegar àqueles créditos não garantidos. A introdução dessa nova espécie em nosso ordenamento jurídico causou enorme repulsa entre os juristas comentadores do então anteprojeto de lei, que fora colocado à discussão pública. Assim é que, no sempre citado artigo de Eduardo Moniz,[84] que inaugurou a lista dos críticos, afirmou o autor que:

> [...] podem ainda ser *subordinadas* aos demais credores da companhia, o que na prática significa a criação da debênture *subquirografária* abaixo da *quirografária*, classe de credores então absolutamente inédita no direito pátrio. Essas debêntures *subquirografárias* só preferem aos acionistas no ativo remanescente, *se houver*, em caso de liquidação da companhia. Valem menos que nota promissória *sem coobrigados!!!*

No mesmo sentido, Modesto Carvalhosa escreveu que:

> Ao instituir esse nenhum direito, ou seja, a antigarantia para as debêntures chamadas "subordinadas", a lei criou tal iniquidade que suscitou do mundo justa indignação e repulsa. [...] Ficam aqueles desvalidos debenturistas equiparados a acionistas, que na realidade não têm qualquer direito de crédito, mas apenas partilha sobre o espólio da sociedade, no caso de liquidação.[85]

Malgrado a posição dos juristas, é de se notar que o mercado tomador do risco, ao subscrever as debêntures, preferiu, em sua maioria, adquiri-las sem qualquer garantia. Tal opção talvez tenha sido feita levando-se em consideração que à época a redação da Lei das Companhias estabelecia limites à emissão de debêntures; limite esse inexistente se a emissão fosse subordinada.[86] De outro lado, é de se notar que o risco de crédito com as emissões subordinadas é restrito. Isso porque os bancos distribuidores colocam boa parte das emissões de debêntures em fundos de investimento por eles administrados, transferindo, consequentemente, o risco de crédito para os cotistas do fundo.

---

83. "*Subordinated* – Crédito com prioridade inferior sobre bens em relação a outros créditos, ou seja, repagável somente depois de honradas outras dívidas com prioridade superior. Determinadas dívidas prioritárias podem ter prioridade inferior em relação a outras dívidas do mesmo tipo. Por exemplo, uma debênture júnior subordinada classifica-se abaixo de uma debênture subordinada. É possível que uma dívida não subordinada (sênior) se torne subordinada mediante pedido de um emprestador por meio de um acordo de subordinação [...]." Vide DOWNES, John; GOODMAN, Jordan Elliot. **Dictionary of Finance and Investment Terms.** New York: Barron, 1998.
84. Vide MONIZ, Eduardo. Debênture. Op. cit., p. 219.
85. Vide CARVALHOSA, Modesto. **Comentários à Lei de Sociedades Anônimas.** Op. cit., v. 1, p. 571.
86. Vide o art. 60 da Lei das S.A., revogado pela Lei n. 12.431/2011.

É de se ressaltar que, com a eliminação do artigo 60 da Lei das Companhias, a tendência adotada pela lei brasileira adjudicou muito mais responsabilidade quanto à análise do investimento em debêntures aos subscritores e não mais à lei, até então colocada como "protetora" dos investidores. A debênture, entre nós, é quase sempre um valor mobiliário de renda fixa. Assim sendo, não haveria razão para que a companhia pudesse se endividar sem restrições, junto a outras modalidades de empréstimo, remanescendo o limite apenas para esse valor mobiliário. A limitação existente, até a revogação do artigo 60, prendia-se ao fato histórico ocorrido durante a crise do Encilhamento, no século XIX, bem como a sua repercussão na legislação posterior, que manteve as limitações em face do capital social ou do patrimônio da companhia, até sua revogação pela Lei n. 12.431/2011.

De qualquer forma, é de se realçar a preferência do mercado para adquirir emissões subordinadas e ilimitadas, principalmente levando-se em consideração que os subscritores de debêntures para suas carteiras são, tradicionalmente, instituições financeiras e investidores institucionais — ou seja, investidores dotados de grande *expertise*. Talvez, e de forma mais pragmática, os subscritores levem em consideração a real situação financeira da companhia emitente, já que a execução da garantia só ocorre quando da inadimplência da emitente. Nesta hipótese, as emissões com garantias quirografárias ou as subordinadas dificilmente serão pagas, o que também poderá ocorrer com as emissões dotadas de garantia flutuante, caso os credores não tenham ficado atentos às alienações patrimoniais.

A lei permite que as emissões de debêntures com garantia quirografária sejam garantidas com a oferta de garantia real ou flutuante, apresentada pelo emitente ou por terceiro. Ocorre que, uma vez dotada de uma dessas garantias, a emissão deixará de ser subordinada, pelo menos na parte em que sofreu um aumento na escala das garantias ofertadas. Assim, creio que não seja apropriado denominar uma emissão de "subordinada com garantia real", já que a emissão é dotada, perante os demais credores, ou de garantia real ou de "garantia" subordinada.[87]

8.6.8 Os certificados, as cautelas e os títulos múltiplos

Uma vez terminada a subscrição das debêntures a companhia deverá emiti-las ou, o que é muito mais usual, poderá a companhia contratar uma instituição financeira que irá funcionar como agente emissor dos certificados, devendo esta emitir os títulos representativos das debêntures com ela depositadas, nos termos e condições previstos para a emissão dos certificados de depósito de ações. Qualquer que seja a modalidade de emissão, deverá sempre ser feita sob a forma nominativa.

---

87. FERREIRA, Guilherme Rizzieri de Godoy. Debêntures subordinadas com garantia real e falência. **Revista de Direito Mercantil**, v. 130, p. 119-124, abr./jun. 2003, p. 119; p. 121, nota 7.

Tais certificados deverão ter os qualificativos que a lei enumera,[88] podendo representar uma ou mais debêntures, cabendo à CVM padronizar o número de debêntures por certificado de múltiplos desses valores mobiliários. O poder conferido pela lei à Comissão para produzir a padronização decorre do princípio de que tanto melhor será a liquidez quanto maior for o volume de valores mobiliários com as mesmas características. Assim, a padronização visa melhorar a negociabilidade da debênture junto ao mercado secundário.

Dependendo dessas condições de mercado, e desde que previstas na escritura de emissão, os certificados poderão ser agrupados ou desdobrados, caso o valor de cada debênture esteja muito baixo ou muito alto. O agrupamento se torna conveniente quando o valor do título está muito baixo, o que requer um volume de transações muito grande para se atingir o volume de valores em debêntures buscado; ao contrário, quando o valor de mercado é muito alto, recomenda-se o desdobramento, na medida em que um valor unitário alto diminui o número de pessoas economicamente capacitadas à realização do negócio.

Após a subscrição, as debêntures adquiridas poderão ser representadas provisoriamente por cautelas emitidas pela companhia. Por ser um título temporário, deverá a cautela ser posteriormente substituída pelo certificado, que é o valor mobiliário definitivo representativo da qualidade de debenturista. Entretanto, quer a cautela, quer o certificado, deverão conter os requisitos identificadores dos sujeitos da obrigação e as principais características dos respectivos direitos e deveres, conforme elenca a lei societária. Assim, somente a companhia pode emitir a cautela. Já o certificado pode ser emitido pela companhia ou por entidade financeira contratada para funcionar como agente emissor.[89] Ademais, somente o certificado pode ser desdobrado ou agrupado, conforme a mútua conveniência da sociedade e do mercado.

8.6.9 Forma, propriedade e circulação

8.6.9.1 *Forma*

As debêntures passaram ao longo de sua vida por três tipos distintos quanto à forma. Nasceram como títulos de crédito necessariamente ao portador, conforme expressa previsão do Decreto n. 177-A, em 1893. O Decreto-Lei n. 2.627, de 1940, foi silente quanto à forma, sendo mantida, em consequência, a forma ao portador, sendo que somente com a edição da Lei do Mercado de Capitais, em 1965, passa a legislação a admitir a emissão da debênture sob a forma endossável, bastando a

---

88. Vide art. 64 da Lei das Companhias.
89. Vide art. 43 da Lei das Companhias.

declaração e firma do endossante no lugar especificado na cártula. Como o endosso poderia ser feito de forma a nominar o beneficiário ou na forma de "endosso em branco" (também denominado de endosso ao portador), durante a vigência da Lei n. 4.728/1965 a circulação de debêntures poderia se dar sob a forma nominada ou ao portador. A Lei das Companhias, em sua redação original, manteve o comando criado pela Lei do Mercado de Capitais estatuindo que as debêntures, quanto à sua forma, poderiam ser endossáveis ou ao portador. Entretanto, no próprio artigo 63, em sua redação original, estatuiu que, muito embora as debêntures pudessem ser emitidas sob a forma ao portador ou endossáveis, seria de se aplicar "[...] no que couber, o disposto nas Seções V a VII do Capítulo III [...]".

O Capítulo III da Lei das Companhias trata das ações, sendo que, na Seção V, cuida-se da emissão das ações e requisitos, das cautelas e títulos múltiplos, da emissão dos cupões e da figura do agente fiduciário. Já na Seção VI, normatiza-se a propriedade e a circulação das ações, das ações nominativas, endossáveis, ao portador e escriturais, dos limites à circulação e da perda ou extravio da ação ao portador. Finalmente, a Seção VII tratou do penhor de ações e de outros direitos e ônus que sobre elas se podem estabelecer.

Para o aqui tratado, é relevante a parte da legislação que permite aplicar as normas referentes às ações escriturais, na medida em que o regramento específico das debêntures remete, "no que couber", ao aproveitamento das regras aplicáveis às ações. Certamente a expressão refere-se àquilo que não seja de forma específica vetado pelas disposições de lei concernentes às debêntures, sendo que tal vedação inexiste quanto à possibilidade de serem emitidas sob a forma escritural, situação na qual se aplicam os dispositivos criados para as ações escriturais.

Em 1990, com a edição da Lei n. 8.021, elimina-se a possibilidade de existência de valores mobiliários emitidos sob a forma ao portador. Tal restrição abrangeu todos os valores mobiliários, aí incluídas as debêntures. Finalmente, em 1997 é publicada a Lei n. 9.457, que corrigiu especificamente o próprio texto do artigo 63, ao dizer que "as debêntures serão nominativas", ao invés da redação original, que rezava que "as debêntures serão ao portador ou endossáveis".

Finalmente, com a Lei n. 10.303, de 2001, sofre o artigo 63 sua última mudança:

Art. 63. As debêntures serão nominativas, aplicando-se, no que couber, o disposto nas seções V a VII do Capítulo III. (Redação dada pela Lei n. 9.457, de 1997)
§ 1º As debêntures podem ser objeto de depósito com emissão de certificado, nos termos do art. 43. (Redação dada pela Lei n. 10.303, de 2001)
§ 2º A escritura de emissão pode estabelecer que as debêntures sejam mantidas em contas de custódia, em nome de seus titulares, na instituição que designar, sem emissão de certificados, aplicando-se, no que couber, o disposto no art. 41.(Incluído pela Lei n. 10.303, de 2001)

Assim, passou-se a permitir a manutenção das debêntures em custódia, "aplicando-se, no que couber, o disposto no artigo 41", o qual trata da custódia de ações fungíveis. No mais, para que não pairasse nenhuma dúvida, o legislador de 2001 ainda acrescentou um § 2º ao artigo 41, estabelecendo que "Aplica-se o disposto neste artigo, no que couber, aos demais valores mobiliários", assim estendendo a fungibilidade da custódia a todos os valores mobiliários, entendidos assim aqueles constantes do artigo 2º da Lei dos Valores Mobiliários.

8.6.9.2 Propriedade

Pela lei vigente, as debêntures, como os demais valores mobiliários, só podem ser emitidas sob a forma nominativa. Aquelas debêntures conservadas por instituição autorizada a prestar os serviços de custódia receberão da companhia emitente a lista dos debenturistas, com as respectivas caracterizações e quantidades, tornando-as valores escriturais. Ou seja, fica necessariamente mantido o conhecimento de quem é debenturista. Inexiste, por consequência, a necessidade da emissão da cautela representativa do investimento, na medida em que a prova da qualidade de investidor se dá inicialmente pela listagem de subscrição, a qual será posteriormente inscrita no livro de registro dos debenturistas ou de transferência das debêntures, seguindo o mesmo procedimento previsto para o registro dos acionistas da companhia.

Se a emissão for feita para colocação junto ao público, certamente será contratada uma instituição custodiante para executar o serviço de guarda e lançamento das compras e vendas de debêntures, entregando-se periodicamente a cada investidor um comprovante de sua posição líquida. Isso significa que será irrelevante a existência física da cautela, caso não haja a emissão do título, ou que a instituição custodiante não emita o respectivo comprovante, ou mesmo que o debenturista por qualquer motivo não o detenha.

A prova se faz pelas anotações no respectivo livro de debenturistas,[90] bem como, e principalmente — caso o livro não exista —, pelos registros da instituição custodiante, além de uma série de provas admitidas pelo Direito. Muito embora a lei societária não preveja especificamente quais os livros que a companhia deve ter para demonstrar a propriedade das debêntures, bem como suas transferências, como o fez com as ações em seu artigo 100, é de se aplicar no caso a previsão do artigo 63, que remete, no que couber, à aplicação das seções V a VII, do Capítulo III, referente às ações.

---

90. É interessante notar que o texto original da Lei das Companhias estabelecia, no parágrafo 1º do artigo 63, que: "as debêntures endossáveis serão registradas em livro próprio mantido pela companhia". Já o texto vigente, que admite somente debêntures nominativas, retirou a obrigatoriedade do mesmo.

Esse foi o entendimento manifestado pelo Superior Tribunal de Justiça ao julgar o processo em que era agravante a Indústria e Comércio Jorge Camasmie e agravados o Banco do Estado de São Paulo – Banespa e outros, em que foi relator o Ministro Eduardo Ribeiro.[91] Inicialmente, o relator negou provimento a agravo de instrumento nos seguintes termos:

> O primeiro dos recursos especiais diz com a questão fundamental que constituiu a motivação nuclear dos embargos à execução. Sustenta-se que não haveria título executivo, uma vez que não apresentados os certificados de debêntures.
>
> Não há dúvida que, em princípio, devem ser trazidos os certificados para que se possa fazer a execução. Isso se impõe porque, podendo ser ao portador ou endossáveis, sujeitam-se a circular. Sem sua exibição não se saberá, em verdade, qual o credor.
>
> No caso dos autos, entretanto, concorre particularidade de relevo. Consoante admitido pelas instâncias ordinárias, os certificados não foram emitidos. Fez-se a escritura de emissão e constituiu-se garantia real. Não diligenciou a sociedade, entretanto, a emissão daqueles. Isso não obstante, colocaram-se as debêntures no mercado — não se controverte quanto ao ponto — e fez-se prova bastante da aquisição.
>
> Obviamente, se não existem os certificados não se pode pretender sejam exibidos. E a escritura constitui título executivo, pois dela consta a obrigação de pagar com as especificações necessárias. Naturalmente que isso se completa com os recibos e boletins de subscrição que permitem identificar os credores.
>
> Não ocorreu a violação dos dispositivos da Lei das Sociedades por Ações. Os certificados devem ser emitidos, o que constitui ônus da companhia. Dele não tendo desincumbido, a execução pode amparar-se na escritura de emissão. [...].

Quanto a este ponto, a decisão do agravo regimental baseou-se em que:

> A recorrente agrava regimentalmente, sustentando que, nos termos do artigo 52 da Lei 6.404/76, as debêntures são títulos executivos conforme "as condições constantes da escritura de emissão e do certificado", aduzindo, ainda, que "o certificado de debêntures sem a apresentação da escritura de sua emissão não é título executivo, bem como a apresentação da escritura de emissão sem o certificado de debêntures também não é título executivo, independentemente de os agravantes terem omitido ou não os certificados". Pondera que, embora seja ônus do agravante "a emissão e que a mesma tenha se omitido (o que na verdade não ocorreu), a essa omissão somou-se a dos agravados que jamais pediram a emissão das mesmas (na verdade não pediram porque receberam os certificados, mas, repita-se, não cabe essa discussão no recurso especial)". [...]
>
> VOTO. A argumentação deduzida no agravo [...] não traz, em verdade, argumento que já não tenha sido examinado.
>
> Cumpria à companhia emitir os certificados e não o fez. Não há como exigir a sua exibição. Claro está que das condições do certificado só se poderá cuidar se esse existir. Não

---

91. Agravo Regimental n. 107.738-SP (96/0023529-5).

se pode cogitar de infração ao artigo 52 da Lei 6.404/76. E, como já salientado, constando da escritura os elementos necessários, há título executivo.

A decisão supra dá a entender que os fatos se referem ao tempo em que as debêntures seriam necessariamente emitidas ao portador. Ao colocar como razão de decidir o artigo 52 da Lei das Companhias, os Ministros da 3ª Turma agregam o fato importante de que o crédito nasce "nas condições constantes da escritura de emissão e, se houver, do certificado". Ou seja, a própria lei criou à época uma condição alternativa para a existência do crédito e, em consequência, a sua execução.

Quer pelo artigo 52, quer pela existência de outras maneiras de prova, cria-se uma forma distinta, que se afasta da ortodoxia de se atribuir executoriedade somente quando da existência da cártula, conforme ensinado pelo mestre Vivante no século XIX. Certamente, hoje, com as alterações ocorridas, inexistiria a discussão quanto à inexistência ou não da cártula ou certificado enquanto elemento necessário à execução do crédito.

8.6.9.3 Circulação

Na medida em que as debêntures, por força de lei, são emitidas e alienadas sempre sob a forma nominativa, decorre que há que se utilizar de mecanismo que simplifique a sua circulabilidade. Essa preocupação é vital quando o valor mobiliário seja objeto de oferta pública, na medida em que a sua transferência, se ocorresse necessariamente só mediante transcrição no livro de transferência de debêntures, acarretaria um acúmulo administrativo pelo necessário comparecimento do proprietário ou seu procurador para a efetivação da alienação. Tal situação acarretaria a perda de liquidez e, consequentemente, de valor do investimento, como no passado já ocorrera com as ações nominativas das companhias mais negociadas, ocasionando, não poucas vezes, a impossibilidade de a sociedade emitente das ações acompanhar, na mesma velocidade das transações, a alteração do livro de registro de acionistas.

As debêntures emitidas e ofertadas ao público são quase que necessariamente depositadas em uma instituição financeira autorizada pela CVM (aqui incluídas as caixas de liquidação e custódia controladas pela bolsa de valores) — instituição à qual compete a execução dos serviços de custódia e transferência das debêntures.

Quando do depósito junto à instituição financeira contratada pela companhia, duas consequências ocorrem. A primeira é que a instituição passa a ser a proprietária fiduciária dos valores mobiliários; a segunda, que é uma consequência operacional, é que as debêntures passam a ser valores fungíveis, criando uma exceção à regra geral da infungibilidade dos valores mobiliários nominativos. Ou seja, são emitidas debêntures nominadas ao proprietário e, quando custodiadas, passam a ser bens fungíveis por previsão legal. A fungibilidade é necessária para quebrar o vínculo entre uma dada debênture com um proprietário específico, possibilitando com a sua aplicação uma enorme aceleração no ritmo das transações junto ao mercado secundário.

Já a propriedade fiduciária é necessária para que a instituição custodiante possa efetuar as transferências com um mínimo de burocracia, já que as debêntures são todas emitidas sob a forma nominativa. Para tanto, deve a custodiante exigir do alienante a documentação necessária à comprovação da manifestação de sua vontade.

A instituição custodiante recebe do debenturista, por determinação legal, mandato específico enquanto proprietária fiduciária, na medida em que somente pode dispor das debêntures em nome e de acordo com as ordens recebidas do proprietário, respondendo, a instituição, enquanto depositária, pelo prejuízo causado ao depositante.

A instituição depositária é o elo que a Lei das Companhias coloca entre o debenturista e a emitente, na medida em que é ela quem recebe as ordens de alienação do debenturista, devendo obrigatoriamente comunicar as mudanças ocorridas na lista de proprietários das debêntures à companhia emitente. À instituição financeira contratada cabe o recebimento, em nome dos debenturistas, da remuneração paga pela emitente dos valores mobiliários, na medida em que os representa em relação às debêntures que estejam com ela custodiadas, entregando a remuneração aos respectivos credores. Porém, todos os demais direitos inerentes à debênture permanecem em mãos do debenturista custodiado, inclusive os de comparecer às assembleias, o de votar e de, enfim, deliberar com seus votos as decisões inerentes a todo e qualquer debenturista.

Esse vínculo entre depositante e depositário se materializa através do contrato de depósito (artigo 627 e seguintes do Código Civil), contrato desenhado para o depósito de bens móveis, como os valores mobiliários. Como tal, não transfere a propriedade do valor mobiliário, mas somente sua posse ao depositário. Muito embora, em princípio, o contrato de depósito seja gratuito, admite-se sua onerosidade, como no caso do depósito das debêntures, "[...] se houver convenção em contrário, se resultante de atividade negocial ou se o depositário o praticar por profissão" (artigo 628 do CC). O contrato de depósito das debêntures, por não ser um depósito necessário, passa a existir por manifestação escrita entre o depositante e o depositário.

Mas, neste caso, trata-se de um contrato de depósito irregular, na medida em que as debêntures, pelo depósito, passam a ser bens fungíveis, passando a obrigação a se regular pelas regras relativas ao mútuo (cf. artigo 645, que remete aos artigos 586 e seguintes do CC), muito embora seja inerente ao depósito a capacidade do depositário de poder exigir a devolução a qualquer tempo e imotivadamente do bem depositado. Essa restituição só será obstada, dentre outras, em situações previstas em lei, como no caso de ordem judicial e de não apresentação da documentação comprobatória da propriedade do valor mobiliário depósito.

A fungibilidade dos valores mobiliários é condição necessária à construção de um mercado secundário dotado de um mínimo de liquidez. Por outro lado, como acima já apontado, a fungibilidade transforma o depósito em irregular, o qual remete, por sua vez, às regras do mútuo, constantes dos artigos 586 e seguintes do CC, o que implicaria, segundo alguns juristas, na transferência da propriedade plena à instituição financeira depositária.[92] Entendem diferentemente outros juristas que há que se coadunar as regras das sociedades anônimas com o preceituado no Código Civil, quando este remete o depósito irregular às regras do mútuo.[93] A razão se encontra com estes últimos, na medida em que, se é verdade que a Lei Civil remete o depósito irregular às regras aplicáveis ao mútuo, também é verdade que o parágrafo único do artigo 41 da Lei das SA, em sua redação original, bem com a redação do hoje § 1º do mesmo artigo, já excepcionava

---

92. Vide CARVALHOSA, Modesto. **Comentários à Lei de Sociedades Anônimas**. Op. cit., v. 1, p. 478-479, para quem: "[...] não se pode admitir que a custódia de valores mobiliários reformulada na Lei n. 10.303, de 2001, tenha características de depósito irregular de coisas fungíveis. Se assim fosse, aplicar-se-iam à custódia de valores mobiliários as disposições referentes ao mútuo, nos termos do artigo 645 do Código Civil de 2002, daí decorrendo a transferência da propriedade ilimitada do bem depositado ao custodiante, que teria livre disposição sobre o mesmo durante o prazo de duração da custódia, o que não ocorre."

93. Vide LUCENA, José Waldecy. **Das sociedades anônimas**: comentários a lei. Rio de Janeiro: Renovar, 2009, v. 1, p. 420, para quem: "A Lei 6.404/1976 atendeu a tais anseios, introduzindo em nosso direito posto a custódia de ações fungíveis, e o fez de tal arte que a fungibilidade das ações fique restrita tão-somente à finalidade de seu depósito, qual o prestamento dos serviços de custódia por instituição autorizada pela Comissão de Valores Mobiliários, continuando as ações, de conseguinte, a ser consideradas, para os demais fins, como bens infungíveis. É o que se vê de seu artigo 41 [...]. Oportuno rememorar que a vedação a que a instituição depositária venha a dispor das ações custodiadas, constante do então parágrafo único (hoje § 1º), [...] não constava do anteprojeto, tendo sido introduzido no projeto em virtude da crítica geral de que, como valores fungíveis, a instituição teria o direito de dispor das ações, o que geraria intranquilidade e insegurança." No mesmo sentido, veja-se REQUIÃO, Rubens. **Comentários à Lei das Sociedades Anônimas**. São Paulo: Saraiva, 1980, p. 280: "Tão logo divulgado o anteprojeto da lei de sociedades por ações, recaiu sobre esse preceito severas críticas. Todos estavam certos de que o preceito inovatório importaria em que a instituição financeira teria o direito e prerrogativa de dispor das ações que, por força legal passariam a ser valores fungíveis, já que normalmente se situam entre os bens infungíveis. Mas para permitir o mecanismo da operação e do instituto, na verdade, as ações depositadas são admitidas excepcionalmente como coisas fungíveis, sejam nominativas, endossáveis ou ao portador. E como ações fungíveis poderiam, na disposição da instituição depositante, ser vendidas, acarretando séria intranquilidade e comprometendo o instituto. Informando não ter sido esta a intenção do anteprojeto, o jurista Bulhões Pedreira, um de seus autores, teve a oportunidade de esclarecer que a ideia não era permitir à instituição financeira alienar o título. A origem da concepção desse depósito decorre da verificação do alto custo da manipulação dos certificados das ações, em prejuízo do mercado. Em vez de controlar o número de certificados, que pertence a cada um dos depositantes, a instituição financeira os manteria em custódia, em comum, para esse efeito. Não para o de poder dispor e vender esses títulos que lhes foram confiados, mas tão somente para poder devolver a cada depositante as ações, seja qual for o certificado, e poder manter a custódia de todas as ações de uma mesma sociedade, sem precisar identificar qual o certificado que pertence a cada um dos depositantes."

e continua excepcionando, no caso dos valores mobiliários, a aplicação da livre disponibilidade do bem pelo depositário, como se mútuo fosse. Esse é o fundamento da Instrução CVM n. 115/1990.

Uma vez objeto de custódia junto a uma instituição autorizada pela CVM, esta emite ao debenturista um certificado de depósito do qual deve constar o número de valores mobiliários custodiados, enviando à companhia emitente o nome, a quantidade de debêntures de cada investidor, bem como as variações ocorridas, quer em quantidade, quer quanto à sua propriedade, de sorte a permitir que possa ela elaborar a lista daqueles aptos ao comparecimento e ao voto nas reuniões, bem como para efeito do pagamento da remuneração devida a cada um.

8.6.10 Amortização e remuneração

8.6.10.1 Amortização antecipada

A assembleia de acionistas, ao deliberar sobre a futura emissão de debêntures, pode contemplar a hipótese da ocorrência do seu reembolso antes do vencimento. Neste caso, deve estabelecer as regras que deverão constar da escritura de emissão, prevendo o mecanismo do reembolso, a época em que poderá ocorrer, bem como dispondo sobre o pagamento do prêmio de reembolso a que o debenturista fará jus. O prêmio de reembolso é a faculdade unilateral que a companhia emitente possui de pagar antecipadamente pelo resgate da debênture a seu legítimo possuidor, sempre de acordo com as regras constantes da escritura de emissão, pagando quantia superior ao valor de resgate.

A lógica desse mecanismo nasce da constatação econômica da variabilidade da taxa de juros no tempo. A debênture, por sua própria natureza, foi pensada para ser um valor mobiliário de longo prazo, o que significa que, da época de seu lançamento até seu resgate, poderão ocorrer mudanças dramáticas nas taxas de juros praticadas pelo mercado. Assim, é o reembolso o mecanismo pelo qual a sociedade, ao ofertar as debêntures, dá notícia, pelas regras constantes da escritura de emissão, de que ela poderá recomprar as debêntures, antes de seu vencimento, pagando ao debenturista um prêmio pela perda do juro futuro, prêmio este sempre inferior ao total que seria pago caso o resgate se desse no termo final da debênture. É, em realidade, uma maneira de a companhia, ao recomprar uma emissão com juros caros, voltar a mercado, com uma nova colocação, pagando os juros novos, que serão mais baixos que os praticados anteriormente.[94]

---

94. Vide BALLANTINE, Henry W. **Law of Corporation**. Chicago: Callaghan, 1946, p. 497: *"The borrower almost invariably reserves the option to call or redeem bonds or debentures on any interest-paying date prior to their maturity, on the publication of a notice of redemption for a certain number of weeks immediately preceding the date of redemption."* Confira-se SOLOMON, Lewis; STEVENSON JUNIOR, Russell; SCHWARTZ, Donald.

8.6.11 Vencimento, amortização e resgate

8.6.11.1 Vencimento

A debênture é um valor mobiliário representativo de uma operação de mútuo. Porém, mesmo que dele sempre nasça uma dívida pecuniária (ou que possa ser calculada em dinheiro), resulta, no caso das debêntures, que o vínculo obrigacional é assumido por prazo certo ou indeterminado. Nas emissões por prazo determinado — as quais, em realidade, representam a quase totalidade dos lançamentos —, a assembleia de acionistas delibera a data de vencimento da obrigação, isto é, o momento no qual ela será resgatada.

8.6.11.1.1 Nas emissões por prazo indeterminado

Permanecerá o dever de resgate inexigível enquanto a sociedade cumprir com o pagamento dos juros contratados, não entrar em liquidação ou estiver cumprindo outras condições previstas na escritura de emissão. Esses são os comandos obrigatórios, de acordo com a lei. Entretanto, nada obsta a que a escritura de emissão contenha cláusulas suplementares.

Ou seja, a debênture emitida por prazo indeterminado é, em realidade, um valor mobiliário emitido com perpetuidade, condicionado seu resgate à ocorrência de determinados eventos previstos em lei, não podendo a companhia alterar esta condição unilateralmente. Poderão, entretanto, os acionistas ou a assembleia de debenturistas, propor a alteração da escritura de emissão, de sorte a permitir que sejam resgatadas ou amortizadas, com a consequente extinção ou diminuição do valor financeiro do vínculo obrigacional.

Em todas essas hipóteses de emissão por prazo indeterminado as debêntures poderão ser resgatadas ou amortizadas, conforme previsão constante da escritura de emissão. O resgate acarreta a extinção da obrigação da companhia, com a retirada definitiva do valor mobiliário. A amortização, por seu lado, significa o pagamento parcial da obrigação, remanescendo a debênture viva, embora a exigibilidade do

---

Corporations Law and Policy: Materials and Problems. St. Paul, Minn.: West, 1982, p. 155: *"The security may be redeemable, or 'callable' at the option of the company at a fixed price. This is an important right of the corporation which it is likely to avail itself when interest rates decline and high interest loans can be replaced with low interest borrowing. The 'call' price is usually fixed above the face amount that would be paid if the security were allowed to mature to compensate the holder of the security for the loss of the balance of the stream of the interest payments."* Consulte-se CARY, Willian; EINSEMBERG, Melvin. **Corporations**: Cases and Materials. Brooklyn: The Foundation Press, 1959, p. 1.108-1.109: *"Debt securities are typically redeemable at the option of the corporation, usually at the face amount plus a premium which declines as maturity date approaches. The redemption privilege is important, for when interest rates decline it may become profitable to 'refund', i.e., to replace the issue with another carrying a lower interest rate."*

principal e da remuneração diminua proporcionalmente, seja esta devida como juro fixo ou como participação no lucro da sociedade ou do empreendimento.

A debênture perpétua cria uma situação contábil que pode ser interessante para as companhias. Por ser perpétua, representa um crédito inexigível,[95] já que sua exigibilidade, mantidas as previsões de lei, só ocorrerá nos casos de liquidação da companhia ou cessação do pagamento dos juros. Ora, no mundo empresarial, a cessação do pagamento dos juros só deve ocorrer na situação de impossibilidade de pagamento do principal — ou seja, no caso de liquidação da companhia. Neste momento a situação dos debenturistas será muito próxima da dos acionistas quanto à expectativa de recebimento de seus créditos. Não obstante, as debêntures não constituem capital da companhia.

Assim, em condições operacionais normais as debêntures perpétuas representam um não exigível para a companhia, muito embora não componham o capital social, e, em caso de liquidação, gozam quase que dos mesmos direitos creditórios dos acionistas, ressalvada a hipótese de contarem com garantias estabelecidas na escritura de emissão. No mercado brasileiro tal situação quase não é encontrada, na medida em que a enorme maioria das emissões é colocada com garantia subordinada ao pagamento dos demais credores. A situação poderá ficar ainda mais nebulosa caso as debêntures remunerem seus investidores pagando um montante variável em função do lucro, e não juros fixos.

Tais dificuldades conceituais foram objeto de importantes posicionamentos dos vários setores da Comissão de Valores Mobiliário, com decisão não unânime de seu Colegiado. Pela riqueza da discussão, é importante a visão detalhada do constante do Processo n. RJ2005/4105, nascido de recurso da Tec Toy S.A. contra entendimento da área técnica da CVM, tendo como relator o diretor Wladimir Castelo Branco Castro.

> 1. Trata-se de recurso interposto pela Tec Toy S.A., doravante "Tec Toy" [...]contra entendimento firmado pela Superintendência de Relação com Empresas – SEP, exarado com base em pareceres da Superintendência de Normas Contábeis – SNC e da Procuradoria Federal Especializada – PFE-CVM [...].
> 2. Em 15.12.2004, a Tec Toy consultou esta CVM a respeito da adequação do registro, no patrimônio líquido da Companhia, do valor das debêntures sem data de vencimento determinada ("debêntures perpétuas"), manifestando que, com fulcro no disposto nos parágrafos 18 e 21 do NIC 32 [Normas Internacionais de Contabilidade] e no parágrafo 4º do parecer dos auditores independentes, tinha a intenção de: i. classificar as debêntures perpétuas no patrimônio líquido da companhia no balanço patrimonial referente ao exercício social findo em 31.12.2004 (uma vez que possuem características

---

95. Vide Processos CVM n. 2000/4473 e 2000/4079, interessada Cosipa.

de instrumentos patrimoniais por não serem exigíveis e não gerarem remunerações financeiras a seus titulares, ao garantirem apenas participação nos resultados); [...].

3. Ao analisar a questão, a SNC [...] entendeu não ser conclusivo, para a classificação do saldo das debêntures perpétuas como recurso no patrimônio líquido, o argumento de que o emitente não tem uma obrigação presente de transferir ativos financeiros para os acionistas, tendo em vista que: i. a inclusão das debêntures perpétuas no patrimônio líquido não as equipara perfeitamente aos outros itens do patrimônio líquido, já que esses itens não têm as mesmas condições em que foram emitidas, ou transformadas, as debêntures da Tec Toy; ii. a inclusão das debêntures no patrimônio líquido não demonstraria o poder de governar as operações e finanças de uma empresa, tampouco a obtenção dos benefícios de suas atividades; a percepção dos direitos existentes da posição acionária da companhia seriam diluídos junto aos direitos das debêntures perpétuas; iii. a diluição do poder de controle expresso no patrimônio líquido, dada a expressiva erosão dos direitos dos acionistas aos lucros residuais depois de paga a participação dos debenturistas, poderia levar a uma situação insustentável, na qual somente o resgate das debêntures manteria o interesse e a posição de controle dos acionistas atuais; iv. existe a obrigação de remunerar as debêntures com a participação no lucro de forma essencialmente diferente das ações, já que as debêntures têm direito à participação no lucro por contrato (instrumento financeiro), enquanto as ações estão sujeitas à deliberação assemblear para receber esse direito (instrumento patrimonial) [...].

4. Em função disso, a SNC concluiu que não deve a emissão das debêntures perpétuas com cláusula de resgate antecipado facultativo ("call option") ser classificada no patrimônio líquido.

5. A PFE-CVM, por sua vez, [...] manifestou-se no sentido de que: i. a consulente, ao emitir debêntures perpétuas com garantia de participação social, obrigou-se a uma prestação, que consiste na distribuição de lucros aos debenturistas, obrigação que deriva de relação contratual e não da posição de sócio; ii. as debêntures perpétuas, além de consubstanciarem um direito de crédito, cuja exigibilidade se encontra suspensa, geram para seus titulares o direito de exigir da sociedade uma prestação financeira, consistente na distribuição dos lucros; e iii. as referidas debêntures devem ser contabilizadas como passivo financeiro, visto que não configuram mero instrumento de participação, mas efetivamente estabelecem um direito de crédito àqueles que a titularizam, além de possibilitarem um retorno financeiro em contrapartida ao capital inicialmente investido.

6. Com fulcro nas manifestações da SNC e da PFE-CVM [...], informou à Tec Toy que as debêntures perpétuas não deveriam ser reclassificadas para o patrimônio líquido daquela companhia.

7. Inconformada com essa decisão, a Tec Toy interpôs recurso neste Colegiado em 28.06.2005, sustentando, em síntese, que: [...] ii. a indeterminação do prazo de vencimento das debêntures em questão subordina-se à previsão de eventos futuros e incertos, não havendo exigibilidade do crédito debenturístico sem que ocorra inadimplemento da obrigação de pagar juros, da dissolução da companhia ou de outras condições previstas no título; iii. não há que se falar em obrigação a termo, dada a imprevisibilidade da dissolução da companhia e o seu caráter de evento futuro e incerto; iv. embora o mesmo

evento (a dissolução) acarrete para debenturistas e acionistas a aquisição de um direito de crédito contra a companhia, o valor atribuído às ações de emissão da companhia não se consigna como passível exigível exatamente porque, antes da dissolução, não pode ser reclamado pelos acionistas; v. as ações também podem se sujeitar a determinadas preferências na liquidação de haveres, decorrentes da dissolução da companhia, como ocorre com as ações preferenciais às quais se assegure a prioridade no reembolso do capital, nos termos do art. 17, da Lei n. 6.404/76, pelo que tanto ações como debêntures perpétuas são inexigíveis; vi. o fato de as debêntures perpétuas participarem no lucro "de forma essencialmente diferente das ações" não impede sua classificação enquanto elemento patrimonial; vii. a participação das debêntures nos lucros pressupõe deliberação da assembléia geral ordinária que aprove as demonstrações financeiras; viii. a lei estabelece um procedimento para a apuração do lucro do exercício, do qual são deduzidas as participações, inclusive a das debêntures (art. 189 da Lei das S.A.), tendo a omissão da participação das debêntures no lucro social decorrido de lapso legislativo (art. 190 da Lei); ix. a remuneração das ações também tem origem contratual, obedecendo a um contrato plurilateral que subjaz toda e qualquer sociedade; x. a existência de dividendo mínimo obrigatório é tão-somente a garantia legal dessa remuneração, devida em cada ano aos titulares de ações da companhia; xi. a participação das debêntures e o dividendo das ações obedecem às mesmas regras fundamentais, variando apenas a ordem de sua dedução do lucro do exercício; xii. embora seja inquestionável que as debêntures comportam direito de crédito, não se pode deixar de reconhecer a possibilidade de esse direito de crédito sujeitar-se a condição suspensiva, não podendo essas debêntures, enquanto pendente a condição a que se subordinam, serem consideradas juridicamente títulos a longo prazo, classificáveis no exigível a longo prazo; xiii. sendo obrigações não nascidas, ou de eficácia contida, as dívidas de debêntures não podem ser classificadas de acordo com os critérios do art. 180, no passível exigível, por não corresponderem à exigibilidade de longo prazo, como ali definido; xiv. a contabilização deve refletir a situação atual da companhia, não se compadecendo essa necessária atualidade com o registro contábil de um valor não exigível como exigibilidade passiva da companhia; xv. não se coaduna com o princípio da oportunidade a contabilização de obrigações condicionais, já que não existe razoável certeza de sua ocorrência, tampouco pode ser tecnicamente estimável variação patrimonial decorrente de evento futuro e incerto; xvi. ao admitir as debêntures perpétuas e, ao mesmo tempo, a participação das debêntures no lucro da companhia, a lei brasileira criou instrumento de financiamento sem lhe fazer corresponder o caráter de passivo exigível, não cabendo tais debêntures na definição do art. 180 da Lei n. 6.404/76, por não se classificarem nem no passivo circulante nem no passivo exigível a longo prazo; xvii. a consideração dessas debêntures como títulos similares às ações preferenciais é a que mais se aproxima da realidade daqueles títulos, de forma que as debêntures em questão devem, enquanto pendente a condição suspensiva, ser, por analogia, consideradas como integrantes do patrimônio; e xviii. elementos patrimoniais podem se converter em direitos de crédito, como nas hipóteses de resgate, amortização ou reembolso de ações, ainda, na restituição aos acionistas de parte do valor das ações em razão da redução do capital social.

8. Com base nesses argumentos, o Recorrente requer (a) seja declarado inválido o Ofício [...], que consubstancia ato administrativo sem fundamentação expressa; ou, se assim não entender o Colegiado (b) seja reformado o entendimento proposto no referido ofício, de forma a admitir a contabilização das debêntures perpétuas nas contas do patrimônio. [...]

VOTO: [...]

18. A Companhia fez três emissões de debêntures distribuídas em quatro séries, [que] podem assim ser resumidas: a. foram emitidas 231.300 debêntures perpétuas, subordinadas, [...] b. por instrumento particular de 2º Aditamento da Escritura da 1ª Emissão de Debêntures Não Conversíveis em Ações, foram estas debêntures transformadas em subordinadas, perpétuas e com participação nos lucros; c. por instrumento particular de 4º Aditamento da Escritura da 2ª Emissão de Debêntures Não Conversíveis em Ações, foram estas debêntures transformadas em subordinadas, perpétuas e com participação nos lucros; d. por Instrumento Particular de Escritura Privada da 3ª Emissão de debêntures Simples Não Conversíveis em Ações, foi autorizada a emissão de 86.639 debêntures em série única, subordinadas, perpétuas e com participação nos lucros; e. há possibilidade de resgate total ou parcial das debêntures da 1ª e 2ª Emissão (1ª e 2ª séries) "a critério da emissora, mediante o pagamento do PU da debênture, utilizando-se os percentuais do seu valor de face a ser estipulado", podendo os recursos nos dois primeiros anos em que houver resultados distribuídos aos debenturistas ser aplicados da seguinte forma: 1/3 em ações ON e 2/3 em ações PN; há "exclusão de qualquer vantagem política" em relação às debêntures da 2ª Emissão, não havendo tal informação quanto às debêntures da 1ª emissão; [...]."

19. Portanto, trata-se de debêntures perpétuas, criadas nos termos do art. 55, § 3º, da Lei n. 6.404/76, que autoriza as companhias "a emitir debêntures cujo vencimento somente ocorra nos casos de inadimplemento da obrigação de pagar juros e dissolução da companhia, ou de outras condições previstas no título".

20. Tais debêntures, subordinadas, geram à Companhia a obrigação de pagar periodicamente uma remuneração ao debenturista (que, no caso, consiste na distribuição de lucros) e de restituir o principal, na hipótese de dissolução da companhia. Quer dizer, o vencimento da debênture, condicionado à dissolução da companhia, implica a extinção da obrigação de periodicamente remunerar os debenturistas e faz nascer a obrigação de pagar o valor do título.

21. Além disso, há nessas debêntures a cláusula de resgate antecipado facultativo, o que garante à companhia, mediante o pagamento de um percentual do valor de face da debênture, pôr fim à obrigação de remunerar periodicamente seu o titular.

22. Feitas essas considerações, verifico que a Companhia, em seu recurso, sustenta que a obrigação de pagar o valor da debênture estaria sujeita a condição suspensiva, do que decorreria que o direito de receber tal montante só seria adquirido pelo debenturista quando e se ocorressem algumas das hipóteses que ensejassem o vencimento do título.

23. Nesse ponto, observo que o traço característico das obrigações sob condição (que as distingue das obrigações a termo) é a incerteza quanto à ocorrência de um evento futuro, ainda que determinado e preciso o prazo para seu acontecimento.

25. As condições, vale dizer, podem tanto suspender um direito como implicar sua resolução. Na condição suspensiva, a manifestação volitiva fica inoperante até que o acontecimento se realize, "permanecendo em suspenso a sua incorporação ao patrimônio do titular, na categoria de expectativa de direito (*spes debitum iri*), ou de um direito meramente virtual. [...] Inábil a gerar seus naturais efeitos, o negócio jurídico sob condição suspensiva está, entretanto, formado e a relação jurídica está criada. Não cabe mais às partes a faculdade de se retratarem". Já nas obrigações sob condição resolutiva, "dá-se desde logo a aquisição do direito, e produz o negócio jurídico todos os seus efeitos, [...] vigora a declaração de vontade desde o momento de sua emissão, e pode o titular exercer na sua plenitude o direito criado, que se incorpora, desta sorte, e desde logo, ao seu patrimônio (*adquisitio*)".

26. Considero, assim, que a obrigação de pagar o principal está sob condição suspensiva, vez que sua exigibilidade está sujeita à ocorrência de evento futuro e incerto.

27. Com efeito, na hipótese de companhia com prazo indeterminado, não é possível estabelecer quando nem se haverá sua dissolução, sendo futuro e incerto o evento a que se sujeita o vencimento da debênture (assim, *incertus an incertus quando*), havendo, portanto, mera expectativa de direito dos titulares das debêntures quanto ao pagamento do principal.

28. Diante disso, dúvidas surgem quanto à classificação do principal no balanço patrimonial da emissora da debênture perpétua, ou seja, se no passivo ou no patrimônio líquido.

29. Com efeito, analisando o art. 180 da lei societária, observo estarem classificadas no passivo circulante as obrigações da companhia que se vencerem no exercício social seguinte e no passivo exigível a longo prazo as que tiverem vencimento maior, pelo que parece acertado, em princípio, classificar nessas contas o principal.

30. Por outro lado, no patrimônio líquido da companhia estão compreendidos o montante do capital subscrito — e, por dedução, a parcela ainda não realizada — e as reservas constituídas na forma da lei, sendo, a meu ver, o valor contábil pertencente aos acionistas. Partindo dessas premissas, também não parece ser adequado, em princípio, classificar as debêntures com prazo de vencimento indeterminado no patrimônio líquido.

31. Urge esclarecer que, de acordo com as normas internacionais, a qualidade de instrumento financeiro está regida por sua essência econômica e não sua forma legal. Embora essência e forma legal possam ser coerentes, esse não é o caso. Observe-se, pela leitura da nota explicativa da última informação trimestral ITR da Tec Toy, que a participação de 75,5% do total dos lucros após os tributos [pagos] pelos debenturistas configura uma expressiva opressão à condição econômica que poderia levar a uma situação insustentável para a companhia. Podemos indicar essa "condição financeira" como um outro aspecto da obrigação contratual feita de forma indireta através de prazos e condições como estabelecido na norma contábil internacional (IAS 32.22).

32. O aspecto crítico para distinguir um instrumento financeiro, classificado no exigível, de um instrumento patrimonial, classificado no patrimônio líquido, é a existência de uma obrigação contratual entre o emissor e o detentor que obrigue o emissor a entrega de caixa ou equivalente sob condições potencialmente desfavoráveis ao emissor (ou de

uma condição econômica que o force a processar essa liquidação, no caso a expressiva participação nos resultados). O emissor Tec Toy nesse caso, emitiu debêntures a que se obriga contratualmente a destinar parte expressiva do lucro, diferentemente dos acionistas que dependem da decisão assemblear, e sob condições de participação tão leoninas que configuram uma cláusula indireta de liquidação dessas debêntures.

33. Nesse sentido, a argumentação sustentada pela Tec Toy quanto à consideração dessas debêntures como títulos similares às ações preferenciais e que, por analogia, devam ser classificadas no patrimônio líquido, também, por analogia, não encontra amparo [na] norma contábil internacional (IAS 32.22). Ao abordar a classificação das ações preferenciais, a referida norma exemplifica que uma ação preferencial, que não dá direito a resgate obrigatório ou resgate à opção do portador, poderá ter dividendos crescentes contratualmente previstos, tais que, dentro de um futuro previsível, seu rendimento esteja programado para ser tão alto que o emissor estará economicamente compelido a resgatar o instrumento. Nestas circunstâncias, a classificação como passivo financeiro é apropriada, pois o emissor possui pouca, se alguma, liberdade para evitar o resgate do instrumento.

34. Além disso, como já ressaltado, deve ser considerado que na própria definição pelo IASB (IAS 32 item 5) [nota 15 do Relator em seu voto][96] de instrumento patrimonial (diferentemente do instrumento financeiro) o aspecto mais relevante é quanto ao fato de ser este um instrumento que evidencie um direito residual de participação na entidade, ou seja, um direito sobre os ativos após deduzido os passivos, o que não está presente no caso das debêntures.

35. Não obstante, é oportuno mencionar que, no âmbito da União Européia, de acordo com os parâmetros contábeis estabelecidos nos IFRS, recomenda-se que os instrumentos financeiros, que obriguem a entidade emissora a, por exemplo, entregar dinheiro, no caso de ocorrência de um evento futuro e incerto — que esteja fora do controle tanto da entidade emissora do título como de seu titular — sejam classificados como passivo financeiro, a menos que o emitente seja obrigado a cumprir a obrigação apenas na hipótese de sua liquidação.

36. Além da orientação estrangeira acima apontada, recentemente, o Ibracon, mediante Comunicado Técnico n. 01/2005, estabeleceu diretrizes para o tratamento contábil, para

---

96. Nota 15 constante do voto do Relator: "De acordo com o item 5 IAS 32 um instrumento patrimonial é qualquer contrato que evidencie uma participação residual nos ativos de uma entidade, após a dedução de todos os seus passivos." Conforme nos dá conta o Relator na nota de número 1 de seu voto: "As Normas Internacionais de Contabilidade – NIC 32 (IAS – International Accounting Standards Committee), que trata da Divulgação e Apresentação de Instrumentos Financeiros, assim dispõe em seus item 18 e 21: 'Item 18. O emissor de um instrumento financeiro deverá classificá-lo, ou suas partes componentes, como um passivo ou como patrimônio líquido de acordo com a essência do acordo contratual no reconhecimento contábil inicial e com as definições de um passivo financeiro em um instrumento patrimonial.' 'Item 21. Um instrumento financeiro é um instrumento patrimonial quando não originar, para o emissor, uma obrigação contratual de entrega de caixa ou de outro ativo financeiro em condições potencialmente desfavoráveis. Embora o portador de um instrumento patrimonial possa ter o direito de receber uma parte *pro rata* de quaisquer dividendos ou outras distribuições provenientes do patrimônio, o emissor não terá obrigação contratual de fazer tais distribuições."

a entidade emissora, a ser dispensado aos títulos denominados "bônus perpétuos" [nota 16 do Relator][97] e a outros títulos com características semelhantes, assinalando que (i) "o valor do principal deve ser contabilizado quando do recebimento dos recursos pela entidade no passivo exigível a longo prazo pelo seu valor nominal"; e (ii) "o valor do principal atualizado deve ser reclassificado para o passivo circulante quando houver a intenção e capacidade financeira da entidade de liquidar ou recompor esses título em um prazo não superior a 12 meses da data do balanço, ou a ocorrência de algum evento que obrigue a entidade a efetuar a liquidação".

37. Ora, essa manifestação do Ibracon aplica-se, a meu ver, às debêntures perpétuas — que têm características muito semelhantes às apresentadas no comunicado técnico, para identificar os denominados "Bônus Perpétuos" — e reforça tudo o que foi dito acima, em referendo à opinião esposada pela Superintendência de Normas Contábeis, de que aqueles títulos devem ser classificados no exigível a longo prazo.

38. O que se depreende, em resumo, seja das normas internacionais, seja do pronunciamento do Ibracon, é que, para efeitos de contabilização, deve-se investigar a natureza e as conseqüências econômicas advindas dos títulos de participação e de dívida. Este não é, contudo, um raciocínio que se dê no plano puramente abstrato, mas sim um exame do caso concreto, que considere os atributos econômicos dos títulos em questão e as conseqüências financeiras para a Companhia. No caso destes autos parece-me haver dúvidas quanto à real natureza das debêntures perpétuas — se estariam mais próximas de títulos de dívida ou de participação — tendo em conta as informações da última ITR e inexistentes informações mais detalhadas por parte da administração.

39. Tais dados seriam imprescindíveis, a meu ver, para o exame da questão. Em sua ausência, e na dúvida quanto à sua real natureza, nego provimento ao recurso da Companhia, prevalecendo, portanto, a norma contábil padrão.

É o meu voto.

Em declaração de voto em separado, seu presidente, Marcelo Fernandez Trindade, acompanhou o voto do relator, entendendo que:

1. Acompanho o voto do Relator, mas tenho algumas observações sobre o assunto, tendo em vista a relevância do tema objeto desta consulta. A questão tem origem na distinção entre títulos de dívida e de participação, menos nítida nos dias de hoje, em

---

97. "Conforme assinalado no aludido Comunicado Técnico, os "Bônus Perpétuos" teriam as seguintes principais características, entre outras: 'a) Não há data de vencimento para o montante principal. b) O emissor possui a opção de resgate integral pelo valor nominal dos títulos ou recompra desses após ocorrido o prazo contratualmente definido. c) Em alguns casos o inadimplemento dos juros pode provocar o vencimento do título. d) Alterações na legislação, ou decisões de órgãos reguladores, podem ocasionar a liquidação imediata dos títulos. e) Os juros são pagos periodicamente em datas predeterminadas. f) As taxas de juros praticadas são prefixadas e similares às taxas de juros praticadas para papéis de longo prazo, considerando-se as condições existentes quando da emissão dos referidos títulos. g) Os títulos podem ser denominados em moeda estrangeira."

que a emissão de valores mobiliários de maior sofisticação, com características de *debt* e *equity*, tornou-se mais comum.

2. Só no Brasil, tem-se notícia de que, este ano, pelo menos três empresas — entre elas uma companhia aberta — emitiram eurobônus perpétuos, equiparáveis, grosso modo, às debêntures perpétuas de que ora se cuida [nota 1 do Relator].[98] Tal fato levou o Ibracon a emitir, em 25.08.05, um Comunicado Técnico a respeito do "tratamento contábil dos títulos denominados 'bônus perpétuos' para a entidade emissora desses títulos", cujos trechos foram transcritos no voto do Relator. As discussões, no entanto, não são exclusivas do Brasil, como indica a norma contábil internacional — IAS 32.22 — também citada no voto do Relator.

3. Por outro lado, parece-me que já se foi o tempo de soluções locais para problemas de contabilidade. A internacionalização dos mercados e a competição pelos recursos internacionais tornam obrigatória a uniformização de princípios e regras contábeis. Por isto, no caso concreto, parece-me que se deve buscar aderência com a referida norma, constante do IAS 32.22. Ali, resumidamente, se diz que um título de participação (ações preferenciais resgatáveis) deve ser contabilizado como título de dívida não apenas se for resgatável por vontade do titular. Mesmo que a decisão contratual sobre o resgate seja exclusivamente do emissor, quando, por razões econômicas (basicamente o custo dos dividendos assegurados às ações), torne-se mandatório para o emissor exercitar a faculdade de resgate, deve o título ser contabilizado no passivo exigível. Em outras palavras: se o custo dos títulos de participação for muito oneroso, o seu resgate perderia o caráter de direito, convertendo-se, do ponto de vista contábil, em *dever*.

4. O reverso de tal moeda dar-se-ia em casos como o presente, em que um título de dívida é emitido sem que exista vencimento, sem que o credor possa demandá-lo senão em certas hipóteses de eventos futuros e incertos (como o inadimplemento da obrigação de pagar juros), mas cuja remuneração se torne tão onerosa que imponha, *economicamente*, o exercício da faculdade de resgate assegurada ao emissor no título.

5. Parece-me que em ambos os casos deve ser preservada, na dúvida, a regra padrão: quando se tratar de título de participação (como as ações preferenciais do exemplo citado na norma internacional), a contabilização no patrimônio líquido; quando se tratar de título de dívida (como as debêntures), a contabilização no passivo exigível. A norma internacional, embora não o diga expressamente, parece indicar nesse sentido.

6. No caso concreto, portanto, não me parece possível contabilizar as debêntures no patrimônio, como se fossem títulos de participação, em razão da ausência de informações suficientes, por parte da administração da Companhia. Se a administração demonstrasse ano a ano a inviabilidade do resgate das debêntures nos exercícios seguintes, creio

---

98. "Somente nesta semana, três emissores brasileiros acabam de captar US$ 1,3 bilhão em eurobônus perpétuos — sem vencimento final — no mercado externo. A demanda total somada dos bônus do Santander Banespa (US$ 500 milhões), da Gerdau (US$ 600 milhões) e da Construtora Norberto Odebrecht (US$ 200 milhões) chegou aos surpreendentes US$ 5,6 bilhões, a maior parte vinda das pessoas físicas ricas da Ásia em busca de rendimentos mais altos para seus recursos. No ano, empresas e bancos brasileiros já captaram US$ 3 bilhões em bônus perpétuos." (jornal Valor Econômico on-line, 16 set. 2005)

que se poderia cogitar, em linha com a norma internacional, de que tais títulos fossem contabilizados no patrimônio líquido [nota 2 do Relator].[99]

7. Contudo, parece-me fundamental que a CVM adote uma postura coerente e uniforme quanto ao tema, razão pela qual entendo que a CVM deve iniciar um debate público sobre o assunto, em que possam ser examinadas as ponderações de todos os setores, sem perder-se de vista o paradigma fundamental de que devemos seguir na linha da busca da harmonização, procurando não divergir do tratamento que internacionalmente se dê à questão.

Em voto divergente minoritário, mas muito pertinente e em sintonia com a mudança que iria ocorrer com um Colegiado renovado da CVM, a diretora Norma Jonssen Parente decidiu no sentido de que:

I – Da não exigibilidade da debênture perpétua.
2. A debênture representa um título de dívida da companhia, portanto deve, em regra, ser classificada no exigível. Todavia, existe a possibilidade de a debênture ter vencimento somente em algumas hipóteses previstas em lei. Trata-se de "debênture perpétua". Neste caso, não se pode considerar liminarmente tal debênture um exigível, sendo preciso, para tanto, examinar a repercussão contábil desta característica.
3. Sob esta ótica, à luz do artigo 125 do Código Civil, trata-se o contrato firmado entre os debenturistas e a Tec Toy de um negócio jurídico subordinado à condição suspensiva, no qual a aquisição do direito de crédito só se efetiva quando ocorre a condição.
4. Dado o caráter suspensivo da obrigação, a exigibilidade típica das debêntures, via de regra classificadas no passivo exigível, revela-se afastada no caso concreto. O direito a elas relacionado encontra-se sob suspensão, somente podendo ser exercido nas hipóteses asseguradas em lei, como no caso da ocorrência de dissolução da companhia ou ainda do inadimplemento da remuneração contratada. Logo, não se pode ante a eventual ocorrência do vencimento da debênture, enquadrá-la, liminarmente, no passivo exigível.
5. No caso de debêntures perpétuas com participação nos lucros, o investidor participa do risco da empresa, tendo a mesma situação desfrutada pelo acionista da companhia. De modo que o sucesso ou insucesso da sociedade repercute diretamente em seus rendimentos, visto que tal debenturista é quase um acionista.
6. Dessa forma, não se pode afirmar que o emissor de debêntures perpétuas seja detentor de um exigível. O fato de ser facultado à companhia resgatar a debênture não a torna um exigível (visto que esta opção pertence exclusivamente à sociedade); ainda que tal fato ocorra no futuro não justifica, no presente, seu enquadramento no passivo exigível. Portanto, não se pode dizer que a exigibilidade é ínsita ao título sendo presumível sua ocorrência. No caso, a exigibilidade por parte dos debenturistas é remota, pois aos

---

99. "Destaco a informação, constante de nota explicativa do último ITR da Tec Toy, de que os debenturistas, hoje, detêm participação de 75,5% do total dos lucros após os tributos."

mesmos sequer é facultado direito a um rendimento predeterminado, já que sua remuneração restringe-se à participação nos lucros sociais.

7. Apenas na hipótese de haver lucros e de os mesmos não serem atribuídos aos debenturistas é que haverá o vencimento. Contudo, estes eventos são incertos e indeterminados, não sendo possível registrar tal título pautando-se em uma eventual exigibilidade do crédito em face da companhia.

8. É improvável que a emissora enseje o vencimento das debêntures incorrendo na perda do benefício de perpetuidade. Além disso, à luz da ciência contábil, não se registra em balanço o exigível de remota possibilidade de ocorrência. Neste sentido, cabe citar o disposto no artigo 10 da recente Deliberação CVM n. 489/2005, que aprovou Pronunciamento do Ibracon: "10. Uma provisão deve ser reconhecida quando: a. uma entidade tem uma obrigação legal ou não formalizada presente como conseqüência de um evento passado; b. é provável que recursos sejam exigidos para liquidar a obrigação; e c. o montante da obrigação possa ser estimado com suficiente segurança."[100]

II - Omissão da lei

9. A lei não previu a contabilização das debêntures sem vencimento, sendo bastante objetiva ao vincular o exigível a prazos de vencimento, inexistentes no caso das debêntures perpétuas. Repita-se: a dívida em questão não vence, pois, sendo a faculdade de adimplir o principal destas debêntures evento futuro e incerto, não há como garantir a ocorrência da eventual exigibilidade do crédito, nem a curto, médio ou longo prazo. Não resta possibilidade de registro no passivo exigível constatada a incerteza da efetividade da exigibilidade relativa ao título. Assim, fazer projeções quanto ao vencimento das debêntures perpétuas pode revelar-se tarefa árdua e eventualmente contraditória com o instituto, dado que este permite a emissão de tais títulos justamente com a característica de perpetuidade.

10. Também a Lei 6.404/76 nada dispõe sobre a inclusão das debêntures perpétuas no âmbito do patrimônio líquido, como se verifica da discriminação das contas do patrimônio líquido contida nos artigos 178, § 2º, "d", e 182, *caput*, da referida lei.

11. Trata-se de omissão da Lei Societária, ante novidade que ela mesma introduziu ao criar a debênture perpétua. Todavia, é preciso interpretar e classificar a conta segundo os elementos do patrimônio que registrem, como previsto no *caput* do mencionado artigo 178. Definindo-se, portanto, a debênture perpétua como um instrumento híbrido que não é propriamente capital e tampouco exigível, mas insere-se entre um e outro encontrando-se mais próxima ao primeiro do que ao segundo.

III - Da analogia do registro da conta de adiantamento para aumento futuro de capital aplicada às debêntures perpétuas, ações resgatáveis e participações de acionistas minoritários em sociedades controladas

12. Outro aspecto relevante concerne ao enquadramento no balanço contábil dos AFACS (adiantamentos para futuro aumento de capital social), sendo estes definidos

---

[100]. Muito embora não tenha sido transcrito pelo voto, é interessante notar que a deliberação continua adendando que "Se qualquer dessas condições não for atendida, a provisão não deve ser reconhecida [...]."

como recursos recebidos pela empresa de seus acionistas utilizados para aumentar o capital social.

13. O registro das contas referentes a estes adiantamentos é, por vezes, efetuado no passivo não exigível da companhia, dado o caráter híbrido dos AFACS. Tal fato ocorre quando certos adiantamentos são recebidos com cláusulas de absoluta condição de permanência na companhia, não cabendo classificação no passivo exigível.

14. Há, inclusive, determinados adiantamentos, com recursos recebidos de acionistas, vinculados e designados à capitalização por imposição de disposições contratuais irrevogáveis ou, até mesmo, legais.

15. A fim de evitar uma distorção da situação patrimonial, fazendo aparecer exigibilidades às vezes expressivas, inexistentes na prática, uma forma encontrada pela ciência contábil para solucionar o registro dos adiantamentos para aumento de capital, foi aduzir ao patrimônio líquido uma nova subdivisão, na qual deverá constar clara distinção destes adiantamentos em relação às demais contas.

16. Sob este entendimento, a sociedade deve registrar o ativo recebido no campo do passivo não exigível, porém fazendo uma divisão entre os valores desses recursos em uma conta própria distinguido-a, por conseguinte, dos demais elementos que compõem o patrimônio líquido. Assim, o balanço contábil deverá estar organizado contendo distinção da seguinte forma: "total do Patrimônio Líquido + adiantamentos para aumento de capital", isto depende, como se disse, de característica do AFAC.

17. Neste panorama, cabe citar o registro das ações resgatáveis no balanço contábil. De modo que, considerando que as ações resgatáveis representam uma forma de dívida para a companhia e conseqüente obrigação de adimplir o crédito caso o resgate seja efetuado, ainda assim tais ações são enquadradas no patrimônio líquido.

18. Ressalte-se, ainda, o caso da classificação da conta referente às participações de acionistas minoritários em sociedades controladas. A Lei 6.404/76 determina que tais contas sejam registradas de forma destacada no passivo, não informando se o registro deve ser efetuado ou não no patrimônio líquido.

19. Levando-se em consideração a atual tendência mundial, que classifica tais participações como parte destacada do passivo não exigível (embora tais valores não representem efetivamente os acionistas da controladora), outro não é meu entendimento acerca da aplicação deste procedimento às debêntures perpétuas.

IV – Da importância dos princípios contábeis na elaboração das demonstrações financeiras

20. Destaque merece a observação dos princípios de contabilidade no real entendimento desta questão.

21. O *caput* do artigo 177 da Lei Societária elege os princípios de contabilidade em normas de obrigatória observância na medida em que determinam que as escriturações da companhia devem ser elaboradas em consonância com os princípios de contabilidade geralmente aceitos.

22. Dentre estes, para o exame da questão, destaca-se o princípio da essência sobre a forma como sendo o princípio basilar da ciência contábil, devendo os demais princípios atuar em conformidade com os ditames neste consagrados. O referido princípio

é definido por José Luiz Bulhões Pedreira nos seguintes termos: "Prevalência da substância econômica: A contabilidade adota o princípio de considerar os fatos admitindo a prevalência da substância sobre a forma jurídica. Em regra, a forma se ajusta à substância econômica, mas quando diferem, as informações fornecidas devem destacar a substância, e não a forma de fato."

23. De forma que outra não é a orientação da CVM nesta matéria ao fazer referência ao importante princípio, conforme conteúdo do Parecer de Orientação n. 15/87: "(...) não raro a forma jurídica pode deixar de tratar a essência econômica. Nesta situação, *deve a Contabilidade guiar-se pelos seus objetivos de bem informar, seguindo se for necessário, para tanto, a ESSÊNCIA ao invés da FORMA.*" (grifou-se).

24. Ademais, a própria Deliberação CVM n. 29/86, ao aprovar a Estrutura Conceitual Básica da Contabilidade, realçou a importância da essência sobre a forma. Confira-se: "2º) A contabilidade possui um grande relacionamento com os aspectos jurídicos que cercam o patrimônio, mas, não raro, a forma jurídica pode deixar de retratar a essência econômica. Nessas situações, deve a Contabilidade guiar-se pelos seus objetivos de bem informar, seguindo, se for necessário para tanto, a essência ao invés da forma."

25. Desse modo, seguindo tal princípio, embora as debêntures simples sejam por natureza enquadradas no campo do passivo, dada sua forma jurídica de instrumento financeiro, o mesmo não se configura em relação às debêntures perpétuas, pois a substância econômica destas encontra sua definição consubstanciada em instrumento patrimonial.

26. Sendo assim, a afastabilidade da classificação dessas debêntures no passivo exigível é determinada, logicamente, pela substância desses títulos que, embora configurem um direito de crédito em face da companhia, não resguardam direito de exigir o pagamento do valor total do título (salvo hipóteses asseguradas por lei), sendo devida, em contrapartida, remuneração relacionada aos lucros sociais, daí derivando a classificação de instrumento patrimonial.

27. Ademais, de acordo com a aplicabilidade do princípio da essência sobre a forma, diante de uma situação em que se mostre realisticamente desprezível a hipótese de haver reversão de um determinado fato (ainda que tal possibilidade exista do ponto de vista da pura técnica jurídica), a meu ver, a Administração deverá basear sua decisão contábil na substância deste fato, sob pena de apego a formalismos jurídicos comprometer a "sinceridade" do balanço daí resultante.

28. Outro não é meu sentir ao determinar que as debêntures perpétuas da Tec Toy sejam enquadradas no passivo não exigível, visto ser pequena a possibilidade de ocorrência do resgate desses títulos ao observarmos a situação econômica da companhia.

29. Note-se que só assim o balanço patrimonial refletirá a realidade da companhia, visto que tais debêntures sem vencimento decorrem de conversão de débitos com credores, com alta remuneração (75,5% do lucro da sociedade), o que se por um lado torna atrativo o resgate pela companhia, por outro evidencia a difícil situação econômica da Tec Toy tendo esta repercussão no resgate dos títulos.

V – Conclusão

30. Trata-se de questão não contemplada na ciência contábil, mas diante das intensas modificações ocorridas no mundo sem "oráculos a consultar nem experiências a invocar,

porque os desafios são novos, sem precedentes, nem referências no passado" não se pode ficar apegado a instituições que fenecem, colocando-se de costas para o futuro. É preciso tentar a abertura de caminhos novos, como ensina Alfredo Lamy Filho [nota 10 do voto].[101]

31. Portanto, à luz dos princípios contábeis retro mencionados, especialmente o tão importante princípio da essência sobre a forma, conclui-se que a debênture perpétua não é exigível nem patrimônio líquido, sendo um título híbrido. Seus elementos permitem verificar que a mesma permeia uma conta e outra, tendo, no caso concreto, maior proximidade com o patrimônio líquido.

32. Assim, utilizando-se a experiência de classificação das contas referentes a determinados AFACS, entendo ser tal classificação enquadrável ao caso concreto, face a analogia das situações. De modo que o registro das debêntures perpétuas no passivo não exigível deverá seguir a mesma orientação, sendo, então, assim determinado: "Total do Patrimônio Líquido + debêntures perpétuas".

33. Por outro lado, ressalto a necessidade de que nota explicativa esclareça as condições das mencionadas debêntures para permitir a apreciação da referida conta pelos interessados.

VI – Voto

34. Diante do exposto, VOTO pelo provimento do recurso da Tec Toy S/A, podendo suas debêntures perpétuas ser enquadradas em conta do passivo não exigível da companhia, seguindo a seguinte classificação: "Total do Patrimônio Líquido + debêntures perpétuas".

Os três votos são ricos na discussão de uma questão não resolvida pela Lei das Companhias, devendo a solução nascer com base em princípios gerais, cuja aplicabilidade não consta do cardápio usual de um julgador educado a encontrar soluções fundamentalmente na lei escrita. Essa dificuldade tende a surgir usualmente na medida em que alguns dos pilares do Direito dos Valores Mobiliários requerem do julgador a busca de soluções não contidas expressamente no texto da norma. E nem poderia ser de outra maneira em temas como: caracterização do que seja manipulação de mercado, informação relevante, conflito de interesse, etc.

Durante alguns séculos, o mercado, os juristas e os julgadores conviveram pacificamente com a distinção entre um título de dívida (*debt*) e outro de participação (*equity*). A partir do momento em que se possibilitou a emissão de debêntures perpétuas, remuneradas pela participação do lucro social, teve início a assemelhação entre ambas. Como apontado na própria decisão, cresceu em muito a convergência entre as características da debênture e da ação preferencial sem voto. Ambas podem ser consideradas ou como título de participação ou como título de dívida, pois as duas categorias não votam, as respectivas remunerações dependem da

---

101. LAMY FILHO, Alfredo. **A Lei das S/A**: pressupostos e elaboração. 2. ed., Rio de Janeiro: Renovar, 1993, p. 219.

existência de lucro e o recebimento do principal será feito nos casos de liquidação da companhia, não sendo os credores dotados de preferência.

O julgado sublinha que situações similares devem ser julgadas caso a caso — o que é muito útil para orientação do mercado de valores mobiliários. Porém, para que tal utilidade seja eficaz, seria importante que o Colegiado da CVM buscasse estabelecer alguns parâmetros distintivos, não enquanto perplexidade natural dos julgadores, mas enquanto pensamento indicativo da autarquia. O voto concorrente com o do relator indica que a CVM adota "uma postura coerente e uniforme quanto ao tema, razão pela qual a CVM deve iniciar um debate público sobre o assunto [...]". Sem a existência de tais paradigmas, ficará difícil, senão impossível, o exame caso a caso, conforme proposto pelo relator.

Outro ponto muito relevante apontado por todos os julgadores é aquele que busca estabelecer um confronto entre as interpretações econômica e jurídica. Esta dualidade metodológica na análise dos fatos, importada do Direito anglo-saxão, é razoavelmente estranha ao nosso método de interpretação, nascido dos cânones do Direito europeu continental. No caso acima, a distinção entre investimento de longo e de curto prazo vincula-se unicamente ao decurso de um ano calendário, o que é totalmente inútil na solução do caso analisado pelo Colegiado. Aqui inexistia norma de lei aplicável à espécie, situação à qual se poderia aplicar mais livremente a interpretação econômica, e dela extraindo parâmetros para a solução de casos que surjam não só com as debêntures perpétuas, mas também com as situações que venham a ser criadas com a emissão de cotas perpétuas de investimento.

Anos mais tarde, ao decidir o Processo Administrativo n. 2010-1058, a CVM, contra o voto do diretor Eli Loria, decide de forma oposta, acompanhando do voto do relator Marcos Barbosa Pinto, aprofundando a discussão bem mais do que fora feito no julgamento do processo anterior, acima transcrito. A sentença, contrariando a área técnica, baseou-se nos seguintes fundamentos:

> Razões de Voto
> A presente consulta é bastante complexa, um daqueles casos difíceis, que ficam nas margens dos conceitos normativos. Felizmente, a questão deve ser respondida com base na essência econômica dos instrumentos financeiros e não em sua forma jurídica. Esse é um fundamento básico da contabilidade internacional, acolhido expressamente pelo item 18 do CPC 39:
> "18. A essência de um instrumento financeiro, em vez de sua forma jurídica, rege sua classificação no balanço patrimonial da entidade".
> Essência e forma legal são comumente consistentes, mas nem sempre. Alguns instrumentos financeiros assumem a forma legal de patrimônio líquido, mas são passivos

em sua essência e outros podem combinar características associadas a instrumentos patrimoniais e características associadas a passivos financeiros.

A teoria econômica normalmente classifica como instrumentos patrimoniais aqueles que conferem direito a uma parcela do valor dos ativos e fluxos de caixa residuais da empresa, sujeitando seus titulares, portanto, ao risco de que esses ativos e fluxos residuais sejam insuficientes para remunerá-los por seu investimento.

Sob essa perspectiva econômica, as Debêntures Especiais emitidas pela Tec Toy são realmente instrumentos patrimoniais, pois elas são perpétuas, subordinadas, contingentes e remuneradas exclusivamente por meio de participação no resultado. A despeito de sua forma jurídica, é praticamente impossível distingui-las dos títulos patrimoniais típicos, como as ações e quotas de sociedades.

As seguintes características das Debêntures Especiais deixam isso bastante claro:

– por serem perpétuas, as Debêntures Especiais só se tornam exigíveis em caso de liquidação da Companhia, exatamente como ocorre com as ações e quotas de sociedades;

– por serem subordinadas, as Debêntures Especiais só são pagas após o pagamento dos credores, justamente como as ações e quotas;

– nem mesmo o valor de reembolso em caso de liquidação é fixo, mas calculado segundo uma fórmula que coloca os debenturistas em pé de igualdade com os acionistas; e

– a remuneração das Debêntures Especiais consiste exclusivamente num percentual do lucro da Companhia, justamente como as ações e quotas.

Devido a essas características econômicas, as Debêntures Especiais atendem a todos os requisitos previstos nas normas contábeis para que sejam contabilizadas no patrimônio líquido, a começar pela própria definição de patrimônio líquido prevista no item 49 da Estrutura Conceitual:

"49. [...] (c) é o valor *residual* dos ativos da entidade depois de deduzidos todos os seus passivos."

Justamente como prescreve essa definição, por serem perpétuas e subordinadas, as Debêntures Especiais só fazem jus a uma parcela do valor residual do ativo. Esse entendimento é reforçado pela definição de instrumento patrimonial que consta do item 11 do CPC 39, cujo conteúdo é bastante semelhante:

"11. [...] Instrumento patrimonial é qualquer contrato que evidencie uma participação nos ativos de uma entidade após a dedução de todos os seus passivos."

Nem se diga que as Debêntures Especiais são na verdade abarcadas pela definição de passivo, da qual a definição de instrumento patrimonial depende por exclusão ("após a dedução de todos os seus *passivos*"). Isso não é verdade porque as Debêntures Especiais não criam obrigações presentes para a Companhia, como exige o item 49 da Estrutura Conceitual:

"49. [...] (b) Passivo é uma obrigação presente da entidade, derivada de eventos já ocorridos, cuja liquidação se espera que resulte em saída de recursos capazes de gerar benefícios econômicos; [...]"

Um título que só é exigível em caso de liquidação, como as Debêntures Especiais, não pode ser considerado uma obrigação presente. Isso violaria um dos postulados fundamentais da contabilidade: o postulado da continuidade da empresa. Caso a incidência desse postulado fosse afastada, até mesmo as ações ordinárias teriam de ser classificadas no passivo exigível e não no patrimônio líquido.

A SNC aponta, por outro lado, que um instrumento patrimonial deve atender não só à definição que consta do item 11 do CPC 39, transcrita acima, mas também aos requisitos do item 16 desse mesmo pronunciamento:

"16. Quando um emitente aplicar as definições do item 11 para determinar se um instrumento financeiro é um instrumento patrimonial em vez de um passivo financeiro, o instrumento será um instrumento patrimonial se, e somente se, estiver de acordo com ambas as condições (a) e (b) a seguir:

(a) o instrumento não possuir obrigação contratual de: (i) entregar caixa ou outro ativo financeiro à outra entidade; ou (ii) trocar ativos financeiros ou passivos financeiros com outra entidade sob condições potencialmente desfavoráveis ao emissor.

(b) se o instrumento será ou poderá ser liquidado por instrumentos patrimoniais do próprio emitente, é: (i) um não derivativo que não inclui obrigação contratual para o emitente de entregar número variável de seus próprios instrumentos patrimoniais; ou (ii) um derivativo que será liquidado somente pelo emitente por meio da troca de um montante fixo de caixa ou outro ativo financeiro por número fixo de seus instrumentos patrimoniais. Para este efeito, os instrumentos patrimoniais do emitente não incluem instrumentos que têm todas as características e satisfazem as condições descritas nos itens 16A e 16B ou itens 16C e 16D, ou instrumentos que são contratos para futuro recebimento ou entrega de instrumentos patrimoniais do emitente."

A redação desse dispositivo é um tanto obscura, mas, com algum esforço de interpretação, conseguimos concluir que as Debêntures Especiais atendem tanto ao item (a) como ao item (b) da norma.

Quanto ao item (a), parece claro que as Debêntures Especiais não criam a obrigação de entregar caixa ou qualquer ativo a seus titulares, muito menos trocá-los em condições desfavoráveis. Como se viu, as Debêntures Especiais são perpétuas; assim como as ações, elas só criam obrigação de entregar caixa ou ativos a seus titulares caso a companhia seja dissolvida.

Quanto ao item (b), entendo que ele é inaplicável, pois a escritura não prevê que as Debêntures Especiais sejam liquidadas mediante a entrega de outros instrumentos patrimoniais, nem mesmo por meio de conversão em ações.

De qualquer forma, mesmo que o item (b) fosse aplicável, ou seja, mesmo que as Debêntures Especiais pudessem ser liquidadas mediante a entrega de instrumentos patrimoniais, a Companhia não tem a obrigação de fazê-lo, o que é suficiente para enquadrá-las no subitem (i) do item (b).

Em sua manifestação, a SNC faz menção aos itens 16-A e 16-B do CPC 39, que assim dispõem:

"16A. Um instrumento financeiro com opção de venda inclui uma obrigação contratual para o emitente de recomprar ou resgatar aquele instrumento por caixa ou outro ativo financeiro no exercício da opção de venda. Como uma exceção à definição de passivo financeiro, um instrumento que inclua tal obrigação é classificado como instrumento patrimonial se tiver todas as seguintes características:

(a) dá ao detentor uma parte *pro rata* dos ativos líquidos da entidade em caso de liquidação da entidade. Os ativos líquidos da entidade são aqueles ativos que remanescem após a dedução de todas as outras contingências vinculadas aos seus ativos. A divisão *pro rata* é determinada por: (i) divisão dos ativos líquidos da entidade em liquidação em unidades de valor igual; e (ii) multiplicação daquele montante pelo número de unidades mantidas pelo detentor dos instrumentos financeiros;

(b) *o instrumento está na classe de instrumentos subordinados a todas as outras classes de instrumentos*. Para estar em tal classe o instrumento: (i) não tem prioridade sobre os demais créditos relacionados aos ativos da entidade em liquidação; e (ii) não precisa ser convertido em outro instrumento antes de estar na classe de instrumentos que são subordinados a todas as outras classes de instrumentos;

(c) todos os instrumentos financeiros de uma classe de instrumentos que são subordinados a todas as outras classes de instrumentos possuem características idênticas. Por exemplo, todos eles precisam ter opção de venda, e a fórmula ou outro método utilizado para calcular os preços de recompra ou resgate são os mesmos para todos os instrumentos dessa classe;

(d) além da obrigação contratual para o emitente de recomprar ou resgatar o instrumento por caixa ou outro ativo financeiro, o instrumento não inclui qualquer obrigação contratual de entregar caixa ou outro ativo financeiro à outra entidade, ou de trocar ativos financeiros ou passivos financeiros com outra entidade sob condições potencialmente desfavoráveis à entidade, e não é um contrato que será ou poderá ser liquidado por instrumentos patrimoniais da própria entidade, tal como estabelecido no item (b) da definição de passivo financeiro;

(e) o fluxo de caixa total esperado atribuído ao instrumento ao longo do seu prazo de existência é baseado substancialmente no resultado, na mudança no reconhecimento dos ativos líquidos da entidade ou na mudança do valor justo dos ativos líquidos reconhecidos e não reconhecidos da entidade durante o prazo de existência do instrumento (excluindo quaisquer efeitos do instrumento). No caso, porém, as Debêntures Especiais precedem as ações preferenciais e ordinárias em caso de liquidação da Companhia. Essa precedência já bastaria para descaracterizá-las como instrumentos patrimoniais.

16B. Para um instrumento ser classificado como instrumento patrimonial, além de ter todas as características acima, *o emitente não deve ter outro instrumento financeiro ou contrato que tenha: (a) total de fluxos de caixa baseados substancialmente no resultado, a mudança nos ativos líquidos reconhecidos ou a mudança no valor justo nos ativos líquidos reconhecidos ou não reconhecidos da entidade (excluindo quaisquer efeitos de tal instrumento ou contrato); e (b) o efeito de restringir substancialmente ou fixar o retorno residual aos detentores dos instrumentos com opção de venda.*"

Para o propósito de aplicação desta condição, a entidade não deve considerar contratos não financeiros com um detentor de instrumento descrito no item 16A que tenha termos contratuais e condições que são similares aos termos contratuais e condições de contrato equivalente que possa ocorrer entre um detentor de instrumento não financeiro e a entidade emissora. Se a entidade não puder determinar que essa condição está satisfeita, não deve classificar o instrumento com opção de venda como instrumento patrimonial.

Apoiada nesses dispositivos, a SNC argumenta que as Debêntures Especiais não podem ser consideradas instrumentos patrimoniais, pois elas não estão na última classe de subordinação, já que têm precedência sobre as ações, conforme dispõe o art. 214 da Lei n. 6.404, de 1976, que determina que os passivos devem ser pagos antes da distribuição do ativo aos acionistas.

Esse argumento não me parece decisivo, já que o próprio CPC 39 deixa claro que os itens 16-A e 16-B, transcritos acima, só se aplicam quando os requisitos do item 16 não forem atendidos. Isso consta textualmente do CPC 39:

"16. Quando um emitente aplicar as definições do item 11 para determinar se um instrumento financeiro é um instrumento patrimonial em vez de um passivo financeiro, o instrumento será um instrumento patrimonial se, e somente se, estiver de acordo com ambas as condições (a) e (b) a seguir:

(a) o instrumento não possuir obrigação contratual de: (i) entregar caixa ou outro ativo financeiro à outra entidade; ou (ii) trocar ativos financeiros ou passivos financeiros com outra entidade sob condições potencialmente desfavoráveis ao emissor.

(b) se o instrumento será ou poderá ser liquidado por instrumentos patrimoniais do próprio emitente, é: (i) um não derivativo que não inclui obrigação contratual para o emitente de entregar número variável de seus próprios instrumentos patrimoniais; ou (ii) um derivativo que será liquidado somente pelo emitente por meio da troca de um montante fixo de caixa ou outro ativo financeiro por número fixo de seus instrumentos patrimoniais. Para este efeito, os instrumentos patrimoniais do emitente não incluem instrumentos que têm todas as características e satisfazem as condições descritas nos itens 16A e 16B ou itens 16C e 16D, ou instrumentos que são contratos para futuro recebimento ou entrega de instrumentos patrimoniais do emitente."

Uma obrigação contratual, incluindo aquela advinda de instrumento financeiro derivativo, que resultará ou poderá resultar em entrega ou recebimento futuro dos instrumentos patrimoniais do próprio emitente, mas não satisfazem às condições (a) e (b) acima, não é um instrumento patrimonial. Como exceção, um instrumento que satisfaça a definição de passivo financeiro é classificado como instrumento patrimonial se tiver todas as características e reunir as condições dos itens 16A e 16B ou itens 16C e 16D.

Como vimos anteriormente, as Debêntures Especiais atendem aos requisitos do item 16 do CPC 39. Logo, não faz sentido recorrer aos itens 16-A e 16-B; esses dispositivos buscam alargar e não restringir o conceito de instrumento patrimonial delineado nos itens 11 e 16 do pronunciamento.

Além disso, os itens 16-A e 16-B tratam de um tipo de instrumento radicalmente distinto das Debêntures Especiais, a saber, um título que "inclui obrigação contratual para o emitente de recomprar ou resgatar aquele instrumento por caixa ou outro ativo financeiro no exercício de uma opção de venda".

Conforme descrito no relatório, as Debêntures Especiais não incluem nenhuma opção de resgate antecipado; elas só podem ser resgatadas a critério da Companhia, jamais a critério dos debenturistas. Portanto, elas têm características econômicas bastante diferentes de opções de venda exercíveis a critério de seu titular.

Além disso, não me parece que as Debêntures Especiais tenham qualquer prioridade real sobre as ações da Companhia. Analisando as escrituras com cuidado, atentando mais à essência econômica dos títulos do que à sua forma, percebemos que essa prioridade é apenas aparente, pois as Debêntures Especiais não têm direito a um valor fixo em caso de reembolso, mas sim a um percentual do patrimônio líquido.

Transcrevo a cláusula que dispõe nesse sentido:

"7. Em caso de dissolução judicial ou extrajudicial da Emissora, os debenturistas terão direito de receber por suas debêntures *o menor dos seguintes valores*: (a) Valor Nominal Unitário das Debêntures, apurado de acordo com a tabela abaixo e corrigido *pro rata temporis* [...]; (b) valor obtido em função da aplicação do *percentual* de que trata o "item 3 remuneração" da cláusula V abaixo relativo ao exercício social encerrado no dia 31 de dezembro do ano imediatamente anterior ao evento, *sobre o patrimônio remanescente da Emissora* antes de qualquer participação dos acionistas dessa empresa."

Como se pode perceber, essa cláusula prevê, em seu item (b), que os debenturistas farão jus a um percentual do patrimônio remanescente da emissora; esse percentual é exatamente o mesmo utilizado para calcular a parcela do resultado da Companhia a que as Debêntures fazem jus anualmente.

Note-se, ainda, que a cláusula prevê que o valor devido aos debenturistas na liquidação será o menor entre os valores calculados de acordo com o item (a) e o item (b). Isso quer dizer que, em nenhuma hipótese, os debenturistas receberão mais do que o percentual indicado nessa cláusula.

Portanto, a escritura revela que cada Debênture, assim como cada ação, têm direito a um percentual dos ativos residuais em caso de liquidação e não a um valor pré-estabelecido. Na prática, portanto, os titulares das Debêntures Especiais estão em pé de igualdade com os acionistas.

Nesse aspecto, as Debêntures Especiais lembram bastante as ações preferências que conferem prioridade no recebimento de dividendos ou de reembolso em caso de liquidação, mas não especificam o valor dos dividendos ou do reembolso. Como este colegiado já observou, essas ações conferem uma prioridade vazia, tornando indistinta a posição financeira do preferencialista e do ordinarista.

De qualquer forma, mesmo que as Debêntures Especiais tivessem uma prioridade efetiva sobre as ações em caso de liquidação, isso não seria suficiente, na minha opinião, para afastar sua classificação como instrumentos patrimoniais. Ações preferenciais também podem ter prioridade efetiva no reembolso, como deixa claro o art. 17 da Lei n. 6.404, de 1976, sem que por isso seja necessário classificá-las fora do patrimônio líquido.

Como vimos, a definição de instrumento patrimonial exige apenas que esses instrumentos tenham prioridade sobre os passivos. Essa definição não impede, por si só, que alguns instrumentos patrimoniais tenham prioridade em relação a outros, como pode acontecer entre as ações preferenciais e as ordinárias ou mesmo entre diferentes classes de ações preferenciais.

Até agora, tenho me concentrado no direito dos titulares das Debêntures Especiais em caso de liquidação. Mas esse não é sequer o aspecto mais relevante do caso, a meu ver, pois a liquidação é um evento infreqüente e improvável. Muito mais relevante, na minha opinião, é a remuneração dos instrumentos.

Sob esse aspecto, também, as Debêntures Especiais conferem apenas direitos residuais. Como informei no relatório, a remuneração das Debêntures é calculada por meio de um percentual do resultado da Companhia. Assim como os acionistas, os debenturistas só fazem jus ao fluxo de caixa residual da empresa, após o pagamento de fornecedores e credores.

Para a SNC, todavia, isso não é suficiente, uma vez que, havendo lucro, a Companhia é obrigada a efetuar o pagamento da remuneração das Debêntures Especiais, contrariando o item 17 do CPC 39:

"17. Com exceção das circunstâncias descritas nos itens 16A e 16B ou itens 16C e 16D, uma característica crítica para diferenciar um passivo financeiro de um instrumento patrimonial é a existência de obrigação contratual de uma parte do instrumento financeiro (emitente) para entregar caixa ou outro ativo financeiro para outra parte (titular) ou trocar ativos financeiros ou passivos financeiros com o titular sob condições que são potencialmente desfavoráveis ao emitente. *Apesar de o titular de um instrumento patrimonial poder ter o direito de receber uma parte pro rata de quaisquer dividendos ou outras distribuições de capital, o emitente não tem obrigação contratual de fazer tais distribuições, uma vez que não pode ser obrigado a entregar caixa ou outro ativo financeiro à outra parte.*"

Na minha opinião, esse dispositivo não deve ser interpretado isoladamente, mas em conjunto com a Estrutura Conceitual, que somente enquadra no passivo as obrigações presentes, não abarcando, por essa razão, uma remuneração que é condicionada à existência de lucro e calculada com base nele.

Se interpretássemos o item 17 de outra forma, estaríamos obrigados, mais uma vez, a classificar todas as ações ordinárias de companhias brasileiras no exigível, já que o art. 202 da Lei n. 6.404, de 1976, obriga todas as sociedades anônimas a distribuir, anualmente, a parcela dos lucros estabelecida no estatuto. Obviamente, essa interpretação não pode prevalecer.

É certo que o dividendo obrigatório previsto no art. 202 deve ser classificado no exigível, como bem aponta a SNC, mas somente após o encerramento do exercício social em que for apurado lucro. Até lá, o dividendo obrigatório não constitui obrigação presente da companhia e, por conseguinte, não deve figurar em seu passivo.

O ICPC 8 é bastante claro a esse respeito:

"9. Devido às características especiais de nossa legislação, *considera-se que o dividendo mínimo obrigatório deva ser consignado como uma obrigação na data do encerramento do exercício social a que se referem as demonstrações contábeis.*"

Também não me parece decisivo o fato apontado pela SNC de que as Debêntures Especiais farão jus a sua remuneração no exercício em que a Companhia tiver lucro mesmo se a Companhia houver acumulado prejuízo em exercícios anteriores. Segundo a SNC, isso colocaria os debenturistas à frente dos acionistas da Companhia.

Embora a Companhia tenha informado à SEP seu entendimento de que a remuneração das Debêntures Especiais deve ser paga antes da absorção dos prejuízos acumulados, tenho minhas dúvidas de que isso seja possível do ponto de vista jurídico, pois a remuneração das debêntures constitui uma participação nos lucros, cujos pagamentos não podem ser feitos antes da absorção de prejuízos acumulados.

Nesse sentido, veja-se o que dispõem os arts. 56 e 189 da Lei n. 6.404, de 1976:

"Art. 56. A debênture poderá assegurar ao seu titular juros, fixos ou variáveis, *participação* no lucro da companhia e prêmio de reembolso."

"Art. 189. Do resultado do exercício serão deduzidos, *antes de qualquer participação*, os prejuízos acumulados e a provisão para o Imposto sobre a Renda."

Mas ainda que a remuneração das Debêntures Especiais possa ser paga antes da absorção dos prejuízos acumulados, esse fato não me parece suficiente para excluir sua natureza residual. Afinal, o pagamento da remuneração continua subordinado ao pagamento da remuneração de todos os passivos da empresa, já que o resultado só é calculado após o pagamento de todos os custos e despesas, inclusive as financeiras.

Como já afirmei acima, para que um título seja caracterizado como instrumento patrimonial não é necessário que ele seja subordinado a todos os instrumentos financeiros emitidos pela entidade; basta que ele seja subordinado a todos os instrumentos financeiros que devam ser caracterizados como passivo. Nada impede, portanto, que um instrumento patrimonial tenha preferência ao recebimento de sua remuneração em relação aos outros instrumentos patrimoniais.

Tanto é assim que a principal vantagem das ações preferenciais consiste justamente na prioridade no recebimento de dividendos, fixos ou mínimos, como deixa claro o art. 17 da Lei n. 6.404, de 1976. Além disso, o § 6º desse mesmo artigo esclarece que as ações preferenciais podem ser remuneradas mesmo quando o lucro for insuficiente, às custas da reserva de capital, como se pode perceber abaixo:

"Art. 17. As preferências ou vantagens das ações preferenciais podem consistir:

I - em *prioridade na distribuição de dividendo*, fixo ou mínimo;

II - em prioridade no reembolso do capital, com prêmio ou sem ele; ou

III - na acumulação das preferências e vantagens de que tratam os incisos I e II.

[...]

§ 6º O estatuto pode conferir às ações preferenciais com prioridade na distribuição de dividendo cumulativo, o direito de recebê-lo, *no exercício em que o lucro for insuficiente, à conta das reservas de capital de que trata o § 1º do art. 182*."

É claro que, dependendo de suas características, as ações preferenciais podem e devem ser classificadas no exigível. Mas fazê-lo simplesmente porque elas prescrevem um dividendo mínimo é um despropósito.

Antes de concluir, resta analisar uma última questão: o fato de o colegiado da CVM já ter decidido, em 2005, que as Debêntures Especiais não poderiam ser contabilizadas no patrimônio líquido. Esse é um ponto extremamente relevante, tendo em vista o peso que esta autarquia confere a suas decisões passadas e à segurança jurídica.

Neste caso, a mudança de entendimento me parece amplamente justificada pelos fatos supervenientes. Em 2005, as Debêntures Especiais faziam jus a cerca de 75% do lucro, o que poderia compelir a Companhia, economicamente, a resgatar os títulos antes da liquidação. Atualmente, porém, as Debêntures Especiais fazem jus a cerca de 25% do lucro, um percentual bem mais razoável.

No processo anterior, o Diretor Marcelo Trindade não só baseou sua decisão na possibilidade de compulsão econômica, como também ressaltou a ausência de informações relevantes no processo. Sugeriu ainda que o mérito da questão fosse revisitado pela CVM, à luz das normas internacionais de contabilidade:

"3. [...] Um título de participação (ações preferenciais resgatáveis) deve ser contabilizado como título de dívida não apenas se for resgatável por vontade do titular. Mesmo que a decisão contratual sobre o resgate seja exclusivamente do emissor, quando, por razões econômicas (basicamente o custo dos dividendos assegurados às ações), torne-se mandatório para o emissor exercitar a faculdade de resgate, deve o título ser contabilizado no passivo exigível. Em outras palavras: se o custo dos títulos de participação for muito oneroso, o seu resgate perderia o caráter de direito, convertendo-se, do ponto de vista contábil, em dever.

4. O reverso de tal moeda dar-se-ia em casos como o presente, em que um título de dívida é emitido sem que exista vencimento, sem que o credor possa demandá-lo senão em certas hipóteses de eventos futuros e incertos (como o inadimplemento da obrigação de pagar juros), mas *cuja remuneração se torne tão onerosa que imponha, economicamente, o exercício da faculdade de resgate assegurada ao emissor no título.*

[...]

6. No caso concreto, portanto, não me parece possível contabilizar as debêntures no patrimônio, como se fossem títulos de participação, *em razão da ausência de informações suficientes*, por parte da administração da Companhia. Se a administração demonstrasse ano a ano a inviabilidade do resgate das debêntures nos exercícios seguintes, creio que se poderia cogitar, em linha com a norma internacional, de que tais títulos fossem contabilizados no patrimônio líquido.

7. Contudo, parece-me fundamental que a CVM adote uma postura coerente e uniforme quanto ao tema, razão pela qual *entendo que a CVM deve iniciar um debate público sobre o assunto, em que possam ser examinadas as ponderações de todos os setores, sem perder-se de vista o paradigma fundamental de que devemos seguir na linha da busca da harmonização, procurando não divergir do tratamento que internacionalmente se dê à questão.*"

Ora, após a primeira consulta, não só a referida compulsão econômica deixou de existir, como o Brasil aderiu formalmente ao padrão internacional de contabilidade, após um longo período de debate. Quando os fatos e as normas mudam, obviamente, as conclusões normativas também podem mudar.

Por isso, não vejo problema em alterar nosso entendimento. Meu voto, portanto, é pelo deferimento do recurso e pelo acolhimento do ponto de vista manifestado pela Companhia e secundado por seus auditores, de que as Debêntures Especiais devem ser contabilizadas em seu patrimônio líquido e não em seu passivo exigível.

Conforme se vê na decisão acima, que reforma o entendimento anterior da Comissão de Valores Mobiliários, prevaleceu o voto minoritário outrora perdedor — que assemelhava debêntures desta natureza às ações preferenciais sem voto —, exarado pela então diretora Norma Janssen Parente, prevalecendo não a tipologia estrita, mas adotando-se na decisão a análise econômica/contábil. Elementos como garantia da debênture, prazo de resgate, forma de remuneração do investimento foram analisados comparativamente com as características das ações preferenciais sem voto, como maneira de encontrar as distinções e semelhanças entre os instrumento financeiros e os patrimoniais.

Em janeiro de 2012, o Colegiado da CVM examinou situação na qual a Energisa S.A.[102] comunicava que iria emitir *senior perpetual notes with an interest deferral option*, tendo a CVM oficiado no sentido de ser informada da fundamentação contábil que justificaria a companhia a contabilizar tais notas perpétuas como instrumentos patrimoniais e não como instrumentos financeiros. Na análise pelos setores técnicos da autarquia enfatizou-se que tais notas perpétuas deveriam ser contabilizadas como investimento porque: (i) a remuneração consistia no pagamento de juros fixados e não de remuneração variável em função do lucro da empresa; (ii) tais juros seriam dedutíveis como despesa operacional da companhia; (iii) os juros sofreriam variação a maior caso ocorresse mudança de controle da companhia; (iv) os juros seriam reconhecidos independentemente de a companhia ter ou não lucro; (v) as notas perpétuas estavam sujeitas à variação cambial, situação inexistente quanto ao patrimônio líquido; (vi) as notas perpétuas não eram subordinadas, tendo prioridade em relação aos acionistas em caso de liquidação; (vii) a proibição de distribuição de dividendos complementares já caracterizaria uma condição incompatível com sua classificação no patrimônio líquido. Ou seja, essas características da operação seriam condições que distinguiriam-na, como se verá no voto da relatora, da situação paradigmática criada com a decisão do processo da Tec Toy, acima discutido.

Pelo voto unânime do Colegiado, acompanhando a relatora Luciana Dias, decidiu-se que, no caso, as notas perpétuas não deveriam ser classificadas como instrumentos patrimoniais, tendo em vista que:

> 4. As normas contábeis internacionais que lidam com a classificação dos instrumentos financeiros semelhantes às Notas Perpétuas e, em especial, o princípio da primazia da essência econômica sobre a forma jurídica, consagrado pelo item 18 do CPC 39 e explorado em maior detalhe no Parecer de Orientação CVM n. 37, de 2011, certamente têm diversas leituras possíveis e, portanto, diversas respostas defensáveis.

---

102. Processo Administrativo CVM n. RJ2011/3316.

5. Para interpretar os comandos do CPC 39, que trata da contabilização de instrumentos financeiros, é necessário levar em conta: (i) a lógica de retenção de lucros e distribuição de dividendos da Lei n. 6.404, de 1976; e (ii) os precedentes desta casa, uma vez que não é a primeira vez que a CVM tem que se manifestar sobre a classificação contábil de uma nota perpétua.

6. Uma análise como essa é fundamental para que se possa aplicar um conjunto de normas internacionais que, muitas vezes, foram elaboradas com premissas não tão aderentes à realidade brasileira. No Processo Administrativo n. 2010/1058, julgado em 30 de novembro de 2010, o Diretor Marcos Pinto fez uma análise semelhante para responder à consulta formulada pela Tec Toy S.A. sobre a correta classificação das debêntures especiais de sua emissão. Naquele caso, decidiu-se que as debêntures especiais poderiam ser classificadas como instrumentos patrimoniais.

7. Entender a lógica do regime de retenção de lucros e distribuição de dividendos da Lei n. 6.404, de 1976, é importante porque um dos argumentos mais contundentes da Energisa para a defesa de sua tese de que a Notas Perpétuas deveriam ser classificadas como parte do patrimônio líquido é a sua capacidade de diferir o pagamento da remuneração das Notas Perpétuas pelo período que desejar. Segundo a Companhia, essa mesma possibilidade não seria vislumbrada em instrumentos classificados como patrimoniais tais como as ações preferenciais.

8. De acordo com o item 11 do CPC 39, "instrumento patrimonial é qualquer contrato que evidencie uma participação nos ativos de uma entidade após a dedução de todos os seus passivos."

9. Adicionalmente, o item 16 do CPC 39, dispõe que: "quando um emitente aplicar as definições do item 11 para determinar se um instrumento financeiro é um instrumento patrimonial em vez de um passivo financeiro, o instrumento será um instrumento patrimonial se, e somente se, estiver de acordo com ambas as condições (a) e (b) a seguir: (a) o instrumento não possuir obrigação contratual de: (i) entregar caixa ou outro ativo financeiro à outra entidade; ou (ii) trocar ativos financeiros ou passivos financeiros com outra entidade sob condições potencialmente desfavoráveis ao emissor."

10. Diante dessa definição, o Memorando da SNC, entre outros aspectos, acertadamente destacou que um instrumento, para que possa ser considerado patrimonial, deve (i) representar um interesse residual na companhia (item 11 do CPC 39); e (ii) não implicar obrigação de entrega de caixa (item 16, "a", "i", do CPC 39).

11. Essas premissas são pacíficas e a Energisa alega adotá-las. A divergência entre a Companhia e as áreas técnicas da CVM surge na interpretação delas.

Certos aspectos devem ser destacados:

i. as Notas Perpétuas são títulos perpétuos, subordinados aos credores e com prioridade em relação aos acionistas;

ii. a remuneração é uma taxa fixa sobre o valor de face;

iii. a Companhia tem a discricionariedade de diferir o pagamento dessa remuneração, desde que certos eventos não ocorram; e

iv. entre os eventos que podem impedir o diferimento do pagamento dos juros devidos aos detentores das Notas Perpétuas está o pagamento de dividendos acima do mínimo obrigatório.

13. A Energisa defende que esta possibilidade de diferir o pagamento dos juros, por período indeterminado que seria supostamente controlado pela Companhia, faz com que as Notas Perpétuas não impliquem "obrigação contratual de entregar caixa" e, por isso, não sejam um passivo.

14. Eu vejo dois problemas na posição defendida pela Companhia. O primeiro é que ter sob seu controle a possibilidade de diferir o pagamento de uma obrigação contratual não significa que não exista uma obrigação. Ao contrário, o diferimento é só uma alternativa entre pagar agora e pagar mais tarde, via de regra, arcando com algum custo por ter exercido a opção de pagar mais tarde.

15. Assim, a possibilidade de diferir não altera a existência e nem mesmo a natureza da obrigação, altera somente o momento do pagamento. A obrigação contratual de entregar caixa persiste ainda que o pagamento possa ser adiado.

16. Como tipicamente acontece em contratos de cunho econômico, a conseqüência de se adiar o adimplemento do pagamento da obrigação é uma pena pecuniária. Quando a Companhia realizar o pagamento de dividendos acima do mínimo obrigatório ou resolver pagar os juros cumulados por quaisquer outros motivos, todos os juros contratuais decorrentes do período de diferimento da remuneração continuam sendo devidos, e tal cumulação ocorre com a presença de uma penalidade de 1%. Parece tratar-se, nitidamente, de uma obrigação contratual, cujo atraso gera uma penalidade.

17. O segundo problema que vejo com a tese defendida pela Companhia é esta crença de que é sua total discricionariedade pagar dividendos acima do obrigatório. Esta não é a lógica do regime de retenção de lucros e pagamento de dividendos da Lei n. 6.404, de 1976.

18. Os arts. 189 a 202 da Lei n. 6.404, de 1976, disciplinam o tratamento dos resultados da companhia, contemplando as destinações, obrigatórias e facultativas, que podem ser dadas aos lucros. Como quanto maior as retenções menor é a parcela dos lucros distribuída aos acionistas, a Lei foi bastante prescritiva a respeito das deduções (art. 189), participações (art. 190) e retenções possíveis.

19. Evidência desse regime restrito é a exposição de motivos da Lei n. 6.404, de 1976, que de forma muito direta esclarece: "a proteção do direito dos acionistas minoritários de participar, através de dividendos, nos lucros da companhia, exige a definição de regime legal sobre formação de reservas, que limite a discricionariedade da maioria nas deliberações sobre a destinação dos lucros."

20. Dessa forma, a criação da maior parte das reservas facultativas não é livre, depende de previsão legal e estatutária.

21. O art. 196 dispõe sobre a possibilidade de retenção de "parcela do lucro líquido" para consecução de um orçamento de capital previamente aprovado pela assembléia. Esta alternativa de retenção independe de previsão estatutária e os recursos são destinados a uma reserva de retenção de lucros específica.

22. Por força do art. 199, da Lei n. 6.404, de 1976, o saldo das reservas de lucros, exceto as para contingências, de incentivos fiscais e de lucros a realizar, não pode ultrapassar o capital social, ainda que tais reservas sejam regularmente criadas. Atingindo esse limite, caberá à assembléia deliberar sobre aplicação do excesso na integralização ou no aumento do capital social ou na distribuição de dividendos.

23. Ou seja, a Lei limita a retenção de lucros para formação de reservas tanto em relação à natureza dessas reservas, como em relação ao seu tamanho. Alcançados esses limites, os lucros terão que ser distribuídos como dividendos.

24. E este regime fica especialmente claro na leitura do art. 202, § 6º, da Lei n. 6.404, de 1976: "os lucros não destinados nos termos dos arts. 193 a 197 deverão ser distribuídos como dividendos."

25. Dessa forma, o regime da Lei n. 6.404, de 1976, no curso normal dos negócios de uma companhia, exige que, havendo lucros, tais lucros sejam distribuídos, em algum momento que não está inteiramente sob o controle dos administradores, do acionista controlador, ou mesmo da assembléia geral.

26. Assim, ao contrário do que defende a Energisa, o diferimento do pagamento dos juros a que fazem jus os detentores das Notas Perpétuas não está totalmente em seu controle. Há certa flexibilidade em relação a sua destinação, especialmente porque a Energisa tem uma previsão de reserva de investimento limitada a 80% do seu capital social e porque o estatuto social da companhia não é rígido ao estabelecer a porcentagem do resultado que deverá ser destinada para a referida reserva de investimento.

27. Além disso, discordo da Companhia quando alega que os eventos de inadimplemento (*events of default*) estariam também sob seu controle. Os eventos de inadimplemento geram a possibilidade de detentores de Notas Perpétuas que representem 25% das notas emitidas ou do agente fiduciário (*Trustee*) declararem todo o montante de juros acumulados e o principal devidos imediatamente. Os eventos de inadimplemento, portanto, impedem o diferimento do pagamentos da remuneração das Notas Perpétuas.

28. O Prospecto (*Offering Memorandum*) prevê casos de eventos de inadimplemento que estão fora do curso normal dos negócios e podem fugir ao controle da Companhia. Assim, por exemplo, a Companhia poderia ser alvo de um pedido de falência apresentado por terceiros. Ou ainda, como salientou a SEP, a validade dos termos das Notas Híbridas ou da escritura de emissão (*Indenture*) poderia ser questionada e a eventual declaração de invalidade configuraria evento de inadimplemento. A Companhia não tem como guiar ou evitar totalmente esses eventos.

29. Esses exemplos são claramente diferentes da exceção prevista no item "b" do item 25 do CPC 39, que permite que uma obrigação de entregar caixa não impeça a classificação de um título como patrimonial, caso tal obrigação só ocorra na hipótese de liquidação da Companhia.

30. Pelo exposto, estou convencida de que as obrigações contratuais de pagamento de juros inerentes às Notas Perpétuas: (i) não deixam de existir, nem mudam de natureza porque podem ser diferidas; e (ii) não podem ser diferidas indefinidamente a exclusivo critério da Companhia.

31. Assim, não acredito que as Notas Perpétuas cumpram com as condições estabelecidas no item 16, "a", "i", do CPC 39.

32. Também não acredito que as Notas Perpétuas representem um interesse residual na Energisa, como passo a explicar.

33. A Companhia argumenta que as Notas Perpétuas representam um interesse residual quando da liquidação da companhia, uma vez que estão subordinadas a todos os passivos. Sua preferência em caso de liquidação é somente em relação aos títulos patrimoniais. Este posicionamento também está em linha com os precedentes da casa.

34. No entanto, este não é o aspecto que me parece mais relevante, uma vez que um dos principais postulados da contabilidade é o da continuidade da empresa. Para análises e registros contábeis, os acontecimentos do curso normal dos negócios da companhia devem prevalecer sobre os fatos que ocorreriam com sua liquidação.

35. As Notas Perpétuas são residuais somente na liquidação da Companhia. No curso normal dos negócios, na sua continuidade, as notas são instrumentos de dívida, que fazem jus a uma remuneração fixa anual de 9,5% sobre seu valor de face, cuja exigibilidade não está condicionada à existência de lucros naquele exercício ou mesmo nos subsequentes.

36. Como mencionado, a remuneração das Notas Perpétuas não guarda semelhança nenhuma com instrumentos residuais. Ela é uma obrigação presente, ao final de cada exercício, independentemente dos resultados da Companhia.

37. A remuneração das Notas Perpétuas também não está subordinada a qualquer outro instrumento que componha o passivo. A única peculiaridade da remuneração das Notas Perpétuas, em relação às cláusulas padrão de instrumentos de dívida, é a possibilidade de se diferir o pagamento por um certo período de tempo, que não está inteiramente sob o controle da Energisa.

38. Assim, adotando o primado básico da continuidade, verifico que, no curso normal dos negócios, as Notas Perpétuas não são instrumentos que conferem a seus detentores interesses residuais na Energisa e, portanto, não cumprem com o disposto no item 11 do CPC.

39. E esta é diferença fundamental entre o caso da Energisa e o da Tec Toy. Naquele caso, a remuneração dos títulos perpétuos baseava-se exclusivamente em percentual sobre os lucros da companhia. Assim, caso não fosse apurado lucro no exercício, nada era devido aos detentores do título.

40. De outro lado, caso houvesse a apuração de lucros em exercícios futuros, tais lucros serviriam de base para o cálculo da participação dos títulos sem afetar os períodos nos quais não houve pagamento de remuneração. Um passivo era gerado somente quando houvesse lucro e na proporção desse lucro — seguindo a lógica de um instrumento de capital.

41. Por fim, não acredito que é conveniente classificar as Notas Perpétuas como parte do patrimônio das Energisa. A CVM vem fazendo um esforço imenso para melhorar o nível de transparência e a qualidade das informações prestadas pelos emissores de valores mobiliários. Permitir que instrumentos que condicionam a companhia a uma situação

de devedor, como são as Notas Perpétuas, integrem o patrimônio de um emissor mascara o seu verdadeiro risco de crédito e dificulta a compreensão dos investidores.

42. Por todo o exposto, voto pelo indeferimento do recurso, mantendo o entendimento da SEP e da SNC sobre a classificação contábil das Notas Perpétuas como instrumentos que integram o passivo exigível do balanço patrimonial da Companhia e ordenando a reapresentação dos ITRs referentes aos trimestres encerrados em 31.03.2011, 30.06.2011 e 30.09.2011 com as devidas correções.

Tal distinção não foi encontrável na legislação, já que esta só distinguia os investimentos em de curto e de longo prazo, conforme o seu prazo de vencimento se dê em até um ano ou seja maior do que este. Como já mencionado no preâmbulo da nossa análise desses dois julgados, longe de ser uma questiúncula bizantina, dela resulta uma série de consequências financeiras, tais como o grau de endividamento da companhia, capital mínimo, etc. Porém, de outro lado, tem o condão de tornar mais cinzenta a distinção entre esta espécie de debênture e a ação preferencial sem voto. Claro que para os juristas são dois valores mobiliários absolutamente distintos, dos quais, entretanto, os financistas, por conveniência negocial, foram retirando os elementos distintivos, tornando a vida dos juristas certamente bem mais insegura.

8.6.11.1.2 Nas emissões com prazo determinado

Nas debêntures emitidas por prazo determinado, tem-se necessariamente pré-estabelecido o momento de seu resgate, extinguindo-se o vínculo obrigacional pelo pagamento, pela sua conversão em ações, se for o caso, ou pela existência de outra forma de pagamento prevista na escritura de emissão. Ademais, caso as debêntures emitidas sejam sem prazo de vencimento ou perpétuas, poderá haver alteração dessa cláusula, dando-se a elas um termo final se e quando ocorrer a concordância de vontades entre os debenturistas e a companhia emitente, resultando na alteração da respectiva escritura de emissão.

A Lei das Companhias prevê o resgate e a amortização como formas antecipadas de extinção total ou parcial do vínculo obrigacional creditício, desde que haja previsão prévia na escritura de emissão. Esta previsão poderá constar desde a realização da oferta pública, ou por alteração consensual entre os debenturistas e a companhia emitente, criando-se a possibilidade de que, antes do vencimento, sejam elas resgatadas ou amortizadas.

Resta discutir, o que será feito mais adiante, quais alterações na escritura de emissão, referentes ao prazo para a extinção da debênture, poderão ser feitas, contando com a vontade da maioria dos debenturistas, mas contra a vontade da minoritária destes. Em suma, e como regra geral, valem as regras estabelecidas na escritura de emissão original ou resultantes das alterações acordadas entre a companhia emitente e os debenturistas em assembleia.

Essa situação foi discutida na disputa entre a Sam Indústrias S.A. (agravada) e a Fundação de Seguridade Social Brasligth (agravante),[103] em que foi relator o Ministro Antônio de Pádua Ribeiro.

O objeto da disputa prendeu-se à discussão da validade ou não da cláusula da escritura de emissão que prorrogou o prazo de resgate por mais seis anos, dando aos debenturistas que não aceitassem a alteração a possibilidade de manutenção do resgate no prazo previamente acordado na escritura de emissão. Ou seja, a discussão girou em torno da possibilidade de resgate por valor inferior ao nominal.

A agravante defendeu, sem sucesso, que o disposto no artigo 55, § 2º, da Lei das Companhias impediria o cumprimento da cláusula constante da alteração da escritura de emissão, na medida em que tal dispositivo só permitiria a aquisição antes do vencimento se o resgate se desse por preço inferior ou igual ao seu valor nominal. O Superior Tribunal de Justiça, distinguindo as motivações da lei e da escritura de emissão, decidiu no sentido de que:

> Não obstante a argumentação da agravante, que conclui no sentido de ter o acórdão recorrido negado vigência ao § 2º do art. 55 da Lei n. 6.404/76, não vejo como acolher o presente agravo.
> Com efeito, ao decidir a causa, aduziu o acórdão recorrido (fls. 126/127):
> "Cumprido, como foi, o formalismo que a lei impõe para a validade das deliberações tomadas em assembléia, com competência para decidir sobre todos os negócios relativos ao objeto da companhia, nos termos do art. 121 da Lei n. 6.404/76, resta ao Tribunal a análise material da eficácia da cláusula 13ª e de seu parágrafo único. Na verdade, eis a essência do dissídio: ser ou não ser possível a recompra antecipada dos títulos.
> Dois aspectos, então, afloram em importância, ambos logicamente interligados. De um lado, a faculdade legal. De outro, a convencional.
> A faculdade de que fala o apelado, insculpida no parágrafo 2º do art. 55 da Lei 6.404/76, é ato discricionário, concedido à companhia emissora de debêntures, para readquirir os seus respectivos títulos em momentos diversos da data dos vencimentos ajustados, desde que por valor igual ou inferior ao nominal, devendo o fato constar do relatório da administração e das demonstrações financeiras. Esta é a proposição legal e aí estão os pressupostos genéricos de seu exercício.
> Com certeza não é essa a hipótese dos autos.
> Aqui a recompra não emerge de faculdade legal e sim de negócio jurídico, fenômeno sabidamente convencional: a companhia emissora tomou a iniciativa de alterar a escritura de emissão das debêntures, propondo a prorrogação, por mais 6 (seis) anos, do prazo de pagamento, assegurando, entretanto, a todos os debenturistas que assim o desejassem,

---

103. Agravo Regimental no Agravo de Instrumento n. 339.579/RJ (2000/0110083-1).

a compra no prazo originário. É justamente o que consta do *caput* da cláusula 13ª e de seu parágrafo único.

Inaceitável, por conseqüência, é a tese da divisibilidade da decisão, pela qual se sustenta, como visto, que o *caput* e o parágrafo único da referida cláusula constituem entes de regração jurídica diversa, parte nula e parte válida. Corretamente salientou a Apelante '... não é possível cindir aquela decisão, a fim de que a parte dela que determinou a recompra obrigatória fosse nula, enquanto a outra, que regulou o adiantamento do prazo de resgate, permaneceria válida'. A visível eficácia jurídica de sua unicidade ontológica é bastante para sobrepor-se à tese autoral.

A matéria doutrinária trazida aos autos pela apelante é de todo pertinente. A partir deste ensinamento de Clóvis Beviláqua, em seu Código Civil Comentado, Ed. Rio, 1976, vol. 1, p. 420: 'a norma do art. 153, que acolhe no Direito Positivo Brasileiro a regra *utile per inutile nom vitiatur* somente tem aplicação quando a parte, do ato não é elemento essencial dele e pode ser afastada, sem prejuízo nem alteração do todo.'

Pergunta-se: é tal princípio aplicável à hipótese presente? Não. Não tem aplicação porque o parágrafo único da cláusula 13ª integra a essencialidade da disposição, do que resulta estarem as regras estabelecidas em recíproca subordinação, logo, inapartáveis. Claro, pois, não ter aplicação a casos como este o princípio estabelecido pelo mencionado no art. 153, como se colhe das textuais lições de Pontes de Miranda, Tratado de Direito Privado, tomo IV, 2ª ed., p. 51, e J.M. de Carvalho Santos, Código Civil Brasileiro Anotado, 9ª ed., vol. III, ed. Freitas Bastos, p. 286.

Dessarte, não se vislumbrando ilegalidade na disposição assembleal em foco e também por não ser mesmo possível admitir a sua divisibilidade, impende acolher-se as razões com que a Apelante lastreou o seu recurso e respondeu à Autora-apelada."

Consoante se depreende, o julgado recorrido aplicou a cláusula questionada à vista do texto legal referido e, ao fazê-lo, antes de violá-lo, interpretou-o corretamente.

Isso posto, nego provimento ao agravo.

Em voto separado, após o pedido de vista, o Ministro Ari Pargendler concluiu no sentido de que:

O Tribunal *a quo*, Relator o eminente Desembargador Laerson Mauro, decidiu nestes termos:

"Aqui a recompra não emerge de faculdade legal e sim de negócio jurídico, fenômeno sabidamente convencional: a companhia emissora tomou a iniciativa de alterar a escritura de emissão das debêntures, propondo a prorrogação, por mais 6 (seis) anos, do prazo de pagamento, assegurando, entretanto, a todos os debenturistas que assim o desejassem, a compra no prazo originário. É justamente o que consta do *caput* da cláusula 13ª e de seu parágrafo único"

[...]

Daí agravo regimental, a que o eminente Relator, Ministro Pádua Ribeiro, negou provimento.

A teor do recurso: "Ninguém põe em dúvida a interpretação do parágrafo único da cláusula 13ª. Ele, de fato, assegura a todos os debenturistas, que assim o desejarem, a recompra obrigatória [...].

O que é objeto de discussão é se aquele parágrafo único contraria, ou não, o § 2º do art. 55 da Lei n. 6.404, de 15.12.76, que assim dispõe, *verbis*: 'É facultado à companhia adquirir debêntures de sua emissão, desde que por valor igual ou inferior ao nominal, devendo o fato constar do relatório da administração e das demonstrações financeiras'. Conseqüentemente, o debate é apenas este, de direito, insista-se: se o dispositivo legal faculta à companhia adquirir debêntures de sua emissão, antes do vencimento, como essa mesma aquisição pode tornar-se obrigatória, compulsória, mediante cláusula contratual?"

Ora, o que aí está dito ofende à boa-fé objetiva, e só teria algum sentido se a regra do artigo 55 da Lei n. 6.404, de 1976, proibisse a companhia de transformar uma faculdade em obrigação.

À mingua disso, nego provimento ao agravo regimental.

8.6.11.2 *Amortização e resgate*

A Lei das Companhias prevê, em seu artigo 55, a hipótese de a companhia amortizar ou resgatar parcialmente as debêntures por ela emitidas. Por definição, a diferença entre as duas figuras se resume na constatação da própria Lei das Companhias de que o resgate implica a extinção da dívida da companhia para com o debenturista. Também se vê no mesmo diploma legal que a amortização é a extinção parcial da dívida, remanescendo o saldo como crédito do investidor, servindo o remanescente como nova base de cálculo para o pagamento dos juros.

Aceitas as premissas acima, decorreria a impossibilidade de se falar em resgate parcial de uma debênture,[104] na medida em que este se confunde com a figura da amortização. Certamente o legislador mencionou o resgate de parte da emissão ou de uma mesma série, e não de parte do preço de resgate de dado valor mobiliário.

O mesmo mecanismo será válido para a amortização das debêntures que tenham seu rendimento calculado em função do lucro social da companhia. Nesta hipótese, as debentures terão reduzida a base de cálculo sobre a qual aplicar-se-á o percentual do lucro social distribuído.

Se utilizarmos nas debêntures o mesmo princípio adotado pela Lei Societária no resgate da ação, o que é correto, temos que sua ocorrência significa retirar o valor mobiliário definitivamente de circulação. Ou seja, uma vez resgatada, ocorre a extinção da obrigação, não podendo a debênture renascer pela sua recolocação para o mesmo ou outro investidor.

---

104. "O resgate parcial de debêntures da mesma série deve ser feito [...]." (art. 55, § 1º, da Lei n. 6.404/1976, com a redação dada pela Lei n. 12.431/2011).

Caso a sociedade pudesse, ao resgatar a debênture, mantê-la como valor mobiliário em tesouraria, possibilitando sua recolocação futura, ela não seria retirada definitivamente de circulação, mas permaneceria "dormente" até ser novamente recolocada. Ou seja, a retirada daquele valor mobiliário não seria definitiva, mas temporária, fato que seria contrário à definição legal de resgate. Muito embora, *de lege ferenda*, seria uma hipótese a merecer a atenção dos estudiosos do Direito Societário, bem como dos legisladores nacionais.

Dispõe a lei societária que, se constante da escritura de emissão, poderão as debêntures de uma mesma série, que não tenham vencimento anual em datas distintas, ser amortizadas parcialmente ou resgatadas mediante sorteio. A amortização, que é feita em função do valor de face, deve abranger todas as debêntures de uma mesma série; já o resgate, se não for total, deverá ser feito mediante sorteio — cuja finalidade, em ambas as situações, é estabelecer o tratamento equitativo entre os credores.

Quando do exercício do resgate, o preço pelo qual a debênture é transacionada no mercado poderá estar acima ou abaixo do seu valor de emissão, tendo em vista a credibilidade da emitente em honrar seus compromissos ou a situação geral da economia. Se o resgate se der por valor inferior ao de emissão é bem provável que a emitente tenha uma vantagem financeira caso suas finanças estejam em bom estado e caso a compra seja um negócio prioritário para a emitente. Com o fito de salvaguardar os interesses da companhia emitente, comanda a lei que:

i. Se o valor de resgate for igual ou inferior ao valor nominal, o resgate deverá ocorrer após a elaboração de um relatório pela administração da companhia e de uma demonstração financeira. O relatório deverá demonstrar claramente aos acionistas a vantagem da recompra antecipada das debêntures, inclusive em face de outros investimentos alternativos que possam ser feitos. A demonstração financeira deverá mostrar, ademais, que a situação de caixa da companhia comporta a recompra antecipada. Ambas as situações deverão ser decididas pelos acionistas.

ii. Se o resgate se der por valor superior ao de emissão a situação se inverte. Neste caso a lei manda que se observem as normas expedidas pela Comissão de Valores Mobiliários. Nesta situação, a preocupação da legislação se prende à possibilidade de que a negociação fora de um mercado secundário organizado e supervisionado pela autoridade governamental possa acarretar transações que prejudiquem a companhia em benefício dos debenturistas. A percepção da eventual vantagem dos debenturistas em detrimento da companhia se dará fundamentalmente através do exame de situações concretas pela autarquia, sendo, como decorrência, muito difícil ao legislador autárquico prever as hipóteses específicas de burla aos interesses da companhia emitente.

Para que a companhia possa amortizar ou resgatar as debêntures as cláusulas deverão estar inscritas na escritura de emissão. Se dela constantes quando da oferta das debêntures ao público, o ato de subscrição implica a aceitação de suas regras. Se a decisão ocorrer posteriormente, será necessária a deliberação dos debenturistas em assembleia aceitando a proposta da companhia emitente, alterando, consequentemente, a escritura de emissão.

A redação original da Lei n. 6.404/1976 não se coadunava com a realidade de mercado. Isso porque determinava que o resgate só poderia ocorrer caso a aquisição se desse em bolsa. Ocorre que o mercado secundário tradicional das debêntures, no Brasil, não se encontra nas bolsas, mas sim no mercado de balcão organizado ou não, muito embora nada obste que as debêntures também possam ser negociadas em bolsa de valores, como o foi no passado.

Porém, não se podem entender como sinônimos os mercados de bolsa e de balcão organizado, inclusive pela distinção correta feita pela lei societária.[105] Ambos são modalidades de mercado organizado, sendo detentores da capacidade de autorregulação e supervisionados por autoridade governamental, mas são mecanismos distintos enquanto mercados secundários.

De outro lado, não seria razoável nem possível imaginar-se que uma debênture tivesse cotação no mercado de balcão e só pudesse ser adquirida no mercado de bolsa. Isso leva a concluir que houve falha de redação do legislador, que se esqueceu de incluir a possibilidade de compra no mercado de balcão, pelos preços lá praticados, se inferiores ao valor nominal da debênture.

Corrigindo tal visão da realidade do mercado secundário quanto ao nosso mercado de debêntures, a Lei n. 12.431/2011 alterou a redação original de diversos dispositivos da Lei n. 6.404/1976, acrescentando um inciso II ao § 2º do art. 55,[106] estabelecendo que "o resgate parcial de debêntures da mesma série deve ser feito [...] II - se as debêntures estiverem cotadas por preço inferior ao valor nominal, por compra no mercado organizado de valores mobiliários, [desde que] observadas as regras expedidas pela Comissão de Valores Mobiliários". Poderá ser feito "resgate parcial" quando realizado por valor nominal ou inferior, mesmo que em mercado

---

105. "Para os efeitos desta lei, a companhia é aberta ou fechada conforme os valores mobiliários de sua emissão estejam ou não admitidos à negociação em bolsa ou no mercado de balcão" (art. 4º).

106. O parágrafo 2º do artigo 55 tinha a seguinte redação: "É facultado à companhia adquirir debêntures de sua emissão, desde que por valor igual ou inferior ao nominal, devendo o fato constar do relatório da administração e das demonstrações financeiras."

de balcão, já que ambos os mercados são modalidades aceitas enquanto mecanismos distintos do mercado secundário.

Pelo que analisamos acima, pode-se entender a existência do resgate parcial não em relação ao seu valor de emissão, mas em face das debêntures da mesma emissão ou série existentes junto ao mercado secundário. Isso porque a companhia pode adquirir as debêntures de sua emissão no mercado organizado, situação na qual resgatará parcialmente o volume das debêntures em circulação. Ou seja, ocorre o resgate parcial em relação ao total da emissão, mas com relação àquela aquisição no mercado ocorreu o cancelamento do valor mobiliário pela extinção da obrigação creditícia.

Outro ponto que merece alguma reflexão diz respeito à proibição para que a sociedade adquira debêntures de sua emissão por preço maior do que o seu valor nominal. Quando a companhia emitente procede ao resgate da debênture ela não está somente eliminando a obrigação concernente ao principal da dívida, mas também a remuneração que deveria pagar ao longo da vida do valor mobiliário.

De outro lado, o valor de mercado da debênture irá variar em função da expectativa de lucro da companhia tal como percebida pelo mercado e, como consequência, por sua capacidade de pagamento ou mesmo pela solvabilidade da companhia emitente. Isso significa que, nas emissões de remuneração variável, tais como taxa de juro flutuante ou remuneração em função do lucro, poderá ser muito interessante para a companhia emitente adquirir suas próprias debêntures, mesmo por valor superior ao de emissão, se tal compra significar economia nos pagamentos futuros da remuneração devida à debênture. Isso também poderá ocorrer com as debêntures pagantes de juro fixo, caso a emissão tenha sido contratada com uma taxa de juros bem mais alta do que a praticada no momento em que se buscar o seu resgate.

Caso a emissão ocorra quando a taxa de juros estiver mais alta, no momento em que a taxa de mercado baixar a tendência é que o valor de mercado da debênture suba, já que está pagando uma remuneração maior do que outros valores mobiliários equivalentes. Poderia ser interessante que a sociedade pudesse resgatar a emissão existente, mesmo que a preço maior que o de resgate, e, consequentemente, colocar uma nova emissão, pagando uma taxa de juros menor.

Fica a impressão de que a vontade do legislador foi proteger a companhia e seus acionistas, antevendo desvios de comportamento do administrador. Creio, entretanto, que a boa vontade da lei em se substituir à idoneidade gerencial pode não ter sido a solução que atenda aos reais interesses dos acionistas — qual seja, aproveitar todas as oportunidades que o mercado oferece, na busca da maximização dos resultados sociais. Ao invés de criar a restrição legal poder-se-ia imaginar que a prática do ato lesivo à companhia poderia ser remediada pela aplicação dos cânones que penalizam a prática do ato pelo gestor contra os interesses sociais.

8.6.11.3 Extinção da debênture

A debênture é uma obrigação, e como tal se extingue por uma das formas previstas no Código Civil. As formas mais tradicionais de extinção desses valores mobiliários são o pagamento e a novação da obrigação anterior, com a competente extinção do primeiro vínculo obrigacional. Tal situação era impraticável quando da vigência do Decreto n. 177-A/1893, na medida em que à época inexistia o regramento do Código Civil de 1916, bem como aquele ordenamento legal não previa qualquer mecanismo de comprovação de extinção total ou parcial do crédito debenturístico. Hoje o procedimento é feito nos livros próprios que a companhia deverá manter pelo prazo de cinco anos, juntamente com os respectivos comprovantes e os "[...] recibos dos titulares das contas das debêntures escriturais".[107]

Devemos ter em mente que aqui só tratamos dos valores mobiliários objeto de oferta pública, bem como que a maioria, senão a totalidade das companhias ofertantes, não emite a cautela representativa do investimento. Ao revés, as emissões, as compras e vendas, bem como os resgates ou amortizações são feitos e registrados eletronicamente por instituição financeira contratada como depositária, valendo como prova do investimento a inscrição no livro de debêntures da companhia, bem como o contrato de investimento existente entre as partes. Outra prova da relação contratual é a emissão do respectivo comprovante pela instituição depositária, o qual é espelho dos registros feitos nos livros da companhia.

Na primeira hipótese, a do pagamento, a extinção se dá pela entrega do contratado ao investidor. Pode, entretanto, ocorrer o pagamento com a entrega ao investidor de ações ou outro valor mobiliário de emissão da própria ou de terceira empresa, desde que tal forma de extinção seja acordada entre as partes prévia e expressamente prevista na escritura de emissão ou que seja feita por deliberação assemblear dos debenturistas aceita pela companhia emitente.

Nada impede que a companhia emissora extinga a obrigação na modalidade prevista na escritura de emissão e, concomitantemente, ofereça forma alternativa de extinção do vínculo obrigacional àqueles que a aceitarem. O fundamental é que os debenturistas tenham a possibilidade de escolha, de sorte que a forma alternativa de extinção seja aceita de comum acordo e que tal possibilidade seja igual para todos os debenturistas da mesma emissão.

---

107. Vide art. 74 da Lei das Companhias.

Desde 1990 os valores mobiliários são emitidos necessariamente sob a forma nominativa, assim permanecendo durante toda a sua vida. Disso decorre que a extinção da debênture ocorrerá sempre a favor de investidor conhecido, o que facilita enormemente sua localização. Ademais, o pagamento da remuneração periódica das debêntures é feito por instituição financeira que deposita os rendimentos devidos nas respectivas contas correntes dos investidores. Tal fato elimina boa parte dos problemas que existiam quando a lei permitia a emissão de valores mobiliários ao portador, e estes não apareciam quando do resgate ou da percepção dos rendimentos, obrigando a companhia a depositar em juízo os montantes devidos e não reclamados. Entretanto, se mesmo assim for impossível localizar algum credor, deverá tal quantia ser depositada em juízo, sendo remunerada até o recebimento por quem de direito.

Ademais, é tarefa inerente ao agente fiduciário estabelecer e manter a lista dos debenturistas, bem como diligenciar para que recebam os rendimentos devidos e o valor do resgate. Tenha-se em mente que cabe aos administradores da companhia a eleição do agente fiduciário, bem como da instituição financeira que irá realizar as tarefas inerentes ao depositário das debêntures escriturais. Nesta condição de agente das escolhas, bem como na de guardião dos livros sociais referentes às debêntures, respondem eles pelas perdas e danos incorridos pelos debenturistas em virtude das falhas ocorridas e consequentes prejuízos.

8.6.12 Conversibilidade em ação

A mecânica da conversibilidade é salutar, como instrumento de adaptação no tempo, entre investidores que preferem conhecer melhor a empresa, normalmente ocorrendo essa fase através da remuneração de renda fixa. De outro lado, a debênture conversível em ação é um instrumental de captação mais palatável ao empresário, na medida em que permite uma maior aproximação entre este e seu eventual futuro sócio, antes de admiti-lo na sociedade. Essa fase de reconhecimento é importante em países como o nosso, em que o acionista controlador é ainda muito cioso do conceito de propriedade, encontrando razoável dificuldade no ato associativo/participativo, que não raro é tomado como ingerência em coisa alheia. Essa peculiaridade se comprova pela constatação de ser muito raro encontrar-se uma empresa cuja maioria das ações votantes esteja em mãos dos acionistas de mercado — se é que algum exemplo nacional pode ser apontado.

A introdução da permissibilidade de conversão de debêntures em ações ocorre com o advento da Lei n. 4.728/1965.[108] Essa conversibilidade nasceu como

---

108. Vide art. 44 da Lei n. 4.728/1965, o qual, antes da vigência da atual Lei das Sociedades por Ações, inovou ao estabelecer que: "As sociedades anônimas poderão emitir debêntures ou obrigações, assegurando aos

um direito unilateral do debenturista, na medida em que a lei assegurou "aos respectivos titulares [de debêntures] o direito de convertê-las em ações do capital da sociedade emissora".[109] Esse conceito de exercício unilateral de vontade foi alterado pela Lei Societária, que remete à escritura de emissão das debêntures a fim de se conhecerem as condições em que poderá ser convertida.[110] Desta feita, a conversibilidade não é mais uma manifestação unilateral do debenturista, mas seguirá as regras constantes da escritura de emissão, a qual poderá, inclusive, estabelecer a conversão compulsória em determinada data ou em face de um dado acontecimento.

A conversibilidade da debênture em ação é negócio jurídico diferente da dação de ações em pagamento da obrigação, situação na qual a sociedade entrega ações de tesouraria em pagamento pelo resgate ou amortização de debêntures. No primeiro caso, a escritura de emissão estabelece as regras e condições para a conversibilidade. No segundo caso, a obrigação é extinta pelo pagamento, que poderá ser feito com a entrega de moeda ou bem, segundo a vontade das partes, sendo uma das formas de extinção consensual da obrigação a dação em pagamento com a entrega de ações. Assim, a previsão legal da conversibilidade não impede que o pagamento, quando do resgate, se dê da maneira concensuada, na forma constante da escritura de emissão, ou por sua alteração, ou mesmo pela aceitação dessa forma de pagamento por parte dos debenturistas. E isso porque a debênture confere a seu titular um direito de crédito, direito que será exercido na forma constante da escritura de emissão. É a escritura de emissão, portanto, que definirá as regras da conversibilidade, devendo, para tanto, estabelecer:

i. o valor de conversão, ou seja, a metodologia pela qual se encontrará o número de ações resultante;
ii. se a conversão se dará em ações ordinárias ou preferenciais, ou se de classes distintas, sendo que, no caso das sociedades de capital aberto, a conversão em ações de classe distinta se dará sempre no que concerne às ações preferenciais;
iii. a época em que se dará a conversão, se esta for fixa e determinada. Caso a conversão seja exercitável por um período de tempo, a escritura de emissão deverá prevê-lo; e

---

respectivos titulares o direito de convertê-las em ações do capital da sociedade emissora."
109. Vide artigo 44 da Lei n. 4.728/1965.
110. Vide artigo 57 da Lei n. 6.404/1976: "A debênture poderá ser conversível em ações, nas condições constantes da escritura de emissão, que especificará [...]."

iv. outras condições para a conversibilidade, que os acionistas entendam conveniente constar da escritura de emissão, desde que sejam aceitas e haja adesão dos debenturistas quando da sua aquisição.

A conversibilidade em ações, quer por manifestação unilateral do debenturista, quer pela vontade da sociedade, de acordo com as regras estabelecidas na escritura de emissão, pode acarretar alteração na composição do quadro de acionistas e, como consequência, na estrutura de poder da sociedade, ou na percepção do dividendo, no caso de conversão em ações preferenciais. No sentido de dar a oportunidade para que os acionistas, antes da emissão das debêntures conversíveis, mantenham a mesma correlação de poder ou de lucro, a lei lhes atribui a faculdade de exercer o direito de preferência para a aquisição das debêntures conversíveis, de sorte que, quando da conversão, as correlações possam se manter iguais. O direito de preferência, entretanto, deve ser exercido no período da subscrição das debêntures.

Na medida em que a conversão significa um aumento de capital, remete a lei às mecânicas de preferência previstas nos artigos 171 e 172 da Lei Societária, sendo exercível pela forma prevista na escritura de emissão, obedecidas as seguintes regras:

i. na proporção das ações que possuírem, terá o direito de subscrever as debêntures conversíveis, em um prazo fixado pela assembleia de acionistas ou pela escritura de emissão, não podendo ser inferior a trinta dias. Neste prazo, o acionista poderá exercer ou ceder seu direito de forma onerosa ou gratuita, bem como manifestar sua vontade de adquirir eventuais sobras não subscritas pelos demais acionistas;
ii. as debêntures serão conversíveis em função e na proporção das espécies e classes detidas pelo acionista;
iii. se a conversão se der de sorte a não guardar proporção com as espécies e classes existentes, a preferência se dará sobre as ações de espécie e classe idênticas às já possuídas pelo acionista, estendendo-se às demais classes ou espécies, de sorte a assegurar a mesma proporção detida pelo acionista antes do aumento; e
iv. caso a conversão se dê em classe ou espécie distinta da então existente, a conversão ocorrerá, na proporção das ações possuídas, sobre todas as espécies e classes resultantes da conversão.

Caso a conversibilidade dependa exclusivamente da manifestação unilateral de vontade do debenturista, por disposição constante da escritura de emissão, a companhia não pode impor impedimento ou deixar de praticar os atos necessários e suficientes para que a conversibilidade se dê. Se a sociedade for de capital autorizado, a conversão se fará de forma mecânica. Caso a companhia tenha o seu capital fixo, situação em que se requer a realização de assembleia geral dos acionistas, não podem estes retardar o procedimento, que, em realidade, deve significar a mera prática de atos previstos na lei societária para, em aumentando o capital social, poder emitir as ações necessárias à conversão.

Situação diversa é aquela na qual a conversão não possa se dar pela ocorrência de um impedimento de ordem legal. Neste caso, a obrigação assumida pela sociedade emitente não pode ser imposta contra preceito de lei. Tal situação pode ocorrer a título de impedimento relativo ou impossibilidade absoluta. O impedimento relativo, por exemplo, ocorre quando a proporção do capital preferencial já tenha atingido o limite legal de 2/3 do capital social. Essa é uma barreira relativa, vez que a sua superação depende da manifestação de vontade exclusivamente dos sócios, na medida em que, por aumento do capital em ações ordinárias, podem eles superar a restrição de conversão. Há, entretanto, impedimentos absolutos — por exemplo: o adquirente estrangeiro da debênture não pode, por proibição constitucional, ser acionista de empresa jornalística ou de companhia rural com propriedade em área de fronteira, etc. Em tais situações existe um impedimento absoluto de conversão, fato que significará que o investidor somente poderá resgatar suas debêntures. Mesmo no caso de impedimento relativo poderá haver decisão judicial no sentido de que a sociedade aumente o seu capital social, com a emissão de ações ordinárias, de sorte a criar espaço para a conversão das debêntures em ações preferenciais.

Os detentores de debêntures conversíveis serão futuros acionistas, dependendo de suas manifestações de vontade ou das regras de conversibilidade estabelecidas na escritura de emissão. Em virtude de tal possibilidade, a lei confere aos acionistas o direito de, antes da conversão, deliberar sobre determinadas alterações na companhia que possam colocar em risco os direitos dos possíveis futuros acionistas, antes que tenha sido atribuída aos debenturistas a condição de sócio da companhia. Neste sentido, qualquer deliberação dos acionistas que pretenda alterar o objeto social da companhia, ou que venha a criar ações preferenciais ou a alterar as vantagens das preferenciais já emitidas, e que possa prejudicar os direitos dos futuros acionistas, ora debenturistas, dependerá de prévia aprovação destes, reunidos em assembleia especial, ou do agente fiduciário, se a escritura de emissão tiver outorgado competência a este.

A lei dá a entender (art. 57, § 2º) que a competência pode alternativamente ser exercida pela assembleia especial ou pelo agente fiduciário, não especificando se o agente necessita de tal poder de forma explícita. Essa lacuna nos leva a concluir pela necessidade de aprovação da assembleia de debenturistas, na medida em que o agente fiduciário é nomeado na escritura de emissão, ato este praticado pelos acionistas da sociedade emissora. Esta é uma das possíveis manifestações de conflito de interesse entre a representação fiduciária, cuja escolha inicial é feita pela companhia e não pelos debenturistas. Creio, por esse motivo, que há necessidade de previsão específica para tanto na escritura, na medida em que, dentre os poderes a ele atribuídos pela Lei Societária (art. 68, § 3º), não se encontra o de concordar ou não com a mudança do objeto social ou com a criação de ações preferenciais ou de novas vantagens para estas. De outro lado, mesmo respondendo perante os debenturistas pelas perdas e pelos danos que vier a causar, uma decisão dessa importância ficaria maculada se tomada por aquele que foi escolhido e colocado, pelo menos inicialmente, pelos emissores do valor mobiliário.

8.6.13 O agente fiduciário e o *trustee*

O agente fiduciário é uma figura introduzida pela legislação societária de 1976 que, segundo seus autores, foi concebida como uma adaptação ao sistema jurídico brasileiro da figura do *trustee*, retirada do Direito anglo-saxão,[111] visando dar aos debenturistas[112] a garantia e a agilidade na defesa de seus interesses que a legislação anterior não previa. A sua função é servir de elo entre a empresa emitente das debêntures e seus subscritores. Resulta da previsão de dificuldades que encontraria a comunidade de interesses, formada por inúmeros subscritores, fiscalizando a companhia na proteção de seus investimentos, no cumprimento das obrigações assumidas na escritura de emissão.

Além do papel fiscalizatório, o agente fiduciário tem por função suprir as dificuldades que aparecem para coordenar, convocar e implementar as deliberações tomadas por debenturistas espalhados pelo mercado secundário. A sua tarefa, neste ponto, não é suprir a vontade dos debenturistas, mas coordená-la visando atingir os propósitos mencionados na escritura de emissão, ou agir (i) no momento em que se verifica a inadimplência do devedor ou (ii) no momento em que tiver que ser renegociada a emissão ou, na pior hipótese, (iii) no momento em que for

---

111. "Para maior proteção dos investidores do mercado, o Projeto prevê e regula a função do agente fiduciário dos debenturistas, tomando por modelo o "trustee" do direito anglo-saxão, e adaptando-o à nossa técnica jurídica." (LAMY FILHO, Alfredo; PEDREIRA, José Luiz Bulhões. **A Lei das S.A.** 3. ed., Rio de Janeiro: Renovar, 1997, v. 1, p. 233).

112. O exame do Trust Indenture Act, bem como a atuação do *trustee*, aqui é feito levando em consideração somente as relações entre a empresa emitente, o fiduciário e os investidores de debêntures, muito embora a lei norte-americana se destine, também, a outros valores mobiliários que não os associativos, tais como as hipotecas, "trusts" ou outros *"[...] similar instruments or agreement (including any supplement or amendment to any of the foregoing), under which securities are outstanding or are to be issued, whether or not any property, real or personal, is, or is to be, pledged, mortgaged, assigned, or conveyed thereunder"*, que apresentam a mesma necessidade de um fiduciário que interaja junto à empresa emitente, em proteção dos credores. Vide Section 303(7) do Trust Indenture Act.

necessária a habilitação dos credores debenturistas na massa falida. Tais dificuldades, aliás, foram as mesmas que inspiraram a legislação norte-americana que serviu de paradigma à nossa.[113]

Entre nós, a figura desse agente sofreu uma evolução razoavelmente lenta. Como já visto anteriormente, quando da vigência do Decreto n. 177-A, de 1893, a garantia ofertada quando da emissão era una e indivisível, restando ao debenturista como única defesa de seu crédito o pedido de falência, o qual arrastaria consigo todos os demais obrigacionistas credores.[114]

Com o advento do Decreto-Lei n. 781, de outubro de 1938, as debêntures passaram a ser emitidas não necessariamente em grupos ou séries homogêneas, mas, normalmente, em títulos diferentes quanto ao valor e vencimento. Esta situação não criava necessariamente um corpo uniforme de debenturistas que propiciasse o surgimento de um guardião de interesses comuns, mas levava à situação na qual cada credor deveria ser vigilante quanto a seu próprio interesse. Na realidade, eram emitidos títulos que representavam muito mais as necessidades episódicas de caixa das companhias, com debêntures de valores desiguais, fato que tornava difícil a organização e fiscalização pelos vários credores debenturistas.

Assim, criou-se a possibilidade de que os debenturistas pudessem constituir uma comunhão de interesses, conforme regras constantes do então denominado "manifesto da sociedade". Desta feita, as debêntures poderiam ser emitidas "[...] com fundamento no mesmo ato, [subordinadas] às mesmas condições de

---

[113] Vide a razão do Legislativo norte-americano ao justificar a necessidade da edição da Lei de 1939: *"Upon the basis of facts disclosed by reports of the Securities and Exchange Commission made to the Congress [...] is hereby declared that the national public interest of investor in notes, bonds, debentures [...] which are offered to the public, are adversely affected (1) when the obligor fails to provide a trustee to protect and enforce the rights and to represent the interest of such investor [...] (2) when the trustee does not have adequate rights and powers, or adequate duties and responsibilities, in connection with matters relating to the protection an enforcement of the rights of such investor [...] (3) when the trustee does not have resources commensurate with its responsibilities, or has any relationship or connection with the obligor [...] (6) when, by reason of the fact that trust indentures are commonly prepared by the obligor or underwriter in advance of the public offering of the securities [...],"* Seção 302, Necessidade para a Regulação.

[114] Nesse sentido, confira-se Carvalho de Mendonça: "A garantia que as sociedades anônimas emissoras de obrigações oferecem é ao empréstimo único total; é ministrado à massa de obrigacionistas, aos debenturistas em comum; é uma garantia indivisível. A massa dos obrigacionistas não dispõe, em face da lei, do direito de representação; a nenhum é lícito colocar-se em melhor situação do que os outros, visto como a garantia é de todos. O obrigacionista diligente, com seu título exigível, não se pode pagar preferentemente sobre os bens que servem de garantia ao empréstimo, deixando os ossos aos demais obrigacionistas. Por isso nenhum deles dispõe da ação pignoratícia ou do executivo hipotecário contra a sociedade, mas somente o meio extraordinário da execução, a falência, que congrega todos os obrigacionistas, que dá ocasião à venda total dos bens que servem de garantia para sobre o produto serem pagos *pari passu*, simultaneamente, antes de outros credores." (CARVALHO DE MENDONÇA, José Xavier. **Tratado de Direito Comercial brasileiro**. Op. cit., v. 4, p. 164, item 1.330).

amortização e juros, e gozando das mesmas garantias".[115] As decisões relativas aos atos de defesa dos interesses dos debenturistas eram tomadas em assembleias gerais desses obrigacionistas detentores dos títulos da mesma categoria.

Dentre os direitos assegurados pela lei aos debenturistas estava o de eleger, entre seus membros, um mandatário com os poderes de representação dos demais, ao qual caberia defender os direitos creditícios da comunhão de interesses.[116] Cabia, entretanto, ao debenturista o direito de agir de forma independente caso ocorresse (i) o não pagamento da obrigação principal ou acessória — no caso, os juros —, e (ii) a não convocação da assembleia dos debenturistas no prazo de até 60 dias do inadimplemento.

A partir da edição da nova Lei Societária, em 1976, profissionalizou-se a atividade desse agente dos debenturistas, o qual passou a ser uma pessoa física ou jurídica, estranha à relação creditícia, legal e necessariamente incumbida de realizar tais tarefas de modo profissional e permanente, sendo para tanto remunerada.

Essa nova forma de atuação, que transformou o mandatário com poderes de representação em agente fiduciário, é constantemente entendida como a absorção pela legislação brasileira da figura do *trustee* anglo-saxão. Tal assertiva, entretanto, necessita ser recebida com alguma precaução, visto que pontos fundamentais do instituto não foram acolhidos pela figura do nosso agente fiduciário. O cuidado é necessário na medida em que a doutrina nacional vem repetindo que sua matriz advém dos Direitos anglo-saxão e norte-americano.[117] Na verdade, o *trust*, em ambos os países, difere da previsão legal contida no Trust Indenture Act,[118] que é o conjunto de normas legais aplicáveis ao *trustee*

---

115. Vide art. 1º do Decreto-Lei n. 781, de 12 de outubro de 1938.
116. O art. 3º do Decreto-Lei n. 781/1938 estatuía que: "Podem ser objeto da deliberação da assembléia, regularmente convocada e constituída: [...] 3. a nomeação de um ou mais representantes, permanentes ou não, da coletividade dos obrigacionistas, com a incumbência de tomar, de sua própria iniciativa, as providências que as circunstâncias aconselharem, em bem dos interesses comuns, ou com delegação especial para praticar atos específicos no mandato conferido, inclusive intentar quaisquer processos, requerer falência da sociedade ou representar a comunhão no processo de falência."
117. Nesse sentido vide CARVALHOSA, Modesto. **Comentários à Lei de Sociedades Anônimas**. Op. cit., v. 1, p. 640: "Nessa linha a nossa lei societária instituiu a figura do agente fiduciário, assimilando o instituto do *trustee of debentures* do direito anglo-saxão". Vide também: TEIXEIRA, Egberto Lacerda; GUERREIRO, José Alexandre Tavares. **Das sociedades anônimas no Direito brasileiro**. São Paulo: José Bushasky, 1979, v. 1, p. 368: "A adaptação brasileira do instituto anglo-saxão do *trustee*, a figura do agente fiduciário deverá representar, na experiência da lei, um aperfeiçoamento [...]."
118. A denominação "*trust indenture*" advém da antiga prática de se garantir a execução contratual com o corte serrilhado do próprio documento (*indent*), de sorte que, para sua execução, ambas as partes deveriam juntar, cada qual a sua metade, a fim de que o documento adquirisse sua completude quanto à manifestação escrita da vontade contratada. Daí surge o *indenture*, que é: *"A deed to which two or more persons are parties, and which these enter into reciprocal and corresponding grants or obligations towards each other [...]."* (BLACK, Henry Campbell. **Black's Law Dictionary**. Union: Lawbook Exchange, 1991). Assim,

nas relações creditícias oriundas da colocação de certos valores mobiliários de dívida e não de participação. Em resumo, deve ser enfatizado que, quer no Direito inglês, quer no norte-americano, o conceito de "*trust*" não preenche as características do *indenture trust* da sistemática adotada nos Estados Unidos.

O *trust*, em sua forma tradicional, é um vínculo obrigacional nascido da confiança depositada em dada pessoa, para a qual a propriedade de um bem é passada, sendo este o *trustee*, que é seu administrador de acordo com os desejos do instituidor do *trust*.[119] Portanto, é característica fundamental dessa figura jurídica anglo-saxã, dentre três delas, a transferência fiduciária da propriedade para uma outra pessoa, a qual agirá em nome do proprietário,[120] e que tem poderes, inclusive, para dispor do bem. Foi nesse sentido que a Convenção de Haia de 1985, ao estabelecer regras comuns para os membros da Comunidade Europeia, referentes ao *trust*, caracterizou a figura jurídica pela separação dos patrimônios, de forma que o exercício de direitos sobre esses bens seja feito por terceira pessoa que não a proprietária, podendo o fiduciário, nos termos do contrato, gerir e dispor dos bens do instituidor.[121]

Tais demarcadores são comuns inclusive no Direito norte-americano. Essas são as características clássicas do *trust* desde seu nascimento, então utilizado para a transmissão da propriedade fiduciária da terra agrícola, sob determinadas condições estabelecidas previamente pelo senhor feudal.

o *trustee indenture* seria o fiduciário que figurativamente guardaria as duas partes do contrato, agora não mais serrilhado e guardado pelos contratantes. A palavra *indenture*, provinda do inglês arcaico, significa o ato de rasgar o documento com os dentes ou em ângulos agudos, como se tivesse sido feito com os dentes.

119. Vide Henry Campbell Black, citando algumas decisões judiciais, no verbete "*trust*": *"A right of property, real or personal, held by one party for the benefit of another"*, *"A confidence reposed in one person, who is termed trustee, for the benefit of another, who is called the cestui que trust, respecting property which is held by the trustee for the benefit of the cestui que trust"*, *"Any arrangement whereby property is transferred with intention that it be administered by trustee for another benefit"*, *"Essential elements of trust are designated beneficiary and trustee, fund sufficiently identified to enable title to pass to trustee, and actually delivery to trustee with intention of passing title"*. (BLACK, Henry Campbell. **Black's Law Dictionary**. Op. cit.). Vide William C. Anderson, também no verbete "*trust*", citando outras definições judiciais: *"Technically, an obligation arising out of a confidence reposed in person, to whom the legal title to property is conveyed, that he will faithfully apply the property according to the wishes of the creator of the trust"*, *"Where there are rights, titles, and interest in property distinct from the legal ownership"*. (ANDERSON, William C. **A Dictionary of Law**. New Jersey: The Law Book Exchange, 1998).

120. Vide HAYTON, D. J. **The Law of Trusts**. Londres: Sweet & Maxwell, 1998, p. 6: *"A trust has the following characteristics : (a) the assets constitute a separate fund and are not a part of the trustee's own estate, (b) title to the trust assets stands in the name of the trustee or in the name of another person on behalf of the trustee, (c) the trustee has the power and the duty, in respect of which he is accountable to manage, employ or dispose of the assets in terms of the trust and the special duties imposed upon him by law."*

121. Vide art. 2º: *"For the purpose of this Convention, the term "trust" refers to the legal relationship created — inter vivos or on death — by a person, the settlor, when assets have been placed under the control of a trustee for the benefit of a beneficiary or for a specific purpose. A trust has the following characteristics: [...]"* repetindo-se os itens "a", "b" e "c" da nota anterior.

A utilização do instrumento chegou a tal estágio que, no século XV, a maior parte da terra agrícola inglesa era detida por *trustees*, utilizando-se tal instrumento, por vezes, também como mecanismo legal para evitar a inconveniência de credores mais insistentes em se ressarcir via execução patrimonial do devedor. Assim, há que se fazer uma distinção conceitual entre as regras aplicáveis ao *trust* e aquelas constantes do *indenture trust*, sob pena de descaracterizarmos este instrumento jurídico várias vezes centenário.

No Direito norte-americano, por consequência, há dificuldade de se aceitar o *trustee*, exigido nas emissões públicas de debêntures, como sendo um lídimo representante dessa instituição jurídica. A dúvida ocorre na medida em que o *trustee* não tem a propriedade a ele deferida, mas aceita-se a figura jurídica de forma pragmática, como sendo um instrumento útil catalisador de interesses espalhados entre inúmeras pessoas, para a proteção dos debenturistas.[122]

É nesse sentido, e com essas limitações, que o Trust Indenture Act[123] deve ser entendido, atribuindo-se ao *trustee* alguma função de maior peso quando ocorrer a inadimplência das obrigações assumidas pelo emissor da debênture[124] — é a partir desse momento que uma das características do *trustee* surge, ao coletar em nome próprio os recursos ou as garantias destinadas ao pagamento dos credores debenturistas.[125] Ou seja, a relação obrigacional nascida do crédito se materializa

---

122. *"The fact that the debenture indenture trustee does not hold title to, or have possession of, any property has caused some persons to regard its position as an anomaly and the title "trustee" a misnomer. As a matter of law, however, it is well established that the corpus of a trust may consist of contractual rights and that one who holds contractual rights for the benefit of others may be a trustee. Accordingly, the title "trustee" is appropriate in this situation because, although the debts created by the debentures run directly from the issuer to the holders, the contractual rights conferred by the indenture run from the issuer to the trustee for the benefit of the holders. Apart from legal semantics, the role performed by the debenture indenture trustee is a practical necessity whenever there are any substantial number of holders of the debt securities. Some of the most useful functions customarily performed by the trustee are not performed in its capacity as trustee, but rather as transfer agent and paying agent. Nevertheless, the protection to debentureholders accorded by the pure trustee functions is of significant value."* (David Broad et al., Plaintiffs-Appellants, v. Rockwell International Corporation et al., Defendants-Appellees, n. 77-2963. United States Court of Appeals, Fifth Circuit. April 17, 1981).

123. Hoje em dia, "*indenture*" significa um contrato escrito criando direitos e deveres para os subscritores e emitentes de títulos de dívida. Originalmente, porém, o termo vem *"[...] from an obsolete custom of placing copies of an agreement together and tearing an irregular edge on one side. Matching of the edges of any two documents at a later date was considered proof of identity of the documents containing agreements."* (BEER, Edith Lynn. **Monarch's Dictionary of Investment Terms**. New York: Monarch, 1983).

124. *"As already indicated, the trustee under the bond indenture agreement is representative of the bondholders, who are beneficiary under the trust agreement between the corporation and the trustee [...]. Prior to default, however, the trustee's duties are often little more than perfunctory."* (Aladdin Hotel Co. v. Bloom, 202 F.2d. 627 (8th Cir. 1953), apud CARY, Willian; EINSEMBERG, Melvin. **Corporations**. Op. cit., p. 1.166).

125. Vide Seção 311 do Trust Indenture Act, ao tratar da preferência para o recebimento contra o emitente das debêntures: *"[...] (a) Trustee as creditor of obligor [...] if the indenture trustee shall be, or shall become a creditor [...] or subsequent to such default [...] shall set apart hold in a special account for the benefit of the trustee individually and indenture security holders [...] such trustee shall set apart and hold in a special*

na figura do *trustee*, sendo este o devedor dos debenturistas. Entretanto, pode-se dizer que esta é uma das características do *"trust"*, mas longe está de ser o qualitativo essencial que caracterize esse instituto jurídico anglo-saxão.

Essa foi, em linha gerais, a legislação resultante da Baker Bill apresentada ao Senado norte-americano em 1937, transformada em 1939 no Trust Indenture Act, o qual se propôs a cumprir três objetivos em defesa dos investidores: i) assegurar completa informação desde a emissão da debênture até o seu pagamento; ii) prover o mecanismo que pudesse permitir aos subscritores reunirem-se e atuarem na defesa de seus interesses; e iii) assegurar que o fiduciário fosse uma pessoa isenta e com alto padrão moral de conduta.

É necessário, entretanto, olharmos a lei norte-americana do Trust Indenture Act[126] sob duplo prisma. De um lado, o Ato nasceu da necessidade de se garantirem

> *account for the benefit of the trustee individually and the indenture security holders [...] (2) [...]. Nothing herein contained shall affect the right of indenture trustee – (A) to retain for its own account (i) payments made on account of any such claim by person [...] liable thereon, and (ii) the proceeds of bona fide sale of any such claim by the trustee to a third person, and (iii) distribution made in cash, securities, or other property in respect of claims filed against such obligor in bankruptcy or receivership [...]."*

126. *"First known as a 'corporate mortgage', a trust indenture has been used as the basis for selling corporate obligations to the public for almost 170 years. It later became known as a 'trust indenture'. The earliest example of a trust indenture in the United States dates back to 1830 and was known as a 'Dutch loan'. In this transaction, the Morris Canal & Bank Company conveyed its property in trust to an Amsterdam merchant in order to secure a loan of $750.000, which was made by several individual. The trustee was given the right to take possession of the mortgaged premises in case of default and to take and receive the rents and profits. The legal instrument that was used was a 'deed of trust', which served as a common-law mortgage. With the deed of trust, the legal title of property is placed in one or more trustees, to secure the payment of the debt. By 1860, the uses of a trustee as the bondholders' representative become common. In 1873, when dealing with a mortgage that made provision for a trustee, the United States Supreme Court noted that it was 'a departure from ordinary practice'. Ever since the American industry has strongly relied on obligation issuance under trust indentures to finance its extraordinary growth throughout the 20th Century. [...] To attract the conservative investing public, the investment had to be secured. The customary security of those days was a mortgage on debtors' property. However, given the large number of investors, who were often geographically scattered, simple mortgage was impractical. These numerous lenders were therefore were in a particularly vulnerable position because their incentive to monitor the issuer and make decisions regarding an enforcement action was largely reduced. Under these circumstances, a bondholder found it very hard, if not impossible, to detect any breaches in the loan agreement. A plan was therefore introduced in which the mortgage was granted to a single individual, who held it in trust for the investor. This arrangement fulfilled two functions. First, before default, the trustee was merely a repository of noteholders' interest in the security, which was held in escrow or as a stakeholder. Second, after default, if foreclosure was necessary, the trustee was the investors' agent to effectuate the foreclosure. The position required only a reliable person, and little regard was paid to conflict of interest. Thus, there were examples of the same individual acting as trustee under two or more mortgages executed by the same company. By the end of the 19th Century, the trustees' power and duties had increase, largely to the benefit of the investor. Consequently, it was customary to appoint two or three individuals to hold the position of the trustee. At large stage, the individual trustee or trustees were frequently replaced with a corporation and them the term 'corporate trustee' was established. The earliest examples of corporate trustee were designed as certificates of deposit or escrow agreement rather than as trustees' deeds. These legal instruments were designed to secure some assets in favor of creditors and allowed execution of the debt by third party if the triggering events occurred. [...] In general, corporate trustees became common after 1880. The initial intent*

os direitos dos credores, os quais não vinham sendo observados, conforme aponta o relatório feito pela Securities and Exchange Comission, levantamento este que foi a causa motora da legislação de 1939. Neste sentido, a nova lei regulou a sua integração com a legislação dos valores mobiliários, os requisitos, direitos e responsabilidades, poderes do *trustee*, etc. De outro lado, é necessário ter em vista que já estava sedimentada no Direito norte-americano toda uma cultura referente ao *trust*, oriunda do Direito costumeiro, que prescindia de normatização e estava em pleno uso no relacionamento patrimonial da sociedade norte-americana.

Isso nos leva a concluir que a legislação de 1939 cuidou muito mais da operacionalização da comunhão de interesses com a companhia emitente. Ademais, com a tendência de surgimento das emissões sem garantia ou subordinadas ao pagamento prévio de todos os credores, diminuiu drasticamente a discussão sobre o qualificativo da transferência dos bens ao *trustee*, na medida em que as emissões passaram a ser feitas sem garantia, ou seja, sem bens a serem transferidos.

No Direito inglês, entretanto, caso a emissão da debênture seja garantida por algum ativo, o *trustee* recebe fiduciariamente a garantia, exercendo os poderes sobre esse patrimônio, com limites contidos no contrato de emissão ou "*deed*". Assim, o instituto do Direito inglês manteve-se muito mais próximo da figura jurídica originária do *trust* do que o instituto encontrado no Direito norte-americano. Porém, mesmo na Inglaterra a figura do *trustee*, quando aplicada à emissão de debêntures, não ficou incólume às alterações demandadas pelas mudanças empresariais, evoluindo em três fases distintas.

Na primeira, quando do surgimento da debênture ao redor de 1860, era esse novo valor mobiliário uma forma alternativa de buscar recursos de dívida, emitidos pela companhia, que se diferenciava das outras modalidades de obtenção de crédito pelas garantias que gozava sobre a propriedade, ativos ou todos os bens da companhia, garantias essas que eram inscritas no contrato de emissão dos títulos representativos do débito, sendo essa uma obrigação garantida ou "*secured*".

No início do século XX tem início a segunda fase, na qual, dado o grande número de subscritores de uma mesma emissão, as regras concernentes ao pagamento e às garantias conferidas à emissão somente poderiam ser alteradas por todos os debenturistas. Tal condição gerava a necessidade de encontrar uma pessoa que pudesse defender, em nome de todos os credores, os interesses espalhados por um enorme número de investidores, que teriam grande dificuldade em acompanhar a saúde econômica e financeira da companhia emitente.

was toacoid the problem related to a trustee's death, but the aim eventually became to accommodate the trustee's growing burden. [...]." Vide LEV, Efrat. The Indenture Trustee: Does it Really Protect Bondholders? **University of Miami Law Review**, v. 8, n. 47, p. 47-121, 1999, p. 50.

Mais do que isso, tal pessoa deveria ter justo título para demandar em separado sobre direitos coletivos, garantidos por bens cujos direitos pertencem à mesma comunidade de interesses creditícios.[127] Nessa segunda fase, as debêntures passam a ser garantidas pela hipoteca dos ativos fixos oferecidos na emissão, bem como pelos demais bens, a título de garantia flutuante. Tais garantias eram recebidas pelo *trustee*, o qual detinha poderes dos debenturistas para tomar decisões no interesse destes, sem a necessidade de convocar uma reunião dos credores. Essas assembleias somente seriam necessariamente convocadas para saber dos credores se iriam ou não autorizar o fiduciário na execução das garantias dadas, em caso de inadimplemento da obrigação, ou, em caso negativo, para orientarem-no quanto à alteração do contrato inicial de emissão.

Na terceira fase, também no século XX, o *trust* assume sua atual conformação, pela qual a companhia contrata com o fiduciário o pagamento do total da emissão de debêntures, recebendo os subscritores outro valor mobiliário denominado "*debenture stock*". Desta feita, no vencimento da obrigação, a companhia paga o total da emissão ao *trustee*, na medida em que é ele o credor da companhia. Essa situação gerou a cristalização do *trust*, de tal sorte que as discussões e responsabilidades pelo inadimplemento das obrigações pela empresa emitente das debêntures sejam feitas pelo credor *trustee*, não tendo o *debenture stockholder*, ou investidor primário, ação direta contra a companhia.

O *trustee*, no Direito anglo-saxão, exerce duas funções distintas. A primeira, característica do *trust*, é a de receber em nome próprio as garantias dadas na emissão, agindo por conta dos beneficiários, de acordo com as instruções por estes emitidas.[128] A segunda, que nada tem a haver com a figura do *trust*, é a de ser agente facilitador de providências administrativas para executar as garantias no caso de inadimplência. Esta última função, principalmente entre nós, vem perdendo a sua serventia, na medida em que as emissões são feitas sem garantia, com cláusula de subordinação ao pagamento prévio de todos os demais credores. Essa constatação leva a uma proporcional diminuição da importância do *indenture trustee*, colocando-o ainda mais distante da figura do *trustee*.

Assim, a existência do *trust* pode ser caracterizada, no caso do Direito inglês, nas emissões em que as debêntures sejam colocadas com garantias cuja propriedade fiduciária é passada ao *trustee*. Mais do que isso, quando da emissão das *debentures stock* a relação da companhia, no que se refere aos direitos e

---

127. "*The effect of such deed is to mortgage the property in favor of the trustee, and at the same time to provide persons who can act upon an emergency and take steps on behalf of all debenture holders without delay. A trust deed charging property in favor of trustees gives them the position of mortgagees of the property charged, so that, subject to any express provisions on the deed, they can exercise all the powers of mortgagees.*" (BOYLE, A. J.; BIRDS, John; PENN, Graham. **Company Law**. Op. cit., p. 350- 351).

128. PENNINGTON, Robert R. **Company Law**. Londres: Butterworths, 1990, p. 442-443.

deveres da emissão, se dá com o *trustee*, que, por sua vez, relaciona-se com os *debentures stockholders*. Como visto acima, as dificuldades de caracterização do *trust* começam a aparecer nas emissões de grande porte, feitas por empresas cujo crédito prescinde da apresentação de garantia, como no caso das emissões subordinadas.

No Direito norte-americano, a mesma figura jurídica, no que diz respeito às garantias dadas na emissão de determinados valores mobiliários, tem uma conformação legal que prescinde da passagem da propriedade do bem garantidor ao fiduciário.[129] Isso fez com que, conforme apontado anteriormente, o mecanismo tenha sido adotado pelas funcionalidades na defesa de determinados interesses, bem como por desempenhar um fundamental papel aglutinador entre os debenturistas, nas emissões de colocação pública.[130]

Porém, é de se ter em mente que essa realidade existe somente no que diz respeito às emissões de determinados valores mobiliários de dívida, previstos no Trust Indenture Act de 1939, sendo a figura do *trust* de aplicação e tradição jurídica muito mais ampla do que o escopo especializado lá previsto. Ou seja, o instituto jurídico do *trust* tem características próprias que o qualificam como tal, não devendo ser confundido com o mecanismo destinado a facilitar a vida dos debenturistas, sob pena de desqualificar os critérios identificadores do *trust* como modalidade de transferência fiduciária da propriedade.

---

129. Assim é que, no Direito norte-americano, conforme se verifica no Trust Indenture Act, há uma nítida separação entre o *indenture trustee* e o *indenture security holder*, conforme se verifica em todo o Act, por exemplo, constante da Sec. 313(a): *"The indenture trustee shall transmit to the indenture security holders [...]"*.

130. Conforme nos dá conta o Professor Louis Loss, a SEC, ao defender o projeto que iria se transformar no Indenture Act, justificava o seu nascimento porque: *"[...] The security holders are generally widely scattered and their individual interest in the issue is likely to be small. The trustee, on the other hand, is usually a single bank. By virtue of the broad discretionary powers vested in it under the typical trust indenture it is in a position to take immediate action in a variety of ways to protect or enforce the security underlying the bonds, debentures and notes. But the security holders rarely given any voice in formulation of policies which the trustee pursues; the trust indenture ordinarily does not require that they consulted before the trustee acts. Hence the trustee generally need not be delayed or embarrassed by the necessity of consulting the security holders or of reconciling their divergent opinions and policies. Theoretically, the result should be beneficial to all concerned: to the security holder because of increased efficiency, expedition and economy; to the issuer because a trustee is a convenient legal device for conveying title, and because the presence of the trustee relieves the issuer of possible suits and supervision by many individuals security holders. But as a matter of fact, this arrangement has resulted in injury to thousands of investors. They have bought securities and have retained no effective control over the issuer's performance of its obligations in respect of them. Such control has been surrendered to or assumed by the trustee. It has been invested with power to certify securities; to supervise the deposit and the withdrawal of collateral and application of funds; to take action upon default; and, in short, to do everything upon which the protection and enforcement of the security of a bondholder depends. [...]."* (LOSS, Louis. **Securities Regulation**. Boston: Little, Brown, 1961, v. 2, p. 720-721).

No que diz respeito ao Direito brasileiro, pode-se afirmar que são distintas as figuras do agente fiduciário e do *trustee*.[131] O nosso fiduciário recebeu apenas alguns instrumentos para a defesa dos interesses dos debenturistas, os quais serão mais adiante comentados, continuando, entretanto, estes últimos como proprietários únicos do valor mobiliário, não obstante caber ao agente atuar como demandante perante o emissor em caso de inadimplemento do pagamento.

Em realidade, o agente fiduciário atua somente como um elemento facilitador de aglutinação e representação dos interesses inseridos na relação obrigacional. Assim, não se pode falar que essa figura típica do Direito anglo-saxão possa ter vida legal na sistemática brasileira em moldes próximos ao paradigma norte-americano constante do Trust Indenture Act, muito menos aplicando-se à figura do agente fiduciário o conceito de "*trustee*" ou mesmo do próprio "*trust*" do Direito anglo-saxão.[132]

Não se pode dizer que as atividades que possa executar o agente fiduciário em nome dos debenturistas sejam elementos suficientes para caracterizar a atuação de um *trustee*. Assim, atividades como declarar vencidas antecipadamente, em caso de inadimplemento, as obrigações contratadas, executar as garantias reais, representar os debenturistas em caso de falência ou concordata da sociedade emissora ou tomar providências visando à realização do crédito são realizadas com patrimônio alheio e não próprio. O mesmo ocorre com o Direito europeu continental; por exemplo, quando se analisam as tarefas que são executadas pelo denominado "representante comum" no Direito italiano, que não detém qualquer assemelhação com a norma norte-americana.[133]

O mesmo vale com respeito à emissão de "obrigações em massa" pelas companhias francesas, que adotam a figura do representante com poderes para a prática de atos em nome da coletividade de debenturistas visando defender os interesses dos investidores, mesmo comparecendo em juízo, em nome dessa coletividade, para demandar os direitos inseridos no contrato.[134] No caso, a diferença relevante

---

131. Em sentido contrário: STUBERT, Walter Douglas. A legitimidade do *trust* no Brasil. **Revista de Direito Mercantil**, v. 28, n. 76, p. 103-108, 1989.
132. Em sentido intermediário quanto à classificação do agente fiduciário no Direito brasileiro, vide José Edwaldo Tavares Borba, para quem: "Trata-se de uma figura híbrida, que funde e combina elementos do *trust* com elementos da representação legal. O agente fiduciário, para os efeitos de proteção e exercício de direitos de uma massa de origem legal — a comunhão — investe-se na titularidade de prerrogativas que são peculiares ao proprietário, sem que, todavia, o seja; nem formal nem materialmente." (BORBA, José Edwaldo Tavares. **Das debêntures**. Op. cit., p. 158).
133. Vide art. 2.418 do Código Civil italiano: *"Per la tutela degli interessi comuni ha la representanza processuale degli obbligazionisti anche nell'amministrazione controlatta, nel concordato preventivo, nel fallimento e nella liquidazione coatta amministrava della società debitrice."*
134. Vide art. 294: *"La masse est represntée par un ou plusiers mandataires élus par l'assemblée générale des obligatoires [...]"*; art. 300: *"Les représentats de la masse ont, sauf restriction décidée par l'assemblée générale*

é que a massa de obrigacionistas constitui-se em uma pessoa jurídica por determinação legal.

Se não estamos tão próximos da figura do *trustee*, temos que reconhecer que não nos é estranha a figura do negócio fiduciário, a qual consta na legislação pátria no Código Civil, bem como na legislação que trata da alienação fiduciária no financiamento de bens imóveis e automotivos.

Talvez seja mais relevante discutir se a legislação societária, ou mesmo civil, deverá sofrer modificações em relação à figura do agente fiduciário — quando este pratica atos caracterizadores do negócio fiduciário —, para que se chegue o mais perto possível das figuras jurídicas já adotadas pela tradição do Direito costumeiro em relação à figura jurídica do *trust*. A constatação mostra que a ideia da transmissibilidade da propriedade é tão arraigada no Direito brasileiro, como condição necessária ao aperfeiçoamento da relação jurídica, que mesmo a definição do negócio fiduciário pressupõe a passagem da propriedade legal do bem, diferenciando-a de seu usuário.[135]

Ou seja, pode-se concluir que a figura do agente fiduciário atua com os limites estatuídos pelos artigos 68 e 69 da Lei Societária, que não incorpora o conceito fiduciário previsto em outros textos legais. Isso não significa, porém, que a figura desse preposto dos debenturistas não exerça uma função de grande utilidade no relacionamento credor/devedor ou que a sua existência seja apenas cópia desnecessária de Direito alienígena. Entretanto, a sua aceitação como um fato muito positivo na sistemática brasileira não nos impede de sugerir críticas resultantes da observação diária do funcionamento deste instituto fiduciário que não preenche os qualificativos caracterizados do *trust*.[136]

---

des obligatoires, le povoir d'accomplir au nom de la masse tous les actes de gestion pour la défense des intérêts communs des obligatoires"; art. 301: *"Les représentants de la masse, dûment autorisés par l'assemblée générale des obligatoires, ont seul qualité pour engager, au nom de ceux-ci, les actions en nullité de la société ou des actes et délibération postérieurs à sa constituition, ainsi que toutes actions ayant pour objet la défense des interêts communs des oblitagatoires, et notamment requérir la mesure prévue à l'article 402"*; e art. 302: *"Les représentant de la masse ne peuvent s'immiscer dans la gestion des affaires sociales. Ils ont accés aux assemblée générales des actionaires, mais sans voix delibérative."* Confira a Lei francesa n. 66-537, de 24 de julho de 1966.

135. A legislação brasileira contempla o negócio fiduciário, por exemplo, na Lei n. 4.728/1965, em seu artigo 66: "A alienação fiduciária em garantia transfere ao credor o domínio resolúvel e a posse indireta da coisa alienada, independentemente da tradição efetiva do bem [...]". O Código Civil, coordenado pelo Prof. Miguel Reale, no artigo 1.584, estabelece que: "Considera-se fiduciária a propriedade de coisa móvel infungível, que o devedor, com o escopo de garantia, transfere ao credor."

136. "Deve ser notado que a utilização, pelo legislador, da expressão 'agente fiduciário' não implica na existência de um negócio fiduciário entre os debenturistas e o agente. Como escreve Paulo Restif Neto, o negócio fiduciário só existe como tal pela característica do fator confiança e da existência destes dois elementos: de natureza real e de natureza obrigacional. O primeiro compreende a transmissão de direito ou da propriedade, e o segundo relaciona-se com sua restituição ao transmitente ou a terceiros, após exaurido o objeto do contrato. Ora, na constituição do agente fiduciário não transmitem os

Até que ocorra a mudança na lei brasileira, o nosso agente fiduciário, segundo qualifica a Lei Societária, é o representante da "comunhão dos debenturistas perante a companhia emissora",[137] ou seja, representa a comunhão de interesses na relação entre a companhia emitente e os investidores daquela emissão.

8.6.13.1 Nomeação, exercício e substituição

A assembleia de acionistas ou o conselho de administração — no caso das companhias de capital aberto, desde que haja previsão estatutária para tanto —, ao deliberar sobre a emissão das debêntures, deverá indicar, necessariamente, dentre outros qualificativos da emissão, o agente fiduciário, devendo constar da ata a sua aceitação. A previsão legal é que, nas companhias com debêntures nascidas de uma oferta pública, deverá constar na escritura de emissão a figura do agente fiduciário, até a extinção do vínculo obrigacional com o pagamento ou a remissão total ou parcial da dívida.

Ao deliberar sobre a emissão e suas características ainda inexiste qualquer ato formal de oferta das debêntures, muito menos o registro junto à CVM, que é o ato autorizativo da oferta pública; portanto, caberá à companhia ofertante eleger um agente fiduciário, ao qual incumbirá a prática de atos destinados a obter a materialização e legalização da oferta pública.

A pessoa física ou jurídica indicada pela companhia, na fase que antecede à oferta pública, não necessariamente gozará da fidúcia dos futuros subscritores; assim, estabelece a lei a possibilidade de sua substituição, dentro das regras estabelecidas pela escritura de emissão e pela CVM. Nessa primeira substituição, entretanto, a CVM, dentro da competência estabelecida por lei, criou regra específica, segundo a qual os debenturistas podem "[...] proceder à substituição do agente fiduciário e à indicação de seu eventual substituto, em assembléia de debenturistas especialmente convocada para esse fim".[138]

O exercício de suas funções tem início ao concordar com sua indicação pela companhia emitente ou, se for o caso, quando substituir o agente fiduciário que se retirou. Em ambas as situações será de se indagar qual a extensão das responsabilidades que assumiu.

---

debenturistas o direito de crédito ao agente. Não transmitem a propriedade. Apenas depositam confiança (fidúcia) na lealdade de uma pessoa física ou jurídica que deve representar seus direitos e defender seus direitos perante a companhia emissora. Pode-se dizer, dessa forma, que do negócio fiduciário provém ao agente fiduciário apenas o fator confiança, que deve inspirar aos titulares das debêntures." Vide TEIXEIRA, Egberto Lacerda; GUERREIRO, José Alexandre Tavares. **Das sociedades anônimas no Direito brasileiro**. Op. cit, v. 1, p. 386.

137. Vide art. 68 da Lei n. 6.404/1976.

138. Vide art. 3º da Instrução CVM n. 28, de 3 de novembro de 1983, consolidada pela Instrução n. 490/2011.

No primeiro caso, já agindo em defesa dos futuros debenturistas, deverá examinar, por exemplo, a consistência das garantias da emissão, se estão aptas a produzir todos os efeitos de direito, tais como os devidos registros cartorários, bem como as garantias da companhia quanto ao aporte de recursos para que possa exercer suas funções. Deve ter claro ou exigir que da escritura de emissão constem as regras de sua renúncia, o que fazer se e quando a assembleia convocada não tiver quórum, etc. Não responde, entretanto, dentre outras atividades, pelos exames que devem ser feitos pelos eventuais adquirentes — como os da solidez da companhia e da idoneidade de seus administradores — ou pelos atos de registro da emissão junto à CVM, já que isso é obrigação da instituição do mercado de distribuição.

Na hipótese da substituição, deve o agente fiduciário examinar a gestão à qual está substituindo, para informar à assembleia de debenturistas as falhas, omissões ou situações mais graves ocorridas anteriormente. A sua responsabilidade por falha ao examinar os fatos e atos acima descritos equivale à quebra do dever de confiança que caracteriza a gestão de bens de terceiros. Aquilo que for encontrado deverá ser objeto de deliberação dos debenturistas. Porém, dependendo da extensão e profundidade que se dê ao conceito e responsabilidades do *trustee*, voltamos à discussão sobre a sua capacidade de buscar judicialmente a perda causada pelo gestor anterior? No caso do nosso "*trustee* tropicalizado", creio que suas obrigações estão adstritas à convocação da assembleia, com a consequente tomada de voto dos investidores. Se votarem pela responsabilização do gestor que se retirou, aí sim competirá ao novo fiduciário acionar seu antecessor.

Essa primeira substituição, bem como as demais que eventualmente ocorrerem, deve contar necessariamente com o *nihil obstat* da autarquia, a qual irá, para tanto, analisar as condições objetivas do candidato, as quais serão abaixo discutidas. Como o primeiro agente fiduciário constou necessariamente da escritura de emissão, decorre que seu substituto permanente também dela deverá constar pelo aditamento que obrigatoriamente deverá ser feito, além de se observar o mesmo procedimento junto ao registro de imóveis e ao registro do comércio onde os atos originais foram depositados.

Na qualidade de fiduciário, o agente precisa estar presente para acompanhar as atividades e solvabilidade da emitente. Ele não pode deixar de ter condições para exercer seu cargo — afastado ou ausente, por exemplo — por mais de trinta dias. Caso ocorra a vacância por prazo superior aos trinta dias, é necessário convocar a assembleia dos debenturistas para eleger um novo agente fiduciário. Essa assembleia poderá ser convocada pelo agente fiduciário a ser substituído, se possível, ou por debenturistas que representem no mínimo 10% da emissão. Caso isso não ocorra, a convocação da assembleia de substituição também poderá ser feita pela Comissão de Valores Mobiliários, o que se dará após 46 dias sem que tenha sido convocada a assembleia de debenturistas para eleição de um novo agente fiduciário. Em último caso, a própria companhia deverá convocar essa assembleia, após o decurso *in albis* de 46 dias da não convocação pelo agente fiduciário ou pelos debenturistas.

Como caracterizar a vacância do cargo? A lei e a normatização administrativa preveem a hipótese, mas não sua caracterização, como seria de se esperar, já que se trata de matéria de constatação factual. Ou seja, a vacância, quando não suscitada pelo próprio agente fiduciário, deverá ser objeto de análise caso a caso, sendo fundamental a construção nascida das decisões judiciais e administrativas.

Malgradas as dificuldades, temos como situação concreta que a Comissão de Valores Mobiliários caracteriza como ocorrida se for constatada por mais de trinta dias. O problema colocado pela autarquia é como caracterizar o fato, na medida em que não é usual, quer aos debenturistas, quer à CVM, quer à companhia emitente acompanhar o cotidiano do agente fiduciário. Para que fosse possível caracterizar a vacância seria necessário, primeiramente, determinar o grau de presença esperada do agente fiduciário para que possa realizar as tarefas que lhe são estabelecidas pela lei e pela normatização da CVM.

E se o agente fiduciário — aliás, como ocorre na maioria das vezes — for uma instituição financeira? Como caracterizar a vacância? Qualquer pessoa do ente jurídico atua como fiduciário, ou só determinado(s) agente(s) da pessoa jurídica pode(m) representar os debenturistas? Ora, como já visto acima no desenrolar de nossa história financeira, é importante a existência efetiva do agente fiduciário. Parece que, mais uma vez, estamos tentando colocar na norma escrita aquilo que depende de uma apuração factual e que, portanto, é de difícil caracterização no texto de lei. As hipóteses e caracterizações do abandono seriam mais adequadamente expostas na escritura de emissão do que em uma norma aberta quanto às possíveis situações.

Nas poucas vezes em que a situação ocorreu, o abandono tem sido caracterizado pela ausência da tomada de decisões ou cumprimento de obrigações — tais como a convocação de assembleias, habilitação dos créditos nas quebras, etc. —, mas sempre após a manifestação dos investidores credores ou da companhia emitente ou pela falta de fornecimento de meios, inclusive financeiros, para o exercício da função. Se do abandono resultar perda aos debenturistas, detêm o direito de buscar o ressarcimento do prejuízo, via ação de perdas e danos, junto ao Poder Judiciário.

A substituição ocorre ou por deliberação dos debenturistas reunidos em assembleia ou por manifestação da CVM ou, finalmente, pela renúncia do agente fiduciário. Para a substituição por vontade dos credores basta a sua deliberação formal, motivada ou não, e a indicação do sucessor, o qual deverá manifestar sua aceitação ao tomar posse, bem como por meio de retificação nos registros públicos que anotaram as eventuais garantias dadas à emissão. Legalmente, inexiste obrigação de o retirante esperar seu substituto, ressalvada previsão na escritura de emissão, já que a renúncia, por ser uma manifestação de vontade unilateral, produz efeitos a partir da comunicação à comunhão de interesses, usualmente pela convocação de uma assembleia de debenturistas para escolher o sucessor.

A não necessidade de aguardar o sucessor também decorre da previsão legal constante do artigo 67, parágrafo único, letra "a", da Lei das Companhias, que prevê a possibilidade de "nomear substituto provisório, nos casos de vacância". Ou seja, a lei contempla a função sem exercente, por renúncia ou demissão, sem que o substituto tenha sido indicado. Ademais, o citado artigo de lei prevê que, mesmo nessa hipótese, a CVM "poderá" indicar o novo agente fiduciário; ou seja, caso não exerça tal faculdade, o cargo continuará vago, devendo a autarquia constranger os debenturistas a convocarem assembleia para a eleição do novo agente fiduciário, permanecendo a comunhão de interesses, até o momento da aceitação do eleito, sem seu "fiduciário".

Mas a situação real é menos nítida do que aquela prevista nos ordenamentos jurídicos. A exigibilidade da presença do agente fiduciário pode ficar sem sanção, por falta da mesma, caso este renuncie e os debenturistas ou a companhia emitente não tomem qualquer providência nem a CVM exerça sua faculdade de indicar um substituto temporário. Resta mencionar a situação na qual a companhia devedora está tão mal que nem os credores têm interesse na indicação de substituto, visto que isso geraria mais gastos em relação a um investimento dado como perdido. De outro lado, seria muito difícil encontrar algum candidato a agente fiduciário que quisesse trabalhar sem receber. Tais situações de fato ocorrem, mas refogem ao generalismo da lei.

8.6.13.2 Os deveres do agente fiduciário

O agente fiduciário representa os debenturistas em dois cenários distintos: a representação interna, perante a companhia emitente, e a representação externa, usualmente em juízo, contra a companhia, nas situações de falta de pagamento dos juros ou do principal.

As discussões doutrinárias, bem como as divergências em sentenças judiciais, têm ocorrido quanto à natureza jurídica do papel do agente fiduciário quando comparece em juízo na defesa dos interesses dos debenturistas. No que tange ao relacionamento com ou perante a companhia emissora, as divergências são bem menores, situando-se somente no campo da doutrina. Isto porque no relacionamento interno o agente fiduciário atua fundamentalmente tendo como parâmetros as regras legais, as normas constantes da escritura de emissão, bem como as deliberações tomadas pelos debenturistas reunidos em assembleia. Na verdade, inexiste na estrutura interna de poder qualquer semelhança entre o agente fiduciário e o *trustee*. Na relação com os debenturistas, o agente fiduciário é tangido a agir de acordo com as disposições legais, os comandos constantes da escritura de emissão e as deliberações das assembleias de debenturistas.

Assim, é ele submisso a um conjunto de regras que não pode alterar, além de ter tolhida a sua liberdade e a sua capacidade de agir pelo poder que os debenturistas têm de substituí-lo a qualquer tempo, por mera deliberação majoritária da assembleia. O poder de troca, mesmo imotivado, retira uma enorme parcela de autonomia de que goza o nosso "*trustee*", fazendo com que o poder se concentre, efetivamente, nas mãos dos debenturistas, tirando muito de sua capacidade, independentemente das ações que os doutrinadores lhe emprestam. O agente fiduciário só pode agir de acordo com a lei, as regras da escritura de emissão e a vontade dos debenturistas manifestada em assembleias gerais. Além disso, não detêm os bens nem goza de qualquer estabilidade no desempenho de suas funções. Ora, não se pode dizer que, com todas essas restrições e constrangimentos, o agente fiduciário se caracterize por ter uma atuação autárquica ou que independa da vontade dos debenturistas, características das atividades de um *trustee*.

O mesmo pode ser dito, de forma mitigada, com a representação perante o Judiciário, na medida em que o agente fiduciário pode ser substituído, implicando a busca de um substituto mais concorde com a vontade dos credores. Mesmo em juízo, como se verá mais adiante, o Poder Judiciário tem decisões confirmando a representação monopolista do interesse dos debenturistas em juízo, embora haja outros julgados em que se decidiu que os debenturistas podem comparecer individualmente no processo na defesa de seus interesses creditícios.

Em resumo, pode-se dizer que a discussão sobre a semelhança do agente fiduciário com a figura do *trustee* somente surge quando da discussão da representação — se é ou não exclusiva e monopolista — do agente fiduciário perante o Poder Judiciário. Mas mesmo nessas situações a jurisprudência do Poder Judiciário ainda não apontou uma tendência mais consistente, que sirva de orientação à doutrina.

Já nas relações *interna corporis*, a discussão está centrada na natureza do trabalho que o fiduciário executa; se age como mandatário ou se como um *trustee*, mesmo que não ocorra a transferência do bem para o fiduciário. Inúmeros doutrinadores também afastam as figuras do agente fiduciário e do mandatário, na medida em que aquele recebe poderes nascidos de lei, enquanto no mandato os poderes são transferidos por manifestação privada de vontade.

Nesta controvérsia, será importante distinguir as funções que são atribuições nascidas da lei, conforme constante dos artigos 68 e 69 da Lei das Companhias. Por esses comandos, são listadas as competências a serem exercidas por alguém em nome dos debenturistas. Porém, para que haja a possibilidade de que tais poderes sejam exercidos, é necessário que os debenturistas elejam o exercente

— que, no caso, será o agente fiduciário. O mesmo mecanismo ocorre com os administradores da companhia ou seu conselho fiscal. Todos têm poderes nascidos de lei, mas recebem um mandato para atuar em nome da companhia ou dos debenturistas, conforme o caso, atuando sob regras complementares constantes do estatuto ou da escritura de emissão, somando-se àquelas outras determinações nascidas das deliberações assembleares. Uma coisa são as competências, outra é a atribuição da competência que é dada a uma pessoa física ou jurídica — e tal atribuição é dada pelo único e original detentor de tais poderes, os debenturistas reunidos em assembleia geral.

Assim, será importante distinguir que, se as tarefas são atribuídas por lei à pessoa física ou jurídica que vier a ser eleita no futuro, a aceitação do agente fiduciário o aproxima da figura do mandatário. De um lado, porque as tarefas previstas em lei não impedem que outras sejam outorgadas na escritura de emissão ou por determinação assemblear. De outro lado, porque a outorga do mandato é feita pelos debenturistas e terá que se conformar às obrigações mínimas inscritas na lei. Ou seja, a lei diz o mínimo que deve ser feito, cabendo aos debenturistas a escolha de quem irá representá-los. Os deveres e os poderes mínimos nascem de uma previsão *ex lege*, mas o eleito tem seu relacionamento com os eleitores *ex contrato*.

No desempenho de suas tarefas o agente fiduciário realiza atividades dentro da companhia emitente, bem como junto ao mercado. Os trabalhos internos destinam-se a verificar o comportamento financeiro da empresa, o aumento do grau de endividamento, o comportamento do lucro, etc., com a finalidade de acompanhar a capacidade de pagamento da emitente.

Junto ao mercado externo, deve o agente fiduciário acompanhar seus humores em face da variação do valor da companhia. Tais tarefas e deveres devem constar da escritura de emissão, pois as expectativas contidas nas normas legais, quanto ao desempenho e responsabilidades do agente fiduciário, além de serem bem diversas, são também razoavelmente vagas. Do mundo das normas ao mundo real, creio que não será difícil constatar que tais agentes não têm noção clara do que deles se espera, bem como da real responsabilidade que estão assumindo.

A Lei das Companhias prevê cinco obrigações para os agentes fiduciários; já na Instrução CVM n. 28/1983, consolidada pela Instrução CVM n. 123/1990, o número de obrigações sobe para 24 — e seu conteúdo merece ser visitado pelos candidatos ao cargo de agente fiduciário. Algumas obrigações são genéricas — por exemplo, a obrigação de ter, com o investimento do debenturista, o "mesmo cuidado e diligência que todo homem ativo e probo costuma empregar na administração de seus próprios bens"[139] —, outras são trabalhos de secretaria e gerenciamento. As

---

139. Art. 12, inc. I, da Instrução.

atribuições também implicam que o agente fiduciário tenha uma disponibilidade e dedicação tendente a consumir um enorme volume de horas trabalhadas, quer ao acompanhar a vida econômica da companhia, quer ao comunicar aos debenturistas aquilo que está sendo cumprido na defesa dos seus interesses.

Nas tarefas de secretariar, ele necessita manter em boa guarda todos os documentos relacionados ao seu exercício, verificar a veracidade das informações contidas na escritura de emissão, eventuais inverdades ou omissões, a regularidade das garantias dadas à emissão, etc. Como se não bastasse, necessita o agente fiduciário acompanhar a evolução ou involução das garantias flutuantes, ou a sua deterioração, intimar a companhia a reforçar ou trocar garantias, ter certidões negativas ou positivas da companhia emitente, etc.

Ou seja, tais tarefas dificilmente podem ser realizadas por uma só pessoa, ou seja, exigem, tendo em consideração o tamanho das emissões das companhias que buscam o mercado, um pequeno *staf* para ajudá-lo. Porém, mesmo para o próprio agente fiduciário, é de se ter em mente que sua tarefa, se executada nos termos da legislação, exigirá um enorme dispêndio de tempo. Se analisarmos com cuidado, veremos que elas são semelhantes a boa parte das obrigações que a lei atribui aos diretores das companhias. A grande diferença é que os administradores das sociedades anônimas não têm a obrigação de colocar recursos próprios para o cumprimento de determinadas tarefas a eles inerentes. Quando necessitam realizar gastos em nome da companhia, emitem o pagamento contra o caixa da sociedade. Entretanto, se olharmos o agente fiduciário, verificaremos que, se a companhia ou os debenturistas não fornecerem os recursos necessários, ele ficará incapacitado para agir, como demonstram as decisões judiciais abaixo discutidas.

Sobre o assunto, é importante ter em mente o parágrafo 5º do artigo 68 da Lei das Companhias, que estabelece que, se o agente fiduciário adiantar recursos para proteger o crédito dos debenturistas, tornar-se-á credor da companhia, gozando das mesmas garantias dadas às debêntures. Por óbvio, dificilmente o agente fiduciário gastará seus recursos, principalmente se pressentir que a companhia emitente está tendo ou está em vias de ter qualquer dificuldade financeira ou que não tem vontade de ressarci-lo.

Quando da eleição do agente fiduciário — num primeiro momento escolhido pela companhia emitente das debêntures, e confirmado ou trocado pelos debenturistas em assembleia —, deve-se ter em mente que, para o exercício de sua atividade, exigem-se alguns conhecimentos específicos. Neste contexto, ou ele será capaz de examinar a situação contábil e financeira da emitente, bem como a veracidade das informações recebidas, ou terá de contar com o auxílio de um corpo especializado, tudo pago pela companhia emitente das debêntures. Em resumo, a Instrução CVM n. 28/1983 impõe ao agente fiduciário o exercício, sempre que necessário, das funções de uma empresa de auditoria especializada em contabilidade, finanças, andamento da situação da companhia emitente em vendas, estoques, pedidos, etc.

8.6.14 Requisitos, remuneração, incompatibilidades e restrições

A proposta de emissão de debêntures, quando da elaboração da escritura de emissão já deverá contar com a designação e aceitação do agente fiduciário, cujo nome será objeto de análise da Comissão de Valores Mobiliários, conjuntamente com os demais documentos por ela exigidos. Assim, a figura do agente antecede a existência daqueles futuros subscritores. Claro está que tal esquema legal impede a real existência do vínculo fiduciário entre as partes. Mas, desde o primeiro momento, o agente fiduciário tem a responsabilidade legal de verificar a legitimidade dos atos praticados pela companhia, tais como o registro apropriado das garantias, a verificação da existência das mesmas, etc.

8.6.14.1 Requisitos

Os fiduciários podem ser pessoas físicas (cf. art. 7º, inc. I, da Instrução CVM n. 28/1983) ou jurídicas; nesta última hipótese, deverá ser uma instituição financeira especificamente autorizada pelo Banco Central, devendo conter em seu objeto social a capacidade para administrar e custodiar bens de terceiros. Tal possibilidade de escolha pode ser retirada pela CVM, na medida em que tem o poder legal de determinar que o agente fiduciário seja uma instituição financeira — portanto, uma pessoa jurídica e não mais uma pessoa física, conforme previsto na Instrução CVM n. 28/1983.

A justificativa da existência de tal poder de direcionamento dado à CVM é a defesa dos interesses dos debenturistas, os quais advêm da lei, da escritura de emissão e das deliberações tomadas em assembleia dos credores. A CVM, em se utilizando de tal outorga legal, estabeleceu na Instrução n. 28/1983 que, "nas emissões de debêntures que se destinarem à negociação no mercado de valores mobiliários, o agente fiduciário da emissão ou série de debêntures, será, obrigatoriamente, instituição financeira [...]", sempre que a emissão seja garantida por caução de valor mobiliário.

Tal se deve ao fato de que as emissões de tais valores mobiliários foram feitas em sua totalidade, ou quase totalidade, sob a forma escritural, situação na qual já estão caucionados em uma instituição financeira. Já a exigência da presença da instituição financeira enquanto agente fiduciário, constante do inciso II do artigo 8º da Instrução CVM n. 28/1983, perdeu razão de ser quando os limites de emissão em face do capital social da emitente foram abolidos pela Lei n. 12.431/2011.

8.6.14.2 Remuneração do agente fiduciário

Deve sua remuneração ser estabelecida na escritura de emissão, conforme previsto no artigo 67 da Lei das Companhias, bem como no artigo 11 da Instrução CVM n. 28/1983. Mas nem a lei nem sua regulação estabelecem quem será o detentor da obrigação para com o agente fiduciário. A doutrina tem defendido o acerto da tradição de que isso seja feito pela companhia emitente. Alguns assemelham tal pagamento àqueles outros que são feitos aos órgãos de fiscalização da companhia;[140] outros advogam o acerto do pagamento feito pela própria companhia tendo em vista a dificuldade de se coletar tal remuneração de um número grande de debenturistas.[141]

A lei só determina que a remuneração deverá ser estabelecida na escritura de emissão — ou seja, somente nesse momento poder-se-á dizer que a obrigação foi cumprida pela companhia. A partir da colocação das debêntures junto ao público tomador não será mais correto dizer que a remuneração do agente fiduciário deverá ser paga pela companhia por determinação legal. Ao contrário, pode-se ter a situação em que o agente é remunerado pela companhia ou, ao revés, pelos próprios subscritores das debêntures. Também não creio que se possam ter como iguais as figuras do agente fiduciário e dos membros do conselho fiscal ou dos auditores da companhia. Não podemos esquecer que estes dois últimos trabalham para os acionistas, enquanto o agente fiduciário opera a favor dos debenturistas credores. Ou seja, os interesses defendidos por ambas as atividades são divergentes.

Também não compartilho com aqueles que defendem que a remuneração deva ser necessariamente paga pela companhia emitente em virtude de dificuldades na arrecadação dos recursos em face do grande número de subscritores. Tal inconveniente poderia ser vencido com a entrega inicial de recursos suficientes para fazer face, durante um dado período de tempo, à remuneração do agente fiduciário, bem como a demais despesas em que necessariamente incorrerá no desempenho de suas funções. O montante de tais recursos poderia constar da escritura de emissão, pagando os debenturistas no mesmo passo em que efetuem

---

140. Vide Modesto Carvalhosa, ao defender que: "Discordam alguns autores quanto ao fato de haver a lei atribuído à companhia emissora o encargo de remunerar o agente fiduciário. Argumentam que esse encargo deveria ser dos próprios debenturistas, já que são esses que se beneficiam da atuação do agente. Além do mais, a vinculação que se cria, por meio da remuneração, entre a companhia emissora e o agente, poderia estabelecer uma situação de dependência, capaz de comprometer sua própria eficiência. A observação não é procedente, na medida em que é sempre a companhia a remunerar seus órgãos de fiscalização, como seja, o conselho fiscal e os auditores independentes." (CARVALHOSA, Modesto. **Comentários à Lei de Sociedades Anônimas**. Op. cit., v. 1, p. 891-892).
141. Vide José Edwaldo Tavares Borba, que defende que: "Essa remuneração, embora a lei não explicite, deverá ser arcada pela companhia emissora, até mesmo porque qualquer outra solução, tal como o pagamento pelos próprios debenturistas, comprometeria a eficácia do sistema, porquanto, face à pulverização dos papéis, difícil e impraticável seria, para o agente fiduciário, o recolhimento integral de seus proventos." (BORBA, José Edwaldo Tavares. **Das debêntures**. Op. cit.).

o pagamento pela aquisição das debêntures. De qualquer sorte, não creio razoável que o *gate keeper* seja pago pelo devedor.

Creio ser mais relevante sublinhar, de um lado, a incompatibilidade de o fiscal ser pago pelo fiscalizado e, de outro lado, que a companhia emitente é aquela detentora do menor interesse concreto de ter alguém representando interesse outro que não o seu próprio. De outro lado, o agente fiduciário só executa tarefas externas à companhia quando necessita recorrer ao Poder Judiciário pela ocorrência do inadimplemento da obrigação para com os debenturistas. Ora, nestas situações ou a companhia está sem caixa para pagar inclusive a remuneração do agente, ou, se possuir tal montante, convenhamos que o pagamento do fiduciário não se encontra em primeiro lugar no rol das prioridades da companhia, mas, ao contrário, é uma prioridade dos debenturistas.

Entretanto, creio tenha sido uma solução interessante deixar a critério dos debenturistas ficarem ou não com o agente fiduciário originalmente indicado pela companhia emitente, assim como decidirem se a sua remuneração será paga pelos credores ou pela emitente das debêntures.

De qualquer maneira, o agente fiduciário deverá ter uma remuneração compatível com as obrigações e responsabilidades que a Lei das Companhias lhe atribui, bem como com as demais que a Instrução CVM n. 28/1983 lhe coloca. A própria Instrução, como não poderia deixar de ser, não estabelece o pagamento que deva ser feito, mas sugere que deva ser "compatível com as responsabilidades e com o grau de dedicação e diligência exigidos para o exercício da função" (artigo 11).

Claro está que se o agente fiduciário aceita uma remuneração baixa ele está concordando com ela. Isso, entretanto, não tem a faculdade de liberá-lo de eventuais responsabilizações futuras, na medida em que "responde perante os debenturistas pelos prejuízos que lhes causar por culpa ou dolo no exercício de suas funções" (artigo 17). Desta feita, a eventual responsabilização independe da vontade de causar o dano, mas pode nascer da prática de atos realizados com imprudência, imperícia ou negligência no exercício de suas funções. Claro está que a responsabilização do agente fiduciário decorre de comando legal constante do Código Civil, servindo o preceito enunciado pela Instrução da Comissão de Valores Mobiliários como lembrete aos que aceitarem o exercício da função.

8.6.14.3 Incompatibilidades e restrições

O artigo 66 da Lei das Sociedades Anônimas trata dos requisitos e incompatibilidades para o exercício das tarefas inerentes ao agente fiduciário. Como já discutido acima, muito embora ainda sujeito a debates entre os nossos juristas, me parece resultar claro que o agente fiduciário está longe de poder ser caracterizado como *trustee*. Se de um lado é certo que seus poderes e encargos nascem da lei, de outro não é menos verdade que inexiste a transferência da propriedade das debêntures aos agentes fiduciários, mecanismo caracterizador do *trust*.

Talvez se possa dizer que, dessa tropicalização de um instituto característico da *common law*, o nosso agente fiduciário seja um representante necessário dos debenturistas em emissões públicas, já que instituído e regrado por lei e por atos administrativos da Comissão de Valores Mobiliários. Disso decorre que as restrições, os requisitos necessários para o desempenho da função, bem como as responsabilidades a eles atribuídas, entre nós, nascem de lei e não do acordo privado de vontades, muito embora seja possível o acordo de vontades de forma supletiva à normatização estatal, e nunca contra suas disposições.

Podem exercer a atividade de agente fiduciário as pessoas físicas ou jurídicas; se pessoas físicas, devem preencher as condicionantes estabelecidas pela Comissão de Valores Mobiliários; e, se pessoas jurídicas, somente as instituições financeiras autorizadas pelo Banco Central. É condição da Lei das Companhias que a instituição financeira, para ser autorizada pelo Banco Central, deverá ter em seu objeto social a previsão de administrar ou custodiar bens de terceiros. A CVM pode, entretanto, estabelecer que, em determinada emissão de debêntures, o agente fiduciário necessariamente será uma instituição financeira, ou que, caso a emissão tenha mais de um agente fiduciário, ao menos um deles seja uma instituição financeira autorizada pelo Banco Central.

O exercício das atividades de agente fiduciário, como já visto, importa na assunção de uma gama de atividades e restrições que não guarda proporção quanto à paga que geralmente lhe é dada. Ou seja, parece que os próprios agentes não atinam com a extensão das responsabilidades que a lei lhes consigna.

Quando da edição da Lei n. 6.404/1976, momento da criação da figura do agente fiduciário, tal tarefa era exercida fundamentalmente por pessoas físicas que encaravam de forma mais burocrática sua prática, além de ser uma maneira de receber alguma paga suplementar. Também não era incomum que um mesmo agente fiduciário exercesse tais tarefas em várias emissões e em várias companhias ao mesmo tempo.

Foi só com a vigência da Lei n. 12.431/2011 que se passou a afastar a regra de que um mesmo agente possa exercer as atividades nas várias emissões de uma mesma companhia, ressalvada a hipótese de autorização da CVM. Entretanto, a atualização e consolidação da Instrução CVM n. 28/1983, feita pela Instrução CVM n. 519/2012, dá a impressão de que a atuação do mesmo agente nas várias emissões da mesma companhia seja algo normal e não uma exceção a ser expressamente autorizada pela autarquia.[142]

---

142. É interessante notar que o artigo 10, §§ 1º e 2º, da Instrução n. 28, respectivamente diz que: "O agente fiduciário que atuar nesta função em outra emissão da mesma companhia, sociedade coligada, controlada,

Se o agente fiduciário for pessoa física, sofrerá sua designação as mesmas restrições que a lei societária impõe à eleição de administradores das companhias, conforme previsão do artigo 147 da Lei das Companhias. Este dispositivo estabelece duas grandes vertentes de impedimento. A primeira no que se refere aos impedimentos constantes de leis especiais, como, por exemplo, os impedimentos criados pela legislação do mercado financeiro, e usualmente objeto da Lei n. 4.595/1964, bem como às limitações nascidas de resoluções do Conselho Monetário Nacional e do Banco Central. A segunda vertente compõe-se dos impedimentos específicos, nascidos da condenação por crime "falimentar, de prevaricação, peita ou suborno, concussão, peculato, contra a economia popular, a fé pública ou a propriedade, ou a pena criminal que vede, ainda que temporariamente, o acesso a cargos públicos".[143]

Além dessas hipóteses, poderá a CVM, após decisão em processo administrativo, declarar inabilitada determinada pessoa para o exercício da função de agente fiduciário, pelo prazo máximo de vinte anos, conforme artigo 11, III, da Lei n. 6.385/1976, conforme redação dada pela Lei n. 9.457/1997.

Talvez se possa apontar como o grande impedimento ao exercício da função de agente fiduciário a prática de atos que o coloquem de maneira conflitante entre interesses dos debenturistas, da companhia e do próprio agente. Disso pode resultar que o conflito de interesse pode ser entendido como conflito potencial e, em outros casos, como conflito concreto. Os conflitos potenciais se materializam em situações não ocorridas, mas que a legislação e a instrução da CVM entendem como sendo potenciais geradores de conflito de interesse, vedando que a situação se materialize. Tais previsões, entretanto, não têm a capacidade de esgotar a inventividade humana quanto às situações concretas nas quais o agente fiduciário infiel aos interesses dos debenturistas possa ser punido pela autarquia, bem como por decisão judicial, para reparar o prejuízo que tenha causado por seu comportamento ilegal.

---

controladora ou integrante do mesmo grupo deve assegurar tratamento equitativo a todos os debenturistas". E, no § 2º: "Sempre que contratar um agente fiduciário que atue em outra emissão da mesma companhia ou sociedade coligada, controlada, controladora ou integrante do mesmo grupo, a companhia deve divulgar essa informação, com destaque, especificando os dados constantes do art. 12, inciso XVII, alínea k." Que o agente fiduciário deva tratar equitativamente todos os debenturistas é pressuposto que prescinde a menção da Autarquia em sua Instrução. Tal comportamento é inerente ao exercício das atividades do agente fiduciário e não nasce da colocação do comando na norma infralegal. Ao inscrever que o agente de mais de uma emissão, em uma mesma empresa emitente, deve divulgar a informação, dá a impressão que a condicionante é a mera declaração, bem como o compromisso de tratar equitativamente todos os debenturistas. Entretanto, a norma constante da Lei das Companhias elege como excepcionalidade a atuação do mesmo agente fiduciário em mais de uma emissão, de uma mesma companhia, tanto que exige a autorização expressa e prévia da Comissão de Valores Mobiliários.

143. Art. 147, § 1º, da Lei das SAs.

Quanto aos conflitos potenciais, a lei societária estabelece proibições *a priori*, independentemente da materialização do conflito de interesse. Desta feita, prevê proibições quanto àqueles que pode exercer a função de agente fiduciário, tendo em consideração o potencial surgimento do conflito de interesse, independentemente da ocorrência ou não de seu surgimento.

É interessante notar que a lei escolheu caracterizar um único fator antecedente de impedimento — qual seja, a hipótese do conflito de interesse —, deixando outros, tal como a expertise, a critério dos eleitores. Ademais, a lei buscou num primeiro momento se encaminhar para a elaboração de uma lista fechada de situações caracterizados da ocorrência do conflito de interesse. Porém, na letra "e" do parágrafo 3º do artigo 66, como que vendo a impossibilidade de prever todas as hipóteses, elege como hipótese caracterizadora do conflito de interesse "pessoa que, de qualquer outro modo, se coloque em situação de conflito de interesses pelo exercício da função".

Já a CVM, em sua Instrução consolidada n. 28/1983, opta pela linguagem afirmativa, ao escrever que "somente podem ser nomeados agentes fiduciários [...]".[144] Mais adiante, ao estabelecer as incompatibilidades e restrições de lei ao exercício da função, a CVM amplia a listagem das situações causadoras do impedimento ao seu exercício.

Como acima já mencionado, e no que diz respeito à lei, é de se ter em mente que elimina a ocorrência das hipóteses abaixo relacionadas, independentemente da existência ou não do conflito de interesses. É assim que a lei elege o conflito de interesses como razão do impedimento para ocupar o cargo, em seis hipóteses:

a) A pessoa física ou jurídica já esteja no exercício de igual função de emissão da mesma companhia, ressalvada autorização pela CVM. Seria interessante saber qual foi a razão do legislador para criar tal impedimento, na medida em que o fato de ser exercente da função de agente fiduciário em mais de uma emissão da mesma companhia não necessariamente significa a ocorrência do conflito de interesse. Poderá significar, ao contrário, uma economia de tempo e um conhecimento muito mais aprofundado, na medida em que se trata do acompanhamento de uma só companhia. Teria o legislador imaginado que tal situação poderia causar uma vinculação maior do agente fiduciário aos interesses da companhia em detrimento dos debenturistas? É difícil saber, visto que tais proposições ao Legislativo nascem das influências da autarquia ou do mercado junto ao Poder Legislativo. Seria difícil imaginar o mercado sendo contra a possibilidade de acumulação de emissões sob os cuidados de um mesmo agente fiduciário.

---

144. Art. 7º, *caput*.

b) No caso de a instituição financeira ser o agente fiduciário e, ao mesmo tempo, ser coligada da companhia emissora. O eventual conflito poderá surgir na medida em que a capacidade de exercer com independência a função de agente fiduciário poderá conflitar com sua lealdade para com a companhia coligada, podendo deixar enfraquecida a defesa dos debenturistas, que não são seus empregadores e, portanto, detentores de um vínculo fiduciário mais suscetível de ser fragilizado.

c) No caso uma instituição financeira ser, ao mesmo tempo, agente fiduciária e subscritora primária dos valores mobiliários para, em um segundo momento, efetuar a sua colocação junto ao público investidor. Aqui o conflito se dá diante dos interesses opostos entre o momento da subscrição e o da colocação secundária. Quando da subscrição, o interesse do agente será o de subscrever pelo menor preço; contrariamente, quando da colocação aos subscritores, seu interesse será o da colocação pelo maior preço, ganhando nas duas pontas, em prejuízo da companhia emitente e, posteriormente, dos debenturistas.

d) O agente fiduciário, pessoa física ou jurídica, seja credor direta ou indiretamente da sociedade emissora. O conflito se dá na medida em que, na qualidade de fiduciário, poderá pender na defesa de seu próprio crédito, em detrimento daquele dos debenturistas.

e) A instituição financeira cujos administradores tenham interesse na companhia emissora das debêntures. Neste caso, se o interesse é conflitante ou não, isso deveria ser decidido pelo julgador. Porém, a lei proíbe a indicação dessa companhia sem estabelecer qualquer atenuante, aumentando o universo a ser pesquisado pela candidata, na medida em que o termo "administradores" abrange quer os diretores, quer os membros do conselho de administração.

f) A "pessoa que, de qualquer outro modo, se coloque em situação de conflito de interesse pelo exercício da função".

Já a CVM estabeleceu outras restrições, constantes de sua Instrução n. 28/1983, com relação à pessoa natural ou financeira indicada para atuar como agente fiduciário:

a) Que exerçam cargo, função ou sejam auditores ou prestem assessorias "de qualquer natureza à companhia emissora, sua coligada, controlada ou sociedade integrante do mesmo grupo". Ou se sua associada já exerça a função de agente fiduciário ou se, de qualquer maneira, *se coloque em situação de conflito de interesse pelo exercício da função*. Quer enquanto auditores ou prestadores de serviços à companhia emitente, são remunerados para defender os interesses da companhia emitente, gerando tal atuação uma relação fiduciária entre a companhia, seus administradores e os prestadores de serviço. Tal relação traz consigo um potencial conflito com aquele que é remunerado para proteger os interesses dos debenturistas, inclusive porque são situações que se opõem quando se tem em mente a vontade de manter o vínculo de assessoria, que presume uma atividade de longo prazo, comparada à remuneração paga aos agentes fiduciários, que se extingue no tempo, quando do resgate ou transformação das debêntures.

b) Se houver vínculo de coligação entre o agente fiduciário e a companhia emitente das debêntures "ou sociedade por ela controlada" e houver relação creditícia de qualquer espécie. O agente fiduciário não pode ter vínculo com o credor e o devedor ao mesmo tempo. A Lei das Companhias instituiu a figura do agente fiduciário como representante dos interesses dos debenturistas e, para tanto, deve atuar como fiscal da companhia, evitando que os credores sejam prejudicados pelos administradores da sociedade. Ora, em havendo vínculo, direto ou indireto, entre a companhia e o agente fiduciário, estabelece-se o potencial conflito de interesse.

c) Se houver relação de crédito, qualquer que seja, entre a sociedade emissora das debêntures, ou sociedade controlada pela emissora, com relação ao agente fiduciário. Esta hipótese tende a se confundir com a mencionada no item "a", supra, muito embora seja de aplicação bem mais ampla, na medida em que abrange qualquer relação de crédito, direta ou indireta, entre a sociedade emissora e o agente fiduciário.

d) Se a instituição financeira indicada para atuar como agente fiduciário detenha em seu corpo administradores que "tenham interesse na companhia". Tal potencial conflito poderá se manifestar na medida em que as situações de credor e devedor se materializam no mesmo agente. Curiosamente, a Instrução CVM n. 28/1983 coloca o termo "administradores", no plural, o que poderá dar a impressão de que a Autarquia só considera a existência de potencial conflito de interesse caso haja mais de um administrador na situação descrita, entendido como tal o diretor ou membro do conselho de administração. Creio, entretanto, que a manifestação potencial do conflito de interesse independe da atuação plural, sendo ocorrente também de forma singular.

e) Se a emitente for detentora de 10% ou mais da instituição financeira que se quer como agente fiduciária. A mesma restrição se aplica caso os sócios da instituição financeira detenham tal participação mínima no capital da companhia emitente, por si, seus sócios ou administradores. O mesmo impedimento se aplica caso a instituição financeira, "direta ou indiretamente controle ou seja controlada pela companhia emissora".

f) Se o agente fiduciário "direta ou indiretamente" controle ou seja controlado pela companhia emissora das debêntures. Tal hipótese se aplica aos fiduciários que sejam instituição financeira, o que dispensa qualquer comentário, na medida em que o conflito entre o credor e devedor, na prática, junta o interesse na mesma pessoa jurídica.

8.6.15 Os deveres e atribuições do agente fiduciário

A Lei das Companhias comanda que o agente fiduciário "representa, nos termos da lei e da escritura de emissão, a comunhão dos debenturistas perante a companhia emissora" (artigo 68). Tal representação, entretanto, pode ser enfraquecida pela "tropicalização" do conceito do *trustee*, na medida em que a representação da comunhão de interesses se dá nos termos da lei, da escritura de emissão e das decisões das assembleias dos debenturistas. Ou seja, sua capacidade de agir é extremamente limitada, sendo a representação perante a companhia tutelada e restrita.

De outro lado, se a representação dos debenturistas ocorre, nos termos da lei, perante a companhia emitente, resta saber como ficará a representação perante o mundo externo à companhia, inclusive perante o Poder Judiciário. A dúvida tem sua razão em face da incerteza jurisprudencial abaixo transcrita. Talvez fosse menos inovador, mas certamente mais tranquilo, aproximá-lo da natureza do conselheiro fiscal, que tem seus poderes hauridos da lei, representa os interesses dos acionistas, sendo por eles eleito diretamente e com eles se relacionando diretamente.

De qualquer forma, este representante, que recebe inicialmente seus poderes da lei, tem por função exclusiva a proteção dos direitos e interesses dos debenturistas. Por tal motivo será sempre recomendável que o agente fiduciário inicialmente apontado pela companhia emitente seja objeto de confirmação ou de troca na primeira assembleia dos debenturistas, marcando a sua fidelidade, bem como por tal ato confirmando ou estabelecendo o vínculo fiduciário.

A fidelidade e a fidúcia, no entender da Lei das Companhias, se medem por um metro inicialmente bastante impreciso, ao dizer que o agente fiduciário deve empregar "no exercício de sua função o cuidado e a diligência que todo homem ativo e probo costuma empregar na administração de seus próprios bens" (artigo 68, § 1º, "a"). Este enunciado é mais um dos comandos abertos constantes da Lei das Sociedades, bem como da normatização da CVM, que dependem de maneira fundamental da construção jurisprudencial dos órgãos administrativos julgadores e, principalmente, da criação paradigmática da jurisprudência judicial, já que tal tarefa será quase inviável de ser colocada em termos de lei posta. Será necessário que tais julgados estabeleçam os limites do cuidado e diligência que se deve esperar de um homem probo, ademais de estabelecer quais os cuidados que o representante médio tem com seus próprios bens.

A diligência do fiduciário na fiscalização da situação econômica e financeira da companhia deve ser estabelecida na escritura de emissão. Tal comando legal faz com que, mais uma vez, os candidatos à subscrição das debêntures devam examinar com muito cuidado e atenção a escritura de emissão, na medida em que a escritura dá, de forma unilateral, as regras ofertadas pela companhia emitente. Como consequência, qualquer alteração que se queira fazer posteriormente dependerá da emitente e nunca só da manifestação da maioria dos debenturistas reunidos em assembleia.

Adentrando uma lista de obrigações muito mais concreta, a lei determina que o agente fiduciário é obrigado a apresentar aos debenturistas um relatório anual, dando conta da solidez ou não dos créditos que tem por lei a obrigação de defender. Para tanto, o agente fiduciário deve apresentar, em até quatro meses após o encerramento do exercício social, os fatos ocorridos na companhia emitente que tenham influência sobre as obrigações por ela assumidas, qual a situação dos bens garantidores da emissão das debêntures, a situação do fundo de amortização, se criado, e a manifestação de vontade do fiduciário em continuar no exercício da função. Pressupõe-se que a manifestação de vontade positiva do agente fiduciário signifique a declaração de que está confortável e habilitado para tanto. O mesmo se aplica aos debenturistas, que, com a confirmação, renovam o voto de confiança e de conformidade para com o trabalho desempenhado pelo agente fiduciário.

Como o agente fiduciário é o encarregado de realizar o recebimento da remuneração devida aos debenturistas, é ele, consequentemente, o primeiro a ter notícia do inadimplemento da obrigação. Neste caso, é ele obrigado a comunicar, por meio de notificação, aos debenturistas, no prazo máximo de sessenta dias. Ademais, comanda a Lei das Companhias que a ele também incumbe convocar uma assembleia de debenturistas, além de tomar as medidas judiciais que busquem o pagamento. Como se verá adiante, o Poder Judiciário tem, em alguns julgados, permitido que o debenturista vá diretamente a juízo, sobrepassando o fiduciário.

Na busca da defesa dos interesses dos debenturistas, a Lei das Companhias manda, em seu artigo 68, que ele poderá "usar de qualquer ação para proteger direitos ou defender interesses dos debenturistas, sendo-lhe especialmente *facultado*, no caso de inadimplemento da companhia" (§ 3º, grifo nosso) declarar vencidas antecipadamente as debêntures, cobrando o principal e o acessório contratado (alínea "a"). A norma legal remete tal poder às regras contratadas na escritura de emissão. O preceito cria um comando que poderá ser ineficiente se a escritura de emissão, elaborada pela companhia devedora, não contiver previsão para tanto.

Também é de se notar que o comando legal ao agente fiduciário deveria ser que este "deverá" ao invés de "poderá usar de qualquer ação [...]", na medida em que o parágrafo 1º do artigo 68 coloca as atribuições como deveres a serem cumpridos. Em assim sendo, a norma legal deveria decidir se o agente fiduciário tem uma escolha ou uma obrigação, se segue o comando imperativo do exercício de um dever (§ 1º) ou uma possibilidade (§ 3º).

Ainda dentro do campo do poder discricionário do fiduciário, tendo-se em mente o discutido no parágrafo acima, concede a norma legal o poder para "executar garantias reais, receber o produto da cobrança e aplicá-lo no pagamento, integral ou proporcional dos debenturistas", e requerer a falência da emitente das debêntures (§ 3º, "b" e "c").

Já na letra "d" do parágrafo 3º do artigo 68 está inscrito que o agente fiduciário tem o dever de "representar os debenturistas em processos de falência, concordata, intervenção ou liquidação extrajudicial da companhia emissora, salvo deliberação em contrário da assembleia de debenturistas". Como se verá na análise das decisões judiciais parcialmente transcritas abaixo, este preceito apresenta alguns problemas que deverão ser resolvidos pelo Poder Judiciário, já que o legislador ora diz que o agente fiduciário é uma versão do *trustee*, ora esquece os pontos cardiais que qualificam essa figura legal do Direito anglo-saxão.

Da legislação societária decorre que o agente fiduciário, como já visto, não detém a propriedade fiduciária das debêntures. Também pode ou não representar os debenturistas em juízo, dependendo da manifestação da assembleia dos titulares dos valores mobiliários. Se o agente fiduciário renuncia ou é exonerado da função, a Instrução consolidada CVM n. 28/1983 estabelece que "em nenhuma hipótese a função de agente fiduciário poderá ficar vaga por período superior a 30 dias", devendo, nesse prazo, eleger um substituto. Mas qual a sanção se os debenturistas não o fizerem? Mais adiante a mesma Instrução faz com que a CVM se auto-obrigue a fazê-lo, caso a deliberação dos debenturistas não ocorra em "até 15 dias" antes do término do prazo trintenário estabelecido para a deliberação dos debenturistas. Ou seja, a vacância preenchida cria a obrigação de a autarquia indicar um substituto para preencher o cargo vago. Se de um lado o papel do fiduciário é importante, de outro lado, nas empresas em dificuldades graves não será fácil encontrar alguém que assuma todos os encargos previstos em lei e no ordenamento da própria CVM. Talvez nestes casos extremos a solução seja deixar o problema nas mãos dos debenturistas, mesmo porque, se os próprios credores não cuidam de seu investimento, deveria o Estado ocupar-se e cuidar deles? A máxima jurídica muito antiga já ensinava que o credor tem a obrigação de ser diligente se quiser ver seu direito reconhecido.

Como se verifica nas decisões judiciais trazidas a exame, veremos que em algumas situações nem os debenturistas elegeram o substituto para o agente fiduciário retirante, muito menos a CVM indicou seu substituto, tendo o Poder Judiciário aceito, em decisões não uniformes, que o direito à ação pertence ao credor individualmente, se este assim o desejar. Tal confusão deita por terra a lógica de se evitar que em caso de dificuldade financeira os debenturistas credores, ao agir individualmente, prejudiquem a execução do crédito como um todo. Ou seja, muito trabalho há pela frente demandando a experiência e sabedoria dos juristas e dos julgadores para que proponham mecanismos mais adequados aos legisladores.

8.6.15.1 *A responsabilidade do agente fiduciário*

O parágrafo 4º do artigo 68 da Lei n. 6.404/1976 determina que o agente fiduciário "responde perante os debenturistas pelos prejuízos que lhes causar por culpa ou dolo no exercício das suas funções", texto este que foi transcrito no artigo 17 da Instrução consolidada CVM n. 28/1983.

A figura da responsabilidade civil é uma daquelas que sofreu enorme ampliação de sua abrangência ao longo do século XX, provavelmente em função do desenvolvimento econômico, bem como pelo vertiginoso processo de adensamento das cidades — ou seja, pela passagem de uma sociedade eminentemente agrária para outra urbana, industrial e prestadora de serviços.

Já no fim da década de 1930, o mestre de Lyon, Louis Josserand,[145] mostrava a enorme ampliação do campo da responsabilidade,[146] contrariando a tese milenar, oriunda do Direito romano, segundo a qual não poderia haver responsabilização sem culpa formada. Pela antiga visão, a responsabilidade civil surgiria após a comprovação de que o prejudicado tivesse passado por uma "[...] tríplice prova; precisava estabelecer, antes de tudo, que sofrera um dano; depois, que seu adversário cometera um delito; enfim, que o dano decorria de dito delito; [...]".[147] A culpa, então, decorreria da relação causal entre este dano e aquele delito. Nesse desenvolver da jurisprudência, passa a se admitir a culpa por omissão, que desemboca, mais tarde, na culpa por presunção legal, cuja aplicação efetiva ocasionou restrições ainda maiores ao antigo conceito de que inexistiria responsabilidade sem culpa efetivamente provada.

---

145. Vide JOSSERAND, Louis. Evolução da responsabilidade civil. Tradução Raul Lima. **Revista Forense**, v. 86, n. 454, p. 548-559, jun. 1941, p. 548 et seq. O artigo é resultado de conferência pronunciada em várias faculdades europeias.

146. "Além disso, a responsabilidade não é somente desenvolvida e intensificada; ela ocupa postos de mais a mais numerosos, deriva de várias fontes que brotam de todas as partes, em todos os pontos do campo jurídico — responsabilidade contratual, responsabilidade delitual, responsabilidade do ato pessoal do homem ou do ato de outrem, ou do ato de animais, ou do ato de coisas inanimadas, responsabilidade objetiva ou subjetiva, responsabilidade baseada na idéia de culpa ou no conceito de risco, responsabilidade individual ou coletiva, conjunta ou solidária." (JOSSERAND, Louis. Evolução da responsabilidade civil. Op. cit., p. 548).

147. JOSSERAND, Louis. Evolução da responsabilidade civil. Op. cit.

Entre nós, a obrigação de indenizar nasce da prática de um ato ilícito. Ou seja, o vigente Código Civil reformulou a redação de 1916 estabelecendo um vínculo entre a violação de direito e o ato de causar o dano a terceiro, agregando que é alcançada a ilicitude ainda que o dano seja exclusivamente moral. Alarga, ainda, o conceito de ato ilícito, na medida em que poderá ser praticado por titular de direito que atua excedendo os limites impostos pelo seu fim econômico ou social ou pela boa-fé. Portanto, o ato ilícito nasce pela ação ou inação voluntária, como menciona a lei, pela prática de ato que se realiza de forma imprudente ou negligente e que venha a causar dano a terceiro.

O dano gera a responsabilidade civil, da qual decorre a obrigação de reparar aquele que foi prejudicado pelo ato. Por outro lado, a obrigação reparatória do dano pode também decorrer da eleição de determinado sujeito para responder pelo ato danoso, independentemente da existência de liame entre o ato ou sua abstenção com a intervenção daquele indicado pela lei como responsável por sua reparação. Esta situação encontra previsão no artigo 927 do vigente Código Civil, especificamente em seu parágrafo único, que desvincula a obrigação de reparação pecuniária do dano ao conceito de culpa, se a responsabilidade para sua reparação nascer de preceito de lei, como no caso de dano ao consumidor, ou se houver claro vínculo entre o dano e o "risco para os direitos de outrem".[148]

O dano, conforme previsto nos artigos 186 e 145 da Lei Civil, bem como pela responsabilidade atribuída pela Lei Societária (art. 68, § 4º), pode decorrer da culpa ou do dolo do agente. Tradicionalmente, entende-se que o dano culposo decorre da ação ou inação do agente, sem que este tenha tido, na prática do ato, a intenção de atingir tal fim, ao passo que o ato doloso pressupõe a vontade do agente em atingir terceiro de maneira a provocar o dano.[149] A existência ou não da vontade para se atingir determinado fim separa as duas figuras. Uma vez ocorrido o dano, culposo ou doloso, fica aquele que lhe deu causa obrigado a repará-lo (artigo 927 do Código Civil).

Muito embora exceda de longe o âmbito do assunto aqui tratado, deve-se mencionar que a prática de determinado ato ou a sua abstenção pode causar a terceiro determinado dano que seja gerador de ilícito sancionado tanto na lei civil

---

148. Código Civil, art. 927, parágrafo único.
149. Álvaro Villaça Azevedo destaca que "a culpa, em sentido amplo, abrange o dolo, sempre intencional, e a culpa, em sentido estrito, que se manifesta pela negligência, imprudência e imperícia do agente". O mesmo autor transcreve Ferrara, ilustrando o conceito de culpa, para quem ela "é todo ato jurídico (quer dizer, voluntário) que, violando a norma jurídica, produz dano a outrem; dele nasce, a cargo do agente, a obrigação de ressarcimento do dano, se o ato foi praticado por pessoa capaz de entender e de querer e a quem pode ser atribuído dolo ou culpa". Vide AZEVEDO, Álvaro Villaça. **Código Civil comentado**. São Paulo: Atlas, 2008, v. 2, p. 349.

quanto na lei penal,[150] conforme o previsto no artigo 163 do Código Penal.[151] É importante mencionar que, para efeito de aferição da responsabilidade a que poderá estar sujeito o agente fiduciário, a Lei Civil, em seu artigo 935, ao separar as duas responsabilidades, determina que, uma vez estabelecida a responsabilidade criminal, não poderá ser questionada a existência do fato, ou sua autoria, de sorte a restar vinculada a decisão civil, quanto à reparação financeira, à decisão emanada do processo penal sobre os fatos apurados.

Na busca de uma sistematização, podemos dizer que a cadeia de eventos (i) tem início com a ação ou inação dolosa, (ii) da qual decorra determinado dano a terceiro ou (iii) da qual decorra determinada responsabilidade atribuída objetivamente pela lei a determinada pessoa, (iv) e que resulte na obrigação de ressarcimento financeiro ao terceiro prejudicado.

8.6.15.1.1 O ato ilícito

A prática do ato ilícito pode nascer pela transgressão de uma lei, como também pela inobservância de obrigação contratual entre partes. No caso do agente fiduciário, este vincula-se ao cumprimento de suas obrigações conforme previsto na Lei das Companhias, bem como naquelas outras emanadas de atos administrativos da CVM, por delegação expressa de lei, além daquelas nascidas da escritura de emissão ou das deliberações da assembleia de debenturistas e, nos dois últimos casos, aceitas pelo agente fiduciário. As primeiras são todas aquelas constantes do artigo 68 da Lei das SAs e da Instrução consolidada CVM n. 28/1983. As segundas são aquelas livremente estabelecidas entre a empresa emissora e o agente fiduciário, quando este aceita as regras constantes da escritura de emissão ou das deliberações dos debenturistas.

O Código Civil ainda prevê uma segunda forma de caracterização do ato ilícito: quando seu ator opera claramente de forma a ultrapassar os limites a ele outorgados, os quais remetem aos fins econômicos ou sociais que guiaram a razão da

---

150. "A conduta ilícita pode manifestar-se em dois planos distintos, o do direito penal e o do direito civil. A primeira modalidade delituosa ofende mandamento de direito público, enquanto a última corresponde à violação de regras inerentes aos direitos subjetivos privados. Fala-se, portanto, em ilícito penal e ilícito civil, conforme o dano enfocado tenha se dado no plano do direito penal ou do direito civil. Um mesmo evento danoso pode receber sanção do direito penal e do direito civil, porque a um só tempo terá tido força de ofender o interesse público (da sociedade) e o interesse privado (da vítima)." Vide THEODORO JÚNIOR, Humberto. **Comentários ao novo Código Civil**, v. 3, t. 2. Rio de Janeiro: Forense, 2003, p. 19.

151. Como exemplo, temos a apenação da prática do ato com a clara manifestação da vontade de atingir o dano contra terceiro, consubstanciada no preceito do art. 163 do Código Penal: "Art. 163 – Destruir, inutilizar ou deteriorar coisa alheia. Dano qualificado: I – com violência à pessoa ou grave ameaça [...] IV – por motivo egoístico ou com prejuízo considerável à vítima."

outorga; ou quando o agente fiduciário atue contra a boa-fé ou os bons costumes.[152] Assim, além das hipóteses polares da prática do ato ou sua abstenção, adiciona o vigente Código Civil mais três hipóteses: uma intermediária, segundo a qual o ato praticado pelo agente fiduciário constava de seus poderes, mas não o excesso empregado em sua prática. As outras duas hipóteses, também inexistentes no Código de Clóvis Beviláqua, dependem de uma constante sedimentação, na medida em que o que seja a prática de ato ou sua abstenção de modo a ferir os princípios da boa-fé ou os bons costumes é obra de construção jurisprudencial e doutrinária, pois, se de um lado os dois são princípios relevantes, de outro dificilmente poderiam ser objeto de definição em termos de Direito posto.

8.6.15.1.2 O dano

A responsabilidade pelo ressarcimento pecuniariamente avaliável nasce quando a prática do ato ilícito gera um dano a uma das partes envolvidas na relação obrigacional. O dano civil pode ter consequências materiais ou morais.[153] No caso do agente fiduciário, sua responsabilidade advém do descumprimento de seus deveres previstos em lei, em norma administrativa da CVM ou nas obrigações acordadas na escritura de emissão das debêntures, causando prejuízo àqueles que ele representa.

Ou seja, do acima exposto decorre que, para efeitos da lei civil, a punição financeira pela prática do ato ilícito gerador de prejuízo a terceiro só nasce com a materialização do dano a alguém. No caso do agente fiduciário, o dano ocorrerá na relação com os debenturistas em face da deficiência ou ausência na defesa dos seus interesses, bem como no descumprimento das obrigações acessórias constantes dos vários comandos legais ou contratuais. O dano materializa-se em um prejuízo por diminuição de um ganho real ou potencial a que o debenturista teria direito, ou na ocorrência de uma perda que poderia ser evitada.

8.6.15.2 A responsabilidade subjetiva e a responsabilidade objetiva

Muito embora a responsabilidade possa decorrer da ação do agente ou da imputação legal, independentemente de sua atuação no ato lesivo,[154] a responsabili-

---

152. Vide art. 187 do vigente Código Civil: "Também comete ato ilícito o titular de um direito que, ao exercê-lo, excede manifestamente os limites impostos pelo seu fim econômico ou social, pela boa-fé ou pelos bons costumes."
153. "Aquele que, por ato ilícito (artigos 186 e 187), causar dano a outrem, fica obrigado a repará-lo" (art. 927 do Código Civil).
154. "Haverá obrigação de reparar o dano, independentemente de culpa, nos casos especificados em lei, ou quando a atividade normalmente desenvolvida pelo autor do dano implicar, por sua natureza, risco para

dade do agente fiduciário nasce sempre de uma ação ou inação sua em face dos deveres a ele atribuídos quer por ordenamento estatal, quer pelo vínculo obrigacional existente entre ele e os debenturistas a quem representa. Disso decorre que a sua responsabilidade, até onde se possam vislumbrar as hipóteses previstas em lei, será subjetiva, na medida em que a lei não o coloca como causador do dano quando o ato é praticado por terceiro. Disso temos que o agente fiduciário responde somente por seus atos, não sendo alcançado pela responsabilização objetiva, muito embora a responsabilidade objetiva venha aumentando em muito sua abrangência, sempre e necessariamente instituída por lei.

8.6.15.3 *Culpa ou dolo*[155]

O dano resulta da prática ou abstenção de ato praticado pelo agente, devendo resultar, de tal atitude, um prejuízo material ou moral para determinada pessoa. Este dano pode resultar da vontade do agente em causar o prejuízo ou pode nascer da atuação desatenta ou leviana do agente, não tendo ele, entretanto, a vontade de causar o dano ao terceiro em nome do qual agia por mandamento legal ou contratual.

O ato culposo nasce sempre da ação positiva ou negativa geradora de dano, sem que o autor tenha pretendido atingir o resultado não querido, porém resultando de seu comportamento determinado dano a terceiro. Ou seja, o ato parte sempre da manifestação de vontade do agente, muito embora seu resultado danoso não tenha sido aquele pretendido pelo agente. Doutrinariamente, o dano culposo surge sempre quando a ação é praticada com negligência ou imprudência. Isso significa que, para a descaracterização da culpa, o agente deve atuar com o cuidado que todo homem "comum", "probo", "diligente" ou "bom pai de família" agiria em igual situação. Claro está que este "metro comportamental" não é de fácil caracterização, devendo ser construído jurisprudencialmente, partindo-se de exemplos estremados, para a construção possível dentro dessa área imensamente cinzenta. O agente fiduciário só será culpado por sua ação ou omissão se o ato fugir de forma acentuada do comportamento médio de outros agentes fiduciários que agiram em situações semelhantes. Ou seja, a medida da diligência será o comportamento de pessoas detentoras de iguais funções conforme o entendimento do Direito vigente à época da ocorrência do dano. Dessa forma, poderá se aproximar do conselho doutrinário que elege o homem "comum" como um dos exemplos de situação que afasta o dano e, consequentemente, sua reparação.

---

os direitos de outrem." (art. 927, parágrafo único, do Código Civil).

155. "Aquele que, por ação ou omissão voluntária, negligência ou imprudência, violar direito e causar dano a outrem, ainda que exclusivamente moral, comete ato ilícito." (art. 186 do Código Civil).

Já o dolo pressupõe uma atividade passiva ou ativa para atingir o fim causador do prejuízo. Em outras palavras, pressupõe a premeditação, a vontade objetiva de causar o prejuízo, o objetivo de enganar. Para que a ação dolosa ocorra é necessário que se verifiquem dois efeitos: o subjetivo, que implica a atuação de vontade do agente em causar o dano, e a atuação ilícita omissiva ou comissiva, sendo a manobra fraudulenta o elemento necessário ao nascimento do dano.

Sua prática pressupõe a dissimulação ativa ou passiva, com o intuito de manter deliberadamente alguém em erro, sendo irrelevante se o dano causado gere benefício ao agente ou a terceiro. Ou seja, o dolo nasce sempre de um ato de vontade de atingir o fim lesivo a terceiro. Doutrinariamente, alguns autores mais enraizados no Direito romano dividiram o dolo em *dolus bonus* e *dolus malus*, sendo o primeiro caracterizado pelo emprego da malícia e o segundo caracterizado pela mentira que invalidaria o negócio por vício originário. Tal dualidade, entretanto, não é mais aceita por autores mais modernos, inclusive porque o nosso Código Civil não agasalhou tal distinção, referindo-se ao dolo como figura única, sem gradação.

O Código Civil, entretanto, manteve de forma distinta a figura do dolo acidental, que é aquele em cuja prática inexiste o vício de consentimento "[...] quando, a seu despeito, o negócio seria realizado, embora de outro modo" (artigo 146), tendo como consequência a validade da obrigação, mas dando direito à ação de perdas e danos à parte prejudicada pela prática do ato com dolo eventual.

Se a razão da existência do negócio jurídico decorrer da prática de ato doloso, manda a lei que o negócio possa ser anulado;[156] entretanto, se o ato prejudicial for praticado no bojo do negócio jurídico lícito, a ação dará causa à responsabilização civil do agente, nascendo o direito de indenização financeira, e não de anulação do negócio. Duas são, portanto, as sanções do ato doloso: a sua anulabilidade e a reparação financeira pelo dano. São, entretanto, sanções independentes, sendo que a primeira compromete a razão de ser do negócio jurídico e a segunda, com a reposição financeira do dano, mantém válido o vínculo obrigacional originário. Em qualquer das duas hipóteses, o dolo não se presume, devendo ser comprovado.

O direito à ação anulatória e/ou indenizatória só aproveita àqueles que são partes no mesmo vínculo obrigacional — no caso, a relação existe entre o agente fiduciário e os debenturistas. Entretanto, se o ato doloso é praticado em relação aos demais investidores, o agente e o beneficiário respondem conjuntamente até o prejuízo causado aos demais investidores, inexistindo qualquer direito a reparação entre os dois atores na prática conjunta do ato doloso.

---

156. "São os negócios jurídicos anuláveis por dolo, quando este for a sua causa." (Código Civil, art. 145).

8.6.15.4 O ressarcimento pelo dano material ou moral

No caso das hipóteses de responsabilização do agente fiduciário, dificilmente ocorrerá um dano pela prática de ato ilícito que afete moralmente os debenturistas por ele representados. Como as debêntures são valores mobiliários representativos de um investimento, temos que, necessariamente, o eventual ressarcimento se dará pela ocorrência de um dano material, sendo sua quantificação muito mais visível e facilmente previsível. O mesmo não ocorre com o ressarcimento do dano moral, cuja fórmula de quantificação, não decorrente de mandamentos expressos de lei, leva em consideração os parâmetros nascidos de decisões judiciais[157] — portanto, desnecessária qualquer digressão pelo conturbado campo do ressarcimento pela ocorrência de dano moral e sua maneira de cálculo.

8.6.15.5 O dano na Lei Societária

A Lei das Companhias, entretanto, adotou como situações geradoras de dano aos debenturistas e, portanto, suscetíveis de reparação pecuniária, aquelas ações praticadas com culpa ou dolo na execução de suas funções (artigo 68, § 4º) — que são os deveres do agente fiduciário previstos no artigo 68 da Lei das Companhias, em seus parágrafos 1º, 2º e 3º.

No parágrafo 1º, letras "a", "b" e "c", estão contempladas as *obrigações de fazer* atribuídas ao agente fiduciário expressamente por lei (proteger, elaborar, informar, declarar e notificar). Destas obrigações, a de proteger o debenturista é a mais aberta, na medida em que o comando legal estabeleceu que é dever do agente fiduciário "proteger os direitos e interesses dos debenturistas, empregando no exercício da função o cuidado e a diligência que todo homem ativo e probo costuma empregar na administração de seus próprios bens". Qual o cuidado e diligência que o homem probo emprega para si mesmo é um assunto em aberto, cuja delimitação será mais apropriadamente demarcada pela jurisprudência judicial, no exame caso a caso submetido à sua apreciação, cujos pontos relevantes servirão para orientar as ações dos cidadãos. Já as letras "b" e "c" do parágrafo 1º, bem como os parágrafos 2º e 3º, são comandos que elencam as obrigações de fazer e de defender os debenturistas.

---

157. "O precedente pioneiro, Relator o Ministro Nilson Naves, assentou: 'por maiores que sejam as dificuldades, e seja lá qual for o critério originalmente eleito, o certo é que, a meu ver, o valor da indenização por dano moral não pode escapar ao controle do Superior Tribunal de Justiça. Urge que esta casa, à qual foram constitucionalmente cometidos tão relevantes missões, forneça e exerça controle, de modo a que o lesado, sem dúvida alguma, tenha reparação, mas de modo também a que o patrimônio do ofensor não seja duramente ofendido. O certo é que o enriquecimento não pode ser sem justa causa'." (CORTE, Carlos Alberto Menezes; CAVALIERI FILHO, Sérgio. **Comentários ao novo Código Civil**, v. 13. Rio de Janeiro: Forense, 2004. Coordenação Sálvio de Figueiredo Teixeira, p. 347).

Pelo descumprimento de tais obrigações, de acordo com a lei societária, podem os agentes fiduciários ser punidos pela prática de um ato culposo ou doloso, conforme qualificado pela lei civil nacional. Portanto, o ponto de partida será o exame da responsabilidade do agente fiduciário pela prática ou pela abstenção da prática de determinado ato, da qual decorra prejuízo aos detentores das debêntures das quais é ele o depositário da confiança dos titulares do valor mobiliário.

8.6.15.6 O poder de representação

O Decreto-Lei n. 781/1938, em seu artigo 1º, comandava que a existência ou não do agente fiduciário dependeria da previsão do mesmo no "manifesto da sociedade e no contrato devidamente inscrito", criando, então, uma "comunhão de interesses entre os portadores dos títulos da mesma categoria". Ou seja, a existência do agente fiduciário era optativa. Já sob a regência da Lei n. 6.404/1976, para as companhias que buscam o mercado para a colocação de suas debêntures, a existência do agente fiduciário é mandatória. Assim é que ele "representa, nos termos desta Lei e da escritura de emissão, a comunhão dos debenturistas perante a companhia emissora", conforme constante de seu artigo 68.

Se necessária, entretanto, a atuação do agente fiduciário não é fácil em muitas situações. Ele representa a comunidade de interesses, mas dentro da comunidade nem todos têm os mesmos interesses. Assim, um grupo, quando da ocorrência do inadimplemento dos juros, prefere ameaçar com a quebra da companhia pelo não pagamento, mas outro pensa que essa solução irá prejudicar ainda mais a sociedade, impactando, inclusive, o pagamento do principal; neste caso, o agente fiduciário é livre para tomar a medida que, em seu entender, seja a melhor para a comunidade de interesses?

Essas são algumas das dificuldades que surgem quando o legislador acena com a figura do *trustee*, como sendo o paradigma da lei nacional. Por outro lado, quando o agente, *sponte propria*, julga que será melhor dar um prazo ao devedor com receio de provocar sua quebra, será ele apoderado para agir como um *trustee* ou como um representante com poderes nascidos da lei e do contrato? Todas essas são dificuldades que, com o correr do tempo, terão que ser dirimidas pelo Poder Judiciário.

Qual a extensão do poder de ação do agente fiduciário? A mesma perplexidade que se nota na doutrina nacional não é estranha ao paradigma norte-americano, no qual os propositores da vigente Lei das Companhias foram buscar a fonte de inspiração. Para a doutrina, o *trust indenture* não seria um verdadeiro *trust*, bem como não seria só um contrato.[158] De outro lado, para o Direito norte-americano,

---

158. *"Throughout the years the trust indenture has been used, its legal nature has never been clearly defined. It is a trust subject to the trust law or is a mortgage? Or is it merely a contractual instrument? Courts have*

saber a natureza do *indenture* é fundamental, pois dela irá derivar o montante das responsabilidades atribuídas ao *trustee*.

Entre nossos julgadores e doutrinadores, a dúvida consiste em saber se o agente fiduciário atua isoladamente e com exclusividade na busca da defesa dos interesses dos debenturistas, ou se o credor poderá, ele próprio, em dispensando a atuação do agente fiduciário, agir na defesa de seus interesses. Como ponto de partida, tenho para mim que o nosso agente fiduciário está muito longe da figura do *trustee* ou do *trust*, bem como não está perto da figura do *indenture trustee*. Ademais, seria melhor se conseguíssemos encontrar uma outra denominação para não confundir com o fiduciário, objeto de duas legislações brasileiras específicas, segundo as quais o beneficiário detém a posse do bem, cabendo a propriedade àquele que, após cumpridas as obrigações contratuais, passa a deter também a posse e a propriedade do bem.

Iniciando pelos doutrinadores, verificamos que, em sua maioria, professam que o agente fiduciário é o único personagem com poderes para atuar no interesse dos debenturistas, afastando mesmo a presença dos próprios investidores. Neste sentido, Nelson Eizirik defende que o debenturista não tem capacidade processual em caso de discordância quanto à defesa de seus interesses, na medida em que o único agente capaz seria o agente fiduciário.[159] No mesmo sentido, Modesto

---

struggled with these questions ever since the trust indenture came into existence yet no uniformity as to the trust relationship has evolved. The answer to these questions is not purely theoretical. It comes down to the nature of the relationship between the parties, including the duties they bear and the rights to which they are entitled. The result, therefore, of any given dispute between the parties is largely determined by who the indenture is defined in court. [...] Before the TIA [Trust Indenture Act] was enacted, courts struggled with the issue of how to deal with an indenture trustee. On the one hand, the trustee was obligated to a class of beneficiaries much like a traditional trustee. On the other hand, its duties were limited by the terms of the indenture with many exculpatory clauses. Most pre-TIA courts found the indenture trustee to be, both in theory and in practice, considerably less than a genuine trustee. [...] Currently, most courts agree that the indenture does not create a trust relationship as customarily considered in the private field, but many of them still regard the trustee as subject to full fiduciary responsibilities. [...] Clearly, the struggle for an accepted determination of the nature of the relations between bondholders, obligors, and trustees continues. [...] The legislative commentator to the TIA explaining the standards of care states that 'the standard provided for is substantially the same as that which is applicable in the field of personal trusts.' On the other hand, to consider the trustee as a traditional trustee would be equivalent to overestimating its duties. [...] It is not clear what qualifications of the indenture trustee should be derived from the traditional trustee and what should be derived from a stakeholder. [...] As stressed above, the nature of the relationship needs to be defined for very practical reasons as both the bondholder and the trustee must know where they stand." LEV, Efrat. The Indenture Trustee: Does it Really Protect Bondholders? Op. cit., p. 53-54.

159. Neste sentido, o autor advoga que: "O agente fiduciário é o próprio autor da ação quando visa a proteção dos direitos e interesses da comunhão dos debenturistas. Ou seja, atua, nesse caso, como substituto processual, sendo sua legitimação extraordinária e exclusiva. [...] O debenturista não tem individualmente legitimidade para ajuizar ação contra a companhia emissora na hipótese de descumprimento das obrigações por ela assumidas na escritura de emissão, a qual é exclusiva do agente fiduciário, exceto na emissão privada de debêntures em que não for nomeado agente fiduciário; nesse caso, qualquer debenturista poderá ingressar em juízo. No entanto, face ao princípio da unicidade do mútuo debenturístico, se executar

Carvalhosa entende que o agente fiduciário é o detentor exclusivo do poder de representação da comunhão de interesses perante o Poder Judiciário.[160] Na mesma direção concluem José Edwaldo Tavares Borba[161] e José Waldecy Lucena.[162]

Em resumo, com a ocorrência da "tropicalização" da figura do *trustee*, do Direito costumeiro para o nosso Direito, temos que o agente fiduciário sofreu uma mudança relevante no âmbito original de sua atuação. Porém, como se verá abaixo, o Poder Judiciário encontra-se, ao contrário dos juristas, dividido entre as decisões que dão o monopólio do acesso ao judiciário ao agente fiduciário, contra outras decisões que concluíram pelo duopólio quanto à possibilidade de acesso do agente fiduciário ou do debenturista que peticione em nome próprio e independentemente da participação ou presença processual do representante do interesse coletivo.

---

a companhia emissora, terá que cobrar toda a dívida debenturística; ou seja, a ação compreenderá não apenas o seu crédito, mas o de todas as debêntures da mesma emissão ou série, sem qualquer privilégio ou preferência para o debenturista autor da ação. Assim, o debenturista só pode agir individualmente contra a companhia (i) nas emissões privadas em que não seja nomeado agente fiduciário; (ii) quando ela lhe causar um prejuízo particular, não relacionado à comunhão de debenturistas; ou (iii) na hipótese prevista na alínea 'd' do § 3º, ou seja, quando a assembleia de debenturistas deliberar retirar do agente fiduciário a representação da comunhão em processo de falência, recuperação judicial, intervenção ou liquidação extrajudicial da companhia emissora." (EIZIRIK, Nelson. **Lei das S/A comentada**. São Paulo: Quartier Latin, 2011, v. 1, p. 424-426.

160. "O agente fiduciário representa em juízo a comunhão de debenturistas, sendo o único legitimado a promover a execução das garantias reais dadas pela companhia inadimplente. Essa legitimação é ordinária e exclusiva, não sendo concorrente com a dos debenturistas individualmente. Assim, não podem estes promover a execução da dívida debenturística, seja no seu total, seja na fração do mútuo por eles tomada. Não há, pois, legitimação extraordinária, nem legitimação ordinária. Essa restrição, no entanto, deixa de existir se a assembleia dos debenturistas, por unanimidade de votos, representando a unanimidade das debêntures em circulação, deliberar pela não execução coletiva ou pela habilitação do crédito da comunhão, no caso de processo de recuperação judicial e falência já instaurada. A não ser nessa hipótese de expressa e unânime manifestação de desistência por parte da comunhão, a legitimação é exclusiva do agente fiduciário. Representa ele em juízo a comunhão, como o síndico representa o condomínio; o inventariante, o espólio; o cabecel, os foreiros. O fundamento impeditivo da execução individual do mútuo é que tal precipitação poderia levar à declaração judicial de insolvência da companhia, com efeitos desastrosos sobre o crédito comunitário. E se fosse legítima a execução isolada de qualquer debenturista, poderia ele visar à obtenção de pagamento antecipado apenas de sua cota, em prejuízo do princípio da *par conditio*, que é o próprio fundamento do mútuo debenturístico [...] Tem, outrossim, o debenturista individual legitimidade para responsabilizar o agente fiduciário no caso de deixar de executar as garantias reais dadas pela companhia inadimplente." Vide CARVALHOSA, Modesto. **Comentários à Lei de Sociedades Anônimas**. Op. cit., v. 1, p. 912-913.

161. "O agente fiduciário detém a exclusividade da legitimação porque somente ele recebeu da lei a faculdade de agir no interesse da coletividade. A comunhão [...] constitui uma massa de origem legal, e a representação dessa massa foi conferida, de forma exclusiva, ao agente fiduciário." (BORBA, José Edwaldo Tavares. **Das debêntures**. Op. cit., p. 161).

162. "E se nomeado agente fiduciário, seja a emissão pública ou privada, caberá à comunhão de interesses, por ele exclusivamente representada, agir em juízo em prol dos direitos de toda a coletividade debenturística. Por isso mesmo, não poderá o debenturista agir autonomamente mediante ação individual." (LUCENA, José Waldecy. **Das sociedades anônimas**. Op. cit., v. 1, p. 714).

8.6.15.7 O entendimento da jurisprudência quanto ao poder de representação

8.6.15.7.1 O agente fiduciário é o representante dos debenturistas

Neste sentido temos decisão do Supremo Tribunal Federal[163] — muito embora de 1960, portanto sob o comando do Decreto-Lei n. 781/1938, mas já abordando a competência exclusiva da assembleia de debenturistas[164] ou de seu representante para requerer, com exclusividade, a falência da companhia devedora. Decidiu o relator, Ministro Ribeiro da Costa, que:

> O V. acórdão recorrido, de que foi interposto apelo extremo inadmitido pelo despacho agravado, decidiu que não tem qualidade para requerer a falência, por débito de juros, um debenturista isolado da empresa devedora, nos termos do art. 2º do dec.lei n. 781, de 1938.
> Reza o despacho agravado, *verbis*: "Reexaminei a hipótese e, realmente, verifiquei que a razão está com a Recorrida. Não houve, com efeito, vulneração da lei porque esta, que é o Decreto-lei n. 781, de 1938, em seu artigo segundo não reconhece a um debenturista, isoladamente, promover a falência da empresa por débito de juros de suas debêntures. Além disso, a Recorrida fez o depósito integral do principal e dos juros em apreço com o objetivo de elidir, fosse legítimo, seu pedido de falência. [...] Reconsidero, portanto, o despacho anterior, pois agora indefiro recurso".
> Voto do Relator: Nego provimento ao recurso [...] Fora de toda dúvida que falece ao agravante a pretendida legitimidade para requerer a falência da agravada, pois agira ele isoladamente, ou seja, independentemente da deliberação da assembleia especial dos portadores de obrigações debenturistas. [...] A decisão interpretativa do texto de lei não o ofende em sua literalidade e, pois, não abre espaço ao recurso específico, restrito que é à controvérsia fundada em questão federal.

De maneira bem mais elaborada e cuidadosa, já agora sob o manto da vigente Lei Societária, o Tribunal de Alçada do Rio Grande do Sul[165] decidiu por unanimidade, tendo como relator o desembargador Luiz Felipe Azevedo Gomes, no sentido de que:

---

163. Vide Agravo de Instrumento n. 22128, 2ª Turma, julgado em 05 de abril de 1960.
164. Vide artigo 2º do Decreto-Lei n. 781/1938: "Os atos relativos ao exercício dos direitos fundados nos contratos desses empréstimos ou nos títulos emitidos em virtude deles e cujos efeitos se estendam à coletividade de seus portadores, ficam reservados às deliberações das Assembleias Gerais desses portadores (obrigacionistas) ou aos representantes por elas anteriormente designados; excluídas as ações individuais, salvo as exceções expressamente consignadas nesta lei."
165. Vide Agravo de Instrumento n. 186.055.737, 1ª Câmara Civil; agravantes: Banco Iochpe de Investimento S/A, Montepio Sbota e Suvc – União de Previdência; agravados: Banrisul S/A CTVM, Coupon Restaurante S/A, Banco Maisonnave S/A e outros.

A questão a ser enfrentada é a legitimidade do debenturista para acionar, individualmente, a companhia. No sistema da Lei n. 177-A, de 1893, a comunhão dos obrigacionistas, assim como cada um destes em particular, não dispunha de outra ação contra a companhia que não fosse a falência. Isso decorria da indivisibilidade da garantia oferecida pelas sociedades anônimas, destinada que era aos debenturistas em comum, conforme a lição de Carvalho de Mendonça, *verbis*: "A garantia que as sociedades anônimas emissoras de obrigações oferecem é ao empréstimo único total; é ministrada à massa dos obrigacionistas, aos debenturistas em comum; é uma garantia indivisível. A massa dos obrigacionistas não dispõe, em face da lei, do direito de representação; a nenhum é lícito colocar-se em melhor situação do que os outros, visto como a garantia é de todos. O obrigacionista diligente, como seu título exigível, não se pode pagar preferentemente sobre os bens que servem de garantia ao empréstimo, deixando os ossos aos demais obrigacionistas. Por isso, nenhum deles dispõe da ação pignoratícia ou do executivo hipotecário contra a sociedade, mas somente do meio extraordinário da execução, a falência, que congrega todos os obrigacionistas, que dá ocasião à venda total dos bens que servem de garantia para sobre o produto serem pagos *pari passu*, simultaneamente, antes de outros credores" (Tratado de Direito Comercial Brasileiro, Ed. Livraria Freitas Bastos, 1959, IV/164, § 1.330).

Pelo Decreto-lei n. 781, de 1938, ao debenturista foi outorgada legitimidade para, por si, demandar a companhia em caso de impontualidade no pagamento dos juros ou de falta de reembolso das obrigações sorteadas, desde que a falta do pagamento decorresse de ato de ordem individual ou, embora houvesse interesse comum, a assembleia dos debenturistas não tivesse sido convocada nos sessenta dias subsequentes à data da ocorrência da impontualidade.

[...] Com o advento da Lei 6404, de 1976, ora em vigor, que regula por inteiro a matéria relativa a debêntures, foi introduzida a figura do agente fiduciário, com amplos poderes para representar em juízo a comunhão dos debenturistas, sendo total o silêncio sobre a legitimação individual dos debenturistas, em qualquer das hipóteses previstas no diploma anterior. Em vista dessa omissão, duas as conclusões possíveis: ou a de que o debenturista, individualmente, não encontra mais qualquer limitação de agir em juízo contra a companhia emissora, por isso que revogada a norma restritiva da lei anterior; ou a de que, encerrada a disposição do artigo 18 do Decreto-lei n. 781, de 1938, uma exceção à regra geral da não legitimação individual do debenturista, sua revogação deixou este sem ação contra a companhia. Os agravantes adotam a primeira posição e sustentam que, embora vencidos na assembleia, onde resultou aprovada a proposta de suspender a execução contra a devedora, a eles é lícito prosseguir na execução pelo valor que lhes é devido. Isso porque entenderam que "a assembleia dos debenturistas não tem o condão de desconstituir direitos individuais de uns em favor de prerrogativas de outros".

Argumentam, ainda, com o preceito do art. 71, § 2º, da Lei 6404, que determina que se apliquem à assembleia de debenturistas as disposições relativas à assembleia de acionistas, vendo analogia entre a retirada de sócio dissidente prevista no artigo 137 e a situação deles, agravantes, em razão de discordarem da deliberação da assembleia, acima referida. Aduzem, ainda, que a Comissão de Valores Mobiliários "entende que, se não for intenção da Sociedade emissora repactuar suas debêntures, deverá dar aos debenturistas que não aceitarem as novas condições o direito de resgate total do título". Os agravados, ao contrário, esposam a segunda posição. Afirmam ser, *in casu*, inaplicável a analogia. Primeiro pelas profundas diferenças existentes entre o acionista e o debenturista: aquele é "membro do órgão deliberativo permanente de um ente com existência jurídica própria, cuja vontade jurídica se expressa através de deliberações majoritárias desse órgão, que é a própria sociedade", ao qual deve ser permitido retirar-se quando a deliberação de maioria implica "afastamento radical do projeto que despertou a *affectio societatis* daquele", este "é participante de uma reunião eventual, convocada para deliberar um problema específico, em um determinado momento histórico e está vinculado aos demais debenturistas por um vínculo muito forte: uma comunhão de interesses, que, no entanto, em momento algum, se personifica, não tem direitos próprios, nem interesses outros que a universalidade de direitos e interesses de todos os participantes da comunhão. Não contribui, nem jamais contribuiu o debenturista para a formação de um fundo comum, divisível em caso de dissolução do ente coletivo e que poderia, a título de antecipação, receber numa eventual retirada".

O argumento da analogia não serve para justificar o provimento do agravo e determinar o prosseguimento da execução proposta contra a companhia emissora, tão somente no interesse dos debenturistas integrantes da maioria na deliberação da assembleia que apreciou a conveniência de suspender o processo.

O exame do art. 137 da Lei 6404, de 1976, regulador do direito de recesso do acionista, mostra que seu exercício está previsto somente para o caso de deliberação da assembleia geral que modifique o estatuto social e visa a assegurar o reembolso, ao dissidente, do valor de suas ações, para as quais pode inexistir mercado. [...] Vê-se, assim, que o direito de recesso não tem por fundamento qualquer divergência do acionista com a maioria da assembleia geral. Consequentemente, mesmo admitindo a aplicação analógica do disposto no art. 137 aos debenturistas, essa não se daria *in casu*, pois a assembleia não deliberou sobre a repactuação do empréstimo que implicasse modificações nas condições das debêntures, mas sobre a melhor forma de se obter o pagamento dos títulos.

[...] Para demonstrar a incompatibilidade da ação isolada do debenturista com a natureza do título de crédito do qual é portador, argumentam os agravantes com a unicidade da dívida e do tratamento coletivo que deve ser dispensado aos credores, citando inúmeros doutrinadores nacionais e estrangeiros engajados, na mesma posição defendida por Carvalho de Mendonça, antes citado. Daí, porém, não decorreria obstáculo à ação isolada do debenturista se a lei vigente, a exemplo da anterior, a provesse expressamente. Mas, tendo sido revogado o preceito excepcional do art. 18 do Decreto-lei n. 781, e considerando o reconhecimento legal da comunhão dos debenturistas, além da criação de órgãos de deliberação e representação judicial, a conclusão que se impõe é a de que não está mais o debenturista legitimado a promover a ação de execução contra a companhia, em qualquer hipótese. É que não prevendo exceções, a lei vigente, em lugar de outorgar a cada obrigacionista o direito da ação, suprimiu este, no plano individual, entregando-o com exclusividade à comunhão, que tem no agente fiduciário seu representante em juízo. E não se vislumbre nisso afronta ao dispositivo no § 4º do art.

153 da Constituição, posto que não é vedado ao portador da debênture buscar em juízo a reparação de lesão sofrida a direito seu, tanto que, como já foi dito, lhe é permitido acionar o agente fiduciário para reparar os prejuízos sofridos ou demandar sua substituição. O que a Lei n. 6404 não prevê, ao contrário do Decreto-lei n. 781, é a legitimação extraordinária do debenturista em caso de inércia da assembleia, ou sua legitimação ordinária caso "a falta de pagamento for ato de ordem individual, o que não interessa à coletividade dos obrigacionistas".

Ao invés de concessões à ação individual do debenturista, preferiu a nova lei o emprego de outra técnica, qual seja, a de legitimar o agente fiduciário, atribuindo-lhe, porém, um poder-dever, e não uma faculdade, em que pese o verbo empregado no § 3º do art. 68. [...] É pois, ele, o representante da comunhão de debenturistas, assim como o síndico o é do condomínio; o inventariante, do espólio; o cabecel, dos foreiros. Desse modo evita-se que a ação precipitada de um dos debenturistas prejudique a todos os demais [...]. De outro lado, reforçada resulta a tutela do direito do debenturista que se pulveriza, como já alertava Rui Barbosa, "na multidão esparsa dos portadores de obrigações". Por essa razão recomendava, o notável jurista, "converter essas unidades desagregadas e solitárias numa coletividade orgânica, unificada por uma representação comum e permanente, por uma solidariedade ativa, por uma tutela legal contra a negligência e abdicação do individualismo isolado, inerme, indiferente" (*apud* Aldo Rocha, Debêntures, RT 433/48). É bem verdade que, no caso, o agente fiduciário deixou de atender à prescrição do art. 68, § 3º, "b", da Lei 6404, de 1976, contrariando, também, a regra do parágrafo único do art. 13 da Instrução n. 28 da Comissão de Valores Mobiliários. Isso, porém, não autoriza, na espécie, o acolhimento da pretensão recursal dos agravantes, pois estes limitaram-se a postular o prosseguimento parcial da execução, para a satisfação exclusiva de seus títulos, o que não é viável. Isto posto, a Câmara, por unanimidade, nega provimento ao agravo de instrumento [...].

O Tribunal de Justiça do Estado de São Paulo,[166] no julgamento da apelação promovida por Reinaldo Collepícolo contra Fretin S.A. Operadora de Negócios, decidiu pela impossibilidade de o debenturista requerer a falência da devedora, na medida em que seu ato individual de requerer a quebra fora feito sem a convocação de uma assembleia de debenturistas, tendo se limitado a uma "protocolização de resgate das debêntures". Além do mais, a decisão abaixo tem como peculiaridade o fato de que as debêntures, muito embora contassem com emissão previamente autorizada pela CVM, foram colocadas e circularam junto ao público sem a existência da designação de um agente fiduciário. Muito embora a discussão seja de quase nulo conteúdo econômico, tendo em vista a situação da emitente, é relevante para a discussão jurídica da questão.

Neste sentido, decidiu a Terceira Câmara de Direito Privado pela impossibilidade da ação solitária do debenturista, levando em consideração precedente

---

166. Apelação Cívil n. 277.175-4/9, 3ª Câmara de Direito Privado do TJSP.

idêntico "ao que foi interposto por Reinaldo Collepicollo [...] julgado recentemente pela Câmara, por intermédio da Apelação Civil 277.175.4/9". Nesta decisão, o relator do acórdão, Desembargador Ênio Santarelli Zuliani, nos dá conta da situação interessante quanto aos aspectos materiais, mas lamentável quanto à falta de controle e fiscalização do mercado. Nele iremos verificar que a companhia emitente das debêntures, ao que tudo indica, obteve o registro de emissão dos valores mobiliários, devendo ter indicado, como manda a CVM, um agente fiduciário que necessariamente deve ter anuído à sua indicação. Porém, ao que parece, já que não está explicitado na decisão unânime da 3ª Câmara, o agente ou não tomou posse ou teria renunciado em seguida. O fato que interessa ser analisado é que, quando do inadimplemento, constatou-se a inexistência do agente fiduciário, a empresa em estado falimentar e a contestação quando à propriedade do imóvel dado a título de garantia real da emissão.

Ainda no campo factual, é de se ter em mente o prazo para o vencimento da debênture, que foi de 180 dias, prazo este não usual para um valor mobiliário de longo prazo. Assim, quando do não pagamento inexistia agente fiduciário e gestão regular da companhia emitente, situação esta que não mereceu maior atenção dos julgadores, na medida em que inexistia ou era de grande dificuldade a operacionalidade dos mecanismos legais para se executar a convocação da assembleia de debenturistas para decidir o caminho a seguir em face do não pagamento.

Outra situação a notar-se é que, logo no início da apresentação dos fatos, o relator menciona que o julgador da instância inferior não reconhecera a executividade dos títulos por ser a sua remuneração atreladas ao lucro da companhia — e, portanto, eram títulos de renda variável dependentes de apuração. Mas, no corpo da decisão, temos o reconhecimento da certeza do crédito em face de serem remunerados com juros fixos.

No campo do Direito, a sentença apresenta uma discussão relevante ao admitir a recepção do Decreto-Lei n. 781/1938 pela Lei n. 6.404/1976 naquilo em que não contrarie esta última. Este ponto parte da premissa de que "mesmo em face da nova lei sobre sociedades por ações conter disposições relativas às debêntures, este dispositivo [artigo 18 do Decreto-Lei n. 781/1938] continua em vigor, porque não revogado expressamente por ela e nem ser, de forma alguma, contrário a qualquer norma da nova lei".

A importância da decisão sob análise se deve à peculiaridade da situação fática que apresenta, tendo recebido voto unânime da Câmara, a qual levou em consideração que:

> A sociedade Fretin S.A. Operadora de Negócios emitiu, devidamente autorizada, debêntures com garantia real (da qual o debenturista renunciou pela sua ineficácia), com valor nominal (R$ 1.000,00) e remuneradas de acordo com o lucro futuro baseado nas

operações econômicas, vencíveis e resgatáveis em 180 dias. Foram emitidas e circulam sem a figura do agente fiduciário. O debenturista Reinaldo Collepicolo, titular de 40 debêntures, não recebeu os valores prometidos e, por isso, depois de protestar os títulos [...] pediu a falência [...]. A devedora foi citada e apresentou argumentação no sentido de que o pedido de falência seria incompatível com a natureza da debênture (participativa). O douto Magistrado considerou que o título não cumpre o requisito de liquidez da dívida e, com isso, julgou extinto o processo na forma do artigo 267, IV, do CPC.

Daí o recurso do credor que, apoiado no fato de ser extemporânea a resposta, reafirma que a debênture nominativa foi emitida com taxa de juros sobre o valor aplicado, o que permitiu a definição do quantum citado na inicial e que sequer foi objeto de impugnação por parte da devedora. [...] Não resta a menor dúvida de que a debênture ganhou estatus no direito atual. O legislador, ciente de que a sua irrestrita e segura negociabilidade deveria ser incentivada no mercado de ações, cuidou de dar efetiva proteção ao investidor que acolhesse esse tipo de aplicação, fazendo-o por meio da Lei 8953/94, que modificou o artigo 585, I, do CPC,[167] para incluir a debênture como título executivo, o que sem dúvida contribuiu para facilitar a sua exigibilidade. A debênture, inclusive a escritural, é título executivo, qualificado como título de crédito causal, representativo de "parcela do mútuo global que a sociedade anônima, dentro de certos limites, pode oferecer ao público" (Ernani Fidelis, Títulos Executivos, in Reforma do Código de Processo Civil, obra coletiva da Saraiva, 1996, pág. 736).

O debenturista, no entanto, é mais do que um mero mutuante que financia o desenvolvimento da empresa; é um investidor que participa do empreendimento, por obter um título de renda fixa que deverá ser resgatado de acordo com a decisão da companhia. O insuperável Waldemar Martins Ferreira, que se referia à debênture como "debêntura", desenhou o traço histórico dessa operação, concluindo que ela surgiu da necessidade que sentiu o empresário de fugir dos empréstimos bancários convencionais, pois com o sistema de financiamento com títulos resgatáveis, amortizáveis e prorrogáveis, o que permite a entrada de capital ordinário não disponível para atender a uma emergência financeira de caráter extraordinário (Tratado das Debêntures, Livraria Freitas Bastos, 1944, p. 221).

O resgate da debênture não é, como pode parecer a um juízo apressado, acontecimento que caracteriza o fator *impontualidade* (que a legislação falimentar reclama como sucedâneo da abertura da quebra) da forma tradicional, ou por inadimplência marcada por um só elemento objetivo (não pagamento, no vencimento). Exatamente porque a debênture é um título da vida financeira da organização societária, expedida para arrecadar fundos e para ser resgatada de acordo com as conveniências gerenciais da ocasião, o debenturista passa a depender para executar o pedir a falência da sociedade devedora, da decisão sobre as propostas dos debenturistas quanto ao resgate programado com prazo definido, como na espécie. Aplica-se, por analogia, o que consta dos artigos 71 e 231 da Lei 6404/76.

---

167. Art. 585 do CPC: "São títulos executivos extrajudiciais: I – a letra de câmbio, a nota promissória, a duplicata, a debênture e o cheque. [...] § 1º – A propositura de qualquer ação relativa ao débito constante do título executivo não inibe o credor de promover-lhe a execução."

Para se chegar a esse enunciado, mister analisar a figura do agente fiduciário, instituído pelo Decreto-lei 781, de 12 de outubro de 1938 (artigo 66) e que é muito mais do que um mero representante dos debenturistas; é algo próximo de administrador de bens de terceiros, segundo afirmara Egberto Lacerda Teixeira e José Alexandre Tavares Guerreiro (Das Sociedades Anônimas no Direito Brasileiro, Editora José Buschatsky, 1979, I/372).
A debênture executável é aquela que, colocada no mercado aberto de capitais com a presença do agente fiduciário dos debenturistas [...] não foi cumprida nos termos da escritura de emissão após provocação nesse sentido. Recorde-se que o agente fiduciário é habilitado para essas providências, de sorte que sem sua intervenção, os debenturistas perdem a liderança para exigir a deliberação da companhia emitente dos títulos.
Consta do sempre lembrado "Manual de Direito Falimentar" de J.C. Sampaio Lacerda (Freitas Bastos, 13ª edição, p. 70, n. 27) na parte requerimento da falência pelo debenturista: "Pode também requerer a falência da sociedade anônima qualquer obrigacionista quando haja impontualidade no pagamento dos juros e no reembolso das obrigações sorteadas, quando for este o modo convencionado de amortização, se, dentro do prazo de sessenta dias da data em que a impontualidade se verificar, não tiver sido convocada, pela sociedade devedora ou pelo representante dos obrigacionistas, anteriormente nomeado, a assembleia, que deverá deliberar sobre a providência mais conveniente aos interesses comuns (art. 18 do Decreto-lei n. 781, de 12.10.1938)."
Mesmo em face da nova lei das sociedades por ações conter disposições relativas às debêntures, este dispositivo continua em vigor, porque não revogado expressamente por ela e nem ser, de forma alguma contrário a qualquer norma da nova lei. Como, além disso, tenha a nova lei criado a figura do agente fiduciário, obrigatória na emissão de debêntures distribuídas ou admitidas à negociação no mercado para maior proteção dos investidores, é possível que esse agente possa requerer a falência da companhia emissora, se não existirem garantias reais.
A Fretin é uma companhia aberta (pelo menos consta que solicitaram autorização da CVM para atuar na bolsa). Não consta dos autos se a emissão se deu de forma pública (quando a presença do agente fiduciário é indispensável) ou privada, caso em que é facultativa. Porém, de uma ou de outra maneira, não aconteceu a deliberação dos debenturistas para que fosse tomada a decisão da forma de resgate, possibilidade de amortização ou aquisição, pela companhia, um direito assegurado pelo artigo 55, §§ 2º e 3º, da Lei 6404/1976.
Mesmo que admitindo a possibilidade de o debenturista, individualmente, exercer os direitos que a debênture oferece (quando a intervenção do agente fiduciário é facultativa), a imprescindibilidade da deliberação da sociedade sobre as pretensões dos debenturistas é inquestionável. E o é porque essa tomada de posição para definir o que é melhor para resolução do conflito de interesses que o vencimento da debênture causa, é essencial para a sobrevivência da sociedade. Não se admitindo a prévia deliberação como requisito indispensável da exigibilidade da debênture simples, emitida em caráter privado, teremos uma nova espécie de mútuo que não resolve a crise econômica da sociedade que necessitou de financiamento externo.

Isso porque o portador da debênture passa a deter uma parcela de soberania excepcional [...] porque se lhe faculta comandar, movido apenas por suas expectativas, a falência da sociedade emitente, sem conceder oportunidade para que seus membros votassem qual a alternativa mais satisfatória para o grupo, entre o resgate, a amortização ou a aquisição das debêntures. Esse poder concentrado contrasta fortemente com o objetivo da abertura dos limites desse tipo de investimento exatamente porque o parceiro que é admitido no seio da empresa passa a ter uma atuação voltada contra o sentimento produtivo, objetivando que está o seu interesse material (pagamento do mútuo, como se fosse um empréstimo convencional, sem qualquer valor participativo, causa de seu investimento). Quando se permite a execução e a falência, por falta de resgate da debênture, crê-se que todos esses percursos obrigatórios da circulação proveitosa e jurídica do título foram exauridos, remanescendo, depois de tudo, a impontualidade injustificada pela falta de ação da companhia diante das que a lei lhe conferiu para resolver o empréstimo de capital externo. Aí, ou pela iniciativa do agente fiduciário ou pela própria conduta do debenturista, se pode admitir a quebra, que passa a ter razão pela impontualidade prevista no artigo 1º, *caput*, do Decreto-lei 7661/45.

O apelante, portador de título líquido, não cumpriu o mandamento obrigatório da convocação da companhia para a decisão, pois sua única providência, para esse fim, constitui na protocolização de uma notificação de resgate da debênture. [...] Era mister que convocasse a reunião para que fosse definido o critério da solução da debênture vencida, para, depois de votada e concluída a resolução pela maioria, ficasse descortinado o horizonte da falência como providência judicial adequada para o investidor não resgatado. Esse o ônus do investimento participativo.

Acrescente-se que foi arguido, como fato superveniente, que não era possível provocar a assembleia para definir a providência a ser adotada pela sociedade emitente das debêntures, pelo encerramento da atividade. A questão depende de prova, que não foi realizada, ademais, o fato mencionado não impediria a protocolização do requerimento para que se realizasse a assembleia. O tema novo não interfere com a solução jurídica declarada.

8.6.15.7.2 *O debenturista diretamente em juízo e a renúncia do agente fiduciário*

Como se viu acima, a grande maioria dos juristas conclui pelo monopólio da representação dos debenturistas pelo agente fiduciário quando se trata da defesa dos interesses dos investidores em juízo. Porém, muito embora majoritária a corrente dos juristas pela representação exclusiva, a posição do Poder Judiciário, longe de ser unânime, tende a admitir a ida dos debenturistas a juízo na defesa de seus direitos creditórios.

Na admissão de que o debenturista possa pugnar diretamente perante o Poder Judiciário, em face da inadimplência de seu crédito, temos a decisão unânime do Poder Judiciário do Rio Grande do Sul, sendo relator o desembargador Walter

Felippe D'Agostino.[168] A ementa já revela em sua inteireza a discordância entre os julgadores e a maioria da doutrina, ao estabelecer que "3. Os Debenturistas ao designarem o Agente Fiduciário seu representante, não estão renunciando ao que dispõe o art. 3º do CPC. Trata-se de outorga extraordinária, mas sem exclusividade para representação em juízo". Neste caso, é interessante notar que a decisão unânime coloca o interesse individual ao crédito em oposição ao direito da comunidade de interesse, defendida pela maioria da doutrina, bem como pelos autores do anteprojeto de lei. Entretanto, tal é feito com base no artigo 3º do CPC,[169] bem como em texto constitucional não citado (provavelmente com base no artigo 5º, que trata dos direitos e garantias individuais). Assim, desloca-se do texto societário para o processual e constitucional.

Em sua decisão, no processo Nova América S/A (apelante) contra Fundação de Seguridade Social Petrobrás – PETROS, a Câmara entendeu que:

> [...] A credora, ora apelada, sustenta em seu prol o vencimento antecipado da dívida que as debêntures representam ante o descumprimento das obrigações previstas na Assembleia Geral de Debenturistas, realizada em 04.06.96, que consistia no pagamento dos juros remuneratórios a partir da terceira parcela vencida em 28.02.97, assim como a alteração da modalidade de garantia de "subordinada" para "com garantia real". O Agente Fiduciário dos Debenturistas comunicou à Nova América o vencimento antecipado, ante a situação de inadimplência desta, e invocou as disposições da Assembleia de Debenturistas.
>
> [...] A terceira preliminar diz respeito à legitimidade ativa da autora da ação, entendendo a apelante que os Debenturistas não têm legitimidade face à outorga de poderes ao Agente Fiduciário, que seria verdadeiro substituto processual. Mais uma vez a razão não está com a empresa, ora apelante, pois a norma do artigo 68 da Lei n. 6404, de 15 de dezembro de 1976, dispõe sobre as Sociedades por Ações, *verbis*: "O Agente Fiduciário representa, nos termos desta Lei e da escritura de emissão, a comunhão dos Debenturistas perante a companhia emissora", e, no parágrafo 3º, outorga a tal entidade a faculdade de poder se utilizar de qualquer ação para proteger os direitos e defender os interesses dos Debenturistas, tal outorga extraordinária não lhe dá, como bem salientado na decisão alvejada, exclusividade, e dizemos, nem renúncia a direito próprio garantido na Carta Constitucional e no artigo 3º do Código de Processo Civil, até porque, no caso dos autos, não se trata de defesa de interesse de todos os Debenturistas da Sociedade devedora, mas de uns poucos, a autora desta demanda que cuida de seus individuais direitos. [...].

---

168. Apelação Cível n. 13.796/98, 6ª Câmara Cível, Processo n. 1998.001.13796.
169. "Para propor ou contestar ação é necessário ter interesse e legitimidade".

Alguns autores admitem outra hipótese intermediária, ao apontar a possibilidade de o debenturista defender seus interesses pessoalmente na hipótese da renúncia do agente fiduciário.[170] Tal possibilidade, entretanto, deveria ser de difícil ocorrência nas companhias que tenham suas debêntures colocadas junto ao público. Isso porque, em toda e qualquer emissão de debêntures, há uma exigência legal de que exista um agente fiduciário, bem como a lei estabelece o processo de sua substituição necessária. Caso este renuncie a seu cargo, a lei societária prevê a obrigação da designação de outro, e, caso isso não ocorra, a lei dá poderes à Comissão de Valores Mobiliários para fazê-lo em caráter provisório (artigo 67, parágrafo único, "c"). Ou seja, legalmente, se houver a renúncia ou demissão do agente fiduciário, outro deverá substituí-lo necessariamente, na medida em que a existência do agente fiduciário é mandatória para as sociedades com debêntures colocadas junto ao público.

No processo em que foram partes a apelante Previdência Complementar da Cedae Prece e apelada a Crefisul Leasing S.A. e Arrendamento Mercantil S.A., tendo como relator o Desembargador Caetano Lagrasta,[171] o debenturista queria habilitar seu crédito diretamente, embora este já tenha sido habilitado anteriormente pelo agente fiduciário. A decisão, com voto divergente, concluiu que, tendo em vista a habilitação já feita pelo próprio agente fiduciário, esta restaria convalidada, mesmo tendo em conta a demissão do agente pela assembleia de debenturistas, sem indicação de outro em substituição. Na decisão majoritária abaixo, há que se apontar alguns pontos importantes, principalmente no que diz respeito à Lei das Companhias.

A existência do agente fiduciário nasce de uma exigência de ordem legal e regulatória por parte da Comissão de Valores Mobiliários. Assim é que o artigo 67 é mandatório no sentido de que "A escritura de emissão estabelecerá as condições de substituição [...] do agente fiduciário, observadas as normas expedidas pela Comissão de Valores Mobiliários". Ademais, pode a CVM "nomear substituto provisório, nos casos de vacância" do agente fiduciário. Como se isso não bastasse, a mesma Lei das Companhias manda, em seu artigo 66, que "O agente fiduciário será nomeado e deverá aceitar a função na escritura de emissão das debêntures".

Tal obrigatoriedade também é expressamente prevista na Instrução CVM n. 28/1983, com a consolidação feita pela Instrução CVM n. 123/1990. Lá está escrito

---

170. GUIMARÃES, Francisco José Pinheiro. Debêntures. In: LAMY FILHO, Alfredo; PEDREIRA, José Luiz Bulhões (Coords.). **Direito das companhias**, v. 1, p. 579-645, Rio de Janeiro: Forense, 2009, p. 631.

171. Apelação n. 9155873-64.2005.8.26.0000, da Comarca de São Paulo, 8ª Câmara de Direito Privado. No mesmo sentido, a Apelação n. 912.668004-2005.8.26.000, Fundação Chesf de Assistência e Seguridade Social – FACHESF e Crefisul Leasing S.A. Arrendamento Mercantil (falida), 10ª Câmara de Direito Privado do Tribunal de Justiça do Estado de São Paulo, Relator o Desembargador João Carlos Saletti.

que "A escritura de emissão deverá estabelecer, expressamente, as condições de substituição do agente fiduciário, nas hipóteses de ausência e impedimentos temporários, renúncia, morte, ou qualquer outro caso de vacância, podendo, desde logo, prever substituto para todas ou algumas dessas hipóteses". Como se isso não bastasse, o parágrafo 1º do mesmo artigo dita que "Em nenhuma hipótese a função de agente fiduciário poderá ficar vaga por período superior a 30 (trinta) dias, dentro do qual deverá ser realizada assembléia dos debenturistas para a escolha do novo agente fiduciário".

Ou seja, a companhia emitente das debêntures sempre deverá contar com a figura do agente fiduciário desde a escritura de emissão. Qualquer que seja a situação — por renúncia, morte, impedimento, etc. — novo agente deverá substituir aquele que não exerce mais o cargo. A substituição se dará pela assembleia de debenturistas ou provisoriamente pela CVM. O que será legalmente impossível é a vacância não preenchida do agente fiduciário retirante. Creio ser este um ponto relevante, na medida em que tanto o julgado transcrito abaixo quanto o julgado acima analisado partem da premissa da inexistência legal do agente fiduciário, como se tal situação fosse prevista em lei.

Assim, é interessante notar no julgado abaixo que o agente fiduciário foi desonerado pela assembleia de debenturistas sem que outro em seu lugar fosse nomeado. Poderia a assembleia decidir que a comunidade de interesse subsistiria sem o agente fiduciário? Creio que não. E, como indaga o voto divergente, seria bastante partir da premissa de que antes da saída do agente fiduciário os créditos já teriam sido por ele habilitados? E nos atos processuais seguintes, cada debenturista falaria por si? Talvez se devesse levar em conta que a atuação do agente fiduciário se estende por todo o processo de falência até o pagamento dos credores. A decisão abaixo, em resumo, parece ter entendido que, na falta do agente fiduciário, cada debenturista estaria livre para agir na defesa de seus interesses.

> Inconformada, pela habilitante, sustentando, em síntese, que a assembleia de debenturista foi realizada para desonerar o agente fiduciário da obrigação de representá-lo. Aduz que tem legitimidade para adotar sozinha as medidas judiciais que entender cabíveis, desobrigando o agente fiduciário da representação dos debenturistas, nos termos dos arts. 68, § 3º, d, 71 e 159, § 4º, da Lei 6404/76 e art. 13, parágrafo único, da Instrução n. 13 da CVM. Alega que possui interesse de agir, podendo intervir nos procedimentos em que a massa falida figure como parte, nos termos do art. 30, do Decreto 7661/45. Postula a segregação e a individualização de seu crédito. Afirma que somente com a segregação os debenturistas terão igualdade no pagamento de seus créditos nos termos do art. 5º da CF.
> [...] De início cumpre ressaltar que o agente fiduciário Planner Corretora de Valores S/A, na qualidade de representante da comunhão de interesses dos debenturistas da

segunda emissão da falida, dentre os quais a apelante figurava como representada, procedeu a habilitação de créditos de seus representados. Desta forma verifica-se que o crédito da apelante restou efetivamente habilitado quando da consumação da habilitação de crédito realizada pelo agente fiduciário, eis que o crédito estava incluído na comunhão dos debenturistas. A procedência da presente habilitação de crédito acarretaria a dupla habilitação do mesmo crédito na falência. Com efeito, à época da habilitação do referido crédito da apelante, o agente fiduciário era responsável pela representação da apelante no processo de falência, não havendo qualquer deliberação em contrário da assembleia de debenturistas, nos termos do art. 68, § 3º, da Lei 6404/76. Assim, não se mostram viáveis a segregação e individualização pretendidas. [...] Ademais, não há qualquer prejuízo à apelante na improcedência de seu pedido, na medida em que seu crédito já se encontra devidamente habilitado, juntamente com os demais debenturistas da 2ª emissão, não havendo que se falar em ofensa ao princípio da igualdade, nos termos do art. 5º da CF.

Como bem observado pela r. sentença: "Consumada, então, a habilitação do crédito por via daquela representação em nome do agente fiduciário (por representação da comunhão dos debenturistas), ao sabor de um ou de alguns debenturistas, até porque as normas que regem o trâmite da falência são de ordem pública, destinadas a atender o interesse geral dos credores, não individualmente o interesse deste ou daquele credor. Outrossim, já habilitado o crédito da comunhão dos debenturistas (em que consta a inclusão do crédito da requerente), não se verifica prejuízo algum à requerente que justifique o procedimento de segregação e individualização do crédito".

No mais, a assembleia dos debenturistas que deliberou pela desoneração do encargo de representação do agente fiduciário, facultando a cada debenturista buscar os seus direitos individualmente, foi realizada em momento posterior à consumação da habilitação do crédito. Por estas razões, afasta-se a violação aos arts. 68, § 3º, d, 71 e 159, § 4º, da Lei 6404/76, art. 13, § único, da Instrução 13 da CVM, art. 30 do Decreto 7661/45 e art. 5º da CF. Ante o exposto, nega-se provimento.

Em voto divergente, o desembargador Ribeiro da Silva assentou que:

Conforme verifica-se da petição de fls. [...], a Funcef – Fundação dos Economiários Federais, na qualidade de síndica da falência da Crefisul Leasing, opinou pelo deferimento da habilitação de crédito, eis que era necessário segregar e individualizar o valor do crédito constante do quadro geral de credores, bem como a apelante documentou o valor específico de seu crédito [...]. Juntou também a síndica, nessa oportunidade, cópia da ata de assembleia geral de debenturistas, onde foi colada em cotação a legitimação individual de cada debenturista no sentido de proceder à recuperação do principal e acessórios relativos às debêntures subscritas. Foi deliberado que a Planner Corretora de Valores foi liberada da função de representação, para a finalidade específica da assembleia e, por conseguinte, os próprios debenturistas tomariam as medidas, conforme interpretação analógica do art. 159, § 4º e seguintes da Lei 6404/76. Portanto, a

Planner se desonerou da obrigação de representar em juízo os debenturistas, no que tange à recuperação do principal e acessórios inerentes à subscrição das debêntures da 2ª emissão do Crefisul Leasing.

Tem, pois, o apelante interesse de agir para a habilitação de crédito e sua individualização, ao contrário do que decidido na r. sentença. Adoto, como razão de decidir, os fundamentos da Douta Procuradoria Geral de Justiça: "Contudo, a partir da realização da referida Assembleia Geral, ao nosso sentir, o agente fiduciário foi alijado da representação dos debenturistas que assim o desejassem. E isso se deu à sua expressa concordância [...]. Então, é de se presumir que os seus representados nada lhe devem seja a que título for. Se assim é, a nosso sentir, perdeu legitimidade para continuar figurando como representante da comunhão perante a massa falida. Bem por isso a apelante tem interesse processual na medida adotada e o seu pleito de individualização e segregação de seu crédito do montante habilitado em nome do agente fiduciário tem amparo jurídico, o que lhe assegurará o exercício dos direitos previstos nos incisos I e III do art. 30 do Decreto-lei 7661/45". Dou provimento ao recurso.

No mesmo sentido a decisão unânime da 10ª Câmara de Direito Privado do TJSP.[172] Aqui temos a mesma falida e um credor diferente. A razão de decidir abarca duas vertentes distintas. A primeira se junta à decisão semelhante, envolvendo a mesma empresa de *leasing* falida, robustecendo a jurisprudência do TJSP no sentido de que, caso haja a decisão majoritária da assembleia de debenturistas, bem como a renúncia do agente fiduciário, aceita por eles, estariam criadas as condições para que o debenturista pudesse agir individualmente perante a massa. Sobre o mesmo assunto é relevante notar que a decisão unânime da Câmara contou com o voto favorável da Procuradoria Geral de Justiça. A segunda vertente indica que, com a renúncia, pode-se prescindir do cumprimento do artigo 67 da Lei das Companhias — o que parece indicar a impossibilidade de haver comunhão de interesses, qualquer que seja o motivo, sem a presença do agente fiduciário, já que inexiste previsão de exceções.

Desta feita, será de se perguntar se em um mercado secundário de debêntures concentrado como o nosso, no qual convivem grandes instituições financeiras e investidores institucionais, a existência da figura do agente fiduciário é ou não necessária. Parece-me que deveríamos distinguir, dentre os agrupamentos de investidores, aqueles que, por seu porte financeiro, poderiam dispensar a designação de um agente fiduciário, nos moldes já existentes na Rule n. 144-A norte-americana, a qual já adotamos.[173]

---

172. Apelação n. 0113817-72.2005.8.26.0000, Registro n. 2011.0000285734, apelante Faelce Fundação Coelce de Seguridade Social, apelada Crefisul Leasing S.A. Arrendamento Mercantil.
173. A ideia do preceito mencionado foi apropriada pela normatização da CVM para diminuir o volume de informações constantes do prospecto de lançamento de ações. Assim, a regra, já conhecida pelo mercado brasileiro, poderia ser utilizada no âmbito das debêntures e agentes fiduciários.

De outro lado, aqueles lançamentos que fossem ofertados indistintamente a todos os investidores deveriam contar com a figura do agente fiduciário, com a especificação mais detalhada de suas obrigações, levando em consideração que a maioria dos problemas surge quando a emitente está economicamente fragilizada ou juridicamente em processo ou em vias de insolvência. Mas tal mudança deverá ser objeto de *lege ferenda*.

Pela leitura estrita do texto legal, bem como da exposição de motivos, ressaltaria que a figura atuante do agente fiduciário é sempre necessária. Se um agente fiduciário renuncia, os debenturistas têm que eleger outro em seu lugar e, em não o fazendo, caberá à CVM designar um fiduciário substituto provisório. Outrossim, é de se ter em mente que a designação de um agente fiduciário temporário é possibilidade prevista na Lei das Companhias, explicitamente no parágrafo único do artigo 67. Na medida em que a lei cria a *possibilidade* de designação pela CVM, e não uma *obrigação*, isso resulta em uma situação insólita.

Não me parece razoável o entendimento da CVM segundo o qual o agente fiduciário renunciante deverá aguardar no exercício do cargo a posse de seu substituto, praticando atos e assumindo responsabilidades. Isso porque a renúncia é um ato unilateral de vontade, que independe de aprovação dos debenturistas. Basta, portanto, o comunicado de renúncia aos debenturistas, a convocação da assembleia geral para designação de seu substituto e, por precaução, o comunicado à CVM do fato e datas. Não será demasia constarem do comunicado à autarquia as datas, as cláusulas da escritura de emissão concernentes à renúncia e ao preenchimento do cargo, bem como requerer que, em caso de falta de quórum da assembleia, seja indicado um fiduciário *pro tempore*.

A atuação do agente fiduciário nasce de um contrato de adesão entre a empresa emitente e os subscritores das debêntures, cuja eficácia, em relação ao agente, nasce quando este aceita sua designação. Na medida em que o contrato se rompe pelo inadimplemento obrigacional da comunhão de interesses ou da empresa emitente, fica o agente liberado de suas atividades. A meu ver, mesmo que inexista quebra obrigacional, pode o fiduciário renunciar, já que se trata de ato unilateral de vontade, desde que comunicado aos debenturistas. A permanência no exercício do cargo pelo renunciante só será exigível se a escritura de emissão contiver cláusula nesse sentido, significando uma adesão obrigacional do agente fiduciário a tal comportamento.

Da mesma forma penso com relação às situações nas quais o emitente e os debenturistas se recusam a investir dinheiro para o exercício das funções do agente fiduciário, e em que, mesmo assim, a atividade deva continuar a ser exercida, com o agente provendo os recursos para tanto, tornando-se credor da companhia emitente ou da massa falida. O adiantamento de despesas não é uma obrigação absoluta, mas nasce da expectativa de ressarcimento. Se nem os debenturistas querem efetuar mais gastos, na medida em que acreditam que a debênture representa um crédito perdido, seria ilegal e imoral exigir o fornecimento de fundos daquele que está prestando um serviço e, provavelmente, nem mais está sendo remunerado.

Para o que interessa na análise dos julgados aqui transcritos, a discussão refere-se à divergência entre a doutrina e as decisões judiciais, estas últimas admitindo o poder compartilhado entre o agente fiduciário e o credor por debêntures na defesa de seu crédito inadimplido.

Na tomada de posição, temos a decisão unânime proferida pela 10ª Câmara de Direito Privado do Tribunal de Justiça de São Paulo, tendo como relator o Desembargador João Carlos Saletti, decidindo-se que:

> 1. Respeitado o entendimento do digno Magistrado sentenciante, o apelo deve ser atendido para o fim requerido, devendo ser segregado e individualizado o crédito da requerente. Realmente, não se trata de habilitação de crédito, porque, conforme exposto na r. sentença, o crédito já está habilitado e consignado no quadro geral de credores. Ocorre que, quando o agente fiduciário providenciou a referida habilitação englobou os créditos de todos os debenturistas, não os distinguindo, entretanto. Logo, no quadro geral de credores já consta o crédito, mas pelo montante global e não individualizado. O interesse da recorrente, portanto, está configurado e consistente em individualizar seu crédito, a fim de que o rateio entre os credores seja efetivo e proporcional.
>
> Sabe-se que o agente fiduciário, segundo dispõe o artigo 68, *caput*, da Lei n. 6404/1976 [...], "representa nos termos da Lei e da escritura de emissão, a comunhão dos debenturistas perante a companhia emissora". Como tal, pode "usar de qualquer ação para proteger direitos ou defender interesses dos debenturistas, sendo-lhe especialmente facultado, no caso de inadimplência da companhia" (§ 3º), representá-los "em processo de falência, concordata, intervenção ou liquidação extrajudicial da companhia emissora, salvo deliberação em contrário da assembleia de debenturistas" (§ 3º, alínea d). Nas assembleias gerais de debenturistas realizadas respectivamente em 23 de julho e 16 de agosto de 2001 foi deliberada e ratificada a "legitimidade da ação individual de cada debenturista no sentido de proceder à recuperação do principal e dos acessórios relativos às debêntures que cada um subscreveu".
>
> É bem verdade que a deliberação alcançou a habilitação já consumada. Todavia, para legitimar os debenturistas a exercer pretensões individuais não exclui fazê-lo para alcançar a segregação dos respectivos créditos já declarados pelo todo. Por outro lado, se os debenturistas foram autorizados a buscar individualmente as medidas a bem de seu interesse, é irrelevante não tenha o conjunto deles deliberado afastar a Planner Corretora de Valores (agente fiduciário) da representação que lhe é atribuída pela lei. A permissão legal de que a assembleia decida legitimar os debenturistas a adotar individualmente as medidas a bem de seu interesse não desfaz que o agente fiduciário procedeu a bem do interesse de todos (a habilitação), mas não os impede,

supervenientemente, de pedir a segregação, sob pena de tornar inócua a permissão legal de deliberação em contrário.

Claro está, portanto, a legitimidade ativa e o interesse de agir da requerente para promover a habilitação individualizada de seu crédito ou, por outra, à individualização e à especificação de seu crédito já habilitado, no quadro geral de credores.

2. Cabe o exame de mérito da pretensão da requerente.

A habilitação do crédito, como já ressaltado, foi realizada pelo agente fiduciário que representava o interesse de todos os debenturistas. Todavia, não houve a especificação da quantia pertencente a cada um deles. Sem dúvida que, no momento do pagamento dos credores pode haver confusão e até mesmo preterimento em detrimento de uns em favor de outros, dificultando que a requerente tome as medidas cabíveis em relação ao montante que lhe é devido. Ora, se o crédito lhe pertence, ainda que tenha sido habilitado por intermédio do representante, não se pode vedar o direito à respectiva individualização no quadro de credores. Ademais, há expressa concordância não só do agente fiduciário que habilitou o crédito, mas também da massa falida e da douta Procuradoria Geral de Justiça quanto à procedência do pedido. Por fim, o quadro geral de credores pode vir a ser alterado a qualquer momento, como prevê o artigo 99 do Decreto-lei n. 7661/45, diploma de regência deste caso. A hipótese não trata, obviamente, de quaisquer dos vícios enumerados na norma. Mas a possibilidade de ratificação para se dar a individualização e a especificação pretendida atende também ao interesse da massa e à administração dos créditos. Ante o exposto, dou provimento ao recurso.

Em posição minoritária quanto à doutrina, mas que se revela em consonância com a corrente mais robusta da jurisprudência, temos o trabalho de Hugo Leonardo Teixeira, o qual advoga que, pela não entrega da posse do bem do fiduciário, nem pela outorga de poderes discricionários de gestão, estaria descaracterizada a figura do *trust* e, consequentemente, do *trustee*, reconhecendo-se, porém, a legitimidade ordinária do agente.[174]

Neste sentido temos decisão da 38ª Câmara da Seção de Direito Privado do Tribunal de Justiça de São Paulo, com o voto parcialmente vencido do relator, Desembargador Spencer Almeida Ferreira, sendo partes, como apelante Contex Confeccionados Têxteis Ltda. e, como apelada, Unibanco – União de Bancos

---

174. "Sensibilizado pelos anseios dos comercialistas, o legislador pátrio, na exposição de motivos da Lei n. 6.404/1976, fez referência expressa ao fato de, para maior proteção dos investidores do mercado, o projeto prevê e regula a função do agente fiduciário dos debenturistas, tomando por modelo o *trustee* do direito anglo-saxão, e adaptando-o à nossa técnica jurídica. Entretanto, embora o legislador pátrio tenha, confessadamente, no *trustee* do Direito anglo-saxão, a legislação brasileira por inexistir a transferência fiduciária da coisa para o agente fiduciário como ocorre no *trust*. No direito brasileiro inexiste qualquer negócio fiduciário entre o debenturista e o agente fiduciário, como bem assinala Franco e Stajn. [...] fato é que a Lei n. 6.404/1976 não aderiu ao modelo inglês, preferindo apenas conferir legitimação extraordinária do agente fiduciário, sem que, ademais, excluísse expressamente a legitimação do debenturista." (TEIXEIRA, Hugo Leonardo. **Legitimidade ativa na execução de debêntures**. 2008. 103 f. Dissertação (Mestrado em Direito) – Faculdade de Direito Milton Campos, Nova Lima, 2008, p. 81).

Brasileiros S.A.[175] É importante ressaltar que o voto vencido discordou parcialmente quanto aos aspectos financeiros para o cálculo do montante devido. Entretanto, votando o Desembargador Spencer Almeida Ferreira com a maioria da Câmara no entendimento da existência dos poderes concorrentes entre o agente fiduciário e o debenturista, restou decidido — ambos os votos levando em consideração o trabalho de Hugo Leonardo Teixeira[176] — no sentido de que:

> Apelou a requerida [...] pleiteando a reforma do julgado, alegando ser o autor parte ilegítima para o pólo ativo em razão de o art. 68 da LSA atribuir ao agente fiduciário a representação dos debenturistas perante a companhia emissora. Afirma que a escritura de emissão das debêntures reitera os dizeres da lei, confirmando a legitimação extraordinária atribuída ao agente fiduciário, que se trata de legitimidade exclusiva e que a inibição da ação individual se justifica para melhor tutelar os interesses da coletividade dos debenturistas, tendo como fundamento legal a *par conditio creditorum*, porque as debêntures são valores mobiliários que representam um só empréstimo, porém fracionado para sua melhor distribuição no mercado. [...] É o relatório.
> 1. O voto do E. Relator sorteado tem a seguinte fundamentação e dispositivo: "2. Cuida-se de ação de cobrança cujo objeto são debêntures nominativas, não endossáveis, conversíveis em ações, emitidas em 1º de abril de 1991 pela requerida, com vencimento em 1º de abril de 2004, conforme estipulado no "Termo do Quinto Aditamento à Escritura de Debêntures Conversíveis em Ações".
> *Ab initio*, a preliminar de ilegitimidade ativa arguida pela ré não merece acolhimento. Não obstante a Lei 6.404/76 preveja, dentre as atribuições conferidas ao agente fiduciário, a possibilidade de usar de qualquer ação para proteger direitos ou defender interesses dos debenturistas, não lhe conferiu legitimação exclusiva para tanto, de maneira que excluísse a própria legitimação ordinária dos debenturistas.
> [...]
> Ademais, consoante bem frisou o juízo sentenciante: Com efeito, a despeito de ser o agente fiduciário representante dos debenturistas perante a companhia emissora das debêntures e apresentar legitimação extraordinária para defender os interesses comuns deles, constata-se que as debêntures consistem em valores mobiliários divisíveis, que conferem aos seus titulares direito de crédito contra a empresa emissora.
> Daí, tudo leva a crer que a citada legitimação extraordinária do agente fiduciário não exclui a legitimação ordinária de cada um dos debenturistas para, em nome próprio, cobrar judicialmente os valores representados por suas debêntures não adimplidos nas datas aprazadas.
> Não bastasse isso, conforme se extrai da cópia da Ata de Assembleia Geral dos Debenturistas [...] com a anuência do agente fiduciário, os debenturistas detentores de 84,98%

---

175. Apelação com Revisão n. 990.10.271879-4, 38ª Câmara de Direito Privado, voto n. 2637, Tribunal de Justiça de São Paulo.
176. TEIXEIRA, Hugo Leonardo. **Legitimidade ativa na execução de debêntures**. Op. cit.

das debêntures objeto da primeira emissão pública por parte da ré, entenderam por bem tomar as medidas legais cabíveis por meio de seus próprios departamentos jurídicos para a cobrança de seus créditos e, por conseguinte, eximiram o agente fiduciário de responsabilidade pela não adoção das medidas previstas no § 3º da cláusula VIII da Escritura de Emissão das Debêntures.

Em entendimento mais aberto a uma futura normatização encontra-se Mário Engler Pinto Jr., no sentido de que se trata de questão ainda controvertida.[177]

Da análise das decisões judiciais acima expostas ressurge a discussão sobre a necessidade ou não da existência do agente fiduciário como agente exclusivo dos debenturistas, em seu nome falando com exclusividade, afastando-se, segundo a doutrina preponderante, a possibilidade de o próprio debenturista defender seus interesses em juízo.

8.6.15.7.3 *O agente fiduciário, de fato, sempre existirá?*

Duas são as possibilidades quanto aos precedentes apresentados. Uma é a discussão sobre a existência concomitante do agente fiduciário em juízo defendendo a posição de alguns debenturistas e, ao mesmo tempo, alguns debenturistas comparecendo em nome próprio, na medida em que por algum motivo prefiram assim fazê-lo. Nesta hipótese, seria possível tal atuação direta por parte do debenturista, em face do disposto em lei, bem como em norma emanada da CVM por delegação legal?

A outra situação ocorre quando o próprio agente fiduciário renuncia à sua posição. Neste caso, cabe perquirir a partir de qual momento a renúncia produz efeitos, na medida em que, de um lado, é ela um ato unilateral, e, de outro, a lei manda que a escritura de emissão estabeleça as regras de sua substituição, inadmitindo vacância por prazo maior que trinta dias. Restará, neste caso, e em última instância, à CVM indicar um agente fiduciário provisório, se é que alguém quererá assumir o encargo, que poderá se transformar de remunerado em oneroso, como abaixo se verá.

As situações de renúncia usualmente ocorrem quando a companhia emitente esteja em processo falimentar ou prestes a tanto, de modo que ou a companhia

---

[177]. "A natureza da representação exercida pelo agente fiduciário coloca a controvertida questão de se saber se foi suprimida a possibilidade do debenturista, individualmente considerado, agir diretamente contra a companhia devedora, na hipótese de violação das obrigações assumidas na escritura de emissão. Em outras palavras, indaga-se se a figura do agente fiduciário é incompatível com a ação particular do debenturista contra a sociedade emissora, ou se as duas podem existir concomitantemente". Vide PINTO JUNIOR, Mário Engler. Debêntures: direito dos debenturistas: comunhão e assembleia: agente fiduciário. **Revista de Direito Mercantil, Econômico e Financeiro**. São Paulo: Revista dos Tribunais, v. 21, n. 48, nova série, p. 25-37, out./dez. 1982, p. 30.

ou os debenturistas não providenciam os fundos para o agente fiduciário atuar, publicar editais, atas de reunião, etc. Nesta situação, qual a extensão do dever de diligência e da responsabilidade que a Lei das Companhias outorga aos agentes fiduciários na responsabilização pelo seu exercício? Há obrigação legal para que o agente fiduciário coloque recursos próprios para prover os fundos necessários à defesa de interesses dos credores quando eles próprios se recusam a fazê-lo?

É dentro dessa variedade de situações que por vezes sobressai notar que os julgados do Poder Judiciário acima analisados não necessariamente levam em consideração a jurisprudência nascida em seu próprio seio e, em escala maior, a normatização nascida do poder regulador da CVM. No mesmo sentido, nota-se a pouca ou inexistente repercussão, no âmbito judicial, das decisões dos processos administrativos da autarquia especializada em questões do mercado de valores mobiliários.

É de se notar, entretanto, que várias situações discutidas na esfera administrativa podem ser úteis enquanto possibilidade de aplicação do Direito vigente — de outro lado, a autarquia tem capacidade reguladora legal ampla, que abrange situações fáticas que não se encontram expressamente previstas no corpo da Lei das Companhias. Será dentro desse espírito que se poderão analisar situações similares ou idênticas àquelas ocorrentes em relação ao agente fiduciário renunciante e submetidas ao crivo da autarquia.

Como visto da jurisprudência judicial, bem como se verá da administrativa abaixo, têm-se a impressão de que os debenturistas, por vezes, parecem querer dizer que os gastos em que incorrem com o agente fiduciário são desnecessários, principalmente se levarmos em consideração que todas as discussões surgem quando a empresa emitente está em real dificuldade financeira, ou mesmo adentrando o estado falimentar e, de outro lado, os debenturistas já consideram remota a possibilidade de recebimento de seus créditos. Aqui surge a contradição entre a vontade do legislador e a realidade de mercado.

Quando da elaboração do projeto de lei, como já mostrado acima, seus autores partiram da premissa de que as debêntures lançadas ao mercado seriam valores mobiliários que contariam com um grande número de subscritores e, portanto, seria necessária a vigilância de um terceiro em nome de todos os investidores. Se verificarmos os boletins de subscrição, veremos que, via de regra, os tomadores finais são instituições financeiras, investidores institucionais e fundos de investimento administrados por instituições financeiras. Ou seja, todos poderosos investidores, dotados dos instrumentos de análise e de pessoal altamente qualificado para acompanhar e atuar nos processos de reorganização empresarial ou de falência da companhia emitente. Dentro deste cenário, o gasto com o pagamento do agente fiduciário mostra-se desnecessário, dado que o grau de sofisticação dos investidores conduz a uma duplicidade de gastos — de um lado, o debenturista atuando com seu próprio pessoal; de outro, o agente fiduciário repetindo a mesma tarefa —, com pouca expectativa de recebimento de qualquer retorno do investimento feito pelo debenturista.

É essa a razão das assembleias de debenturistas que, ao dispensarem a figura do agente fiduciário, passam a comparecer diretamente ao juízo da falência, comparecimento este convalidado por várias decisões do Poder Judiciário.

O ponto de partida, por óbvio, é a Lei das Companhias, que em seu artigo 67 estabelece a necessidade de a emissão pública de debêntures sempre contar com a figura do agente fiduciário. Essa presença necessária nasce antes mesmo de a emissão vir a público, na medida em que já deverá constar da escritura de emissão a indicação e aceitação do agente fiduciário. Ademais, a mesma escritura deverá conter os mecanismos de substituição do fiduciário, "observadas as normas expedidas pela Comissão de Valores Mobiliários".

Se a lei fala da necessidade de sua existência desde a lavratura da escritura de emissão, bem como da necessidade de lá também constarem as regras de sua substituição, culminando com o poder/dever da CVM de suprir temporariamente a falta do agente, é de se concluir que o cargo não pode vagar, mesmo com a decisão unânime dos debenturistas. O mandamento legal ordenando o preenchimento do cargo pressupõe que o fiduciário lá estará para defender a comunhão de credores — restando saber qual o porte do credor e a sua capacidade de análise do investimento feito. Em outras palavras, para os investidores qualificados inexiste a real necessidade da existência do agente fiduciário.

A existência do agente não é norma contratual, mas mandamento legal, não podendo, portanto, ser dispensado pelos credores reunidos em assembleia. Ainda que a constatação dos debenturistas resulte na conclusão da inutilidade da norma, tendo em vista a concentração das debêntures em poucas mãos credoras, não tem o condão de eliminar o comando legal. Seria mais razoável, se for o caso, alterar o artigo 67 da Lei das SAs, ou dar poderes para que a CVM pudesse editar norma de dispensa da obrigação legal.

Buscando atalhar alguns problemas, foi editada a Resolução CVM n. 28/1983,[178] que, em seu artigo 2º, aponta para a impossibilidade de a vacância se materializar. Tal artigo, em seu § 1º, dispõe que "em nenhuma hipótese a função de agente fiduciário poderá ficar vaga por período superior a 30 (trinta) dias, dentro do qual deverá ser realizada a assembléia dos debenturistas para a escolha do novo agente fiduciário".

Aqui ficou ratificada a existência necessária do agente desde a escritura de emissão até a extinção do condomínio de interesses. Para evitar a vacância, estabeleceu-se o mecanismo segundo o qual "a assembleia [...] poderá ser convocada

---

178. Posteriormente modificada e consolidada pela Instrução CVM n. 123/1990.

pelo agente fiduciário a ser substituído, pela companhia emissora", por detentores de no mínimo 10% das debêntures em circulação ou pela própria CVM (§§ 2º e 3º).

Como documento explicitador da Resolução CVM n. 28/1983 veio a público a Nota Explicativa CVM n. 27/1983, que busca detalhar as regras constates da Lei n. 6.404/1976 e da própria Resolução CVM n. 28/1983. Neste sentido é o entendimento da autarquia quanto à necessidade da existência do agente fiduciário enquanto não forem extintas as obrigações contraídas tanto pelo ofertante como pelos subscritores:

> A presença do agente fiduciário nas emissões públicas de debêntures deve ser contínua, de forma a propiciar uma atuação permanente e ininterrupta, visando à proteção continuada dos direitos daqueles que representa. [...] Deste modo, ocorrendo fatos que impeçam o fiduciário de continuar a exercer suas funções, deverá ser convocada a assembléia dos debenturistas para o efeito de escolher e nomear um novo agente fiduciário. Dispõe, também, que em nenhuma hipótese a função de agente fiduciário poderá ficar vaga por período superior a 30 dias.[179]

Podem-se ter tais textos legais, bem como o entendimento da autarquia, como pano de fundo para a decisão de casos em que houve a renúncia do agente fiduciário de sua função, comunicando-se, ainda, a convocação de uma assembleia geral de debenturistas para deliberar sobre sua substituição. Isso ocorreu, por exemplo, em relação às 1ª e 3ª emissões por parte da Feníciapar, que era uma sociedade de propósito específico, com a finalidade de comprar recebíveis das Lojas Arapuã S/A, emitindo debêntures para gerar o caixa necessário, bem como dar tais recebíveis como colateral das debêntures.[180]

Dois bancos então atuavam como agentes fiduciários, cada qual em uma emissão. Dos fatos apresentados, são relevantes os seguintes tópicos:

- Em agosto de 1985, os agentes fiduciários encaminham requerimento à CVM renunciando ao desempenho de suas tarefas, bem como comunicando a convocação concomitante de uma assembleia de debenturistas. Em setembro do mesmo ano é pedido aos agentes, pela CVM, uma série de documentos que obrigatoriamente os agentes fiduciários têm que produzir no desempenho de suas tarefas, o que foi feito.
- Em outubro de 1985, a Feníciapar requereu à CVM "permissão para a manutenção de suas debêntures de emissão pública sem a necessidade de manutenção de agentes fiduciários, tendo em vista os pedidos de renúncia

---

179. Nota Explicativa CVM n. 27/1983.
180. Processos CVM RJ2005/5211 e CVM RJ 2005/6616. Renunciantes Banco Tricury S.S. e Banco Paulista S.A. e emitente das debêntures Feníciapar S.A.

formulados [...]" pelos agentes fiduciários considerando que: (i) os créditos adquiridos não estavam sendo revertidos em favor da Feníciapar (que então renegociava o pagamento das debêntures), estando a alienante dos créditos em processo de concordata, bem como (ii) "o elevado custo de manutenção de uma companhia aberta, dentre eles (a) gastos com publicação de atas; (b) necessidade de contratação de auditores; e (c) pagamento de agente fiduciário para a proteção dos interesses dos debenturistas".

Em relação a tais fatos, o Colegiado da CVM, tendo por base o voto do presidente, relator do caso, Marcelo Fernandez Trindade, analisou e decidiu que:

01. São duas as questões a serem analisadas neste voto. A primeira diz respeito aos pedidos de renúncia à função de agente fiduciário feito pelos requerentes [...]. A segunda refere-se aos pedidos [...] relacionados à: (i) permissão para a manutenção de suas debêntures sem a necessidade de nomeação de agentes fiduciários, tendo em vista os pedidos de renúncia formulados [...]; e (ii) não nomeação de um agente fiduciário pela CVM, no período em que perdurar a repactuação das debêntures e eventuais desdobramentos dessa negociação (pedido subsidiário), o qual não ultrapassaria o prazo de sessenta dias contados da data do recebimento da consulta.[181]

03. A Nota Explicativa 27/83 esclarece que a presença do agente fiduciário nas emissões públicas de debêntures deve ser contínua, de forma a propiciar uma atuação permanente e ininterrupta, visando à proteção continuada dos direitos daqueles que representa.

04. Não se quer dizer, com isso, que se está negando ao agente fiduciário a prerrogativa de renunciar às funções assumidas quando da assinatura da Escritura de Emissão. Entretanto, por se tratar de forma imprópria de extinção de obrigações do agente fiduciário, ela deve obedecer às regras específicas previstas para tal hipótese.

05. A Lei 6.404/76 e a Instrução 28/83 disciplinam a questão, sendo que o art. 2º da Instrução 28/83 dispõe que a escritura de emissão deve estabelecer expressamente o procedimento a ser observado para a substituição do agente fiduciário, de modo que, ocorrendo fatos que impeçam a continuidade do exercício de suas funções ou no caso de renúncia, deverá ser convocada assembléia de debenturistas para o efeito de escolher e nomear um novo agente fiduciário.

06. As escrituras de emissão de debêntures [...] estabelecem que: (i) nas hipóteses de ausência e impedimentos temporários, renúncia, liquidação, dissolução ou qualquer outro caso de vacância do cargo de agente fiduciário, será realizada, dentro do prazo máximo de trinta dias contados do evento que a determinar, assembléia dos debenturistas para a escolha do novo agente fiduciário; (ii) todas as despesas pagas com procedimentos legais, inclusive os administrativos, em que o agente fiduciário venha incorrer para

---

181. Quanto à renúncia, o relator diz que esta se deu dentro do estabelecido em normas legais e dentro do previsto pela escritura de emissão.

resguardar os interesses dos titulares de debêntures deverão ser previamente aprovadas e adiantadas pelos debenturistas, e posteriormente ressarcidas pela emissora; (iii) essas despesas a serem adiantadas incluem gastos com honorários advocatícios de terceiros, custas judiciais, taxas judiciárias e os ônus decorrentes de sucumbência nas ações propostas pelo agente fiduciário; e (iv) a remuneração do agente fiduciário, na hipótese de a emissora permanecer inadimplente por período superior a sessenta dias, também deverá ser adiantada pelos debenturistas.

07. O exame das atas das assembléias dos debenturistas realizadas revela, por sua vez, que o tema da substituição do agente fiduciário não chegou a ser deliberado de forma efetiva. Vale dizer, não ocorreu a escolha de um novo agente fiduciário, nem se fez consignar as razões pelas quais se deixou de indicar um novo agente. O que se tem é, apenas, a informação dada aos debenturistas das respectivas renúncias e a menção de que não houve qualquer indicação de um novo agente por quaisquer das partes envolvidas.

08. Parece-me, portanto, que a renúncia não produziu efeitos, pois segundo as escrituras de emissão a assembléia deveria ter nomeado substituto, o que não fez. Embora a renúncia seja um ato unilateral, a produção de seus efeitos, por se tratar de uma função que constitui um *munus* em favor dos debenturistas, somente ocorreria com a nomeação de substituto.

09. Frise-se que não se trata, aqui, de hipótese de impedimento do agente fiduciário, em que caberia à assembléia indicar substituto. Nesse caso, tendo em vista a impossibilidade de exercício das funções pelo agente fiduciário, caso a assembléia não indicasse substituto poderia incidir a regra que confere à CVM a faculdade de fazê-lo. Mas, em se tratando de renúncia, e prevendo as escrituras de emissão que compete à assembléia nomear substituto, meu entendimento é o de que, enquanto essa nomeação não se der, a renúncia não produz efeitos.

10. Por outro lado, é importante ressaltar que as escrituras de emissão deixam claro o ônus desses mesmos debenturistas de adiantar as despesas necessárias a tal atuação, o que, em um caso como o em análise, em que os créditos que lastreavam a emissão deixaram de ser transferidos, diante da falência da cedente, pode não parecer conveniente aos próprios debenturistas.

11. Se for esse o caso, cabe aos agentes fiduciários convocar assembléia para deliberar sobre a não adoção de medidas, ou a sua adoção com o adiantamento das despesas necessárias, não sendo o caso, contudo, de renúncia, e, portanto, muito menos de permanência de debêntures em circulação sem agente fiduciário.

12. O caso concreto é bem diverso do processo RJ2003/5400, julgado em 11.07.2005, que foi tomado como precedente pela Companhia e tratou da questão da renúncia e dispensa do agente fiduciário. Ali se tratava de um único debenturista, não havendo propriamente comunhão de interesses a ser tutelada pela ação do agente fiduciário.

13. Dessa forma, a manutenção das Requerentes como agentes fiduciários se impõe, com a finalidade de resguardar os interesses dos titulares das debêntures, até que a assembléia de debenturistas delibere sobre a nomeação de um novo agente fiduciário, sendo possível a convocação de assembléia para deliberar pela não atuação do agente fiduciário, diante da possibilidade de repactuação dos créditos, e da situação judicial

da sociedade cedente de créditos que lastrearam a emissão, ou pelo adiantamento dos custos necessários à atuação, como previsto nas escrituras de emissão.

A decisão parcialmente transcrita acima é apontada como paradigma para a inexigibilidade da existência da figura do agente fiduciário em outro processo junto à CVM.[182] A diferença fática entre eles foi que, neste segundo caso, a decisão foi no sentido de sua inexigibilidade, tendo em vista que a totalidade da emissão fora adquirida desde o lançamento pela Corretora Banestado de Títulos e Valores S.A. (Corretora).

Quando da compra do Banco do Estado do Paraná – Banestado, pelo Banco Itaú S.A., também foi adquirida a Corretora. Porém, da transação resultou que as debêntures ficaram todas em poder do Governo do Estado do Paraná. Assim, as debêntures de emissão Cidadela Trust de Recebíveis S.A. sempre tiveram um único investidor. Ou seja, a C&D DTVM Ltda. estava atuando como agente fiduciário de um único investidor, já que a lei não distingue entre a razão de ser da exigência da figura do agente fiduciário e a situação anômala do caso. Ademais, o agente fiduciário tomara conhecimento da venda da Corretora pelos jornais, em virtude do que convocara a assembleia de debenturistas por edital, à qual ninguém comparecera. Foi diante de tais fatos que ele comunicou à CVM a sua renúncia, bem como pediu a indicação, pela autarquia, de um substituto. Na decisão do processo firmou-se que:

> [...] 21. Tendo em vista essa situação fática, passo a analisar o processo. Nele, há duas questões a serem resolvidas: (i) a análise do pedido de renúncia à função de agente fiduciário feito pela Requerente e (ii) a necessidade de indicação, por parte desta Autarquia, de um agente fiduciário em substituição à Requerente, nos termos do disposto no § 3º, art. 2º, da Instrução 28/83.
>
> 22. Quanto à primeira questão, alega a Requerente que a impossibilidade de sua permanência na função de agente fiduciário da emissão das debêntures da Companhia decorre tanto da não disponibilização, por parte da Companhia, dos honorários que lhes são devidos e das demais informações necessárias ao acompanhamento da emissão, como, também, da não disponibilização, por parte do Debenturista, dos recursos necessários ao ingresso em juízo para executar os créditos debenturísticos não honrados. O credor também não comprometeu-se a disponibilizar o seu corpo jurídico para a execução dessa tarefa. Sustenta, ainda, ter tomado todas as medidas previstas pela legislação aplicável e que se encontravam ao seu alcance para o efetivo exercício de suas funções, não tendo obtido sucesso.
>
> [...] 24. Em relação à segunda questão, o entendimento da área técnica é no sentido de que a indicação de um substituto provisório para função de agente fiduciário é uma

---

182. Processo CVM n. RJ2003/5400.

faculdade a ser exercida em casos que ela julgue aplicável, não um compromisso da Autarquia.

25. Sobre essa questão, parece-me que o pedido de renúncia à função de agente fiduciário feito pela Requerente deve ser aceito, uma vez que ela não mais está recebendo sua remuneração e nem a contratante, nem o Debenturista estão disponibilizando os recursos para que ela continue a exercer essas funções.

26. Antes de colocar o processo em julgamento, no entanto, solicitei que o Estado do Paraná fosse consultado sobre sua posição perante a questão, inclusive, mencionando alternativas possíveis. A essa consulta [...], o Procurador Geral do Estado do Paraná respondeu (i) confirmando que as debêntures haviam sido cedidas ao Estado; (ii) informando que, se o fato de as debêntures serem nominativas e não endossáveis, não fosse um empecilho, a Procuradoria do Estado do Paraná tomaria as medidas judiciais cabíveis. Disse, também, que o Estado do Paraná não renunciava aos créditos debenturísticos.

27. O fato de as debêntures serem nominativas, e de não serem elas endossáveis, não é impeditivo à transferência das debêntures ao Estado do Paraná ou ao exercício pleno e efetivo, pelo Estado do Paraná, dos direitos conferidos ao titular das debêntures, depois de ser feito o registro da cessão das debêntures. Por isso, a resposta do Procurador Geral indica que o Estado do Paraná atuará diretamente na defesa de seus direitos.

28. Por esse motivo, creio ser desnecessária a indicação de um novo agente fiduciário para as debêntures objeto deste processo.

A existência necessária do agente fiduciário, entretanto, não resolve a discussão sobre a exclusividade de sua presença, afastando a presença conjunta do debenturista credor, assunto sobre o qual falaremos mais abaixo. O exame aqui feito prende-se somente à análise da legislação vigente e das decisões judiciais que permitiram a existência do condomínio de interesses sem a figura do agente fiduciário.

8.6.16 A assembleia de debenturistas

Se o agente fiduciário representa "a comunhão dos debenturistas perante a companhia", decorre que tal representação tem por limite sua competência legal, as normas constantes da escritura de emissão e as deliberações tomadas pelos debenturistas reunidos em assembleia. Da instituição da comunhão de interesses decorre que as deliberações dos credores por debêntures são tomadas em reuniões formais e por maioria, seguindo, quando cabível, as regras aplicáveis às reuniões de acionistas.

Por formarem uma comunhão, tais assembleias só congregam os debenturistas que tenham os mesmos interesses enquanto credores. Ou seja, a congregação reúne os titulares de uma mesma emissão ou de uma mesma série de debêntures, podendo, eventualmente, reunir debenturistas distintos para deliberarem aquilo que seja de interesse comum. Ressalvada esta situação, os debenturistas se reúnem agrupados pelos distintos interesses constantes nas respectivas classes ou emissão. Por determinação legal, o agente fiduciário deve estar presente em todas as reuniões.

Diferentemente das reuniões de acionistas, as assembleias de debenturistas são provocadas por um determinado quórum de credores ou pela vontade do agente fiduciário. Tendo em vista que, hoje em dia, temos emissões de valores extremamente elevados e que são, em quase sua totalidade, emissões sem garantia, seria de todo conveniente que a legislação contemplasse a obrigatoriedade de uma assembleia ordinária anual dos credores por debêntures.

Tenha-se em mente que a obrigatoriedade da realização da assembleia ordinária de acionistas decorre de lei, sendo a mesma silente quanto a tal reunião por parte dos debenturistas com o agente fiduciário. A razão de ser da distinção entre ambas as assembleias decorre do fato de que a obrigação principal entre a companhia e seus acionistas diz respeito, fundamentalmente, ao exame das contas do exercício findo, destinação de lucros, etc., enfim, fatos que ocorrem anualmente na sociedade anônima, ao passo que os debenturistas posicionam-se externamente à sociedade, tendo o agente fiduciário como elemento de ligação.

8.6.16.1 *Convocação, quórum e realização*

A reunião é convocada e ocorre de acordo com as necessidades manifestadas pelos debenturistas, pelo agente fiduciário ou mesmo pela própria companhia emitente. Nesta última situação a companhia pedirá a acionistas com votos suficientes para tanto ou ao agente fiduciário que faça a convocação da assembleia. Se convocada pelos debenturistas, por vontade própria ou a pedido da companhia, deverão eles somar ao menos 10% das debêntures em circulação. Quando necessário, e na falta da convocação da assembleia pelo agente fiduciário ou pelos debenturistas, possibilita a Lei das Companhias que a assembleia possa ser convocada pela Comissão de Valores Mobiliários. A situação mais comum de convocação pela CVM ocorre quando a situação financeira da companhia emitente está em tal grau de insolvência que os debenturistas preferem não gastar mais dinheiro e, pela falta de recursos, o agente fiduciário se recusa a colocar seus próprios recursos (com o que se tornaria credor da companhia). Aliás, como visto acima, não raro o agente fiduciário renuncia deixando sua posição vaga.

A convocação normalmente é feita pelo agente fiduciário que, em obedecendo a sistemática exigida para realização da assembleia de acionistas, deverá publicar seu edital por "três vezes, no mínimo, contendo, além do local, data e hora da assembléia, a ordem do dia [...]",[183] sendo a primeira convocação feita com no mínimo

---

183. Lei n. 6.404/1976, art. 124, *caput*.

quinze dias de antecedência à realização da reunião de debenturistas. Vale lembrar que tais prazos se referem às companhias com ações colocadas junto ao público, portanto aplicável às reuniões de debenturistas que foram objeto de oferta pública.

A convocação, no caso, não poderá ser feita por outra maneira que não a publicação dos editais, já que se trata de companhia com debêntures em circulação junto ao público investidor, sendo a única hipótese de dispensa aquela assembleia à qual compareça a totalidade dos debenturistas daquela emissão ou série. Se esta não se realizar, nova convocação deverá ser feita com um prazo mínimo de oito dias.

Em que local se reúnem os debenturistas? O edital de convocação necessita detalhar o local, a hora e a ordem do dia. Mas não será de se aplicar o preceito legal inerente às assembleias de acionistas, o qual estabelece, como regra geral, a sua realização na sede da companhia. A reunião dos acionistas na sede social faz sentido, na medida em que são os donos da empresa. Já os debenturistas são credores que não detêm qualquer vínculo de propriedade com a companhia. Ou seja, se de um lado nada obriga, de outro nada impede — salvo se a reunião dos debenturistas tenha como pauta discutir dificuldades financeiras ou estratégias de credores que coloquem em risco interesses da companhia emitente.

O agente fiduciário deve prestar aos debenturistas todas as informações que forem solicitadas. Mas, para que tais informações sejam solicitadas de forma inteligente, é necessário que os credores tenham conhecimento da situação que será discutida e votada durante a assembleia, situação que conspira para que tenham acesso a todos os documentos e dados de forma prévia. Como a Lei das Companhias se limita a dizer que se aplicará às reuniões de debenturistas, no que couber, as regras das assembleias de acionistas, será de bom alvitre esclarecer este e outros comandos na escritura de emissão.

8.6.16.2 Quórum e deliberação

Este é um dos pontos mais instigantes para se discutir. A Lei das Companhias estabelece que "A escritura de emissão estabelecerá a maioria necessária, que não será inferior à metade das debêntures em circulação, para aprovar modificação nas condições das debêntures".[184] As condições são estabelecidas na escritura de emissão de forma unilateral pela companhia ofertante dos valores mobiliários, condições essas que são aceitas pelos subscritores, bem como por aquele que posteriormente as adquire junto ao mercado secundário.

Ou seja, nenhum adquirente, e muito menos a companhia emitente podem alegar surpresa ou desconhecimento quanto ao constante das regras iniciais na

---

184. Lei n. 6.404/1976, art. 71, § 5º.

escritura de emissão. Entretanto, o mesmo não pode ser dito com relação às modificações posteriores, e estas se dividem em duas categorias distintas.

A primeira diz respeito às mudanças das regras no relacionamento entre a companhia emitente e os debenturistas. A escritura de emissão é inicialmente uma oferta a destinatário não determinado, na qual o ofertante coloca as condições e regras do mútuo que, se aceitas pelos subscritores, gerarão vínculo obrigacional para ambas as partes contratantes. Isso significa que qualquer alteração, independentemente do quórum de deliberação da assembleia de debenturistas, deverá ser aceita pela companhia emitente. Por óbvio, o mesmo vale para as alterações que a companhia emitente queira fazer às obrigações anteriormente assumidas. Devem elas ser aprovadas pela assembleia de debenturistas.

Esta última situação nos remete à segunda categoria, qual seja, a do quórum de deliberação nas assembleias dos credores no que se refere às mudanças de regras no relacionamento entre os debenturistas, usualmente em virtude de proposição de alteração pela companhia emitente das debêntures. A Lei Societária manda que o quórum de deliberação não possa ser inferior a 50% das debêntures em circulação, quando o correto seria dizer *mais da metade*, tendo em vista, principalmente, as emissões com poucos credores, na medida em que, em caso de empate, só uma regra prévia constante da escritura de emissão poderá resolver o impasse.

Nesta segunda categoria, a lei parte da premissa de que a comunidade de interesses formada pelos debenturistas tenha sempre interesses convergentes, algo que a realidade tem mostrado, vez por outra, que não ocorre na prática. Os interesses podem ser convergentes quanto à distribuição da remuneração periódica ou ao resgate dos valores mobiliários, mas não necessariamente quanto a repactuações, mudanças das garantias da emissão, requerimento de falência da emitente, etc.

O mesmo ocorre nas deliberações entre acionistas. Só que neste caso a Lei Societária, em seu artigo 109, teve o cuidado e bom senso de estabelecer um conjunto de situações que constituem o símile dos direitos e garantias individuais, o que não foi feito para os debenturistas. Dentre os direitos individuais atribuídos aos acionistas, aquele cuja ausência mais falta faz aos debenturistas é o direito de recesso na ocorrência de determinadas situações, bem como uma qualificação do conflito de interesses, tão bem detalhado no que se refere ao relacionamento entre empresa e acionistas e entre os próprios acionistas.

Na ausência de tais regramentos no âmbito de lei, bem como na falta de competência da CVM para fazê-lo, restará à escritura de emissão preencher a lacuna, jogando para as regras contratuais aquilo de que o texto legal descuidou. Tal situação é perigosa, principalmente se levarmos em consideração que o volume e o valor de emissão de debêntures ofertadas ao público supera em muito o valor da emissão de ações, bem como a tendência da criação de um mercado secundário para atender a um número bem maior de subscritores destes títulos de dívida. Em resumo, qual é o limite da maioria para alterar direitos constantes de cláusulas da escritura de emissão, contra o voto da minoria? Seria esse um princípio democrático, baseado na *affectio societatis* da comunhão de interesse? Tenho para mim que a admissão sem limites da regra da decisão majoritária é errada e perigosa, pois se parte da ideia simplista da comunhão de interesse e se esquece que é da natureza das relações de negócios a presença do conflito de interesse.

Uma situação paradigmática pode ser a alteração do prazo de vencimento ou da remuneração devida aos debenturistas, tomada por maioria, após o pedido da companhia emitente. Poderia tal situação, que compõe o coração da razão de investir, ser alterada pela decisão de uma maioria, contra o voto da minoria, com base no disposto no parágrafo 5º do artigo 71?

No acórdão parcialmente transcrito abaixo,[185] decidiu-se, pelo voto do relator, Ministro Ruy Rosado Aguiar, que o poder da maioria em alterar aspectos fundamentais da escritura de emissão não pode prevalecer. Ou seja, as modificações feitas na escritura de emissão, mesmo que aprovadas pela maioria prevista na própria escritura, não podem derrogar as razões básicas que levaram o investidor a aplicar seus recursos.

> Sansuy S/A Indústria de Plásticos ajuizou ação declaratória contra Sprind Distribuidora de Títulos e Valores Mobiliários para que fosse declarada a eficácia *erga omnes* da assembléia geral que alterou as condições das debêntures, com redução do valor e modificação da data dos vencimentos mensais. A ré, titular de debêntures, insurgiu-se contra a assembléia geral que, por maioria, estabelecera novas condições às debêntures, sob a alegação de aplicar-se ao caso a Deliberação CVM n. 120, tendo notificado a autora da sua intenção de resgatar seus títulos. A pretensão da autora está em dar eficácia à decisão assemblear e impedir o anunciado resgate.. [...]
> Julgado procedente o pedido, a ré apelou, com manifestação adesiva da autora. A eg. Segunda Câmara de Direito Privado do Tribunal de Justiça de São Paulo, por maioria, negou provimento aos agravos retidos e deu parcial provimento ao recurso principal e, por unanimidade, julgou prejudicado o adesivo: "Declaratória – Validade de decisão tomada em assembléia de debenturistas – Debenturista que age em nome próprio, faz impugnações, emite notificações extrajudiciais – Legitimidade para figurar no pólo passivo da demanda – Decisão assemblear, no entanto, tomada ao arrepio da lei de regência – Agravos retidos improvidos – Recurso principal parcialmente provido – Recurso adesivo prejudicado".
> Rejeitados os embargos de declaração, a autora apresentou recurso especial [...]. Diz ter havido omissão, contradição [...] uma vez que não foi examinada a questão da eficácia da deliberação da assembléia, à luz do disposto nos arts. 53, parágrafo único, e 54 da Lei

---

185. Superior Tribunal de Justiça, RE n. 303.825/SP (2001/0018261-5).

6.404/76. No tocante à exclusão da recorrida da deliberação da assembléia geral, na parte que recalculou o valor das debêntures, sustenta ter o d. colegiado contrariado os artigos da Lei 6.404/76, uma vez que a referida lei deixa claro que as debêntures devem ter igual valor nominal e conferir os mesmos direitos. E, para garantir essa igualdade, impedindo que o direito individual prevaleça sobre os interesses coletivos da comunidade dos debenturistas, a lei instituiu a assembléia geral, com poderes para deliberar sobre matérias que digam respeito ao crédito debenturístico, à proteção e à conservação dos direitos creditícios, assegurando aos debenturistas o recebimento uniforme dos seus créditos, pois, em casos de, por exemplo, dificuldades de caixa da empresa, ou de imposições legais quanto aos critérios de atualização monetária ou, ainda, de mudança na conjuntura econômica do país, pode tornar-se necessária a repactuação da dívida debenturística, alterando-se as cláusulas do contrato, inclusive para recalcular o valor das debêntures
VOTO [...]

O valor das debêntures não é condição que possa ser alterada por decisão da assembléia geral, nos termos do disposto no artigo 71, § 5º, da Lei 6.404/76, pois diz com a própria essência dos títulos, assim como ficou bem explicado no respeitável acórdão, do qual extraio parte da fundamentação do voto vencedor do ilustre Des. Ivan Sartori: "No merecimento, tem-se por inconcusso que o valor das debêntures não diz com suas condições, mas com a própria essência dessa modalidade titular, que sem aquele não pode existir. Por conseguinte, não é possível a redução de que trata a assembléia em que se funda a autora, limitada que está a possibilidade de alteração às condições (art. 7, § 5º, da Lei Societária)". [...]

Ao argumento tão bem esgrimido pela autora, no sentido de que será quebrada a unicidade que deve existir entre as debêntures com a instituição de títulos de valores desiguais, pode-se redargüir que essa situação foi criada pela própria assembléia geral, ao adotar decisão não unânime que alterou indevidamente o valor das debêntures, e com isso permitiu a insurgência da minoria.

VOTO [Ministro Aldir Passarinho Júnior] Entendo que o valor da debênture é condição *sine qua non* ao próprio título, de modo que não vejo como se possa mudar a própria essência da relação entre o debenturista e a empresa. Evidentemente que as condições podem ser alteradas quanto a prazo, mas de modo algum a modificação do próprio valor em si da debênture. Penso que não se trata de condição, mas da essência da própria debênture.

É interessante notar, no voto concorde com o relator, feito em separado, que o Ministro Aldir Passarinho Júnior decidiu que o valor da debênture não pode ser reduzido, pois "não se trata de condição, mas da essência da própria debênture". Muito embora não tendo sido o assunto analisado e decidido, seria de grande utilidade a discussão do porquê de o valor compor a essência da debênture e o prazo não. Em outras palavras, quais são as condições que compõem a essência da debênture que não podem ser modificadas, ressalvada a hipótese de aprovação pela totalidade dos credores? A extensão das condições constantes da escritura de emissão e insuscetíveis de serem alteradas pela maioria dos debenturistas deverá ser resolvida através de decisões interpretativas do parágrafo 5º do artigo 71, nascidas de decisões judiciais.

8.6.17 Emissão de debêntures no exterior

Com o passar dos anos, ou décadas, todos nós temos a tendência de fazer a análise literal dos textos legais, a partir dos seus aspectos quase que exclusivamente técnicos. Essa nossa postura ignora ou tende a esmaecer que as leis — e mais ainda leis complexas e de alto conteúdo econômico, como a Lei das Sociedades Anônimas — tendem a refletir o ambiente político existente quando de sua discussão. Houve um contexto dentro do qual a Lei das Companhias foi discutida, e de forma bastante apaixonada, desde os seus primórdios.

É com esse espírito que se pode dizer que houve um aspecto, no então anteprojeto de lei que viria mais tarde a se tornar a vigente Lei das Companhias, que causou enorme *frisson* nos meios políticos e acadêmicos: a possibilidade de emissão de debêntures no exterior, tendo como garantia, real ou flutuante, bens sociais existentes no território nacional.

As águas políticas dividiram-se de forma irreconciliável entre "nacionalistas" e "entreguistas", com discursos inflamados na mídia e no Congresso Nacional. O grupo dos "nacionalistas"[186] era capitaneado pelo partido de oposição, e o grupo dos assim denominados pela oposição como "entreguistas"[187] era defendido pelo partido da situação — sem nos esquecer que vivíamos o início do fim do regime militar, então sob a presidência do general Ernesto Geisel.

Hoje, contando com o enorme benefício do distanciamento do tempo e da redemocratização do Brasil, pode-se desse dizer que a discussão do então anteprojeto

---

[186]. Um dos intelectuais que lideraram o movimento contra o projeto de alteração da leis das sociedades anônimas e, em especial, contra a emissão de debêntures no exterior da forma então apresentada, escreveu que: "Especulações financeiras internacionais com lastro no patrimônio de filial brasileira, remessa indireta de lucros, no deslocamento do centro de decisões para o exterior e substanciais vantagens fiscais constituem os privilégios diretamente proporcionados pelo anteprojeto às multinacionais. Nesse pacote de vantagens, o anteprojeto possibilita que as multinacionais, mediante a emissão de debêntures no exterior com garantia real ou flutuante de patrimônio de suas subsidiárias brasileiras, mantenham o produto dessas emissões fora do Brasil [...] Esse esquema das multinacionais, de levantar recursos com debêntures no exterior lastreados no patrimônio de determinada filial, para especulações internacionais da matriz ou para investimento em outros países é por demais conhecido em todo o mundo, mas até hoje jamais havia sido autorizado por lei brasileira, o que de resto seria inconstitucional e altamente lesivo ao país." (CARVALHOSA, Modesto. **A nova Lei das Sociedades Anônimas**: seu modelo econômico. Rio de Janeiro: Paz e Terra, 1976, p. 140-141).

[187]. Eram colocados no grupo dos "entreguistas" o Governo Federal, principalmente o então Ministro da Fazenda, Professor Mario Henrique Simonsen, e os dois elaboradores do projeto, o Dr. José Luiz Bulhões Pedreira e o Professor Alfredo Lamy Filho.

estava vinculada fundamentalmente a uma busca pelo fim do regime militar e pela volta ao regime democrático, muito menos preocupada com os aspectos estritamente técnicos da proposta.

Em termos legais, a proposta permitia a emissão por empresa brasileira de debêntures para colocação no exterior. Tais valores mobiliários teriam garantia patrimonial, na medida em que teriam garantia real ou flutuante, ou seja, não se permitia a emissão com garantia quirografária.[188] Os opositores desta proposta advogavam que isso seria uma maneira de transferência direita e indireta de patrimônio e lucros para o exterior, burlando não só a lei, mas também os interesses nacionais. Já os defensores alegavam que o anteprojeto só permitia a execução da garantia da emissão de debêntures

Duas foram as grandes preocupações do legislador ao regrar a emissão de debêntures no exterior. Uma, a da proteção preferencial ao credor local em detrimento daquele localizado no exterior. A outra, a do controle governamental em face do problema cambial.

A colocação da debênture pode se dar entre subscritores residentes, domiciliados ou com sede no país ou no exterior. Nesta segunda situação, o valor nominal poderá ser expresso em moeda estrangeira, já que o seu pagamento se dará a subscritor sediado ou residente em caráter permanente no exterior. Para os valores mobiliários emitidos e colocados no mercado interno, o valor de emissão terá que, necessariamente, ser expresso na moeda nacional, bem como o pagamento se dará na moeda brasileira detentora da qualidade legal de ter o seu curso e seu poder liberatório obrigatoriamente aceitos em todo o território nacional.

8.6.18 Registro de emissão

A assembleia geral de acionistas delibera a criação das debêntures, praticando os administradores da sociedade, conjuntamente com a instituição financeira escolhida, uma série de atos tendentes à materialização e oferta pública da emissão. Assim, distingue a lei societária os atos de *criação* dos de *emissão* das debêntures. A criação é o complexo de atos que vai desde a deliberação assemblear até a autorização prévia para a emissão, dada pela Comissão. A emissão, propriamente dita, se materializa com a prática de atos de colocação do valor mobiliário junto ao público. Portanto, "emissão" pode ser entendida como o ato inicial necessário, porém não suficiente, que se conclui com o ato de colocação ou subscrição das debêntures junto ao mercado. Se a emissão não for totalmente colocada, e caso a instituição

---

188. Dizia o art. 73 do anteprojeto que: "Os créditos por debêntures emitidas no estrangeiro com garantia real ou flutuante de bens situados no Brasil, cujo produto não tenha sido comprovadamente aplicado em estabelecimento no território nacional, será preferido pelos credores por obrigações contraídas no país."

financeira tenha se obrigado a dispender somente os seus melhores esforços de colocação, parte da emissão foi subscrita, devendo o saldo ser cancelado ou, por deliberação da assembleia e autorização da CVM, ser transformado em títulos de tesouraria. É, portanto, a emissão o primeiro passo, distinto de um anterior — que é a criação —, e que se encerra pela subscrição dos valores mobiliários.

Para que esse estágio de emissão possa ser atingido, devem os administradores cumprir três requisitos necessários. O primeiro é o arquivamento, junto ao Registro do Comércio, da ata da assembleia de acionistas que deliberou sobre a criação das debêntures, bem como a sua publicação no Diário Oficial e no jornal de grande circulação utilizado pela companhia. O segundo passo é a inscrição da escritura de emissão junto ao registro de imóveis da sede da companhia, sendo que todos os aditamentos feitos à escritura de emissão deverão ser averbados no mesmo registro de imóveis. O último é a constituição das garantias reais eventualmente dadas como colateral da obrigação. O objetivo da prática desses atos é garantir a todos o conhecimento das obrigações assumidas pelos acionistas e materializadas na ata da assembleia, que, uma vez arquivada e publicada, torna-se de conhecimento de qualquer terceiro interessado. De outro lado, visa também constituir, de direito, as garantias reais dadas vinculadas ao pagamento. Somente após o cumprimento desses atos é que a emissão pode ser ofertada ao público.

A oferta dos valores mobiliários sem que os três itens mencionados sejam atendidos acarretará a responsabilização solidária dos membros do conselho de administração e da diretoria pelas perdas incorridas por terceiro qualquer ou pela própria companhia emitente. Nesse ponto, a lei societária não distingue entre os administradores que deveriam praticar os atos e não o fizeram e aqueles outros que não tinham tal incumbência estatutária. Na verdade, a lei criou uma responsabilidade objetiva. Como decorrência da necessidade de conhecimento de tais atos e da formalização das obrigações assumidas e das garantias ofertadas, a lei societária dá o direito de que a execução dessas tarefas possa ser feita pelo agente fiduciário ou por qualquer debenturista, suprindo a falha dos administradores.

8.6.19 A remuneração

Como já visto, a debênture é um valor mobiliário representativo de um mútuo entre o poupador/investidor e a sociedade emitente. Dentro de tais características, tem a sociedade que pagar periodicamente aos debenturistas a remuneração constante da escritura de emissão. Esta poderá ser contratada, nos termos do art. 56 da Lei das Sociedades, com (i) juros fixos, (ii) juros variáveis, (iii) participação no lucro da companhia e (iv) prêmio de reembolso. Juros variáveis significam que estes não serão devidos de forma linear, tornando desiguais todas as prestações remuneratórias. Neste passo, abriu a lei possibilidade para que as debêntures paguem juros crescentes ou decrescentes no tempo, de sorte a que as prestações sejam fixadas em percentuais distintos na escritura de emissão, não sendo, por consequência, iguais durante toda a vigência do contrato de mútuo. Serve este valor mobiliário, no caso do pagamento de juros crescentes, para remunerar menos ao debenturista enquanto se está implantando o empreendimento financiado pela emissão, aumentando-se a remuneração na expectativa de produção de lucro proporcionalmente à finalização da obra financiada.

Divergem os comentaristas da Lei Societária quanto à interpretação do artigo 56. Uns apoiam a ideia de que o juro fixo terá que necessariamente ser atribuído ao debenturista, podendo a escritura de emissão oferecer vantagens adicionais, tais como juros variáveis ou participação no lucro.[189] Entende outra corrente que essa foi uma inovação que a Lei Societária introduziu, abrindo a opção para que a debênture possa ser emitida com qualquer das modalidades de remuneração contempladas no artigo 56 da lei societária.[190] Razão assiste a esta última corrente. Fundamentalmente porque a lei assim o permite, não mencionando em momento algum que a debênture deva ser emitida com duas classes distintas de remuneração, uma obrigatória, correspondente aos juros fixos, e outra optativa, remunerada pela variável introduzida pelo artigo 56 da lei societária, quais sejam: juros proporcionais ao lucro.

Em verdade, o vigente texto legal ampliou o leque de opções constante do Decreto n. 177-A/1893, texto básico que regulou a emissão de debêntures até 1976. A antiga lei mandava que os administradores, uma vez autorizada a emissão, deveriam publicar uma série de dados referentes à emissão, dentre eles "o

---

189. Vide CARVALHOSA, Modesto. **Comentários à Lei de Sociedades Anônimas**. Op. cit., v. 1, p. 532, em que afirma que: "Assim, os juros fixos constituem a remuneração básica e indeclinável das debêntures, sendo as demais modalidades acessórias daqueles, com a participação nos lucros da companhia e/ou prêmio de reembolso." No mesmo sentido, p. 531: "Faculta a lei que, além dos juros, poderá a escritura de emissão estabelecer outras vantagens, como a participação nos lucros e prêmios, notadamente o de reembolso. A alusão a juros variáveis constitui acessório do juro fixo estabelecido, consubstanciados aqueles na aceitação, pela comunhão dos debenturistas, de vantagens adicionais aos juros pré-fixados, quando da colocação de novas séries, ou de debêntures em tesouraria". Vide, também, MARTINS, Fran. **Comentários à Lei das S.A.** Op. cit., v. 1, p. 333: "Mesmo variáveis, deve ser sempre fixada uma taxa mínima de juros a serem abonados aos mutuantes, já que, como se disse, em se tratando de um empréstimo de natureza comercial, não é concebível que quem fornece o capital não tenha direito a uma remuneração do mesmo."
190. Vide TEIXEIRA, Egberto Lacerda; GUERREIRO, José Alexandre Tavares. **Das sociedades anônimas no Direito brasileiro**. Op. cit., v. 1, p. 352: "Nos termos do art. 56, a debênture poderá assegurar ao seu titular juros (fixos ou variáveis), participação no lucro da companhia e prêmio de reembolso. Essas três modalidades de rendimentos são facilitativas, podendo acumular-se ou não." Muito embora discordando da orientação da lei, por entender que "[...] sob o aspecto psicológico apresenta a desvantagem de esgarçar-se a consistência do título, descaracterizando-o", entende José Edwaldo Tavares Borba que a legislação societária criou várias alternativas de remuneração da debênture, prescindindo da remuneração fixa como elemento essencial à validade de sua emissão. (BORBA, José Edwaldo Tavares. Debêntures. **Revista de Direito Mercantil, Industrial, Econômico e Financeiro**. Op. cit., p. 140, item 8).

número e o valor nominal das obrigações, cuja emissão se pretende, com o juro correspondente a cada uma, assim como a época e as condições da amortização ou do resgate, e do pagamento dos juros".[191] A colocação de debêntures significa a realização de um contrato de mútuo, o qual, segundo a definição do Código Civil, caracteriza-se por ser um empréstimo de coisa fungível, no qual, destinando-se a fins econômicos, "presumem-se devidos juros".[192] O juro é a remuneração do capital mutuado, sendo tradicionalmente cobrado sob a forma de uma remuneração fixa, mas, enquanto mecanismo de pagamento pela utilização de capital de terceiro, nada impede que seja contratado sob uma forma variável em função do acordado entre mutuante e mutuário. Assim, no que diz respeito às debêntures, além da razão suficiente da existência de lei específica, nada obsta, teoricamente, a existência de um valor mobiliário de dívida com remuneração variável. Tanto essa colocação é correta que, quando da discussão do então projeto de lei, foram apresentadas duas emendas tendentes a que a debênture fosse um valor mobiliário que remunerasse somente com juros fixos ao investidor.[193] Os autores do anteprojeto entenderam de forma diferente, na medida em que deram aos acionistas o direito de escolha, ao entenderem que a liberdade contratual servia melhor aos interesses da sociedade, como de fato serve.[194]

8.6.20 Cédula de debêntures

Este valor mobiliário, de baixíssima utilização pelo mercado financeiro, nasce com a edição da Lei n. 6.404/1976 batizado com a hermética denominação de "cédula pignoratícia de debênture", referindo-se ao penhor enquanto

---

191. Artigo 2º, inciso 5º, do Decreto n. 177-A, de 15 de setembro de 1893.
192. Vide artigos 548 e 591 do Código Civil.
193. Nesse sentido foram apresentadas duas críticas de parlamentares ao projeto, as quais propunham a não aprovação da debênture participativa. A primeira, de Wilmar Dallahol, propôs que a debênture "Como título característico de empréstimo — e não de capital de risco — não cabe a previsão de distribuição de lucro, mas tão somente juros e no máximo algum prêmio, que lhe são a remuneração peculiar". No mesmo sentido propôs Siqueira Campos, por entender que "[...] a debênture é papel correspondente a empréstimo, da sociedade. Os seus subscritores são atraídos pelos juros, que são a sua remuneração característica. [...] Atribuir às debêntures também parte do lucro da empresa seria conceder aos portadores de tais títulos vantagens superiores àquelas de que são titulares os acionistas [...] A lei não deve estimular excessivamente os portadores de títulos de empréstimos e desestimular o investidor no capital de risco, porque isso poderia criar dificuldades à subscrição do capital da empresa". (LIMA, Paulo C. A. **Sociedade por ações**: crítica-exegese. Rio de Janeiro: Trabalhistas, 1977, v. 1, p. 82).
194. "Toda nova regulamentação de debêntures visa tornar atraente esse título, e permitir à companhia — que necessite recursos para a sobrevivência ou expansão de seus negócios — possibilidade de mobilizar poupança a longo prazo, e até sem prazo (debênture perpétua). O juiz das condições de emissão serão os próprios acionistas (a companhia) e uma eventual participação nos lucros pode ser elemento fundamental para obter tomadores, com redução dos juros prefixados." Vide LIMA, Paulo C. A. **Sociedade por ações**. Op. cit., p. 83.

garantia que as cédulas detinham, em face de terem como colateral pignoratício as próprias debêntures. Muito embora não discutido à época, essas cédulas são contratos derivados da garantia original, na medida em que são emitidas como ativo subjacente às debêntures. Desta feita, os estudiosos do mercado de valores mobiliários certamente estudarão este instituto sob esta nova ótica; enquanto os estudiosos de finanças poderão pesquisar sua baixíssima utilização pelas entidades financeiras.

Hermetismo à parte, a utilização do penhor na denominação do valor mobiliário trouxe consigo uma contradição com a figura do penhor constante do Código Civil brasileiro. É que, conforme já visto acima, o penhor implica a transferência do bem apenhado ao credor até final extinção da obrigação, ressalvadas as hipóteses expressamente excluídas, como ocorre com o penhor agrícola e o penhor pecuário.

Disso resultou que, como o artigo 72 da Lei das Companhias não excepcionou a regra geral do Código Civil, restou que, para ficar conforme o mandamento legal, o devedor (a instituição financeira emitente da então cédula pignoratícia de debênture) deveria entregar ao credor adquirente das cédulas as suas garantias (isto é, as próprias debêntures). Em síntese, obedecido o Código Civil, a instituição financeira emitente da cédula deveria entregar as debêntures em garantia, ficando responsável pela liquidação de seu débito junto aos credores cedulares.

Tal incongruência já havia sido notada, à época da discussão do projeto, pelo saudoso mestre Mauro Brandão Lopes, quando ressaltou que:

> [...] por constituir exceção à regra geral, todo penhor sem desapossamento deve vir previsto expressamente em lei, não se podendo evidentemente tomar como implícita a modalidade excepcional, sob pena de inutilização do instituto. [...] no caso da cédula pignoratícia de debênture, não traz a lei referência alguma à cláusula *constituti*, concluindo-se da menção simples e direita ao penhor que está ele sob a regra geral do desapossamento do devedor [...].[195]

Mesmo o Banco Central, conforme nos conta Modesto Carvalhosa, já alertava sobre a dificuldade, anotando que "não tendo a lei especial societária expressamente excepcionado a regra geral estabelecida no art. 1.431 do Código Civil de 2002, o objeto dado em penhor, ou seja, as debêntures, deveriam ser entregues ao credor, juntamente com as cédulas pignoratícias".[196]

Tal incompatibilidade só foi afastada com a edição da Lei n. 9.457/1997, a qual aboliu do instituto o seu qualificativo enquanto garantia pignoratícia, retirando da

---

195. LOPES, Mauro Brandão. **S.A.**: títulos e contratos novos. São Paulo: Revista dos Tribunais, 1978, p. 67.
196. Vide CARVALHOSA, Modesto. **Comentários à Lei de Sociedades Anônimas**. Op. cit., v. 1, p. 940.

cédula de debênture, em decorrência, a obrigação de a instituição financeira devedora ter que entregar ao subscritor e credor cedular as debêntures originadoras do mútuo secundário e subjacente. Ou seja, a instituição financeira continuou a ser garantidora do pagamento ao credor cedular, não mais dotando o mútuo da garantia real então existente, e sem ter a obrigação de entrega das debêntures ao credor cedular.

Este valor mobiliário tem por propósito habilitar a reconstituição do caixa das entidades financeiras em face dos montantes gastos com a subscrição de debêntures por elas subscritas. Assim, com a colocação das cédulas de debêntures junto ao mercado as instituições financeiras repõem o montante utilizado para a aquisição do ativo principal com a colocação junto ao público do ativo subjacente.

Dentro do ordenamento legal, as cédulas nasceram com a obrigação de serem emitidas necessariamente sob a forma ao portador ou endossável. Tal obrigação foi derrogada com a edição da Medida Provisória n. 165/1990, convertida na Lei n. 8.021/1990, que, em seu artigo 2º, dispôs que "A partir da data de publicação desta lei fica vedada: I – a emissão de quotas ao portador ou nominativas-endossáveis, pelos fundos em condomínio; II – a emissão de títulos e a captação de depósitos ou aplicações ao portador ou nominativos-endossáveis". Dessa feita, as cédulas de debêntures passaram necessariamente a ser emitidas sob a forma nominativa, sendo seu registro feito sob a forma escritural ou não. Esta alteração específica foi inserida no corpo da Lei das Companhias com a edição da Lei n. 9.457/1997, alterando especificamente o parágrafo 1º do artigo 72, ao comandar que "a cédula será nominativa, escritural ou não".

Por ser um valor mobiliário de emissão exclusiva por instituição financeira, bem como pelo fato de ter sido desenhada para ser ofertada ao público, pode-se concluir que forçosamente deve a cédula ser emitida sob a forma escritural. Desta feita, a própria emitente poderá ser a instituição depositária, bem como a detentora do respectivo livro com a inscrição dos proprietários das cédulas. Diante disso, fica razoavelmente sem sentido todo o parágrafo 1º do artigo 72 da Lei das Companhias, que parte da possibilidade de emissão da cártula, na medida em que o parágrafo 2º estabelece as declarações obrigatórias que o título deverá conter. Se sua utilidade é mínima, mal não faz a sua manutenção, já que ninguém pode prever as demandas do mercado em um futuro remoto.

Como acima já discutido, as cédulas de debêntures têm por finalidade refazer o caixa da instituição financeira que adquiriu debêntures de emissão de outra companhia. O mecanismo em si é útil, na medida em que, ao se colocar junto ao mercado as cédulas, o risco de crédito do emitente da debênture é assumido como risco da instituição financeira emitente das cédulas de debêntures. Tal fato permite que a instituição financeira emitente das cédulas capte recursos financeiros mais baratos, pagando à companhia emitente com algum deságio por estar assumindo um risco possivelmente maior. Esse ganho, nascido das diferentes percepções de risco entre o emitente da debênture e o emitente da cédula, tende a produzir um ganho para a instituição financeira, além de repor seu caixa, propiciando recursos para novas operações.

Entretanto, as cédulas de debêntures propiciam o nascimento de um duplo comando das autoridades governamentais. Isto porque, se de um lado as instituições financeiras estão vedadas de emitirem debêntures, de outro a elas foi atribuída a competência exclusiva para a emissão das cédulas de debêntures. Isto significa que o ativo matriz (a debênture) e o ativo subjacente (a cédula) são regulados e fiscalizados por autoridades governamentais distintas. Ou seja, as cédulas são valores mobiliários de emissão exclusiva das instituições financeiras, fundamentalmente bancos, os quais passam a ser fiscalizados, neste aspecto, pela CVM, e não pelo Banco Central. Mas, como a política de endividamento e de assunção de risco pela companhia financeira passa pelo crivo do Banco Central, de tal fato decorre que, mais direta do que indiretamente, a autoridade monetária também passará a fiscalizar as cédulas emitidas, na medida em que elas representam um exigível da instituição emitente.

Existem vários contratos ofertados ao público pelas instituições financeiras destinados à captação de recursos junto ao público e que tangenciam ou interpenetram os contornos distintivos das cédulas de debêntures, gerando dúvida quanto a qual autoridade administrativa deve o emitente prestar contas. Essa eventual interpenetração decorre do fato simples de que as normas criam denominações distintas para situações muito parecidas, todas partindo do mesmo fato básico, qual seja, que a intermediação financeira tem por escopo atrair recursos financeiros dos poupadores para os tomadores.

Neste sentido, temos que, de um lado, a emissão dos Certificados de Depósito Bancário (CDB) ou das Letras de Crédito Imobiliário (LCI) são maneiras de os bancos captarem recursos junto ao público; o primeiro apresentando uma proposta de captação sem finalidade específica, como ocorre com a captação de recursos através da emissão de cédulas de debêntures; já as LCI são emitidas com a finalidade especifica de prover o crédito ao setor da construção civil. A única distinção básica entre uma cédula de debênture e um CDB está ancorada no bem no qual o ativo subjacente se apoia para garantir eventualmente a extinção da obrigação creditícia. Porém, ambos são débitos de responsabilidade da instituição financeira emitente, cujos recursos são captados sem destinação específica, gozando ambas da mesma garantia e do mesmo garantidor.

Exemplo dessa interpenetração pode ser visto na consulta formulada pelo Unibanco,[197] na qual indaga a posição da CVM sobre a emissão de cédulas de debêntures:

> [...] lastreadas em debêntures que mantém em sua carteira, com "garantia própria", de acordo com o art. 72 da Lei 6.404/76 e demais disposições legais e regulamentares pertinentes (Resolução CMN 1.825/91 e Circular BACEN 1.967/91); a referida regulamentação autoriza a emissão das Cédulas independentemente de prévia manifestação do Banco Central do Brasil, desde que atendidos os requisitos regulamentares.
> [...] g. as Cédulas diferem dos CDBs em apenas três aspectos, sendo equivalentes em todos os demais: (i) as Cédulas seriam consideradas valores mobiliários, conforme previsto no art. 2.º, IV, da Lei 6.385/76 (porém apenas as Cédulas Vinculadas, conforme exposto abaixo, estariam sujeitas ao regime geral dos valores mobiliários); (ii) as Cédulas têm um limite de emissão atrelado à carteira de debêntures da instituição financeira; (iii) por não ser uma captação por meio de depósito, as Cédulas não estão cobertas pelo Fundo Garantidor de Créditos — FGC;
> h. as Cédulas também são muito parecidas com as Letras de Crédito Imobiliário ("LCI"), pois representam obrigação própria de instituição financeira emissora, tendo por base um lastro [...]; como tais, a Cédula e a LCI são formas de captar recursos junto ao público sujeitas a limite de emissão específico, vinculado ao seu lastro; no caso da LCI, o lastro são as operações de crédito imobiliário; nas Cédulas, as debêntures em carteira [...].
> l. as Cédulas, porém, resolvem dois grandes problemas das instituições financeiras [...]: (i) fracionamento das debêntures; e (ii) percepção de risco do cliente; as Operações Compromissadas só podem ser feitas com debênture inteira; assim, se o preço unitário for R$ 1.000,00, o cliente só poderá fazer operações múltiplas de mil [...], o que dificulta muito a utilização das debêntures em carteira de instituição financeira como forma de captação por meio de Operação Compromissada; as Cédulas podem ser emitidas em qualquer valor, atendendo às expectativas dos clientes de utilizar todo o valor que ele tem disponível para aplicação.

Para a realização da operação objeto da consulta, a instituição financeira vislumbrou que as Cédulas poderiam, quando emitidas, ser de dois gêneros: (i) as cédulas não vinculadas e (ii) as cédulas vinculadas. Essa divisão, no entender do consulente, se caracterizaria pelo fato de que as cédulas vinculadas seriam aquelas dotadas de garantia própria, não sendo o risco da cédula "inteiramente o risco da instituição financeira". Neste caso, o que garantiria o pagamento das cédulas seria o pagamento da debênture, situação na qual a instituição financeira não teria responsabilidade pelo adimplemento da obrigação cedular. Ao contrário, as cédulas não vinculadas representariam integralmente o risco da instituição financeira

---

[197]. Vide Processo Administrativo CVM RJ 2006/8566.

emissora das cédulas de debêntures, independentemente do pagamento do juro ou do principal pelo emitente da debênture.

A distinção entre cédulas vinculadas e não vinculadas, no entender do Unibanco, teria suporte na capacidade que as instituições financeiras têm para realizarem operações vinculadas ativas.[198] Nessas operações, conforme determina a Resolução CMN n. 2.921/2002, em seu artigo 1º, parágrafo 1º, "não pode ser prestada qualquer tipo de garantia pela instituição financeira contratante ou por pessoa física ou jurídica a ela ligada que componha o consolidado econômico financeiro [...]".

Ou seja, o Unibanco vislumbrou a possibilidade de estabelecer uma dicotomia entre a cédula de debênture vinculada e a não vinculada, cotejando, lado a lado, o artigo 72 da Lei das Companhias com o preceito contido na Resolução n. 2.921/2002 do Conselho Monetário Nacional, muito embora ambas pertençam a estágios hierárquicos distintos — além de a Lei mencionar expressamente que a garantia da cédula de debênture é sempre e necessariamente dada pela instituição financeira emitente das mesmas. Dessa cisão conceitual, conclui o Unibanco que, se a garantia das cédulas fosse exclusivamente dela, nasceria, de tal peculiaridade, a competência regulatória da CVM. Caso a cédula de debênture, emitida pela instituição financeira, tivesse como única garantia o pagamento das próprias debêntures depositadas na instituição financeira, a responsabilidade normativa seria do Banco Central.

Em resumo, pode ser dito que a nova tipologia apresentada pelo Unibanco dividiu as cédulas de debêntures em duas categorias, claramente não previstas no artigo 72 da Lei das Sociedades Anônimas, a saber: cédulas em que só as debêntures seriam a garantia de pagamento e aquelas outras cédulas de debêntures que teriam a garantia da instituição financeira emitente das cédulas, caso as debêntures não fossem honradas pela companhia emitente quando do vencimento.

Finalmente, disse o Unibanco que tais cédulas de debêntures sem sua garantia escapariam ao poder regulatório da CVM na medida em que o valor mobiliário não seria objeto de oferta pública, mas somente a seus clientes. No caso, o acesso ao mercado inexistiria, na medida em que:

> [...] as Cédulas Não-Vinculadas serão emitidas individualmente, para cada cliente do Unibanco, com valores, prazos e taxas variáveis conforme a demanda e perfil de investimento dos clientes, sem que haja a menor possibilidade de formação de mercado secundário das Cédulas Não-Vinculadas; o fato de serem emitidas em data, prazo e valores diferentes faz com que elas percam a fungibilidade; ou seja, cada Cédula tem que ser analisada pelo investidor [...].

---

198. Vide Resolução n. 2.921/2002 do Conselho Monetário Nacional.

Após, o pedido foi encaminhado à Procuradoria Federal Especializada, tendo o procurador Daniel Schiavoni Miller manifestado seu entendimento no sentido de que:

> [...] a. entendemos falecer fundamento legal para a emissão do título questionado, "cédula não-vinculada", à luz do artigo 72 da Lei 6.404/76, que cuida de cédulas vinculadas a debêntures, e da Resolução CMN 2.921/2002, que trata de operações ativas realizadas por instituição financeira;
> b. as cédulas vinculadas, desde que publicamente ofertadas, são valores mobiliários, face ao disposto no art. 2.º, IV, da Lei 6.385/76, muito embora se sujeitem a uma disciplina própria, que foge à competência desta Comissão, porquanto seja um título admitido no âmbito do mercado financeiro, sujeitando-se assim à fiscalização levada a efeito pela autoridade monetária, por força do disposto no art. 2.º, § 1.º, II, do mesmo diploma legal;
> [...] e. outrossim, inviabilizado está o enquadramento no art. 2.º, XI, da Lei 6.385/76, pela ausência de padronização dos títulos ofertados, além da ausência de colocação junto ao público investidor em geral, visto que têm por destinatários investidores específicos;
> f. conclui-se que: (i) as cédulas vinculadas, desde que publicamente ofertadas, são valores mobiliários, muito embora se sujeitem ao pálio regulatório do BACEN; (ii) as cédulas não-vinculadas não encontram fundamento nem nas Leis 6.404/76 e 6.385/76, nem na Resolução CMN 2.921/2002, para sua emissão; e (iii) em virtude das considerações retro, resta prejudicada a análise à luz do disposto no art. 5º, II, da Instrução CVM 400/03.

O procurador-chefe em exercício, José Eduardo Guimarães Barros, discordando da conclusão acima, registrou que:

> [...] b. analisando o art. 72 da LSA, vislumbro a plena adequação do título ora emitido ao tipo legal, independentemente da sua nomenclatura (vinculada ou não-vinculada);
> c. conforme o art. 72 da LSA, são requisitos da Cédula de Debênture: (i) a emissão por instituição financeira autorizada pelo Banco Central do Brasil a operar tal instrumento, (ii) que a cédula seja lastreada em debêntures, (iii) que a cédula possua garantia própria, (iv) que a cédula confira aos seus titulares direito de crédito contra o emitente (da cédula, ou seja, contra a instituição financeira), e (v) que na cédula estejam previstos seu valor nominal e a taxa de juros;
> d. presentes, s.m.j., tais requisitos na proposta trazida pela consulente; [...].

A consulta foi relatada ao Colegiado pela então diretora, Maria Helena dos Santos Fernandes de Santana, cujo voto foi aprovado pela Diretoria da CVM. O voto diretor foi no sentido de que:

> 1. Entendo que a colocação de cédulas de debêntures, títulos previstos no art. 72 da Lei 6.404/76, pode sujeitar-se ao poder regulatório da CVM, já que a Lei 10.303/01

expressamente incluiu as cédulas de debêntures no rol dos valores mobiliários sujeitos ao regime da Lei 6.385/76:

"Art. 2º São valores mobiliários sujeitos ao regime desta Lei: [...] IV - *as cédulas de debêntures*; [...] IX - quando ofertados publicamente, quaisquer outros títulos ou contratos de investimento coletivo, que gerem direito de participação, de parceria ou de remuneração, inclusive resultante de prestação de serviços, cujos rendimentos advêm do esforço do empreendedor ou de terceiros."

2. Destaco que a Lei 10.303/01 é posterior tanto à Lei 6.404/76 (que em seu art. 72 instituiu as então chamadas "cédulas de debêntures pignoratícias") quanto à Lei 9.457/97 (que modificou a redação do art. 72 da Lei 6.404/76, passando a tratar os títulos apenas como "cédulas de debêntures"), não cabendo dúvida, portanto, sobre a possibilidade de as cédulas se sujeitarem à regulação da CVM.

3. Ressalto também que a inclusão das cédulas de debêntures no art. 2.º, IV, da Lei 6.385/76 ocorreu ao mesmo tempo em que a Lei 10.303/01 manteve a disposição consignada no § 1º da Lei 6.385/76, segundo a qual estão excluídos do regime da Lei da CVM os títulos da dívida pública, bem como os títulos cambiais de responsabilidade de instituição financeira, exceto as debêntures.

"Art. 2º [...] § 1º Excluem-se do regime desta Lei: I - os títulos da dívida pública federal, estadual ou municipal; II - os títulos cambiais de responsabilidade de instituição financeira, exceto as debêntures."

4. Nesse sentido, não vejo antinomia, tal como pretendido pelo Unibanco, entre o art. 2º, IV, da Lei 6.385/76 e o § 1º, II, do mesmo art. 2º. Pelo contrário, vejo que a Lei estabeleceu, como regra geral, que os títulos cambiais bancários não se sujeitam ao regime da Lei 6.385/76. Como regra especial, entretanto, a Lei claramente consignou a possibilidade de as cédulas de debêntures se sujeitarem à regulação da CVM.

5. Ou seja, a Lei 10.303/01 claramente deu tratamento particular às cédulas de debêntures, muito provavelmente por elas manterem estreita relação com as debêntures, títulos tradicionalmente negociados no mercado de capitais, e expressamente submetidos à supervisão da CVM, mesmo quando emitidos por instituições financeiras. Consoante a atual redação dada ao art. 72 da Lei 6.404/76 pela Lei 9.457/97, as cédulas de debêntures têm nas debêntures o lastro para a sua emissão, ainda que as debêntures não sejam prestadas como garantia das cédulas.

6. Assim, parece-me inadequado o entendimento do consulente, que iguala o tratamento que deve ser dado às cédulas de debêntures e aos títulos cambiais bancários em geral, eximindo sempre a colocação das cédulas da sujeição ao regime da Lei 6.385/76. Essa interpretação, a meu ver, tornaria sem sentido o art. 2º, IV, da Lei 6.385/76, ao passo que, conforme referido, o legislador expressamente consignou a possibilidade de as cédulas de debêntures se sujeitarem à atuação regulatória da CVM.

7. Nesse passo, a identificação da sujeição ou não ao regime da Lei 6.385/76 dependerá do exame dos meios utilizados para a colocação das cédulas de debêntures, como ocorre com todos os valores mobiliários. As cédulas se sujeitarão ao poder regulatório da CVM desde que sua colocação caracterize oferta pública. Nada diferente, aliás, do que acontece às ações e às debêntures, cuja colocação pode ser pública ou privada, interessando

à CVM apenas a pública. Esse, aliás, é o desenho regulatório traçado desde sempre pela Lei 6.385/76 e pela Lei 6.404/76.

Lei 6.385/76: "Art. 19. Nenhuma *emissão pública* de valores mobiliários será distribuída no mercado sem prévio registro na Comissão."

Lei 6.404/76: "Art. 4º [...] § 2º Nenhuma *distribuição pública* de valores mobiliários será efetivada no mercado sem prévio registro na Comissão de Valores Mobiliários."

8. Em outras palavras, há que se verificar se as cédulas de debêntures, no caso concreto, estão ou não sendo objeto de oferta pública aos investidores. Verificando-se oferta pública, entendo que as cédulas de debêntures serão valores mobiliários sujeitos ao regime da Lei 6.385/76. Por outro lado, não restando caracterizada oferta pública de cédulas de debêntures, a colocação será privada, não havendo que se falar de sujeição à Lei 6.385/76 ou de necessidade de prévio registro na CVM.

9. No caso concreto, o Unibanco informa que a distribuição de suas Cédulas de Debêntures será feita caso a caso, em lotes únicos, indivisíveis e junto a investidores específicos (com data, prazo e remuneração diferentes). Seguirá, portanto, o perfil de investimento de cada cliente, não existindo sequer a possibilidade de comunhão de interesses entre investidores.

10. Além disso, o Unibanco informa que não haverá mercado secundário para negociação dos títulos, pois as cédulas de debêntures terão sua negociação bloqueada na CETIP ou na BOVESPAFIX (segundo o Unibanco, a circulação ficará restrita aos casos de dissolução de matrimônio, herança e ordem judicial ou administrativa). As cédulas, portanto, serão títulos ilíquidos, infungíveis, que poderão ser negociados apenas privadamente, ou pelo próprio Unibanco.

11. Diante dessas características, que revelam que as cédulas não adquirirão as tradicionais características de títulos de investimento coletivo (fungibilidade, mercado secundário, comunhão de interesses), entendo que a venda dos títulos descrita na consulta do Unibanco não caracteriza oferta pública de cédulas de debêntures. Conseqüentemente, a colocação das cédulas, nos moldes propostos, não se sujeita ao regime da Lei 6.385/76 e, portanto, ao prévio registro na CVM. Ou, conforme as próprias palavras da SRE, "se as condições de emissão são pactuadas individualmente, o título deixa de apresentar as características que permitem sua utilização para fins de apelo ao público."

12. Esclareço, todavia, que minha conclusão não se fundamenta nem no disposto no art. 5º, II, da Instrução 400/03 (como pretende o consulente), nem no disposto no art. 3º, § 1º, da mesma Instrução 400/03 (como pretende o parecer do jurista Luiz Leonardo Cantidiano), mas sim na análise da colocação como um todo. Os dispositivos referidos, a meu ver, não conduzem isoladamente à conclusão de que se trata de oferta privada. Quanto ao primeiro dispositivo, vejo que o Unibanco não pretende colocar um único lote indivisível de cédulas, o que afasta a aplicação da referida regra ao caso. Quanto ao segundo dispositivo, entendo que a relação entre os bancos e seus clientes (relação geralmente de massa) não traduz a prévia relação comercial de que trata o art. 3º, § 1º, da mesma Instrução 400/03, cuja aplicação parece exigir maior proximidade comercial entre emissor e tomador de títulos.

13. Faço ainda notar que a presente manifestação pressupõe que sejam mantidas todas as características informadas pelo Unibanco sobre a colocação das cédulas de debêntures. Verificando-se qualquer mudança nas características da colocação, é possível que a CVM nela identifique as características de uma oferta pública de distribuição de valores, submetendo o emissor ao regime da Lei 6.385/76, bem como ao prévio registro de emissão na CVM.

(Conclusão)

14. Diante do exposto, voto no sentido de responder à consulta que: a) as cédulas de debêntures, quando ofertadas publicamente, são valores mobiliários que se sujeitam ao regime da Lei 6.385/76 (art. 2º, IV, da Lei 6.385/76); b) no caso concreto, a colocação de cédulas de debêntures, nos estritos moldes propostos pelo Unibanco, não caracteriza oferta pública de valores mobiliários, não estando sujeita, portanto, ao regime da Lei 6.385/76 e, por conseqüência, ao prévio registro de emissão previsto na Instrução CVM 400/03.

15. O Unibanco solicita que seja dado tratamento confidencial a esta consulta, por se tratar de produto inédito no mercado financeiro, preservando assim seu interesse comercial. Entendo que não se pode conferir esse tratamento neste caso, pois omitir a divulgação da decisão da CVM no interesse do participante, e não no interesse geral do mercado, fere o princípio da impessoalidade. Em princípio, toda decisão da CVM é pública. Quando se trata de consulta envolvendo operações a serem conduzidas por companhias abertas, por outro lado, a própria norma que trata da divulgação de informações dessas companhias — editada pela CVM — prevê a possibilidade de exceção à divulgação ampla.

16. Finalmente, sugiro que seja dado conhecimento dessa decisão ao Banco Central do Brasil, cabendo à CVM, nesta oportunidade, sugerir à referida autarquia que seja revisitada a legislação que trata das cédulas de debêntures, em especial a Circular BACEN 1.967/91, já que o referido normativo ainda trata de "cédulas de debêntures pignoratícias", em descompasso portanto com a nova redação do art. 72 da LSA, dada pela Lei 9.457/97.

Da análise dos argumentos apresentados pela instituição financeira consulente, pela área técnica, bem como pela decisão do Colegiado, nota-se que a discussão das características de uma oferta pública, em face da operação de oferta aos clientes da instituição financeira, ficou ofuscada pelo debate sobre as características distintivas entre a cédula vinculada e a cédula não vinculada.

Porém, como mencionado nas quotas da Procuradoria Especializada da CVM, bem como no parecer subscrito por Luiz Leonardo Cantidiano, é de se ter em mente que o assunto pode ter um desenvolvimento um pouco mais alentado, na medida em que os dois pilares geradores da competência normatizadora e fiscalizatória da CVM são: (i) o que é ofertado tem que ter as características de um valor mobiliário e, (ii) esse valor mobiliário terá que ser objeto de uma oferta pública; ambas situações previstas em lei.

Neste sentido poder-se-ia destacar que os principais fatos trazidos à consulta defendem que: (i) as cédulas só serão ofertadas aos clientes da instituição financeira em suas agências; ou seja, a um universo determinado de pessoas com os quais a instituição financeira mantém vínculo; e (ii) as transferências entre os clientes, eventualmente feitas, serão privadas, sem a utilização de qualquer mecanismo de mercado.

Uma das principais razões para a criação do controle governamental ao acesso ordenado à poupança disponível é a de buscar evitar erros dos investidores por falta de clareza quanto à real estrutura negocial do ativo que é oferecido. Essa é a razão básica da obrigatoriedade do *disclosure* mínimo estabelecido pelo regulador estatal. Essa precaução ocorre, inclusive, no que diz respeito a todos os contratos de investimento ou compra em que a oferta possa atingir a um grande número de potenciais adquirentes. Esse é um dos motivos fundamentais que historicamente justificaram a criação de organismos governamentais com poderes normatizadores, fiscalizadores e punitivos aos transgressores. É diante desse pano de fundo que se pode analisar o alcance do artigo 19, § 1º, da Lei n. 6.385/1976, o qual comanda que: "São atos de distribuição, sujeitos à norma deste artigo, a venda, promessa de venda, oferta à venda ou subscrição, assim como a aceitação de pedido de venda ou subscrição de valores mobiliários, quando os pratiquem a companhia emissora, seus fundadores ou as pessoas a ela equiparadas".

Esse mesmo artigo, em seu parágrafo 3º, comanda que: "Caracterizam a emissão pública: I – a utilização de listas ou boletins de venda ou subscrição, folhetos, prospectos ou anúncios destinados ao público; II – a procura de subscritores ou adquirentes para os títulos por meio de empregados, agentes ou corretores; III – a negociação feita em loja, escritório ou estabelecimento aberto ao público, ou com a utilização dos serviços públicos de comunicação."

Com base no dispositivo de lei acima, bem como no parágrafo 5º do mesmo artigo 19,[199] a CVM regulamentou as ofertas públicas através da Instrução n. 400/2003, detalhando em seu artigo 3º a caracterização da oferta pública.[200]

---

199. "Compete à Comissão expedir normas para a execução do disposto neste artigo, podendo: I – definir outras situações que configurem emissão pública, para fins de registro, assim como os casos em que este poderá ser dispensado, tendo em vista o interesse do público investidor [...]".

200. A Instrução CVM 400/2003, em sua versão consolidada, estabelece em seu art. 3º que: "São atos de distribuição pública a venda, promessa de venda, oferta à venda ou subscrição, assim como a aceitação de pedido de venda ou subscrição de valores mobiliários, de que conste qualquer um dos seguintes elementos: I – a utilização de listas ou boletins de venda ou subscrição, folhetos, prospectos ou anúncios, destinados ao público, por qualquer meio ou forma; II – a procura, no todo ou em parte, de subscritores ou adquirentes indeterminados para os valores mobiliários, mesmo que realizada através de comunicações padronizadas endereçadas a destinatários individualmente identificados, por meio de empregados, representantes, agentes ou quaisquer pessoas naturais ou jurídicas, integrantes ou não do sistema de distribuição de valores mobiliários, ou, ainda, se em desconformidade com o previsto nesta Instrução, a consulta sobre a viabilidade da oferta ou a coleta de intenções de investimento junto a subscritores ou

Com base em tais comandos legais, não me parece factível afirmar-se que a oferta se daria somente a um público determinado. Isso porque, na medida em que a oferta seria feita por meio de algum modo de comunicação aos clientes da instituição financeira, já se encontraria ela dentro da caracterização de oferta pública. Também não seria razoável imaginar-se que o valor mobiliário não seria alienado a interessado que buscasse o investimento junto à instituição financeira, mesmo não sendo seu cliente. A venda se daria em estabelecimento aberto ao público, além de ser de difícil conceituação o que seriam "seus clientes". Devemos levar em consideração que, para os clientes de uma grande instituição financeira, já se deve pensar na aplicabilidade do comando legal, tendo em vista a repercussão social na eventual ocorrência de problemas entre os investidores clientes, a companhia emitente e a sociedade em geral.

Finalmente, há que se levar em consideração que o não registro para negociação em um mercado secundário de bolsa ou balcão organizado seja situação impeditiva de negociação do valor mobiliário em um mercado de balcão que prescinda do qualificativo "organizado", conforme o regramento da CVM.

adquirentes indeterminados; III – a negociação feita em loja, escritório ou estabelecimento aberto ao público destinada, no todo ou em parte, a subscritores ou adquirentes indeterminados; ou IV – a utilização de publicidade, oral ou escrita, cartas, anúncios, avisos, especialmente através de meios de comunicação de massa ou eletrônicos (páginas ou documentos na rede mundial ou outras redes abertas de computadores e correio eletrônico), entendendo-se como tal qualquer forma de comunicação dirigida ao público em geral com o fim de promover, diretamente ou através de terceiros que atuem por conta do ofertante ou da emissora, a subscrição ou alienação de valores mobiliários."

capítulo 9
CONTRATOS DERIVADOS

O mercado de valores mobiliários se caracteriza por ser o local onde os agentes investidores e intermediadores buscam retorno sobre o capital investido. Mas é, como consequência, o local onde se assumem riscos de perda parcial, total ou ainda maior do que o investimento feito. Como contrapartida, idealmente, os mercados derivados buscam transferir tais riscos para terceiros que tenham uma percepção diferente do comportamento futuro quanto ao preço de determinado ativo; ou, como no caso dos *swaps*, proporcionar a troca de riscos entre as partes, de sorte a neutralizar ou diminuir o dano ocasionado por variações futuras de preço ou valor.

A denominação dos contratos de *swap*, de opção, futuros ou a termo como espécies do gênero dos contratos derivados surge no mundo jurídico, bem como no universo da regulação governamental, tardiamente. Até então esses contratos eram conhecidos e regulados cada um em seu espaço e denominação específicos, sem qualquer menção ao termo "derivativo". Tal nomenclatura passa a ganhar reconhecimento muito mais em função dos contratos negociados no mercado de balcão do que devido a seus congêneres transacionados nas bolsas de valores ou de futuros.

Desde há muito tempo os contratos de opção, a termo ou futuros já constavam das listas de negociação e do regramento por parte das bolsas de valores. A sua denominação, como muitos outros termos do nosso mercado de valores mobiliários, foi importada do Direito norte americano, sendo que sua definição, nascida durante os anos de 1980, passou a abranger tipos de operação já então há muito praticados.

Desta feita, tais operações realizadas no mercado de balcão, organizado ou não, passaram a ser agrupadas na categoria geral de derivativos, significando o termo genérico que o contrato derivado resulta da existência de um outro contrato primário, o qual dá sustentação econômica e jurídica à obrigação consequente.[1]

---

1. Sobre a evolução dos contratos derivados nos Estados Unidos vide CORDEIRO FILHO, Ari. Os derivativos

Os contratos derivados, além de abrangerem as categorias já conhecidas e acima mencionadas, ensejam a preocupação quanto a saber quais os tipos de contratos primários, em espécie, que podem ser objeto de internalização no Direito pátrio, dentre as categorias importadas das economias centrais.

É dentro desse cenário e cronologia tardios que tais contratos derivados são mencionados pela primeira vez com tal denominação, na decisão da disputa entre a American Stock Exchange e a Commodity Futures Trading Commission.[2] Já no vocabulário da Commodity Futures Trading Commission (CFTC) só em 1987, em sua Sinopse de Proposta de Regulação, é que surge o termo "híbrido".[3] Em 1992, o Congresso norte-americano, ao debater sobre o aumento da competência da CFTC, em cooperação com a SEC, produziu um amplo estudo sobre os *swaps* negociados no mercado de balcão, concluindo que "seria útil, para a criação da legislação referente ao mercado dos produtos financeiros derivados, adquirir informações mais profundas e específicas a seu respeito do que a atualmente disponível".[4]

Em 1994, a SEC, em analisando o termo "derivativo", ao examinar os fundos mútuos, estabeleceu a primeira definição de produtos derivados como sendo:

> Um instrumento cujo valor é baseado sobre ou derivado de um índice, subjacente (*e.g.*, juros, valor de troca de moedas, valor mobiliário, *commodity* ou outro ativo). [O termo] "Derivativo" pode cobrir uma ampla variedade de instrumentos, e o debate público relativo ao tema, trazido pelos derivativos, é muitas vezes complicado pela imprecisão relativa a contratos levantados em face de aspectos particulares.[5]

---

e a legislação comparada. **Resenha BM&F**, n. 101, p. 45-71, set./out. 1994. Disponível em: <http://www2.bmf.com.br/cimConteudo/W_ArtigosPeriodicos/00270305.pdf >.

2. Neste julgado, definiu o Juiz Winfeld que *"When exercised, options on physicals lead to the delivery of the physical commodity itself thus they are 'first derivative' instrument but one step removed from the underlying commodity. Options on futures are 'second derivative' instruments which give rise only to delivery of a futures contract, a contractual undertaking which can be transferred to third parties to buy or sell a fixed amount and grade of a certain commodity on some specific date."* (528 F.Supp. 1145 (U.S.D.C.S.D.N.Y. 1982). Vide SWAN, Edward J. **The Building of the Global Market**: a 4000 Year History of Derivatives. Londres: Kluwer Law International, 1999, p. 5.

3. *"The proposed definition of 'hybrid instrument' set forth in the section 34.1(b) is drafted to include debt depository instruments having a commodity component that is not severable from the instruments as a whole. The definition is designed to make clear that 'hybrid instruments' are interest that combine non-severable options or futures-like interest with other interest"* (SWAN, Edward J. **The Building of the Global Market**. Op. cit.).

4. House of Representatives Conference n. 102-987, 102d Cong. 2dSess. 83 (1992).

5. SECURITIES AND EXCHANGE COMMISSION. Division of Investment Management. **Mutual Funds and Derivatives Instruments**, 26 set. 1994.

Na Inglaterra, só na metade da década de 1990 é que o termo entra no mundo jurídico, por meio do Financial Law Panel.[6]

Assim, temos hoje que o derivativo, segundo a definição comumente aceita, é um contrato reflexo, representativo de um segundo bem antecedente ou subjacente dotado de valor econômico.[7] Disso decorre que tudo o que acontece em relação ao valor do primeiro ativo se reflete automaticamente no contrato derivado ou subjacente. Ou seja, seu valor deriva sempre das condições econômicas do primeiro.

Em realidade, ele é um instrumento de ressecuritização do bem antecedente que lhe atribui interesse e conteúdo econômico. O contrato derivado tem uma de duas razões para sua emissão, sempre ligadas a um interesse de ordem econômica. Ou é um instrumento de defesa contra a variação de preço ou é um contrato especulativo. A diferença reside na existência ou não do valor mobiliário subjacente a ser protegido.

Por isso, entendo que a caracterização econômica dos contratos derivados decorre não da existência de um ativo subjacente a outro originário. Na verdade, os contratos derivados encontram sua razão de existência na expectativa de descasamento de preços de um mesmo ativo, quando considerados dois tempos distintos, a saber, o da contratação e o da conclusão do contrato. Disso decorre que os instrumentos derivados são muito mais propícios aos negócios de renda variável ou de valor variável no tempo do que os instrumentos de renda fixa. Estes têm uma enorme previsibilidade quanto à remuneração devida no tempo, bem como já está predeterminada a época do pagamento do principal pelo resgate.

Esta é a razão pela qual a cédula de debênture, embora seja um valor mobiliário derivado de uma debênture, não é considerada no mundo dos investidores como um contrato exequível, a não ser que a cédula seja objeto de uma opção, termo ou contrato futuro, cuja variação de preço no tempo venha a ocorrer muito mais em função da solvabilidade da emitente do que em função da fração da remuneração fixa atribuída ao valor mobiliário subjacente. É a variação de valor que ocorre entre a contratação e a época do vencimento que permite a possibilidade do

---

6. *"At its widest, a 'derivative' can be taken to mean any obligation which is identified by reference to another obligation. Thus, an option to buy an equity is a derivative of an equity, which is itself a chose in action. For present purpose, we think this definition is too wide to be helpful. Accordingly, we use the term to mean a chose in action under which sums will be, or may in a specific circumstance become, payable between one party and another. The amount payable will often, but not always, vary according to a formula or other objective external factors."* (SWAN, Edward J. Transactions in Derivatives Legal Obligations of Banks to Customers: a Discussion Paper. **Financial Law Panel**, p. 11-12, maio 1995).

7. *"Although it is true that many derivatives derive their value from the underlying asset(s), it is also true that, at certain times in particular markets, their price or value of the underlying derives from their related derivative. An example of this phenomenon is where trading in futures contracts over an index of shares affects the value of the shares comprised in the index without the shares themselves being traded. This poses the question: which product is the underlying and which is the derivative."* (BROWN, Claude. How to Recognize a Derivative. **International Financial Law Review**, p. 28-29, maio 1995, p. 28).

hedge ou da especulação, razão econômica que justifica a existência dos contratos derivados.

Os contratos derivados, desta feita, são ativos criados tendo como suporte econômico algum ativo financeiro, como câmbio, juros, etc.; bens físicos, como soja, petróleo, etc.; ou investimentos, como índices de variação de ações, variações climáticas, etc. Tais contratos derivados nascem por oposição aos contratos à vista.

Ou seja, sua razão de ser se situa no lapso entre seus termos inicial e final. É o período de tempo entre os dois termos que gerou a necessidade de sua criação econômica e legal. Nos contratos de compra e venda à vista, o termo final da obrigação quase coincide com o termo inicial; já nos contratos derivados, é da essência de sua natureza a dilação do tempo entre a contratação e a execução do contratado.

Alguns poderiam contrapor o fato de que, mesmo nos negócios à vista, existe uma dilação no tempo, já que a conclusão do negócio se dá poucos dias após a realização da compra e venda — em linguagem de mercado, ocorrendo D+1, D+2 ou D+3. Tal fato, entretanto, não pode ser apontado como da essência do negócio à vista, mas mera impossibilidade técnica da realização do pagamento e transferência do bem no mesmo momento. De outro lado, é de se ter em mente que, muito embora o pagamento e a transferência do bem se dê em D+1 ou D+3, os termos da liquidação — do bem a ser entregue e o pagamento — retroagem a D+0.

Tais contratos derivados podem nascer enquanto contratos emitidos em grande quantidade, situação na qual necessariamente são padronizados e negociados em bolsa de valores ou em mercado de balcão organizado, submetendo-se às regras emanadas da autoridade governamental reguladora, bem como às regras nascidas do poder de autorregulação característico de tais entidades. Em tais situações, há necessidade de apresentação prévia à CVM do modelo de contrato para, após sua aprovação, poder ocorrer a oferta pública. A mesma necessidade ocorre quando da modificação de conteúdo dos contratos já transacionados junto ao mercado secundário.

Também podem os contratos derivados nascer enquanto filho único, representativo de negociação solitária entre duas partes contratantes. Nesses casos, pela especificidade e unicidade de suas características, decorre que ele se reporta somente às regras contratuais estabelecidas entre as partes e ao Direito das Obrigações, não se subordinando às regras emanadas da autoridade governamental encarregada de regular as transações ocorridas no mercado secundário.

Tais contratos são elaborados para atender exclusivamente as necessidades das duas partes contratantes. Nesses casos, será usual que uma delas seja uma entidade financeira, sendo objeto do contrato um ativo financeiro subjacente, tal como a taxa de juro ou câmbio, e, sua razão de ser, a variação que venha a ocorrer entre o termo inicial e o termo final do contrato. Ou seja, tais contratos não são ofertados publicamente, sendo fundamentalmente ilíquidos para com terceiros, já que não têm acesso ao mercado secundário.

Essa distinção implica o fato de que os contratos derivados padronizados, em sendo fungíveis, permitem a saída da posição comprada ou vendida, na medida em que a parte assume uma posição contrária àquela detida inicialmente ou, se for o caso, que não exerça a opção pagando o prêmio ao vencedor. Já nos contratos derivados não padronizados, realizados exclusivamente entre partes contratantes não aleatórias, a saída da posição assumida só se dá quando do termo final contratado, ou por mútuo consentimento entre os contratantes.

Assim, os contratos derivados padronizados são fungíveis e suscetíveis de serem transacionados em mercados secundários organizados e regulados, cujos lotes são padronizados em função de seu tamanho e valor, sendo as épocas do lançamento e da liquidação estabelecidas previamente pela bolsa de valores, pela bolsa de mercadorias ou pelo mercado de balcão organizado.

Historicamente, entre nós, o mundo dos contratos derivados referia-se, fundamentalmente, aos contratos de opção, futuros e a termo, todos eles referenciados em ações ou em alguns poucos produtos agrícolas.[8] Entretanto, se o contrato de *hedge* tem por natureza atuar como um contrato de seguro, decorreria que não corresponderia à realidade, em sua inteireza, dizer que os contratos derivados descobertos, referenciados em ações, em sua maioria, representariam um contrato de *hedge*, ou de busca de determinada garantia futura. Isto porque os contratos de opção, futuros ou a termo são firmados na perspectiva de defesa contra a variação de preço de tais ativos e por conta de expectativas inversas entre as partes.

Em sendo assim, a proteção só ocorreria em razão da existência concreta do ativo que se quer resguardar. Como o contrato de índice se refere a uma cesta hipotética de ações, a única proteção viável seria o investidor replicar tal carteira, inclusive em relação aos percentuais utilizados pela respectiva bolsa para estabelecer o seu índice padrão. Se esta réplica exata inexistir, não estaremos em face de um mecanismo de proteção de valor, mas realizando uma operação que busca um ganho especulativo.[9]

---

8. Os contratos de opção, a termo e futuros eram negociados nas bolsas de valores; alguns produtos agrícolas, como algodão e boi, na antiga Bolsa de Mercadorias de São Paulo; por fim, o contrato de índice referenciado em uma cesta determinada de ações foi criado na Bolsa de Valores de São Paulo e implementado pela então Bolsa de Mercadorias & Futuros, a BM&F.

9. Entre nós, o qualificativo "especulativo" sempre teve a conotação de atuação reprovável, indesejável, devendo ser até mesmo socialmente coibida. Um dos significados que o Dicionário Houaiss da Língua Portuguesa atribui ao termo "especulador" é aquele que o caracteriza como sendo o indivíduo que "[...] faz investimentos comerciais ou financeiros, visando obter lucros excepcionais de acordo com as flutuações do mercado" ou "aquele que negocia de má-fé, enganando os outros ou se aproveitando da necessidade alheia, para obter lucro acima do aceitável". Em termos dos vários mercados, a especulação é não só

O mesmo tipo de raciocínio pode ser aplicado às operações a descoberto nos mercados não à vista. Aqui também temos que a proteção só ocorreria se, ao lançar a operação, estivesse o investidor na propriedade do ativo ao qual se busca proteção. Só nesta hipótese haveria a proteção contra a variação adversa de preço. Convenhamos que tais situações são raras, sendo firmados os contratos, em sua maior parte, com o intuito não de proteção, mas de legítima e verdadeira atuação especulativa, como demonstraram as quase quebras de grandes empresas nacionais que operavam no mercado de câmbio a descoberto, contratos estes que proporcionaram aos investidores prejuízos substanciais, quando seus prognósticos econômicos não se realizaram, ao passo que lhes deram muitos ganhos quando suas apostas anteriores se confirmaram.

Assim, creio que a denominação "*hedge*", significativa da contratação de um seguro ou proteção, se aplica fundamentalmente às operações com produtos agrícolas, financeiros ou outras *commodities*, desde que tais operadores detenham o ativo subjacente que se busca proteger.

Em resumo, a proteção existe somente para as operações cobertas, nas quais existe de fato um ativo a ser agasalhado, significando que, nas operações a descoberto, inexiste a operação de *hedge*, já que inexiste o que ser resguardado. Porém, como visto acima, a inexistência física ou de direito do ativo subjacente não tem o condão de descaracterizar a operação derivada, mesmo porque, em sua quase totalidade, são tais contratos, quando do termo final, usualmente liquidados por diferença financeira, prescindindo-se da existência do bem que se queria "proteger".

Paralelamente às operações clássicas nos mercados de opções, futuros ou a termo, os derivativos eram usados em outro universo, a saber, o dos bens que tinham por ativo subjacente *commodities* ou instrumentos financeiros. Eram mundos que não se encontravam, tendo, no mais das vezes, reguladores distintos,

---

desejável, mas necessária à existência da liquidez do mercado. Se todo aquele que comprar um dado valor mobiliário não se dispuser a, quando achar conveniente, oferecê-lo à negociação, não teríamos um mercado secundário de liquidez, mas também dificilmente teríamos a formação do preço de mercado de determinado ativo. Isso porque o preço de mercado é aquele pelo qual, pelo encontro de oferta e demanda, vem sendo determinado ativo negociado. Isso significa que, quanto maior o número de transações de dado ativo, melhor será a formação do seu preço. Tal estigma moralista não ocorre nos países nos quais a especulação é socialmente aceita e mesmo desejável, e nos quais a ética religiosa não se revelou influente ou restritiva das atividades geradoras do lucro. Prova é o que nos dão conta Alcides Ferreira e Nelson Horita, relatando que a Chicago Board of Trade fez constar em seu relatório anual n. 34 uma verdadeira elegia à especulação, no sentido que "A especulação estimula o empreendimento; ela cria e mantém os valores apropriados; ela dá impulso e ambição para todas as formas de indústria — comercial, literária, artística; ela desperta capacidades individuais; ela é agressiva, inteligente, e pertence aos mais fortes e capazes da raça; ela promove possibilidades aos corajosos; ela fundou Chicago e desenvolveu o Grande Oeste, que é a prosperidade desta Nação e a força comercial propulsora do continente." (FERREIRA, Alcides; HORITA, Nelson. **História do mercado futuro no Brasil**. São Paulo: Cultura, 1996, apud ADIERS, Leandro Bittencourt. Valores mobiliários, especulação e consequências jurídicas. **Revista de Direito Mercantil**, v. 121, p. 160-181, jan./mar. 2001). Entre nós, dificilmente seria publicado tal elogio da especulação.

mercados de liquidez separados e atores de intermediação e comitentes que não se encontravam. Talvez se possa discutir como única exceção o mercado de índice, que, muito embora referenciado a uma cesta de ações, era negociado, entre nós, em uma bolsa de mercadorias e futuros e regulado pela CVM, e não pelo Banco Central, como ocorria nos demais contratos das bolsas mercantis e futuros.

Teoricamente, tem-se assentado que esse mundo dos contratos derivados nasce, primeiramente, em função da busca da garantia de uma estabilidade ou previsibilidade de preços dos animais e produtos agrícolas, proteção esta buscada pela ocorrência do excesso de oferta quando da colheita ou da época de venda de determinada produto fungível, ou pela sua falta em virtude de inesperada variação climática que fosse causadora de sua escassez.

A lógica do contrato se apoiava somente na busca de se arbitrar o preço do bem em data futura, de sorte a que o valor, quando do termo final, fosse equivalente ao valor presente, quando da contratação, acrescido de uma taxa de juros prevalente no mercado durante a vigência do contrato.

Ou seja, nos contratos originais, tendo como ativos subjacentes animais ou produtos agrícolas, o que se buscava era uma trava de preço para o produtor e a garantia da entrega do bem para o comprador, dentro do preço pré-acordado. Ambas as partes contratantes se utilizavam do contrato derivado para fixar previamente o preço, bem como a entrega do produto em data especificada. Tempos depois, se passou a prever a possibilidade do pagamento, ao invés da entrega física da mercadoria, sendo este igual ao preço do bem no mercado físico, quando da liquidação do contrato, tendo-se em consideração as chamadas de margens, cobradas durante a vigência do contrato, e existentes nos mercados organizados.

Os contratos derivados foram pensados e assumidos na busca de proteção ou *hedge* de bens fungíveis e negociados em mercados secundários de liquidez. Ou seja, a fungibilidade é a pedra de toque para o surgimento do mercado secundário de liquidez. É nesse sentido que, com o passar do tempo, outros contratos derivados surgiram, tais como referenciados em petróleo, energia elétrica, gado bovino, etc., além dos contratos referenciados em etanol, com os quais se vem tentando, com muito sucesso, "fungibilizar" o produto, como passo inicial para se criar um mercado secundário para os contratos derivados.

Mais recentemente, na década de 1970, assistimos ao desdobramento dos contratos derivados em uma enorme série de produtos, fundamentalmente tendo como bem subjacente os ativos financeiros ofertados pelas instituições bancárias. Em sua maioria, são grandes contratos solitários — que visam à proteção do investidor por meio do repasse do risco de determinados ativos financeiros —, firmados para assegurar preço futuro ou especular contra variações que venham a ocorrer nos mercados futuros de taxa de juros, no diferencial entre duas moedas, na variação de preço de uma cesta hipotética de dado grupo de ações, etc. Tais contratos singulares também são realizados entre empresas não financeiras que tenham posições contrárias a serem protegidas ou especuladas, sendo a instituição financeira, por vezes, a intermediadora entre ambas.[10]

Desde o século XIX, nossa legislação já previa as figuras dos hoje considerados arquétipos do universo de derivativos. Assim é que, desde então, já se praticavam os contratos futuros, a termo, de opções e de *swaps*. Daquela época para cá, uma série enorme de novas modalidades de contratos foi sendo desenhada pelo mercado financeiro, buscando não só atender a imaginação do setor, mas também criar novos produtos que mostrassem a capacidade de liderança e modernidade na competição entre as instituições bancárias. Foi com esse intuito que surgiram os contratos representativos de derivativos de crédito, contratos diferenciais, *fowards*, *caps*, *floors*, híbridos e sintéticos capazes de acomodar as *commodities derivatives*, *wether derivatives*, *economic derivatives*, *freith derivatives*, *real estate derivatives*, *structured notes*, e quantos mais consiga a imaginação humana criar.

Essa variedade de tipos de ativos só surge após a criação de uma metodologia tida como eficiente para calcular o risco que as partes estariam correndo em um contrato representativo de um dado tipo de ativo subjacente. Tal formulação, razoavelmente nova, nasceu tomando o nome de seus dois economistas criadores, Fischer Black e Myron Scholes.[11]

Até então os derivativos eram sinônimo de contratos de opção, a termo e futuros. A única maneira de se saber o valor de tais contratos era observar as variações no valor que ocorriam nos pregões das bolsas, ou seja, no mercado à vista. Com a criação do modelo de precificação de Black e Scholes, ficou aceito que o valor de um contrato de opção em ações com um *put* a um *call*,[12] por exemplo, resultaria da equação que estabelece que o seu resultado econômico será dependente da quantificação de seis variáveis, a saber: (i) o preço da ação, (ii) o preço do exercício, (iii) o termo final da opção, (iv) a taxa de juro remuneratória do papel de menor risco, (v) os dividendos devidos no período e (vi) o nível de volatilidade da ação.

Essa formulação permitiu que o sistema financeiro pudesse oferecer contratos derivados adaptados às especificidades de clientes individualizados, no mais das vezes juntando duas empresas em situações opostas quanto ao interesse a ser

---

10. Em outras operações, as instituições financeiras atuam diretamente como contraparte.

11. Vide BLACK, Fischer; SCHOLES, Myron. The Pricing of Options and Corporate Liabilities. **Journal of Political Economy**, v. 81, n. 3, p. 637-654, 1973, p. 637-654.

12. No mundo dos derivativos, adotou-se plenamente a linguagem norte-americana de mercado. Assim, entre nós um *put* significa a obrigação de entregar o papel ou valor mobiliário objeto do contrato, quando do vencimento; um *call* refere-se ao direito de compra do contrato, por decisão solitária do comprador; uma *long position* refere-se a um comprador e uma *short position* à situação do vendedor.

protegido. Assim, se um exportador fosse receber em pagamento moeda japonesa, mas comprasse matéria-prima em reais, e querendo se proteger contra a desvalorização do yen, poderia contratar com outra parte, cujo interesse a defender fosse oposto, prefixando o valor de ambas as moedas, sendo as variações ocorridas durante a vigência do contrato o ganho ou a perda de uma das partes.

Como a parte perdedora estaria garantida pela valorização da moeda contra a qual queria se proteger, para ela o resultado seria neutro, já que ganharia na proteção e perderia no comportamento real da variação cambial. Tal estruturação permitiu a sua utilização não só para os derivados de massa, mas também abriu uma enorme porta para os contratos individualizados, aptos a atender os interesses de somente duas partes contratantes.

Normalmente, a literatura considera os derivativos como contratos de cobertura de risco; ou seja, uma maneira de se precaver contra uma indesejada valorização ou desvalorização de determinado bem, através de sua precificação prévia, obedecidas as regras estabelecidas pelo contrato, pelas bolsas e pelas autoridades reguladoras, conforme o caso. Porém, como já visto, os derivativos podem ser utilizados não só como contratos de *hedge* ou proteção quanto à variabilidade de preço de determinado ativo mobiliário, financeiro ou físico, mas são também comumente utilizados como instrumento de investimento, ou mesmo de especulação na variabilidade de preço do ativo subjacente. Tais hipóteses podem se distinguir se o contrato derivativo está efetivamente coberto pelo ativo subjacente ou se, ao contrário, o contrato está descoberto, ou seja, não está garantido pelo valor mobiliário, financeiro ou físico subjacente.

Assim, e em resumo, enquanto proteção ou *hedge*, o contrato derivado tem a peculiaridade de proteger contra a variação de preço do bem; ou seja, ele atua como um contrato de seguro no qual uma parte passa o risco da variação do preço do ativo para a outra parte. A lógica de tal contratação é que cada uma das partes contratantes acredita em hipóteses contrárias: uma que o valor vai subir e outra que ele vai baixar. A parte perdedora limita sua perda, dentro de valores estabelecidos anteriormente, ou seja, pagando um preço conhecido e equivalente ao prêmio de uma apólice de seguro. Disso resulta que os derivativos podem ser usados de três maneiras distintas, a saber: (i) enquanto contrato para redução de risco ou *hedge*; (ii) enquanto objeto de especulação, com o consequente aumento do risco ou lucro, e (iii) enquanto contrato de arbitragem, em que o investidor ganha na diferença de preço entre locais distintos de negociação, mas negociando o mesmo ativo.

Quanto ao alcance que tais contratos têm em relação ao número de investidores, os contratos derivados podem ser objeto de oferta pública de um grande número de contratos, ou podem ser objeto de contratação direta entre as partes contratantes, sendo este o único contrato existente com tais características. Na primeira hipótese, os contratos são padronizados, seguindo o regramento estabelecido pelo órgão governamental regulador, bem como pelas bolsas ou pelo mercado de balcão organizado no qual ocorra a sua negociação e liquidação. Já no contrato efetuado diretamente entre partes, como visto acima, fora do âmbito da oferta pública e sem negociação em bolsa ou balcão organizado, muito embora qualificado como valor mobiliário, está ele fora do alcance da regulação governamental, valendo entre os signatários o contratado e a legislação civil das obrigações.

É nesta segunda situação que tradicionalmente ocorrem as grandes rupturas do mercado financeiro, na medida em que os contratos derivados são lançados sem a existência do ativo que deveria estar subjacente, permitindo que os valores e condições contratuais sejam estabelecidos entre as partes, o que propicia a possibilidade de oferta de contratos cujo volume dependa somente do crédito que o lançador ou o tomador detém com a contraparte.[13] É essa alavancagem a descoberto que irá propiciar grandes ganhos ou enormes perdas, na medida em que tais contratos são normalmente liquidados só financeiramente.

Assim, se uma parte prometeu vender algo que não tinha, imaginando que o valor do bem, quando do vencimento, estaria menor do que o contratado no termo inicial, e a contraparte exercer o direito de comprar, a vendedora a descoberto terá que ir a mercado comprar à vista o bem para poder entregá-lo à parte vencedora.

De outro lado, se o contrato foi negociado em um mercado secundário organizado, a parte perdedora poderá sair pela compra de uma posição contrária durante o tempo de vida do contrato, liquidando sua posição ou, na melhor hipótese, já terá pago ao longo do contrato as margens diárias devidas à parte ganhadora. Desse mecanismo resulta que essas operações são mais seguras para as partes, além de ter a própria bolsa como garantidora da liquidação da operação.

---

13. Como uma premonição adiantada de 16 anos, já em maio de 1994 o General Accountability Office (GAO), em seu relatório sobre os "Derivativos Financeiros: Ações Necessárias para Proteger o Sistema Financeiro", alertava para o fato de que os *"Derivatives serve an important function of the global of financial marketplace, providing end-users with opportunities to better manage finacial risks associeted with their business transactions. The rapid growth and increasing complexity of derivatives reflect both the increased demand from end-users for better ways to manage their financial risks and the innovative capacity of the financial services industry to respond to market demands [...] However, Congress, federal regulators, and some members of the industry are concerned about these products and the risk they may pose to the financial system, individual firms, investors, and U.S. taxpayers. These concerns have been heightened by recent reports of substantial losses by some derivative end-ussers."* (U.S. GOVERNMENT ACCOUNTABILITY OFFICE. **Actions Needed to Protect the Financial System**, 18 maio 1994. Disponível em: http://www.gao.gov/products/GGD-94-133). Vide, ainda, FABOZZI, Frank; MODIGLIANI, Franco. **Capital Markets**: Institutions and Instruments. Londres: Prentice Hall, 1996, p. 243.

9.1 Os derivativos e a normatização brasileira

Talvez o ponto de partida deva contemplar o que seja ou o que não seja contrato derivado. No nosso caso, todo contrato retrata a formação de um vínculo obrigacional de conteúdo econômico; como tal, haverá um lado credor e outro devedor da prestação avençada entre ambas as partes. Esse vínculo obrigacional tem como objeto um bem que o lançador da oferta quer alienar e o tomador quer adquirir. Ou seja, todo contrato tem um bem subjacente, razão de ser da sua realização.

O contrato derivado dá mais um passo, na medida em que cria um segundo ou sucessivos contratos derivados, os quais têm em seu bojo o ativo antecedente ou parte dele misturado com novos ativos. Os contratos derivados cujo vínculo antecedente seja único e composto por um ou muito poucos bens são transacionados no mercado de balcão; são contratos estruturados para atender a demanda específica de dadas partes contratantes. Já aqueles contratos derivados que representem um universo de bens e de interesses amplos são mais apropriados para terem suas participações ofertadas publicamente. São contratos emitidos em grande número e padronizados pela bolsa onde são negociados.

A legislação brasileira, com os acréscimos patrocinados pela Lei n. 10.303/2001, comandou que são contratos futuros, de opção e outros derivativos, aqueles "cujos ativos subjacentes sejam valores mobiliários"; em seguida, o inciso VIII, do mesmo artigo 2º, estabelece que são valores mobiliários "outros contratos derivativos, independentemente dos ativos subjacentes". Nossa legislação não colocou os contratos de opção, a termo e futuros como categoria estranha aos contratos derivados, mas como exemplo dos mesmos ao inscrever no texto legal os três contratos nominados "e outros derivativos", enquanto espécies da mesma categoria.

Desta feita, a lei brasileira estabeleceu duas categorias de contratos derivados: aqueles que têm como ativo subjacente outro ou outros valores mobiliários e aqueles outros contratos cujo vínculo original não nasce de uma obrigação legalmente tida como um valor mobiliário.

Assim, para o Direito brasileiro, o contrato pode derivar ou não de um valor mobiliário como obrigação antecedente. A norma brasileira deu um passo adiante ao inscrever que, necessariamente, há que existir um contrato primário, pois sua ausência conduziria à existência de uma só obrigação.

Porém, na medida em que a norma legal estabeleceu os contratos a termo, futuros e de opção como contratos derivados em si, resulta que no lançamento de um desses contratos a descoberto, muito embora inexista a obrigação primária, decorreria que estes são derivados "do nada", já que inexiste a obrigação ou o direito antecedente, como ocorre com os contratos derivados lançados a descoberto. Da lei, portanto, decorre que entre nós existem três tipos distintos de contratos derivados, a saber: (i) os que têm como ativo antecedente outro valor mobiliário;

(ii) os contratos derivados que têm em seu bojo qualquer ativo e (iii) os contratos futuros, de opção e a termo, independentemente de terem ou não nascido de um contrato antecedente.

Com os contratos derivados, estamos repetindo um erro antigo, qual seja, a inexistência de definição legal quanto ao que fosse "valor mobiliário", muito embora a lei tivesse criado uma autarquia denominada Comissão de Valores Mobiliários, conforme anteriormente comentado.[14] A Lei n. 10.303/2001, ao estabelecer que também são contratos derivativos aqueles com qualquer ativo subjacente, jogou para o futuro a conceituação do que seja um contrato derivado, para que se possa determinar em que momento nasce a competência da Comissão de Valores Mobiliários.

Entretanto, enquanto tal delimitação não ocorre, permanece plenamente vigente a regra geral segundo a qual o campo de atuação da Autarquia se restringe àquelas colocações que sejam objeto de oferta pública; ou seja, os contratos, únicos ou não, mas que sejam colocados privadamente, fogem ao alcance da CVM, bem como aqueles outros realizados no exterior, ressalvada a competência do Banco Central no que diga respeito ao envio de numerário para o exterior para o pagamento de margens ou de compra do contrato derivado.

A crise que atingiu os principais centros financeiros, no final de 2008, pela extensão que alcançou e pela gravidade em razão do desconhecimento inicial quanto aos montantes e as instituições em *default*, resultou em uma série de legislações tendentes a incrementar o regramento sobre os contratos derivados. Entre nós, a intervenção governamental ocorreu por meio da edição da Medida Provisória n. 539/2011, convertida na Lei n. 12.543/2011. Essa norma legal tratou de restringir, principalmente, os contratos derivados realizados e negociados fora dos espaços das bolsas de valores ou dos mercados de balcão organizados.

Para tanto, criaram-se constritores de duas ordens. Uma foram restrições negociais pelo aumento da tributação incidente sobre tais transações, o que foge ao escopo do presente trabalho; outra providência foi a de dar transparência sobre as operações contratadas. Neste último caso, criou-se a necessidade de registro das operações, fato que veio a atingir aquelas operações privadas que até então constavam somente dos livros contábeis da companhia, lançamentos esses de difícil acesso aos acionistas e desconhecidos pelo mercado como um todo. O descumprimento da regra estabelecendo a publicidade implica a inexigibilidade da obrigação por parte do credor, muito embora os gravames tributários permaneçam todos válidos.

---

14. Vide tomo 1, capítulo 4.

É de se ver que, nas dificuldades causadas pelos contratos derivados, tais obrigações seriam assumidas fora do regramento e do âmbito de negociação da BM&FBovespa. Em realidade, os contratos de maior peso econômico foram firmados em paraísos fiscais, todos sem qualquer possibilidade de liquidação, a não ser entre as próprias partes signatárias. Para evitar a repetição de tais "caixas de surpresa", a lei condicionou a validade dos contratos — e, portanto, a sua exigibilidade — ao registro junto às câmaras de compensação ou de liquidação, desde que autorizadas pela Comissão de Valores Mobiliários ou pelo Banco Central.

O mesmo comando legal atribuiu competência à CVM para:

> Estabelecer, para fins de política monetária e cambial, condições específicas para a negociação de contratos derivados, independentemente da natureza do investidor, podendo, inclusive: a) determinar depósito sobre os valores nacionais contratados; e b) fixar limites e prazos e outras condições sobre as negociações dos contratos derivativos.[15]

Resta indagar se os adendos da Lei n. 12.543/2011, ao aumentarem o campo de competência da CVM, não só acresceram suas atribuições no que diz respeito aos contratos derivados ofertados publicamente e negociados segundo regramento da autarquia e da bolsa de valores onde são realizadas as operações de *put* e *call*, mas também aqueles outros contratados privadamente, fora do âmbito de competência da bolsa de valores onde a operação ocorre. Tenho para mim que o âmbito de competência da CVM não foi estendido às emissões privadas, na medida em que o acréscimo legal ocorreu em seu artigo 2º, que trata dos valores mobiliários a ela afeitos, mantendo íntegros os comandos caracterizadores de uma emissão pública.

Como a grande maioria dessas operações privadas tem uma instituição financeira como contraparte, no caso, caberá ao Banco Central o grande papel regulatório, na medida em que seu poder discricionário não escrito sobre o sistema financeiro supera em muito o de qualquer outra autarquia federal. Porém, se tal poder não for suficiente, caberá ao Conselho Monetário Nacional estabelecer as condicionantes para os contratos derivados, "independentemente da natureza do investidor" (artigo 3º, inciso IV, da Lei n. 6.385/1976).

9.1.1 Os derivativos diferenciais e os jogos de azar

A discussão aqui colocada serve para todos os valores mobiliários liquidados por diferença. Assim, os ataques e as defesas das virtudes ou dos defeitos da forma de liquidação desses contratos derivados levam sempre em consideração as

---

15. Lei n. 6.385/1976, inciso IV, letras "a" e "b".

hipóteses nas quais os valores mobiliários tenham como característica a variabilidade de seu valor no decurso do tempo. Como será visto mais adiante, a legislação brasileira vigente, até poucos anos atrás, colocava os contratos de bolsa de valores ou de balcão organizado, liquidados necessariamente por diferença, na categoria dos contratos inexecutáveis judicialmente. Ou seja, as dívidas de tais contratos eram consideradas como jogo de azar e, portanto, insuscetíveis de merecer a proteção do Poder Judiciário para sua cobrança.

Muito embora resolvida a parte legal com a edição do vigente Código Civil, restou muito pouco discutido o acerto ou o preconceito com relação à não proteção legal dos contratos necessariamente liquidados por diferença, conforme a hipótese prevista no Código de Beviláqua. Fica a sensação de que, por quase cem anos, tivemos a possibilidade da aplicação de preceito de conteúdo moralista, suportado pela corrente de Direito que categorizava tais dívidas como nascidas do "vício" de jogo de qualquer espécie.[16]

Como decorrência da mesma corrente moralista, até hoje existente, resultou que tais negociações fossem acoimadas de jogo, e as bolsas, como consequência, de "cassinos". Porém, os legisladores, entendendo a importância de se desenvolver um mercado de valores mobiliários relevante, com a finalidade de capitalizar o setor produtivo, buscam demonstrar a inveracidade do preconceito popular mas, ao revés, a importância do mercado de capitais.

Tal posição preconceituosa em face do jogo se torna de difícil entendimento na medida em que o próprio Estado brasileiro foi e é um dos grandes estimuladores dos jogos de azar. Nunca será demais recordar que tal comportamento ocorre desde os tempos imperiais, com o jogo do bicho, continuando hoje com o patrocínio das loterias esportivas, os bilhetes lotéricos da Caixa Econômica, etc. O Estado, não só entre nós, utiliza-se dos jogos de azar como fonte de receita, inclusive cobrando dos acertadores os devidos tributos decorrentes do prêmio.

Entre nós, o preceito da assemelhação dos contratos diferenciais ao jogo foi introduzido pelo Código de Clóvis Beviláqua, que adotou o dispositivo do Código

---

16. A justificativa moralista é bem colocada por Roberto Ruggiero, quando afirma que: "[...] os danos que o jogo produz induzindo à ociosidade, fomentando vícios, provocando dilapidações de patrimônios, levariam a considerar ilícito esse ato e de preferência digno de repressão com sanções punitivas, por outro lado o jogo contido em limites modestos, usado com fim honesto e de inocente entretenimento, não tendo em si nada de ilícito e de contrário ao direito, deve não ser punido, mas nem por isso deve ser protegido, por não se ver nele um interesse digno da tutela jurídica." Mais adiante Ruggiero distingue, na legislação italiana, entre os jogos que dependem só da *alia* e aqueles outros em que há a possibilidade de previsão, dizendo que "A solução que a legislação deu ao problema funda-se substancialmente na distinção citada. Há alguns jogos que pela absoluta decisividade do mero acaso no resultado final e pelo maior perigo de fáceis abusos devem ser proibidos; são eles os jogos de azar, que a lei penal pune (Cód. Penal, arts. 712-723) e que a lei civil não pode naturalmente proteger nem sequer por modo indireto." Vide RUGGIERO, Roberto. **Instituições de Direito Civil**. Campinas: Bookseller, 1999, v. 3, p. 548-549.

Civil Alemão de 1896.[17] A mesma proibição alemã também influenciou a legislação civil suíça, conforme nos dá conta o próprio Clóvis. Mas tal comportamento não era uniforme na Europa. Assim é que:

> Em França, uma lei de 28 de março de 1885 reconhecia como "legais" os mercados a prazo e prescrevia que ninguém pode, para se subtrair às obrigações que deles resultem, prevalecer-se do artigo 1.965 do Código Civil, mesmo que as [operações] se resolvam pelo pagamento de uma simples diferença. Também em Espanha, o Tribunal Supremo, em sentença de 1896 e 1897, usando já a expressão contratos diferenciais, se pronunciou no sentido da vinculação por efeito de operações realizadas em conformidade com os regulamentos de bolsa, recusando a qualificação como jogo de azar.[18]

Muito embora a nossa Lei Civil já tenha sido alterada, no sentido de dar a proteção do Poder Judiciário aos contratos diferenciais, não será difícil verificar que no imaginário, não só popular, as atividades do mercado de valores mobiliários, principalmente nos momentos de perdas significativas, são mostradas como produto de um jogo. De tal premissa nasce uma indagação, qual seja: seriam os negócios bursáteis em geral e os contratos diferenciados em especial um jogo? Se não, como diferenciar, se distinguíveis forem, os contratos diferenciais de bolsa do simples jogo de azar ou aposta?

A diferença ocorre na medida em que o jogo pressupõe a *alia* total quanto ao seu resultado. A imprevisibilidade decorre da impossibilidade de se buscar um caminho racional para prever o evento final. Entretanto, existem outras atividades nas quais, muito embora não se saiba com certeza o desfecho do negócio, existe uma série de indícios de que o resultado poderá ocorrer em uma ou outra direção. Essa seria a distinção entre o jogo de azar e a busca da previsibilidade racional de resultado futuro, com os dados disponíveis hoje.

Assim, se tomarmos um bilhete de loteria e a compra de uma ação, veremos que, na primeira hipótese, existe uma aleatoriedade total entre o número vencedor e o perdedor. Não existe maneira de se encontrar uma tendência para apostar, a não ser aquela nascida da superstição ou de um sonho falsamente revelador. Entretanto, quando compro a ação de uma empresa, se eu for um investidor minimamente cuidadoso poderei levar em consideração: o perfil de lucros passados, o mercado comprador dos produtos da empresa, a seriedade de seus administradores, etc.

---

17. "Se um contrato relativo à entrega de mercadoria ou de títulos de crédito for concluído com a intenção de que a diferença entre o preço acordado e o preço de bolsa ou de mercado no momento da entrega deva ser pago pela parte que perde à parte que ganha, o contrato é considerado como jogo. Isto vale também se a intenção de pagamento da diferença pertencer a uma só das partes, desde que a outra parte conheça ou deva conhecer tal intenção" (§ 764).

18. ALMEIDA, Carlos Ferreira de. Contratos diferenciais. **Revista Direito dos Valores Mobiliários**. Coimbra: Coimbra, v. 10, p. 9-42, 2011, p. 11.

O mesmo ocorre com os investidores em imóveis, os quais analisam: se no futuro o valor da localidade tende a crescer ou não, se no futuro o mercado imobiliário estará aquecido pela demanda maior, etc. Ou seja, todo investidor realiza o seu investimento buscando racionalmente a obtenção de um ganho, sendo raras as pessoas que adquirem hoje um bem convictas de que o seu valor cairá posteriormente. Mas mesmo essa pessoa está se utilizando de um processo racional para atingir o fim desejado. O investimento, por sua própria natureza, é realizado na medida em que o investidor racionalmente conclui que seu aporte de recursos deverá trazer um resultado financeiro positivo.

O jogo pressupõe a total incerteza quanto ao resultado, enquanto o investimento busca a obtenção de ganho futuro, cujo resultado positivo dependerá da materialização do acerto do raciocínio do investidor quanto ao casamento entre aquilo que imaginara que iria ocorrer e sua materialização futura. Este é um processo racional no qual o investidor busca analisar os vários fatores que irão influir no resultado futuro. Claro está que outras pessoas poderão pensar de maneira diferente, e investir em um desfecho oposto ao do mercado; e essa diferença de perspectiva quanto ao resultado final pode ocorrer em relação a qualquer bem que seja detentor de valor hoje e, portanto, objeto de negócio em relação ao valor que tal bem alcançará no futuro. Isso não é jogo. Isso é busca de previsão de comportamento futuro de dado mercado, levando-se em consideração os dados fáticos utilizados pelo investidor. Ao revés, no jogo a previsibilidade está ausente, dependendo os jogadores daquilo que se decidiu nominar de sorte ou azar.

Em resumo, a busca para saber a variação do preço futuro, em face do hoje existente, é comum a todo e qualquer investimento feito. A diferença quanto à maior ou menor variação de preço dependerá de três características fundamentais.

A primeira é que, quanto maior for o valor do bem, menor será seu mercado de liquidez, na medida em que menor será o público com poder econômico para ser parte compradora do bem. Isso faz com que, quanto menor seja o número de compradores, pior seja a formação do chamado "preço de mercado". Isso leva a que a eventual bolha se deva ao aumento da demanda por um pequeno número de investidores, cujo eventual prejuízo ficará restrito a esse pequeno grupo de pessoas, sem maior repercussão social.

A segunda característica é que os resultados positivos ou negativos com valores mobiliários tendem a aparecer em períodos muito mais curtos, na medida em que são tornados públicos os resultados trimestrais, semestrais e anuais desses investimentos. A periodicidade menor provoca ajustes de expectativas muito mais céleres do que em outros investimentos cuja variação de preço ocorra em períodos muito mais espaçados.

A terceira característica, como consequência da primeira, é que os mercados com bens de pequeno valor unitário, como as ações, por exemplo, tendem a produzir variações de preço muito mais instantâneas, afetando pequenos investidores dotados de alto poder de repercussão junto à mídia. Tal fato ocorreu com a recente securitização imobiliária verificada no mercado norte-americano, em que imóveis foram conferidos aos fundos por valores incorretos ou desconhecidos pelo público, sendo alienados de forma fracionária — cada fração com pequeno valor de face — a um público pulverizado. Isso gerou uma demanda de imóveis para serem securitizados maior do que a necessidade real de moradias, aumentando artificialmente o seu preço de mercado. Mesmo nesses casos, as pessoas estavam investindo em imóveis imaginando que a valorização passada iria continuar no futuro. Elas não estavam jogando, mas investindo em imóveis. As bolhas econômicas não ocorrem como jogos de azar, mas com o excesso ou a falta de determinado ativo demandado por parcela crescente da população que está fazendo um investimento em ativos reais ou imaginariamente reais.

9.1.2 A competência regulatória dos contratos derivados

Os contratos hoje tidos como derivados, entre nós, nasceram no fim do século XIX,[19] livres de qualquer normatização mais detalhada ou órgão governamental regulador, copiados que foram do modelo europeu continental, mais especificamente oriundos da matriz francesa. Eram então os contratos característicos das operações a futuro, a termo e de opção, os quais tinham ações como ativos subjacentes.

No fim do século XIX, quando da edição do decreto que reorganizou a categoria dos corretores de fundos públicos do então Distrito Federal, já se abria a possibilidade de realização de operações a prazo mediante pagamento de prêmio, excetuadas de tal possibilidade as operações realizadas com letras de câmbio.[20] Em 1897, é editada uma nova legislação, a qual passava a permitir a liquidação dos contratos por diferença, exceção feita aos contratos de câmbio, aos quais continuava a vedação quanto ao seu encerramento somente com o pagamento por diferença, não dando direito ao prejudicado de recorrer ao Poder Judiciário para obrigar o faltoso ao cumprimento de sua obrigação.[21] A partir de 1913, quando da

---

19. Vide Leis n. 354, de 16 de dezembro de 1895 (operações a prazo); n. 2.841, de 31 de dezembro de 1913 (contratos a termo); n. 4.984, de dezembro de 1925 (operações a termo de mercadorias).

20. "Artigo 10 – As operações a prazo, excepção feita das de letras de cambio, podem ser feitas com a faculdade de desistencia por parte do committente, mediante o abono de uma quantia convencionada para o premio da indemnisação pela rescisão do contracto." E "Artigo 11 – Nas operações a prazo é licito ao comprador exigir, mediante desconto, a entrega dos valores negociados antes da época fixada para a execução da transacção. Esta disposição não se applica ás operações de report e ás de letras de cambio ou moeda metallica" Vide Decreto n. 354, de 16 de dezembro de 1895.

21. Vide Decreto n. 2.475, de 13 de março de 1897: "Artigo 94 – As liquidações das operações da Bolsa feitas a prazo poderão ser realizadas pela effectiva entrega dos titulos e pagamento dos preços, ou pela prestação

edição da lei referente ao orçamento geral da República, aboliu-se a possibilidade da existência dos mercados a termo em transações realizadas fora das bolsas oficiais de mercadorias. A provável razão da proibição prendia-se ao fato de que tais operações eram tributadas e, se realizadas fora das bolsas oficiais, escapariam da tributação federal.[22] O mesmo ocorreu em 1925, quando se coloca como fonte de receita para o ano seguinte "Todas as operações a termo sobre o café, o assucar e o algodão, realizadas no paiz [...]",[23] sendo o imposto arrecadado "pelas bolsas, juntas de corretores ou caixas de liquidação e mediante guia recolhida diariamente á Recebedoria de Rendas [...]".

Os contratos derivados podem ter como ativos subjacentes mercadorias ou qualquer outro bem cujas operações destinem-se à proteção de seu valor em época futura. Essas operações podem ser realizadas enquanto operação para fixação antecipada de preço, ou podem ser feitas para especular com a variação do preço no tempo. Na primeira hipótese, a do contrato coberto, o lançador é detentor do bem objeto do contrato e o tomador quer adquirir o bem em data futura. Nesta situação, o contrato derivado permite que ambos determinem hoje o preço futuro do bem. Já na segunda situação, uma das partes não possui fisicamente o bem, mas tem a percepção de que ocorrerá no futuro a variação de preço por ele prevista. Se esta ocorrer, ele será o ganhador; em caso de ter se enganado em seu vaticínio, teria que adquirir o bem pelo preço de mercado vigente à época do vencimento.

Entretanto, a liquidação física do contrato derivado tem o condão de gerar enormes dificuldades para sua conclusão, como adiante se verá. Isso porque a obrigação contratual de entregar a própria mercadoria fará com que a bolsa onde irá ocorrer a liquidação tenha que ter o local físico para que a contraparte possa receber a mercadoria "hedgeada", além de se ter que verificar se a mercadoria

---

da differença entre a cotação da data do contracto e a da época da liquidação. São exceptuadas desta disposição as operações sobre letras de cambio e moeda metallica, que sómente serão liquidaveis pela entrega effectiva dos titulos e das espécies." "Artigo 95 – Não são accionaveis perante os tribunaes os contractos de cambio a prazo liquidaveis por differença." "Artigo 96 – Não é licito pactuar nas negociações a prazo que a liquidação só tenha logar pela prestação das differenças entre as cotações."

22. Vide Lei n. 2.841, de 31 de dezembro de 1913, artigo 77: "Os contractos de compra e venda de mercadorias a termo só serão validos na praça do Rio de Janeiro e nas dos Estados onde funccionarem bolsas officiaes de mercadorias, quando lavrados por corretores, cujo numero será illimitado, declarados na bolsa e feito o registro nas caixas de liquidação que se organizarem, observadas as disposições legaes relativas ao typo de sociedade mercantil que adoptarem". No mesmo sentido, constava da lei orçamentária de 1925 a previsão de arrecadação, com carga tributária majorada, para "Todas as operações a termo sobre o café, o assucar e o algodão, realizadas no paiz alem dos impostos a que estão sujeitos os respectivos contractos, na conformidade com a legislação em vigor, incidente sobre essas operações [...] § 3º – Consideram-se operações a termo a compra e venda de mercadorias em que haja promessa de entrega em certo e determinado prazo, quaesquer que sejam suas modalidades."

23. Vide artigo 16 da Lei n. 4.984, de 31 de dezembro de 1925.

entregue preenche as especificidades oriundas do contrato. Essa dificuldade operacional faz com que a liquidação financeira seja utilizada na quase totalidade das operações — para não se dizer em todas as operações. A liquidação por diferença tem o mesmo efeito econômico quando comparada com a entrega física do bem objeto da proteção. Entretanto, na prática bursátil ela é mais eficiente, quer pela enorme redução dos custos de transação, quer pela facilidade na execução das ordens com que tais operações são realizadas.

Por outro lado, toda essa facilidade operacional existente em nosso mercado de contratos derivados fez com que ignorássemos por décadas o preceito legal que assemelhava ao jogo as operações liquidadas por diferença. Ou seja, durante muito tempo corremos o risco de que, se a parte perdedora quisesse escapar à sua obrigação, poderia impugnar sua perda por assemelhação legal à dívida de jogo.[24] Tal preceito, que já constava de códigos europeus do século XIX, foi acolhido por Clóvis Beviláqua sob o argumento de que os contratos derivados seriam um negócio fictício.[25] Essa assemelhação aos jogos de azar, que vigeu entre nós desde 1916 até o início de 2002, só foi retirada por emenda ao projeto original quando de sua discussão parlamentar.

À posição radical do Código Civil de 1916 se contrapunha J. M. Carvalho Santos, que buscava uma acomodação mínima com a realidade dos tempos. Sustentava o doutrinador que não seria razoável a assemelhação dos contratos derivados ao jogo na medida em que podiam ter a sua liquidação física por exigência da parte.[26] Tal colocação, razoavelmente solitária entre nossos doutrinadores, de um lado ia contra o texto da lei e, de outro, se aceito o argumento de Carvalho Santos, implicaria atribuir ao Poder Judiciário a tarefa de perquirir a real intenção das partes, se a de jogo ou a de escapar ao cumprimento de um contrato legítimo.

---

24. Vide artigo 1.479 do Código Civil de 1916, que dispunha que "São equiparados ao jogo, submetendo-se, como tais, ao disposto nos artigos antecedentes, os contratos sobre títulos de bolsa, mercadorias ou valores, em que se estipule a liquidação exclusivamente pela diferença entre o preço ajustado e a cotação que eles tiverem, no vencimento do ajuste".

25. "O contrato de liquidação pela diferença, entre o preço ajustado e a cotação do dia do vencimento, é um jogo ou aposta, porque as partes não têm em vista senão regular a diferença, sem idéia nenhuma da alienação ou entrega de valores. O negócio é meramente fictício. Difere nisso dos contratos a prazo sobre esses mesmos valores, porque são operações legítimas, porque as partes convencionaram a entrega efetiva dos títulos, mercadorias ou valores." (BEVILÁQUA, Clóvis. **Código Civil dos Estados Unidos do Brasil comentado**. Op. cit., v. 5, p. 184-185).

26. "1. Contratos de liquidação pela diferença entre o preço ajustado e a cotação do dia do vencimento – Estes contratos é que são equiparados ao jogo, não só porque, efetivamente, as partes não têm em vista a entrega dos valores, senão também porque, por isso mesmo, o negócio é meramente fictício, não passando de um jogo sobre a diferença entre o valor que lhe deu o contrato e o que tiver, por cotação, na ocasião em que deveria ser entregue. O que é preciso é não confundir com os outros contratos de mercado a termo, cujas prestações podem ser exigidas na espécie contratada e que se liquidem, posteriormente, por diferença". (SANTOS, João Manoel de Carvalho. **Código Civil brasileiro interpretado**. Op. cit., v. 19, p. 429, comentando o artigo 1.479 do Código Civil de Clóvis Beviláqua).

Desta feita, vivemos até a vigência do vigente Código Civil uma situação paradoxal. De um lado, tivemos a solução drástica pela qual os negócios realizados nos mercados futuros seriam legalmente considerados como jogo de azar e, portanto, inexigíveis. De outro, o mesmo país cobrava, de há muito, impostos sobre os negócios com liquidação por diferença, bem como, inicialmente, o Banco Central e, posteriormente, a Comissão de Valores Mobiliários estabeleciam procedimentos mandatórios, dentro do estabelecido, respectivamente, pelas Leis n. 4.728/1966 e n. 6.385/1976, além dos normativos baixados pelo Conselho Monetário Nacional. Ou seja, um negócio bursátil considerado inexigível por uma lei foi tributado[27] e regrado por outras leis. A única hipótese razoável para conciliar esse conflito ético será o de imaginarmos que todos esses organismos federais estavam convictos de que inexistiam no mercado secundário operações com derivados liquidadas por diferença.

Já o vigente Código Civil de 2002 adotou uma posição menos extremada ao diferenciar entre o jogo e os negócios com liquidação exclusivamente financeira, garantindo, assim, a exigibilidade do crédito.[28] Tal mudança, entretanto, quase que não ocorreu, na medida em que o projeto enviado à apreciação do Poder Legislativo mantinha idêntica redação àquela constante do Código Civil de 1916.[29] Alertados pela BM&F, o projeto já aprovado pela Câmara dos Deputados sofre emenda junto ao Senado, sendo essa alteração posteriormente aprovada pela Câmara dos Deputados e sancionada pelo Presidente da República.

Porém, provavelmente dada a pressa da correção junto ao Senado, foram excluídas da assemelhação aos jogos de azar somente as negociações com os "contratos sobre títulos de bolsa, mercadorias ou valores", deixando-se de fora os mercados de balcão organizados ou não. Para estes, dada a limitação estabelecida pelo artigo 816, permaneceria a caracterização como jogo de azar, tornando a obrigação insuscetível de cobrança judicial. Ora, tal situação só se justificaria em uma análise

---

27. É de se ter presente que o artigo 118 do nosso Código Tributário Nacional manda tributar os fatos geradores ocorridos independentemente de sua licitude. Porém, não tem sido comum a existência de autos de infração pela sonegação praticada pelo traficante de drogas, ou pela quantia auferida pelo furto ou latrocínio. Será mais fácil falar em perdimento dos recursos financeiros e dos bens adquiridos pela atividade criminosa e não em tributar o resultado da mesma. Menos sentido teria, após a imposição da carga tributária sobre o resultado do ilícito, dar o perdimento do saldo por se tratar de fruto de atividade ilícita. Mas essa discussão nos remeteria a um assunto muito mais profundo para saber se o Estado, que exige ética de seus cidadãos, pode agir de forma contrária a tais princípios escudado pelo indecifrável "interesse público".

28. "Artigo 816 – As disposições dos artigos 814 e 815 não se aplicam aos contratos sobre títulos de bolsa, mercadorias ou valores, em que se estipule a liquidação exclusivamente pela diferença entre o preço ajustado e a cotação que eles tiverem no vencimento do ajuste."

29. "O texto original do projeto, que não tinha sido emendado pelo Senado, repetia integralmente o art. 1.479 do Código de 1916. Posteriormente, com a aprovação da Resolução CMN n. 01/2000, o Relator Fiuza propôs a alteração do dispositivo, que restou incorporada pelo Senado e aprovado pela Câmara em votação final." (ALVES, Jones Figueiredo. **Novo Código Civil comentado.** São Paulo: Saraiva, 2002, p. 737).

restrita da literalidade da lei. Essa redação ilógica certamente se justificou pela incontornável dificuldade que apresentam as discussões parlamentares de obras tão complexas e abrangentes como se propõem a ser as codificações de todo um ramo do Direito — qual seja, o Direito Privado brasileiro.

Entretanto, a não assemelhação ao jogo poderá ser agasalhada na medida em que se interprete o comando legal como se referindo não ao local da negociação (bolsa de valores ou de mercadorias), mas aos valores mobiliários que possam ser suscetíveis de negociação em bolsa. Ou seja, a lei está se referindo aos "títulos de bolsa" na dicção do Código, e não ao local onde ocorra a negociação. Na medida em que todo valor mobiliário autorizado pela CVM a ser negociado em bolsa é suscetível de negociação no mercado de balcão (a recíproca não é verdadeira), temos que os negócios com liquidação necessariamente financeira não podem ser assemelhados a jogos de azar, porque são todos eles "títulos de bolsa" ou títulos suscetíveis de serem negociados em bolsa de valores ou de mercadorias.

Com a criação da CVM em 1976, sua lei instituidora, como já mencionado, deu a competência à nova autarquia sobre os valores emitidos pelas companhias, remanescendo a autoridade regulatória sobre os demais valores mobiliários junto ao Banco Central. Deu a mesma legislação autoridade ao Conselho Monetário Nacional para que este outorgasse à CVM a competência sobre outros valores mobiliários emitidos por sociedades por ações, que não aqueles expressamente previstos no elenco estabelecido pela Lei n. 6.385/1976.

Foi a partir dessa delegação que o Conselho Monetário Nacional passou para o campo regulatório da CVM os contratos de índice, motivado pelo fato de que o ativo subjacente a tais contratos são ações de determinadas empresas, formando uma cesta teórica cuja variação no pregão da bolsa de valores, em seus respectivos preços, cria o valor unitário do contrato de índice. Porém, todos os demais contratos derivados, então negociados nos pregões da Bolsa de Mercadorias e Futuros, permaneciam sob a tutela reguladora do Banco Central, conforme a competência difusa a ele atribuída pela Lei do Mercado de Capitais.

Tal divisão foi extinta com a vinda ao mundo da Lei n. 10.303/2001, que acresceu em muito o campo de atuação da CVM ao lhe atribuir autoridade regulatória sobre "contratos futuros, de opções e outros derivativos, cujos ativos subjacentes sejam valores mobiliários", bem como sobre "outros contratos derivativos, independentemente dos ativos subjacentes". Ou seja, todo e qualquer produto derivado foi abrangido pela expressão ampla da nova lei.[30] Com isso, desapareceu a

---

30. A outorga de competência sobre os produtos derivados, por força da Lei n. 10.303/2001, mereceu críticas no sentido de que: "Como acima referido, a inclusão dos derivativos no rol dos valores mobiliários [...] foi um marco, ainda que não isento de críticas, para uma nova forma de se tratar a relação dos instrumentos sujeitos à competência regulatória da CVM. Já a criação da figura dos contratos de investimento coletivo, inicialmente pela Medida Provisória n. 1.637/1998, sinalizara que, a partir dali, o que antes era uma lista

competência até então existente do Banco Central sobre qualquer modalidade de contrato derivado, bem como, de fato, passa a inexistir a competência do Conselho Monetário Nacional para atribuir à CVM autoridade reguladora sobre "outros valores mobiliários emitidos por sociedades anônimas", na medida em que os contratos de investimento coletivo abrangeram o campo remanescente.

Assim, passou a CVM a deter o poder regulador sobre duas vertentes, que, salvo esquecimento, abrangem um universo ainda não mapeado, a saber: o campo dos contratos de investimento coletivo, bem como o dos derivativos, sendo irrelevante o ativo subjacente. Só com estes dois fatos geradores foram abrangidas todas as hipóteses constantes da enumeração restante do artigo 2º da Lei da CVM, bem como qualquer outra possibilidade ainda não imaginada pelos criativos mercados financeiros ou pelo mercado de valores mobiliários.

A nova lei teve o condão de aniquilar qualquer tentativa de discussão sobre a natureza dos contratos derivados, com o intuito de saber se seriam contratos de natureza financeira, ou se, ao revés, seriam contratos de investimento coletivo ou contratos de seguro, já que um dos objetivos é o de "hedgear" posições futuras. Decorre do comando legal vigente que os contratos derivados são valores mobiliários, para efeitos do Direito pátrio, a eles se aplicando a legislação específica e, em consequência, criando-se o vínculo de subordinação para com a normatização existente e vindoura emanada da CVM.

Porém, se tais contratos são valores mobiliários, o campo de atuação da CVM, com relação a eles, só surge se forem objeto de oferta pública, ou seja, os contratos não ofertados ao público reportam-se à lei civil e ao contrato firmado entre as partes. Em havendo como contraparte, ou como garantidora, uma instituição financeira, o contrato se submete aos ditames e regramentos oriundos do Banco Central, dentro de seu poder regulamentar sobre as instituições financeiras, conforme se entenda a extensão nebulosa do artigo 17 da Lei Bancária. Tal subordinação, por óbvio, só vincula diretamente a instituição financeira, não alcançando as eventuais contrapartes não financeiras do contrato.

O campo do poder regulatório da Comissão de Valores Mobiliários, que está adstrito só ao campo dos valores mobiliários que sejam objeto de oferta pública, nasce da própria lei que a criou. Esta é a razão da existência não só de nossa CVM, mas de seus equivalentes em outros países. Assim, cabe a ela regrar e fiscalizar o

---

fechada passava a ser objeto de um exercício interpretativo [...] a inclusão dos derivativos naquele mesmo rol, já em 2001, não apenas reforçava essa tendência, como também promovia uma outra mudança — doravante a CVM passaria a responder, também, pela regulamentação dos mercados de derivativos, instrumentos negociáveis que, seja estruturalmente, seja do ponto de vista das finalidades, nada tinha a ver com os valores mobiliários mais tradicionais". Vide voto de Otavio Iazbek, Processo Administrativo CVM n. RJ 2009/6346, julgado em 18 dez. 2010, ao relatar e votar processo referente à natureza dos denominados "crédito carbono": se são ou não contratos derivados.

relacionamento entre três agentes que interagem no mundo dos valores mobiliários, a saber, os emitentes, os intermediadores e os adquirentes de contratos de investimento coletivo e, consequentemente, de contratos derivados ofertados publicamente.

O papel legal da Autarquia está jungido ao mundo dos pluricontratos, com seu sistema próprio de distribuição, que é composto de agentes de distribuição e de local próprio e regulado de negociação. A distribuição, que é uma oferta a parte indeterminada, depende de prévia autorização da Autarquia, a quem cabe definir as espécies de operações e as práticas a serem observadas pelo mercado, ou seja, as operações do e no coletivo (art. 19 da Lei n. 6.385/1976), aí incluídos os contratos derivados.

Nada impede, entretanto, que o contrato seja fechado entre partes previamente combinadas. Nesta última hipótese, as transações privadas em seus vários tipos poderão ser realizadas por intermédio de uma instituição enumerada pela Resolução CMN n. 2.873/2001,[31] que são aquelas pertencentes aos sistemas financeiros ou de distribuição de valores mobiliários. Mas isso significaria que duas partes não poderiam contratar um *swap* sem a intermediação de uma das instituições mencionadas no art. 1º da Resolução CMN 2.873/2001? Certamente podem. De um lado, por não ser tal operação caracterizadora de instituição financeira, mesmo nos termos do abrangente artigo 17 da Lei Bancária; de outro lado, porque cabe ao Banco Central e à CVM exercerem o poder regulamentar dentro de seus respectivos campos de atuação. O primeiro, só interferindo quando se tratar de operação financeira. Isso porque o Conselho Monetário Nacional, que tem o poder de regular as atividades que sejam exercidas pelas instituições financeiras, referiu-se somente às *posições assumidas* pela instituição financeira, ou seja, quando esta é contra parte no contrato derivado. Assim, se a atividade executada for de mera intermediação, sem a assunção de posição ou risco financeiro, não haverá a necessidade de registro da operação privada. Tal foi o comando emanado pelas Resoluções CMN n. 3.824 e 3.833,[32] ressalvada as operações de câmbio para se efetuar a remessa para o

---

31. Vide art. 1º no sentido de que "faculta-se aos bancos múltiplos, aos bancos comerciais, à Caixa Econômica Federal, aos bancos de investimento, às sociedades corretoras de títulos e valores mobiliários e às sociedades distribuidoras de títulos e valores mobiliários a realização, no mercado de balcão, por conta própria ou de terceiros, de operações de *swap*, a termo e com opções não padronizada, referenciadas em ouro, taxas de câmbio, índices de moeda, taxas de juros, ações de emissão de companhias abertas, índices de ações, debêntures simples ou conversíveis em ações e notas promissórias de emissão de sociedades por ações, destinadas a ofertas públicas".
32. Para o que aqui interessa, com a seguinte redação: "As instituições financeiras e demais instituições autorizadas a funcionar pelo Banco Central do Brasil devem registrar em sistema administrado por entidade de registro e de liquidação financeira de ativos, autorizadas pelo Banco Central do Brasil ou pela Comissão de Valores Mobiliários, *as posições assumidas* em instrumentos financeiros derivativos contratados no exterior, diretamente ou por meio de dependência ou empresas integrantes do conglomerado financeiro." (Resolução CMN n. 3.824/2009)

pagamento de exigências nascidas de contratos derivados. Já à CVM foi delimitado como campo de atuação operações em que o valor mobiliário for objeto de uma oferta pública.

9.2 Registro e autorização dos contratos derivados

Com o objetivo de regular as ofertas públicas de contratos derivados, a CVM, através da Superintendência de Desenvolvimento de Mercado, colocou em audiência pública minuta de instrução relativa ao registro de tais operações. Após a análise das sugestões apresentadas, foi editada a Instrução CVM n. 467/2008,[33] criando, dentre outros regramentos, a possibilidade de que o registro prévio de emissão seja feito por uma das entidades administradoras do mercado, dentro do princípio da delegação de competência da CVM para outorgar tarefas às entidades constantes do sistema de distribuição de valores mobiliários.

Essa outorga ocorre dentro da previsão legal da Lei n. 6.385/1976, que coloca tais entidades como "órgãos auxiliares da Comissão de Valores Mobiliários", para tanto incumbindo a essas as tarefas de "fiscalizar respectivos membros e as operações com valores mobiliários nelas realizadas" (artigo 17, § 1º). Tal delegação de poderes não impede que as entidades administradoras do mercado, dentro do campo da autorregulação, possam estabelecer outros requisitos para o registro e autorização da oferta, além daqueles oriundos de comandos da CVM e julgados convenientes pelos entes autorregulados para as transações realizadas em seu recinto.

Dentre os deveres delegados pela Autarquia estão aqueles destinados a que as entidades autorreguladoras mantenham a guarda, por cinco anos após a extinção das obrigações contratuais, dos documentos que resultaram na aprovação para que o valor mobiliário pudesse ser ofertado publicamente. Na busca para evitar surpresas de quebra, é relevante que os órgãos autorreguladores saibam do endividamento global do comitente comprador ou vendedor, para que possam concluir

---

33. No Processo n. 2004/1335, que resumiu os resultados da consulta pública feita pela CVM, consta o relatório da SDM, aprovado pelo Colegiado da CVM, segundo o qual "[...] a CVM pretende aprovar previamente apenas os contratos derivativos que forem negociados, ou seja, oferecidos para contrapartes indistintas, por meio dos sistemas de negociação de que dispõe o mercado de bolsa e de balcão organizado. E essa aprovação pela CVM não será necessária nos casos em que os negócios previamente fechados forem em seguida registrados pelas contrapartes em um mercado organizado. Mas será preciso que a entidade administradora desse mercado examine e aprove o contrato antes de registrá-lo, pois é seu dever preservar o mercado contra operações que violem suas regras, como sendo aquelas sem fundamento econômico por exemplo." Ou seja, a aprovação do contrato não necessita do *placet* da Autarquia, caso seja registrado em um mercado organizado. Neste caso, cabe à instituição do mercado organizado zelar para que as operações não "violem suas regras, como sendo aquelas sem fundamento econômico, por exemplo". Agora, o que seja "fundamento econômico violado" fica no ar. Ademais, na medida em que a CVM exemplifica uma única situação, deve haver outras cuja caracterização caberá às entidades administradoras definir, ficando à CVM o papel ratificador ou retificador da norma autorreguladora.

quanto à capacidade de adimplemento para com as obrigações assumidas. Para tanto, permite a norma que as entidades administradoras do mercado organizado troquem entre si informações sobre as operações e seus comitentes para que se possa avaliar a capacidade de pagamento global de determinado comitente junto aos mercados secundários, com isso minimizando riscos operacionais sistêmicos.

Ainda dentro do poder delegado pela CVM, encontram-se aqueles referentes ao exercício do poder de polícia, na medida em que compete às entidades administradoras do mercado coibir as infrações aos regulamentos e à legislação vigente. É importante ressaltar que a atribuição do poder de autorregulação delegado implica não só o poder de registrar e fiscalizar as operações realizadas em seu recinto, mas também, e principalmente, o dever de punir as transgressões às regras estabelecidas pela CVM, bem como às próprias regras estabelecidas pela bolsa de valores e/ou de mercadorias ou pela entidade onde se realizam as operações do mercado de balcão organizado. Disso resulta que, caso tal poder/dever não seja exercido, ou o seja de maneira inadequada ou displicente, isso implicará a instauração de procedimento administrativo por parte da CVM, sendo a entidade delegada pessoalmente responsabilizável pelo ocorrido.

9.3 AS CONTESTAÇÕES AOS CONTRATOS DERIVADOS

Os contratos derivados têm por característica serem contratos aleatórios, normalmente ofertados publicamente e liquidados por diferença. Em face de tais características, têm suas vidas reguladas com base em nossa lei civil. Entretanto, como se verá abaixo, quando contestados administrativamente ou em juízo, o são sob um de três fundamentos concernentes: (i) aos contratos aleatórios, (ii) ou à caracterização da sua onerosidade excessiva, tendo como contraponto a teoria da liberdade de contratar, ou (iii) a alguns preceitos constantes do Código de Defesa do Consumidor.

9.3.1 Contratos aleatórios

Esses contratos se inserem na categoria dos contratos onerosos e:

> distinguem-se dos comutativos, outra classe de onerosos, [na medida] em que a extensão das prestações de uma ou de ambas as partes não é certa, porque depende de acontecimento deles ignorado [...] a incerteza recai sobre a extensão dos lucros e das perdas dos contratantes, e não é essencial que o acontecimento, que determina a incerteza dos lucros e das perdas, seja futuro, basta que seja ignorado das partes.[34]

---

34. Vide BEVILÁQUA, Clóvis. **Código Civil dos Estados Unidos do Brasil comentado**. Op. cit., v. 4, p. 229, observação 1.

Assim, caracteriza-se o contrato como sendo aleatório sempre que o objeto da prestação de cada uma das partes seja incerto, quando cada uma delas corra o risco de pagar sem nada receber, ou tenha a probabilidade de receber sem nada pagar. "Tal é a simples aposta, a venda de uma esperança contra outra esperança."[35] Há também um contrato aleatório quando a prestação de um dos contratantes esteja fixada desde o momento da celebração do contrato, havendo de incerto apenas o equivalente desta prestação; esse contratante quis, mediante um sacrifício feito ou a ser feito certamente, subtrair-se aos riscos do futuro, fazendo-os pesar sobre a outra parte ou sobre outros; nada mais de incerto há para ele. Tal é a posição do segurado no contrato de seguro.[36]

A aleatoriedade do contrato, entretanto, não tem o condão de desfazer o vínculo obrigacional, na medida em que a sua característica primordial é a incerteza do resultado final. Assim, se o contrato nasce dentro da boa-fé negocial, fato que implica que ambas as partes estejam contratando com o necessário conhecimento dos riscos que estão assumindo, não há que se falar em onerosidade excessiva ou desequilíbrio do contrato, característica da anulabilidade dos contratos comutativos.

Os julgados paradigmáticos dos contratos aleatórios não nascem com os derivativos, mas vêm de longa data habitando o mundo dos contratos de seguro, para os quais o princípio da boa-fé é basilar. Em sua razão de decidir, o Tribunal de Justiça do Rio de Janeiro, ao julgar uma ação contra determinada seguradora, asseverou que:

> Boa-fé objetiva é o comportamento ético, padrão de conduta, tomado como paradigma o homem honrado. Indica, na precisa lição da Professora Claudia de Lima Marques, a conduta leal e respeitosa que deve pautar as relações entre segurado e segurador, fonte de deveres anexos ao contrato, além daqueles expressamente pactuados. Em suma, a boa-fé objetiva impõe um comportamento jurídico de lealdade e cooperação nos contratos, não somente na hora de sua celebração, mas também durante toda a sua execução. Refere-se o Código Civil à boa-fé objetiva em seu artigo 1.454 ao proibir que o segurado aumente os riscos previstos no contrato, bem como no seu artigo seguinte (1.455), agora impondo-lhe o dever de comunicar ao segurador todo incidente que possa agravar o

---

35. Vide SANTOS, João Manoel de Carvalho. **Código Civil brasileiro interpretado**. Op. cit., v. 15, p. 414, citando o ensinamento de Paul Pont à nota n. 576.
36. Vide em J. M. de Carvalho Santos, que, mais adiante, aduz que: "O que se pode deduzir de tudo o que vem de ser exposto é que para se saber se o contrato é aleatório, é preciso encará-lo no momento exato de sua formação, pesquisando-se, desde logo, se a prestação de uma das partes depende de um acontecimento impossível de ser determinado. Não se devendo nunca dar importância aos fatos que poderão mais tarde tornar o contrato vantajoso ou prejudicial a uma das partes." (SANTOS, João Manoel de Carvalho. **Código Civil brasileiro interpretado**. Op. cit., v. 15, p. 414, citando Paul Pont à nota n. 578).

risco, sob pena de perder o direto ao seguro. [...] A boa-fé no seguro, todavia, é bilateral, é via de mão dupla, que gera deveres tanto para o segurador como para o segurado. Assim como o segurador não pode enganar, nem induzir a erro o segurado, não pode fazer publicidade enganosa nem incluir no contrato cláusulas abusivas, o segurado também não pode fazer afirmações falsas na proposta de seguro, não pode omitir informações, nem agravar o seu risco sem comunicá-lo ao segurador, e assim por diante.[37]

Essa é, inclusive, a razão pela qual a CVM obriga a que os intermediadores dos contratos derivados entreguem fisicamente o regulamento dos fundos de investimentos, bem como obriga a que os investidores assinem, ao aderirem ao contrato, que estão cientes dos riscos que estão assumindo. Assim, diferentemente do jogo ou da aposta, as variações ocorridas no mercado decorrem fundamentalmente de fatos que alterem razoavelmente os movimentos de oferta e demanda de um dado ativo, etc., os quais os contratantes busquem prever racionalmente.

Esse é o entendimento de nosso Superior Tribunal de Justiça, que, ao analisar a informação necessária como causa de manutenção do contrato derivado, concordou com a razão de decidir da instância inferior, a qual o Relator transcreve:

> Conquanto tenha admitido que os materiais informativos, inclusive o Regulamento dos Fundos, entregues aos Autores continham expressa informação a respeito do elevado risco dos investimentos, a eminente sentenciante considerou ter ocorrido vício de consentimento diante das informações divulgadas pelos Réus, por entender que a previsão de risco elevado não pode significar risco de perda total do capital investido.
> Ora, em que pese as aplicações em fundos de investimento serem operações complexas, não é razoável presumir que os Autores desconhecessem plenamente o alto risco do negócio e que, por isso, teriam sido vítimas de suposta e não comprovada propaganda enganosa. Em momento algum os Autores tiveram qualquer garantia de retorno certo do capital investido.
> A opção de investir em Fundos agressivos, objetivando ganhos muito maiores do que os investimentos conservadores, foi dos Autores.
> Outrossim, o alto risco é condição inerente aos investimentos em Fundos Derivativos, que são classificados como agressivos, podendo o investidor ganhar ou perder sem qualquer garantia de retorno do capital. É possível, sim, a perda total, porquanto o insucesso da aplicação é inerente ao risco do investimento, que não era desconhecido dos Autores, por ser da própria natureza do negócio.
> Portanto, o alegado desconhecimento dos riscos do negócio, por falta de informação ou propaganda enganosa, não merece prevalecer, uma vez que a aplicação financeira escolhida pelos Autores foi daquelas como reconhecidas como de alto risco. Acrescente-se, ainda, que o perfil dos Autores não se amolda à condição de pessoas incapazes de

---

37. TJRJ. Apelação Cível n. 1.442/2000. Relator Desembargador Sergio Cavalieri Filho.

discernir os riscos que corriam ao optarem por esse tipo de aplicação, o que desnatura a aplicação do artigo 51 do Código de Defesa do Consumidor.[38]

Concluindo, o Relator decidiu que:

> Dessa forma, no investimento em fundos derivativos, principalmente os vinculados ao dólar-americano, é ínsito o alto grau de risco, tanto para grandes ganhos como para perdas consideráveis. Aqueles que se encorajam a investir em fundos arrojados estão cientes dos riscos do negócio, caso contrário depositariam suas reservas em investimentos mais conservadores, como, por exemplo, na poupança.

Em ambos os casos, a boa-fé têm que se manifestar desde o primeiro momento tendente a levar a cabo o contrato. Esta não muda. No primeiro julgado, o que se proíbe é o incremento do risco da companhia seguradora, aumentado em muito em razão de o segurado já estar doente quando da contratação do seguro, escondendo tal fato. No segundo julgado, ambas as partes buscam se proteger de evento futuro, cada qual imaginando qual será a tendência do mercado em data futura, mas todos os participantes trabalhando com a transparência quanto às regras e os riscos que cada parte corre.

9.3.2 A onerosidade excessiva

A onerosidade excessiva é uma das formas previstas em nossa lei civil para o não cumprimento de obrigação contratual, previsão esta não constante do Código de Clóvis Beviláqua. A extinção do vínculo obrigacional por gravosidade excessiva diz respeito aos contratos comutativos, nos quais o equilíbrio entre as partes é ínsito aos mesmos. A comutatividade, entretanto, começa a ficar ameaçada quando o evento final seja imprevisível ou extraordinário, alterando as características iniciais do equilíbrio contratual imaginado quando da sua assinatura. Nesses casos, por entendimento entre as partes, ou por decisão judicial, ocorre a compensação à parte prejudicada, buscando-se o retorno à comutatividade ou o reequilíbrio da relação jurídica afetada pelo evento extraordinário. O princípio da resolução dos contratos frente à enorme gravosidade a uma das partes veio da normatização romana e foi mantido pelos tratadistas medievais, desaparecendo mais tarde, influenciado por outro princípio geral de Direito,[39] qual seja, o do respeito irrestrito ao contratado, no século XIX. No século seguinte é ele ressuscitado, não sem

---

38. STJ. Recurso Especial n. 1.003.893/RJ (2007/0259170-0). Relator Ministro Massami Amiuyeda. 3ª Turma, decisão unânime.

39. Pelo princípio do *pacta sunt servanda*, uma vez estabelecido o vínculo obrigacional, de forma livre e consciente, o vínculo jurídico se manterá quanto aos seus efeitos, independentemente de alterações das

grande luta, com a reintrodução do conceito do princípio popularizado pela frase *rebus sic standibus*,[40] que, muito embora não constante do nosso antigo Código Civil, passou a merecer o reconhecimento de alguns julgados do Poder Judiciário, após a decisão construtiva do nosso Supremo Tribunal Federal quanto à sua aplicabilidade, independentemente da existência de preceito legal específico.[41]

Entretanto, procurou o Poder Judiciário, bem como o vigente Código Civil, acomodar os dois princípios básicos do Direito Privado, quais sejam, a obediência ao vínculo contratual entre as partes e a busca do reequilíbrio econômico do mesmo contrato em casos excepcionais. Portanto, para que prevaleça o princípio da onerosidade excessiva como elemento de quebra do vínculo obrigacional, há que ocorrer situação extrema e de absoluta imprevisibilidade por ambas as partes contratantes. A tarefa não é fácil, na medida em que o Código Civil busca caracterizar a onerosidade excessiva por meio de conceitos abertos, tais como "excessivamente onerosa", "extrema vantagem para a outra" ou "acontecimentos extraordinários e imprevisíveis" (art. 478).

Assim, a onerosidade excessiva depende de construção jurisprudencial e doutrinária no Direito Obrigacional.[42] Porém, historicamente, o termo "onerosidade excessiva" nasce como revisão de contratos impossibilitados de serem cumpridos,

---

situações fáticas que venham a ocorrer no curso do contrato, causando prejuízo a uma das partes ou tornando ineficientes a razão do ato de contratar.

40. *Contractus qui habent tractum sucessivum et dependentiam de futuro rebus sic stantibus intelliguntur.*
41. "Não se trata de contrato usurário, mas de cunho aleatório, importando uma compra e venda de coisa futura a termo, pago desde logo o preço: se ao tempo da *traditio res* o preço deste é maior do que foi pago, perde o vendedor, caso contrário, perde o comprador. Tal contrato não incorre na censura da lei civil, pois não se trata de simples liquidação pela diferença entre o preço ajustado e o valor da coisa no dia do vencimento. Nada tem a haver com o caso os dispositivos proibitivos da usura legal, nem isso foi objeto de controvérsia e decisão, quer na primeira, quer na segunda instância. Não conheço do recurso. Decisão unânime". STF. Recurso Extraordinário n. 27.766/MT. Relator Ministro Nelson Hungria.
42. "Passada a fase do esplendor individualista, que foi o século XIX, convenceu-se o jurista de que a economia do contrato não pode ser confiada ao puro jogo das competições particulares. Deixando de lado outros aspectos, e encarando o negócio contratual sob o de sua execução, verifica-se que, vinculadas as partes aos termos da avença, são muitas vezes levadas, pela força incoercível das circunstâncias externas, a situações de extrema injustiça, conduzindo o rigoroso cumprimento do obrigado ao enriquecimento de um e ao sacrifício do outro. Todo contrato é previsão, e em todo contrato há margem de oscilação do ganho e da perda, em termos que permitem o lucro ou o prejuízo. Ao direito não podem afetar essas vicissitudes, desde que constritas nas margens do lícito. Mas, quando é ultrapassado um grau de razoabilidade, que o jogo da concorrência livre tolera, e é atingido o plano de desequilíbrio, não pode omitir-se o homem do direito, e deixar que em nome da ordem jurídica e por amor ao princípio da obrigatoriedade do contrato um dos contratantes leve o outro à ruína completa, e extraia para si o máximo benefício. Sentindo que este desequilíbrio na economia do contrato afeta o próprio conteúdo de juridicidade, entendeu que não deveria permitir a execução rija do ajuste, quando a força das circunstâncias ambientes viesse criar um estado contrário ao princípio da justiça do contrato. E acordou de seu sono milenar um velho instituto que a desenvoltura individualista havia relegado ao abandono, elaborando a tese da *resolução do contrato em razão da onerosidade excessiva da prestação*." (PEREIRA, Caio Mario da Silva. **Instituições de Direito Civil**: v. 3: contratos. 15. ed., Rio de Janeiro: Forense, 1985, p. 137-138).

face aos resultados catastróficos resultantes da I Guerra Mundial.[43] Com o tempo, a jurisprudência judicial veio estendendo o conceito de acontecimento extraordinário, tornando cinzenta a área de atuação entre os contratos comutativos e aleatórios, perdendo a onerosidade excessiva o seu caráter de excepcionalidade, sendo aplicada com mais largueza do que aquela situação prevista ao fim da I Guerra Mundial, em relação aos contratos de carvão firmados anteriormente à guerra e cuja entrega teria que ocorrer depois do fim do conflito, com os países totalmente devastados pela guerra.

Mas, de outro lado, os contratos aleatórios passaram de uma aplicação dirigida eminentemente para a atividade agrícola para serem utilizados de maneira crescente nos mercados não à vista, por intermédio dos contratos derivados. Desta feita, em muito cresceu o número dos contratos nos quais a imprevisão passou a deles ser parte integrante, tornando muito mais frequente a presença dos contratos aleatórios, nos quais a incerteza é peça fundamentalmente inerente ao tipo obrigacional.

O Código Civil estabelece como característica dos contratos aleatórios a dependência de fato futuro, correndo uma das partes até o risco de o bem não existir quando do termo final do contrato; ou, na linguagem do Código, "ainda que nada do avençado venha a existir". Nessas situações, "terá o outro contratante o direito de receber integralmente o que lhe foi prometido, desde que de sua parte não tenha havido dolo ou culpa" (art. 458).

A redação atual reflete, com pequenas variações, aquela constante do Código de 1916, dando a impressão de que os então vigentes artigos 1.118 a 1.121 dirigiam-se fundamentalmente para os contratos de compra de safra futura, e não para os negócios derivados do mundo atual. A mesma impressão fica com relação à redação atual, a qual, em um mundo totalmente diferente do Brasil fundamentalmente agrícola do início do século XX, não se adaptou à atualidade fortemente voltada para produtos financeiros.

---

43. "A I Guerra Mundial (1914-1918) trouxe completo desequilíbrio para os contratos de longo prazo. Franqueou benefícios desarrazoados a um contratante, em prejuízo do outro. Afetou a economia contratual, com prejuízo para a economia geral. Procurando coibi-lo, votou a França a *Lei Faillot*, de 21 de janeiro de 1918, sobre os contratos de fornecimento de carvão, concluídos antes da guerra e alcançados por ela; ao mesmo tempo, imaginou-se na Inglaterra a doutrina da *Frustation of Adventure*; retomou-se na Itália a cláusula *rebus sic stantibus*: reconstituiu-se por toda parte o mecanismo da proteção do contratante contra a excessiva onerosidade superveniente. O movimento doutrinário, sem embargo de opositores tenazes, pendeu para a consagração do princípio da justiça no contrato, a princípio como revivescência da cláusula *rebus sic stantibus*, que alguns escritores entre nós têm procurado subordinar à incidência da força maior e do caso fortuito (João Franzen Lima), mas que se desprendeu e alçou vôo pelas alturas." (PEREIRA, Caio Mario da Silva. **Instituições de Direito Civil**. Op. cit., v. 3, p. 139).

Do até aqui exposto resulta que os contratos aleatórios não têm por escopo agasalhar as preocupações que regem a vida dos contratos comutativos, na medida em que as partes contratantes conhecem que estão contratando algo aleatório, decorrente de evento futuro e incerto. Assim, os contratos derivados se caracterizam pela *alia*, pela incerteza do futuro, gerando a imprevisibilidade quanto ao resultado do evento ou termo final do contrato, face a variáveis climáticas, econômicas ou políticas. Se tomarmos os contratos derivados que tenham como ativo subjacente moeda, taxa de juros, preço de produtos agrícolas ou índice de bolsa, etc., veremos que existem para criar um tipo de seguro ou segurança quanto ao futuro; ou seja, a incerteza no amanhã é ínsita a tais contratos. Desta feita, não será qualquer imprevisibilidade que dará margem à dissolução do vínculo. Se as alterações de valor são características do próprio mercado, não há que se falar em imprevisibilidade do negócio feito.

As variações cambiais, da taxa de juros, de ações ou do mercado de *commodities* agrícolas ou minerais fazem parte do próprio negócio derivado, não sendo causa para resolução da obrigação contratual. Tal variabilidade de valor, entre o momento da contratação e o evento final, quando do cumprimento da obrigação assumida, vem sendo analisada com certa frequência pelo Poder Judiciário — por exemplo, nos casos de contratos derivados que buscam proteção contra variação do valor de moeda no tempo. Assim, segundo voto do Desembargador Salim Schead dos Santos, decidiu o Tribunal de Justiça de Santa Catarina que:

> Sobre a ocorrência de onerosidade excessiva do pacto para a apelante [Cisframa Comércio e Indústria de Madeira São Francisco Ltda. v. Banco Bradesco S.A.], tal afirmação não se coaduna com o histórico dos fatos narrados pela parte. Segundo afirmou a apelante, foram contratados diversos "adiantamentos sobre contrato de câmbio", celebrou também o contrato de "operação a termo de moeda", que serviria como uma defesa para o risco que a variação da moeda impõe àqueles contratos. Faz-se aqui um parêntese para uma necessária explicação. É que os adiantamentos de câmbio são comumente utilizados por empresas exportadoras que, como a apelante, recebem pagamento por suas mercadorias em dólares, uma vez que seu objetivo é antecipar aqueles créditos, de modo a não ficarem descapitalizados no espaço de tempo entre o envio da mercadoria, o pagamento de seu valor pelo cliente estrangeiro e a chegada dessa quantia em território nacional, quando é convertido em moeda corrente, intervalo esse que é de semanas, quando não de meses.
>
> O adiantamento é fornecido pela casa bancária em moeda nacional, mas conforme a cotação do dólar naquela data e no valor a ser recebido do exterior pelo exportador. O pagamento desse adiantamento é feito quando as empresas recebem dólares decorrentes das vendas externas. A negociação, todavia, está sujeita à variação cambial entre o adiantamento e a sua quitação, pois, se a moeda americana se desvaloriza nesse ínterim, então o valor recebido em reais pela empresa, quando da conversão do pagamento pelo

importador estrangeiro, será menor e, portanto, insuficiente para cobrir o empréstimo bancário, causando prejuízo. Assim, como antes da citada crise financeira a tendência do real era de evidente valorização, os exportadores enfrentariam perdas com os adiantamentos, pois receberiam, no futuro, menos reais do que o necessário para pagar os empréstimos contraídos na forma de adiantamento.

Para minimizar os efeitos dessa variação cambial, as instituições financeiras propunham às empresas contratos que, através de operações financeiras no mercado de *derivativos*, poderiam gerar divisas, compensando aquele prejuízo decorrente dos adiantamentos cambiais. Desse modo, na nota de negociação da operação a termo sem entrega física, ou *swap*, era fixada uma certa taxa de câmbio futura e um valor base em moeda estrangeira, dados esses relacionados ao vencimento e ao valor do adiantamento de câmbio anteriormente recebido, na data de liquidação, verificando-se a diferença entre a cotação pactuada e a colhida naquele dia, multiplicando-se pelo valor base. Assim, se o real obtivesse valorização no período, ficando abaixo da cotação pactuada, o banco pagaria a diferença ao cliente. Caso contrário, se ocorrida a valorização do dólar, com cotação do dia acima daquela ajustada, o cliente pagaria a diferença ao banco.

Com tais operações, a empresa exportadora estaria resguardada da variação do câmbio, pois o eventual prejuízo na operação de adiantamento de câmbio, em caso de baixa do dólar, por exemplo, seria compensado pelo lucro advindo do contrato derivativo, mantendo-se, todavia, a compensação entre as operações. A inesperada alta do dólar frente ao real no auge da crise, porém, causou surpresa às empresas que buscaram nos *derivativos* a sua proteção, pois, em questão de dias, viram suas obrigações perante as instituições financeiras aumentarem de forma substancial, levando muitos a postular em juízo a suspensão e revisão dos contratos. [...] No entanto, a alegação de onerosidade excessiva se desfaz quando se percebe que o contrato de "operação a termo de moeda" servia como uma proteção cujo fim era anular os efeitos da flutuação cambiária, pois assim como perdeu com a desvalorização do real nos *derivativos*, passou a ganhar no recebimento das vendas decorrentes da exportação, que agora pagaram muito mais reais pelo seu equivalente em dólar, compensando o prejuízo nas operações de *derivativos*.

De igual forma, se o movimento de câmbio tivesse sido de forma inversa, a apelante teria perdido nas antecipações, mas ganho nos *derivativos*. O objetivo das operações, como já visto, era neutralizar os efeitos do câmbio para a empresa exportadora, tanto em caso de valorização do real quanto no caso de sua desvalorização.

É certo também que a contratação de operação a termo não impede a ocorrência de prejuízo, eis que a complexidade da manobra financeira traz consigo a possibilidade de erros, tanto na avaliação dos riscos por parte dos contratantes como na operacionalização por parte dos bancos. [...] A não ocorrência do cenário previsto pelo apelante, entretanto, não deve ser motivo de revisão ou mesmo resolução forçada do contrato, que serviu seu fim, mesmo que de modo inesperado pela parte.

Também não merece prosperar o apelo quando afirma que o banco contava com cláusulas que limitam suas perdas, enquanto que inexistiam tais proteção para o apelante, pois, da leitura do contrato, não se verifica a presença de tais dispositivos ou sua utilização pela casa bancária. Pelo contrário, há expressa previsão, no item 7.1.f, da possibilidade de resgate antecipado das operações de *derivativos*, a critério da própria apelante, opção que, inclusive, foi utilizada diversas vezes pela empresa, segundo planilha fornecida pela instituição financeira, sendo descabida a alegação de que o contrato foi redigido a seu desfavor.

De igual forma não há razão à recorrente quando afirma que, pelas notas de negociação juntadas aos autos, comprometeu-se à compra futura de dólares do apelado pelas cotações ali dispostas. Na verdade o contrato de operação de moeda a termo não se trata de uma promessa de compra futura, mas sim de um contrato de risco com base na compensação da diferença de taxas de câmbio pactuadas e liquidadas, multiplicada pelo valor base, conforme já explicado.

E, ao contrário do que afirma o apelante, a *teoria da imprevisão* não é aplicável ao caso, pois a livre flutuação da moeda imposta pelo Banco Central há mais de dez anos é de pleno conhecimento de todos, sendo que quem escolhe operar nesse campo deve assumir os riscos que lhe são inerentes, tanto pelos diversos problemas aos quais estão sujeitas as exportações, desde a saída do produto da empresa até o recebimento de seu valor, quanto pelas variações diárias a que se submete a moeda, sempre suscetível de flutuações inesperadas de acordo com o sentimento do mercado em relação à economia mundial.

[...] Assim, não cabe a resolução ou a revisão de um contrato quando o mesmo servia para garantir outro no qual a relação de prejuízo/lucro era inversa, constatando-se que a operação, quando analisada globalmente, pretendia garantir a neutralidade para o cliente bancário. A *imprevisão* do comportamento do mercado de câmbio também não é motivo para embasar a intenção do apelante, porquanto os riscos são inerentes ao negócio pactuado, e devem ser assumidos pelos contratantes.[44]

A onerosidade excessiva dos contratos também não foi considerada como causa de anulação de negócio contratado com as Notas de Negociação de Opção Flexíveis, na medida em que a ocorrência do desequilíbrio entre os contratantes, decorrente de acontecimentos extraordinários, é parte integrante da lógica de tais contratos. Nesse sentido, o Tribunal de Justiça do Rio Grande do Sul decidiu pelo voto da Desembargadora Nara Leonor Castro Garcia, por unanimidade, que:

> Os agravados [Siverst Indústria de Componentes Automotivos] ajuizaram Ação de Revisão de Contrato Bancário dizendo da onerosidade excessiva e postulando a declaração de nulidade e a inexigibilidade das Notas de Operação Flexível firmadas com a agravante [Banco Itaú S.A.], postulando a incidência de indexador nacional em substituição à variação do dólar, ou, alternativamente, que a valorização da moeda estrangeira seja suportada por ambas as partes. Alegaram, então, a onerosidade excessiva por conta da alta do dólar em decorrência da crise financeira mundial. A decisão atacada suspendeu a exigibilidade das Notas de Negociação e proibiu a inscrição em Órgão de Proteção ao Crédito.

---

44. Apelação Cível n. 2009.070554-7, Caninhas, Santa Catarina, Relator Desembargador Salim Scheade dos Santos, Cisframa Comércio e Indústria de Madeiras São Francisco Ltda. v. Banco Bradesco S.A.

[...] as partes contrataram Cédula de Crédito Bancário para repasse de valor em moeda estrangeira, no total de US$ 130.000,00, à cotação de R$ 1,6020, equivalente a R$ 208.206,00, na data da contratação. Em contrapartida da melhor taxa de juros, negociaram Notas de Negociação de Opção Flexível atribuindo ao agravante preferência na compra de moeda estrangeira (dólar) com cotação pré-fixada. Ocorre que, em princípio, não é o caso de onerosidade excessiva a impor a nulidade das Notas de Negociação, uma vez que como derivativos que são, inerente ao negócio a previsão de variações favoráveis ou desfavoráveis a um ou outro contratante. Assim, o desequilíbrio entre os contratantes [...] decorre de acontecimento extraordinário — alta da variação do dólar —, mas que constitui risco assumido pelo contratante. A agravada e o devedor solidário, também recorrido, atuam na indústria de componentes automotivos e, conforme exposto na petição inicial, importam peças da China desde 2006, e, por isso, pressupõe-se conhecimento em contratos envolvendo mercado de câmbio. Ademais, o agravante trouxe aos autos documento denominado Contrato Master de Derivativos – Condições Gerais para Realização de Operações, pelo qual se depreende [...] que as Notas de Negociação são parte integrante [...] pela qual os agravados declaram terem sido alertados acerca dos riscos assumidos.

Nesse contexto, não é razoável inverter a normalidade do cumprimento contratual, com frágil alegação de imprevisão no mercado cambial ou de induzimento a erro, ou, ainda que lhes tenham sido impostas onerosidades que não as que decorrem naturalmente do tipo de operação contratada, o que, por ora, não se verifica. [...] Voto, então, em dar provimento ao Agravo de Instrumento, para revogar a antecipação de tutela deferida.[45]

Entretanto, em julgamento de 25 de março de 2009, certamente em razão de disputa nascida em face da grande variação ocorrida nos negócios que tinham por causa a proteção ou especulação com a variação cambial, se entendeu que mesmo nos contratos aleatórios há que existir uma equivalência de riscos.

Entendeu a 14ª Câmara de Direito Privado do Tribunal de Justiça de São Paulo que mesmo nos contratos aleatórios há que haver um limite para o risco, mesmo sendo um contrato derivado na área cambial. Qual seria esse limite de risco a partir do qual se aplicarão as regras dos contratos comutativos e não mais aquelas outras inerentes aos contratos aleatórios o julgador não esclarece, criando uma área cinzenta de incerteza quanto à fronteira que separa os dois conceitos. De outro lado, se levarmos em consideração o objetivo do contrato, veremos que se poderá estar transferindo a perda do negócio derivado para a parte que acertou em suas previsões, em benefício daquela outra que errou.

Conforme decisão unânime, julgou a Câmara, acompanhando o voto do Desembargador Thiago de Siqueira, no sentido de que:

---

45. Agravo de Instrumento n. 70030129688/2009.

Insurge-se, o agravante [Banco Santander], sustentando que: a empresa agravada [Radicifibras Ind. e Com. Ltda.] estava ciente dos riscos inerentes ao contrato objeto da ação, por pertencer a grupo empresarial de origem italiana, presente em diversos países do mundo, estando habituada a lidar com a volatilidade das moedas internacionais; pelo contrato aqui discutido, a empresa, em contrapartida à proteção contra a queda do dólar, assumiu obrigação em moeda estrangeira, sabendo que esta obrigação nasceria se e quando a cotação do dólar ultrapassasse certo patamar (*strike*), já tendo realizado operações de derivativos anteriormente; as negociações preliminares à contratação em tela foram prolongadas, permitindo ampla discussão sobre o conteúdo das principais cláusulas contratuais; a operação objetivou reduzir o custo de captação do empréstimo que a agravada contraiu com o BNDES, mas para oferecer-lhe esta possibilidade teve que assumir riscos conscientemente assumidos pela empresa, vindo esta a saber que a complexa operação não era de fácil reversão;[46] [...] o risco era conhecido e foi assumido pela agravada no momento da contratação, sendo este risco inerente à estrutura do contrato de derivativos; as conversações estabelecidas entre o diretor financeiro da agravada com o funcionário do banco, que antecederam a contratação em tela, foram gravadas em CD; não há presunção de abusividade em contratos válidos, sendo absurda a aplicação do CDC [Código de Defesa do Consumidor] à relação existente entre partes; contratos aleatórios (art. 458 do Código Civil) não são inválidos porque a prestação de uma das partes se tornou maior do que ela desejasse que fosse; inaplicabilidade da teoria da imprevisão a referido contrato.

[...] é de se observar que a agravada [alega] que: houve uma série de irregularidades já na origem da contratação, conforme evidenciado pelas provas que apresentou (e-mails) [...] a própria instituição financeira, em determinado momento, instada a fechar as operações financeiras estruturadas, não o fez e, assim, provocou um aumento da dívida da cliente; houve, na verdade, má prestação de serviço pelo banco, o qual ao invés de proteger o cliente, não o fez, tudo para se beneficiar financeiramente. [...] Acrescentou que, no curso do ano de 2008, celebrou uma dessas operações engendradas pelo Santander, por um período de 12 meses, e, ao invés da propalada proteção financeira e das vantagens alardeadas, viu-se acorrentada a um negócio jurídico complexo, que o próprio representante do banco confessou não saber como funcionava. O agravado ofereceu este negócio com relação ao financiamento do BNDES, que teria como objetivo reduzir os custos desse financiamento.

Pela proposta ofertada, os juros devidos em decorrência desse financiamento, mensalmente, seriam reduzidos em cerca de 50%. Como havia duas formas de atualização do financiamento BNDES, o Santander ofereceu duas operações diferentes que se completavam. A estrutura destas operações foi enviada pelo banco por e-mail, com simuladores do "Swap de BNDES", montando a estrutura com gatilhos na variação do

---

46. Certamente a irreversibilidade da operação se deu em razão de ter sido feita por meio de uma negociação junto ao mercado de balcão não organizado. Nessas situações, como já mencionado acima, os contratos são únicos, situação em que não se permite ao comitente assumir posição contrária para desfazer o primeiro negócio.

US$, em relação à variação cambial. Também foi enviada uma simulação dos valores que seriam economizados pela Radicifibras nesses financiamentos, evidenciando que o banco tinha absoluta ciência de que seu objetivo era reduzir os custos desse negócio e jamais especular no mercado de derivativos. Não tinha interesse em celebrar operações de *hedge*, mas sim operações financeiras que lhe permitissem, com riscos aceitáveis, minimizar seus custos financeiros.

[...] Ora, a princípio, as ponderações feitas pelo banco agravante são relevantes, porquanto demonstrariam que a empresa contratante teria ou poderia ter ciência dos riscos inerentes a tais operações, tendo condições de entender as reais características destas operações não somente em face de seus termos, mas também por se tratar de empresa integrante de grupo multinacional, já tendo feito, inclusive, operações desse tipo anteriormente. Sua realização, ademais, foi antecedida de amplas conversações entre as partes.

Entretanto, não se pode olvidar que tais operações visavam, em princípio, reduzir os custos dos encargos financeiros referentes à totalidade do contrato feito pela agravante perante o BNDES, como o próprio agravante admite. E as ponderações feitas pelo recorrente não são suficientes para afastar, ao menos de imediato e para efeito, apenas, de apreciação desta medida, as observações feitas a propósito das distorções que vieram a atingir tais operações a partir de setembro de 2008, quando eclodiu a crise financeira mundial, com a imediata supervalorização da moeda norte-americana frente ao real. [...]

Ainda que tais operações envolvam risco de mercado, afigura-se cabível questionar-se a respeito dos limites de risco, não podendo ser ilimitado ou muito desproporcional entre as partes contratantes sob pena de ensejar o enriquecimento sem causa de uma delas em grave prejuízo da outra, notadamente se chegar ao ponto de inviabilizar o regular desempenho das atividades da empresa agravada.

Diante disso, ao menos no que diz respeito à onerosidade excessiva desses contratos é de se reconhecer que há relevância nas alegações da agravada, porquanto poderão configurar as hipóteses previstas nos arts. 317 e 478 do Código Civil [...]. Note-se, outrossim, que mesmo que se considere que cuida-se, no caso, a propósito, de contrato aleatório, conforme afirma o agravante, isso não obsta que em princípio o ajuizamento da presente ação, pois como afirma também Nelson Nery Júnior, "nos contratos aleatórios, a base objetiva do negócio se caracteriza pela *equivalência do risco* de cada contratante: se o risco for de apenas um ou se for desproporcional, muito mais arriscado para um, que para o outro contratante, há quebra da base objetiva do negócio, que pode ensejar a revisão do contrato ou sua resolução [...]." Ante o exposto, nego provimento ao recurso, com observação.[47]

Tenho para mim que a razão de decidir prendeu-se à aceitação do conceito da equivalência de riscos entre os contratantes, equivalência esta que, segundo o

---

47. Agravo de Instrumento n. 7324656-7, da Comarca de São Paulo, 14ª Câmara de Direito Privado do Tribunal de Justiça do Estado de São Paulo.

julgado, seria de se aplicar mesmo aos contratos aleatórios. Essa equivalência, entretanto, será aquela existente no momento da contratação, no qual as partes contratantes analisam e se protegem em face de uma situação futura e desconhecida. Querer transportar a equivalência dos riscos para o momento final do contrato será transformá-lo em contrato comutativo. Essa é a razão porque é essencial ao julgador, bem como ao doutrinador, estabelecer parâmetros fáticos para estabelecer quando se encerra a comutatividade e se inicia a aleatoriedade contratual. Nesse sentido laborou o Superior Tribunal de Justiça, por unanimidade, acompanhando o voto do Ministro Luis Felipe Salomão, *verbis*:

> Essencialmente, o autor pretende a rescisão do contrato de venda de soja futura ao argumento de que circunstâncias alheias à sua vontade elevaram o preço da soja no mercado nacional e internacional, aumentaram o custo dos insumos para o plantio, ao mesmo tempo em que causou uma diminuição de quase 30% na produtividade. Ocorre que para a aplicação da teoria da imprevisão — a qual, de regra, possui o condão de extinguir ou reformular o contrato por onerosidade excessiva — é imprescindível a existência, ainda que implícita, da cláusula *rebus sic stantibus*, que permite a inexecução de contrato comutativo — de trato sucessivo ou de execução diferida — se as bases fáticas sobre as quais se ergueu a avença alteram-se, posteriormente, em razão de acontecimentos extraordinários, desconexos com riscos ínsitos à prestação subjacente.
> Tais características não se verificam na hipótese ora examinada.
> 2.1. Primeiramente, porque o produto vendido — soja —, cuja entrega foi diferida a um curto espaço de tempo, possui cotação em bolsa de valores e a flutuação do preço, até mesmo diária, é inerente à característica do negócio. Com efeito, nesse particular, a variação do preço da saca de soja ocorrida após a celebração do contrato não se consubstancia acontecimento extraordinário e imprevisível, inapto, portanto, à revisão da obrigação com fundamento em alteração das bases contratuais [...].
> 2.2. Tampouco a existência de pragas e escassez de chuvas, ligadas à ação da natureza, podem ser consideradas como imprevisíveis em contratos dessa natureza. E nessa linha já entendeu a Corte que a ocorrência de praga chamada "ferrugem asiática" a castigar lavoura de soja não constitui acontecimento imprevisível e excepcional a autorizar o chamamento da cláusula *rebus sic stantibus* [...].
> 2.3. Por outro lado, não se verifica sequer a onerosidade excessiva alegada pelo autor. Muito pelo contrário, a venda antecipada da soja garante a aferição de lucros razoáveis, previamente identificáveis, tornando o contrato infenso a quedas abruptas no preço do produto. Em realidade, não se pode falar em onerosidade excessiva, tampouco em prejuízo para o vendedor, mas tão somente em percepção de lucro aquém daquele que teria, caso a venda se aperfeiçoasse em momento futuro.[48]

---

48. Recurso Especial 860.277/GO (2006/0087509-3), Relator Ministro Luis Felipe Salomão, recorrente Adm. do Brasil Ltda., recorrido Wetnon José da Silva.

9.3.3 Sujeitam-se os contratos derivados ao Código de Defesa do Consumidor?

Vários comitentes em negócios derivados, situados na ponta perdedora, normalmente em negócios referenciados às variações das taxas de câmbio, juros ou *commodities*, buscaram anular o pacto obrigacional invocando preceito do Código de Defesa do Consumidor.[49] O suporte jurídico inicialmente apontado estava inscrito no artigo 6º da Lei n. 8.880/1994, que tratou do Programa de Estabilização Econômica, instituindo a nova moeda, o real. O referido artigo dispôs que:

> É nula de pleno direito a contratação de reajuste vinculado à variação cambial, exceto quando expressamente autorizado por lei federal e nos contratos de arrendamento mercantil celebrados entre pessoas residentes e domiciliadas no País, com base em captação de recursos provenientes do exterior.

Anteriormente, havia sido promulgado o Código de Defesa do Consumidor,[50] definindo a figura do consumidor e do fornecedor e, para o que interessa neste ponto, colocando dentro do sistema de proteção dado aos consumidores os serviços "de natureza bancária, financeira, de crédito e securitária".[51] Quando tratou dos direitos básicos do consumidor, o Código vedou "a modificação das cláusulas contratuais que estabeleçam prestações desproporcionais ou sua revisão em razão de fatos supervenientes que as tornem excessivamente onerosas".[52]

Assim, de um lado, a Lei do Real excepcionou os contratos de arrendamento mercantil da proibição da correção cambial, desde que provado que a instituição tenha feito o financiamento com recursos oriundos do exterior. De outro lado, o Código de Defesa do Consumidor estabelece a reposição do dano ao consumidor quando haja modificação de cláusula contratual ou a sua revisão devido a fato superveniente. O cometimento do dano acarretará a sua reparação pelos seus autores.[53]

Nossa jurisprudência dirigiu-se no sentido de que, nos contratos de arrendamento mercantil, mesmo que se preveja o risco cambial para o arrendatário, este não prevalece diante da extrema onerosidade causada por evento econômico que ocasione brusca alteração na relação contratual, além da necessidade de

---

49. Vide Ação Direta de Inconstitucionalidade n. 2.591-1/DF, em que se reconhece a aplicabilidade do Código de Defesa do Consumidor aos negócios financeiros, não aceitando a exclusividade de lei complementar prevista no art. 192 da Constituição Federal enquanto norma exclusiva para regular todas as atividades do mercado financeiro, bem como para todos agentes que com tal mercado se relacionem.
50. Lei n. 8.078/1990, posteriormente alterada pela Lei n. 9.870/1999.
51. Art. 3º, § 2º, do Código de Defesa do Consumidor.
52. Art. 6º, inciso V, do Código de Defesa do Consumidor.
53. Art. 7º, parágrafo único, do Código de Defesa do Consumidor.

comprovação de que os recursos do estrangeiro foram aplicados no respectivo contrato objeto do litígio. Decidiu o Tribunal de Justiça do Rio de Janeiro, pelo voto do relator, Desembargador Luiz Eduardo Rabello, no sentido de que:

> Em sua irresignação, acena o apelante [Unibanco – Leasing S/A Arrendamento Mercantil], primeiramente, com a alegação de que a Lei n. 8.880/90, em seu artigo sexto, facultaria que contratos de arrendamento mercantil, com prestações vinculadas ao dólar, seriam válidos. [...] Ora, o argumento não pode ser acolhido por dois motivos. O primeiro consiste no fato de que incumbiria ao credor, aqui apelante, comprovar o que assim alega, isto é, que o negócio jurídico seria lastreado em recursos oriundos do estrangeiro, o que não o fez. O segundo é que ainda que assim não fosse, o referido comando não nega vigência à aplicabilidade da teoria da imprevisão, isto é, à cláusula *rebus sic standibus*, que já era aplicada com fulcro doutrinário antes mesmo que estivesse expressamente consignada no ordenamento jurídico, pelo advento da Lei n. 8.078/90 – Código de Defesa do Consumidor, que faculta a revisão judicial dos contratos, em exceção ao princípio da autonomia da vontade, mormente em contratos não paritários, isto é, por adesão, quando ocorrência imprevista vem a desequilibrar de tal sorte o cumprimento da obrigação, por parte de uma das partes, que se lhe torna demasiadamente oneroso.
>
> Não custa, assim, reproduzir o disposto no art. 6º, V, que enumera, entre os direitos básicos do consumidor, a revisão judicial das cláusulas contratuais, "em razão de fatos supervenientes que as tornem excessivamente onerosas". Deve ser reparado que a fundamentação da sentença não se baseia na vedação à vinculação das prestações à moeda estrangeira, e tanto é assim que até a desvalorização súbita do câmbio determinada pela Presidência da República, por intermédio de seus ministros, não se questionava sua validade. A revisão se baseia na teoria da imprevisão, que, disposta no art. 6º da Lei 8.880, em nenhum momento foi elidida.
>
> [...] O terceiro e último argumento é o de que não haveria imprevisibilidade da ocorrência superveniente e o de que estaria amparada no art. 160, I, do Código Civil, que reza que não constituem atos ilícitos aqueles direitos regularmente exercidos. Nenhum dos dois é tampouco albergável. Em primeiro lugar, em nenhum momento se questiona, como já visto, a licitude da cláusula que vinculava o valor das obrigações do devedor ao dólar, mas tão somente que houve a superveniência de fator inesperado que alterou radicalmente o equilíbrio contratual. Em segundo lugar, embora o apelante traga a interessante questão de que a desvalorização do câmbio era prevista, já que a Rússia e o México haviam sofrido ataques especulativos antes de nosso país e procedido de modo idêntico, é preciso frisar que o ordenamento jurídico não contém disposição no sentido de que os cidadãos leiam jornais diariamente, nem que tenham interesses em política e economia externa, nem muito menos que, quando façam seus negócios, andem com um economista particular a tiracolo.
>
> É certo que, quando o acontecimento pode ser previsto, não se aplica a teoria da imprevisão, mas o que ocorre aqui é que ele não era previsível de acordo com o princípio da razoabilidade, que não exige senão médios conhecimentos previsíveis do contrato

quanto à natureza jurídica do ato que vai celebrar, quanto ao seu objeto e quanto à pessoa ou às qualidades essenciais da pessoa com quem vá contratar. Cita ainda o apelante o nome venerável do saudoso Orlando Gomes, para quem a teoria da imprevisão não retiraria a força obrigatória do contrato, simplesmente porque a conjuntura econômica teria tornado mais ou menos onerosa sua execução, dentro da álea natural do mundo dos negócios. Ora, a desvalorização operada pelo Estado foi súbita e radical, quase dobrando o valor do dólar em relação ao real. Isso não pode ser reputado natural.

Ademais, não podemos esquecer que, se o apelante, quando da celebração do contrato, tinha assim tanta certeza de que haveria uma desvalorização brusca do câmbio, quando o devedor estivesse ainda cumprindo suas obrigações periódicas — haja vista de que se trata de um contrato de execução continuada — deveria ter prevenido o arrendatário, constituindo seu silêncio omissão dolosa, causa de anulabilidade do negócio jurídico celebrado, de acordo com o art. 94 do Código Civil. Fala ainda o apelante em contrato de risco. Ora, é certamente novidade no meio jurídico ser o contrato de arrendamento mercantil contrato aleatório! Não, o contrato de arrendamento mercantil é naturalmente comutativo. [...] Motivos pelos quais meu voto é no sentido de negar provimento ao recurso.[54]

Em face da abrangência do Código de Defesa do Consumidor, a pergunta que se colocou é se tal preceito seria aplicável aos negócios derivados, e mesmo às demais transações com valores mobiliários, na medida em que é parte inerente a tais negócios a mudança, por vezes drástica, das condições iniciais do negócio, em face de fatos supervenientes. Tais alterações são ainda mais visíveis nos negócios derivados, onde uma alteração substancial às expectativas existentes quando da assunção inicial da obrigação pode ocorrer em razão de bruscas mudanças do ambiente econômico que se refletem nos resultados do negócio.

Assim, em todas as transações não à vista, ou de contado, realizadas com contratos derivados, existe, de um lado, o risco da variação do preço do bem e, de outro, a busca da proteção. Mas, nas operações nos mercados derivados nas quais os comitentes não possuem o ativo correspondente, ou o valor mobiliário, ou os recursos financeiros, as alterações das condições econômicas que cercam a operação podem causar a "sua revisão em razão de fatos supervenientes que as tornem excessivamente onerosas", como prevê o Código de Defesa do Consumidor.

Seriam tais condições necessárias e suficientes para gerar a situação na qual "todos responderão solidariamente pela reparação dos danos previstos nas normas do consumo"? A resposta tem que ser negativa. Aqui, as duas partes contratantes se encontram em pé de igualdade. Aqui não há hipossuficiente, mas comitentes que, ou têm visão diferentes quanto ao comportamento futuro do mercado, ou buscam proteção ou têm o objetivo de estabelecer um preço básico no futuro. Ou

---

54. TJRJ. Apelação Cível n. 2.081/00. Relator Desembargador Luiz Eduardo Rabello, julgado em 01 jun. 2000.

seja, busca-se um mecanismo de proteção que impeça a ocorrência do prejuízo, conformando-se em não se apropriar de todo o lucro caso não tivesse sido feito o contrato como uma proteção ou *hedge* contra a variação adversa de preço em época futura. Também na outra hipótese — em que os comitentes estão em busca de ganho especulativo, confiantes que estão quanto aos prognósticos dos resultados futuros nascidos de sua avaliação quanto ao desempenho da economia de um dado setor ou dela como um todo — a hipossuficiência será difícil de ser verificada.

Neste sentido foi a decisão do Tribunal de Justiça do Rio grande do Sul, em decisão unânime, relatada pelo Desembargador Carlos Cini Marchionatti, com o seguinte teor:

> Para facilitar a compreensão do negócio jurídico em si, o demandante [Cristiano Izidor Pedrazzani], como investidor, tinha a expectativa de que o valor das ações patrimoniais em referência valorizar-se-iam no período. Da valorização conforme o comportamento do mercado acionário decorreria o lucro. Paralelo a isso e também característica da modalidade da operação bancária, que corresponde ao negócio jurídico entre partes, pode ocorrer a desvalorização do valor da ação patrimonial, por isso a condição denominada barreira (ou *trigger*), estipulando o valor da ação em R$ 35,12, ou seja, no momento da liquidação da operação e no caso de desvalorização, o investidor recuperaria no mínimo o equivalente.
>
> Em outras palavras, o risco do negócio ao investidor correspondia, no máximo, a 20% do valor investido. No caso de perda ou prejuízo, limitar-se-ia a este percentual, que foi o que ocorreu, e o banco debitou R$ 53.639,06 em 30.9.2008, porque as ações em referência tiveram expressiva queda no mercado acionário. Nos termos negociais vinha a ser a expectativa do banco [Banco Itaú S.A.], que se concretizou, gerando lucro ao banco. Ainda em outras palavras, o contrato prevê ou limita o prejuízo do investidor, que corresponde ao lucro do banco. O lucro do investidor é incerto e decorrerá da alta do valor da ação patrimonial no mercado acionário.
>
> Chama-se direito de arrependimento a situação em que o banco, como optante, paga o prêmio ao investidor no dia do contrato, o que se deu pelo valor de R$ 5.479,94. [...] Bem compreendido, vem a ser um atrativo ao investimento, porque o banco optante desde logo paga ou credita ao investidor a respectiva importância, assim também pode ser considerado uma antecipação de um possível prejuízo.
>
> Para a petição inicial, o banco comprometeu-se no sentido de que o negócio jurídico entre as partes seria lucrativo ao demandante como investidor, aplicando-se as regras do Código de Defesa do Consumidor, incidente aos negócios bancários e protetivas do investidor como consumidor. Para a contestação, o demandante tinha plena consciência das características da operação bancária, qualificando-se como investidor habitual de importâncias significativas em negócios de alto risco. Em 27.5.2009, por exemplo, o demandante possuía a importância de R$ 299.047,93 em seis fundos de investimento. Ou seja, mesmo depois da operação objeto do pedido, continuou a investir no mercado de ações, tipicamente arriscado.

Em 31 de maio de 2007 ajustou com o banco o denominado contrato Master de Swap, base para as respectivas operações posteriores. Em uma das cláusulas consta especial e expressamente a ciência do demandante quanto ao risco de apurar-se diferença na data da liquidação por causa da imprevisibilidade e alta volatilidade dos índices ou fatores utilizados nas operações de *swap*. [...] Além dos fundos de investimento constam outros investimentos em nome do demandante. Compreende-se ainda da operação entre as partes que a instituição financeira tinha a expectativa de [que] o valor das ações caíssem, como caíram, gerando o prejuízo ao investidor e o lucro do banco na proporção de R$ 53.639,06, como já referido.

[VOTO] [...] O denominado *swap* caracteriza-se como modalidade contratual segundo a qual as partes apostam e arriscam no comportamento futuro do ativo que lhe serve de referência. Tem natureza especulativa e de risco, é operação ou negócio bancário no chamado mercado de derivativos. Essencialmente especulativo, o demandante investiu e o demandado aceitou a importância de R$ 299.968,70, relacionada ao valor da ação da Petrobrás de R$ 43,90, o que representa a quantidade de 6.833 ações. Tendo por base isso, a liquidação do investimento ficou acertada para o dia 30.9.2008, segundo a cotação da ação na bolsa de valores. Assim, as partes convencionaram em torno do valor da ação do capital social da Petrobrás, que, considerando a época da contratação e da liquidação da operação, sofreu queda considerável no mercado acionário, ocasionando prejuízo do investidor na operação, que apostou e arriscou na sua valorização durante o período, valorização que lhe traria lucro. Segundo as características do *swap*, projeta-se com antecedência os limites do prejuízo do investidor, até o limite de 20% do valor investido, enquanto o lucro dependerá do comportamento do mercado. Coerente com isso, tive o cuidado de consultar o histórico das cotações na Bovespa. [...] Em 29.9.2008, a cotação mínima das ações da Petrobrás foi de R$ 30,00, máxima de R$ 34,67, no dia 30.9.2008, R$ 32,15 e R$ 35,10, respectivamente.

[...] Então, no período do negócio jurídico e na ocasião da liquidação da operação, prevista pelo contrato em 30.9.2008, as ações desvalorizaram, proporcionando o prejuízo do demandante como investidor. Por isso, e de acordo com a operação bancária entre as partes, o banco debitou o valor de R$ 53.639,06. O valor situa-se dentro do limite de 20% corresponde ao risco máximo assumido pelo investidor. O investimento foi de R$ 299.968,70, e 20% corresponde a R$ 59.993,74. Este é maior do que aquele, com o que se cumpre uma das condições pactuadas. As características da operação ou do negócio bancário demonstram que as expectativas das partes eram opostas. Enquanto o investidor pretendia a valorização das ações, o banco tinha expectativa de sua desvalorização, que veio a ocorrer. O investidor tinha plena ciência das condições negociais, porque costumava investir no mercado de risco. Os diversos documentos nos autos, já referidos no relatório, demonstram a série de investimentos feitos pelo demandante, antes e depois da operação discutida. A situação demonstra-se característica e patenteia a habitualidade e o conhecimento do demandante como investidor.

Em situação assim a instituição financeira não pode ser responsabilizada pela queda do valor da ação determinante do prejuízo do investidor e do lucro da instituição financeira, o que, nos termos do contrato entre as partes, correspondia às expectativas de parte a parte.

A incidência do Código de Defesa do Consumidor não é absoluta ou automática. Depende das circunstâncias negociais e da qualificação das partes. No caso, está demonstrado o negócio em si, as expectativas de parte a parte e a ciência do demandante como investidor, familiarizado com a modalidade negocial, além da cláusula especial e expressa no sentido. É senso comum também que os investimentos no mercado acionário trazem consigo riscos, proporcionais às expectativas lucrativas. Supera-se, assim, a aplicação do Código de Defesa do Consumidor, base do pedido e da respectiva sentença. A cláusula do arrependimento, exercida pela instituição financeira no momento do contrato, desde logo creditando ao investidor a respectiva importância como prêmio, representa um atrativo ao investidor à captação de investimento e tem também a função de compensar o prejuízo, como característica de modalidade negocial. [...] Em conclusão dou provimento ao recurso de apelação para julgar improcedente a demanda.[55]

9.4 AS ESPÉCIES DOS CONTRATOS DERIVADOS

Antes de entrarmos na análise dos contratos derivados, é de se chamar a atenção que, na normatização nacional, a Comissão de Valores Mobiliários distingue entre os "contratos de liquidação futura" e os "contratos a futuro". Tal distinção quanto ao significado está presente na edição consolidada da Instrução n. 283/1998, com a alteração introduzida pela Instrução CVM n. 467/2008, em que se define que "Mercado de liquidação futura, para os fins desta Instrução, é o mercado a termo, a futuro, de opções, ou qualquer outro que mantenha pregão ou sistema eletrônico para a negociação de valores mobiliários com liquidação em prazo superior ao estabelecido para os negócios no mercado à vista, sob a supervisão e fiscalização de entidade auto-reguladora" (parágrafo único do art. 1º). Há que se distinguir entre os vários tipos de contratos não liquidados à vista, denominados "contratos de liquidação futura", e aqueles pertencentes à mesma espécie, mas de gêneros distintos.

Assim, duas são as grandes categorias quanto ao momento da compra e da venda de valores mobiliários. Ou são eles adquiridos para serem alienados quando melhor aprouver a seu proprietário — mercados à vista ou *spot* —, ou são eles alienados em datas pré-estabecidas pela bolsa — aí categorizados os contratos a termo, a futuro ou com opção, conforme serão abaixo examinados.

9.4.1 Os contratos a termo

Nas operações a termo, ambas as partes, uma vendedora e outra compradora, contratam hoje o preço e condições de determinado negócio, para entrega

---

55. Apelação Cível n. 70034155366. Tribunal de Justiça do Rio Grande do Sul.

e pagamento em data futura.[56] O preço contratado hoje, ou "travado", significa a inocorrência de prejuízo em face do valor futuro, mas poderá significar, para ambas as partes, a ausência de um lucro extra. O contrato a termo garante um valor combinado entre as partes no início do contrato, gerando a expectativa de que o valor e o bem, quando do termo final da obrigação, satisfaçam as pretensões de ambas as partes quando contrataram o termo.

O lucro ou prejuízo inesperado aparecerá se o contrato a termo for fechado sem a existência física do ativo objeto da transação e, quando do termo final, o preço no mercado *spot* estiver mais alto ou mais baixo do que quando do momento do início do contrato.

De outro lado, também poderá ocorrer uma perda quando o comprador do bem a termo, não necessitando do objeto contratado — o qual para ele não terá qualquer finalidade econômica de uso que requeira a proteção de seu preço, e tendo se financiado junto ao mercado — veja o seu prognóstico não realizado. Nesta hipótese, se o custo do dinheiro tomado exceder ao valor de liquidação, surgirá o prejuízo e, consequentemente, a inexistência de proteção ou *hedge*. Assim, o *hedge* perfeito implica a existência de um ativo real a ser protegido; caso contrário, estaremos no campo da especulação sobre o comportamento futuro do mercado.

Nesses contratos as obrigações nascem de forma irrevogável e irretratável em um primeiro momento,[57] remanescendo para o termo final somente o pagamento e a entrega do dinheiro ou bem negociado a termo, que pode ser mercadoria ou contrato financeiro.

9.4.1.1 Os contratos a termo no mercado brasileiro

Dados seus efeitos tributários, a operação a termo foi objeto de definição legal, ainda na segunda década do século XX, no sentido de que "Consideram-se operações a termo a compra e venda de mercadorias em que haja promessa de entrega em certo e determinado prazo, quaesquer que sejam suas modalidades".[58] Desta feita, o negócio se reputa perfeito e acabado, ficando apenas diferida no tempo a sua execução; ou, nas palavras de J. X. Carvalho de Mendonça, "as operações a

---

56. *"Technically defined, a forward contract is a cash market transaction in which two parties agree to the purchase and sale of a commodity at some future time under such conditions as the two agree."* (CHICAGO BOARD OF TRADE. **Commodity Trading Manual**. Chicago: Global Professional, 1982).

57. Sem a denominação de "contratos a termo", o tipo de negócio já existia desde o século XIX, sendo objeto de ordenamento em nosso Estatuto Comercial nos seguintes termos: "O contrato de compra e venda mercantil é perfeito e acabado logo que o comprador e o vendedor se acordam na coisa, no preço e nas condições; e desde esse momento nenhuma das partes pode arrepender-se sem consentimento da outra, ainda que a coisa se não ache entregue nem o preço pago. Fica entendido que nas vendas condicionais não se reputa o contrato perfeito senão depois de verificada a condição." Art. 191 do Código Comercial de 1850.

58. Vide Decreto n. 17.537, de 10 de novembro de 1926, art. 3º.

termo, portanto, oferecem duas fases distintas: a da *formação*, ou *conclusão*, e a da *liquidação*, efetuada cada uma em época diferente".[59]

Os contratos a termo podem ser realizados nos mercados bursáteis, nos mercados de balcão organizado ou entre partes fora de qualquer controle estatal ou regulação, prevalecendo somente a vontade manifestada no contrato entre as partes e a lei civil. Em qualquer dos casos, estarão as partes pré-fixando o valor da compra e venda, a quantidade e a qualidade do bem a ser entregue, bem como o preço a ser pago; todos esses elementos são pré-fixados quando do fechamento do contrato, correndo as partes a sorte da variação do preço do bem quando da entrega e pagamento.

São, portanto, contratos de pré-fixação de valor, garantindo ao produtor ou ao investidor um preço que lhe pareceu conveniente, o mesmo acontecendo com o comprador, que adquirirá no futuro uma mercadoria, uma ação ou o resultado financeiro contratado anteriormente. Entretanto, o ganho se materializará se o preço de exercício do termo for menor do que o valor de mercado naquele momento. Ao contrário, a perda surgirá se o valor do exercício do termo for maior do que o valor de mercado daquele bem, situação na qual dificilmente o termo será exercido pelo investidor perdedor.

Tais contratos, bem como os demais abaixo examinados, poderão ser fechados "cobertos" ou "descobertos". Na primeira hipótese, a parte vendedora a termo possui o bem que será entregue, bem como a parte compradora os recursos financeiros para o pagamento. Neste caso, trata-se de uma operação que busca a garantia de preço para as partes contratantes, não importando às partes contratantes se deixaram de ganhar algo mais pela variação não esperada do mercado quando do termo final.

O objetivo foi o de "travar" um determinado preço para o produtor ou proprietário do bem, assim como para o comprador, preço esse julgado conveniente por ambas as partes e que, portanto, é capaz de retirar os riscos das variações de mercado por eles não desejadas. O contrato serviu para ambas as partes contratantes marcarem com antecedência o valor de sua realização, independentemente do valor de mercado à mesma época. Entretanto, se tais contratos forem fechados a descoberto, estaremos no campo da busca especulativa do ganho e não da busca de um determinado grau de segurança contra a variação de preço.

Quando realizados em bolsa, tais contratos a termo têm que seguir a normatização emanada da própria bolsa, além de eventuais regramentos oriundos da Comissão de Valores Mobiliários. Assim, os prazos de liquidação são escolhidos entre as partes, mas dentre as datas disponibilizadas previamente pela bolsa. Neste

---

59. CARVALHO DE MENDONÇA, José Xavier. **Tratado de Direito Comercial brasileiro**. Op. cit., v. 6, 3ª parte, p. 347.

caso, as sociedades corretoras atuam por conta de seus respectivos clientes, sendo tais corretoras as garantidoras da finalização do negócio. Ou seja, os garantidores dos contratos a termo são as respectivas sociedades corretoras, que atuam em nome próprio, por conta e ordem de seus respectivos clientes.

Normalmente, as bolsas brasileiras praticam os contratos a termo denominados: (i) comum, quando ocorre a liquidação física do contrato, com a entrega do bem e efetivação do pagamento; (ii) termo flexível, voltado para as ações de companhias, que permite ao comprador a substituição das ações objeto do contrato inicial; (iii) termo em dólar, que se aproxima do contrato futuro, na medida em que o preço contratado é corrigido diariamente pela variação média em reais/dólar, desde o dia da operação até a ocorrência do termo final; (iv) termo em ações e em pontos,[60] que permite a negociação secundária dos contratos a termo.

Nos contratos a termo, a obrigação se extingue pelo pagamento contra a entrega do bem, ao término do contrato. Entretanto, por manifestação de vontade do comprador, a liquidação pode ser antecipada. Se, durante a vigência de um contrato a termo, ocorrer a suspensão da negociação à vista do mesmo ativo no pregão da bolsa, também serão suspensos os contratos a termo, na medida em que desaparece o referencial da sua variação de preço nas transações diárias. Nos contratos a termo com ações, se, durante o seu registro e vigência, as ações objeto produzirem dividendos, bonificações, desdobramento ou qualquer outra vantagem, tais frutos pertencerão ao comitente comprador.

Historicamente, os contratos a termo foram negociados, em sua grande maioria, fora dos mercados bursáteis, dada a especificidade dos negócios entabulados entre partes. Entretanto, tais acordos de vontade passaram a ser ofertados pelas bolsas de valores, casos em que eles obedecem, como visto acima, as regras de padronização por elas estabelecidas, bem como a regulação governamental. A negociação pública provoca uma melhor formação de preço do ativo transacionado, na medida em que, quanto maior o número de contratos negociados, maior o número de pessoas estabelecendo seu preço, ou seja, construindo o preço de mercado.

Um caso emblemático de tais operações ocorre com a venda a termo de certificados de energia elétrica ofertados por empresa geradora desse bem. No caso, não se previu a sua negociação em bolsa, muito embora sejam objeto de oferta pública e detenham um mercado próprio de liquidez. Quando do lançamento de tais

---

60. Neste contrato, o termo significa a compra ou a venda de determinada quantidade de ações, dentro do lote padrão estabelecido pela bolsa, a um preço pré-estabelecido. Sua liquidação ocorre no prazo escolhido pelas partes, desde que não inferior a 16 dias e não superior a 999 dias corridos, sendo o preço do contrato convertido em pontos e ajustado de acordo com um indicador estabelecido entre as partes, dentre os disponibilizados pela bolsa. Este contrato pode ser negociado no mercado secundário por valor inferior ou superior ao de face, sendo, quando de seu termo final, liquidado financeiramente, ou, se antes do vencimento, mediante a venda à vista, pelo comprador, das ações compradas a termo.

contratos, verificou-se que não se encontravam dentro da lista de valores mobiliários atribuídos à competência reguladora da CVM, na medida em que a oferta ocorreu em 1997, antes da extensão de competência atribuída pela Lei n. 10.303/2001. De outro lado, a ofertante não era instituição financeira sujeita ao poder normativo do Banco Central. Tal fato criou um vácuo de competência regulatória em face do ativo que acessava a poupança pública. Com o intuito de preencher esse vazio, o Conselho Monetário Nacional editou a Resolução n. 2.405/1997, pela qual facultou a aplicação de recursos em ativos inerentes às instituições financeiras, nos termos do artigo 17 da Lei Bancária, condicionada a determinados requisitos lá previstos.

De seu lado, a CVM baixou a Instrução n. 267/1997, ampliando seu campo de competência, estabelecendo que "os certificados representativos de contratos mercantis de compra e venda a termo de energia elétrica [...] são valores mobiliários sujeitos às normas desta Instrução, conferindo a seus titulares direitos de crédito contra a companhia".[61] Como se vê, no afã de proteger a poupança popular, a Comissão cometeu dois pecados. O primeiro foi o de aumentar por ato administrativo próprio o seu campo de atuação regulamentar e punitivo, o que seria de competência de lei, na medida em que aumentou a listagem do artigo 2º da Lei n. 6.385/1976. De outro lado, pecou ao se atribuir a validação de um direito de crédito livremente pactuado entre as partes, em um contrato que lhe refugia competência legal para tanto. Posteriormente, da atuação conjunta entre o CMN e a CVM resultou o enquadramento do ofertante e dos distribuidores como participantes do sistema de distribuição, na medida em que a distribuição dos certificados a termo seria inviável se não pudesse contar com a participação dos membros do sistema de distribuição.

9.4.2 Os contratos futuros

O mercado futuro é uma evolução do mercado a termo. Tal evolução pode ser caracterizada por cinco pontos distintivos. O primeiro diferencial é que os contratos futuros são necessariamente padronizados, ao passo que as opções poderão ou não ser. Como regra, os contratos de opção são transacionados no mercado de balcão não organizado, ao passo que os contratos futuros são lançados pela bolsa de valores, em séries iguais entre si, de sorte a aumentar a sua liquidez.

De tal fato nasce a segunda diferença, qual seja, a transferibilidade oriunda de sua negociabilidade durante o prazo de sua vigência. Como as opções usualmente se materializam em contratos únicos e não padronizados, não existe possibilidade de quebrar o vínculo obrigacional, ressalvada a hipótese da aquiescência da outra

---

61. Certamente à CVM faltava competência legal para se autoinstituir a competência para aumentar seu campo de atuação, principalmente em uma época em que os valores mobiliários elencados como sendo de sua competência eram determinados por lei.

parte. Já nos contratos futuros, por serem padronizados e emitidos em grande número, é possível que, pela aquisição de uma posição contrária àquela originalmente detida, ambas se anulem, zerando a posição do investidor.

A terceira diferença é o necessário depósito de margem, normalmente diária, pela parte perdedora a favor da parta ganhadora naquele período. Já nos contratos de opção a margem pode ou não existir. A diferença importante entre os dois tipos de contrato está, de um lado, na dramática diminuição do risco de inadimplência nos contratos futuros, na medida em que o depósito de margem a favor da parte ganhadora leva o risco do não pagamento a somente um ou dois dias de perda; ou seja, normalmente muito perto do final do contrato. De outro lado, os contratos futuros, por serem transacionados necessariamente em mercado bursátil, permitem uma grande visibilidade dos preços praticados, melhorando sua formação para o mercado como um todo.

Ademais, como os contratos futuros são negociados em bolsa, trazem todos os mecanismos de proteção dos credores criados pela legislação nascida do Conselho Monetário Nacional. Tais mecanismos significam que o não pagamento da margem diária pelo cliente implicará o fechamento compulsório da posição devedora, sendo as eventuais perdas suportadas em primeiro lugar pela sociedade corretora do cliente faltoso, caso o cliente não o faça, e, caso ela não consiga cumprir sua obrigação para com o comitente ganhador, o adimplemento caberá à bolsa onde a transação ocorreu, executando as garantias que as sociedades corretoras necessariamente lá depositaram, tais como cartas de fiança bancária, além de deter em depósito, também como garantia, os próprios títulos associativos ou a possibilidade de alienar o *seat* do intermediador faltoso. Assim, o "risco cliente" fica reduzido usualmente a um ou dois dias de perda por margem não depositada pela parte perdedora. Com a existência das garantias acessórias acima apontadas decorre que, na realidade, a possibilidade de o risco do comitente vendedor ou comprador se materializar tende a zero em condições normais de mercado.

Tal mecanismo ressalta a quarta diferença. Como os contratos de opção são usualmente transacionados fora de bolsa, e a liquidação é só ao final, a transação depende, normalmente, só do crédito do comprador e/ou da existência da mercadoria objeto do contrato.

Finalmente, como quinta diferença, a qual decorre da padronização e do volume em cada série, os contratos futuros gozam de liquidez. A liquidez nascida da padronização de um grande número de contratos permite que os investidores entrem e saiam das respectivas posições durante a sua vigência, independentemente de se aguardar ou não o seu término. De tal capacidade de liquidação antecipada decorre o fato de que a grande maioria dos contratos futuros é liquidada antes do vencimento pela aquisição, no mesmo mercado, de posição contrária à adquirida inicialmente.

Além disso, dois outros predicados militam a favor dos contratos futuros. O primeiro é que as transações realizadas em mercados organizados permitem uma formação de preço melhor, na medida em que são inúmeros os investidores que estão comprando e vendendo, estabelecendo via oferta e demanda o "preço de mercado". O segundo refere-se especificamente aos contratos futuros com bens que dependem de um processo de unificação de qualidade. Tal ocorre com os futuros agrícolas, nos quais a fungibilidade é qualidade essencial, na medida em que é preciso que todos os contratos de uma mesma série sejam negociados enquanto bens fungíveis. Isso significa que os contratos futuros negociados em mercados organizados têm unificados a espécie, a qualidade, o peso e demais características do objeto contratado, de tal sorte que a aquisição de um contrato futuro de café dê ao adquirente a garantia quanto à qualidade e todos os demais atributos do grão quando da oferta do contrato e quando de sua liquidação física ou por diferença, na medida em que essas variáveis significam preços distintos de mercado. Tais benefícios são essenciais quando o contrato for liquidado fisicamente. Tal predicado é menos importante enquanto for tomado como balizador do negócio o diferencial de preço praticado pelo mercado secundário com bens da mesma espécie e qualidade. Assim, a importância da especificação das qualidades do bem, quer para as chamadas diárias de margem, quer para a liquidação do contrato, será mais relevante quando houver a liquidação física e não financeira do contrato. Caso não ocorra a liquidação física, os qualificativos do bem transacionado são meros referenciais que servem para balizar o preço da proteção ou da especulação contratada.

Finalmente, é de se mencionar o mercado de índice futuro de ações, o qual toma a variação de preço de uma cesta ideal de ações como o índice de variabilidade dos contratos futuros de determinada série lançada por uma dada bolsa de valores. Normalmente, a cesta ideal de ações é composta pelas ações mais negociadas em seu pregão, sendo a ponderação de cada ação, dentro da cesta imaginária, feita em função do volume proporcional de sua negociação em dado período de tempo, fixado previamente pela bolsa de valores.

A finalidade do contrato futuro será proteger ou prefixar o preço de sua variabilidade, quer para o lançador, quer para o comprador. Claro está, como em todo e qualquer contrato derivado, que este pode ser lançado coberto ou descoberto, sendo característico da proteção ou *hedge* aqueles contratos de índice que busquem o resguardo do investidor que detenha uma carteira física com as mesmas ações, e na mesma proporção, da cesta ideal utilizada pela bolsa de valores para calcular a variação das ações componentes do lote imaginário.

9.4.2.1 Os contratos com vencimento futuro no mercado brasileiro

Tudo o que foi dito na seção 9.4.2, acima vale para o mercado futuro brasileiro, na medida em que suas regras são fundamentalmente as mesmas praticadas pelas economias centrais.

Também entre nós os contratos futuros se desenvolvem enquanto aperfeiçoamento das transações a termo, sendo realizados necessariamente em um mercado secundário organizado e regulado pela autoridade fiscalizadora do mercado de valores mobiliários. A regulação criada pela CVM fundamentalmente deixa para a bolsa a tarefa de estabelecer o regramento dos contratos futuros, obedecidos determinados princípios básicos.[62] A bolsa onde a transação ocorre não é detentora da capacidade pura de autorregulação, na medida em que a ela compete propor uma minuta padrão para os contratos futuros, cabendo à CVM aprová-los ou não em sua inteireza ou vetar determinada cláusula. O mesmo tipo de procedimento deve ser obedecido pela bolsa quanto às propostas de alteração do regulamento anteriormente aprovado. Nada impede que contratos futuros negociados privadamente possam vir a fazer parte do mercado secundário organizado. Para tanto, basta que tais contratos sejam objeto de registro junto à bolsa de valores, sendo dispensado o registro perante a CVM. Certamente, a bolsa registrária irá querer que o registro seja feito com a obediência dos critérios adotados pela bolsa e aprovados pela CVM.

Uma vez recebido o *nihil obsat* da Autarquia reguladora do mercado, deve a bolsa dar total publicidade de seu regulamento, do qual devem constar, inclusive, os procedimentos e critérios para aprovação dos contratos futuros para negociação em seu pregão. O regulamento elaborado pela bolsa e aprovado pela Autarquia deve estabelecer: a) o limite de posições em aberto, enquanto fator limitador de risco por operador, na medida em que os contratos casados com posições contrárias se anulam e representam risco zero; b) o volume de posições em aberto, em função dos contratos do mesmo tipo que estejam em circulação; c) o limite de participação por comitente, para que seja evitada, pela concentração de posições, a possibilidade de um *squeeze* ou *corner* em relação à data de vencimento dos contratos; d) o limite operacional por intermediário, aqui se referindo às posições em aberto, na medida em que, pela concentração de volume em dado investidor, poderão ocorrer problemas de liquidez oriundos das dificuldades de cobertura de margem pelo perdedor.

Caberá à bolsa, e não à CVM, verificar e agir para que não seja ultrapassado o limite de operações por contrato e por comitente, com a finalidade de se evitar

---

62. Vide texto consolidado da Instrução CVM n. 486/2010 e da Instrução CVM n. 283/1998, consolidado pela Instrução CVM n. 467/2008.

concentração operacional que possa significar risco para o mercado como um todo. Caso ocorra a concentração indesejada, conforme o previsto no regulamento da bolsa, poderá ela desmachar posições excedentes ao limite, sendo tal fato comunicado à CVM. Claro está que problemas que ocorram no mercado futuro têm o condão de produzir reflexos nos contratos *spot*, de tal sorte que, para evitar contaminações, a bolsa poderá, em relação aos valores mobiliários da mesma espécie, combinar com a outra bolsa onde o mesmo valor mobiliário seja negociado os volumes e a concentração máxima permitida, fato que, entretanto, não elide a responsabilidade de ambas as bolsas. À bolsa cabe também estabelecer o nível da garantia exigida, bem como a ela cabe estipular a volatilidade permitida e a liquidez exigida para cada tipo de garantia oferecida pelo garantido.

9.4.3 Os contratos com opção

Em vernáculo, uma opção é o direito ou a possibilidade de escolha entre no mínimo duas alternativas distintas. Tal possibilidade pode ou não estar condicionada ao cumprimento de determinada condição para que a opção possa ser feita. No que diz respeito ao nosso campo de estudo, os contratos de opção revelam a mesma possibilidade, qual seja, o direito de escolha de adquirir ou não determinado bem em data futura, por preço previamente estabelecido. Assim, o contrato de opção se diferencia do contrato futuro na medida em que o primeiro dá um direito pelo qual se paga um preço, enquanto no contrato futuro ambas as partes se obrigam a comprar e a vender o ativo subjacente. Esse tipo de contrato derivado vem sendo praticado ao longo dos séculos,[63] tendo, entretanto, apresentado um grande desenvolvimento a partir da possibilidade de se calcular o preço de exercício de uma dada opção.[64]

---

63. Conforme poderá ser lido em "A Política", de Aristóteles, referindo-se a Tales de Mileto, há várias maneiras de se atingir a riqueza. Uma delas é a especulação feita racionalmente. Neste sentido, Tales de Mileto contava que um pobre homem, filósofo, era zombado pelos cidadãos em virtude de sua pobreza, sendo inútil o conhecimento que ele detinha em relação aos astros. Entretanto, este filósofo pobre pôde prever o ano em que haveria uma colheita abundante de azeitonas. Naquele ano, juntou as poucas economias que possuía e alugou, antes do fim do inverno, todas as prensas para extração do azeite de oliva existentes na cidade de Mileto e Quios. Como ainda era inverno, a locação foi muito barata. Quando feita a colheita, muitas pessoas disputavam o aluguel das prensas, as quais estavam já todas alugadas para Tales de Mileto, que as realugou pelo preço que quis, ganhando muito dinheiro e mostrando que aos filósofos também era fácil enriquecer, mas sendo isso irrelevante para eles. Séculos depois, o mesmo mecanismo ainda se encontra presente, como na bolha das tulipas, a qual, em face da repercussão, causou, via Barnard Act, a proibição das operações com opções no mercado inglês.

64. *"But it was not until 1973 and the introduction of an exchange-traded option that these versatile instruments entered into our collective consciousness. It took several academic researchers to see the stage for this feat. Black and Scholes published their pioneering article on pricing options in the spring of 1973, and the floodgate opened. Before this breakthrough, financial options were reluctant to make markets in options since they did not know to price them. The Black-Scholes pricing algorithm made it possible to trade options by stating the*

Sem nos prendermos às regras nacionais, temos que as opções são negociadas em duas formas básicas, as de compra (*calls*) ou as de venda (*puts*). Uma opção de compra ou *call* dá ao investidor o direito de exercer a compra de determinado ativo subjacente (objeto negociado) pelo valor combinado (preço do exercício) — com tal contrato, comprador e vendedor prefixaram o valor do bem em data futura. Ademais, o detentor do direito de compra já terá pago ao vendedor um determinado valor (prêmio) pelo direito de optar ou não pela compra do ativo subjacente. Caso não exerça o direito de compra, o eventual adquirente perderá em favor do vendedor o prêmio pago.

Uma opção de venda ou *put* é um contrato que dá direito ao proprietário do ativo subjacente de vendê-lo a um determinado preço em uma data estipulada previamente entre as partes ou conforme o regramento praticado pela bolsa de valores onde a intermediação ocorra.[65] Como nos demais contratos derivados, as opções podem ser lançadas de forma coberta ou descoberta. A primeira significa que o lançador detém o ativo subjacente, o qual usualmente está custodiado, garantindo, portanto, o *call*. A segunda forma ocorre quando o especulador não detém o ativo subjacente, devendo tê-lo até o vencimento, se exercida a opção de compra.

Normalmente, quando do lançamento de venda de contratos de opção a descoberto (*naked* ou *uncovered*), as bolsas onde tais valores mobiliários são negociados costumam exigir depósitos periódicos de margem, de sorte a diminuir os riscos em face do perigo de inadimplemento do vendedor. Claro está que, quando tais contratos são negociados no mercado de balcão não organizado, as regras que vigem são somente aquelas constantes da lei obrigacional aplicável, bem como do contrato firmado entre as partes, sem qualquer outro regramento de bolsa ou de autoridade governamental.

São várias as modalidades praticadas pelos mercados de valores mobiliários, sendo os mais comuns os contratos de *straddle*, *spread* e *time spread*. O *stradle* significa a aquisição de contratos opostos de opção, ambos do mesmo valor, com a mesma data de vencimento e os dois com os mesmos ativos subjacentes e que possam ser vendidos separadamente. Assim, um investidor realiza tal operação imaginando que até o vencimento haverá uma grande flutuação de preço dos ativos subjacentes, de modo que ele terá a possibilidade de realizar um ganho pela venda ou exercício do *call* se o ativo subjacente aumentar de valor ou, se for

---

option value in terms of several easy-to-understand variables. This reduced the cost of making markets. It is no coincidence that the first option exchange, the Chicago Board Options Exchange (CBOE), opened for trading in 1973, after the publication of the seminal Black-Schole article." (ALLEN, Linda. **Capital Markets and Institutions**: A Global View. New York: John Wiley & Sons, 1997, p. 615).

65. As *opções americanas* podem ser exercidas a qualquer tempo da vigência do contrato, ao passo que as *opções europeias* só podem ser exercidas ao final.

o caso, vendendo o *put* se o preço do ativo subjacente cair. Claro que tal estratégia pressupõe que a variação de preço seja maior que o valor do prêmio pago pelo *call*.

Já nos contratos de *spread* ocorre a mesma situação do *straddle*, diferenciando-se, entretanto, porque cada um dos contratos de opção tem preços diferentes de exercício. Como variante deste último contrato há o *time spread*, no qual se compram e vendem contratos de opção que tenham o mesmo ativo subjacente, o mesmo preço de exercício, mas com vencimento em diferentes meses, sendo utilizados por investidores que não acreditam que o preço do ativo subjacente variará muito para cima ou para baixo.

Finalmente, há que se anotar as operações com opções flexíveis ou não padronizadas, que são aquelas contratadas para acomodar situações peculiares aos contratantes e que fogem às características das opções estipuladas por dada bolsa de valores. Diferentemente dos contratos de opção firmados e de conhecimento somente entre as partes, são eles normalmente negociados em mercados de balcão organizado e registrados eletronicamente em uma bolsa de valores, nele se estabelecendo se a respectiva bolsa de registro também responderá pela liquidação da operação. Nesta operação, as partes definem os respectivos termos dos contratos, dentre eles o prazo, o valor de contratação e de exercício quando do vencimento. Assim, não são os contratos de opções flexíveis contratos de massa, mas usualmente feitos para acomodar necessidades específicas, servindo o registro como forma de publicização.

9.4.3.1 *As opções no mercado brasileiro*

Entre nós, os contratos com opção são estudados desde o século XIX, muito embora de prática restrita por um longo período de tempo. Esses contratos pertencem à categoria das operações a termo. J. X. Carvalho de Mendonça já há muito tempo dizia que:

> As operações a termo com opção, também denominadas *a prêmio* ou *livres*, são aquelas em que um dos operadores, comprador ou vendedor, se reserva o direito de cancelar o contrato ou dele desistir, exonerando-se complotamente de responsabilidade, mediante o pagamento de soma previamente determinada.[66]

Em uma versão mais moderna e atualizada, Otávio Yazbek conclui no sentido de que:

---

66. CARVALHO DE MENDONÇA, José Xavier. **Tratado de Direito Comercial brasileiro**. Op. cit., v. 6, 3ª parte, p. 367-368.

[...] as opções são aquelas operações em que uma das partes (o "comprador" ou "titular") adquire a título oneroso (pelo pagamento do prêmio) o direito de comprar da outra parte (o "vendedor" ou "lançador") ou de a ele vender um determinado ativo, em data futura, por um preço prefixado (o "preço de exercício ou *strike*"). Se for do interesse do adquirente, tendo em vista os preços do mercado à vista, exercer a opção, ele adquire ou vende o bem pelo preço inicialmente ajustado. Caso contrário, a opção "vira pó", e ele perde o prêmio pago.[67]

As opções podem ser negociadas nos mercados de bolsa de valores e futuros, ou no mercado de balcão organizado, ambos os casos sujeitando-se às regras estabelecidas pela autoridade reguladora e pela própria instituição de intermediação. Nada impede, entretanto, que um contrato de opção seja negociado privadamente entre partes, valendo, neste caso, as condições por elas estabelecidas, bem como a legislação concernente ao Direito das Obrigações. Esta última hipótese, na qual inexiste a oferta pública do valor mobiliário, escapa ao campo regulatório estatal, já que a este só se subordinam as ofertas ou negociações dos contratos de opção abrangidos pelos capítulos III e IV da Lei n. 6.385/1976.

Já as operações objeto de oferta pública contam com a interposição de uma câmara de compensação que garante o pagamento do bem adquirido pelo exercício da opção, bem como a respectiva entrega do pagamento. Desta feita, a câmara de compensação atua como garante da operação. Nessas operações realizadas nos pregões das bolsas de valores e de futuros ou nos mercados de balcão organizado, há o exercício do poder de autorregulação da instituição intermediadora. Assim é que as operações realizadas em bolsa têm contratos: (i) padronizados, os quais (ii) são ofertados em ambiente comum de negociação, (iii) operam com limites fixos de variação de cotação, (iv) são liquidados por meio de uma câmara de compensação, (v) que garante sempre o vendedor, (vi) sendo, ainda, regulados pelo órgão fiscalizador estatal, por meio de normas nascidas de sua capacidade de autorregulação, e (vii) sendo negociados em mercado de muito maior liquidez.

Muito embora os contratos com opção já fossem conhecidos e praticados entre nós desde os fins do século XIX,[68] a regulação permissiva de sua negociação nos pregões das bolsas de valores surge com a edição da Instrução CVM n. 14/1980, acompanhada da Nota Explicativa CVM n. 20/1980. É nessa nota que ficam claros os motivos que levaram a Autarquia à regulação da operação, bem como a razão da adoção do mecanismo de autorregulação.

---

67. Vide YAZBECK, Otavio. **Regulação do mercado financeiro e de capitais**. Rio de Janeiro: Elsevier, 2007, p. 122.
68. Vide Nota Explicativa CVM n. 20/1980, ao explicitar que: "A prática de operações com opções no mercado de valores mobiliários brasileiro se constitui em exigência desse mesmo mercado, tendo inclusive, antecedido a edição de normas formais pela CVM."

A autorização para a negociação em massa, pelos mecanismos operados pelas bolsas, é justificada pela CVM porque:

> [...] alguns investidores, que não se sentiriam atraídos a investir no mercado acionário, dados os riscos envolvidos, talvez aceitassem dele participar a partir de operações de compra de opções, uma vez que estas representariam a aplicação de uma pequena parte de seu patrimônio, muito menor do que a destinada no caso de uma compra direta.
> [...] o mercado de opções permite, pela combinação de diversas posições, condições para transferir riscos, como forma de ajustar as necessidades do investidor em particular, propiciando, portanto, a par de uma grande flexibilidade, maior segurança àqueles menos afeitos aos riscos.
> [...] diferentemente de outras operações semelhantes existentes no mercado, o risco de não serem honrados os compromissos assumidos atingem apenas o lançador da opção. Isto porque ao titular de uma opção cabe o direito de exercê-la ou não, enquanto que o lançador, independentemente de sua vontade, pode vir a ser obrigado a entregar ou comprar, a qualquer momento, durante o período de vigência da opção, as ações-objeto a ela correspondentes, conforme se refira, respectivamente, a uma opção de compra ou de venda de ações.[69]

A Instrução n. 14/1980 inaugura a delegação de poderes às bolsas de valores, permitindo que elas possam exercer o seu poder/dever de autorregular os aspectos mais operacionais e garantidores da lisura das operações. É nesse sentido que:

> ao definir as operações com opções em bolsas de valores, e estabelecer os requisitos para sua realização, a CVM preocupou-se com alguns pontos considerados fundamentais, visando ao desenvolvimento ordenado do mercado de valores mobiliários, e à preservação de sua confiabilidade e regularidade como um todo, deixando aos órgãos autorreguladores a responsabilidade pela efetiva implantação das normas e regulamentos pertinentes. De fato, a entidade, pela proximidade que mantém com o mercado e melhor conhecimento de suas atividades, dispõe de maior possibilidade para avaliá-las e normatizá-las, podendo ter uma atuação mais sensível e eficaz.[70]

Os contratos de opção podem ser negociados de duas maneiras distintas: ou são valores mobiliários lançados em lotes padrão, ou são contratos não padronizados. Os primeiros nascem a partir de um conjunto de regras condicionantes estabelecidas pela própria bolsa de valores, dentro do âmbito de seu poder/dever de autorregulação. Já os contratos de opção não padronizados são lançados no mercado de balcão não organizado, no mais das vezes tendo uma instituição financeira como contraparte.

---

69. Vide Nota Explicativa CVM n. 20/1980.
70. Vide Nota Explicativa CVM n. 20/1980.

Assim é que, no caso da BM&FBovespa, ela estabelece o ativo objeto de negociação, bloqueia o ativo objeto de uma opção de venda, estabelece a data do vencimento do contrato, detém o poder de determinar o encerramento antecipado da posição em situações que coloquem em perigo a operação, cobra as margens diárias nascidas da variação de preço do ativo objeto, estabelece os lotes padrão, estabelece se o contrato de opção é protegido e qual deve ser o prêmio pago pelo direito de optar. Como já visto acima, o contrato de venda e compra com opção, firmado entre partes, fora do âmbito de competência da CVM, portanto não padronizado nem objeto de oferta pública, muito embora válido, não goza da garantia de liquidação, muito menos da liquidez propiciada pelos contratos padronizados.

9.4.4 O contrato de *swap*

Estes contratos são novos se comparados com os demais acima analisados. Surgem inicialmente os *swaps* cambiais ao final da década de 1970 em função de riscos com moedas que seriam incorridos em exploração petrolífera a ser realizada no Mar do Norte. Hoje as suas transações representam um volume gigantesco de recursos, excedendo em muito o produto nacional bruto de vários países conjuntamente.[71] À época, em face da busca de recursos para capitalizar as explorações petrolíferas da nova província inglesa, era grande a demanda de libras esterlinas pelas empresas não britânicas e, ao mesmo tempo, era forte a demanda por encomendas a serem feitas nos Estados Unidos e pagas em dólares pelas empresas inglesas. A consequência foi a criação de mecanismo que possibilitasse a troca dos riscos cambiais, de sorte a que os riscos em libras ficassem com as companhias inglesas, e as estrangeiras pudessem fugir do risco da libra,[72] assumindo o risco na moeda norte-americana. Porém, em termos de repercussão, a transação que chamou inicialmente a atenção do mercado financeiro foi a operação realizada entre o Banco Mundial e a IBM, quando efetuaram trocas de riscos cambiais.[73]

---

71. Segundo nos dá conta o relatório do Bank for International Settlements de junho de 2010, os derivativos em aberto junto aos mercados de balcão equivaliam a US$ 683.814 trilhões. Esse total tem a seguinte divisão: (i) contratos de câmbio eram de US$ 62 trilhões, (ii) juros, US$ 458 trilhões, (iii) os de *credit default swaps*, US$ 57.5 trilhões, (iv) *commodities*, US$ 13.229 trilhões, e (v) não localizados, US$ 81.719 trilhões. Tais montantes, que são de maio daquele ano, são impressionantes se levarmos em consideração a crise severa de 2008 e a consequente redução de exposição por liquidações e/ou perda. (BANK FOR INTERNATIONAL SETTLEMENTS. **80th Annual Report**. 28 jun. 2010. Disponível em: <http://www.bis.org/publ/arpdf/ar2010e.htm>. Acesso em: 10 dez. 2014).

72. Vide CALHEIROS, Maria Clara. **O contrato de *swap***. Coimbra: Coimbra, 2000, p. 18-19.

73. "Os *swaps* nascem, com suas feições atuais, apenas no início da década de 1980, tendo como um de seus principais marcos a famosa operação realizada entre a multinacional IBM e o Banco Mundial em 1982, largamente divulgada e analisada. O embrião deste novo modelo negocial se encontra, ao que parece, em operações de empréstimos cruzados, com troca de divisas entre empresas situadas em países distintos, em larga medida a fim de evitar as excessivas restrições cambiais então vigentes. [...] O contrato de *swap*

O que resta de concreto é que a sua gestação tem início com a abolição das regras de Bretton Woods, cuja consequência foi a grande instabilidade nos valores das moedas, bem como das taxas de juros. Isso tornou extremamente arriscada a execução de grandes contratos de longo prazo, pelo risco de variação das taxas de juros, ou pela incógnita quando da utilização de moedas distintas.

Quanto às suas características jurídicas, os *swaps* são: (i) contratos sinalagmáticos, (ii) normalmente de pagamentos sucessivos, (iii) entre partes específicas, (iv) de caráter personalíssimo e (vi) aleatórios, já que dependentes de fato futuro e incerto.

9.4.4.1 Os swaps *no mercado brasileiro*

A palavra *swap* significa, em língua portuguesa, uma troca. No caso do Direito dos Valores Mobiliários, refere-se a uma troca de ativos, que é feita para proteção contra variações indesejadas (*swap* coberto) ou quando contratados sem a existência real do valor trocado (*swap* descoberto). Assim como os demais derivativos, os contratos de *swap* podem ser feitos em busca de proteção contra a variação de determinado ativo em face de outro ativo, ou podem ser contratados com finalidade meramente especulativa. Diferentemente das outras espécies de contratos derivados, a proteção ou *hedge* não resulta, quando de seu termo final, na entrega de qualquer bem, como se verá mais abaixo.

Assim, não há preço ajustado, em contrato tendo como objeto títulos, mercadorias ou valores, pelo qual se estipule uma liquidação física. Não há preço de compra ou de venda de título, de mercadoria ou de valores pagos, na medida em que se possa obter a titularidade física desses bens (suscetíveis de valoração econômica), havendo a troca de riscos entre partes. Há permuta de dois fluxos financeiros calculados distintamente, em cima de um valor referencial (valor nocional), compensando-se os valores monetários de tais fluxos em determinada(s) data(s), como regra geral.

A causa jurídica do contrato mercantil de *swap*, na atualidade, é a troca de resultados financeiros, com a justaposição e compensação de valores monetários por ocasião da liquidação, coincidentes as datas de troca. "Não é a transferência de propriedade de um bem com pagamento do preço. A vinculação da percepção

---

da IBM/Banco Mundial, envolvendo a soma de 290 milhões de dólares, constituindo ponto de referência incontornável em qualquer estudo de *swaps*, na medida em que tendo sido largamente difundido pela imprensa, obteve grande impacto junto à opinião pública. Apesar de já anteriormente se terem realizados contratos de *swap* envolvendo até empresas de vulto tais como a Banque Paribas ou a Morgan Guaranty [...]." Vide YAZBECK, Otavio. **Regulação do mercado financeiro e de capitais**. Op. cit., p. 119. Vide, ainda, CALHEIROS, Maria Clara. **O contrato de *swap***. Op. cit., p. 28-29.

de um fluxo financeiro ao pagamento de outro fluxo, por diferença e o cálculo diferenciado de cada um dos fluxos constituem a tipificação básica dos *swaps*."[74] Disto resulta que os contratos de *swap* se resolvem pelo pagamento por diferença pela parte perdedora à parte ganhadora.

Essa é a razão segundo a qual vários juristas discutem se a natureza e as características do *swap* o classificariam como valor mobiliário. Entre nós, tal discussão não tem qualquer fundamento, na medida em que a lei nacional o classificou como tal. Porém, historicamente os contratos de *swap* são usualmente celebrados fora do mercado de bolsa ou do mercado de balcão organizado, sendo, na realidade, contratos elaborados para uma relação única entre duas partes específicas, não tendo outro contrato similar — ou seja, não são, tradicionalmente, contratos de massa.

Assim sendo, não se sujeitam tais contratos únicos à competência normativa da CVM, na medida em que não são objeto de oferta pública. São tais *swaps* contratos bilaterais em que as partes se conhecem, discutem as cláusulas contratuais, e usualmente têm como uma das partes uma instituição bancária, sujeita ao controle normativo e fiscalizatório do Banco Central. Nesses casos, são contratos tipicamente bancários, assumindo uma série de modalidades distintas de vínculos obrigacionais.[75]

---

74. Vide CORDEIRO FILHO, Ari. *Swaps*: aspectos jurídicos, operacionais e administrativos. Rio de Janeiro: Forense Universitária, 2000, p. 7.
75. Eduardo Salomão Neto nos dá conta que "[...] as principais modalidades de *swap* creditício são: i) *credit default swap*, em que uma parte promete a outra, ou ambas as partes mutuamente prometem, pagamentos compensatórios em caso de inadimplemento de obrigação devida por um terceiro, podendo eventualmente o pagamento recebido em caso de inadimplemento ser acompanhado de transferência de crédito cujo risco de pagamento foi assumido à parte que venha a fazer o pagamento; ii) *credit default option*, mais propriamente classificável como uma opção, embora possa aqui ser incluída por seu substrato econômico, é contrato preliminar que confere a uma das partes, contra remuneração, a faculdade de vincular à outra a assinatura como cessionária de um contrato oneroso de cessão, de crédito ou de títulos representativos de uma dívida; frequentemente a eficácia da obrigação de celebrar o contrato final é condicionada à ocorrência de inadimplemento da dívida a ser cedida; em termos práticos, de qualquer forma, em caso de inadimplemento o adquirente da opção a exerce e transfere o crédito, contra a remuneração previamente estipulada, ao terceiro que conferiu a opção; o contrato de cessão de crédito ou título funciona como causa jurídica de tal transferência e de pagamento do preço respectivo; iii) *total rate of return swap*, também conhecida como *tror swap*, típico negócio diferencial em que uma das partes promete pagar a outra tudo o que receber em relação a dado crédito que detém, contra a garantia de receber dessa outra um valor fixo sujeito a determinada taxa de juros; ambas as promessas são liquidadas por diferença, em vista disso, a parte que promete pagar o valor fixo mais juros à outra em termos práticos dá garantia fixa da dívida em aberto, possivelmente tendo em vista se beneficiar da maior taxa de juros a que o empréstimo original está sujeito; iv) *credit spread swap*, em que uma das partes se compromete pagar a outra a variação para mais, em relação a um referencial, da taxa de captação de um devedor, tendo reflexivamente direito a receber uma variação para menos de tal taxa de captação; isso permite uma parte emprestar a juros fixos, com a segurança de ajuste, em termos econômicos, dos juros que cobrar à taxa maior de mercado, se houver deterioração do perfil creditício do devedor após o empréstimo em contrapartida, a mesma parte abdicará de vantagem que teve no momento da contratação por juros fixos, se o perfil creditício do devedor melhorar e a taxa de juros de captação para ele diminuir, pois terá de pagar o diferencial a terceiros; v) *credit spread*

Porém, é de se ter em mente que os contratos de *swap* nunca têm a possibilidade de uma entrega física ao seu término, na medida em que são trocas de fluxos financeiros entre as duas partes contratantes. Ou seja, tais contratos de *swap* se resolvem pela entrega da diferença entre os fluxos financeiros ocorridos com as moedas objeto do contrato. Essa característica, novamente, poderia resultar na sua caracterização como contrato de jogo — nos termos previstos pelo Código Civil quanto à inexigibilidade das dívidas nascidas de jogo ou aposta —, tivesse o preceito sido mantido com a redação original, transladada do Código Civil de 1916 e por nós copiado de conceito idêntico aos constantes dos textos legais da Europa continental escritos no século XIX. Graças aos esforços dos atores do mercado de valores mobiliários junto ao Poder Legislativo, resultou que os dispositivos previstos nos artigos 815 e 816 — ou seja, a exigibilidade do crédito — "não se aplicam aos contratos sobre títulos de bolsa, mercadorias ou valores, em que se estipulem a liquidação exclusivamente pela diferença entre o preço ajustado e a cotação que eles tiverem no vencimento do ajuste".[76] Resta saber o que fazer com o qualificativo colocado enquanto emenda em nosso Código Civil, com a expessão "sobre os títulos de bolsa, mercadorias ou valores", na medida em que tais contratos, pelo menos a princípio, não podem ser considerados como "contratos de bolsa".

Os *swaps* não foram elencados especificamente pelo artigo 2º da Lei n. 6.385/1976 como valor mobiliário. Não seria razoável classificá-los na categoria prevista do inciso VII, já que este trata dos "contratos futuros, de opção e outros derivativos, cujo ativo subjacente sejam valores mobiliários", na medida em que a troca de fluxos financeiros dificilmente poderia ser considerada como contrato de investimento. Na verdade, o *swap* é um contrato de proteção tendo como ativo trocado dois ou mais diferentes fluxos de moedas. De outro lado, o contrato de investimento pressupõe que este resulte de uma oferta pública e publicamente seja negociado. Ora, o contrato de *swap* é tradicionalmente, inclusive por dificuldades operacionais, um vínculo obrigacional exclusivo entre as partes, sendo cada contrato feito sob medida e diferente de outros com a mesma finalidade.

Essas são incógnitas com o contrato de *swap* para sabermos se ele adentra ou não o mundo de competência da CVM; e, caso o faça, se será por ela recepcionado

---

option, um contrato preliminar que confere a uma das partes o direito de vincular à outra a conclusão de um *credit spread swap*, descrito no item anterior, e vi) *credit linked note*, é um título de obrigação, geralmente emitido em série contra contribuição em dinheiro, cujo pagamento é juridicamente vinculado a e dependente do pagamento de outro título ou de uma dívida, de que o emissor da nota pode ou não ser credor; tal título pode ser emitido justamente para que a instituição financeira que os lança capte fundos necessários ao empréstimo final." (SALOMÃO NETO, Eduardo. **Direito Bancário**. São Paulo: Atlas, 2005, p. 331-332).

76. A alteração da redação original dos artigos 815 e 816, ocorrida no Senado Federal, veio ao encontro dos pertinentes reclamos de Rachel Sztajn (SZTAJN, Rachel. **Futuros e *swaps***: uma visão jurídica. São Paulo: Cultural Paulista, 1999, p. 236-244).

pelas portas dos fundos da autarquia. Porém, desde seu nascimento o contrato de *swap* sofreu com a falta de definição que também caracterizou a não conceituação de "valor mobiliário" a partir da segunda metade da década de 1960, conforme já mostrado. De qualquer sorte, se os contratos de *swap* forem considerados como contratos derivados — desde que sejam ofertados publicamente —, eles ingressam no campo de competência da CVM a partir da edição da Lei n. 10.303/2001, passando ela a normatizar tais transações.

É dentro dessa linha que a primeira menção em texto de lei aos *swaps* é encontrada na Lei Bancária de 1964, que ditou, em seu artigo 4º, inciso XXXI, que caberia competência ao Conselho Monetário Nacional para "baixar normas que regulem as operações de câmbio, inclusive *swaps*, fixando limites, taxas, prazos e outras condições". O que seriam *swaps* ficava por conta de futura legislação definidora. Assim, de 1965 até dezembro de 1994 os contratos foram realizados sem que o tipo jurídico fosse definido em lei ou em ato administrativo das autoridades financeiras. Foi somente com a edição da Resolução n. 2.042/1994, do Conselho Monetário Nacional, que ficou definido que "para os efeitos desta resolução, definem-se como de *swap* as operações consistentes na troca de resultados financeiros decorrentes da aplicação de taxas ou índices sobre ativos ou passivos utilizados como referenciais".

Tal definição foi repetida posteriormente pelas Resoluções n. 2.138/1994 e 2.688/2000 do mesmo Conselho, a qual revogou as resoluções anteriormente mencionadas e que foi, finalmente, superada pela Resolução n. 2.873/2001, que refinou sua conceituação nos seguintes termos: "são definidas como operação de *swap* aquelas realizadas para liquidação em data futura que impliquem na troca de resultados financeiros decorrentes da aplicação, sobre valores ativos e passivos, de taxas ou índices utilizados como referenciais". Outras definições, com maior explicitação, mostram os mesmos fundamentos básicos da conceituação adotada pelo nosso Conselho Monetário Nacional.[77]

---

77. De maneira mais elaborada, a Commodity Futures Trading Commission dos Estados Unidos, em seu glossário oficial, define os contratos de *swap* como sendo: *"In general, the exchange of one asset or liability for a similar asset or liability for the purpose of lengthening or shortening maturities, or otherwise shifting risks. This may entail selling one securities issue and buying another in foreign currency, it may entail buying a currency on the spot market and simultaneously selling in forward. Swaps also may involve exchanging income flows — for example, exchanging the fixed rate coupon stream of a bond for a variable rate payment stream, or vice versa, while not swapping the principal component of the bond. Swaps are generally trade over the counter."* (COMMODITY FUTURES TRADING COMMISSION. **Handbook**: Strategic Information and Regulations. Guide of Terms and Operations. Washington: International Business, 2013). Ou, na definição da publicação da BM&FBovespa: "No mercado de *swaps*, negociam-se trocas de rentabilidade de bens (mercadorias ou ativos financeiros). Pode-se definir o contrato de *swap* como um acordo, entre duas partes, que estabelecem a troca de fluxo de caixa tendo como base a comparação de rentabilidade entre dois bens. Por exemplo: *swap* de ouro x taxa prefixada. Se, no vencimento do contrato, a valorização do ouro for inferior à taxa prefixada negociada entre as partes, receberá a diferença a parte que comprou taxa prefixada

Quanto aos tipos de contratos de *swap*, as instituições financeiras, sujeitas ao poder regulatório do Banco Central e eventualmente da Comissão de Valores Mobiliários, têm que se restringir à intermediação ou à contratação dentro dos tipos permitidos pela normatização emitida pelo Conselho Monetário Nacional. Naqueles contratos regidos por normas emanadas do CMN, os índices utilizados para cálculo da variação de valor terão que ser oriundos de série regularmente calculada e de conhecimento público, excetuados os contratos concernentes às variações ocorridas com os preços das ações, do ouro e das mercadorias. Para estes valerão, sempre, os valores praticados em ambientes de negociação autorizados pelo Banco Central e pela Comissão de Valores Mobiliários, ou aqueles outros apurados através de metodologias autorizadas pelas autarquias. Mesmo quando realizados em tais recintos, as respectivas metodologias de apuração devem ser previamente aprovadas pelo Banco Central e pela Comissão de Valores Mobiliários.

Os contratos de *swap* podem ter como objeto qualquer referencial dotado de valor econômico, transacionados nos mercados de balcão, organizado ou não, bem como em bolsas de futuros e de valores, liquidados por diferença, não significando uma troca de ativos, mas sim troca de riscos opostos. Quando se analisa um contrato de *swap* ou de troca, não se está contratando uma permuta de ativos, mas sim uma troca de expectativas e, ao final, de resultados diferenciais financeiros. Cada parte contratante permanece com seu ativo desde o termo inicial até o termo final, liquidando por diferença as variações ocorridas periodicamente, se a transação for objeto de negociação pública, ou ao final, se assim contratado pelas partes.

Desta sorte, não creio apropriada a assemelhação dos *swaps* aos contratos derivados que importem em translação física dos bens objeto do contrato, quando bens físicos existirem para serem transferidos. Inexiste permuta ou translação de ativos, mas mero pagamento nascido em função de diferenciais financeiros ocorridos até o termo final do contrato. Quando da extinção do vínculo obrigacional, cada parte continua com seu bem original, se existente, do qual nunca abriu mão por transferência à outra parte contratante, apenas recebendo ou pagando a diferença pela variação ocorrida entre o valor inicialmente fixado ou constatado quando da ocorrência do termo final do contrato.

Porém, o mundo jurídico latino não está afeito a soluções fáceis. Nesse contexto, vários autores iniciaram um debate infindo com a finalidade de determinar onde se encaixaria tal contrato, dentro da tipologia do Direito das Obrigações. Esse é um problema que aflige de maneira pouco significativa os países de tradição legal

---

e vendeu ouro. Se a rentabilidade do ouro for superior à taxa prefixada, receberá a diferença a parte que comprou ouro e vendeu taxa prefixada." (BM&FBOVESPA. **Mercados derivativos**, 31 jan. 2012. Disponível em: http://lojavirtual.bmf.com.br/lojaie/portal/pages/pdf/apostila_pqo_cap_06_parte_a_v2.pdf).

anglo-saxã, se é que lhes causa alguma preocupação, mas que atinge de maneira muito mais intensa os países de cultura jurídica europeia continental, como o Brasil — qual seja, a busca de catalogar os contratos dentro das categorias explicitadas em seus respectivos Códigos.

Em levantamento feito junto à doutrina francesa, a Professora Rachel Sztajn[78] nos dá conta de que os vários autores divergem, buscando enquadrar o contrato em uma das categorias já codificadas. Assim, não chegam a um acordo ao considerarem os contratos de *swap* como sendo: (i) um contrato de venda recíproca, (ii) um contrato de troca, (iii) uma troca econômica de obrigações, (iv) pagamento recíproco por uma das partes, (v) uma troca de fluxos financeiros, (vi) a compra de uma divisa à vista e sua revenda a termo, no mesmo momento, ou (vii) um acordo entre partes de se comprar e vender mutuamente uma série de fluxos financeiros baseados em uma taxa fixa ou variável.

Resumindo, "há dois blocos de ideias que tentam enquadrar o *swap* — permuta ou compra e venda —, prevalecendo a primeira, nada obstante a eventual dificuldade de qualificar a permuta com *soulte* ou *conguaglio* ou torna em que não há negócios em transferência de propriedade de coisa", concluindo que entre nós o *swap* seria um contrato de troca de fluxos de caixa, regendo-se pelas características gerais dos contratos — bilateral, oneroso e, por vontade das partes, aleatório, de execução diferida e parcelada.[79] Já Maria Clara Calheiros nos dá conta da tentativa de assemelhação dos contratos de *swap* aos contratos de garantia, de depósito, de retrovenda, de sub-rogação e à compra e venda, concluindo que "todas estas tentativas de classificação foram entretanto afastadas, como será fácil compreender, se tivermos presente a estrutura do contrato de *swap*".[80]

Certamente os contratos de *swap* não são negócios de compra e venda, já que nada se compra nem se vende e inexiste a translação de bens. Não há a obrigação de transferência do bem (na maioria dos casos ele inexiste, mas é uma referência) e não há o pagamento de preço antecipadamente certo, na medida em que é um contrato aleatório. De outro lado, também não se caracteriza como uma permuta, na medida em que, de acordo com a nossa lei civil, a ele se aplicam as disposições referentes à compra e venda — embora, como visto acima, sejam inaplicáveis. Só restou, tendo em vista a nossa necessidade cultural de catalogação (haja vista a enorme discussão da ação enquanto título de crédito ou não), colocar os *swaps* dentro das regras gerais dos contratos e da liberdade de contratar, de acordo com o permissivo previsto no artigo 425 de nosso Código Civil, sem forçá-lo a se

---

78. Vide SZTAJN, Rachel. **Futuros e *swaps***. Op. cit., p. 226-231.
79. SZTAJN, Rachel. **Futuros e *swaps***. Op. cit., p. 227; p. 229.
80. CALHEIROS, Maria Clara. **O contrato de *swap***. Op. cit., p. 117.

enquadrar em uma das categorias contratuais específicas e nominadas existentes em nossa legislação civil.[81]

9.4.5 Contratos sintéticos

São incontáveis as possibilidades de misturar produtos financeiros ou valores mobiliários para se extrair um novo produto caracterizável como um novo valor mobiliário, que neste caso seria "sintético", distinto daqueles que caracterizaram os conteúdos originais. A palavra "sintético" significa alguma coisa não natural, aquilo que é elaborado ou produzido artificialmente, por uma ação de *síntese*.

No mundo dos valores mobiliários, os derivativos sintéticos representam uma terceira camada, que se sobrepõe à segunda camada derivada, a qual, por sua vez, sobrepõe-se à camada que consiste no ativo primário. Assim, genericamente, pode-se dizer que, quando vários produtos derivados de origem e características distintas são agasalhados por um mesmo segundo contrato de *hedge*, buscando proteção contra o risco que pode ser causado por variações indesejadas, proteção essa que se calcula pela variação média dos ativos constantes do "pacote", diz-se que estamos na presença de um contrato derivado sintético.[82]

Em termos técnicos, o ativo sintético é o:

> pacote de riscos e retornos estruturados por meio da combinação de outros instrumentos, de modo a aproximar-se o mais possível do pacote de riscos e retornos disponível em um título convencional. Posição que se comporta como uma opção de venda, opção de compra ou outro instrumento convencional, mas que foi criado mediante a utilização de posições diferentes ou técnicas de negociação dinâmicas. Por exemplo, seguradores de carteiras criam opções de venda sintéticas; administradores de carteiras de ações frequentemente criam ações ou opções de compra sintéticas; e operadores de futuros de obrigações podem criar obrigações sintéticas.[83]

---

81. Na mesma direção, veja-se WALD FILHO, Arnold; ANTUNES, Mariana Tavares; GAENSLY, Marina. Contratos de *swap*. **Revista de Direito Bancário e do Mercado de Capitais**, v. 8, n. 28, p. 309-320, 2005, p. 308 et seq., no sentido de que "Fundados na liberdade geral de contratar (arts. 421 e 425 do Código Civil de 2002, desdobramentos, por sua vez, do direito fundamental à liberdade — 5º, *caput*, CF — e do princípio constitucional da livre iniciativa — arts. 1º, IV, e 170, *caput*, da CF), os *swaps* são contratos *sui generis*, que não se encaixam em qualquer dos tipos tradicionais. Assemelham-se, ao mesmo tempo, aos contratos de permuta, de seguro e de aposta, mas não se equiparam a qualquer um deles."

82. "*A package of risks and returns created by combining other instruments to approximate very closely the package of risks and returns available in a traditional security. A position that behaves like a put, a call, or some other instrument but has been created using different positions or dynamic trading techniques. For example, portfolios insurers create synthetic puts, equity portfolio managers often create synthetic stock or synthetic calls, index arbitragers may create synthetic bonds.*" (GASTINEAU, Gary L. **Dictionary of Financial Risk Management**. Chicago: Probus, 1992, p. 229).

83. Vide GASTINEAU, Gary L.; KRITZMAN, Mark P. **Dicionário de administração de risco financeiro**. São Paulo: BM&FBovespa, 2000, p. 307.

Os produtos sintéticos foram criados e operaram em seu nascedouro de forma simples, sendo utilizados inicialmente em operações de câmbio ou em contratos negociados nas bolsas de valores. Esses contratos praticados no nascedouro dos sintéticos, quase sempre celebrados entre uma instituição financeira e empresas industriais, poderiam ser chamados de *sintéticos ortodoxos* quando comparados às multifárias formas hoje existentes.

O exemplo clássico do contrato sintético é aquele montado como contrato derivado de crédito, cujo objeto é a proteção do valor dos vários ativos distintos constantes do mesmo vínculo obrigacional, colocados em uma mesma estrutura especificamente pensada para agasalhá-los.

Ou seja, usualmente, uma dada instituição financeira organiza determinados ativos de sua propriedade, colocando-os sob uma estrutura jurídica. Com base em tais ativos, a instituição emite cotas de participação, as quais são alienadas a terceiros, que passam a assumir o risco e a esperada lucratividade que anteriormente poderia ser obtida pela instituição financeira. Assim, nesse figurino os contratos foram enormemente utilizados para conter, em seu interior, hipotecas distintas e de graus variados de solvabilidade, transferindo o risco da instituição financeira para terceiros, por intermédio da pulverização das quotas emitidas pelo fundo. Porém, no jogo de repassar seus riscos para terceiros, alguns fundos reempacotaram quotas de vários fundos, ou quotas de fundos com novos créditos, gerando novos derivados sintéticos que poderiam novamente ser vendidos a mercado.

O que se nota é que as posições sintéticas iniciais nem de longe têm a complexidade que esse "admirável mundo novo" veio a criar pouco tempo depois. A competição sem trégua entre os vários agentes de mercado, somada a uma legislação regulatória quase inexistente, transformou um mercado ortodoxo e de proteção em outro extremamente competitivo.

As operações clássicas, no princípio dos negócios com derivados flexíveis, segundo Lauro de Araujo da Silva Neto,[84] foram aquelas "[...] posições mistas de mercado futuro e de opções, que se comportam como um contrato futuro ou uma posição em opções, que pode ser tanto comprada como vendida". Segundo o mesmo autor, elas podem ser resumidas em seis possibilidades; a saber:

> Compra de *call* sintética: Se combinarmos a compra do objeto do contrato com a compra de uma *put*, estaremos montando uma carteira que terá o mesmo comportamento de uma posição comprada de *call*. Se o mercado cair, as perdas no objeto (mercado futuro ou físico) serão compensadas pelo ganho na *put;* caso suba, a *put* perderá seu valor, mas a posição comprada no objeto da opção irá subir de preço, como seria o caso da *call*.

---

84. Vide SILVA NETO, Lauro de Araujo da. Posições sintéticas. **Resenha BM&F**, n. 85, p. 17-22, 1992.

Compra de *put* sintética: A soma de uma venda do objeto mais a compra de uma *call* irá proporcionar um *portfólio* de mesmo comportamento de uma posição comprada de opção de venda. Caso o mercado caia, a venda do futuro proporcionará um ganho e a opção de compra perderá seu valor. No caso de um mercado em alta, a posição em futuro terá uma perda, que será compensada pelo ganho da *call*.

Venda de *call* sintética: A venda de uma *put*, somada à venda do contrato futuro, comportar-se-á similar à posição vendida de uma opção de compra. Se o mercado subir, a *put* perderá o seu valor e a venda do objeto resultará em prejuízo. Caso o mercado caia, a *put* será exercida, mas o contrato vendido no futuro dará lucro, compensando a perda na opção de venda.

Venda de *put* sintética: A venda de uma opção de compra somada à compra no mercado futuro comportar-se-á exatamente como uma posição vendida em uma opção de venda. Se o mercado subir, a *call* será exercida pelo titular, mas a perda na *call* será compensada pelo ganho na posição futura. Caso o mercado caia, a *call* perderá seu valor e a posição em futuro causará uma perda.

Venda de futuro sintético: Similar às posições sintéticas para o mercado futuro. Se somarmos a compra de uma *put* com a venda de uma *call* (ambas de mesmo preço de exercício), teremos um *portfólio* que se comportará exatamente como a venda do contrato futuro. Caso o mercado caia, a opção de venda comprada ganhará valor e a opção vendida não será exercida, trazendo lucro para a posição. Se o mercado subir, a *call* vendida será exercida, resultando em uma perda na posição, e a opção de venda comprada perderá seu valor.

Compra de futuro sintético: Uma carteira composta pela compra de uma *call* e pela venda de uma *put* (de mesmo preço de exercício) comportar-se-á exatamente como uma posição comprada no mercado futuro. Caso o mercado suba, a *call* comprada ganhará valor e a *put* vendida perderá o seu, portanto não sendo exercida. Se o mercado cair, a *call* comprada perderá o seu valor, impossibilitando-nos de exercê-la com lucro, e a *put* vendida será exercida, obrigando-nos a entregar a mercadoria pelo seu preço de exercício.[85]

No que tange ao risco, há que se fazer uma distinção entre os produtos derivados puros, como os contratos futuros, a termo, de opção ou mesmo os contratos de troca de riscos ou *swaps*, e os contratos híbridos montados com esses derivativos, denominados contratos sintéticos.

A primeira grande distinção está no critério *transparência*, na medida em que os contratos sintéticos são negociados fundamentalmente no mercado de balcão não organizado, e estruturados entre grandes instituições financeiras, que assumem os riscos iniciais, mas repassam tais riscos a terceiros, que não necessariamente conhecem os ativos sintetizados que compõem a garantia do investimento feito.

---

85. SILVA NETO, Lauro de Araujo da. Posições sintéticas. Op. cit.

A segunda diferença é a maneira pela qual ocorre a liquidação. Na medida em que são contratos negociados no mercado de balcão não organizado, a liquidação deverá ocorrer somente ao final do contrato. Isso acarreta que, se houver a inadimplência, só se terá notícia ao final, sendo que o débito para o perdedor será sempre devido pela totalidade do investimento, na medida em que, nas negociações dos contratos sintéticos, não é norma o pagamento do ajuste diário, como ocorre com os contratos "de massa" regulados pela CVM e pela bolsa de futuros, onde a negociação ocorre, conforme já explicitado acima. Ou seja, nos contratos derivados negociados em bolsa de valores, o recolhimento das margens diárias à parte ganhadora reduz dramaticamente os eventuais *defaults* da parte perdedora, o que não acontece com os derivados sintéticos.

A terceira distinção é que, como normalmente grandes instituições financeiras estão em uma das pontas, e os contratos são de grande valor, as crises ocorrem normalmente com a desconfiança de que o lado perdedor encontrar-se-ia com dificuldades para suportar o prejuízo e continuar saudável. Se uma instituição financeira entrar em colapso, pode afetar suas congêneres pelas transações entre elas realizadas (*cross default*) ou pela ocorrência de saques por parte de credores desconfiados da solvabilidade da instituição. Mas, se a parte perdedora não for a instituição financeira, conforme ocorreu recentemente entre nós com contratos cambiais, esta continuará saudável e a empresa se mostrará enfraquecida pela perda, mas sem qualquer possibilidade da ocorrência de uma crise sistêmica.

Assim, como nem tudo é perfeito, tal lógica também é válida com mais ênfase para os contratos derivados sintéticos, haja vista a gênese da crise financeira mundial iniciada em 2008. O que se verificou, após o estouro da bolha financeira/imobiliária é que tais contratos caracterizam-se por uma enorme falta de transparência para quem queira, via balanço social, analisar o grau de risco que o tomador do contrato está assumindo. Essa falta de transparência também se verificou em relação à conformação da cadeia de negociação por que passara um determinado conjunto de derivativos "empacotados e reempacotados" várias vezes.

Essa falta de transparência se torna mais dramática na medida em que as quotas de investimento em fundos sintéticos, normalmente ao portador, passam a ser capitalizadas em novos fundos, sob o pretexto ou política de diluição de risco, a fim de evitar a concentração em ativos de uma mesma espécie ou de um mesmo emitente. O que resultou, entretanto, foi que, a partir do primeiro "pacote" de ativos formados para agasalhar os distintos valores mobiliários por ele contidos, poucos sabiam quais eram, dentre aqueles ativos, os que efetivamente garantiam o investimento originalmente feito. Ou seja, pouca era a transparência, se alguma havia, para se saber no que se estava investindo, bem como os riscos quanto à esperada rentabilidade. Fundamentalmente, a dificuldade se encontrava na inviabilidade de se refazer a cadeia de investimentos, buscando-se chegar aos ativos "empacotados" no primeiro contrato, ativos esses efetivamente suscetíveis de valoração.

Essa neblina espessa impede qualquer análise de risco por parte daqueles que tentem analisar os registros contábeis que, teoricamente, deveriam indicar a extensão do risco tomado ou lançado. Isso ocorre porque é quase impossível se estabelecer uma valoração dos pacotes sintéticos antecedentes, dada a tradição de não se nomear especificamente os vários valores mobiliários ou ativos que compõem um derivado sintético.[86] Para tanto, o mercado passa a depender das "notas" dadas pelas empresas de avaliação de risco financeiro. Estas, por sua vez, conforme ficou demonstrado após a ocorrência da crise de 2008, também atribuíram notas que se demonstrou ser, na melhor hipótese, totalmente irreais.

Esqueceu-se que o risco se encontra presente porque, como qualquer valor mobiliário, também o sintético derivado é um instrumento de translação de crédito para o terceiro tomador e, para o lançador, uma entrada de caixa. Desta feita, ou se sabe o que compõe a cesta de ativos ou, caso contrário, não se tem noção do risco quanto à sua solvabilidade, restando imaginar que as agências de avaliação de risco o façam — o que não o fizeram na crise de 2008.

Mas nem de longe se poderia dizer que tais riscos e perigos fossem imprevisíveis, inclusive de forma a constar de documento oficial do governo norte-americano, como mostra a publicação de 1994 do General Accountability Office, denominada "Action Needed to Protect the Financial System". Seu resumo executivo, embora longo, merece ser parcialmente transcrito por demonstrar, ainda que de forma macabra, que tudo que aconteceu em 2008 já estava vaticinado em 1994.[87]

---

86. *"From a risk management point of view, individual instruments in a balance sheet have no meaning by themselves. Most large financial institutions carry a large number of instruments on their balance sheet. Even a careful visual analysis of these financial tables and balance sheets cannot pinpoint the exact exposures a financial institution is facing. Application of financial engineering methods and the resulting synthetic assets cannot be reconstructed by outsiders using a conceptual analysis".* Vide NEFTCI, Salih N. FX short positions, balance sheets, and financial turbulence: an interpretation of the Asian financial crisis. In: EATWELL, John; TAYLOR, Lance (Ed.). **International Capital Markets Systems in Transitions**. Oxford: Oxford University, 2002, p. 433.

87. *"Severe financial shocks of the 1980s — the 1987 market crash, the savings and loans crisis, and the failure of major banks, securities firms and insurance companies — cost billions of dollars. As part of an effort to better anticipate and prevent future financial crisis, Congress and federal regulators have focused on the increasing use of financial products known as derivatives. [...] These concerns have been heightened by recent reports of major losses from derivatives use. GAO's [General Accountability Office] principal objectives were to determine (1) what risks derivatives might pose to individual firms and to the financial system and how firms and regulators were attempting to control the risks, (2) whether gaps and inconsistencies existed in U.S. regulation of derivatives, (3) whether existing account rules resulted in financial reports that provided market participants and investors adequate information about firm's use of derivatives, and (4) what implications of international use of derivatives were for U.S. regulations Needed. [...] However, Congress, federal regulators and some members of the industry are concerned about these products and the risks they may pose to the financial system, individual firms, investors, and U.S. substantial losses by some derivatives*

A preocupação do Congresso norte-americano remontava às sérias dificuldades ocorridas no mercado financeiro com a crise da década de 1980. Esse estudo mostra que, muito embora houvesse a preocupação desde a década de 1980, não só as autoridades foram incapazes de: (i) executar as tarefas de ordem normativa tendentes a sistematizar os riscos que os derivativos poderiam representar para a economia como um todo; (ii) suprimir as inconsistências regulatórias existentes; (iii) regrar as demonstrações financeiras e o sistema de informações ao mercado e às autoridades, de maneira que ambos pudessem entender os riscos envolvidos nas transações; e (iv) regular a internacionalização do sistema, em razão do alcance das normatizações de âmbito restrito ao individual de cada nacionalidade.

Com uma previsibilidade de doze anos, os elaboradores da análise vaticinaram o que efetivamente ocorreu em 2008, inclusive a crise bancária e a necessidade de o governo federal norte-americano, bem como o Banco Central Europeu, salvarem as maiores instituições financeiras com a finalidade de evitar uma crise sistêmica do mercado financeiro em âmbito global.[88]

Entretanto, o que os autores do trabalho governamental não imaginaram é que a bolha causada pelos contratos derivados fosse ocorrer primeiramente nos Estados Unidos, e de lá espalhar-se pelo resto do mundo. Na realidade, estavam eles querendo se precaver contra uma quebra estrangeira que viesse a afetar o mercado norte-americano.[89] Mas, já em 1994, previam os enormes danos que seriam acarretados pela quebra do mercado de derivativos, principalmente das montagens resultantes em produtos derivados sintéticos, tendo-se em consideração não

end-users". (U.S. GOVERNMENT ACCOUNTABILITY OFFICE. **Actions Needed to Protect the Financial System**. Op. cit., p. 3-6).

88. "*Much OTC derivatives activity in the United States is concentrated among 15 major U.S. dealers that are extensively linked to one another, end-users, and the exchange-traded markets. This combination of global involvement, concentration, and linkages means that the sudden failure or abrupt withdrawal from trading of any of these large dealers could also pose a risk to the others including federal insured banks and the financial system as a whole. Although the federal government would not necessarily intervene just to keep a major OTC derivatives dealer from failing, the federal government would be likely to intervene to keep the financial system functioning in cases of severe financial stress. While federal regulators have often been able to keep financial disruption from becoming crises, in some cases intervention has and could result in industry loans or a financial bailout paid by the taxpayer.*" (U.S. GOVERNMENT ACCOUNTABILITY OFFICE. **Actions Needed to Protect the Financial System**. Op. cit.).

89. "*The major derivatives dealers in the countries included in GAO's review were subject to varying types of regulations. With many different regulatory approaches, strengthening U.S. derivatives regulation without coordinating and harmonizing related actions with foreign countries poses at least two risks. First, U.S. financial institutions would remain vulnerable to a crisis that began abroad and spread to the United States as a result of the global linkages among financial institutions and markets. Second, regulation that market participants viewed as too severe could cause firms to move their derivatives activities outside of the United States. However, coordinating and harmonizing regulation worldwide has been difficult to achieve. The United States should continue its leading role in bringing greater harmonization to international regulation of financial activities, including derivatives.*" (U.S. GOVERNMENT ACCOUNTABILITY OFFICE. **Actions Needed to Protect the Financial System**. Op. cit., p. 14).

só os vultosos montantes envolvidos, como também a enorme complexidade que esses contratos assumiram, tornando difícil o seu entendimento mesmo para os investidores dotados de maior grau de sofisticação.[90]

9.4.5.1 Os contratos sintéticos no mercado brasileiro

A partir da crise de 2008, algumas companhias de capital aberto passaram a apresentar grande dificuldade pela falta de liquidez em face das enormes perdas incorridas no mercado de contratos derivados que tinham como variável a alteração cambial em relação às flutuações entre o real e o dólar norte-americano. Alguns desses contratos foram fechados por empresas nacionais, mas elegendo como foro do contrato determinados paraísos fiscais; outros contratos derivados foram negociados no Brasil, mas todos eles em operações de balcão não organizado, tendo como contraparte, em quase todos, senão em todos os contratos, uma instituição financeira.

Uma das características de tais operações foi a falta de transparência das operações realizadas nas demonstrações financeiras das companhias, quer de preço, quer da qualidade das informações dadas ao mercado e que são úteis a qualquer investidor. Na busca para sanar tais ausências, e após o estouro do mercado financeiro norte-americano, a Comissão de Valores Mobiliários dá a conhecer a Deliberação n. 550/2008, estabelecendo dois tipos de comandos.

O primeiro comando foi o de explicitar, e não definir, o que fossem "instrumentos financeiros derivativos" para o fim da Deliberação n. 550/2008. Assim, para a CVM, os produtos derivados são contratos:

> que gerem ativos e passivos financeiros para suas partes, independente do mercado em que sejam negociados ou registrados ou da forma de realização, desde que possuam concomitantemente as seguintes características:
> I - o seu valor se altera em resposta às mudanças numa taxa de juros específica, preço de um instrumento financeiro, preço de uma *commodity*, taxa de câmbio, índice de preços ou de taxas, classificação de crédito (*rating*), índice de crédito, ou outra variável, por vezes denominada "ativo subjacente", desde que, no caso de uma variável não financeira, a variável não seja específica a uma das partes do contrato;

---

90. *"If a disruption occurs in the derivatives markets or threatens to spread from other markets to the derivative markets, federal intervention may be necessary to prevent disruption from becoming a crisis. Should a crisis arise, federal regulators are likely to be involved in containing and resolving financial problems at banks and thrifts because liability for losses incurred by the federal deposit insurance funds — Bank Insurance Fund and Savings Association Insurance Fund. In the past, resolving problems or crisis in the financial system has been expensive."* (U.S. GOVERNMENT ACCOUNTABILITY OFFICE. **Actions Needed to Protect the Financial System**. Op. cit., p. 42).

II - não é necessário qualquer desembolso inicial ou o desembolso inicial é menor do que seria exigido para outros tipos de contratos nos quais seria esperada uma resposta semelhante às mudanças nos fatores de mercado; e
III - seja liquidado numa data futura.

Precavidamente, a Autarquia exemplifica os tipos hoje existentes no mercado, determinando tais operações vinculadas à sua normatização, nos seguintes termos:

> Parágrafo único - Sem prejuízo da definição contida neste artigo, são considerados instrumentos financeiros derivativos os contratos a termo, *swaps*, opções, futuros, *swaptions*, *swaps* com opção de arrependimento, opções flexíveis, derivativos embutidos em outros produtos, operações estruturadas com derivativos, derivativos exóticos e todas as demais operações com derivativos, independente da forma como sejam contratados.

O segundo comando mandatório, estabelecendo que as companhias abertas passassem obrigatoriamente a colocar, como nota explicativa, informações qualitativas e quantitativas concernentes aos seus instrumentos financeiros derivados "reconhecidos ou não como ativo ou passivo em seu balanço patrimonial". Essas notas explicativas têm que ser capazes de informar ao leitor/avaliador "a relevância dos derivativos para a posição financeira e os resultados da companhia" de sorte a permitir uma análise quanto à natureza e relevância dos riscos contratados.

Usualmente, os ordenamentos administrativos ou legais, como o próprio nome indica, dão a conhecer comandos ou ordens a seus destinatários, daí resultando, quando for o caso, a aplicação de penas pelo seu descumprimento. A Deliberação n. 550/2008 inova ao estabelecer "recomendações" e não comandos, na medida em que dita que "as companhias abertas, [...] são incentivadas a divulgar quadro demonstrativo de análise de sensibilidade [...] para todas as operações com instrumentos financeiros derivativos que exponham a companhia a riscos oriundos de variação cambial, juros ou quaisquer outras fontes de exposição". Qual seja o incentivo pela observância do "conselho" dado pela Deliberação n. 550/2008 a CVM não diz, restando imaginar que a Comissão está esperando que este venha do mercado por intermédio de uma maior valorização dos valores mobiliários oriundos de emissores comprometidos com a análise de sensibilidade de tais contratos e com a sua transparência.

Como se pode verificar do acima exposto, o mundo dos contratos derivados sintéticos tem sido até hoje explorado pelas instituições financeiras, usualmente sendo elas mesmas contraparte dos contratos. Estes, por sua vez, são fundamentalmente negociados junto ao mercado de balcão não organizado, sendo, portanto, contratos feitos especificamente para determinado cliente e só para aquele cliente/contraparte da instituição financeira.

Com tais características, ele não é um valor mobiliário cuja emissão necessite da autorização prévia da Comissão de Valores Mobiliários, embora tenha o condão de afetar a vida dos sócios de companhias ou investidores em valores mobiliários ofertados publicamente. Nesse sentido, o papel regulatório da CVM volta-se para as companhias de capital aberto, através de regras contábeis mandatórias, no sentido de que tais operações constem não só dos balanços das companhias, mas também das informações trimestrais prestadas à Autarquia e ao público. Quanto aos demais contratos denominados derivados ortodoxos, quando objeto de oferta pública, necessitam, para tanto, da autorização prévia ao lançamento, como já visto acima.

9.4.6 Outros contratos derivados

9.4.6.1 Direitos de subscrição de valores mobiliários

A primeira menção quanto à possibilidade de criação de um direito autônomo de conversão, no âmbito das sociedades por ações, ocorre com a Lei n. 4.728/1965, a qual, em seu artigo 44, prevê a hipótese de se ofertar "debêntures ou obrigações, assegurando aos respectivos titulares o direito de convertê-las em ações do capital da sociedade emissora".

A figura clássica do direito de subscrição de valores mobiliários emitidos por sociedade por ações é encontrada no direito de preferência, que, nos termos da Lei Societária ou dos estatutos, dá ao acionista o direito de subscrever ações ou debêntures conversíveis em ações, de sorte a permitir que ele mantenha sua posição relativa no corpo acionário da empresa, ou, se preferir, que possa alienar tais direitos de subscrição a terceiro interessado. Dessa forma, os direitos de subscrição representam um direito subjacente, qual seja, o de aquisição de outro valor mobiliário nele previsto.

A Lei das Sociedades por Ações amplia a tipologia dos direitos de subscrição ao permitir, em seu artigo 75, que as companhias possam emitir bônus de subscrição de ações, os quais, em sendo colocados onerosamente junto a seus subscritores, conferem-lhes o direito de subscrever ações em data futura, dentro de condições avençadas quando do lançamento dos bônus de subscrição.

Outra possibilidade, bastante comum nos mercados de valores mobiliários mais robustos, é o pagamento de parte da remuneração de determinados empregados ou administradores em opções de compra futura de ações (*stock options*). Também nesta hipótese o valor do exercício ou desconto sobre o valor futuro é determinado quando da subscrição ou da outorga do benefício. O exercício do direito está interligado ao desempenho da companhia em dado período de tempo, na medida em que o exercício só faz sentido se naquele momento o valor da ação esteja mais alto do que o preço do exercício do direito. Ou seja, os direitos são ofertados, de maneira economicamente atrativa, na expectativa de fazer com que o gestor seja partícipe do sucesso do empreendimento, buscando com seu esforço obter a melhor lucratividade ou desempenho possível.

Não é incomum condicionar o exercício do direito de subscrição, ou exercício do bônus, à permanência do beneficiário no cargo por um dado período de tempo. Tal possibilidade visa dar estímulos financeiros ou de fidelidade à companhia, proporcionado que os beneficiários busquem, no longo prazo, bons resultados financeiros para a empresa, causando, como consequência, o aumento do valor das ações da companhia e/ou melhores dividendos aos acionistas. A possibilidade da existência de tal mecanismo pressupõe a aprovação em assembleia (i) da retirada total ou parcial de seu direito de preferência em favor dos novos beneficiários, ou (ii) da existência do mecanismo do capital autorizado ou que haja ações em tesouraria disponíveis.

Portanto, os direitos de subscrição de valores mobiliários emitidos por sociedade por ações abrangem aqueles conferidos pela lei ou pelos estatutos, materializados no direito de preferência e, ademais, aqueles outros nascidos de vínculos contratuais ofertados a determinados funcionários ou administradores da companhia.

9.4.6.2 Recibos de subscrição de valores mobiliários

O exercício ou compra de um direito de subscrição gera um "recibo" ou documento que ateste a prática do ato gerador de direitos e, como consequência, dê a seu titular a capacidade da prática futura da subscrição de determinado valor mobiliário emitido por sociedade por ações. Uma vez adquirido o direito de subscrição, este poderá ser exercido no futuro ou alienado a terceiro. No presente caso, o direito já foi exercido e, em virtude desse exercício, houve a emissão de um recibo, que também é um valor mobiliário e, como tal, suscetível de ser negociado e alienado, permitindo ao subscritor original sair de sua posição de comprador, transferindo todos os direitos ao novo adquirente.

Existem outros valores mobiliários, como a cédula de debênture, fração representativa do valor mobiliário subjacente. Mas todos serão analisados especificamente em seus respectivos capítulos. O que vale ressaltar aqui é que a possibilidade de criação de produtos derivados é proporcional à capacidade do mercado de criar formas novas de financiamento para capitalizar o setor produtivo ou especulativo, conforme a destinação dada aos recursos levantados.

Inúmeras são as espécies de valores mobiliários suscetíveis de coletarem publicamente poupança disponível. Esses investimentos representam direitos cujo valor de mercado é dado pelo risco suportado pelo investidor e pela esperada lucratividade quando comparado com os demais ativos existentes no mercado. É nesta categoria que entram os certificados de investimento, os fundos de investimento, bem como os contratos acima discutidos. Assim como ocorre com os valores mobiliários anteriormente discutidos, para os contratos representados por algum documento que comprove a participação do investidor, no mesmo sentido serão analisados os contratos objeto de colocação pública ou privada. Nunca será demais sublinhar que a competência estatal para normatizar, fiscalizar e punir só existe quando o valor mobiliário for objeto de oferta e colocação públicas.

Neste sentido foi a decisão do Colegiado, com o voto relator de seu Presidente Marcelo Fernandez Trindade, no Processo CVM RJ2005/2345, que tratou da competência ou não da CVM para regular a colocação privada de cotas de fundos de investimento, sendo o mesmo raciocínio aplicável aos certificados e demais valores mobiliários. No caso, a decisão refere-se à distinção entre distribuição pública e privada de cotas de FIP e FIDC, motivada por pedido de registro de FIP.

> 1. Trata-se de consulta apresentada pela Superintendência de Registro – SRE sobre a correta interpretação da lei e da regulamentação aplicável aos seguintes pontos [...]:
> (i) distribuição pública e privada de cotas de FIP e FIDC, bem como casos de dispensa de registro, inclusive no que se refere à 2ª emissão e seguintes;
> (ii) negociação de cotas distribuídas privadamente ou sob condição de dispensa de registro, em mercados públicos de bolsa e balcão organizado;
> (iii) aplicabilidade da Deliberação 20 face aos dispositivos constantes da regulamentação específica de tais fundos; e
> (iv) desnecessidade de registro de FIP que não distribuírem publicamente suas cotas.
> 2. A consulta da área técnica foi motivada por uma operação específica, da Patrimônio Investimentos e Participação Ltda., por ocasião do pedido de registro formulado para o Fundo de Educação para o Brasil – Fundo de Investimento em Participações, sob sua administração. Entretanto, informa a área técnica que as questões suscitadas naquela operação apresentam-se com frequência em diversas outras, motivando grande parte das consultas que lhe são feitas. Por tal razão, no decorrer do processo, às dúvidas surgidas quando da operação da Requerente somaram-se outras, de natureza análoga, que envolvem também, além dos Fundos de Investimento em Participação ("FIP"), os Fundos de Investimento de Direitos Creditórios ("FIDC") e suas respectivas regulamentações (fls. 182[91]).

---

91. Nota do relator: "[...] tornou-se imprescindível a ampliação do objeto de apreciação do presente Memorando, devendo o mesmo abranger não somente a questão acerca da distribuição pública ou privada de cotas de FIP, mas também de cotas de FIDC, tendo em vista alguns processos já em análise ou registrados

Manifestação da Procuradoria Federal Especializada - PFE

3. A Procuradoria Federal Especializada - PFE [...] conclui a PFE que as Instruções 356/01 e 391/03 não vedam a colocação privada de cotas dos fundos que regulam, até porque tal vedação poderia se constituir em uma "indevida intromissão do Poder Público na esfera de autonomia da vontade das partes". A intervenção do órgão regulador deve se restringir "às emissões de títulos ou contratos que se prestem à captação pública de recursos, fato que não se verifica em negociações privadas". O conceito de valores mobiliários deve envolver o apelo à oferta pública, inclusive no tocante às cotas de fundo de investimento, os quais só se inserem no conceito do inciso IX, art. 2º da Lei 6.385/76 caso se tratem de contratos de investimento coletivo ofertados publicamente.

4. Enfrentando a controvérsia acerca da contratação de instituição do sistema de distribuição e da aplicação da Deliberação 20/85, assinalou o Procurador Chefe que:

i. "essa interpretação veiculada por intermédio da Deliberação CVM n. 20 tem implícita uma presunção de que toda negociação em que haja intervenção de instituição integrante do sistema de distribuição é uma negociação pública, tal presunção, segundo penso, não se restringe às negociações no mercado secundário, aplicando-se, pelas mesmas razões, à colocação de valores mobiliários no mercado primário, embora sua redação não lhe confira, expressamente, tal abrangência"; e

ii. "Entretanto, o teor dessa Deliberação não pode ser considerado em termos absolutos, podendo ser aquilatada à luz do que hoje dispõe o art. 3º, §1º, da Instrução CVM n. 400, que delimita o conceito de 'público em geral', dele excluindo as pessoas que 'tenham prévia relação comercial, creditícia, societária ou trabalhista, estreita e habitual, com a emissora'". Dessa forma, dever-se-ia investigar a forma como se deu a colocação;

5. Quanto à negociação em mercado secundário de cotas objeto de colocação privada, observou o Dr. Henrique Vergara que:

i. "a única limitação nesse sentido é a que consta do art. 17, parágrafo único [da Instrução 356/01], de acordo com o qual 'as cotas de fundo fechado colocadas junto a investidores deverão ser registradas para negociação secundária em bolsa de valores ou em mercado de balcão organizado, cabendo aos intermediários assegurar que a aquisição de cotas seja feita por investidores qualificados". Tal regra se aproximaria daquela do art. 4º, §4º, III, da Instrução 400/3, que prevê a possibilidade de dispensa do registro e de requisitos de registro nas ofertas destinadas apenas a investidores qualificados, os quais só poderão alienar os valores mobiliários adquiridos a investidores não qualificados após 18 meses;

ii. levando-se em conta que os FIDC destinam-se apenas a investidores qualificados, a negociação de suas cotas em bolsa de valores ou mercado de balcão organizado só pode ocorrer quando o adquirente também for investidor qualificado; e

iii. "Para que as cotas sejam admitidas à negociação em bolsa ou entidade do mercado de balcão organizado, seria, em tese, necessário obter-se autorização da CVM, conforme preceitua o art. 21, I e II, da Lei n. 6.385". Por fim, o Procurador Chefe afirma que caberia à entidade auto-reguladora estabelecer procedimentos para concessão de autorização

nesta CVM, bem como uma infinidade de consultas telefônicas que esta área recebe diariamente sobre o tema".

para negociação em mercado secundário das cotas de FIDC, especialmente no caso daquelas distribuídas privadamente, considerando-se a ausência de previsão específica nas normas em vigor.

Manifestação da SRE e encaminhamento da consulta ao colegiado

6. Em 13.06.05 a SRE resumiu as principais questões discutidas neste processo, pedindo seu encaminhamento ao Colegiado [...], concluindo que:

i. tanto os FIP quanto os FIDC devem obter registro para seu funcionamento junto à CVM, seja por analogia ao art. 2º, §3º, I, e art. 21 da Lei 6.404/76, seja, no caso dos FIDC, por dispositivo expresso da Resolução CMN 2.907/01;

ii. a deliberação 20/86 não se aplica às ofertas privadas de cotas de FIP e FIDC — desde que não haja, naturalmente, oferta pública — dado que a presença de integrante do sistema de distribuição em ambos os casos deriva de exigência regulatória posterior e específica da CVM, e se presta não somente à distribuição, mas também à controladoria e tesouraria do fundo;

iii. embora haja duas interpretações possíveis quanto à necessidade de prévio registro da distribuição privada de cotas de FIP e FIDC (à luz do art. 7º, §2º, da Instrução 391/03 e art. 20 da Instrução 356), sendo ambos veículos destinados a investidores qualificados, a comprovação de tal condição é o único requisito que se exige dos intermediários de tais operações, para que se possa efetuar a transferência de titularidade das cotas negociadas no mercado secundário. "No entanto, de modo a solucionar o requisito legal (art. 21 da Lei 6.385/76) e a exigência do órgão regulador (bolsa de valores ou mercado de balcão organizado) seria necessário estabelecer um regime próprio de dispensa automática de registro, mediante protocolo dos documentos nesta CVM". É o relatório.

VOTO

I. Uniformização Necessária

1. A consulta revela a necessidade de unificar-se o entendimento desta CVM — e eventualmente alterarem-se normas dela emanadas — quanto a algumas questões gerais relacionadas não só aos FIP e aos FIDC fechados[92] (e aos Fundos de Investimento em Cotas de tais fundos), mas também, por análogas razões, a outros fundos fechados não regulados pela Instrução CVM 409/04 (quais sejam, os Fundos Mútuos de Investimento em Empresas Emergentes – FMIEE, os Fundos de Investimento em Cotas de tais fundos, e os Fundos de Investimento Imobiliário – FII). Ao conjunto desses fundos fechados não regulados pela Instrução 409/04, e que seriam abrangidos por esta decisão, denominarei simplesmente "Fundos Fechados".

2. O Colegiado é chamado a opinar sobre os seguintes pontos:

i. possibilidade de colocação privada de cotas de Fundos Fechados;

ii. necessidade de intervenção de instituição intermediária integrante do sistema de distribuição em colocação privada de cotas de Fundos Fechados;

---

92. Nota do relator: "Ao contrário dos FIP, os FIDC podem ser constituídos sob a forma de condomínios abertos (art. 3º da Instrução CVM 356/03). Na consulta somente são relacionadas questões referentes aos FIDC fechados. Contudo, mais adiante neste voto, farei também recomendações quando aos FIDC abertos."

iii. conseqüências da eventual intervenção de instituição intermediária em colocação privada de cotas de Fundos Fechados, à luz da Deliberação CVM 20/85;

iv. possibilidade e requisitos para a negociação em bolsa ou em mercado de balcão de cotas de Fundos Fechados colocadas privadamente; e,

v. necessidade de registro perante a CVM de Fundos Fechados cujas cotas sejam colocadas privadamente.

3. A evolução das normas emanadas da CVM acabou gerando a co-existência de regras gerais sobre a distribuição pública de valores mobiliários, contidas na Instrução 400/03, com normas específicas relacionadas tanto à distribuição de cotas de fundos de investimento em geral (contidas na Instrução CVM 409/04) quanto a certos fundos em particular (como é o caso das Instruções CVM 391/03 para os FIP, 356/01 para os FIDC, 209/95 para os FMIEE e 205/94 para os FII).

4. Esse cenário acabou levando à perda, em alguns casos, da coerência sistemática que se espera das normas emanadas de um mesmo órgão, terminando por gerar as dúvidas que motivaram a consulta. Por isto, antes de responder às questões colocadas na consulta, e propor alterações normativas, peço licença para fazer um pequeno resumo dessas diversas normas que estão em vigor.

5. O "registro" dos fundos de investimento perante a CVM percorreu um longo histórico em que se constata a existência de duas grandes modalidades de registro: o "registro de funcionamento" do fundo, próximo de um "registro constitutivo", mas que legalmente não tem esse efeito, e o "registro de distribuição de cotas", destinado a permitir que a colocação das cotas dos fundos seja feita com apelo público à poupança dos investidores.

6. A análise da evolução e da natureza do "registro de funcionamento" é relevante para a solução de uma das questões objeto da consulta, relativa à necessidade de registro, perante a CVM, de Fundos Fechados cujas cotas sejam colocadas privadamente. Já a análise das normas relativas ao "registro de distribuição de cotas" é fundamental para a resposta às demais questões postas na consulta. Passo, então, a analisar ambas as questões.

II. Normas relativas ao registro de fundos de investimento

7. A Lei 6.385/76, como se sabe, estabeleceu que "nenhuma emissão pública de valores mobiliários será distribuída no mercado sem prévio registro" na CVM (art. 19). Por força da nova redação dada ao art. 2º da mesma lei pela Lei 10.303/01, as cotas de fundos de investimento em valores mobiliários (em qualquer caso, cf. inciso V) e as cotas de outros fundos de investimento, quando ofertadas publicamente (inciso IX), foram incluídas no conceito de valores mobiliários. Daí resulta que toda oferta pública de cotas de fundo de investimento só pode ser realizada após a obtenção de registro perante a CVM.[93]

8. A Lei 6.385/76 também criou um registro de companhias emissoras de valores mobiliários (art. 21), chamadas de "companhias abertas" (art. 22), de maneira que "somente os valores mobiliários emitidos por companhia registrada [...] podem ser negociados em bolsa e no mercado de balcão" (§ 1º do art. 21). Não foi criado, entretanto, um registro

---

93. Nota do relator: "A Lei 8.668/93, que criou os fundos imobiliários, estabeleceu expressamente (art. 3º) que suas cotas constituem valores mobiliários."

de fundos de investimento, quer constitutivo de tais entidades, quer autorizativo de seu "funcionamento".[94]

9. A natureza dos fundos de investimento continua a ser, portanto, aquela estabelecida pela Lei 4.728/65, de "fundos em condomínio" (art. 49), então administrados por "sociedades de investimento", e agora, dada a natureza de valores mobiliários de suas cotas, por pessoas previamente autorizadas pela CVM (art. 23 da Lei 6.385/76).

10. Tratando-se de condomínio sobre coisas móveis, os fundos de investimento não demandam registro para constituírem-se, podendo ser criados por quaisquer dos meios de aquisição de propriedade móvel em condomínio admitidas pela lei civil (sucessão, aquisição de fração ideal, aquisição em conjunto, etc.).[95]

11. Contudo, condomínios assim criados não seriam mecanismos viáveis de captação e organização de quantias para investimento conjunto, pois não permitiriam a livre alienação das frações do patrimônio sem direito de preferência (Código Civil, art. 1.322), a organização do condomínio sob um regime padronizado e regulamentar, com administração profissional (Lei 6.385/76, art. 23), a faculdade de captação de recursos e conseqüente aumento do patrimônio, com agregação de novos condôminos, sem autorização dos anteriores e, no caso dos fundos abertos, o direito dos condôminos resgatarem sua parcela de patrimônio, sem que se extinga o condomínio (Código Civil, art. 1.320).

12. Esta terá sido a razão pela qual, replicando o sistema de duplo registro (do valor mobiliário e do emissor) dos arts. 19 e 21 da Lei 6.385/76, a regulamentação da CVM evoluiu para a concessão de dois registros aos fundos de investimento: o de autorização para o "funcionamento" de fundos e o de autorização para a "distribuição" das cotas de fundos. O primeiro sempre estabelecido pelas normas regulamentares como requisito para o segundo;[96] o primeiro, não essencial,[97] mas desejado pelos agentes de mercado em prol da segurança jurídica e da eficiência operacional do produto; o segundo, imposto genericamente pelo art. 19 da Lei 6.385/76.

13. Mas a existência dessa autorização para funcionamento, desse "registro dos fundos" (como o denomina a Seção II do Capítulo II da Instrução CVM 409/04), não transforma

---

94. Nota do relator: "Tal afirmação não se aplica aos Fundos de Investimento Imobiliário, pois a Lei 8.668/93 determinou expressamente, em seu art. 4º, que compete à CVM 'autorizar, disciplinar e fiscalizar *a constituição*, o funcionamento e a administração dos Fundos de Investimento Imobiliário, observadas as disposições desta lei e as normas aplicáveis aos Fundos de Investimento.'"

95. Nota do relator: "Os Fundos de Investimento Imobiliário, talvez por terem potencialmente como ativos bens imóveis, foram criados por lei específica (Lei 8.668/93), que estabeleceu sua natureza, de maneira curiosa, como a de uma "comunhão de recursos captados por meio do Sistema de Distribuição de Valores Mobiliários, na forma da Lei n. 6.385, de 7 de dezembro de 1976, destinados a aplicação em empreendimentos imobiliários" (cf. art. 1º) - como se a comunhão não recaísse, em seguida, nos ativos adquiridos com os "recursos captados". Entretanto, para enfrentar a questão do condomínio sobre os bens imóveis que o fundo adquirisse, a Lei 8.668/93 criou sobre eles (e os demais ativos do fundo) uma propriedade fiduciária do administrador (art. 6º), cujas características ficam averbadas no registro de imóveis em que registrados os bens detidos pelo fundo (art. 7º)."

96. Nota do relator: "No caso dos Fundos de Investimento Imobiliário, como visto, requisito legal."

97. Nota do relator: "No caso dos Fundos de Investimento Imobiliário, como visto, a autorização é essencial por força da lei."

a natureza condominial da propriedade dos ativos. Tal registro tampouco é constitutivo do condomínio.[98] Sua existência insista-se — ao menos enquanto não sobrevier lei que confira personalidade jurídica aos fundos de investimento, ou que altere a Lei 6.385/76 para conferir caráter constitutivo ao registro do regulamento do fundo na CVM ou no registro de títulos e documentos — decorre da propriedade de coisas móveis (os ativos do fundo) por mais de um titular (os cotistas).

14. A evolução das normas da CVM relativas ao registro para "funcionamento" dos fundos de investimento revela não só o crescente reconhecimento de que o registro para "funcionamento" não tem caráter constitutivo, como uma clara tendência para a concessão automática de tal registro.

15. Com efeito, depois da Resolução CMN 1.787/91, a CVM passou a editar normas gerais sobre fundos de investimento em ações (então Fundos Mútuos de Ações). A primeira, consubstanciada na Instrução 148/91, diferenciou entre a constituição do fundo, que se daria por ato da administradora, e a autorização para seu "funcionamento", que seria dada pela CVM, sendo certo que somente *após* essa autorização para funcionamento o regulamento do fundo deveria ser registrado "em Cartório do Registro de Títulos e Documentos". A Instrução 215/94 e a Instrução 302/99 — que regularam genérica e sucessivamente os fundos de investimento em ações — mantiveram inalterado tal sistema.[99]

16. Já as Instruções mais recentes, como a 356/01 (art. 8º), relativa aos FIDC, 391/03 (art. 4º), relativa aos FIP, e a própria Instrução 409/04, embora continuem se referindo a "registro prévio" ao "funcionamento do fundo" (cf. art. 7º da Instrução 409/04), adotaram o sistema de concessão automática de tal registro. Por isto mesmo a Instrução 409/04 passou a exigir que o registro do regulamento do fundo no Registro de Títulos e Documentos se dê antes do pedido de registro à CVM.[100]

17. Portanto, em resumo, pode-se afirmar que:

i. a constituição de condomínios sobre valores mobiliários (ressalvada a situação legal específica dos FII) não depende de registro na CVM;

ii. sem prejuízo disto, a CVM disciplina a constituição de tais condomínios (do ponto de vista do conteúdo dos documentos de constituição e da publicidade a eles imposta), quando organizados sob a forma de fundos de investimento, visando à regulação mais adequada (e obrigatória) da subseqüente distribuição pública de cotas dos fundos; e,

iii. a existência de uma regulação sobre a constituição e o funcionamento dos fundos de investimento termina por assegurar aos agentes de mercado certeza jurídica sobre a disciplina de tais condomínios, o que faz com que, na prática, mesmo os fundos de

---

98. Nota do relator: "Ressalve-se, ainda outra vez, a questão dos Fundos de Investimento Imobiliário."

99. Nota do relator: "As Instruções 205/94 (art. 4º), que trata dos FII, e 209/94 (art. 3º), que trata dos FMIEE, exigem que o pedido de registro seja instruído com a comprovação do registro do regulamento no cartório de títulos e documentos, reconhecendo, portanto, que a constituição do fundo antecede o registro."

100. Nota do relator: "Mas é preciso deixar claro que nem o Código Civil nem a Lei de Registros Públicos (Lei 6.015/73) conferem a tais registros caráter constitutivo, mas somente de publicidade (cf. art. 221 do Cód. Civil e art. 127 da Lei 6.015/76)."

investimento que não se destinam a posterior distribuição pública de cotas prefiram obter registro na CVM.

III – Normas relativas à distribuição pública de cotas de fundos

18. A Instrução 400/03, regulamentando o art. 19 da Lei 6.385/76, é a regra geral que atualmente disciplina as distribuições públicas de valores mobiliários, e o seu respectivo registro perante a CVM (cf. art. 1º), ressalvada a regulamentação específica, quando houver, no que se refere aos temas descritos no parágrafo único de seu art. 60.[101] Como visto, as cotas de fundos de investimento em geral, quando distribuídas publicamente, são valores mobiliários, e portanto sua distribuição pública está, em regra, sujeita às normas da Instrução CVM 400.

19. A Instrução CVM 400/03 considera pública "a venda, promessa de venda, oferta à venda ou subscrição, assim como a aceitação de pedido de venda ou subscrição de valores mobiliários" quando presente qualquer dos elementos elencados nos incisos do seu art. 3º. Tais elementos indicam, em resumo, a existência, na venda, de um esforço de colocação junto a um público indeterminado ou a uma "classe, categoria ou grupo de pessoas, ainda que individualizadas nesta qualidade" (art. 3º, § 1º).

20. A Instrução CVM 409/04, por sua vez, é a regra geral que disciplina a maior parte dos fundos de investimento do Brasil, e trata de certas matérias relativas a sua distribuição pública, no espaço de regulamentação específica anunciado pela Instrução 400/03. Para efeito (embora não somente para esse efeito) de estabelecer normas específicas relativas à distribuição pública dos fundos de investimento de que trata, a Instrução 409/04, seguindo longa tradição regulamentar da CVM, tratou de distinguir entre fundos abertos e fundos fechados.

III.1. Cotas de fundos abertos

21. Os fundos abertos, para a Instrução 409, são necessariamente distribuídos publicamente. Esta é a minha interpretação do art. 19 da Instrução, segundo o qual, a "distribuição de cotas de fundo aberto independe de prévio registro na CVM", mas sempre "será realizada por instituições intermediárias integrantes do sistema de distribuição de valores mobiliários".

22. A outra interpretação possível seria a de que a regra do art. 19 se aplicaria somente aos fundos cujas cotas fossem distribuídas publicamente. No caso de distribuição privada de cotas de fundo aberto (isto é, sem o esforço de venda ao público de que trata a Instrução 400), o fundo poderia ser registrado na CVM, sem distribuição por instituição intermediária.[102]

---

101. Nota do relator: "A saber: prospecto e seu conteúdo; documentos e informações que deverão instruir os pedidos de registro; prazos para a obtenção do registro; prazo para concluir a distribuição; e hipóteses de dispensas específicas."

102. Nota do relator: "Dessa última interpretação decorreria naturalmente o risco de afirmar-se que, como visto anteriormente neste voto, a CVM não tem poder de conceder registro de constituição de fundos, senão como medida preparatória e necessária para a concessão do registro de distribuição pública de suas cotas. Portanto, tal fundo não seria passível de registro na CVM, e mesmo que fosse registrado estaria submetido às normas do Código Civil relativas ao condomínio, que vedam o resgate (isto é, a extinção do condomínio apenas em favor de um dos condôminos, sem a concordância dos demais)."

23. A primeira interpretação me parece melhor porque, na medida em que é oferecida a qualquer pessoa (ou a grupos de pessoas, como por exemplo clientes de determinadas instituições) a possibilidade de adquirir, a qualquer momento, e nas condições do regulamento, cotas do fundo aberto, sua colocação é necessariamente pública. Isto é, o fundo é aberto não apenas quanto à possibilidade de saída dos investidores, mas também de entrada.

24. Por outro lado, dada exatamente aquela possibilidade de saída (resgate das cotas), e portanto a maior liberdade dos cotistas (com a conseqüente diminuição de seu risco), o art. 19 da Instrução 409 estabelece que a "distribuição de cotas de fundo aberto independe de prévio registro na CVM", sendo, entretanto, realizada por integrante do sistema de distribuição. De todo modo, creio que essa presunção de distribuição pública dos fundos abertos poderia ficar mais explícita na norma.

25. A Instrução CVM 356/01, que trata dos FIDC, e admite sua constituição como fundos abertos, contém norma genérica (art. 13) estabelecendo que as "cotas do fundo só podem ser colocadas por instituição integrante do sistema de distribuição de valores mobiliários". Mas a mesma Instrução, em seu art. 20, cria regime específico de registro automático para a distribuição de cotas de fundos fechados, e somente de fundos fechados.

26. Não me parece que a inexistência de norma específica da Instrução 356/01 quanto ao registro automático da distribuição pública de cotas dos fundos abertos deva ser interpretada como uma autorização para a distribuição pública daquelas cotas sem registro ou com dispensa de registro (o que violaria os arts. 2º, IX, e 19, da Lei 6.385/76). A conseqüência de tal silêncio, por força do art. 1º da Instrução 400/03, deve ser, até a edição de norma específica, a aplicação dessa última Instrução à distribuição pública de cotas de FIDC aberto.

27. Contudo, quanto aos FIDC abertos que não fossem distribuídos publicamente (e a cujas cotas faltaria, portanto, a natureza de valor mobiliário, em razão dos ativos do fundo serem créditos, e não valores mobiliários), creio que seria possível sustentar, atualmente, a possibilidade de colocação privada, sem registro na CVM, dada a inexistência de regra equivalente à do art. 19 da Instrução 409. Por isto, creio que tal norma deve ser introduzida.

28. Parece-me, adicionalmente, que qualquer que seja a modalidade de fundo de investimento aberto, a presunção que permite a dispensa de maiores requisitos para a distribuição pública está na possibilidade de livre resgate a qualquer tempo, com liquidez bastante rápida. Assim, entendo que se deva cogitar da introdução de norma que determine a aplicação da Instrução 400/03 (ou do tratamento específico conferido à distribuição de fundos fechados por normas específicas) quando houver limitação significativa ao exercício do resgate, ou à disponibilidade do valor resultante daquele exercício.

III.2. Cotas de fundos fechados

29. Já no caso das cotas de fundos fechados, a Instrução 409 adota duas soluções distintas: *em primeiro lugar*, quando o acesso ao fundo não for restrito a investidores qualificados, isto é, quando se tratar de fundos em que sejam admitidos quaisquer investidores

(qualificados ou não),[103] o art. 22 da Instrução presume que a distribuição é pública, e manda aplicar a Instrução 400.[104]

30. Esta presunção, diferentemente daquela do art. 19 relativa aos fundos abertos, somente pode estar apoiada na suposição de que, ao pretender acessar investidores de varejo, o administrador do fundo não o fará visando a um número reduzido de cotistas, que poderia alcançar sem realizar esforço de venda. Mas, evidentemente, uma situação excepcional (que em verdade não consigo imaginar) poderia permitir que se requeresse, nos termos do art. 4º da Instrução 400/03, a dispensa de requisitos da oferta.

31. Contudo, poderia ocorrer situação similar àquela tratada quando discuti a situação dos fundos abertos, em que um número pequeno de investidores não qualificados pretenda obter, através de um administrador, apenas o registro do "funcionamento" de um condomínio constituído como fundo perante a CVM. Neste caso se estaria diante de uma colocação privada, que não é vedada pela Lei. Contudo, pelas razões que antes expus, parece-me que a utilização da CVM para tal efeito seria danosa não só à própria autarquia (que estaria atuando para além de seu mandato legal) como para os próprios interessados, dados os riscos legais envolvidos.

32. Em *segundo lugar*, no que se refere às cotas de fundos fechados destinados exclusivamente a investidores qualificados, o art. 23 da Instrução 409 estabeleceu que o "registro de distribuição" "dependerá do envio dos documentos previstos no art. 24, através do Sistema de Envio de Documentos disponível na página da CVM na rede mundial de computadores, e considerar-se-á automaticamente concedido na data constante do respectivo protocolo de envio".

33. Vê-se, assim, que atuando na área de regulamentação específica, a Instrução 409 criou requisitos de registro de distribuição pública relativos às matérias autorizadas pelo art. 60 da Instrução 400, adotando o registro automático como padrão.[105] Para tanto, basta que o fundo seja fechado e destinado a investidores qualificados.

34. Na mesma linha, as Instruções CVM 205/94 (FII), 209/94 (FMIEE), 356/01 (FDIC) e 391/03 (FIP) criaram requisitos próprios para o registro da distribuição dos fundos

---

103. Nota do relator: "O conceito de investidor qualificado da Instrução 409 consta do seu art. 109, e abrange: instituições financeiras; companhias seguradoras e sociedades de capitalização; entidades abertas e fechadas de previdência complementar; pessoas físicas ou jurídicas que possuam investimentos financeiros em valor superior a R$ 300.000,00 (trezentos mil reais) e que, adicionalmente, atestem por escrito sua condição de investidor qualificado mediante termo próprio, de acordo com o Anexo I à Instrução; fundos de investimento destinados exclusivamente a investidores qualificados; e administradores de carteira e consultores de valores mobiliários autorizados pela CVM, em relação a seus recursos próprios."

104. Nota do relator: "Diz o art. 22: 'A distribuição de cotas de fundo fechado que não seja destinado exclusivamente a investidores qualificados deverá ser precedida de registro de oferta pública de distribuição nos termos da Instrução CVM n. 400, de 29 de dezembro de 2003.'"

105. Nota do relator: "As distinções entre o regime da Instrução 409 e o da Instrução 400 incluem dentre outras, e além do registro automático, a ausência de prévio exame do material publicitário; a apresentação facultativa de prospecto, o qual, se existir, também não carece de prévia análise pela CVM; e a inexistência de anúncio de início e de encerramento da distribuição."

fechados de que tratam, também destinados a investidores qualificados, sendo a destinação a tal público obrigatória no caso dos FIDC e dos FIP.[106]

35. Nada obstante tais regimes específicos, tanto a Instrução 409 (art. 24) quanto as Instruções 205 (art. 8º) e 356/01 (art. 20, § 1º) exigem que o administrador do fundo celebre contrato de distribuição com instituição integrante do sistema de distribuição. A Instrução 391/03 (art. 9º, § 4º) estabelece que tal contratação somente é obrigatória quando o administrador não for integrante do sistema de distribuição, dando a entender que tal contratação se destina, entre outros, à prestação de serviços de "distribuição de cotas".

36. Já a Instrução 209, diferentemente de todas as demais, prevê expressamente a possibilidade de colocação privada de cotas (art. 3º, §2º), mas não ressalva, ao menos expressamente, a necessidade de contratação de intermediário. Ao contrário, o art. 6º, § 2º, da Instrução, com a redação dada pela Instrução 225/94, indica que tal contratação é necessária não apenas para o serviço de "resgate" das cotas,[107] mas também para a "colocação" de tais cotas — chamando atenção que se tenha utilizado o verbo "colocar", e não "distribuir", o que poderia indicar a necessidade da contratação mesmo para a "colocação privada".

37. Essa multiplicidade de regimes é que gerou as controvérsias narradas na consulta, às quais se adiciona a dúvida relativa à possibilidade de distribuição privada de cotas dos Fundos Fechados.

38. Mas em resumo, quanto aos temas relativos aos registros dos fundos, pode-se concluir que:

i. a Instrução 400 admite a criação de regimes próprios de registro de distribuição pública para valores mobiliários específicos, desde que tais regimes abranjam apenas as matérias elencadas no art. 60 daquela Instrução;

ii. a Instrução 409 criou regimes de registro próprio para a distribuição pública de cotas dos fundos de investimento por ela disciplinados, diferenciando os regimes aplicáveis aos fundos abertos e aos fundos fechados, mas, quanto a estes, mandando aplicar na íntegra a Instrução 400, quando não destinados exclusivamente a investidores qualificados;

iii. as Instruções 205, 209, 356 (apenas quanto aos FIDC fechados) e 391 também criaram regimes de registro próprios para a distribuição pública de cotas dos fundos de investimento por elas disciplinados, com variações entre si e em relação à Instrução 409;

iv. a Instrução 356 é silente quanto ao registro de distribuição pública de FIDC abertos, o que leva à aplicação a tal registro das regras da Instrução 400; e,

v. As Instruções 205, 356, 391 e 409 não são expressas quanto à possibilidade de colocação privada de cotas dos fundos de investimento de que tratam, e a Instrução 209, embora a preveja, não é clara quanto à dispensa da contratação de intermediário nesse

---

106. Nota do relator: "Valendo relembrar que: (i) o registro nas Instruções 205 e 209 não é automático; (ii) o registro de distribuição pública de cotas de FMIEE, embora obrigatório (art. 21), pode ser dispensado pela CVM em determinados casos (art. 22, §1º) e (iii) os FIDC podem ser constituídos como fundos abertos."

107. Nota do relator: "Resgate que só admitido na liquidação do fundo, dado tratar-se de condomínio fechado (cf. arts. 1º e 25 da Instrução 209)"

caso, sendo certo, ainda, que a Instrução 409 parece presumir que toda colocação de fundo aberto deve presumir-se pública;

IV. Respostas às questões da Consulta

39. Feita a análise das normas vigentes, e proposta sua interpretação, pode-se passar ao exame das questões colocadas na consulta.

IV.1 Possibilidade de colocação privada de cotas de Fundos Fechados

40. Nem a lei, nem a Instrução 400, vedam a colocação privada (isto é, não pública) de valores mobiliários, nem tampouco exigem, para essa modalidade de venda, registro perante a CVM (cf., a propósito, o art. 19 da Lei 6.385/76). Seria mesmo duvidoso, como salientou a PFE, que a CVM pudesse exigir o registro de colocação privada.

41. Quando se trata de fundos de investimento, com maior razão, a distribuição pública é o que legitima a intervenção da CVM, dado que, como visto, salvo no que se refere aos Fundos Imobiliários, não há norma legal que determine a possibilidade de a CVM conceder registros ou autorizações que produzam qualquer efeito jurídico, se não houver distribuição pública.

42. Mesmo o fato de as cotas de fundos de investimento que invistam em valores mobiliários serem valores mobiliários (art. 2º, inciso VI, da Lei 6.385/76) assegura a competência da CVM para regular a distribuição pública de tais valores, mas não lhe confere poder para conceder registro a condomínios que se constituam pela comunhão de propriedade de tais bens sem tal oferta pública.

43. No caso dos Fundos Imobiliários, por outro lado, embora a Lei 8.668/93 determine que a CVM tem competência para regular a constituição dos fundos, o art. 1º da mesma Lei deixa expresso que eles se caracterizam "pela comunhão de recursos *captados por meio do Sistema de Distribuição de Valores Mobiliários, na forma da Lei n. 6.385, de 7 de dezembro de 1976*, destinados a aplicação em empreendimentos imobiliários". Isto é: a forma pública de captação de recursos do fundo imobiliário (*rectius*, da distribuição de suas cotas) parece ser elemento necessário para que eles possam ser constituídos.

44. Não parece possível, assim, do ponto de vista legal, que a CVM conceda registro a qualquer fundo de investimento em que o administrador pretenda colocar suas cotas exclusivamente de modo privado. Em tais casos, se estará diante de um condomínio não regulado pela CVM, segundo a legislação em vigor. Somente a edição de uma lei que atribuísse competência à CVM para criar um registro de fundos, independentemente de sua distribuição pública, daria poderes à autarquia para tanto. Por estas razões, embora nada impeça que o administrador deixe de realizar esforço de venda de cotas de fundo registrado na CVM, o registro deve ser examinado e concedido como se tal esforço fosse realizado.

45. Até lá, embora os termos da regulamentação da CVM sobre o tema mereçam consolidação sistemática (como proporei ao final), não é equivocada a exigência regulamentar de que a autorização para funcionamento dos fundos de investimento (o registro de fundos) seja acompanhada da comprovação da celebração de contrato com entidade integrante do sistema de distribuição, para efetuar a necessária colocação pública das cotas.

46. Apesar disto, nada impede que a CVM estabeleça regras especiais de concessão automática de registro de funcionamento e de distribuição de cotas de fundos de

investimento, ou mesmo para sua dispensa, inclusive condicionando a concessão de tais favores ao número máximo de destinatários e ao valor da oferta (como já o faz o art. 22, § 1º, da Instrução 209, com a redação da Instrução 363/02) ou à qualificação dos investidores.

47. Portanto, embora me veja obrigado a responder negativamente à pergunta sobre a possibilidade de colocação privada de cotas de fundos de investimento regulados pela CVM, Tendo em vista a necessidade de consolidação da regulamentação pertinente, bem como a inexistência de impedimento a que a CVM estabeleça regras especiais de concessão automática de registro de funcionamento e de distribuição de cotas de fundos de investimento, ou mesmo de sua dispensa, inclusive condicionando a concessão de tais favores ao número máximo de destinatários e ao valor da oferta (como já o faz o art. 22, § 1º, da Instrução 209, com a redação da Instrução 363/02) ou à qualificação dos investidores, parece-me urgente que: (i) sejam revisadas as normas da Instrução 409/04 na parte relativa às dispensas de requisitos e de registro de distribuição pública, aos regimes especiais de registro e às demais matérias que mencionei neste voto; e (ii) seja mandado aplicar tais regras revisadas à distribuição pública de todos os Fundos Fechados, e à dos fundos abertos em que existam restrições significativas de liquidez, salvo naquilo em que mereçam tratamento específico nas Instruções respectivas..

IV.2 Necessidade de intervenção de instituição intermediária integrante do sistema de distribuição em colocação privada de cotas de Fundos Fechados

48. Pelas mesmas razões expostas ao longo deste voto, no sentido de que a legitimação da intervenção da CVM no registro de funcionamento de fundos de investimento decorre da distribuição pública de suas cotas, entendo necessária a intervenção de instituição intermediária integrante do sistema de distribuição em colocação de cotas de Fundos Fechados que sejam regidos pela CVM, pois tal intervenção decorre de comando legal (art. 19 da Lei 6.385/76).

49. Nada obstante, nos casos em que a CVM dispensar o registro da distribuição pública, na forma da autorização legislativa constante do § 5º, I, do art. 19, poderá também dispensar a intervenção de instituição integrante do sistema de distribuição, amparada no disposto no inciso III, §3º, do art. 2º da Lei 6.385/76, devendo tais pontos ser aclarados em norma geral.

IV.3. Conseqüências da intervenção de instituição intermediária em colocação privada de cotas de Fundos Fechados, à luz da Deliberação CVM 20/85

50. Como visto, não me parece que seja possível a colocação privada de cotas de fundos submetidos à supervisão da CVM. Além disto, parece-me que a intervenção das instituições intermediárias é obrigatória, à luz da regulamentação atual, em quaisquer colocações de cotas de fundos a que a CVM conceda registro.

51. Sem prejuízo de tais conclusões, quando a CVM vier a editar normas gerais que dispensem o registro de certas colocações públicas de cotas de fundos de investimento, parece-me que será razoável que possa dispensar a intervenção de entidades do sistema de distribuição em tais colocações, pelas mesmas razões que motivarem a dispensa do registro.

52. Contudo, se mesmo em caso de dispensa de registro houver intervenção de entidade componente do sistema de distribuição, a Deliberação 20 terá aplicação, enquanto vigorar, e a negociação será considerada pública.

IV.4. Possibilidade e requisitos para a negociação em bolsa ou em mercado de balcão de cotas de Fundos Fechados colocadas privadamente

53. Pelas razões antes expostas, não me parece possível a colocação privada de cotas de fundos regulados pela CVM. Contudo, nas hipóteses em que, no futuro, o registro de distribuição de certas colocações públicas de cotas de fundos de investimento vier a ser dispensado, parece-me que deverão ser aplicadas regras similares àquelas da Instrução 400/03, que admitem a negociação no mercado secundário após o decurso do período de 18 meses.

54. Nada obstante, entendo que na hipótese de tal autorização vir a ser concedida, ela deveria constar de norma genérica aplicável a todos os Fundos Fechados.

IV.5 Necessidade de registro perante a CVM de Fundos Fechados cujas cotas sejam colocadas privadamente

Finalmente, pelas razões que expus, parece-me que não há, nem necessidade, nem possibilidade, de registro na CVM de fundos de investimento em geral cujas cotas destinem-se à colocação privada, sem prejuízo de que, em busca da segurança jurídica decorrente da existência de regulamentação, ou por qualquer outra razão lícita, os administradores obtenham o registro de fundos junto à CVM, sujeitando-se a todos os ônus inerentes, e não venham a realizar efetivo esforço de colocação pública. É esse o meu voto.[108]

9.4.6.3 *Contratos de índice*

Com a promulgação do Decreto-Lei n. 2.286/1986, foram considerados valores mobiliários, sujeitos ao campo de competência da Comissão de Valores Mobiliários, os contratos de índice representativos de uma determinada carteira de ações, além de ter sido criada nova hipótese de incidência do imposto sobre transações financeiras. Para esse contrato, a então Bolsa de Mercadorias & Futuros idealizou uma cesta hipotética das ações mais negociadas no pregão da Bolsa de Valores de São Paulo, a cada uma delas atribuindo um peso que toma em consideração o volume relativo de cada ação transacionada em relação às demais componentes da mesma cesta ideal de ações. Essa ponderação é feita levando-se em consideração um dado período de tempo estabelecido pela própria bolsa e de conhecimento do mercado.[109]

---

108. Processo CVM RJ2005/2345. Marcelo Fernandez Trindade. Rio de Janeiro, 21 de fevereiro de 2006.

109. O Índice Bovespa "é o valor atual, em moeda corrente, de uma carteira teórica de ações constituídas em 21/1/1968 (valor base 100 pontos), a partir de uma aplicação hipotética. Supõe-se não ter sido efetuado nenhum investimento adicional desde então, considerando-se somente os ajustes efetuados em decorrência da distribuição de proventos pelas empresas emissoras (tais como reinversão de dividendos recebidos e do valor apurado com a venda de direitos de subscrição, a manutenção em carteira de ações recebidas em bonificação). Dessa forma, o índice reflete não apenas as variações dos preços das ações, mas também

A competência da CVM, que nasceu do artigo 3º do Decreto-Lei n. 2.286/1986, estabeleceu que "Constituem valores mobiliários, sujeitos ao regime da Lei n. 6.385, de 7 de dezembro de 1976, os índices representativos de carteira de ações e as opções de compra e venda de valores mobiliários". Este acréscimo foi o primeiro estabelecido desde a lei de criação da Comissão de Valores Mobiliários em 1976. Tal incremento teve que ser feito por decreto-lei na medida em que a Lei n. 6.385/1976 só atribuiu poderes ao Conselho Monetário Nacional para adjudicar competência à CVM a "outros valores mobiliários" emitidos por sociedades anônimas, mas o produto derivado, como o contrato de índice, não era emitido por companhia, e sim criado por uma bolsa de valores. Hoje, tal outorga de competência não mais se faz necessária, tendo em vista o aumento do campo de atuação da autarquia em face dos acréscimos instituídos pela Lei n. 10.303/2002, tal como o contrato de investimento coletivo.

As ações que compõem o índice são aquelas mais negociadas na bolsa nos últimos doze meses anteriores,[110] o que pode implicar entrada e saída de ações da cesta ideal que compõem. Para permanecer enquanto fator de cálculo do índice, a ação deve preencher ao menos três condições estabelecidas, conforme transcrito na nota de rodapé anterior. As saídas e inclusões decorrem da análise de desempenho das ações, sendo tais verificações realizadas a cada quatro meses, com a primeira reavaliação de desempenho feita em janeiro, e as demais a cada quadrimestre. A mecânica de negociação segue a tradicional do mercado de opções, em que as partes compram e vendem contratos cuja liquidação se dá pelo saldo a pagar em dinheiro, descontados os ajustes de margem que compradores e vendedores estão obrigados a honrar diariamente; ou seja, diariamente o perdedor paga ao ganhador a variação ocorrida, de sorte a que, quando da liquidação, só permaneça em aberto o ajuste de margem de um dia.

 o impacto da distribuição dos proventos, sendo considerado um indicador que avalia o retorno total de suas ações componentes." (BOVESPA. **Índice Bovespa**: definição e metodologia, nov. 2002).

110. "A carteira teórica do Ibovespa é composta pelas ações que atenderam cumulativamente aos seguintes critérios, com relação aos 12 meses anteriores à formação da carteira", levando-se em consideração que na carteira deverá "estar incluída uma relação de ações cujos índices de negociabilidade somados representem 80% do valor acumulado de todos os índices individuais; (ii) apresentar participação, em termos de volume, superior a 0,1% do total e, (iii) ter sido negociada em mais de 80% do total dos pregões do período". (BOVESPA. **Índice Bovespa**: definição e metodologia, nov. 2002).

capítulo 10

TÍTULOS E CONTRATOS DE INVESTIMENTO COLETIVO

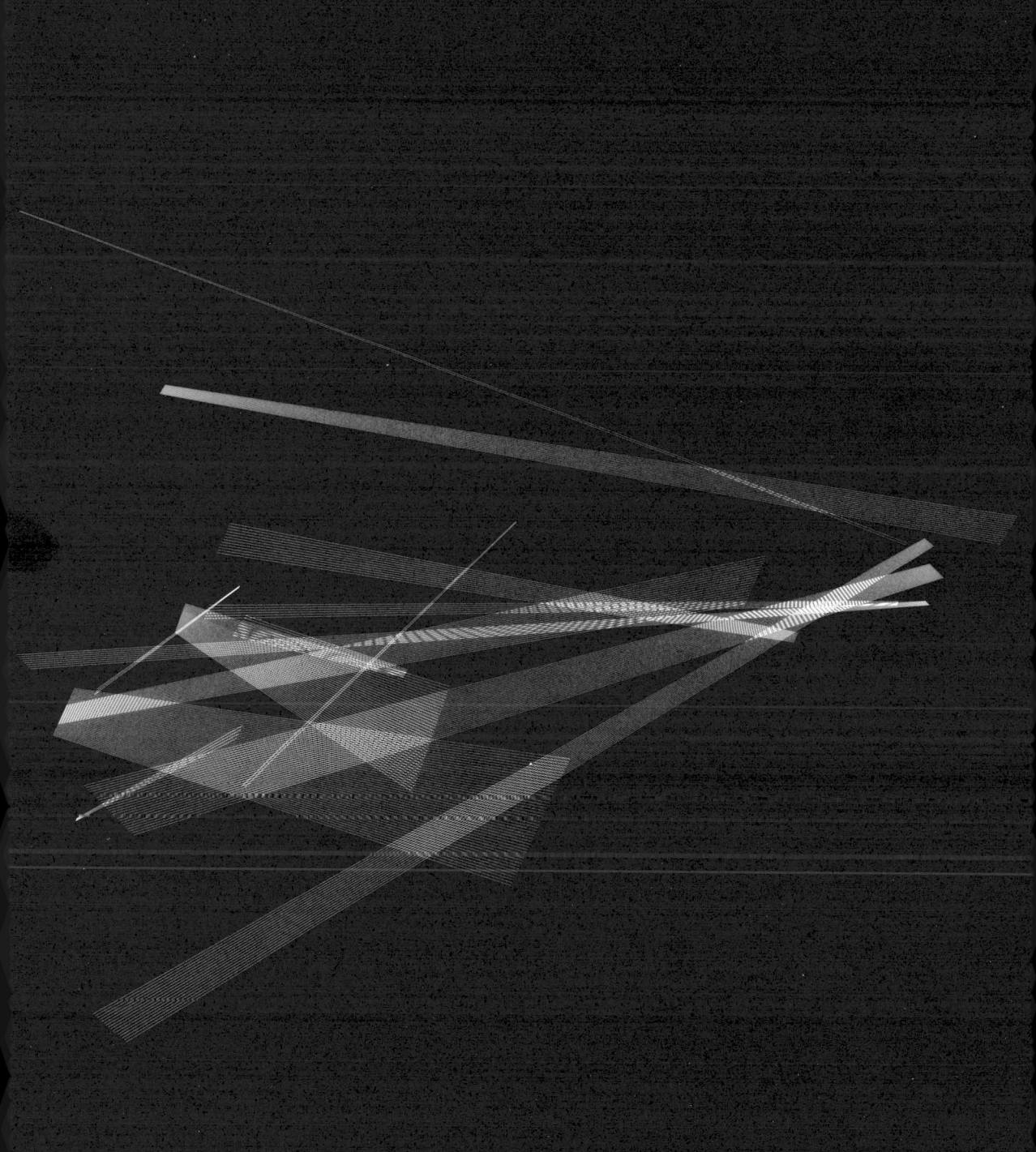

São valores mobiliários originados de um contrato de investimento, o qual regula o relacionamento entre o público investidor objeto da oferta pública e o respectivo ofertante. O contrato de investimento estabelece as obrigações e direitos do ofertante e dos ofertados, além de informações sobre o investimento proposto, segundo regramento de divulgação de informações estabelecido pela CVM. O que seja oferta "pública" ou "coletiva" de valor mobiliário constou da lei criadora da Comissão de Valores Mobiliários. Assim, o trabalho doutrinário será o de se buscar construir o espectro de abrangência do termo "investimento", termo este, aliás, objeto de grande debate na jurisprudência judicial norte-americana desde a década de 1940 até poucos anos atrás.

Entre nós, retrocedendo no tempo, e por ser esta legislação extremamente renovadora, deve ser merecedora de atenção especial.

Assim, até 1988 os contratos de investimento coletivo encontravam-se no limbo jurídico, na medida em que existiam na realidade econômica brasileira e eram esparsamente oferecidos ao público, mas sem nenhuma espécie de supervisão governamental, tal como as ofertas esporádicas para venda de cotas de participação em *shopping centers* ou de cotas de participação em investimentos turísticos (*time sharing*).

A inexistência de paternidade quanto à competência para o regramento desse mercado decorria do fato de que, de um lado, a CVM, que tinha seu âmbito de atuação limitado por uma listagem exaustiva de valores mobiliários classificados tipologicamente, se via, consequentemente, impossibilitada de exercer seu poder de polícia, na medida em que o tipo sob exame não estivesse expressamente contemplado em lei. De outro lado, o Banco Central recusava-se a utilizar sua competência ampla e difusa prevista na Lei n. 4.728/1965, que estabelecia que nenhum título ou valor mobiliário poderia ser ofertado publicamente sem sua autorização prévia. Talvez tal postura já fosse decorrente do fato de que o Banco Central se encaminhava celeremente para ser somente autoridade monetária, desvestindo-se de suas atribuições heterodoxas, tais como as relativas aos consórcios, aos valores mobiliários ou à normatização do mercado agrícola.

O problema da ausência de autoridade governamental que se julgasse competente para regrar o mundo dos certificados de investimento coletivo aparece, e de forma aguda, ao se tornar evidente a incapacidade financeira para honrar os certificados de investimento coletivo que tinham sido vendidos largamente ao público tendo como ativo subjacente bois destinados à engorda, com promessa de sua venda futura, com a percepção do rendimento fixado previamente em função de duas variáveis no resgate, a saber: i) a variação do preço da arroba no abate e ii) o ganho de peso garantido contratualmente no abate. Ou seja, os recursos captados com a venda dos certificados financiariam o custeio da engorda dos bois, gerando, com a venda, renda para o investidor e lucro para o empresário ofertante.

Quando ficou evidenciada a incapacidade financeira do ofertante dos certificados de investimento, a Comissão de Valores Mobiliários e o Banco Central julgaram-se incompetentes quanto ao dever pretérito de autorizar ou negar a oferta dos certificados ao público investidor, bem como se julgaram inocentes pela falta de qualquer exercício fiscalizatório sobre o investimento ofertado e vendido publicamente, sob a alegação de ausência de competência legal sobre tais valores mobiliários. Em função dessa primeira grande quebra, ocasionada pela empresa Gallus Agropecuária S.A., foi editada a Medida Provisória n. 1.637/1998,[1] atribuindo competência específica à Comissão de Valores Mobiliários sobre os certificados de investimento coletivo.

A edição da Medida Provisória n. 1.637/1998,[2] hoje convertida na Lei n. 10.198, de 14 de fevereiro de 2002, significou uma radical mudança na filosofia e técnica legislativa até então adotada entre nós no que diz respeito à conceituação de "valor mobiliário". Passa o legislador a não mais proteger o investidor em valores mobiliários através do acréscimo de novos tipos específicos nascidos de legislações casuísticas, como acima mostrado, mas adota ele uma definição

---

1. Concomitantemente, foi tornada pública a Deliberação CVM n. 245, de 05 de março de 1998, que determinava a imediata suspensão da venda e distribuição dos contratos de investimento coletivo de emissão da Gallus Agropecuária S.A. Porém, várias pessoas já haviam percebido a possibilidade desta modalidade de captação de recursos junto ao público. Assim é que, posteriormente, várias novas ofertas de empresas emitentes de contratos de investimento sucederam à primeira, de sorte a obrigar à Comissão de Valores Mobiliários a publicação de outras deliberações proibindo a oferta e colocação de tais valores mobiliários, tais como a que proibiu à Gallus Agropecuária S.A., através da deliberação supra; Deliberação n. 246, de 26 de junho de 1998, dirigida à Bolsa de Parceria Rural-Agropecuária e Comercial Ltda.; Deliberação n. 277, de 28 de agosto de 1998, dirigida à Embrapeck Empresa Brasileira de Pecuária de Corte S.A.; Deliberação n. 295, de 26 de março de 1999, dirigida à Fazenda Integradas Ouro Branco S.A. e à Bawman Agropecuária S.A.; Deliberação n. 307, de 09 de julho de 1999, dirigida à Gado Forte Agropecuária Empreendimentos e Participações Ltda.
2. A medida provisória originária era a de n. 1.637/1998, posteriormente incorporada à Medida Provisória n. 1.987, de 13 de janeiro de 2000.

ampla e abrangente, que é retirada parcialmente de conceituação oriunda de julgados da Suprema Corte dos Estados Unidos. Assim, o Brasil passa a adotar uma posição mista, no que concerne à definição legal de valor mobiliário, tendo, ao mesmo tempo, um elenco taxativo de hipóteses caracterizadoras e uma definição abrangente, a qual acarreta toda uma gama de novas interpretações. Esse foi o fenômeno pelo qual passou o Judiciário, bem como os meios acadêmicos norte-americanos, quando foram ambos chamados para interpretar e discutir a ampliação do campo de atuação da SEC, gerando um alargamento do conceito de "valor mobiliário" através da interpretação de vocábulos específicos, tendo como norte a devida proteção ao investidor objeto de uma oferta pública de um contrato de investimento.

A diferença é que lá a tipificação do valor mobiliário nasceu de fatos geradores desenhados pela lei e também por julgados judiciais, enquanto que entre nós os fatos geradores foram todos nascidos de comandos legais específicos que não propiciavam qualquer margem para interpretação ou dúvida por parte do usuário, o que acarretou, como consequência, a ausência de qualquer atividade construtiva ou interpretativa do nosso Poder Judiciário. Entretanto, como se verá adiante, os julgadores brasileiros agora passam a ter um papel bem mais construtivista do que aquele até agora por eles desempenhado, e isso pela necessidade de edificar qualificadamente o significado de alguns vocábulos.

De outro lado, verifica-se que a aglutinação entre os investidores mais experientes, e oriundos de países com espírito mais aguerrido na busca do lucro, fará com que possivelmente surja o enriquecimento jurídico, tal como assistimos nas décadas de 1930 e 1940 nos Estados Unidos, com a estruturação de novas possibilidades de investimentos encapsulados pelo termo genérico "certificado de investimento".

Dentre as vertentes estrangeiras, é de maior significado o decisório oriundo do Poder Judiciário norte-americano, dado ser esta a fonte onde o legislador pátrio foi buscar os elementos para construir o campo de abrangência do termo "certificado de investimento". Também no exemplo matriz foi grande a dificuldade de firmar uma orientação segura aos investidores e aos ofertantes de certificados ou contratos de investimento, já que a expressão legal é indefinida na legislação norte-americana de 1933 e 1934. A grande diferença legal é que, enquanto nos Estados Unidos o conceito foi construído através de julgados oriundos do Poder Judiciário, entre nós as características do contrato de investimento nasceram de preceito de lei. Tal diferença facilita, mas não resolve todo o problema, cabendo agora ao Judiciário brasileiro, bem como aos meios acadêmicos, discutir os conceitos qualificativos do "contrato de investimento coletivo" adotados pela lei brasileira, tais como direito de participação, esforço do terceiro empreendedor, etc.

Como consequência das dificuldades acima apontadas, as características abaixo discutidas são amplas, na medida em que têm por finalidade abranger os investimentos hoje comumente praticados, bem como outros que o engenho humano venha a ofertar no futuro. Tal discussão, entretanto, se faz necessária, quer para que se possa definir o campo de competência da Comissão de Valores Mobiliários, bem como das obrigações legais incidentes sobre os empreendedores que analisam as alternativas de capitalização de seus negócios; quer para se saber da possibilidade, quando da oferta dos certificados, da ocorrência ou não de eventual ilícito penal.[3] Na análise, será sempre de se ter em mente que o poder regulatório estatal existe em função da necessidade de garantir proteção ao investidor, a qual se manifesta através da obrigatoriedade do fornecimento de um volume prévio de informações compatível e suficiente com a decisão do risco a ser ou não assumido pelo potencial investidor. Para tanto, será importante tentarmos ver quais as características que personalizam o investimento ofertado publicamente, para que possamos saber se estamos diante de um valor mobiliário suscetível de controle regulatório estatal ou não.

O mundo dos valores mobiliários, enquanto mecanismo de financiamento do sistema produtivo, vem passando por outra grande revolução advinda do surgimento dos *pools* de investimento coletivo. A sempre lembrada pesquisa de Adolf Berle, na parte jurídica, e de Gardiner Means, na parte econômica, teve o condão de mostrar a enorme transformação ocorrida na composição do corpo de acionistas das grandes companhias norte-americanas ocorrida entre o final do século XIX e o início do século XX.

Aquela mudança teve o condão, pela pulverização das ações em um enorme número de acionistas, de um lado, de afastar ou reduzir muito a figura do controlador dos grandes empreendimentos agasalhados pelas companhias. E, de outro lado, tal pulverização fez com que surgisse a figura dos gestores da companhia usualmente não acionistas. Constataram os dois professores da Universidade de Colúmbia, na década de 1930, a separação entre a propriedade e o poder ocorrida nas grandes companhias norte-americanas. Esse mecanismo de pulverização do corpo de acionistas, surgido parcialmente com os grandes conglomerados do petróleo e das ferrovias, foi por alguns impropriamente saudado como o surgimento da "democracia societária" ou "democracia capitalista", na medida em que permitia o acesso a uma fração diminuta de poder dentro das companhias, bem como aos lucros gerados pela administração de terceiros.

---

3. Vide, por exemplo, o artigo 7º da Lei n. 7.492, de 16 de junho de 1986, que criminaliza o ato de "Emitir, oferecer ou negociar, de qualquer modo, títulos ou valores mobiliários: [...] IV - sem autorização prévia da autoridade competente, quando legalmente exigida: Pena - Reclusão, de 2 (dois) a 8 (oito) anos, e multa."

Já na segunda metade do século XX, surge outra enorme mudança no que tange aos investidores, a qual pode ser observada se nós tomarmos como parâmetro a década de 1970, cuja ocorrência se deu, novamente nos Estados Unidos e na Inglaterra, qual seja o surgimento e a popularização dos *pools* investimento. Com esses mecanismos de aglutinação tem início um movimento contrário à pulverização de ações notada por Berle e Means, na medida em que os recursos dos indivíduos passam a se concentrar em *pools* de investimento, os quais passam a investir, e de forma crescente, enormes quantias de recursos, em nome de seus cotistas, em investimentos de renda variável ou renda fixa, deslocando a relação entre o investidor pessoa física e a companhia para um novo patamar, o do investidor pessoa física ou jurídica com os *pools* de investimento e destes para o investimento nas sociedades anônimas ou mesmo em outros *pools* de *pools*.

Essa mudança ocorre com a migração da grande maioria dos investidores pessoas físicas para os denominados investidores institucionais, os quais passam a dispor de enormes recursos financeiros advindos da somatória de contribuições individuais, voluntárias ou não, que requerem um outro tipo de fiscalização e de poder econômico do que aquela até então atribuída aos investidores individuais. Esses novos mecanismos de aglutinação de poupança acarretam uma segunda onda de transformação, na medida em que, dispondo de grandes quantias que necessariamente têm que ser investidas, provocam os movimentos de fusões e aquisições que tendem a acarretar uma aglutinação muito maior de ativos dentro de uma companhia ainda maior.

Também tais conglomerações de recursos provocam outra onda de subscrição de participações por meio das ofertas privadas (*private equities*), situações nas quais esses investidores qualificados compram parcelas de capital em companhias fechadas, mirando a posterior oferta pública, recuperando o capital investido por meio de uma oferta pública quando o investimento se tornar rentável.

Todos esses processos de capitalização e consolidação provocam a diluição ainda maior dos investidores enquanto pessoas físicas — aquela mesma diluição que no passado foi saudada por Berle e Means. No mundo atual se assiste a uma nova transformação, com a criação de grupos de controle compartilhado entre grandes investidores, aí surgindo de forma crescente o papel daqueles que aplicam grandes recursos em nome dos cotistas dos fundos de investimento ou dos fundos de pensão. Assim, entre nós, ao menos setorialmente, também se pode constatar um movimento contracíclico de aglutinação de participação primária junto ao setor produtivo da economia, com uma segunda onda de pulverização em um segundo patamar de investidores agora alocados nos *pools* de investimento.

É importante ter em mente que, na realidade norte-americana, foi em função da pulverização da propriedade que os conselhos de administração ganharam um enorme espaço e poder na gestão das companhias. Os conselheiros passam a ter a capacidade de direcionar as companhias por meio do poder de estabelecer as políticas a serem seguidas pelas companhias mesmo que, no caso extremo, contrariando determinada deliberação assemblear. Tal política legislativa se deveu fundamentalmente ao absenteísmo que caracterizava as assembleias de acionistas, razão pela qual se criou um segundo mecanismo destinado a fazer com que a ausência às assembleias gerais não acabasse por entregar todo o poder social aos administradores, distantes do convívio com os reais proprietários da companhia.

A ausência, como verificado à época, não se devia ao desinteresse do acionista pela sorte da companhia, mas pela correlação perversa entre o pequeno valor investido pelo acionista e o custo a ser incorrido para se comparecer às assembleias gerais ou litigar em defesa de seus interesses. O absenteísmo fundado no cálculo do custo de ir às assembleias gerais já se torna mais visível entre nós, na medida em que várias companhias de capital aberto têm acionistas espalhados em várias áreas do território nacional e mesmo no exterior, por meio dos ADRs. É nesse contexto que os *pools* de investimento passam a ter um papel mais ativo nas investidas, gerando o absenteísmo nas reuniões de cotistas. Teoricamente, eles devem suprir a eventual falta de conhecimento técnico do pequeno acionista e, pela grande representatividade das ações que o *pool* detém, reduzem o custo de acompanhamento da vida da companhia.

Nos Estados Unidos, procurou-se vencer tal dificuldade pela instituição da outorga de procuração a determinados acionistas, de sorte a contornar o custo de deslocamento até a sede da companhia. Entretanto, como pode ser verificado, pouco tempo depois observou-se que as procurações passaram a ser pedidas pelos próprios administradores ou por grupos interessados em empalmar a gestão da companhia, surgindo as brigas por procurações ou *proxy fights*, bastante regulada pela autoridade norte-americana.

Restava ao pequeno acionista pessoa física migrar para um investidor institucional ou alienar suas ações. Mas tal saída via mercado secundário deixa os acionistas descontentes, na medida em que, se generalizada a insatisfação, esta fará com caia o valor da ação, fazendo com que esse minoritário carregue o prejuízo da perda de valor da companhia pelas repercussões da disputa.

É nesse contexto que surgem as modalidades de conglomeração de investidores. Esse mecanismo ocasiona a diminuição do risco de investir na medida em que permite, pela somatória de recursos, uma diversificação de investimentos em função da maior diversidade de companhias nas quais se poderia investir, bem como quanto ao número muito maior de ativos que podem receber tais investimentos em imóveis, renda fixa, etc. Porém, mais importante é a possibilidade que tais mecanismos propiciam para que, mediante remuneração paga pelo *pool*, sejam contratados terceiros para fazer o trabalho que o pequeno acionista nunca fez. O denominado "ativismo assemblear" nasce e se fortalece após a criação dos investimentos conglomerados. São esses investidores externos ao controle que têm volume suficiente de votos, além do conhecimento técnico, para se opor a atos do controlador que julguem ser prejudiciais aos interesses da companhia.

O mesmo fenômeno que é verificável na economia privada norte-americana pode ser notado, ainda que em escala menor, entre nós. Se analisarmos os registros da Comissão de Valores Mobiliários referentes às recentes ofertas públicas de ações verificaremos que ainda existe um número razoável de pessoas físicas subscritoras das ações; mas quando se comparam os valores colocados pelos *pools* de investimento vê-se quão insignificante é o papel do acionista pessoa física. Também, tanto lá como cá, os fundos passaram por uma dramática abertura quanto aos ativos em que investem seus recursos.

Se os *pools*, pelo tamanho de seus investimentos, principiaram suas existências adquirindo participações em imóveis, em créditos de terceiros, e até financiando atividades culturais, como abaixo se verá, hoje eles são investidores fundamentais em qualquer oferta pública. Enfim, os *pools* de investimento passaram a desempenhar um papel central no desenvolvimento econômico de inúmeros setores, não mais presos somente às ações emitidas por companhias abertas. Essas afirmações podem ser comprovadas por uma simples operação aritmética de subtração. Se diminuirmos das subscrições primárias os montantes aplicados pelos investidores institucionais brasileiros e estrangeiros, verificaremos que o nosso mercado secundário de ações inexistiria.

Se efetivamente ocorreu essa mudança em nosso mercado de valores mobiliários, será de se constatar que, se a nossa legislação evolui muito na busca da criação de mecanismos em defesa dos acionistas minoritários ou de mercado, o mesmo cuidado não se pode constatar em relação à busca da defesa dos investidores cotistas que aplicam suas poupanças nesses grandes fundos. Por certo, nem todo o regramento será de competência de lei e/ou da Comissão de Valores Mobiliários; já outra parte deverá ser regrada pela Superintendência Nacional de Previdência Complementar, na medida em que os fundos de pensão se encontram sob sua jurisdição. O que se tem notado ao longo desses anos, entretanto, é que a tendência, dada a demora do processo legislativo, é a de regrar esses investidores e os investimentos por eles administrados por meio de atos emanados das autarquias ou ministérios do governo federal.

Talvez isso também se deva ao fato de o mundo jurídico não ter dado a devida atenção à transformação que vem ocorrendo nas formas de investir, bem como aos fluxos de captação de investimentos no mercado de valores mobiliários adotados pelas instituições financeiras. Ao olharmos para tais movimentos, verificaremos que os grandes volumes de capitalização dos empreendimentos vêm ocorrendo por meio dos *pools* de investimento, por intermédio dos investidores institucionais, os quais, por sua vez, captam recursos de uma miríade de pequenos e grandes investidores.

Em resumo, são esses grandes fundos que, ao levar as poupanças captadas de um enorme número de pequenos investidores para as aplicações tradicionais, através da subscrição de ações e debêntures, deveriam ter mais bem especificadas suas responsabilidades enquanto gestores do patrimônio de terceiros. Mas também esses fundos aplicam os recursos de terceiros em outros investimentos não tão ortodoxos, como ocorre com os fundos que aplicam em imóveis, direitos creditórios,[4] etc. No desempenho desse novo papel, verificaremos que eles estão mudando o campo de atuação do mercado de valores mobiliários como ferramenta de capitalização do setor produtivo, bem como dando uma nova cara ao relacionamento entre o investidor inicial e o tomador final dos recursos financeiros enquanto investimento do público.

Como se verá abaixo, os *crowdfundings*, os clubes de investimento, os certificados de investimento e os fundos de investimento, por opção do regulador brasileiro, operam sob a forma de condomínios, submetidos ao regramento estabelecido pelo Código Civil e complementarmente pelas normas baixadas pelo regulador governamental competente. Assim, tais *pools* de investimento comum operam sem a criação de uma pessoa jurídica, inocorrendo, em consequência, a translação da propriedade patrimonial colocada sob a gestão comunheira. De qualquer sorte, seria de se dar atenção ao assunto, principalmente tendo em vista os montantes aplicados por intermédio de tais "veículos de investimento", os quais, por sua repercussão social, não permitem a ocorrência de qualquer falha.

10.1 Os condomínios

Os clubes e os fundos de investimento são regrados por normas da Comissão de Valores Mobiliários e operam sem a constituição de uma personalidade distinta de seus investidores, mediante a instituição de um condomínio.

A figura do condomínio se coloca como gênero da comunhão de interesses, sendo até hoje debatida pelos civilistas e objeto de previsão tanto no Código Civil de 1916 como no atual, de 2002. A discussão dos limites e direitos dos condôminos, do condomínio e de seu administrador ganha importância na medida em

---

4. Segundo levantamento da Associação Brasileira de Entidades dos Mercados Financeiros e de Capitais – Anbima, dos investimentos feitos nas emissões primárias de ações, no ano de 2013, 55,9% se refere à subscrição feita por capitais estrangeiros; 31,9% à subscrição feita por investidores institucionais brasileiros e somente 12,2% por investidores pessoas físicas. Ou seja, 87,8% do investimento em renda variável foi feito por institucionais, já que que os investidores estrangeiros aplicam por meio de *pools* de investimento.

que, e diferentemente das sociedades por ações, os condomínios não mereceram disposições específicas da legislação do mercado de valores mobiliários, mas se aproveitam do instituto dos condomínios voluntários para criar mecanismos que passam a agasalhar investimentos comuns, fundamentalmente regrados por normas administrativas editadas pela CVM, malgrado o fato de que o volume de recursos financeiros envolvidos nesses condomínios transcenda em muito o total dos investimentos em ações ou debêntures.

O condomínio, por definição, implica a existência de bem ou bens de propriedade comum, sendo que cada condômino detém uma fração ideal ou parte abstrata da totalidade dos bens, a qual vem ao mundo jurídico pela detenção de cotas proporcionais ao valor investido pelo condômino. Porém, o assunto não tem entendimento pacífico, já que alguns falam em divisão ideal do condomínio, mas cada um e todos os condôminos detendo direitos sobre o todo; já outros admitem tantos direitos autônomos quanto o montante do patrimônio aportado ao patrimônio comum pelos cotistas.[5]

No condomínio se pode falar em comunhão ou "indivisão" do bem, na linguagem de Orlando Gomes, na medida em que todos os condôminos detêm direitos paralelos, concorrentes e proporcionais. Os direitos são paralelos porque são individuais e iguais entre os comunheiros; são concorrentes na medida em que as participações, em sendo diferentes, concorrem na busca da maioria para a obtenção de um caminho aos destinos do patrimônio comum; e são proporcionais dadas as possibilidades de manifestações de vontades proporcionais aos aportes de recursos de cada investidor.

Tal concepção tem, com maior ou menor intensidade, dividido o mundo dos juristas, na medida em que, por tradição, o direito real sobre a propriedade pressupunha a existência de um *dominus*, "senhor" que tinha o direito de usar, abusar e dispor do bem ao seu alvedrio. Ou seja, por ser real o direito, seu detentor tem o poder de reclamar de quem quer que ameace o seu domínio sobre o bem. Em assim sendo, a ideia de *com domini* sobre o mesmo bem exigiu dos juristas a busca de novas adaptações para criar um sistema de direitos e deveres entre vários detentores de um direito real comum, detido de forma igual ou proporcional sobre

---

5. "Para uns há divisão da coisa em pares ideais, incidindo o direito de propriedade de cada condômino sobre a parte abstrata. Outros falam em divisão do direito, que se apresentaria de três formas: para uns haveria divisão ideal, porque cada condômino é titular de direito sobre toda a coisa, mas seu direito é uma parte do direito de propriedade considerado como um todo; a segunda variante dessa teoria vê uma divisão real do direito, porque o direito único se extingue, nascendo direitos com a mesma natureza do direito dividido; a terceira concepção divide o direito em sua extensão, nascendo em favor dos consortes outros tantos direitos autônomos quantitativamente limitados." Vide SILVA, Marco Aurélio S. da. **Comentários ao novo Código Civil**: v. 16: dos Direitos Reais. Rio de Janeiro: Forense, 2003, p. 325.

um objeto comum, dependendo se os aportes financeiros foram feios em cotas iguais ou distintas.

Quando da inserção da figura do condomínio em nosso Código Civil de 1916, duas correntes se debatiam no continente europeu. De um lado, a doutrina germânica, que denominava a figura como "mãos juntas", mostrando figurativamente que os condôminos eram aqueles que colocavam as mãos juntas sobre o mesmo bem, significando a posse e a propriedade comum desse bem. Para os germânicos, inexistia a divisão da mesma propriedade em cotas; eram todos igualmente senhores do mesmo bem indiviso e indivisível. Ao contrário, o Direito romano admitia a copropriedade sobre um mesmo bem, quer na mesma proporção, grau ou relevância ou não.

O Direito brasileiro adotou o conceito romano de condomínio, admitindo a participação em cotas iguais ou distintas, conforme se verifica nos artigos 623 a 641 do Código de 1916, aqui não compreendido o condomínio edilício, por não fazer parte dos assuntos tratados neste livro. Muito embora o condomínio possa ser instituído por lei ou ser criado voluntariamente, aqui será tratado somente este último, na medida em que, no mundo dos valores mobiliários, pelo menos até hoje, os condomínios são montados em função da vontade de realização de um investimento comum em determinado setor da economia.

10.1.1 Os direitos e deveres dos condôminos

Quando os condôminos se juntam, o fazem em função da existência de um empreendimento comum, cuja expectativa de sucesso cobra que todos devem agir a favor da comunhão ou se abster de qualquer ação prejudicial. Assim é que os condôminos exercem seus direitos individuais sempre tendo em vista a razão ou objetivo da constituição do condomínio, desde que tais direitos sejam "compatíveis com a indivisão" (artigo 1.314). Essa compatibilidade decorre da razão pela qual a comunhão foi instituída, cuja manifestação deliberativa é dada pela proporção da participação de cada componente do condomínio.[6]

---

6. Arnold Wald bem sintetizou os direitos e deveres dos condôminos, ensinando que: "São direitos do condômino: 1º) Em relação à coisa: I – Direito de usá-la livremente conforme a sua destinação, sem prejudicar os interesses da comunhão, representados pela vontade da maioria dos condôminos, não podendo modificar o destino anterior da coisa. II – Direito de reivindicá-la, na sua totalidade, contra qualquer terceiro, pois é impossível reivindicar cota ideal. III – Direito de recorrer à proteção possessória — para defender a posse da coisa, em sua integralidade, contra qualquer terceiro. IV – Direito de recorrer à proteção possessória para defender a sua posse de outro condômino, se este vier a privá-lo do exercício de seu direito. 2º) Em relação à cota: I – Direito de dispor dela livremente, independente do consentimento dos outros consortes, exercer em geral todos os direitos que se encerram no domínio, tais como penhorá-la, gravá-la, aliená-la, etc., resguardado o direito de preferência dos demais condôminos (CC, art. 504). II – Direito de participar na administração da coisa comum na proporção de sua cota, recebendo, nessa proporção, os rendimentos da coisa. São deveres dos condôminos: I – Promover a conservação da coisa comum, participando, na

Por ser o investimento em patrimônio comum a todos os condôminos, e por não deter o condomínio personalidade jurídica, a lei atribui a qualquer de seus partícipes, independentemente de seu quinhão eleitoral, o direito de defender a posse ou reivindicá-la de terceiro que queira turbar seu direito real sobre o bem comum. Entretanto, muito embora o condômino detenha um direito comum sobre os bens constituintes da comunhão, detém ele direitos individuais sobre sua cota participativa, implicando que sobre a mesma disponha ele dos direitos inerentes à propriedade, de sorte que sua cota de participação possa livremente ser alienada, gravada ou reivindicada, ressalvado o direito legal de preferência.[7]

Essa ressalva ocorre porque, diferentemente da Lei das Sociedades Anônimas, o direito de preferência no condomínio é instituído pela lei civil de forma mandatória e seu exercício obedece a uma ordem decrescente em função do tamanho dos quinhões; ou seja, o detentor do maior quinhão prefere aos demais. Se iguais as participações, o direito de preferência será dado ao(s) coproprietário(s) "que quiserem, depositando previamente o preço". Caso o direito de preferência não seja observado, o comunheiro prejudicado, em face de terceiro estranho, tem o prazo decadencial de 180 dias para, em depositando o preço, "haver para si a parte vendida a estranhos".

Já o parágrafo único do mesmo artigo 1.314 comanda que nenhum dos condôminos pode (i) "dar posse, uso ou gozo [da coisa] a estranhos, sem o consenso dos outros" e que (ii) não se pode alterar o destino da coisa ou objetivo do consórcio sem a aprovação de todos os consorciados. Esse parágrafo único resultou da fusão dos artigos 628 e 633 do Código de 1916, sendo que a redação atual não pode ser acusada por sua clareza, já que não mais nos encontramos no contexto existente à época, em que a realidade rural nacional era outra. Na verdade, o artigo 633 foi inserido durante a discussão parlamentar do projeto em 1916, referindo-se a uma situação específica voltada para o condomínio de terras rurais, conforme nos dá conta Clovis Bevilaqua,[8] e não às outras formas de bens componentes do condomínio.

---

proporção de sua cota, das despesas. II – Não alterar a coisa, salvo se for com o consentimento dos demais condôminos. III – Não dar posse a terceiro estranho, salvo consentimento dos demais condôminos." Vide WALD, Arnold. **Direito Civil**: v. 4: Direito das Coisas. 12. ed., São Paulo: Saraiva, 2009, v. 4, p. 160-161.

7. "Art. 504. Não pode um condômino em coisa indivisível vender a sua parte a estranhos, se outro consorte a quiser, tanto por tanto. O condômino, a quem não se der conhecimento da venda, poderá, depositando o preço, haver para si a parte vendida a estranhos, se o requerer dentro do prazo de 180 dias, sob pena de decadência. Parágrafo Único – Sendo muitos os condôminos, preferirá o que tiver benfeitoria de maior valor e, na falta de benfeitorias, o de quinhão maior. Se as partes forem iguais, haverão a parte vendida os comproprietários, que a quiserem, depositando previamente o preço."

8. "As terras comuns, no interior do país, têm, muitas vezes, número extraordinário de condôminos, porque cada consorte se julgava no direito, não só de tomar para si uma parte do terreno, como de ceder direito igual a outros. Quem possuía uma décima parte de determinadas terras, nele estabelecia, segundo a

O condomínio é um arranjo transitório de vontades visando a um benefício comum aos condôminos, razão pela qual, caso esse objetivo não seja alcançado, determina o Código Civil que "A todo tempo será lícito ao condômino exigir a divisão da coisa comum, respondendo o quinhão de cada um pela sua parte nas despesas da divisão" (artigo 1.320). Mas os parágrafos 1º e 3º do mesmo artigo contemplam a possibilidade de o condomínio ser instituído por prazo determinado, situação na qual não poderá exceder a cinco anos.

Entretanto, tal vácuo legislativo tem sido preenchido pelas normatizações da Comissão de Valores Mobiliários, as quais, por vezes, podem levantar indagações sobre a extensão de sua competência, principalmente quando cotejados com os preceitos de lei constantes de nosso Código Civil. Por tal motivo se torna importante preceder a análise das instruções da CVM de uma discussão da lei, na medida em que esta última, por óbvio, preclui a capacidade normativa em contrário da autarquia, o que será feito mais adiante.

10.2 Os *CROWDFUNDINGS*

Este é um método razoavelmente novo na busca de capitais de terceiros, com a finalidade de financiar com o dinheiro arrecadado novos empreendimentos, de sorte a permitir que seu fundador possa iniciar a atividade que se propõe. Os recursos arrecadados podem ser aplicados em investimentos que se objetivam sejam lucrativos, mas também podem se destinar ao financiamento de atividades artísticas, políticas ou de benemerência.[9] Os *crowdfundings* são filhos diretos da

---

qualidade do solo, uma fazenda de gado ou uma plantação de cereais, sem atender à proporção entre a sua cota e a extensão do terreno, o que, aliás, não se poderia fazer, rigorosamente, senão pela divisão. Mas, não contente com isso, cedia da sua parte ideal fragmentos a outros, que procediam do mesmo modo. Foi para evitar esse mau uso do direito, que emaranhava e complicava uma relação jurídica já de si tão sujeita a questões, que o Código estabeleceu a regra salutar de impedir a interferência de estranhos no condomínio, sem o acordo dos outros consortes". (BEVILÁQUA, Clóvis. **Código Civil dos Estados Unidos do Brasil comentado**. Op. cit., v. 3, p. 141, observação ao art. 633).

9. Podem ser consultados para mais informações sobre os *crowdfundings* as seguintes publicações: ASSOCIAÇÃO BRASILEIRA DAS ENTIDADES DOS MERCADOS FINANCEIRO E DE CAPITAIS – ANBIMA. **Características do *crowdfunding* e respostas regulatórias**. Disponível em: <http://portal.anbima.com.br/informacoes-tecnicas/estudos/radar/Documents/201401_radar_anexo02.pdf>. Acesso em: 11 out. 2014, com análise comparativa das regulações alemã, norte-americana, francesa, italiana e inglesa. NAJJARIAN, Ilene Patrícia de Noronha. O *crowdfunding* e a oferta pública de valores. **Revista FMU Direito**. São Paulo, v. 26, n. 37, 2012. RUBINTON, Brian J. Crowdfunding: Disintermediated Investment Banking. **Munich Personal RePEc Archive**, n. 31.649, 17 jun. 2011. Disponível em: <http://mpra.ub.uni-muenchen.de/31649/>. Acesso em: 10 dez. 2014. TRAEGER, Heather L.; KASSINGER, Theodore W.; KAUFMAN, Zachary D. Insights, Democratizing Entrepreneurship: an Overview of Past, Present, and Future of Crowdfunding. **Bureau of National Affairs**, 04 fev. 2013. Disponível em: <http://www.bna.com/democratizing-entrepreneurship-an--overview-of-the-past-present-and-future-of-crowdfunding>. Acesso em: 10 dez. 2014. MOLLICK, Ethan. The Dynamics of Crowdfunding: an Exploratory Study. **Journal of Business Venturing**, v. 29, n. 1, p. 1-16, 2014. E, por fim, a lei norte-americana de 3 de janeiro de 2012, o Jobs Act.

informática, na medida em que as ofertas são todas feitas pelos *websites* hospedados pelos vários portais de comunicação de massa.[10] Aqui só nos interessam os mecanismos destinados a propiciar recursos que impliquem alguma forma de participação em uma aplicação financeira coletiva, a qual é feita com intuito de lucro.

Os mercados em geral vivem da comunicação entre os ofertantes e os demandantes de determinado bem. Esse é o preceito básico que governa os atos de nossas vidas. Assim é que todo o sistema de oferta e demanda de valores mobiliários foi construído em função dos mecanismos de oferta e de negociação, bem como, no mesmo sentido, surgiu todo o sistema de controle, fiscalização e punição criado pelo sistema estatal. Mas, se como regra as transações cotidianas prescindem de regramento maior por parte do Estado, quando se adentra a busca de recursos junto ao público poupador a normatização estatal se torna tão mais rígida quanto maior for o universo de potenciais investidores atingíveis.

As cotas de participação nesta modalidade de investimento comum, se com o objetivo de se auferir lucro, preencherão o conceito de valor mobiliário desde que objeto de uma oferta pública. Ocorrendo essas duas premissas, o lançamento público de cotas de investimento tem que necessariamente ocorrer por meio de instituições exclusivas, formalizadas e necessariamente previstas em lei, como listadas pelo artigo 15 da Lei n. 6.385/1976.[11] Essa lista não é exemplificativa, mas taxativa. Mas mesmo o rol das companhias pertencentes ao sistema de distribuição de valores mobiliários, separadas pelo seu objeto social, pode ser ainda mais restringido, inclusive pelo tipo de operação que poderá ser alocada a determinadas companhias do sistema de distribuição e excluída de outras.[12] Ou seja, a emissão

---

10. "*One can loosely categorize crowding into five types, distinguished by what contributors receive in return for their contribution: (1) the donation model; (2) the reward model; (3) the pre-purchase model; (4) the lending model; and (5) the equity model. Some sites encompass more than one model; it is especially common to see the reward and pre-purchase models on a single web site. Other sites rely on only a single model*". Vide BRADFORD, C. Steven. Crowdfunding and the Federal Securities Law, **Columbia Business Law Review**, v. 2012, n. 1, 2012. Disponível em: <http://papers.ssrn.com/sol3/papers.cfm?abstract_id=1916184>. Acesso em 10 dez. 2014, revisado até 27 fev. 2014, p. 6; p. 10.

11. "O sistema de distribuição de valores mobiliários compreende: I – as instituições financeiras e demais sociedades que tenham por objeto distribuir emissões de valores mobiliários: a – como agentes da companhia emissora; b – por conta própria, subscrevendo ou comprando emissão para colocar no mercado; II – as sociedades que tenham por objeto a compra de valores mobiliários em circulação no mercado, para os revender por conta própria; III – as sociedades e os agentes autônomos que exerçam atividades de mediação na negociação de valores mobiliários, em bolsas ou no mercado de balcão; IV – as bolsas de valores; V – entidade de mercado de balcão organizado; VI – as corretoras de mercadorias, os operadores especiais e as Bolsas de Mercadorias e Futuro; e VII – as entidades de compensação e liquidação de operações com valores mobiliários".

12. O mesmo artigo 15 da Lei n. 6.385/1976 comanda que "§ 1º – Compete à Comissão de Valores Mobiliários definir: I – os tipos de instituição financeira que poderão exercer atividades no mercado de valores

do valor mobiliário, como se verá melhor abaixo, depende de autorização prévia da CVM, sendo que a colocação só pode ser feita pelas instituições elencadas no artigo 15, e sua negociação ocorrerá provavelmente no mercado de bolsa ou de balcão. É de se notar que, até o presente momento, a Comissão de Valores Mobiliários não se pronunciou sobre o assunto, muito embora as demandas feitas junto a investidores serão de ofertas de valores mobiliários, mesmo porque a publicização via rede mundial de computadores será facilmente classificável como uma oferta pública, por ser a oferta feita "com a utilização de serviço público de comunicação" (artigo 19, § 3º, inciso III, segunda parte).

Ora, a Internet e os *crowdfundings* subvertem ou têm o condão de ir contra toda a sistemática de controle governamental hoje existente. As eventuais dificuldades, entretanto, não deverão significar que a iniciativa deva ser colocada simplesmente no campo da ilegalidade. Esse é um mecanismo que pode ajudar a consertar as enormes distorções que hoje temos no sistema de capitalização do sistema produtivo, inclusive e principalmente o brasileiro; claro, desde que conte com um aparato regulatório leve e compatível com as ferramentas da informática e a capacidade de fiscalização da normatização eventualmente estabelecida. Na verdade, a capitalização em massa de pequenos empreendimentos, por pequenos investidores, pode significar um mecanismo a mais para a prática de uma economia de mercado, buscando dar um lugar ao sol ao empreendedorismo ainda desassistido entre nós.

Em decorrência do movimento de consolidação do sistema financeiro que se vê, inclusive entre nós, resulta que as corretoras não ligadas aos conglomerados financeiros aguardam, no leito de morte, a hora da partida. Os bancos pequenos e médios encontram cada vez maior dificuldade na obtenção de *funding*. Como consequência, as emissões somente passam a interessar ao sistema de distribuição a partir de um patamar de valor muito elevado, dados os custos de análise, o trabalho de oferta aos investidores institucionais ou a investidores no exterior (*road shows*), de registro junto à CVM, custos para ingresso da negociação nos pregões da bolsa de valores, etc. O que disso resulta é que o médio e o pequeno empreendedor

---

mobiliários, bem como as espécies de operação que poderão prestar nesse mercado; II – a especialização de operações ou serviços a ser observado pelas sociedades do mercado, e as condições que poderão acumular, espécies de operações ou serviços. § 2º - Em relação às instituições financeiras e demais sociedades autorizadas a explorar simultaneamente operações ou serviços no mercado de valores mobiliários e nos mercados sujeitos à fiscalização do Banco Central do Brasil, as atribuições da Comissão de Valores Mobiliários serão limitadas às atividades submetidas ao regime da presente Lei e serão exercidas sem prejuízo das atribuições daquele. § 3º - Compete ao Conselho Monetário Nacional regulamentar o disposto no parágrafo anterior, assegurando a coordenação de serviços entre o Banco Central do Brasil e a Comissão de Valores Mobiliários."

não têm acesso aos mecanismos de capitalização de seus empreendimentos via mercado de valores mobiliários.

O atual sistema também afasta do mercado secundário os pequenos investidores, que são estimulados pelos grandes conglomerados financeiros a investirem em outros mecanismos, como os fundos de renda fixa ou variável, que funcionam, inclusive, como porta de saída para os valores mobiliários por eles distribuídos e adquiridos nas ofertas iniciais em que foram subscritores firmes do lançamento. A economia de escala faz com que o sistema de distribuição só se interesse pelas grandes emissões e, de seu lado, os investidores, que hoje são fundamentalmente os institucionais, os fundos de investimento nacionais e estrangeiros, só se interessam em estudar as grandes oportunidades de subscrição. Em resumo, todo o sistema está montado e ajustado para afastar o pequeno e o médio empreendimento, bem como o investidor com reduzido poder de investimento. Mas ambos podem exercer um papel fundamental no surgimento de novas e inovadoras empresas.

Essa lacuna pode ser preenchida por outros mecanismos de mercado, dentre eles o *crowdfunding*, desde que haja uma adequação na legislação. A nova sistemática poderá causar o total repensar da atual estrutura de emissão, colocação e negociação dos valores mobiliários. Isso poderá ocorrer na medida em que a oferta eletrônica prescinde do sistema de distribuição tradicionalmente voltado para os grandes lotes, pois pode servir como ponto eletrônico de encontro entre a oferta e demanda do mercado secundário, substituindo os mecanismos de bolsa ou de balcão organizado ou não, bem como o sistema de liquidação, já que este poderá ocorrer pelo pagamento eletrônico, e, finalmente, prescindindo, da figura do corretor de valores. Assim, como se verá abaixo, o sistema do *crowdfunding* está voltado para as pequenas emissões, com a finalidade de capitalizar os pequenos investimentos detidos pelos pequenos poupadores.

Na verdade, este é mais um mecanismo daqueles que vêm surgindo na enorme transformação, ainda em curso, causada pela disseminação da comunicação eletrônica. Nesse campo se encontram outras experiências, tais como: o *seed money*, em que recursos são ofertados pelos incentivadores de novas ideias, mas este com um pequeno número de investidores; ou as *private equities*, uma modalidade diferenciada também pelo número de investidores dos fundos. Esta última é uma modalidade — a qual usualmente é concretizada por meio de uma oferta privada — que merece ser estudada e acompanhada pelo seu poder de inovação, inclusive por ser um novo mecanismo que tem o potencial de transformação radical do sistema de distribuição de valores mobiliários.

10.2.1 Há investimento no *crowdfunding*?

Como visto acima, a operação de pedir recursos por meio da Internet pode atender a uma enorme série de motivações, algumas sem o menor propósito de produzir retorno financeiro, a par de outras que oferecem participação ou a possibilidade de investimento de risco no empreendimento, o qual, se bem sucedido, poderá pagar determinada quantia a título de "dividendo". O investimento também pode ser remunerado com o pagamento de um percentual, como um investimento de renda fixa. Há outras modalidades intermediárias de oferta, pelas quais o empreendedor garante, quando do início da produção, o direito de adquirir os produtos oriundos do investimento feito pelos associados com um substancial desconto, como ocorre nas produções musicais e teatrais, o mesmo já tendo ocorrido com shows artísticos ou na produção de obras de arte. Nesta última hipótese, a aplicação de recursos se destina à aquisição de determinado bem, por preço inferior, mas nem sempre adquirindo um bem para uso ou consumo próprio. Se a participação feita se destina à venda posterior do bem produzido, estaremos diante de um contrato de investimento que foi ofertado publicamente? E se o investimento se destinar à aquisição de produtos por preço inferior ao de mercado, os quais são consumidos pelo investidor, seria, nesta segunda hipótese, também um contrato de investimento? Enfim, a capacidade inventiva daquele que busca se financiar é infinita e a capacidade estatal de fiscalizar essa miríade de novos empreendimentos é finita, fazendo com que a lei e a jurisprudência busquem se adequar à inventividade humana. Todas essas indagações propiciam um saudável repensar do papel da CVM, a qual, entre nós, nasceu programada para atender às grandes demandas de capital, não levando em consideração o papel das médias e pequenas empresas enquanto geradoras fundamentais de emprego e inovação tecnológica.

A legislação brasileira de 1976 caracterizou os valores mobiliários pelos seus vários e distintos tipos, tais como a ação, a debênture, etc. A partir da Lei n. 10.303/2001, adotou-se concomitantemente aos tipos então existentes um conceito abrangente e definidor do que seja valor mobiliário. Tal conceito foi buscado no Direito norte-americano, especificamente em Howey, como atrás já comentado,[13] ampliando sobremaneira o campo regulatório da CVM. Dois são, portanto, os requisitos básicos para gerar a capacidade reguladora da Autarquia, a saber, que haja uma oferta pública, e que esta dê o direito de "parceria ou de remuneração [...] cujos rendimentos advêm do esforço do empreendedor ou de terceiros" (artigo 2º, IX).

---

13. Ver seção 2.2, no primeiro tomo desta obra.

Assim, para nosso ordenamento jurídico, é necessário que ocorra, além da oferta pública, o investimento, o qual significa a expectativa de lucro do investidor. Isso exclui todas as doações, já que inexiste nesses casos a expectativa não só de lucro mas também de retorno do principal, tal como ocorre com a entrega de recursos financeiros para custear atividades de benemerência, políticas, artísticas, educacionais, ou qualquer outra doação da qual não se espera qualquer benefício material.

10.2.2 O *crowdfunding* realiza uma oferta pública?

Separando aqui somente as ofertas que oferecem a possibilidade de lucro, há que se verificar se tal rentabilidade esperada advém de uma oferta pública ou não, para então estarmos diante de um valor mobiliário sujeito ao regramento da CVM. A legislação brasileira fala em "emissão pública" ao invés de "oferta pública", definindo a *oferta pública* como "a venda, promessa de venda, oferta à venda ou subscrição, assim como a aceitação de pedido de venda ou subscrição de valores mobiliários" ao mercado ou ao público (artigo 19, § 1º). Já a *emissão pública*, segundo o artigo 19, § 3º, é aquela feita por qualquer das várias ações previstas que caracterizam o acesso ao público investidor. Além disso, a norma legal dá a competência para que a CVM possa "definir outras situações que configurem emissão pública para os fins de registro" (§ 5º, I).

Tal poder, entretanto, não pode significar para a Autarquia a capacidade de caracterizar como emissão pública aquelas situações em que visivelmente inexiste o apelo à poupança popular. O mesmo se dá com a competência que se lhe outorga de dispensar o registro, sempre visando o interesse do público investidor. Em ambas as situações, há que estar muito bem provado o interesse público para caracterizar uma oferta como pública ou dispensar do registro uma outra que efetivamente preencha as características de uma oferta feita ao público. A tarefa, entretanto, está muito longe de ser de fácil conceituação. É aceito que o interesse público nada tem a ver com o interesse do governante em exercício. É de se ter presente que o interesse público facilmente se confunde com aquele episódico, demonstrado pelo grupo de poder do momento.[14] Mas mesmo essa separação não nos conduz a nada, na medida em que alguém ou algum corpo plural terá que determinar os qualificativos e as metodologias para se apurar se estamos ou não diante da tomada de determinada ação caracterizável como sendo de interesse público. Longe de ser uma colocação nefelibata, é este um problema concreto,

---

14. Seria de todo recomendável que a lei ou seus regulamentos evitassem a utilização de termos em aberto, sujeitos que são a todo tipo de controvérsia, na medida em que se encontram indefinidos pela jurisprudência ou pelo comando legal. Este é o caso, por exemplo, do termo "interesse público", como se vê na confusão causada pela utilização do termo na Lei das Companhias, objeto da nota abaixo.

como pode se verificar pela inserção da mesma alocução no artigo 238 da Lei das Companhias,[15] fato este muito relevante para a realidade brasileira, na qual as empresas de economia mista exercem um papel extremamente importante junto ao mercado acionário nacional.

Disso resulta que uma oferta feita pela Internet é sem dúvida uma oferta pública; aliás, feita por um meio de comunicação muito mais eficiente do que os previstos em 1976, quando a informática era uma ferramenta para poucos e nem se sonhava com existência e o alcance social da World Wide Web. Essa é umas das situações em que a CVM tem a competência para trazer para seu âmbito de atuação a emissão pública ofertada por meios eletrônicos, com base no parágrafo 5º, inc. I, do artigo 19.

10.2.3 Como é feita a distribuição e a negociação?

Se pública a distribuição, decorre da Lei n. 6.385/1976 que esta só poderá ser feita dentro do sistema de distribuição de valores mobiliários previsto no artigo 15; ou seja, por intermédio de "instituições financeiras e demais sociedades que tenham por objeto distribuir emissão de valores mobiliários". Também fazem parte do sistema de distribuição de valores mobiliários as sociedades que compram tais ativos para revendê-los, os exercentes das atividades de intermediação, os agentes autônomos, as bolsas de valores ou de mercadorias e futuros e as sociedades de custódia ou liquidação de transações com valores mobiliários.

De outro lado, a distribuição de valores mobiliários depende de prévia autorização da CVM, bem como a compra para revenda por conta própria, a intermediação e a realização de compensação entre credores e devedores ou a liquidação de operações com valores mobiliários que sejam ou tenham sido objeto de oferta pública e ainda se encontrem suscetíveis de serem negociadas em um mercado secundário. Em resumo, toda emissão pública, sua negociação, compensação ou liquidação só podem ser realizadas por meio dos agentes componentes do sistema de distribuição, sendo que quer as operações, quer as instituições que atuam são dependentes de prévio registro e autorização da Comissão de Valores Mobiliários.

Ou seja, os *crowdfundings* realizam uma oferta pública por meio da Internet utilizando-se de um serviço público de comunicação, já que a transmissão dos dados pode ser feita por meio da telefonia, eletricidade ou outro serviço público concedido ou não. Também o parágrafo 5º, I, do artigo 19 caracteriza como emissão pública "outras situações [...] para fins de registro". Claro está, como já mencionado

---

15. "A pessoa jurídica que controla a companhia de economia mista tem os deveres e responsabilidades do acionista controlador (artigos 116 e 117), mas poderá orientar as atividades da companhia de modo a atender ao interesse público que justificou a sua criação."

anteriormente, que essas outras situações, que não as previstas no parágrafo 3º, têm que ser comprovadamente um ato de acessar publicamente a economia popular. Ou seja, a CVM não dispõe de um cheque em branco para, ao seu alvedrio, criar situações de subordinação aos seus comandos que não sejam caracterizáveis como ofertas que acessem ao público.

10.2.4 A importância dos *crowdfundings* como ferramenta de capitalização

Como visto acima, o nosso mercado de distribuição pública de valores mobiliários se encontra — desde o início, é bem verdade — todo voltado para a capitalização da grande empresa. Tal situação tem sua raiz nas alterações ocorridas na Lei das Companhias, bem como na proposta de criação de uma autarquia federal destinada a regular e a incentivar o mercado de valores mobiliários brasileiro. A orientação dada pelo governo Geisel aos escolhidos para a apresentação do pré-projeto das hoje Leis n. 6.385/1976 e n. 6.404/1976 foi a de que o país deveria ter um sistema de capitalização que tivesse por finalidade carrear recursos, via mercado de capitais, para a grande empresa nacional, cabendo ao Estado fundear as companhias estatais e ao capital estrangeiro capitalizar suas próprias companhias. Ou seja, a intenção da legislação aprovada seguiu o modelo governamental, privilegiando a capitalização das grandes sociedades anônimas nacionais.

Também como já acima apontado, o sistema financeiro que opera nas tarefas de colocação de valores mobiliários, bem como os investidores, se encontra aglomerado e interessado somente nos grandes investimentos e nas equivalentes colocações. Basta ver o insucesso do mercado de acesso, muito embora não faltem empresas de médio e médio/grande porte que necessitariam do mercado para poderem crescer via emissão de papéis de renda variável ou renda fixa. Será inviável pensar que esse macrossistema, muito perto de se tornar um oligopólio da oferta e da demanda de valores mobiliários, possa se interessar por pequenas emissões e de pequenos valores, de baixo retorno sobre o custo de análise do investimento e da colocação.

Se tal constatação estiver correta, significará que a Comissão de Valores Mobiliários terá que pensar seriamente em atender a esse mercado multifário de pequenos investimentos e de pequenos investidores. É importante que pensemos, por exemplo, se tais investimentos deverão passar necessariamente pelo atual esquema de distribuição, que é caro e burocrático. Ou os *sites* poderão fazer parte do sistema de oferta pública e, consequentemente, do sistema de distribuição? Qual o nível de informação que os *sites* deverão fornecer ao "mercado"? Qual o nível de informação relevante para esse tipo de investidor "liliputiano"? Como e com qual nível de detalhamento deverá ser apresentado o pedido de registro da operação?

Ou poderá ou deverá a Comissão utilizar-se do poder a ela concedido de dispensar o registro "tendo em vista o interesse público do investidor" (artigo 19, § 5º, I)? Ou deverá seguir o modelo norte-americano e estabelecer limites de valor para o investidor e para o empreendedor para que possam gozar da dispensa do registro? Para a CVM, acostumada como está em tratar somente de grandes emissões, será um belo exercício de regulação, visando a proteção do investidor, sem destruir o mecanismo ou jogá-lo na clandestinidade. A Securities and Exchange Commission colocou em audiência pública um interessante estudo tendente a produzir a regulação dessa nova modalidade de investimento e captação de recursos do público, apontando, entretanto, para os cuidados que devem ser tomados para que, pela burocracia e pelos custos, não se anule esse mecanismo voltado para os investimentos de pequeno valor, mas realizados por um grande número de subscritores.

10.3 Os clubes de investimento

Os clubes de investimento, trazidos da legislação norte-americana para a nacional, têm uma origem mais prosaica, haja visto já se encontrarem exemplos dessa modalidade de investimento ao final do século XIX nos Estados Unidos, na Inglaterra ou na França.[16] Nos Estados Unidos, foram criados por pessoas físicas, detentoras de pequenas poupanças, e que queriam participar do *boom* do mercado acionário causado pelo grande desenvolvimento das redes ferroviárias, da exploração do petróleo, etc. ao final do século XIX. Além da motivação financeira, os clubes foram mecanismos de aglutinação de pessoas, em sua maioria do sexo feminino, até então marginalizadas do mundo dos investimentos, as quais se socializavam em torno das discussões sobre economia, investimentos e rentabilidades, além de outros assuntos mais prosaicos e de interesse comum. Foram criados por pessoas físicas que não dispunham de capacidade de investimento suficiente para atrair a atenção dos corretores de valores, mas que queriam aproveitar o surto de investimentos liderados pela quebra dos monopólios geradores de novas linhas ferroviárias e pelas grandes descobertas de petróleo nos Estados Unidos no final do século XIX e princípios do século XX.

Paulatinamente, os clubes de investimento, que não se destinavam somente à aplicação de recursos em ações, mas também em papeis de renda fixa e imóveis, passaram a ter uma postura mais profissionalizada, com a contratação de assessores de investimento, palestras de economia, etc., sendo o embrião de uma modalidade que surge na metade do século XX — os fundos de investimento,

---

16. Um dos primeiros clubes de investimento deu-se na França, quando André Level, ao redor de 1904, reuniu um grupo de pessoas para investir na arte do então nascente movimento modernista. O clube reunia pequenas quantias anuais, cerca de 250 francos por ano, com as quais foram seus membros adquirindo obras de Picasso, Matisse, Braque, dentre outros.

objeto de análise mais abaixo. Essas pessoas reuniam-se periodicamente para escutar analistas de investimento, discutir onde alocar os recursos comuns, bem como aproveitavam tais reuniões como eventos de socialização para discutir outros assuntos de interesse comum.[17]

Muito embora existentes desde a última década do século XIX, com a criação de um clube de investimento em 1898 no Texas, somente na década de 1990 é que tais associações passaram a representar um movimento relevante junto ao mercado secundário de ações nos Estados Unidos.[18]

Com o advento da legislação de 1933, o Securities Act, bem como a de 1940, o Investment Company Act, os clubes de investimento atraíram a atenção da Securities and Exchange Comission, preocupada em saber qual o grau de subordinação dos clubes à sua competência regulatória, tendo em vista que a Lei de 1933 elencou como valor mobiliário a venda do título associativo do investidor ao clube. Já pela Lei de 1940, dependendo da maneira como fosse instituído, o clube poderia ser uma sociedade de investimentos dotada de personalidade que a distinguisse daquelas outras detidas por seus membros.

Essa é a razão pela qual hoje a SEC considera que os clubes de investimento deverão obter o registro prévio junto a ela, dependendo do formato e regras segundo as quais sejam eles criados.[19] A decisão de obter ou não o registro prévio é deixada ao arbítrio do clube de investimento, o qual deverá levar em consideração a legislação existente. Como guia para tal decisão, a SEC publica em seu *site* um conjunto de perguntas e respostas que deverão orientar os instituidores do clube quanto à necessidade ou não de registro.[20]

---

17. *"The clubs appear to serve a social purpose: as [Brooke] Harrington points out, Americans may be bowling alone but they are not investing alone. [...] The overall message that emerges is that investment clubs have been an important social phenomenon but as yet have not had a broad impact on the stock market"*. Vide RAJAN, Uday. Book Reviews, **Journal of Economic Literature**. University of Michigan, v. 47, jun. 2009.

18. *"Among the most notable legacies of this extraordinary period is the shift in what could be called the 'investor class'. Once limited to a tiny elite among America's wealthiest families — the 1 percent of adults who owned stocks in 1900, which by 1952 have risen to just 4 percent — investing in stocks became a mass activity, involving over half the U.S. adult population by the end of the twentieth century. Much of this growth in 'market populism' occurred during the 1990s. For example, at the beginning of that decade, about 21 percent of American adults owned stocks; seven years later, the percentage had more than doubled, rising to 43 percent; by 1999, the figure was 53 percent. The last number of investors doubled in America, the change took twenty-five years: from 10 percent in 1965 to 21 percent in 1990."* (BROOK, Harrington. **Pop Finance**: Investment Clubs and the New Investor Populism. Princeton University, 2008, p. 12).

19. *"An investment club is a group of people who pool their money to make investments. Usually, investment clubs are organized as partnerships and, after the member study different investment, the group decides to buy or sell based on a majority vote of the members. Club meetings may be educational and each member may actively participate in investment."*

20. SECURITIES AND EXCHANGE COMMISSION. **Investment Clubs and the SEC**. Disponível em: <https://www.sec.gov/investor/pubs/invclub.htm>. Acesso em: 10 dez. 2014.

O ponto de partida em tal análise é saber se o que está sendo oferecido aos futuros associados do clube é ou não um contrato de investimento, voltando ao regramento estabelecido em Howey — qual seja, a existência ou não da expectativa de lucro obtido pela atuação de terceiros na administração do clube. Se cada membro da associação participar ativamente nas deliberações de investir ou desinvestir, no entender da SEC, provavelmente o clube estaria fora do seu poder de polícia, na medida em que estaria dentro de uma das hipóteses de isenção prevista na legislação de 1933. Outra possibilidade de isenção poderá ocorrer caso a associação ao clube de investimento não seja objeto de uma oferta pública.[21]

Já no caso da Lei de 1940, o registro prévio deverá ser obtido se o clube preencher os três requisitos constantes da legislação; a saber: i) o clube investir em valores mobiliários; ii) emitir títulos associativos que sejam considerados valores mobiliários; e iii) não estar abrangido por uma das exclusões aplicáveis à definição legal de "companhia de investimento". Uma das condições da isenção é a que estabelece o número máximo de associados em 100, requisito numérico este copiado pela legislação brasileira e hoje alterado para um máximo de 50 participantes.

10.3.1 Os clubes de investimento no Brasil

A cópia do mecanismo norte-americano deveu-se, em grande parte, ao movimento encetado pelo presidente do conselho de administração da Bolsa de Valores de São Paulo, Raimundo Magliano Filho, então em busca de aumentar significativamente o número de investidores pessoas físicas junto ao mercado secundário, embalada pela filosofia de um "capitalismo de massa". Essa batalha se associava a outra, travada na mesma direção pela mesma Bolsa, no sentido de se permitir que os credores do Fundo de Garantia por Tempo de Serviço pudessem investir parte de seu patrimônio de percepção futura em ações de algumas poucas companhias pré-determinadas pela autoridade governamental.

O sucesso dessas empreitadas deve ser relativizado na medida em que o mercado já se voltara pesadamente, à época, para os investidores institucionais e para os fundos de investimento abaixo examinados. Ou seja, o "capitalismo de massa" passou a ser exercido dentro dos fundos de investimento e dos fundos de pensão. De qualquer forma, não se deve ignorar o volume dos clubes de investimento

---

21. Mesmo a SEC não se sente confortável em explicitar claramente se o clube de investimento se encontra ou não desobrigado a obter registro prévio. Veja-se a afirmativa do órgão governamental no sentido de que as partes deverão consultar uma pessoa especializada para obter a resposta positiva ou negativa quanto ao registro prévio: *"An announcement that a club is looking for new members might be considered a public offering, but this is determined on a case-by-case basis. An attorney with experience in securities law can help the club determine if its membership interests are securities, and if the club is making a public offering of those securities"*. (SECURITIES AND EXCHANGE COMMISSION. **Investment Clubs and the SEC**. Op. cit.).

registrados junto à BM&FBovespa, mesmo se levarmos em consideração que boa parte de tais clubes resultaram da migração dos fundos para os clubes, em razão da maior simplicidade destes últimos. Essa corrida para os clubes de investimento certamente está na raiz do endurecimento da CVM ao editar as Instruções n. 494/2011 e n. 495/2011, em substituição à Instrução n. 40/1984.[22]

Para os clubes, comanda a CVM que eles necessariamente nasceriam sob a forma de condomínio, não sendo permitida qualquer outra forma associativa, detentora de personalidade jurídica ou não. Por certo, não caberia à Comissão definir o que seja o condomínio, na medida em que é competência exclusiva da União (artigo 22, I, da Constituição Federal) legislar sobre Direito Civil e Comercial, o que foi feito pelo nosso Código Civil. Ou seja, não pode ela alterar o conteúdo da lei civil, ao tratar dos condôminos. Desta feita, todo o regramento que diga respeito à natureza jurídica e aos direitos e deveres dos condôminos nasce dos artigos 1.314 e seguintes do nosso Código Civil.

10.3.2 As mudanças, o regramento vigente e a competência da CVM

Podemos dividir as filosofias condutoras na formação dos clubes de investimentos pela Comissão de Valores Mobiliários em dois momentos bem distintos. A primeira fase remonta à edição da Instrução n. 40/1984, quando tínhamos ainda uma conexão razoável com o paradigma copiado do modelo norte-americano, cuja filosofia era a de dar o conforto do poder de fiscalização da CVM aos investidores que fossem abordados por meio de uma oferta pública. A intenção não era a de asfixiar os clubes com normatizações pesadas e burocráticas. Já com as Instruções n. 494/2011 e n. 495/2011, fica-se com a ideia de que a Comissão quis tornar a vida dos clubes de investimento difícil, senão impossível, com a burocratização de suas atividades, aproximando-os muito mais dos fundos de investimento.

Da comparação dos dois diplomas deve-se ressaltar que o antigo artigo 2º da Instrução CVM n. 40/1984[23] deixou de constar do corpo da Instrução CVM n. 494/2011, situação que, entretanto, não altera em nada a competência restritiva da Comissão de Valores Mobiliários aos valores mobiliários objetos de uma oferta pública, na medida em que sua exigibilidade depende da estrita observância de seu

---

22. Em setembro de 2010 havia 3.077 clubes de investimento; em 2011 esse número baixou para 2.904; em setembro de 2012, para 2.463 e, finalmente, em setembro de 2013 restaram 1.804. Vide BM&FBOVESPA. Clubes de investimento perdem atrativos. **Capital Aberto**, v. 2, n. 125, p. 13, jan. 2014.

23. "Art. 2º A captação de recursos junto ao público somente será permitida ao Clube de Investimento sujeito às normas desta Instrução. Parágrafo único – Caracterizam a captação pública: a) a utilização de folhetos, prospectos ou anúncios destinados ao público; b) a procura de condôminos, por meio do administrador, de seus empregados, agentes ou corretores; c) a captação feita em loja, escritório ou estabelecimento aberto ao público, com a utilização dos serviços públicos de comunicação."

campo de atuação, o qual é dado somente por comando de lei, ou, como aconteceu no passado, por deliberação do Conselho Monetário Nacional, ocasião em que era suportado pela redação original do inciso III do artigo 2º da Lei n. 6.385/1976.

10.3.3 Os clubes de investimento e a regulação da CVM

Desde a vigência da Instrução n. 40/1984, ficou restrita a forma pela qual os clubes de investimento podem ser formados. Estes somente podem nascer condomínios e, em consequência, necessariamente seguir o regramento previsto pelo Código Civil. A CVM, se de um lado está presa ao cumprimento do artigo 19, parágrafo 3º, da Lei 6.385/1976, de outro lado, dentro de seu poder regulatório, restringiu a composição dos clubes de investimentos que captam recursos junto ao público, os quais deverão ser formados somente por pessoas físicas e devem ser geridos por sociedade corretora, distribuidora ou banco de investimentos.

A cota de participação no clube será valor mobiliário se, além de ser ofertada publicamente, representar um investimento, no sentido de haver a expectativa de lucro. Se assim o for, e se a oferta de participação no clube se der por uma das modalidades de acesso à poupança privada, aí então nasce a necessidade de submissão ao regramento da CVM, bem como a obrigatoriedade de que o clube conste como uma das instituições do sistema de distribuição constantes do artigo 1º da Instrução n. 494/2011.

Entretanto, estranhamente, talvez por achar desnecessário, a Instrução de 2011 veda que as cotas dos clubes de investimento tenham acesso aos mercados secundários regulamentados.[24] Mais estranho ainda é seu artigo 11, o qual veda a busca de cotistas "com a utilização de serviços públicos de comunicação, como a imprensa, o rádio, a televisão e páginas abertas ao público na rede mundial de computadores, bem como por envio de malas diretas, inclusive por meio eletrônico". Aqui a Comissão adentra em uma contradição difícil de ser entendida. Ou a procura de participantes é pública, e daí nasceria sua competência subordinante, ou a associação não se dá por uma das formas previstas no artigo 19, parágrafo 3º, situação na qual sua competência normativa inexiste. O que é impossível é a subordinação sem a possibilidade de acessar a poupança privada. Como consequência, também faleceria a competência dada pela CVM às bolsas de valores para funcionarem como órgãos de simples registro.

---

24. "Artigo 7º – É vedada a negociação de cotas de Clubes em mercados regulamentados de valores mobiliários." "Artigo 28 – É vedado ao Clube: I – realizar operações com valores mobiliários fora de mercados organizados."

Mas a inteligência da intenção da norma da Autarquia fica ainda mais difícil quando se coteja o artigo 11 com os artigos 7º e 28, os três da mesma Instrução n. 494/2011. Se por um lado o primeiro veda o acesso à poupança privada por meio de ofertas públicas, por outro os dois últimos proíbem a negociação das cotas do clube de investimento nos mercados organizados, mas comandam que os valores mobiliários constantes da carteira de investimento do clube só podem ser negociados dentro do mercado organizado. O que resta de concreto é que a intenção de restringir a existência dos clubes de investimento se materializou quando do julgamento do Processo Administrativo RJ2012/10374,[25] cuja decisão foi encabeçada pelo voto do Presidente Leonardo Pereira. Em seu voto, acompanhado pelos demais membros do Colegiado, ficou explicitada como razão de decidir que o motivo da edição da Instrução n. 494/2011, em substituição à Instrução n. 40/1984, levou em consideração que:

> Tais medidas tiveram, dentre outros, o objetivo de evitar a utilização de clubes como instrumento de "arbitragem regulatória", o que vinha ocorrendo uma vez que estes se sujeitam a menos controles do que os fundos de investimento. Nesse sentido, a fim de resgatar o papel dos clubes de investimento de instrumento de aprendizado e introdução dos investidores ao mercado de capitais, dentre as mudanças que foram introduzidas, destaca-se a limitação do número de cotistas, a extinção da figura do representante de cotistas e a ampliação das obrigações do administrador de prestar informações.

10.3.4 Características dos clubes de investimento

10.3.4.1 *Cotas de participação*

Condomínio que é, o clube de investimentos tem suas participações divididas em cotas, podendo agasalhar no máximo 50 e no mínimo 3 participantes. Tais cotas são representativas de frações ideais do patrimônio, todas tendo o mesmo valor; são escriturais e nominativas, sendo necessariamente emitidas em uma só classe. A escrituração das cotas pode ser feita pelo próprio administrador do clube, independentemente de ser ele uma instituição financeira ou não.

O patrimônio, por ser um condomínio, não é do clube, mas proporcionalmente de cada um dos condôminos, que entregam a gestão a terceiro para tanto contratado, mas a propriedade dos recursos ou valores mobiliários continua sendo dos cotistas, sem que haja ocorrido a translação da propriedade dos valores atribuídos à gestão comum. A condição de proprietário das cotas se comprova pelo seu registro escritural, sendo tal registro feito em livro apropriado ou de forma escritural.

---

25. Clube de Investimento dos Empregados da Vale e BNY Mellon Serviços Financeiros DTVM S.A.

A propriedade das cotas se presume daquele que tenha seu nome inscrito no registro escolhido pelo clube. Tal presunção admite prova em contrário, nos termos do artigo 1.231 do Código Civil, quando este estabelece que "a propriedade presume-se plena e exclusiva até prova em contrário". A unidade "cota" é indivisível perante o clube, forçando a que se adote a solução dada pela Lei das Companhias, que manda que os comunheiros elejam aquele que irá representá-la nas decisões sociais, caso uma única cota tenha mais de um condômino. Não se sabe por que, mas o fato é que a CVM limitou a participação de cada cotista a um máximo de 40% do total das cotas emitidas, tendo, ainda, fixado em 3 o número mínimo de condôminos. Enfim, talvez seja um número cabalístico, como o foi o de 7 sócios na legislação de 1940.

Caso a valoração do patrimônio dos aportes feitos pelos cotistas comunheiros for realizada com valores mobiliários, será de se observar quais são os permitidos pela CVM, além de necessariamente seguir a cotação existente no dia de sua ocorrência. Se a entrega se der em dinheiro, o quinhão da participação será igual ao valor de face dos recursos transferidos. Nos aumentos dos aportes ao patrimônio condominial, o valor das novas cotas se dará pela cotação do valor mobiliário agregado ao patrimônio comum, sendo tais operações de novas aquisições necessariamente feitas em um mercado secundário organizado, ou seja, autorizado e fiscalizado pela Comissão de Valores Mobiliários (artigo 28 da IN n. 494/2011).

Já o resgate de cotas deve ser previsto no estatuto do clube, estabelecendo-se o prazo para sua ocorrência, bem como a data do pagamento ao cotista resgatante, devendo tal pagamento ser feito em cheque ou em depósito em conta corrente em até 5 dias úteis da data da conversão. Deve-se, entretanto, atentar para o prazo estabelecido pelo artigo 1.320 do Código Civil. Pode ocorrer a situação de iliquidez dos bens formadores do consórcio, situação na qual a Instrução n. 494/2011 determina o pagamento de multa de 0,5% do valor de resgate ao cotista desatendido.

A distribuição de cotas, no caso em análise, será sempre feita de maneira pública, e deverá ocorrer por intermédio de um dos integrantes do sistema de distribuição de valores mobiliários. Estas, conforme previsto no artigo 15 da Lei n. 6.385/1976, são as instituições financeiras, as sociedades que tenham por objeto a compra e venda de valores mobiliários em circulação no mercado, as sociedades e agentes autônomos que exerçam a atividade de mediação nos mercados secundários autorizados pela CVM e as bolsas de valores, caso haja leilão de oferta primária em seu pregão.

10.3.4.2 As bolsas de valores como agentes de registro

As bolsas de valores e de mercadorias, como órgãos auxiliares da Comissão de Valores Mobiliários, foram encarregadas da prestação dos serviços de registro dos atos constitutivos e posteriores alterações ocorridos na vida do clube de investimento, cabendo a elas submeter para a aprovação da CVM os regulamentos dos clubes de investimento e demais atos que irão reger sua vida.[26] Para tanto, a elas incumbe fiscalizar e supervisionar as atividades do clube, inclusive complementarmente às instruções de ordem prudencial — isto é, as restrições aos tipos e percentuais dos investimentos feitos, levando-se em consideração os interesses dos condôminos.

Aqui surgem novamente problemas com a exacerbação na delegação de poderes. De um lado, será de se perguntar se a "entidade administradora de mercado organizado", como é denominada a bolsa registradora, como entidade de Direito Privado, poderá impor condutas "complementares" de investimento aos donos dos recursos. De outro lado, também será de se indagar da competência das bolsas registrarias para impor sanções[27] àqueles que não são seus membros, nem em seus recintos transacionam valores mobiliários. Isso porque a Instrução comanda que às bolsas cabem as funções de registro dos administradores e gestores dos clubes, podendo impor-lhes penalidades "decorrentes da violação das normas" da CVM, bem como da transgressão às regras estabelecidas pela própria bolsa registradora. Como já mencionado, não estamos, no caso, diante de uma situação de autorregulação, como menciona a Instrução, mas de delegação de competência quiçá exacerbada e/ou ilegal.

Entendo que as bolsas não poderão punir os terceiros que não sejam membros de seu processo de negociação, como, por exemplo, o condômino ou o administrador de carteira não vinculado ao sistema de distribuição. Assim, o aspecto punitivo só poderá alcançar os atores que negociam na bolsa de valores e seus membros e associados, mas não terceiro estranho a essa população.

De outro lado, do exame do corpo da Lei n. 6.385/1976 não se constata nenhuma autorização para tal delegação de poderes extensível a terceiro, mesmo porque a autarquia estaria concedendo o poder punitivo do Estado a um ente privado, como o é a bolsa de valores e de futuros. Não poderá, no caso, a bolsa de valores multar, suspender do cargo, proibir temporariamente, etc., enfim, as punições previstas no artigo 11 da Lei n. 6.385/1976, já que tais poderes são insuscetíveis de

---

26. Vide Instrução CVM n. 494/2011, "Art. 39 – A entidade administradora do mercado organizado deve regulamentar a organização e o funcionamento dos Clubes que nela estiverem registrados, fixando regras e procedimentos, inclusive de ordem prudencial, complementares a essa Instrução".
27. Vide Instrução CVM n. 494/2011, "Art. 40 – À entidade administradora de mercado organizado também incumbe, por intermédio de seu departamento de autorregulação e na forma da Instrução CVM 461, de 2007, fiscalizar e supervisionar as atividades dos Clubes que nela estiverem registrados, assim como de seus administradores e gestores, impondo as penalidades decorrentes da violação das normas desta Instrução e daquelas por ela promulgadas."

delegação a uma sociedade anônima de Direito Privado, e as punições estabelecidas pelas bolsas de valores só alcançam seus membros e as transações lá ocorridas.

Em substituição à vontade dos condôminos, a Instrução n. 494/2011 dá poderes à companhia registrária para estabelecer regras cogentes à comunhão de interesses, no sentido de que cabe às bolsas de valores fixar os prazos e procedimentos para a convocação das assembleias, a forma de disponibilização das informações aos comunheiros, as regras de funcionamento de suas reuniões, bem como a formalização de suas deliberações e a forma e prazo de comunicação das deliberações aos condôminos. Ao que parece, o regulador autárquico não levou na devida consideração a figura do condomínio, castrando-lhes os direitos que a lei lhes confere.

Ou seja, as bolsas de valores, que são, de fato, pessoas jurídicas de Direito Privado, constituídas sob a forma de sociedade anônima de capital aberto, sem controle definido, atuam, no caso dos clubes de investimento, por delegação autárquica não prevista em lei. Na realidade, essas bolsas de valores ou de mercadorias são instituições que atuam meramente enquanto organismo registrário de obrigações que caberiam à Autarquia. Não há que se falar aqui em exercício da autorregulação pela bolsa de valores registradora, mas de uma delegação de poderes exacerbada, quiçá ilegal.

A oferta de cotas participativas dos clubes de investimento independe de prévio registro junto à CVM, na medida em que esta delegou tal competência à bolsa de valores, denominada, na instrução da autarquia, de "entidade administradora do mercado organizado". Novamente, a autarquia ignorou sua lei criadora, a Lei n. 6.385/1976, quando esta estabeleceu que toda e qualquer oferta de valor mobiliário depende da aprovação prévia da CVM e somente dela. Tenha-se em mente que o mesmo preceito se encontra na Lei do Colarinho Branco, que pune criminalmente tal atitude. Poderia a CVM abrir mão de uma obrigação legal que a lei lhe atribui, por meio de uma mera instrução administrativa? Creio que não. A resposta surgirá provavelmente do Poder Judiciário, quando algum membro de clube descontente resolva buscar solução para seu incômodo condominial.

À entidade registradora cabe regulamentar[28] a organização e o funcionamento dos clubes de investimento, bem como fiscalizar o cumprimento do regramento emanado da CVM e da própria bolsa. Esse regulamento expedido pela bolsa, bem como as eventuais alterações, deve ser aprovado previamente pela CVM. Às "entidades administradoras de mercado organizado" também são concedidas as

---

28. A Bolsa de Valores de São Paulo – Bovespa publicou primeiramente a Resolução n. 303/2005, de seu Conselho de Administração, para atender a Instrução n. 40/1984. Com a edição da Instrução CVM n. 494/2011, foi publicado, em 21 maio de 2012, um novo regulamento aprovado pelo Conselho de Administração da agora BM&FBovespa, em função da fusão ocorrida entre as duas bolsas.

capacidades de regulamentar e autorizar as operações de incorporação, fusão, cisão e transformação dos clubes de investimento, bem como os procedimentos para a liquidação, dissolução e encerramento dos clubes de investimento, obedecidos os regramentos emanados pela CVM.

10.3.4.3 O estatuto do clube

A normatização da CVM estabelece os itens mínimos que os estatutos sociais dos clubes de investimento devem ter, a saber, as qualificações do administrador do clube e, se for o caso, do gestor da carteira e do custodiante, que pode ser o próprio administrador. Também deve o estatuto do clube prever o prazo de duração, sendo de se chamar a atenção para o prazo quinquenal previsto no Código Civil. A política de investimento, segundo a CVM, deve estar prevista, muito embora a CVM, no artigo 26 da Instrução, determine o percentual mínimo que deve ser investido em ações e seus subprodutos e em debêntures. O eventual saldo pode ser aplicado em cotas de fundos de investimento, em títulos federais ou de responsabilidade de instituições financeiras ou em opções cobertas.

A instituição ou alteração do estatuto do condomínio depende da aprovação da assembleia de seus cotistas. Há que se ter em mente que, se o clube de investimento tem um número reduzido de cotistas, não faz sentido que as manifestações de vontade tenham que necessariamente seguir o rito burocrático parcialmente copiado das assembleias gerais das companhias. Aqui, novamente, deve-se valer do Código Civil para se caracterizar a livre manifestação de vontade, independentemente da ritualística determinada pela CVM. As assembleias nada mais são que reuniões de pessoas pertencentes ao mesmo grupo de interesses, cuja manifestação de vontade pode se dar de forma explícita ou tácita. Assim, entendo que o clube de investimento pode tomar determinada deliberação pelos meios admitidos pelo Direito para a manifestação de vontade, inclusive ratificando decisões não formalizadas. Tal ritualística, inclusive, vai contra os clubes de investimento que contem com poucos cotistas, já que a mesma autarquia estabeleceu que esses condomínios devem ter no mínimo 3 sócios e no máximo 50.

A própria CVM normatiza quanto a prescindibilidade da realização de assembleia de cotistas para que o condomínio atenda "exigência expressa da CVM ou da entidade administradora de mercado", para se adequar a normas legais ou regulamentares, atualização de dados cadastrais do administrador, do gestor ou do custodiante ou para a "redução ou exclusão da taxa de administração, de performance ou outros encargos" (artigo 13, Instrução n. 494/2011).

10.3.4.4 As deliberações condominiais

As deliberações do clube são tomadas conforme o quórum estabelecido pela CVM ou pelo regulamento do clube, devendo todas as cotas ter o mesmo valor, cabendo a cada cota um voto. A CVM estabeleceu um limite participativo por condômino, na medida em que ninguém poderá deter mais de 40% das cotas emitidas pelo clube, significando que um condômino não pode ter mais do que esse poder deliberativo. Não poderão votar nas deliberações sociais aqueles que tenham participação na gestão do condomínio.

Assim, os cotistas gestores, se forem sócios, diretores, empregados ou prepostos dos administradores, estão impedidos de votar, na medida em que sua manifestação de vontade pode se dar em conflito de interesse com os atos de gestão por eles praticados. Creio, entretanto, que a regra só seria de se aplicar às votações em que estivessem em julgamento atos típicos de gestão, e não aqueles outros que dizem respeito à qualidade de sócio que tem interesse direto em determinados assuntos relevantes na vida do condomínio. Tal poderá significar uma restrição de caráter administrativo, a qual poderá ser incompatível com o gozo do legítimo direito de propriedade.

A norma da CVM, como não podia deixar de ser, atribui competência exclusiva aos condôminos para que deliberem em assembleia sobre as demonstrações financeiras, a substituição do administrador ou do gestor (se este último tiver sido eleito pela assembleia de cotistas), os atos de fusão, incorporação, cisão, transformação, dissolução ou liquidação do condomínio, bem como outros atos que digam respeito aos interesses associativos.

A Comissão outorga às entidades administradoras do mercado organizado a *competência regulamentar* para fixar "prazos e procedimentos para a convocação das assembleias", a disponibilização das informações aos cotistas, "as regras de instalação, organização e deliberação das assembleias", o quórum deliberativo e a formalização das decisões assembleares. Contudo, é de se notar que o poder outorgado pela CVM às bolsas registradoras transcende a capacidade de regulamentar. O regulamento explicita o que está contido em lei. O ato da comissão dá o direito de a companhia registradora criar normas distintas e criadoras ou inibidoras de direitos dos condôminos, tais como prazos, procedimentos, regras quanto às deliberações do clube ou à formalização dos atos assembleares.

10.3.4.5 Gestão dos clubes de investimento

Curiosamente, a constituição do clube não é feita pelos condôminos, mas pelo "ato do administrador". Que ele fosse registrado junto à "entidade administradora de mercado organizado" seria inteligível, mas a instituição da comunhão por terceiros está pressupondo que os comunheiros ainda não existam, e que após a instituição do condomínio é que serão procurados os comunheiros. O Código Civil propõe um caminho diferente, como já visto acima, na medida em que seu artigo 1.323 dispõe que, "deliberando a maioria sobre a administração da coisa comum, escolherá o administrador, que poderá ser estranho ao condomínio [...]". Ou seja, primeiro surgem os condôminos com um projeto comum, em seguida instituem a comunhão de interesses, para após elegerem a administração do interesse comum.

A administração do clube de investimento, por determinação da CVM, requer dois gestores: o administrador propriamente dito e o gestor da carteira dos ativos aportados ou adquiridos pelos condôminos, além do custodiante. Convenhamos que, para os clubes de investimento, que podem ter no mínimo 3 e no máximo 50 condôminos, essa é uma estrutura que poderá ser por demais pesada e que se afasta da ideia de pessoas físicas que se reúnem para discutir os investimentos e se socializarem.[29]

A gestão da carteira do clube de investimento pode ser exercida pelo próprio administrador, por terceiro que já seja administrador de carteira ou por um ou mais cotistas eleitos pela assembleia de comunheiros. Nesta última situação, a CVM estabelece que a prestação dos serviços de administrador de carteira tem que ser realizada gratuitamente, estabelecendo interessante diferença entre o administrador profissional e o comunheiro, mesmo levando-se em consideração que este último foi escolhido por seus pares, que deveriam poder deliberar sobre sua remuneração, se acharem conveniente, já que se trata de deliberação que diz respeito ao patrimônio e renda dos próprios comunheiros.

Duas são as tarefas de gestão previstas pela autarquia: a administração do clube de investimento e a gestão da carteira de investimento. A administração do clube só pode ser realizada pelas pessoas jurídicas constantes do sistema de distribuição de valores mobiliários, a saber, as sociedades corretoras ou distribuidoras e os bancos de investimento ou múltiplos. A sociedade ratificada pelos condôminos para gerir o clube deverá indicar um diretor estatutário da entidade, o qual será a pessoa responsável e supervisora direta do clube. Não necessariamente a gestão da carteira precisa ser feita por pessoa que tenha sido especialmente contratada para tanto.

Tal serviço poderá ser prestado cumulativamente pelo administrador, ou por pessoa física ou jurídica, em qualquer situação dependendo de aprovação prévia

---

29. Na verdade, criou-se mais um nicho de trabalho obrigatório para determinado setor prestador de serviços, criando-se custos desnecessários e enorme burocracia. Os aspectos *custo* e *burocracia* ficam ainda mais nítidos quando se examina o regramento constante da Instrução n. 495/2011, que trata da elaboração e divulgação das demonstrações financeiras dos clubes de investimento, que, por sua enorme extensão, não será aqui examinada

da CVM. Também pode a carteira ser administrada por um dos cotistas. Nesta última hipótese, o administrador condômino não poderá exercer a função em mais do que um único condomínio, não podendo receber "qualquer espécie de remuneração ou benefício, direto ou indireto, pelos serviços prestados ao Clube".

Esta é uma das regras que dão a entender que a Autarquia remodelou a Instrução n. 40/1984 — substituindo-a pela IN n. 494/2011 — tendo alguns pontos muito específicos em mente; provavelmente querendo cercear algumas práticas de mercado por ela consideradas danosas ao mercado, ou mesmo acabar com os clubes de investimento. Tal percepção ganha mais força quando a CVM comanda que "Os contratos firmados na forma do *caput*, inciso II, devem estipular a responsabilidade solidária entre o administrador e o gestor contratado por eventuais prejuízos causados aos cotistas do Clube em virtude das condutas contrárias à lei, à regulamentação ou ao estatuto" (artigo 19, parágrafo 3º).

Assim, o administrador foi pensado para ser o centro da direção dos clubes de investimento. São eles que lideram o processo de instituição do condomínio, têm a possibilidade de contratar e destituir o gestor da carteira, realizando tarefas que normalmente seriam de atribuição da assembleia de cotistas. Aos administradores a CVM atribuiu tarefas e funções que, em certa medida, os colocam no mesmo nível de poder dos cotistas.

10.3.4.6 A extinção do clube de investimento

Os clubes de investimento vão encontrar o seu termo final pelo decurso de prazo, pela deliberação dos condôminos ou pela ocorrência de determinada situação que impeça sua continuação. O decurso de prazo não é previsto pelo regramento da CVM, muito embora conste do Código Civil como sendo de no máximo cinco anos, podendo ser prorrogado por deliberação dos comunheiros, conforme Instrução CVM n. 494/2011. Também podem os condôminos pedir a extinção do condomínio, conforme previsão do mesmo Código Civil, nada constando a respeito no regramento baixado pela Comissão de Valores Mobiliários.

Pode também ocorrer a extinção do condomínio caso ocorra uma situação que impeça a continuidade de seu funcionamento, inclusive pela desistência da instituição administradora, sem que os condôminos decidam pela substituição do administrador desistente. Essa dificuldade pode ocorrer, como na decisão abaixo, pela vontade manifestada pela instituição financeira administradora de abandonar o exercício do cargo e não tendo os comunheiros indicado seu substituto. O comando da CVM determina que a instituição administradora retirante só poderá sair após a indicação do substituto, não levando em consideração a unilateralidade do ato de renúncia. Neste sentido a CVM decidiu, ao julgar o Processo Administrativo n. RJ 2006/4535, em que foram partes o Banco Itaú S.A., enquanto administrador, e o Clube de Investimento dos Ferroviários da Sudafer (Sudfer) enquanto condomínio administrado.

O Diretor Alexsandro Broedel Lopes decidiu a consulta apresentada pelo Banco Itaú S.A., acompanhado pelos outros membros do Colegiado, pela extinção do condomínio, tendo em vista os seguintes fatos e argumentos:

II – Consulta

Em 18/12/2009, o Itaú protocolou consulta à CVM solicitando que, como detentora do poder originário de regulação dos clubes de investimento:

a. determine a exclusão do Itaú da condição de administrador do Clube perante a BM&F-Bovespa, com a nomeação de um administrador dativo; ou

b. determine a liquidação do Clube em razão da falta de administrador.

Sobre o pedido do Itaú, o Clube Sudfer, em carta de 09/04/2010, reconheceu que "nenhuma das instituições que foram apresentadas ou mesmo consultadas pelo Clube Sudfer aceitou receber o encargo". Ainda conforme o Clube, "a recusa prende-se exclusivamente à responsabilidade do antigo administrador em transmitir ao novo administrador todas as informações referentes aos cotistas do Clube, o que acarretaria na necessidade de haver um cadastro totalmente atualizado pelo atual administrador".

Voto

A presente consulta trata da seguinte situação: mesmo após a renúncia do Itaú Unibanco, na qualidade de administrador do Clube Sudfer, não foi encontrado outro administrador para substituí-lo; por essa razão, de acordo com as normas vigentes, o Itaú Unibanco não vislumbra meios para deixar a sua função [...] o regulamento vigente para os Clubes de Investimento, no âmbito da entidade administradora de mercado organizado — a BM&FBovespa S.A. — é a Resolução n. 303/2005-CA, editada em 2005 pela então Bovespa. Conforme o artigo 22 da citada Resolução, o administrador do Clube de Investimento deverá ser substituído na hipótese de renúncia. Porém, a seguir, o parágrafo primeiro do artigo 23 prevê que "o Administrador do Clube permanecerá no exercício de suas funções até a designação de quem o substituirá".

O que se questiona, aqui, é o caráter perpétuo da previsão vigente, pela qual, se não for designado um novo administrador para o Clube, o administrador deverá permanecer no seu cargo indefinidamente.

É evidente que uma disposição dessa natureza não contempla a solução para o presente caso, já que ninguém pode ser obrigado a manter um contrato contra a própria vontade, indefinidamente (aliás, frise-se que, no caso, nenhuma das partes envolvidas deseja a continuidade do contrato). Não é, portanto, necessário estender a discussão sobre esse ponto.

Vislumbra-se, assim, apenas duas soluções para o problema: (i) ou o Clube designa um novo administrador, em substituição ao Itaú Unibanco; ou (ii) se não houver um substituto, será necessário estabelecer um prazo e uma forma para que o Itaú Unibanco deixe o cargo de administrador do Clube Sudfer.

Conforme relatado, a substituição do administrador é, na prática, inviável, em razão de uma série de problemas apontados pelo próprio Clube Sudfer. Ao final, foram frustradas todas as tentativas de encontrar um novo administrador para o Clube.

Assim, parece que a única alternativa, para solução do impasse apresentado, é a definição de prazo máximo para a manutenção para a permanência do administrador atual. Nesse sentido, a SIN [...] sugeriu a aplicação análoga ao caso do disposto no artigo 67, parágrafo 1º, da Instrução CVM n. 409/04, pelo qual a substituição dos administradores de fundo de investimento deve ocorrer no prazo máximo de 30 dias, sob pena de liquidação do fundo.

De fato, em vista da ausência de regra específica para a solução do caso, parece adequada a adoção dos dispositivos da Instrução CVM n. 409/04, que trata da constituição, administração, funcionamento e divulgação de informações dos fundos de investimento, os quais, à semelhança dos Clubes de Investimentos, envolvem a comunhão de recursos, constituída sob a forma de condomínio, que são destinados à aplicação em ativos financeiros.

Portanto, voto pelo provimento parcial do pleito do Itaú Unibanco, que, na qualidade de atual administrador do Clube Sudfer, deverá adotar os seguintes procedimentos: (i) convocar nova Assembleia-Geral, com prazo mínimo de 15 dias, para a apresentação de renúncia e escolha de seu substituto; (ii) enviar correspondência a todos os cotistas dando conta da convocação e dos passos seguintes; (iii) envidar os melhores esforços no sentido de contatar os cotistas; (iv) após o transcurso de 30 dias contados a partir da data da Assembleia-Geral, sem que outro administrador o substitua, promover a liquidação do Clube e o pagamento dos cotistas identificados; e (v) manter os recursos remanescentes, atualizados por índice oficial de inflação, à disposição dos cotistas que não comparecerem para o recebimento. Caso, por falta de quórum, não seja realizada a Assembleia-Geral aqui referida, o prazo para que se possa proceder à liquidação do Clube contar-se-á da data prevista, na convocação, para a realização da assembleia. É como voto.

Também tenho dificuldade em ter por acertada a dicção constante do artigo 44 da mesma Instrução,[30] na medida em que ela vincula outra autarquia, não subordinada à CVM, obrigando "o interventor, o administrador temporário ou o liquidante" a "dar cumprimento ao disposto" na Instrução da CVM. As regras que irão reger a vida do Banco Central e de seu agente, quando do processo de intervenção ou quando da liquidação da instituição financeira administradora do clube, nascem da Lei n. 6.024/1974. Desta feita, seria mais conveniente que dentro do acordo de cooperação entre as duas autarquias nascessem as obrigações de

---

30. Vide art. 44 da Instrução CVM n. 494/2011, ao comandar que "Em caso de decretação de intervenção, administração especial temporária, liquidação extrajudicial ou falência do administrador do Clube, o interventor, o administrador temporário ou o liquidante ficam obrigados a dar cumprimento ao disposto nesta Instrução".

informação entre o administrador ou liquidante indicado pelo Banco Central para com a CVM. Indo mais adiante, seria de se indagar se a Instrução n. 494/2011 seria o instrumento legal mais adequado para criar regras novas às constantes da Lei de Falências e de Reorganização.

10.4 Os certificados de investimento

Trata-se de valores mobiliários emitidos por sociedades com a finalidade de capitalizá-las por meio de oferta pública de certificados e posterior investimento pela sociedade ofertante do valor mobiliário em determinados setores da economia estabelecidos por normatização governamental. Desta feita, e resumidamente, estes contratos derivados são valores mobiliários de ressecuritização. Com tal operação, o risco inerente ao negócio a ser concluído no futuro é repassado para terceiro que, com a operação de assunção ou de passagem de risco, espera ter um ganho ou evitar uma perda financeira. Nesta categoria, por exemplo, se encontram os certificados de investimento que têm como ativo subjacente a ação, como ocorre no caso de emissão do BDR (*brasilian depositary receipt*) ou da ressecuritização de crédito, quando um conjunto de créditos é contratualmente encapsulado em um novo valor mobiliário e repassado para terceiro interessado.

Os certificados de investimento visam a captação de recursos por empresas ou pessoas, independentemente de a oferta ser feita por uma pessoa jurídica, para aplicação em determinada atividade empresarial, com a expectativa de lucro futuro. Tal aplicação pode ser realizada com a compra de certificados emitidos por uma companhia ou uma associação de interesses comuns, normalmente sem alterar a estrutura de capital da sociedade investida, criando um passivo imediato para a entidade emissora dos certificados de investimento, na medida em que seus detentores passam a ser credores pela rentabilidade do certificado.

Da família dos certificados deve-se separar o certificado adicional de potencial de construção – CEPAC, que, como se verá adiante, é um valor mobiliário emitido pelas municipalidades e adquirido pela indústria da construção, cuja compra outorga ao adquirente o direito de construção em valores excedentes à legislação do município. Este contrato de investimento permite ao construtor recuperar o investimento feito quando vender a metragem excedente.

10.4.1 Certificado de privatização

Como um dos instrumentos criados dentro do programa nacional de desestatização, foi criada a possibilidade da formação de fundos que aglutinassem os investidores dentro de um mesmo mecanismo. Tais fundos eram recebedores de determinados créditos detidos por pessoas físicas ou jurídicas, nacionais ou estrangeiras, contra o governo federal.

Tais certificados, quando da ocorrência dos leilões de privatização, poderiam servir como moeda de pagamento, pelo adquirente, das participações acionárias licitadas pelo ente privatizador. A CVM regulou a criação dos fundos e a emissão de certificados através das Instruções n. 141/1991, 142/1991, 157/1991, 162/1991 e 175/1992. Eram eles constituídos sob a forma de condomínio fechado, os quais, dentro de determinadas características, poderiam transformar-se em condomínios abertos.

Os certificados de privatização são aqui mencionados em função de sua qualidade enquanto instrumento de troca de dívida estatal por patrimônio detido pelo governo, na medida em que a securitização de tais débitos propiciou a existência de um mecanismo ágil na formação de preço e na quitação da participação acionária adquirida nos leilões de privatização. Assim, cada certificado de privatização era detentor de um valor de face, servindo esse contrato de investimento como moeda de pagamento pelo adquirente das ações da companhia objeto da privatização. Entretanto, na medida em que o movimento de privatização perdeu impulso, por uma ou outra razão de ordem política, tal valor mobiliário é aqui mencionado como fato passado. Porém, o mecanismo continua válido como instrumento de troca de passivos estatais por ativos detidos pelo Estado.

10.4.2 Certificado de depósito de valores mobiliários

Essa é a denominação genérica que indica que determinados valores mobiliários foram depositados e que a instituição depositária certifica tal ocorrência por meio de um segundo valor mobiliário detentor de vida própria e que pode ser negociado de forma independente. Tais valores mobiliários originários são custodiados em instituição financeira ou intermediadora do mercado de valores mobiliários previamente autorizados. De posse dos valores mobiliários, a instituição custodiante certifica que estão com ela depositados, servindo tal certificado como documento hábil para permitir a negociação dos valores mobiliários deles constantes.

Assim, tais certificados se comportam como valores mobiliários secundários, que espelham todos os direitos e deveres inerentes àqueles primários que foram emitidos e depositados. A origem desses valores mobiliários remonta à edição da Lei do Mercado de Capitais (Lei n. 4.728/1965),[31] que, em seu artigo 31, autorizou

---

31. "O art. 43 cria certificado de depósito de ações, da mesma natureza do conhecimento de depósito em armazém geral; é título emitido por instituição financeira, representativo de valores mobiliários por ela mantidos em depósito e que deverá substituir, na legislação em vigor, os 'certificados de depósito em garantia', regulados no art. 31 da Lei 4.728. O regime legal é o mesmo do conhecimento de depósito em armazém geral,

aos bancos de investimento a emissão de certificados de depósito em garantia.[32] Com a edição da Lei n. 6.404/1976,[33] foram contempladas, nominadamente, três hipóteses específicas para emissão de certificados, a saber, o certificado de depósito de ações (art. 43), o certificado de depósito de partes beneficiárias (art. 50, § 2º) e o certificado de depósito de debêntures (art. 63, § 1º). À época, a necessidade da existência dos certificados se justificava na medida em que, se houvesse a emissão de tais valores mobiliários com colocação junto ao público, os títulos emitidos sob a forma nominativa poderiam tornar-se ao portador por sua conversão específica ou pelo seu depósito, com a consequente emissão de certificados ao portador.

Hoje, a motivação para a emissão de tais certificados de depósito perdeu muito da razão de ser e isso devido ao término da possibilidade de emissão de valor mobiliário de outra maneira que não sob a forma nominativa, conforme comando legal restritivo estabelecido pela Lei n. 8.021/1990. Resultou, porém, na grande vantagem, para as companhias, de poderem retirar do emitente o enorme trabalho de escrituração e transferência de tais valores mobiliários quando negociados no mercado secundário. Desta feita, terceirizou-se tal tarefa a instituições que se especializaram e se aparelharam para tratar com grandes massas de transações diariamente, como é o caso das instituições bancárias e das custódias controladas pelas bolsas de valores.

Tal preceito, com o advento da Lei n. 10.303/2001, é estendido a todo e qualquer valor mobiliário, que, ao ser depositado, gera a emissão do respectivo "certificado de depósito" em instituição custodiante, passando este último a ser um valor mobiliário secundário que tem por colateral outro valor mobiliário primário. Em última análise, este valor mobiliário secundário certifica a existência válida do valor mobiliário primário, que é o real detentor do valor objeto da transação. Porém, mesmo antes de tal previsão, já se entendia que os certificados eram valores mobiliários subordinados à competência normativa da CVM.

---

com os ajustamentos decorrentes da diversidade da natureza dos bens objeto do depósito." (Mensagem n. 204 que acompanhou o projeto da vigente Lei Societária ao Congresso Nacional, em 1976).

32. "Art. 31. Os bancos referidos no art. 29, quando prèviamente autorizados pelo Banco Central e nas condições estabelecidas pelo Conselho Monetário Nacional, poderão emitir 'certificados de depósitos em garantia,' relativos a ações preferenciais, obrigações, debêntures ou títulos cambiais emitidos por sociedades interessadas em negociá-las em mercados externos, ou no País. § 1º Os títulos depositados nestas condições permanecerão custodiados no estabelecimento emitente do certificado até a devolução dêste. § 2º O certificado poderá ser desdobrado por conveniências do seu proprietário." Os parágrafos 3º e 4º não são relevantes para o assunto abordado neste ponto.

33. Com as alterações incorporadas posteriormente pelas Leis n. 8.021/1990, 9.457/1997 e 10.303/2001.

10.4.3 Certificado de investimento na indústria cinematográfica

São valores mobiliários representativos de "direitos de comercialização de obras e projetos específicos da área audiovisual cinematográfica brasileira de produção independente, bem como os de exibição, distribuição e infraestrutura técnica, apresentados por empresas brasileiras de capital nacional", que foram reguladas pela Instrução n. 208/1994, posteriormente consolidada pela Instrução n. 260/1997.

A sociedade emissora é a empresa dedicada à produção independente, ou aquela que apresente o projeto de exibição e distribuição de um filme. Diferentemente das demais situações, este valor mobiliário tem o seu pedido de registro e de distribuição feito pela própria emitente, sem a intervenção de uma empresa constante do sistema de distribuição de valores mobiliários, sendo que os certificados somente se incorporam ao projeto quando de sua oferta pública, podendo a sua distribuição realizar-se individualmente ou com a formação de consórcios de empresas componentes do sistema de distribuição de valores mobiliários.

O registro poderá ser feito de forma simplificada, caso a sociedade emissora busque, para a colocação de seus valores mobiliários, somente "investidores qualificados". Estes se caracterizam pela oferta de valores mobiliários com um valor individual muito mais alto, sendo sua distribuição restrita àqueles subscritores com os quais a emissora mantenha relações comerciais estreitas e habituais, devendo a tais subscritores acesso regular a informações sobre o projeto. A determinação do que seja "investidor qualificado", bem como seus requisitos, é dada pela CVM por meio de suas instruções. Por seu porte e pela ausência da exigência de dados para a emissão não simplificada, a Instrução n. 208/1994 determina que tais cotas só podem ser objeto de negociação privada.

De qualquer forma, quer seja a distribuição feita de forma simplificada ou não, a emitente deverá entregar aos possíveis compradores um exemplar do prospecto, com as informações em grau de detalhe conforme seja a amplitude que se busque quanto ao universo ofertado.

Como os investidores gozam de incentivo fiscal, concernente à redução do imposto de renda, manda a lei que os emitentes das cotas devam aportar no mínimo 40% do orçamento global do projeto na forma de recursos próprios. O acompanhamento do desenvolvimento financeiro do empreendimento é feito com a realização de assembleias de cotistas, a qual pode ser convocada pelo detentor de uma única cota. À assembleia de cotistas compete eleger um representante, o qual deverá ter pleno acesso aos livros e demais documentos contábeis, incumbindo a este eleito o ato de dar conhecimento da gestão do empreendimento aos demais detentores de certificados. O representante tem que ser detentor de certificado, não exercer qualquer cargo ou função na empresa emissora, nem lhe prestar assessoria ou serviço de qualquer natureza.

10.4.4 Certificado de recebíveis imobiliários

Com o objetivo de apoiar o crescimento do mercado imobiliário, criando a possibilidade de acesso a um fluxo de financiamento de longo prazo, foi editada a Lei n. 9.514/1997. O artigo 3º da lei autorizou, nos termos que vierem a ser regulados pelo Conselho Monetário Nacional, o direito de as companhias securitizadoras do crédito imobiliário — mesmo as companhias não financeiras, que tenham por objeto a aquisição e a securitização de tais créditos — emitirem e colocarem junto ao mercado os certificados de recebíveis imobiliários, podendo, inclusive, emitir outros valores mobiliários que visem capitalizar o empreendimento.

Pela Resolução n. 2.517/1998, o Conselho Monetário Nacional considerou os certificados de recebíveis imobiliários como uma espécie dos "certificados de depósitos de valores mobiliários", outorgando, como consequência, competência à Comissão de Valores Mobiliários para normatizar e fiscalizar a sua emissão e colocação, vez que as empresas securitizadoras são sociedades por ações de capital aberto. Em consequência, a CVM editou a Instrução n. 284/1998, a qual regulamenta a colocação pública dos certificados de recebíveis imobiliários – CRIs, pela qual os certificados passam a ser oferecidos de forma pública somente pelos componentes do sistema de distribuição de valores mobiliários. Posteriormente, alterações foram introduzidas pelas Instruções n. 356/2001, 414/2004, 442/2006, 443/2006 e 446/2006.

O financiamento pode ser concedido pelos componentes do Sistema Financeiro Imobiliário, o qual é composto pelos bancos comerciais ou de investimento — através de suas carteiras imobiliárias —, pelas sociedades de crédito imobiliário, pelas associações de poupança e empréstimo e pelas companhias hipotecárias. Para gerar recursos para o financiamento, a entidade financeira emite certificados de recebíveis imobiliários, que são títulos de crédito nominativos, de livre negociação, lastreados em créditos imobiliários, constituindo promessas de pagamento em dinheiro. Ou seja, a instituição do Sistema Financeiro Imobiliário financia o imóvel adquirido, e sobre tal garantia são emitidos os certificados. Como garantia do financiamento, o imóvel pode ser dado: (a) em hipoteca, (b) em cessão fiduciária de direitos creditórios decorrentes de contratos de alienação de imóveis, (c) em caução de direitos creditórios ou aquisitivos decorrentes de contrato de venda ou promessa de venda do imóvel ou (d) em alienação fiduciária, sendo que constituem garantia real o gravame constante dos três últimos itens. Cada certificado é vinculado ao devedor, ao imóvel, e expressará o valor nominal de cada crédito que lastreia a emissão.

Os certificados poderão ser objeto de securitização por empresa distinta daquela que realizou o financiamento, sendo a garantia dos créditos imobiliários expressamente vinculada à emissão da respectiva série de títulos de crédito, mediante a assinatura do Termo de Securitização de Créditos pela companhia securitizadora. O termo deverá identificar o devedor e o valor nominal que lastreia cada emissão, individualizando o imóvel a que esteja vinculado e a indicação do respectivo registro de imóvel e matrícula. A companhia securitizadora, por sua vez, poderá instituir o regime fiduciário sobre os créditos imobiliários recebidos, os quais servirão como colateral para a emissão dos certificados de recebíveis imobiliários.

Tais ativos são recebidos pela empresa securitizadora em caráter fiduciário; consequentemente, não podem integrar seu próprio ativo, remanescendo um patrimônio em separado, o qual somente poderá ser afetado enquanto lastro dos certificados de recebíveis imobiliários, respondendo apenas pelas obrigações afetas aos respectivos certificados. Como consequência, responde o fiduciário pelos prejuízos que vier a dar causa por descumprimento de disposição legal ou regulamentar, por negligência ou por administração temerária.

10.4.5 Certificado de depósito de valor mobiliário – DR (*depositary receipt*)

Este é o mecanismo pelo qual companhias abertas brasileiras que queiram negociar suas ações no mercado norte-americano (*american depositary receipt* – ADR), ou em outro mercado no exterior, que não o norte-americano (*international depositary receipt* – IDR), custodiam esses valores mobiliários em alguma instituição depositária sediada no Brasil, a qual certifica tal depósito e seus qualificativos a outra instituição financeira sediada no exterior onde as negociações bursáteis vão ocorrer, cabendo a esta segunda instituição emitir os certificados de depósito, valores mobiliários estes que serão negociados na respectiva bolsa de valores no exterior.

Se tais valores mobiliários forem escriturais, não haverá a necessidade da emissão dos respectivos certificados, valendo o comunicado do banco depositário no Brasil ao banco patrocinador sediado no exterior como documento para comprovação do proprietário inicial do valor mobiliário. A negociação do ADR na bolsa de Nova York implica a tarefa do banco norte-americano de cancelar em seus livros o antigo vendedor, bem como registrar o novo comprador. Tais registros são refletidos nos livros da instituição financeira brasileira, depositária das ações. Desta feita, a possibilidade de o detentor do *depositary receipt* resgatar o seu certificado de depósito será ou pela venda do mesmo ou quando, ao internalizar o recibo ou o lançamento escritural, faça com que haja o cancelamento do respectivo certificado ou lançamento contábil, passando à condição de detentor direto das ações no Brasil.

Em suma, este foi um mecanismo inicialmente criado pelo Direito norte-americano para permitir a negociação em seu território de ações emitidas por companhias sediadas em outros países. Mais tarde, tal mecanismo foi copiado por outros países, criando-se um símile com a emissão de seus próprios certificados de depósito, sendo que a normatividade é feita pelo país no qual a negociação dos DRs se dará, sendo, portanto, imprescindível a consulta à legislação estrangeira do respectivo país emitente.

10.4.6 Certificado de depósito de valor mobiliário – BDR (*brazilian depositary receipt*)

Com a abertura do mercado de valores mobiliários no Brasil, e de forma análoga aos ADRs emitidos nos Estados Unidos, tendo como suporte ações de empresas brasileiras negociadas no mercado norte-americano, foi editada a Instrução n. 255/1996, posteriormente sucedida pelas Instruções n. 321/1999, 331/2000, 332/2000 e 431/2006, que permitem o depósito de ação emitida por empresa sediada no exterior junto a instituição depositária localizada no Brasil. Esta emite os valores mobiliários (BDRs) representativos das ações depositadas, o qual é suscetível de negociação no mercado secundário brasileiro.

De acordo com a dicção empregada pela CVM, certificados de depósitos de valores mobiliários – BDRs são "os certificados representativos de valores mobiliários de emissão de companhia aberta, ou assemelhada, com sede no exterior e emitidos por instituição depositária no Brasil", sendo os correspondentes certificados de depósito emitidos "com base nos valores mobiliários custodiados no país de origem".[34] A empresa patrocinadora, ou seja, aquela emitente das ações no estrangeiro, deverá estar sob a fiscalização de entidade equivalente à nossa CVM.

Os BDRs classificam-se em três níveis, conforme o grau de dispersão que pode alcançar em função do respectivo mercado no qual seja ofertado. Assim, será classificado como nível I se a negociação ocorrer exclusivamente no mercado de balcão não organizado ou se a aquisição for feita por investidor qualificado; como nível II, se admitido o certificado para negociação no mercado de balcão organizado ou na bolsa de valores; e como nível III, se os certificados forem ofertados publicamente, conforme previsto no artigo 19, § 3º, da Lei n. 6.385/1976.

Como qualificativo estabelecido pela CVM, as empresas emitentes dos certificados, nos níveis II e III, devem possuir patrimônio líquido superior ao do montante da distribuição, além de contar com mais de três anos de funcionamento,

---

34. Art. 1º, I e III, da Instrução CVM n. 255/1996.

podendo tais requisitos, a critério da CVM, serem relevados para empresas sediadas na região do Mercosul. Como a emissora dos valores mobiliários encontra-se no exterior, a instituição depositária responde perante a Comissão de Valores Mobiliários por qualquer irregularidade na condução do programa, cabendo a ela manter atualizados, e à disposição da CVM, os demonstrativos referentes às movimentações diárias dos BDRs. Como ocorre com as propostas de emissão de valores mobiliários colocados por empresas brasileiras, pode a CVM denegar o registro de oferta junto ao mercado nacional, caso constate que tal oferta seja temerária ou inviável.

10.4.7 Certificado de investimento a termo em energia elétrica

Com base na autorização prevista no artigo 2º, II, da Lei n. 6.385/1976 — hoje renumerado para inciso III —, que adjudica à CVM a competência normativa sobre os certificados de depósito de valores mobiliários, foi editada a Instrução n. 267/1997, que regula a emissão e colocação de valores mobiliários "representativos de contratos mercantis de compra e venda a termo de energia elétrica". A emissão de tais certificados estava limitada às companhias abertas incluídas no programa de privatização. Ainda não foi discutida a competência da CVM para restringir tal possibilidade somente às companhias objeto do processo de privatização. Afinal, a capacidade de emissão de certificados não está adstrita, por lei, ao fato de se encontrar a companhia listada no processo de privatização. De outro lado, os certificados a termo de energia elétrica não representavam um depósito de algum valor mobiliário, mas eram certificados de uma negociação presente para entrega futura de energia elétrica. Hoje, após a edição da Lei n. 10.303/2001, a discussão não mais se mantém, dada a abrangência com que foi contemplado o artigo 2º da Lei n. 6.385/1976.

O que aconteceu antes da Lei n. 10.303/2001 é que uma única empresa, a Centrais Elétricas de São Paulo – Cesp, havia feito uma primeira emissão dos certificados, sendo admoestada pela CVM de que o lançamento deveria contar com a aprovação prévia da autarquia. A Cesp, por seu lado, arguiu a inexistência de competência da CVM, devido ao fato de que sua autoridade era explicitada em lei e esta contemplava os certificados que representassem depósito de outro valor mobiliário, o que não seria o caso. Após a realização do primeiro lançamento, chegou-se a um acordo, segundo o qual a empresa emitente não se insurgiria com a edição da Instrução n. 267/1997, arguindo que ela fora além de sua competência legal e, em contrapartida, seria autorizada a oferta de uma segunda emissão, passando esta sim pelo crivo da Comissão de Valores Mobiliários. Por se tratar de uma empresa controlada pelo Estado de São Paulo, ficou estabelecido que os certificados seriam colocados por meio de leilão público específico, para que a formação de preço fosse absolutamente transparente, sendo a negociação secundária ocorrida necessariamente no recinto da bolsa de valores.

Quando do vencimento, o certificado poderia ser liquidado mediante resgate físico; ou seja, os certificados têm força liberatória contra dívidas dos usuários dos serviços elétricos. O resgate também se dava pela liquidação financeira, através do pagamento do valor do principal do certificado, acrescido da remuneração contratada. Com a primeira hipótese, fixou-se o preço do kWh quando do lançamento do certificado e, como este passou a ter poder liberatório do kWh consumido e constante da conta cobrada pela emitente do certificado, criou-se um mercado em que o ganho pode ser financeiro (a remuneração acrescida do principal) ou a variação do preço da energia elétrica. Podem os certificados serem resgatados antecipadamente, mediante sorteio ou leilão, conforme o estipulado no contrato de venda e compra.

O registro de distribuição pública era requerido à CVM através de uma instituição constante do sistema de distribuição de valores mobiliários, sendo a distribuição pública iniciada após a concessão do registro, publicação do aviso de início de distribuição e colocação do prospecto à disposição dos eventuais investidores. Hoje em dia, o mercado não à vista de energia elétrica é uma realidade que conta com um mercado secundário de negociação e um sistema de liquidação dos contratos.

10.4.8 Certificado de potencial adicional de construção – Cepac

Com a edição da Lei n. 10.257/2001, abriu-se a possibilidade de que os municípios possam regular as denominadas "operações urbanas consorciadas", em espaço delimitado, com o objetivo de alcançar em uma dada área as transformações urbanísticas estruturais buscadas, as melhorias sociais e a valorização ambiental.[35] A lei que criar a possibilidade da operação urbana consorciada poderá prever, como forma de financiamento das transformações urbanísticas, que possa a municipalidade emitir quantidade determinada de "certificados de potencial adicional de construção", os quais serão alienados pelo município, em leilão público, ou utilizados diretamente no pagamento das obras necessárias à própria operação.

Esses certificados são livremente negociados, tendo como objetivo final a conversão em direitos de construção em montante excedente ao constante da lei de zoneamento e aproveitamento do solo da municipalidade. Assim, uma vez apresentado o pedido de licença para construir, poderá o certificado ser utilizado em pagamento da área de construção que supere aquele estabelecido pela legislação, até o limite máximo fixado pela lei específica que aprovar a operação urbana

---

35. Vide artigos 32 e 34 da supramencionada Lei.

consorciada. Tais valores mobiliários têm seu preço fixado por sua demanda em determinadas áreas, demanda essa nascida da procura pelo setor da construção civil, cujos limites estabelecidos na legislação municipal que não conte com a exceção do direito adicional de construção fiquem aquém da demanda real.

Com base nessa lei a CVM edita a Instrução n. 401/2003, considerando como valor mobiliário os Cepacs, quando ofertados publicamente. Aqui, e pela primeira vez, se reconhece que o valor mobiliário tem duas características necessárias e suficientes para ser um valor mobiliário: (i) a primeira, ser um contrato de investimento, daí decorrendo a expectativa de lucro, e (ii) a segunda, que este contrato de investimento necessariamente seja ofertado ao público poupador.

Ou seja, se os Cepacs não forem objeto de oferta pública, falece o poder de polícia da autarquia. A instrução da CVM permitiu que tais valores mobiliários possam ser negociados fora da bolsa de valores, bem como fora do mercado de balcão organizado, tendo como único cuidado colocar na capa do prospecto aviso de que "os valores mobiliários objeto da presente oferta não serão negociados em bolsa de valores ou em sistema de mercado de balcão organizado, não podendo ser assegurada a disponibilidade de informações sobre os preços praticados ou sobre os negócios realizados".

Talvez esta seja a única espécie de valor mobiliário em relação à qual a CVM abriu mão de seu poder de exigir um fluxo de informações ao investidor, possibilitando que a formação do preço do valor mobiliário ficasse conscientemente obscurecida. Essa possibilidade pode ser decorrente do fato de que a instrução deu ao município a competência de, através de sua administração direta ou indireta, promover o leilão de colocação desses valores mobiliários, sendo, possivelmente, a única modalidade de acesso ao público sem que haja a intervenção de uma instituição componente do sistema de distribuição de valores mobiliários, conforme se lê no artigo 5º da Instrução, segundo o qual "o pedido de registro da operação será formulado pelo Município emissor [...]". Porém, o artigo 18 da mesma instrução diz que "o Município deverá contratar instituição integrante do sistema de distribuição de valores mobiliários que atuará, em conjunto com o Município, nos pedidos de registro, na colocação dos CEPACs no mercado, e nas comunicações com a CVM e com o mercado".

Assim é que se fica sem saber se o pedido de registro da operação é feito diretamente pela Prefeitura Municipal, a qual irá apresentar diretamente toda a documentação à CVM, cabendo também a ela apresentar as atualizações de dados e os relatórios relativos à aplicação dos recursos levantados pela oferta pública, ou se será feita pela instituição do mercado de distribuição ou por ambas. A única função específica atribuída pela CVM à instituição do sistema de distribuição de valores mobiliários será a fiscalização dos recursos levantados junto ao mercado. O fluxo de informações inicial é aquele constante do prospecto que deverá ser oferecido ao potencial investidor, sendo que as informações que devam constar do prospecto são mandatórias.

10.5 Fundos de investimento coletivo[36]

Muito embora os fundos de investimento sejam, em nosso ordenamento jurídico, muito mais recentes do que as ações ou as debêntures, é de se sublinhar a enorme importância que eles ganharam na vida econômica do país nos poucos anos de sua existência.[37] O enorme sucesso desses mecanismos de captação de poupança popular mostrou uma significativa mudança no relacionamento entre o investidor inicial e o tomador final dos recursos. Isso porque, quando levamos em consideração as aplicações em ações ou debêntures, o relacionamento se dava, tradicionalmente, de forma direta entre o investidor e o investido. Assim, em uma emissão de ações, os subscritores dos papeis eram os seus tomadores finais.

Com a criação dos fundos de investimento, estes passaram a representar um nível intermediário profissionalizado que atua entre o investidor inicial e o tomador final dos recursos. Ou seja, o subscritor de cotas em determinado fundo de investimento fornece os recursos financeiros para que sejam aplicados pelo gestor do fundo em imóveis, ações ou outro ativo que companha o objetivo de investimento do fundo. A partir desse momento o relacionamento com o ente investido se dá por intermédio do fundo aplicador, remanescendo a relação final constituída entre o fundo gestor e seus cotistas investidores.

O mundo acadêmico, até a edição da Lei n. 10.303/2001, gastou muita tinta e papel discutindo se as cotas dos fundos seriam ou não valores mobiliários, mas talvez esta seja uma longa e inconclusa discussão que caberá somente ao mundo dos conceitos, sem qualquer reflexo no universo do financiamento. No campo da lei posta a dúvida também não é capaz de produzir maior ruído, na medida em que, para os efeitos da legislação brasileira, as cotas dos fundos de investimento sao tidas como valores mobiliários, nos termos do inciso VIII do artigo 2º da Lei n.

---

36. Este trabalho já se encontrava em fase de produção gráfica quando a CVM editou, em 17 de dezembro de 2014, a Instrução que "dispõe sobre a constituição, a administração, o funcionamento e a divulgação de informações dos fundos de investimento". Essas modificações tornam boa parte dos comentários abaixo total ou parcialmente ultrapassados, os quais, em havendo oportunidade, serão atualizados no futuro.

37. Segundo levantamento da CVM, em 2012 haviam 13.165 fundos de investimento registrados, entre operacionais e pré-operacionais. Já em 2013, esse número aumentou para 14.278 fundos, sendo 12.511 Fundos 409, 397 FIDC, 827 FIP, 88 FMP-FGTS, 57 FICFIP e o saldo distribuído entre os demais fundos de investimento. No ano de 2012, as aplicações em fundos de investimento montaram a pouco mais de R$ 92 bilhões, representando, no mesmo ano, o segundo maior investimento feito junto ao mercado de valores mobiliários, sendo superado somente pelas aplicações em debêntures. Vide Relatórios da CVM relativos aos anos de 2011 e 2012.

6.385/1976,[38] ou, se preferirem, enquanto contrato de investimento coletivo, conforme item IX do mesmo artigo. A Lei n. 6.385/1976, de maneira bastante pragmática, evita entrar nessa desnecessária discussão ao comandar que a competência da CVM se aplica quer as cotas sejam de emissão de fundos com investimento em valores mobiliários ou de clube de investimento em quaisquer ativos. O objetivo principal que norteou a criação da Comissão de Valores Mobiliários foi o de proteger os investidores quando forem objeto de uma oferta pública de investimento, como no caso das ofertas de cotas dos fundos de investimento.

Deixando de lado essa discussão, o que há de se repisar é que os fundos de investimento, enquanto mecanismo de financiamento dos mais variados tipos de empreendimentos, como já mostrado acima, atingiram uma importância surpreendente em pouco tempo, chegando a valores muito mais expressivos do que o mundo das emissões e transações com ações.[39] De outro lado, é de se prestar atenção ao fato de que os fundos de investimento são objeto de regulação quase que exclusivamente por meio de atos administrativos emanados da CVM e alguma coisa originada de comandos do Conselho Monetário Nacional.[40] Esse fato dá ao órgão regulador do mercado de valores mobiliários uma capacidade normatizadora pouco vista nos ordenamentos nacionais. Se de um lado tal vácuo legislativo torna a normatização muito mais rápida, de outro permite a possibilidade da prática do arbítrio, tornando quase que letra morta o preceito constitucional segundo o qual ninguém é obrigado a não ser pela *lei*. Esta experiência singular em nosso Direito faz coabitar sob o mesmo teto o legislador, o julgador e o aplicador das punições.

10.5.1 São os fundos de investimento contratos derivados?

Se levarmos em consideração que contratos derivados são aqueles que têm como suporte econômico o investimento primário, concluiremos que alguns fundos de investimento têm como antecedente outro valor mobiliário, tal como ocorre com aqueles especializados em investimento de renda variável, ou com os fundos que investem em ações ou na variação do índice das ações mais movimentadas em dada bolsa de valores. Mas, ao mesmo tempo, teremos outros fundos especializados na aquisição de bens imóveis destinados à locação ou mesmo venda em

---

38. "Art. 2º – São valores mobiliários sujeitos ao regime desta Lei: [...] VIII – outros contratos derivativos, independentemente dos ativos subjacentes."
39. Da consulta feita junto à CVM, até a metade do mês de novembro de 2012, vê-se que só as quotas de investimento em fundos imobiliários representaram mais do que o dobro dos lançamentos em ações, sem levar em consideração os demais fundos de investimento.
40. O único fundo de investimento que foi objeto de lei é o Fundo de Investimento Imobiliário, que necessitava de lei para alterar determinados procedimentos junto ao registro de imóveis, bem como criar determinadas exceções a artigos específicos do Código Civil.

momento oportuno de mercado. Tais fundos têm como ativo subjacente um bem imóvel e não um valor mobiliário.

Ou seja, os fundos de investimento podem ou não ter suas cotas consideradas como contratos derivados, dependendo de a caracterização do ativo subjacente ser ou não valor mobiliário. Entretanto, com o acréscimo dos valores mobiliários criados pela Lei n. 10.303/2001, foram colocados dentro do campo regulatório da CVM "outros contratos derivativos, independentemente dos ativos subjacentes", conforme se lê no item VIII do artigo 2º do texto consolidado da Lei n. 6.385/1976. Assim, independentemente do que seja o contrato derivado, foi em muito ampliado o campo normativo da Autarquia.

Outro ponto distintivo a ser sublinhado é aquele que mostra que os contratos derivados tradicionais, como os relativos a opção, termo e futuro, são diferidos no tempo. Ora, os fundos de investimento não possuem essas características, já que a sua realização independe de evento futuro com data determinada para exercício ou não.

Além disso, os fundos de investimento diferenciam-se, no que tange à realização de suas cotas, em fundos abertos e fechados. Os abertos são aqueles em que o cotista pode resgatar seu investimento antes da liquidação do fundo. Nos fechados, os cotistas só encontram liquidez via alienação de suas cotas ou na liquidação do fundo.

Os fundos de investimento foram trazidos ao mundo legal pela inovadora Lei n. 4.728/1965, que contemplou a possibilidade de criação das sociedades de investimento em seu artigo 49 e dos fundos de investimento em seu artigo 50.[41] Foram eles utilizados para canalizar poupança privada para determinadas finalidades buscadas pelo ente estatal — desde a busca do desenvolvimento regional até a formação de grupos para a realização de investimentos especializados, como nos casos abaixo discutidos.

Essas estruturas são condomínios voluntários, nascidos de uma comunhão de interesses, formados pela propriedade comum de bens móveis ou imóveis, sem que com sua constituição nasça uma pessoa jurídica. O valor dos bens aportados ao condomínio de interesses reverte os investidores na forma de cotas, cada uma representando um voto, sendo que o objetivo comum se materializa na forma de regras constitutivas ou nascidas de deliberação dos investidores, além da obediência às regras cogentes nascidas da lei ou dos normativos do Conselho Monetário

---

41. "Art. 50 – Os fundos em condomínios de títulos ou valôres mobiliários poderão converter-se em sociedades anônimas de capital autorizado, a que se refere a Seção VIII, ficando isentos de encargos fiscais os atos relativos à transformação."

Nacional, da Comissão de Valores Mobiliários e, se for de sua competência, do Banco Central.

Enquanto investimento coletivo, os fundos estabelecem dois tipos distintos de relacionamento. Um deles, externo ao fundo, é o ordenamento de direitos e deveres entre os cotistas, relação esta ordenada pelas regras legais, tais como as previstas no Código Civil[42] ou na legislação concernente aos valores mobiliários e no regramento administrativo baixado pela CVM. Porém, é de fundamental importância o acompanhamento das regras estabelecidas no regulamento do fundo, ao qual o investidor adere.

Ou seja, o fundo também manifesta relacionamentos internos, vale dizer, as decisões tomadas nas reuniões de cotistas, que vão desde a aprovação de contas dos gestores do fundo até sua eventual substituição; a discussão da política de investimento até o ir a juízo contra aquele que prejudique o legítimo interesse do condomínio.

Conforme o artigo 1.314 do Código Civil, o condômino pode usar da coisa de acordo com sua destinação, que, no caso dos fundos de investimento, resume-se ao acompanhamento da gestão do patrimônio comum e de seus resultados com a percepção dos rendimentos devidos, bem como do principal quando da extinção do condomínio ou da alienação da cota a terceiro.

Como todo investimento coletivo, os fundos nascem com a oferta de cotas à subscrição pública, oferta esta feita pela instituição financeira autorizada a tanto. Também como nos demais investimentos coletivos, os aderentes manifestam suas vontades positivas através da subscrição das cotas com os respectivos aportes de recursos e com a adesão às regras propostas pelo instituidor do fundo. A partir desse momento, o fundo também se move pelas deliberações tomadas pelos investidores reunidos em assembleia, dentro do marco legal e regulatório existente.

Nos demais investimentos coletivos remanesce a necessidade de análise caso a caso para se saber até que ponto pode a maioria dos cotistas deliberar sobre cláusulas relevantes e que determinaram a razão de investir de cotistas minoritários. Em outras palavras, naquilo que não contrarie a lei e o ordenamento da Administração Pública, pode a maioria modificar a política de investimento, por exemplo, ou tal fato daria o direito de retirada do descontente, mesmo em se tratando de fundo fechado?

Hoje, há, no que concerne ao aspecto normativo, duas grandes categorias, a saber: os fundos de investimento detentores de regramento específico e os fundos de investimento surgidos após a edição da Instrução CVM n. 409/2004. Estes

---

42. Vide arts. 1.314 a 1.358 do Código Civil.

últimos são contemplados pelo regramento comum, não contando com normas específicas como os primeiros. Porém, em ambas as espécies os fundos emitem documento representativo da participação, denominados "certificados".

A normatização baixada pela Instrução n. 409/2004 teve o condão de buscar unificar o regramento dos fundos de investimento, evitando que cada um deles fosse detentor de um conjunto de regras não necessariamente uniforme em relação aos demais, facilitando a vida dos administradores e dos investidores. Assim, em resumo, temos dois conjuntos distintos de regramentos: de um lado, os criados posteriormente à edição da Instrução n. 409/2004; de outro, os fundos criados anteriormente, e que da Instrução são excluídos taxativamente.[43]

No que diz respeito aos fundos de investimento, duas dificuldades surgem. A primeira, que a capacidade inventiva do mercado tende ao infinito, derivando tal constatação do fato de que qualquer ativo pode ser objeto de incorporação do fundo, desde que haja expectativa de lucro. A segunda deve-se à multifária normatização, uma para cada fundo, o que certamente será consolidado pela CVM no futuro.

10.5.2 O regramento geral dos fundos de investimento coletivo

As cotas de participações em fundos de investimento são valores mobiliários, conforme previsão do inciso V do artigo 2º da Lei n. 6.385/1976, acréscimo este introduzido pela Lei n. 10.303/2001. Tendo por base o dispositivo de lei, a Comissão de Valores Mobiliários edita a Deliberação n. 461/2003, a qual avoca a si a competência para regular e fiscalizar os fundos de investimento, mesmo os financeiros até então regulados pelo Banco Central, bem como os que viessem a ser criados daquela data em diante.

---

43. "A presente Instrução dispõe sobre normas gerais que regem a constituição, administração, o funcionamento e a divulgação de informações dos fundos de investimento e fundos de investimento em cotas de fundo de investimento definidos e classificados nesta Instrução. Parágrafo único: Excluem-se da disciplina desta Instrução os seguintes fundos, regidos por regulamentação própria: I – Fundos de Investimento em Participações; II – Fundos de Investimento em cotas de Fundos de Investimento e Participações; III – Fundos de Investimento em Direitos Creditórios; IV – Fundos de Investimento em Direitos Creditórios no Âmbito do Programa de Incentivo à Implementação de Projetos de Interesse Social; V – Fundos de Investimento em Cotas de Fundos de Investimento em Direitos Creditórios; VI – Fundos de Financiamento da Indústria Cinematográfica Nacional; VII – Fundos Mútuos de Privatização – FGTS; VIII – Fundos Mútuos de Privatização – FGTS – Carteira Livre; IX – Fundos de Investimento em Empresas Emergentes; X – Fundos de Índice, com Cotas Negociáveis em Bolsa de Valores ou Mercado de Balcão Organizado; XI – Fundos Mútuos de Investimento em Empresas Emergentes – Capital Estrangeiro; XII – Fundos de Conversão; XIII – Fundos de Investimento Imobiliário; XIV – Fundo de Privatização – Capital Estrangeiro; XV – Fundo Mútuo de Ações Incentivadas; XVI – Fundos de Investimento Cultural e Artístico; XVII – Fundos de Investimento em Empresas Emergentes Inovadoras; XVIII – Fundo de Aposentadoria Individual Programada – FAPI; XIX – Fundos de Investimento em Direitos Creditórios Não-Padronizados."

Em suma, todos os fundos de investimento e os agentes atuantes enquanto lançadores de cotas, os investidores e os agentes de intermediação passaram a subordinar-se ao regramento e fiscalização da CVM. Com tal previsão legal, um número expressivo de fundos foi montado para atender ao financiamento dos mais variados setores da economia nacional, além daqueles nascidos anteriormente por previsão de lei ou das determinações do Conselho Monetário Nacional.

A gênese de tal modalidade de investimento pode ser apontada nos fundos mútuos de ações, estabelecidos pela Resolução n. 1.280/1987 do Conselho Monetário Nacional. A partir dessa data, inúmeros fundos passam a existir, funcionando como aglomerado de investidores ligados por regras estatutárias específicas, administrados por entidades pertencentes ao sistema de distribuição de valores mobiliários e regrados e fiscalizados pela Comissão de Valores Mobiliários.

Nem todos os fundos ainda continuam ativos, muito embora as respectivas legislações de ordem administrativa pertinentes ainda se encontrem vigentes. Esses fundos, que hoje estão inativos por mudanças da realidade econômica, são: (i) Fundo de Conversão de Capital Estrangeiro (Instrução n. 78/1988); (ii) Fundo Mútuo de Privatização integralizado com Certificados de Privatização (Instrução n. 141/1991); (iii) Fundo de Privatização integralizado com direitos de conversão de créditos sujeitos a acordos de reestruturação da dívida externa brasileira – Depositary Facilities Agreement (Instrução n. 142/1991); (iv) Fundo Mútuo de Privatização integralizado com créditos e títulos representativos da dívida externa brasileira (Instrução n. 157/1991); (v) Fundo Mútuo de Investimento em Ações – Carteira Livre, destinado aos leilões de privatização de companhias abertas (Instrução n. 241/1996); (vi) Fundo Mútuo de Privatização – FGTS (Instrução n. 279/1998).

Existe, ainda, um segundo grupamento constituído de normas destinadas a possibilitar a capitalização de setores, os quais, entretanto, quer pela especialização, quer pela pouca demanda do mercado, permaneceram razoavelmente inativos, tais como: (i) Fundo Mútuo de Ações Incentivadas (Instrução n. 153/1991); (ii) Fundo Setorial de Investimento em Ações do Setor Mineral (Instrução n. 171/1992); (iii) Fundo Mútuo de Investimento em Ações – Carteira Livre (Instrução n. 177/1992); (iv) Fundo de Conversão – Capital Estrangeiro (Instrução n. 227/1994); (v) Fundo de Financiamento da Indústria Cinematográfica – Funcine (Instrução n. 398/2003); (vi) Fundo de Investimento em participações que obtenham apoio financeiro de organismo de fomento (Instrução n. 406/2004); (vii) Fundo de Investimento em Empresas Emergentes – Capital Estrangeiro (Instrução n. 278/1998); (viii) Fundo de Investimento Cultural e Artístico (Instrução n. 186/1992); (ix) Fundo Setorial de Investimento em Ações (Instrução n. 149/1991).

Outros fundos, entretanto, permanecem ativos com maior ou menor demanda pelo mercado. Destes que detém normas específicas, os mais relevantes, em termos econômicos, são os (i) Fundo de Investimento em Direitos Creditórios, (ii) Fundo de Investimento em Cotas de Fundos de Investimento em Direitos Creditórios e (iii) Fundo de Investimentos Imobiliários, os quais continuam com seu regramento próprio. Como se detalhará mais adiante, os fundos, quanto à negociabilidade, podem ser abertos ou fechados.

No que diz respeito à maneira de negociar suas cotas, estas podem ser transacionadas de forma pública, através da bolsa de valores ou mercado de balcão organizado; podem também ser objeto de negociação privada quando o regramento de um dado fundo assim o permita. Quanto à diversidade dos cotistas, podem ser nascidos de uma oferta pública das cotas, ou fundos exclusivos. Quanto à capacidade financeira do investidor, podem ser fundos destinados a investidores qualificados ou não. Investidores qualificados são aqueles que, pelo porte de seus patrimônios ou pela expertise de que necessariamente devem ser detentores, prescindem da proteção que deve ser dada ao pequeno capitalista.

Desta feita, são considerados investidores qualificados: (i) as instituições financeiras; (ii) as companhias seguradoras; (iii) as sociedades de capitalização; (iv) as entidades de previdência complementar e (v) as pessoas físicas ou jurídicas que possuam investimentos financeiros em valor superior a R$ 300.000,00 e que firmem termo produzido pela CVM no qual se declarem como tais. Finalmente, o fundo pode ser investidor direto ou ser cotista investidor em outros fundos de investimento.

No caso de investidor qualificado, o administrador deverá sempre deter documentação necessária e suficiente para que a Comissão de Valores Mobiliários possa saber quem é o investidor final, mesmo porque, por determinação legal, todos os valores mobiliários deverão sempre ter a forma nominativa e, no caso dos fundos de investimento, revestir-se da forma escritural.

Quanto à sua natureza jurídica, o fundo de investimento é uma comunhão de recursos, constituída sob a forma de condomínio, destinado à aplicação em títulos e valores mobiliários, bem como em quaisquer outros ativos disponíveis no mercado financeiro e de capitais.

O movimento inicial para sua criação parte de uma deliberação de um administrador, ao qual incumbe aprová-lo e submetê-lo à CVM para exame e aprovação. Somente após tal ato poderá ele oferecer as cotas do fundo ao público. A atividade de administrador destina-se a prestar, por si ou parcialmente por terceiro contratado, os serviços necessários ao funcionamento e à manutenção do fundo.

A contratação de terceiros, que é feita pelo administrador, consta de uma lista fechada, sendo que os serviços por eles prestados cingem-se ao campo da: (i) gestão da carteira do fundo; (ii) consultoria de investimentos; (iii) atividade de tesouraria, controle e processamento dos valores mobiliários; (iv) distribuição de cotas; (v) escrituração da emissão de cotas; (vi) custódia dos valores mobiliários e (vii) auditoria independente. A opção de contratar ou não terceiros especializados está adstrita às tarefas constantes dos itens (i), (ii) e (vii), sendo as demais de contratação obrigatória, sendo que, nestes casos, os terceiros contratados respondem solidariamente junto com o administrador pelos eventuais prejuízos causados aos cotistas por conduta contrária à lei ou às normas da CVM.

Naqueles outros atos que dependam somente da ação do administrador a responsabilidade é solitária do gestor. Ambos, se contratada a prestação de algum dos serviços acima mencionados, compõem a denominada "gestão da carteira", a qual é entendida como sendo uma gestão profissional que pode ser feita por pessoa natural ou jurídica credenciada como administradora de carteira de valores mobiliários pela CVM, cabendo ao gestor a capacidade de comprar e vender valores mobiliários em nome do fundo.

Pela prestação de seus serviços, o administrador recebe remuneração saída da taxa de administração, a qual também se destina a custear os serviços necessários ou opcionais prestados por terceiros contratados pelo administrador. Essas taxas de administração são fixadas pelo administrador quando da constituição do fundo e só podem ser aumentadas com a aprovação dos cotistas reunidos em assembleia.

Desta feita, antes de aderir ao fundo o investidor saberá a quanto monta a taxa de administração e seu aumento só poderá ocorrer com a concordância dos comunheiros. Entretanto, pode o administrador reduzir unilateralmente a taxa de administração, devendo de tal fato dar conhecimento à CVM.

A taxa pode contemplar uma remuneração extra a título de sucesso, desde que, nos fundos abertos, o valor da cota não seja inferior quando do último pagamento da taxa. Para os cotistas que sejam considerados investidores qualificados, pode o regulamento contemplar um prêmio de sucesso. Caso o fundo seja investidor em outros fundos, e destinado a investidores não qualificados, o regulamento deverá prever não só a sua taxa de administração, mas também a dos fundos nos quais irá adquirir cotas.

A gestão proíbe ao administrador a prática de atos que possam gerar confusão entre seu patrimônio e o do fundo. Assim, estão eles proibidos de: (i) receber depósitos em conta corrente; (ii) contrair ou efetuar empréstimos; (iii) prestar fiança, aval, aceite ou coobrigar-se sob qualquer forma; (iv) realizar operações fora de bolsa ou do mercado de balão organizado, salvo nos casos de distribuição pública, de exercício de direito de preferência ou de conversão de debêntures em ações e (iv) prometer rendimento aos cotistas.

Como para os gestores de companhias abertas, estabelece a norma da CVM que os administradores de fundos de investimento detêm o dever de diligência, não só defendendo os direitos dos cotistas no mercado, mas também, se for o caso, judicialmente. O dever de diligência implica a gestão do fundo de sorte a que, na existência de qualquer conflito de interesse, este seja resolvido a favor do cotista.

O administrador do fundo existe desde o momento de sua constituição, sendo que os investidores adquirem cotas de um fundo já existente, aprovado previamente pela CVM e com a gestão já implantada.

Entretanto, o gestor pode ser descredenciado pela CVM, hipótese na qual deverá a Autarquia designar um administrador temporário, até a realização de uma assembleia de cotistas. Neste caso, deve o administrador descredenciado convocar a assembleia de cotistas para deliberar, no prazo de 15 dias do descredenciamento, sobre a contratação de novo gestor; caso não o faça, tal ato deverá ser feito pela CVM.

Pode o administrador renunciar, situação na qual deverá permanecer no exercício de sua função até sua efetiva substituição pela assembleia de cotistas. A troca deverá ocorrer no prazo máximo de 30 dias, sob pena de, em não o fazendo, ocorrer a liquidação do fundo pelo administrador renunciante. Poderá, finalmente, haver a destituição do administrador pela assembleia de cotistas.

Enquanto gestor do fundo, o administrador deve a ele e seus cotistas os deveres fiduciários inerentes aos gestores de patrimônio de terceiro, não podendo praticar ato em conflito com os interesses do fundo e seus cotistas, os quais deverão receber do administrador o mesmo tratamento, aí entendidos a mesma transparência e volume de informações. Ou seja, independem do volume de cotas o tratamento e as informações dadas a todos os cotistas. Para o gestor, todos são merecedores, e de forma obrigatória, do mesmo tratamento.

Quando de sua constituição, pode o fundo ser criado sob a forma de condomínio aberto ou fechado. Na primeira modalidade, suas cotas podem, por solicitação do cotista, ser resgatadas a qualquer tempo. Se fechado, as cotas do fundo só podem ser resgatadas ao término do prazo de sua existência.

Se houver previsão regulamentar, o fundo pode contemplar a possibilidade de amortização parcial das cotas ou parcial do valor patrimonial de cada cota, desde que esta se dê de forma equitativa entre os cotistas, sendo a amortização possível quer para os fundos abertos, quer para os fechados.

Na hipótese do resgate, entretanto, este não poderá ocorrer caso haja situação excepcional de iliquidez dos ativos componentes do fundo, ou em caso de pedido de resgate que seja incompatível com a liquidez existente, ou que possa ocasionar uma carga tributária mais onerosa ao fundo.

Nessas duas hipóteses acima, poderá o administrador negar o resgate, convocando, no prazo máximo de um dia, uma assembleia geral extraordinária para deliberar, no prazo de 15 dias, a contar da negativa do administrador, sobre: (i) substituição do administrador, do gestor ou de ambos; (ii) reabrir ou manter o fechamento dos resgates; (iii) analisar o pagamento do resgate com ativos do fundo;

(iv) cisão do fundo ou (v) liquidação do fundo, com a comunicação imediata à CVM. De qualquer forma, responde o administrador pelos prejuízos causados aos cotistas pelo não exercício dos poderes que a Instrução n. 409/2004 lhe confere.

A cota do fundo corresponde à fração ideal de seu patrimônio, sendo emitida na forma escritural e nominativa, sendo que a qualidade de cotista é dada pela inscrição do nome do titular no registro de cotistas do fundo. O valor de cada cota flutua diariamente, conforme varie o valor dos ativos que compõem o fundo, sendo o seu valor diário aquele existente quando do fechamento do mercado em que ele atue.

Isso significa que, em determinados tipos de investimento, o valor da cota poderá aumentar ou diminuir, chegando mesmo a ficar negativo. Nesta última situação, os cotistas respondem pelo patrimônio negativo do fundo, respondendo o administrador e o gestor, se houver, perante os cotistas, pela inobservância das políticas de investimento ou dos limites de concentração previstos no regulamento do fundo.

A circulabilidade da cota deverá ocorrer no mercado secundário, se aberto for o fundo, não podendo haver cessão ou transferência privada da cota, salvo por ordem judicial ou por sucessão hereditária, cabendo ao administrador do fundo verificar o cumprimento da regra. Se fechado, entretanto, poderá ocorrer a transferência da cota por cessão, ou por negociação no mercado secundário onde as cotas do fundo sejam negociadas.

Como os fundos são previamente registrados junto à CVM, estabelece a Instrução n. 409/2004 que a distribuição de cotas dos fundos abertos independe de registro prévio, o mesmo se dando com a distribuição de cotas de fundos fechados destinados somente a investidores qualificados. Disso resulta que, para os fundos abertos em geral, a distribuição de cotas independe de registro prévio junto à CVM, sendo que a distribuição das cotas junto ao mercado só poderá ocorrer por intermédio de instituição componente do sistema de distribuição de valores mobiliários. Assim, inexiste a duplicidade de registro do fundo e do registro da emissão, como ocorre com outras hipóteses de valores mobiliários.

Já para os fundos fechados, não há a necessidade de a distribuição das cotas ser precedida do registro de oferta pública; no caso da oferta destinada a investidores qualificados, o protocolo de envio da documentação é condição necessária e suficiente para o início do processo de distribuição. Uma vez iniciado o processo de subscrição de cotas, deve estar encerrado no prazo de até 180 dias.

Caso haja alteração nas condições da oferta, por tentativa de adequação às condições de mercado, ocorrerá que: (i) aqueles que já subscreveram cotas poderão, em desejando, retirar-se do investimento, com a devolução do montante pago, acrescido do eventual rendimento auferido, já que no período de subscrição as quantias recebidas são depositadas em bancos e aplicadas em títulos públicos federais ou em fundos de investimento de renda fixa; (ii) há o início de um novo prazo de 180 dias para a colocação das cotas.

A CVM vem desde sua criação buscando implantar a política pública pela qual o investidor em valores mobiliários deve ser credor diligente de seus haveres e dos direitos que dispõe para defendê-los. Para tanto, a Instrução n. 409/2004 ordena que o cotista, ao ingressar no fundo de investimento, deve atestar por escrito que recebeu o regulamento e o prospecto, que está ciente da política de investimento desenhada pelo administrador, bem como dos riscos que está assumindo, inclusive da possibilidade de, conforme o tipo de investimento, haver patrimônio negativo e, como consequência, ser o investidor obrigado a aportar tantos recursos quanto necessários para tornar o patrimônio positivo ou zerá-lo.

Como instrumento de informação, o prospecto deve conter todas as informações que sejam relevantes para a formação da opinião de um eventual investidor. Como o investidor pode ser alguém com conhecimento do mercado, mas também pode ser alguém sem expertise, manda a CVM que o prospecto seja escrito em "linguagem clara e acessível ao público alvo do fundo", contendo necessariamente determinadas informações mínimas,[44] podendo conter outras informações que o

---

44. Tais informações mínimas são as constantes dos incisos do artigo 40 da Instrução n. 409/2004, a saber: "I- metas e objetivos do fundo, bem como seu público alvo; II- política de investimento e faixas de alocação de ativos, discriminando o processo de análise e seleção dos mesmos; III- relação dos prestadores de serviços do fundo; IV- especificação, de forma clara, das taxas e demais despesas do fundo; V- apresentação do administrador e do gestor, quando for o caso, de suas respectivas experiências profissionais e formação acadêmica, bem como informação sobre seus departamentos técnicos e demais recursos e serviços utilizados para gerir o fundo; VI- condições de compra de cotas do fundo, compreendendo limites mínimos e máximos de investimento, bem como valores mínimos para movimentação e permanência no fundo; VII- condições de resgate de cotas e, se for o caso, prazo de carência; VIII- política de distribuição de resultado, se houver, compreendendo os prazo e condições de pagamento; IX- identificação dos riscos assumidos pelo fundo; X- informação sobre a política de administração dos riscos assumidos pelo fundo, se for o caso; XI- informação sobre a tributação aplicável ao fundo e a seus cotistas, contemplando a política a ser adotada pelo administrador ao tratamento tributário perseguido; XII- política relativa ao direito de voto do fundo, pelo administrador ou por seus representantes legalmente constituídos, em assembleias gerais das companhias nas quais o fundo detenha participação; XIII- política de divulgação de informações a interessados, inclusive as de composição de carteira, que deverá ser idêntica para todos que solicitarem, sendo que a alteração desta política deverá ser divulgada como fato relevante; XIV- quando houver, identificação da agência classificadora de risco do fundo, bem como a classificação obtida; XV- observado o disposto no artigo 75, os resultados do fundo em exercícios anteriores, bem como a indicação sobre o local e forma de obtenção de outras informações referentes a exercício anteriores, tais como demonstrações contábeis, relatórios do administrador do fundo e demais documentos pertinentes que tenham sido elaborados por força de disposições regulamentares aplicáveis e, XVI- o percentual máximo de cotas que pode ser detido por um único cotista". Se o fundo pretender operar com derivativos, deverá constar da capa do prospecto, além do prospecto e do material de divulgação, que: "Este fundo utiliza estratégias com derivativos como parte integrante de sua política de investimento. Tais estratégias, da forma como são adotadas, podem resultar em significativas perdas para seus cotistas." Ou: "Este fundo utiliza estratégias com derivativos como parte integrante de sua política de investimento. Tais estratégias, da forma como são adotadas, podem resultar em significativas perdas patrimoniais

administrador julgue importantes. De outro lado, para efeito da proteção patrimonial do cotista e conhecimento de terceiro, estabelece a Instrução n. 409/2004 que os patrimônios do fundo de investimento e do administrador são inconfundíveis e estanques entre si, de tal sorte que este patrimônio não responde por qualquer obrigação, direta ou indireta, do gestor.

Os fundos decidem através da realização de assembleias gerais. Como em outras formas associativas, tais assembleias compõem o mecanismo supremo de deliberação interna. Desta forma, manda a Instrução n. 409/2004 que tais reuniões tenham competência privativa para deliberar sobre: (i) a substituição do administrador, do gestor ou do custodiante do fundo; (ii) fusão, incorporação, cisão, transformação ou liquidação do fundo; (iii) a política de investimento do fundo; (iv) se fechado o fundo, sobre a emissão de novas cotas e (v) a alteração do regulamento do fundo.

Também compete à assembleia geral deliberar sobre o aumento da taxa de administração do fundo, restando, por consequência, a impossibilidade de ser reduzida pela assembleia. Essa redução poderá ocorrer com a substituição do administrador, mesmo porque, quando da adesão dos cotistas, a taxa de remuneração do administrador já constava no prospecto necessariamente. Diferentemente da Lei Societária, e para evitar distúrbios vez por outra ocorrentes nas companhias, manda a norma da CVM que inexista a frase — usual nos editais de convocação que enumeram os assuntos que irão ser tratados — segundo a qual eventuais matérias a serem deliberadas consistem em "outros assuntos gerais de interesse da comunidade de investimento". Como regra geral, a convocação dos cotistas é feita por correspondência encaminhada a cada um, com uma antecedência mínima de dez dias da data de realização da assembleia.

"Correspondência" significa, segundo o Dicionário Houaiss da Língua Portuguesa: "1. ato, processo ou efeito de corresponder(-se), de apresentar ou estabelecer reciprocidade. 2. intercâmbio de mensagens, cartas etc." Desta feita, cabe ao prospecto e ao regulamento estabelecerem a maneira pela qual os administradores do fundo irão se corresponder com os cotistas, admitido o envio de "correspondência" ao investidor, a qual poderá ser enviada por correio ou meio eletrônico.

O avanço é enorme, pois livra o cotista de ter que se utilizar de meio de comunicação caro e ineficaz — como ocorre com a absurda necessidade de se recorrer às publicações de editais através da imprensa escrita e, principalmente, pelo Diário Oficial, de baixa leitura pela população que não seja detentora de emprego público.

---

para seus cotistas, podendo inclusive acarretar perdas superiores ao capital aplicado e a conseqüente obrigação do cotista de aportar recursos adicionais para cobrir o prejuízo do fundo."

Além da obrigação do edital de indicar o horário e o local da realização da assembleia, também deverá indicar onde poderão ser analisados os documentos que informam a deliberação futura ou que serão votados na assembleia geral. A convocação é feita pelo administrador do fundo ou por cotista que detenha no mínimo 5% das cotas emitidas. Nesta última hipótese, o cotista dirigirá o pedido de convocação ao administrador do fundo, o qual deverá fazê-lo no prazo máximo de 30 dias.

As assembleias se instalam com qualquer número e deliberam por maioria de votos, podendo o regulamento estabelecer o quórum qualificado que entender conveniente, quer quanto à matéria, quer quanto ao número de votos presentes que qualificam a deliberação. Restringe a CVM tal poder ao retirar a competência do regulamento e estabelecer que, nos casos de destituição do administrador, não poderá ultrapassar a maioria absoluta das cotas emitidas.

O voto pode ser dado pessoalmente, por seus representantes legais, procuradores legais constituídos a menos de um ano ou por comunicação escrita ou eletrônica, desde que recebida pelo administrador antes do início da assembleia. Com o intuito de evitar o voto dado em conflito de interesse, estão impedidos de votar os administradores do fundo, seus sócios, empregados ou funcionários, as empresas ligadas ao administrador, a seus sócios, diretores ou funcionários, bem como os prestadores de serviço do fundo, seus sócios, diretores ou funcionários.

Dentre as competências da assembleia de cotistas está a de alterar o regulamento do fundo. Pode, entretanto, haver alteração do regulamento do fundo quando houver a necessidade de sua adequação em face da exigência feita pela Comissão de Valores Mobiliários. Neste caso, o administrador deverá comunicar a alteração no prazo de até 30 dias, ou outro prazo estabelecido pela CVM.

Como os fundos de investimento podem ter variação diária do patrimônio líquido, os administradores dos fundos abertos são obrigados a divulgar diariamente o valor da cota, dando um parâmetro aos investidores que queiram resgatar suas cotas. A todos os investidores deve o administrador dar contas mensalmente no que tange à rentabilidade do fundo.

Excepciona-se o caso em que o fundo esteja em curso de alguma operação cuja a divulgação venha a causar prejuízo, mas isso refere-se somente à composição da carteira e a quantidade dos valores mobiliários investidos. Neste caso, tal informação completa deverá ser informada aos cotistas no prazo máximo de 90 dias após o encerramento do mês. Já os fatos relevantes devem ser comunicados imediatamente aos cotistas. Para tanto, considera-se como fato relevante aquele que possa direta ou indiretamente influir na sua decisão quanto a ficar como investidor ou, no caso de pretendente a aderir ao fundo, aquele fato que possa influir na sua decisão quanto à aquisição do investimento.

Direito dos Valores Mobiliários

Os investidores do mercado de valores mobiliários necessitam de um fluxo constante de informações, de sorte a que possam decidir se compram ou vendem. Tal fluxo de informações, que é uma regra básica para qualquer investidor, parte também, no caso dos fundos, do prospecto fornecido aos potenciais investidores.

À análise do possível investidor também deve ser fornecida cópia do regulamento e outros materiais de divulgação analisados pela CVM. Por se tratar de investimento de rentabilidade futura, nenhum material de informação do fundo poderá prometer resultados futuros ou prometer inexistência de risco ao investidor. Dentro da mesma ótica, os fundos não podem apresentar a rentabilidade passada como promessa de performance futura, ou que o investimento é garantido pelo administrador, por qualquer mecanismo de seguro ou pelo fundo de garantia de crédito.

Os fundos investem somente em ativos previstos em seu regulamento, de acordo com aquilo que foi aprovado pela CVM. Ademais, os fundos seguem as regulamentações específicas, como no caso de investimentos em produtos derivativos, que seguirão as regras da bolsa de valores, da bolsa de mercadorias e dos organismos de liquidação financeira dos ativos autorizados pela CVM ou pelo Banco Central, conforme o caso.

Os ativos discrepantes devem conformar-se ao regulamento nos prazos de 60 ou 180 dias, conforme seja o fundo aberto ou fechado. O desenquadramento do fundo quanto aos investimentos — quer quanto aos critérios de concentração, quer quanto ao critério de diversificação — não sujeita o administrador a penalidades se for devido a fato exógeno, tal como alteração do valor de determinados investimentos em decorrência de variação de preço no mercado.

Nesta hipótese, deu-se o prazo de 15 dias para o reenquadramento do fundo. Esse prazo pode ser prorrogado pela CVM, mediante explicações do administrador do fundo. Porém, se houver descumprimento do prazo, a Autarquia poderá determinar ao administrador a convocação de uma assembleia geral para que os cotistas decidam sobre: (i) a transferência da administração e/ou da gestão do fundo; (ii) a incorporação a outro fundo ou (iii) a liquidação do fundo.

Uma das regras da saúde financeira do fundo é a diversificação de suas aplicações, bem como evitar o conflito de interesse entre os ativos adquiridos e o interesse dos cotistas. Por tal razão, estabelece a Instrução n. 409/2004 que os fundos não podem deter mais do que 20% de seu patrimônio em investimentos de emissão do administrador, do gestor ou da empresa a eles ligada, sendo vedada a aquisição de ações emitidas por empresa ligada ao administrador.

As regras para aquisição de valores mobiliários de empresa ligada ao administrador, e que sejam inferiores a 20%, deverão constar do regulamento do fundo. Para tanto, considera-se como empresa ligada aquela na qual o administrador, seu cônjuge, companheiro ou parente até o 2º grau participe com mais de 10% do capital social, de forma direta ou indireta, individual ou conjuntamente, ou na qual ocupem cargo de administrador, ressalvada a hipótese de cargos ocupados pelo administrador do fundo, cargos esses obtidos em função das participações detidas pelo próprio fundo.

Tais regras genéricas são aplicáveis aos fundos de investimento, com as exceções acima apontadas, bem como uma ou outra disposição específica constante dos fundos abaixo examinados.

10.5.3 Os principais fundos de investimento

10.5.3.1 Fundo Mútuo de Investimento em Ações

Autorizada pela Instrução n. 1.787/1991 do Conselho Monetário Nacional, é editada a Instrução CVM n. 148/1991.[45] Tal competência tem como base a previsão do artigo 3º da Lei n. 6.385/1976, que dá poderes ao CMN para atribuir capacidade regulatória à CVM quando o aumento de seu campo de atuação ocorra com valores mobiliários emitidos por sociedades por ações.

Este fundo pioneiro teve por objetivo permitir a captação pulverizada de recursos financeiros destinados ao investimento primordial em valores mobiliários de renda variável e, de forma específica, em ações. Tal fundo, constituído por prazo determinado ou indeterminado, poderia ser criado sob a forma de fundo aberto ou fechado.

Por ser destinado a investir majoritariamente em ações, determina a Instrução n. 148/1991 que não menos do que 51% de suas aplicações deverão ser feitas em ações de companhias abertas, sendo as aquisições feitas necessariamente no mercado de bolsa onde são negociados os contratos de opção, de futuros, de ações e de índices, hipótese na qual o estatuto e o prospecto do fundo deverão conter a definição do percentual que poderá ser investido em tais modalidades.

De qualquer forma, fica proibida a realização de operações a descoberto. O saldo existente poderá ser aplicado em valores mobiliários de renda fixa, à escolha do administrador do fundo. Com a finalidade de diminuir riscos, a norma da CVM limita o investimento em ações de uma mesma companhia a 10% do total do capital social e a 20% do capital votante.

Existe ainda um terceiro limite, o qual proíbe que a soma dos investimentos em qualquer valor mobiliário, na companhia ou em suas coligadas ou direta ou

---

45. Revogada pela Instrução CVM n. 215/1994, a qual passou a dispor sobre constituição, funcionamento e administração dos Fundos Mútuos de Investimento em Ações, Fundos Mútuos de Investimento em Ações – Carteira Livre, Fundos de Investimento em Quotas de Fundo Mútuo de Investimento em Ações (v. seção 10.5.3.4, abaixo).

indiretamente controladas, exceda a 1/3 do total das aplicações do fundo. Como estímulo ao desenvolvimento da liquidez das ações votantes no mercado secundário, e assim criando a liquidez para que o investidor pudesse alienar suas cotas, a Instrução n. 148/1991 criou a obrigatoriedade de que o fundo aberto tivesse, no mínimo, 5% do valor total de suas aplicações em ações votantes. Como premissa básica, foi estabelecido que a gestão deve ser feita por instituição constante do sistema de distribuição de valores mobiliários autorizado pela Comissão de Valores Mobiliários.

Por pertencer ao bloco inicial dos investimentos coletivos através de fundos, teve a CVM especial cuidado ao estabelecer as suas regras de governança. Assim é que, muito embora de gestão profissionalizada, o real poder encontra-se, em última instância nas mãos dos cotistas, desde que, é claro, sejam eles associados atentos e diligentes com o investimento comum, que inclui seus próprios recursos.

Desta feita, compete exclusivamente à assembleia de cotistas alterar o regulamento do fundo, substituir os administradores, transformar, fusionar, incorporar ou liquidar o fundo. Cabe à assembleia, inclusive, alterar a taxa de remuneração da instituição administradora, inclusive no que tange à eventual participação da instituição administradora no resultado do fundo. A única coisa que a norma legal é incapaz de conseguir é atribuir aos investidores a acuidade que qualquer investidor deve ter para aderir ou não a determinado investimento e, se o fizer, a diligência para tomar conta de seus próprios investimentos.

Na busca da criação da transparência da gestão, estabeleceu a CVM que deva ser entregue necessariamente ao investidor, quando de sua adesão ao fundo, uma cópia do regulamento do fundo, um histórico da instituição administradora e a descrição detalhada das despesas cobradas do cotista — tais como: comissões, taxas de subscrição, taxas de distribuição ou qualquer outra que onere o investidor ou diminua a rentabilidade da aplicação. Ademais, os administradores do fundo são obrigados a fornecer diariamente à bolsa de valores da localidade da sede do fundo, para que seja divulgado ao mercado, o valor da cota e o valor do patrimônio líquido do fundo. Mensalmente, deve o fundo entregar à bolsa de valores, para divulgação pública, a rentabilidade do período.

10.5.3.2 Fundo de Investimento Imobiliário

Com a edição da Lei n. 8.668/1993 foi criada a possibilidade de emissão de quotas pelos fundos imobiliários. Tal investimento foi considerado por lei como sendo um valor mobiliário e, como consequência, foi outorgada a competência regulatória à Comissão de Valores Mobiliários.

A criação dos fundos imobiliários necessitou da edição de lei. De um lado, porque suas quotas de participação são emitidas por fundos de participação em empreendimentos imobiliários, e não por sociedades por ações. De outro lado, as cotas do fundo são não são referenciadas a valores mobiliários emitidos por companhias, como no caso do mercado de índice, mas sim têm como base o investimento em bens imóveis, cuja expectativa de retorno está assentada na capacidade de rentabilidade que os bens administrados pelos gestores do fundo podem dar a seus cotistas.

Ou seja, seria inaplicável a competência dada ao Conselho Monetário Nacional pela Lei n. 6.385/1976. Ademais, para a exequibilidade legal do mecanismo havia a necessidade da alteração de artigos constantes do antigo Código Civil. Duas foram as principais inovações. De um lado, os fundos, mesmo sem que sejam detentores de personalidade jurídica, são os proprietários dos bens imóveis. De outro lado, tal propriedade é exercida em caráter fiduciário pelo administrador, o qual tem a atribuição de fazer a transferência do imóvel, perante o registro imobiliário, sendo que a alienação da cota não requer qualquer ato dos demais cotistas ou do proprietário fiduciário com relação aos bens imóveis do fundo. Assim, os fundos de investimento imobiliário nascem sem personalidade jurídica, caracterizando-se como uma comunhão de interesses que busca recursos financeiros junto ao mercado de valores mobiliários.

O fundo é constituído necessariamente como fundo fechado; ou seja, o resgate será feito junto ao mercado secundário, pela alienação das cotas do investidor retirante para um novo associado, ou pela liquidação do fundo com a consequente alienação de seus bens imóveis e distribuição do resultado entre seus participantes.

A gestão do fundo é realizada por instituição pertencente ao sistema de distribuição de valores mobiliários, a qual atua na qualidade de agente fiduciária dos cotistas. A gestão fiduciária acarreta a separação patrimonial entre o patrimônio do gestor e aqueles outros bens e direitos geridos pelo fundo e pertencentes aos cotistas. Tal fato implica que os bens móveis e imóveis do fundo não integram o ativo do administrador, assim não respondendo por obrigação da administradora nem sendo passíveis de execução ou de constituição de ônus real. Porém, o gestor fiduciário poderá gerir e dispor do patrimônio do fundo de acordo com as regras constantes de seu regulamento, respondendo os fiduciários por atos de má gestão, gestão temerária, prática de ato com interesse conflitante com o dos cotistas ou descumprimento das regras de gestão do fundo.

Dentre as capacidades do gestor está a de firmar os atos de alienação ou de aquisição de imóveis, bem como a de praticar todos aqueles necessários perante o registro imobiliário. Da capacidade administrativa do gestor decorre que a lei a ele atribuiu a capacidade de representação ampla do fundo, respondendo pessoalmente pela evicção de direito, no caso de alienação do imóvel. O gestor pode ser afastado pela reunião de cotistas, a qual deverá apontar um novo, sendo este o substituto legal perante o registro de imóveis.

A lei também inova ao se apropriar parcialmente da qualidade das pessoas jurídicas ao estabelecer que o cotista é proprietário de cota e não de parcela do imóvel pertencente ao fundo. Desta feita, o que responde perante terceiro por dívida é a cota e não a parcela ideal do imóvel por ela representada. Pelo mesmo motivo, não responde o cotista por qualquer obrigação legal ou contratual que venha a recair sobre os imóveis ou empreendimentos do fundo, sendo sua responsabilidade solidária vinculada somente à integralização das cotas subscritas. Ou seja, o fundo imobiliário, muito embora não detendo a qualidade de pessoa jurídica, tem desenhada de forma nítida a separação patrimonial e os direitos decorrentes que a ela são atribuídas.

O cotista, por sua vez, nos moldes do disposto na Lei Societária, tem a obrigação de integralizar as cotas subscritas. Em caso de inadimplemento da obrigação de pagar, o administrador poderá executar o saldo não pago, ou excluir o cotista faltoso da associação. Caso haja a opção pela cobrança, como forte estímulo à adimplência, estabelece a lei que o boletim de subscrição é título extrajudicial para o devido processo de execução.

No que diz respeito à tributação da renda e do ganho de capital, a ideia central é que o fundo não deve sofrer qualquer tributação, a não ser quando distribua rendimentos a seus cotistas. Isso porque a tributação do fundo implicaria a retirada da capacidade de investimento, sem qualquer benefício real para seus cotistas. Entretanto, uma vez que ocorra a distribuição de renda ou ganho de capital, sofrerá uma incidência de 25% na fonte.

10.5.3.3 Fundo Mútuo de Investimento em Empresa Emergente

Com base na Resolução n. 1.787/1991 do Conselho Monetário Nacional, a Comissão de Valores Mobiliários, por meio da Instrução n. 209/1994, regulamenta a constituição e o funcionamento dos fundos mútuos de investimento em empresas emergentes.

É qualificada como empresa emergente aquela que individualmente tenha faturamento líquido igual ou menor do que 30.000.000 de Unidades Reais de Valor (URVs) — unidade de valor existente à época do Plano Real. Em caso de grupo de empresas, de fato ou de direito, o limite para manter o qualificativo de "emergente" dobra para 60.000.000 de URVs. Neste caso, o que seja "grupo de direito" encontra sua definição na legislação societária e em normas expedidas pela CVM. Já o que seja "grupo de fato" dependerá da comprovação de que preenche as características de grupo de direito, mas que o abuso de forma ou mascaramento da real intenção faz com que queiram parecer ao mundo real como instituições distintas, sem vínculo entre si, seus sócios ou associados, e sem qualquer interesse econômico que as ligue de forma preponderante. Enfim, não só a forma jurídica é indicativa da existência de um grupo de fato, mas, e talvez principalmente, o conteúdo econômico de cooperação ou subordinação existente no relacionamento não formalizado.

Este fundo será sempre constituído com sob a forma de fundo fechado e instituído por tempo determinado. Dada tal característica, suas cotas somente podem ser objeto de negociação no mercado de bolsa ou de balcão organizado, e desde que estejam totalmente integralizadas. A negociação privada, como é obvio, pode ocorrer fora do mercado de bolsa ou do mercado de balcão organizado, sendo que o conceito de negociação privada é dado pela lei criadora da CVM.

Assim é que tais fundos são organizados para existir pelo prazo de dez anos, podendo, por deliberação de mais de 2/3 de seus cotistas, ter sua vida estendida por mais cinco anos. A ideia é que tais investimentos sejam como sementeiras para que, via o auxílio da capitalização e o influxo de técnicas modernas de gestão, possa a empresa investida ser objeto de aumento de seu valor de mercado, situação que possibilitaria o desinvestimento do fundo, ou pela a colocação pública de sua participação, abrindo seu capital, ou pela alienação de sua participação privadamente aos sócios remanescentes ou a um terceiro interessado. De qualquer forma, tem-se como objetivo de tais fundos o investimento por prazo determinado, com isso visando criar valor na empresa emergente, possibilitando a sua ascensão a um patamar empresarial superior.

Nesse caso, e diferentemente de outras situações, o processo deliberatório do fundo, estabelecido pela Comissão de Valores Mobiliários, foi o do duplo grau de decisão. Optou a normatização por dar competência privativa à assembleia de cotistas para: (i) alterar o regulamento do fundo; (ii) deliberar sobre a substituição do administrador; (iii) deliberar sobre a fusão, incorporação, cisão ou liquidação do fundo e (iv) deliberar sobre a emissão de novas cotas.

Entretanto, a competência privativa é somente para deliberar internamente ao fundo, já que tais atos decisórios dependem, para sua validade, da aprovação posterior da CVM. Levando ainda mais longe seu olhar paternal, estabelece a CVM que a indicação ou substituição do gestor ou do administrador do fundo ou a emissão de novas cotas dependerá sempre da aprovação prévia da Autarquia. Seria bom, na marcha do processo de emancipação do investidor, que o órgão regulador do mercado de valores mobiliários passasse a utilizar-se mais do mecanismo de atribuir maior responsabilidade decisória ao investidor, tangendo-o a cuidar de seus investimentos, a comparecer aos atos deliberatórios e a assumir, enfim, para que se atribua ao investidor o poder/dever de exercer os cuidados mínimos que se espera de qualquer cidadão.

Tal política, entretanto, depende, de outro lado, da certeza e da rapidez na aplicação de punições quando ocorra a desobediência de norma ou prejuízo para o investidor. Entretanto, a Instrução n. 209/1994 criou norma modernizadora no relacionamento administrador/cotista ao permitir que as deliberações das assembleias de cotistas possam ter seu processo decisório via voto apresentado por carta, telex ou telegrama. Nestes casos, estabelece a norma administrativa que o quórum de deliberação será o da maioria absoluta das cotas emitidas, independentemente da matéria apresentada à deliberação. Será de se sugerir que inovações tecnológicas ocorridas posteriormente também possam ser utilizadas validamente, como é o caso dos e-mails ou fax, devendo-se retirar da lista o telex, máquina que inclusive não é mais encontrada como meio de comunicação.

Uma vez instituído, o fundo deve compor sua carteira com, no mínimo, 75% de ações, debêntures conversíveis em ações ou bônus de subscrição de ações, todos esses valores mobiliários emitidos por empresas emergentes. O saldo não investido deve ser aplicado em cotas de fundos de renda fixa e/ou títulos de renda fixa de escolha do administrador.

No que tange à negociação das cotas, a Instrução n. 209/1994 adota uma regra diferente ao determinar que, se as cotas forem distribuídas publicamente, a sua negociação só poderá ocorrer em bolsa de valores, admitindo-se duas exceções. A primeira quando a negociação ocorrer durante o período da distribuição pública. A segunda, por óbvio, quando a negociação for de caráter privado. Curiosamente, ficou excluída a possibilidade de negociação junto ao mercado de balcão organizado, situação que é possível para outros fundos de investimento.

A carteira de investimento do fundo deverá conter, no mínimo, 75% em ações, debêntures conversíveis em ações ou bônus de subscrição em ações, sendo o saldo eventualmente existente aplicado em fundos, em outros valores mobiliários de renda fixa de livre escolha do administrador ou em valores mobiliários de companhia aberta, desde que adquiridos em bolsa de valores.

Caso haja desenquadramento dos limites, terá o administrador do fundo um prazo de 360 dias para retorná-lo ao estipulado pela norma da CVM. Caso isso não ocorra, a quantia excedente será distribuída entre os cotistas.

10.5.3.4 *Fundo Mútuo de Investimento em Ações (FMIA), Fundo Mútuo de Investimento em Ações – Carteira Livre (FMIA-CL) e Fundo Mútuo de Investimento em Cotas de Fundos Mútuos de Investimento em Ações (FIQFMIA)*

Com base na Resolução n. 1.787/1991 do Conselho Monetário Nacional, que autorizou a Comissão de Valores Mobiliários "a baixar as normas e adotar as medidas que entender necessárias relativamente à constituição e ao funcionamento dos fundos mútuos de ações", a CVM edita a Instrução n. 215/1994,[46] regulando a constituição e funcionamento desses três fundos destinados aos investimentos em ações, os quais se diferenciam pelo risco que cada um apresenta aos cotistas.

Esses fundos são bastante flexíveis, e podem ser criados como abertos ou fechados, em face do mecanismo de saída do investidor, sendo instituídos por tempo determinado ou indeterminado. Sua administração, diferentemente de outros fundos, pode ser exercida por pessoa física ou jurídica autorizada pela CVM, desde que o administrador seja autorizado a gerir carteira de investimento.

Na outra hipótese, ainda mais singular, determina-se que, "Quando a administração do Fundo não for exercida por instituição financeira ou integrante do sistema de distribuição, o administrador deverá contratar instituição legalmente habilitada para execução dos serviços de tesouraria". Para tanto, entende o normativo como "serviços de tesouraria":

I - abertura e movimentação de contas bancárias, em nome do Fundo;
II - recebimento de recursos quando da emissão ou integralização de quotas, e pagamento quando do resgate de quotas ou liquidação do Fundo;
III - recebimento de dividendos e quaisquer outros rendimentos;
IV - liquidação financeira de todas as operações do Fundo.

Nesta hipótese de contratação de pessoa habilitada para a execução das tarefas de tesouraria, responderá ela solidariamente com o administrador pelos prejuízos causados aos cotistas. Entretanto, a colocação pública somente poderá ocorrer através de banco múltiplo com carteira de investimento, banco de investimento, sociedade corretora ou distribuidora de valores mobiliários.

Como nos demais fundos de investimento, cabe à assembleia geral de cotistas alterar seu regulamento, substituir seu administrador, deliberar sobre sua transformação, incorporação, cisão ou liquidação, bem como sobre a taxa de remuneração do administrador. Tais alterações podem ocorrer também por determinação da CVM, sendo que, nesta hipótese, os cotistas serão comunicados do fato, tendo o prazo de 30 dias para produzir as modificações advindas da Autarquia.

As cotas emitidas pelos fundos fechados, segundo dispõe a Instrução n. 215/1994, somente poderão ser negociadas em bolsa de valores ou em mercado de balcão organizado, esquecendo a Instrução de mencionar a possibilidade de haver venda e compra em negociação privada, já que seria de duvidosa legalidade tal restrição por simples norma reguladora.

---

46. Esta Instrução revogou, entre outras, a Instrução CVM n. 148/1991, que regulava a constituição, o funcionamento e a administração dos Fundos Mútuos de Investimento em Ações, do qual tratamos na seção 10.5.3.1, acima.

As três modalidades agasalhadas pela Instrução n. 215/1994 distinguem-se pela maior ou menor capacidade de assunção de risco. Assim é que o fundo mútuo de investimento em ações – FMIA deverá aplicar, no mínimo, 51% de seus recursos em ações de companhias abertas. O saldo poderá ser aplicado em outros valores mobiliários emitidos por companhias abertas, certificados de depósito de ações emitidos por companhias sediadas em países do Mercosul, cotas de fundos de renda fixa de livre escolha do administrador ou investimentos nos mercados futuros de índice, sendo vedados investimentos a descoberto.

Além das restrições estabelecidas acima quanto às aplicações do FMIA, a Instrução também comanda que o fundo não poderá aplicar mais do que 10% do capital votante ou 20% do capital total em uma mesma companhia. No caso de grupo de empresas, a restrição dita que não mais do que 1/3 do fundo poderá ser aplicado em empresas do grupo. Excetua, entretanto, que para o cômputo não serão levadas em consideração as bonificações recebidas ou as ações resultantes da conversão de debêntures, desde que tal excedente seja eliminado no prazo de seis meses da sua ocorrência. Tal prazo pode ser aumentado pela CVM, tendo em vista peculiaridades de mercado ou o tamanho do lote a ser ofertado ao mercado, fatores esses que poderiam causar dano ao fundo e, como consequência, a seus investidores.

Os Fundos Mútuos de Investimento em Ações – Carteira Livre (FMIA-CL) caracterizam-se por sua maior agressividade e, como consequência, maior risco de perda ou de incremento nos ganhos. Neste sentido, e diferentemente do FMIA, no que tange à obrigatoriedade de investir no mínimo 51% em determinados valores mobiliários, tal investimento poderá ser feito não só em ações, mas em bônus de subscrição e debêntures conversíveis de emissão de companhia aberta, embora sem as restrições quantitativas acima apontadas, quer quanto ao limite por empresa, quer quanto ao limite por empresas do mesmo grupo societário.

Em decorrência do maior risco, estabelece a CVM que os investidores deverão ser informados deste no prospecto, do qual necessariamente deverão tomar conhecimento, firmando documento que enuncie que estão cientes dos riscos inerentes a tal tipo de investimento.

Finalmente, o Fundo de Investimento em Cotas de Fundo de Investimento em Ações – FIQFMIA, deverá ter no mínimo 95% de sua carteira aplicada em cotas emitidas pelos FMIA e/ou FMIA-CL, podendo o saldo ser aplicado na aquisição de cotas de fundos ou em títulos de renda fixa.

10.5.3.5 *Fundo de Investimento em Direitos Creditórios e Fundo de Investimento em Fundos de Direitos Creditórios*

Com a edição da Resolução n. 2.907/2001, o conselho Monetário Nacional autorizou a CVM a baixar norma regulando a constituição e o funcionamento dos fundos de investimento em direitos creditórios. Segundo a norma do CMN, destinam-se tais fundos "preponderantemente à aplicação em direitos creditórios e em títulos representativos desses direitos, originários de operações realizadas nos segmentos financeiro, comercial, industrial, imobiliário, de hipotecas, de arrendamento mercantil e de prestação de serviços".

Ou seja, o fundo capitaliza-se para adquirir com desconto créditos de terceiros, sendo sua remuneração e seu risco o montante devido pelo credor. A outra modalidade prevista pelo Conselho Monetário Nacional foi a possibilidade de criação de fundos para aplicar em cotas de fundos de investimento em direitos creditórios. Essa modalidade de fundo abriu a possibilidade ao poupador de participar diretamente no mercado financeiro, através de aquisição de cotas que são destinadas a financiar, via aquisição de créditos, a atividade econômica.

Como tais serviços financeiros podem ser prestados, além das entidades bancárias, pelas sociedades corretoras ou distribuidoras de valores, abriu-se o leque dos agentes do mercado aptos a melhorar o fluxo de descontos creditórios. Na verdade, agregou-se ao mercado outras instituições que passam a poder exercer a tarefa tipicamente bancária do desconto, e isso através de instituições constantes do universo da distribuição de valores mobiliários, sendo o capital necessário para tanto coletado junto a investidores com recursos disponíveis para subscrever cotas. Cria-se, assim, a figura de um novo tipo de intermediador financeiro, cujos financiadores podem buscar recursos no mercado de capitais, ou girar com recursos próprios.

Tais fundos foram montados, dentre outros motivos, para permitir que créditos de baixa qualidade, detidos pelas instituições financeiras, pudessem ser alienados a empresas que buscariam recebê-los. Com tal procedimento, baixariam de seus balanços tais recebíveis, melhorando a qualidade do novo devedor.

O mesmo mecanismo se aplica aos fundos de fundos, sendo que nesta situação, pela pulverização de devedores, melhora-se o risco e, como consequência, a apresentação das contas do primeiro credor. Essa é a razão pela qual a Resolução n. 2.907/2001 estabelece que, na cessão de crédito entre instituição financeira e empresa de arrendamento mercantil ou fundo, ficou proibida a aquisição de cotas pela instituição cedente dos créditos por seu controlador, ou por sociedade ou coligada que seja por ele direta ou indiretamente controlada.

Se a cessão se der com a coobrigação ou se de qualquer forma permanecer responsável pela obrigação cedida, deve a instituição cedente permanecer obrigada a prestar tais informações à Central de Risco do Crédito. Também estabelece a norma do CMN que cabe ao Banco Central "verificar a correta aplicação das regras de valorização da carteira e de cálculo do valor das quotas" que tenham como condôminos instituições financeiras".

Ou seja, houve o cuidado de evitar-se o conflito de interesse que, em ocorrendo, fosse resolvido a favor do cedente e não dos cotistas do fundo. Foi com base em tal dispositivo que a CVM editou a Instrução n. 356/2001, com a finalidade de estabelecer as regras de criação e funcionamento do fundo. Posteriormente, com a edição da Resolução n. 2.907/2001 e, como consequência, da Instrução n. 356/2001, ampliou-se o escopo dos fundos de investimento em direitos creditórios – FIDCs, buscando dar a eles a possibilidade de financiar investimentos em infraestrutura e em construção de habitações.

O fundo pode ser constituído na forma de condomínio aberto ou fechado. Por se tratar de investimento de risco, estabelece a Instrução n. 356/2001 que as cotas só podem ter como cotistas investidores qualificados (valor mínimo de R$ 25.000,00 por cota) e ser negociadas no mercado secundário, já que tal transação ocorrerá necessariamente através de uma sociedade corretora de valores, a qual se encontra subordinada às regras da bolsa de valores, em seu poder de autorregulação, bem como da CVM, à qual também se subordinam as operações ocorridas junto ao mercado de balcão organizado.

Ademais, tais fundos terão que, necessariamente, ser avaliados e classificados por empresa de *rating* em funcionamento no país. O recebimento do prospecto é peça vital do processo, dado o risco do investimento, razão pela qual ficou estabelecido que caberá à instituição administradora do fundo a responsabilidade de comprovar que o investidor recebeu efetivamente o prospecto; ou seja, não vale a afirmativa, existente quando da oferta de outros valores mobiliários, de que o mesmo se encontra à disposição do investidor em locais determinados.

Como nos demais fundos, cabe à assembleia de cotistas tomar anualmente as contas do administrador do fundo e deliberar sobre as demonstrações financeiras. Ademais, como nos modelos precedentes, cabe aos cotistas alterar o regulamento, substituir a administradora e deliberar sobre a taxa de administração. Tais assembleias deliberam através do voto presencial dos cotistas ou de seus procuradores, inexistindo a hipótese de manifestação de vontade através de fax, carta registrada ou outro meio.

Em decorrência, as assembleias são convocadas formalmente através de editais ou de carta registrada, sendo dispensado tal procedimento nas assembleias a que compareçam todos os cotistas. Os cotistas podem deter cotas de classes distintas, sendo que "As cotas seniores terão uma única classe, admitindo-se classes de cotas subordinadas às cotas seniores, para efeito de amortização e resgate" (art.

12), situação na qual caberá ao regulamento do fundo dispor sobre o exercício do direito de voto, em relação a cada classe de cota.

10.5.3.6 Fundo de Investimento em Participações

Com base no inciso II do art. 2º da Lei n. 6.385/1976, com a redação dada pela Lei n. 10.303/2001, que coloca na categoria de valores mobiliários os "cupons, direitos, recibos de subscrição e certificados de desdobramento relativos" às ações, debêntures e bônus de subscrição, baixa a Comissão de Valores Mobiliários a Instrução n. 391/2003, tendo por finalidade regular o funcionamento e a administração dos fundos de investimentos em participações.

Por óbvio, as regras emanadas da CVM somente são aplicáveis se as cotas representativas do fundo forem ofertadas publicamente; ou seja, em havendo a constituição privada do fundo, sem o acesso à poupança popular, inexiste a competência regulatória e punitiva da Comissão de Valores Mobiliários. Este é o mecanismo destinado a abrigar determinados valores mobiliários, cujos fundos vêm de investidores que recebem outros valores mobiliários representativos de parte ideal de seus ativos. Na definição da própria norma administrativa:

> O Fundo de Investimento em Participações (fundo), constituído sob a forma de condomínio fechado, é uma comunhão de recursos destinados à aquisição de ações, debêntures, bônus de subscrição, ou outros títulos e valores mobiliários conversíveis ou permutáveis em ações de emissão de companhias, abertas ou fechadas, participando do processo decisório da companhia investida, com efetiva influência na definição de sua política estratégica e na sua gestão, notadamente através da indicação de membros do Conselho de Administração.

O fato de o fundo ser um condomínio fechado gera duas consequências. A primeira, que ele não é dotado de personalidade jurídica, mas é um condomínio de interesses. A segunda é que seus cotistas só podem sair do investimento feito via mercado secundário, pela alienação de sua participação ou pela liquidação do fundo, não havendo, em consequência, a possibilidade de resgate das cotas.

A negociação privada, isto é, fora de bolsa ou do mercado secundário organizado, só poderá ocorrer se em ambas as pontas do negócio — comprador e vendedor — estiverem investidores qualificados, assim entendidos aqueles detentores de reconhecida expertise de mercado, sendo cada valor mobiliário acima de um determinado valor unitário expressivo.

Essa comunhão de interesses não se destina à aquisição de qualquer investimento, mas sim à compra de ações, debêntures, bônus de subscrição de tais "títulos e outros valores mobiliários conversíveis ou permutáveis em ações".

Como abertura fundamental para que permitisse a criação de mecanismo para preparar as companhias fechadas para vir ao mercado de valores mobiliários, a Instrução n. 391/2003 permitiu que os fundos de investimento em participações pudessem participar de emissões feitas por companhias abertas ou fechadas, na expectativa de que esta última, em se beneficiando do investimento, venha a, em um futuro previsível, abrir seu capital, permitindo ao fundo sair de seu investimento em um mercado secundário então criado. Se isso não ocorrer, só restará ao fundo alienar a terceiro ou aos controladores da companhia os valores mobiliários por ela adquiridos.

Passo fundamental criado pela Instrução n. 391/2003 foi a obrigatoriedade da participação do fundo, através de pessoas por ele indicadas, na gestão da sociedade investida. Tal obrigação fica bastante clara se o investimento se der por meio de ações ordinárias ou em ações preferenciais com voto. Entretanto, como o comando legal do órgão regulador prevê outras possibilidades de investimento, tais como "debêntures, bônus de subscrição, ou outros títulos e valores mobiliários conversíveis ou permutáveis em ações", cabe ao fundo encontrar uma maneira pela qual, mesmo investindo em valores mobiliários conversíveis em futuras ações, possa participar do processo decisório da companhia investida.

Mesmo assim, a norma administrativa está obrigando a que a aquisição do fundo em ações votantes se dê em volume suficiente a poder participar do Conselho de Administração, para poder dar cumprimento ao preceito de que a participação na gestão seja de modo a poder o fundo participar "com efetiva influência na definição de sua [da companhia] política estratégica e na sua gestão". Participar da estratégia é algo que pode ocorrer nas assembleias da companhia através de suas ações votantes, dependendo, é claro, do volume de votos possuído pelo fundo.

Mas participar da gestão implica que o fundo deverá ter participação votante para ser guindado ao conselho de administração, ou ser signatário de acordo de acionistas pelo qual caberá a ele, independentemente do número de votos que detenha, a possibilidade de ser eleito para tal conselho ou, por ele, ser eleito a um cargo de diretoria, no qual possa exercer sua "efetiva influência" na estratégia social e na gestão. A solução possível encontra-se na possibilidade de que o fundo adquira ações ordinárias de voto pleno, de classe distinta, que lhe deem o direito de eleger, em separado, determinado(s) membros do conselho de administração, e em quantidade suficiente a poder influir na estratégia e na gestão da companhia.

A Instrução n. 391/2003 prevê que tais dificuldades possam ser vencidas na medida em que o fundo: (i) detenha ações que participem do bloco de controle; (ii) celebre acordo de acionistas ou (iii) "pela celebração de ajuste de natureza diversa ou adoção de procedimento que assegure ao fundo efetiva influência na definição de sua política estratégica e na sua gestão". Esta última proposição é aquela que deixa ao mercado a utilização de sua capacidade imaginativa, desde que não contrária à Lei das Companhias nem à Lei da CVM.

A companhia, para que se classifique como apta a receber os investimentos dos fundos, deverá antes estar preparada, de sorte a: (i) não mais ter em circulação partes beneficiárias; (ii) que os mandatos de todos os membros do conselho de administração sejam de um ano; (iii) disponibilizar os contratos entre partes relacionadas, acordos de acionistas e programas de *stock options* ou de outros valores mobiliários existentes entre a companhia e os primitivos acionistas; (iv) ter os conflitos societários resolvidos por arbitragem; (iv) ser auditada por empresa registrada junto à CVM e (v) caso decida abrir seu capital, se obrigue perante o fundo a aderir ao mercado diferenciado instituído pela Bolsa de Valores de São Paulo, ou mercado de balcão que, no futuro, venha a estabelecer regras de proteção diferenciadas similares ao Novo Mercado.

Os gestores do fundo exercem suas funções em caráter fiduciário, podendo, portanto, comparecer aos atos societários e exercer todos os direitos inerentes às ações por eles administradas, como se acionistas fossem. De outro lado, devem, na forma prevista na Instrução n. 391/2003, prestar periodicamente contas aos cotistas, agindo na defesa do patrimônio do fundo e no interesse dos investidores.

Se insatisfeitos, podem os cotistas, em assembleia, estabelecer normas corretivas dos rumos e das políticas praticadas pelos gestores ou, se for o caso, substituí-los. Têm os cotistas, em suma os poderes inerentes aos verdadeiros donos do investimento feito, tais como tomar contas, destituir o administrador, emissão de novas cotas, rever a taxa de remuneração do administrador, fixar o quórum de instalação e deliberação das reuniões do condomínio, etc.

Na busca de se evitar a gestão do fundo com conflito de interesse, os administradores do fundo são proibidos de aplicar recursos do fundo em valores mobiliários de companhias das quais participem em investimentos que suplantem em mais do que 5% o patrimônio do fundo. O mesmo se aplica se os administradores estiverem envolvidos em estruturações financeiras para a emissão de valores mobiliários que venham a ser subscritos pelo fundo, ou que façam parte dos conselhos de administração, consultivo ou fiscal que se encontrem na mesma situação.

10.5.3.7 *Fundo de Investimento em Direitos Creditórios*

Este fundo, acima analisado, sofre uma ampliação específica de seus objetivos por meio da Lei n. 10.735/2003, pela qual foi o Poder Executivo federal autorizado a instituir o Programa de Incentivo à Implementação de Projetos de Interesse Social – PIPS, de alcance muito mais social e nobre do que seu antecessor. Dentre os objetivos a serem atingidos pelo programa encontram-se aqueles destinados à habitação e ao desenvolvimento urbano em saneamento básico. Tais projetos deverão ser financiados por meio do Fundo de Investimento Imobiliário – FII (já regulado pela CVM) e do Fundo de Investimento em Direitos Creditórios – FIDC, ambos lastreados "em recebíveis originados de contratos de compromisso de compra, de venda, de aluguéis e de taxas de serviços, provenientes de financiamento de projetos sociais, com participação dos setores público e privado".

Tais fundos têm o seu regramento emanado do Conselho Monetário Nacional e da Comissão de Valores Mobiliários. O PIPS objetiva criar e implementar núcleos habitacionais que permitam o acesso à moradia para as populações de diferentes faixas de renda, sendo que tais núcleos deverão, além da habitação, prover determinados serviços. Ademais, os recursos do fundo poderão ser utilizados para que seja provida a infraestrutura necessária ao núcleo habitacional.

Este fundo, regulado pela Comissão de Valores Mobiliários pela Instrução n. 399/2003, destina-se à captação de recursos junto ao mercado de valores mobiliários com o objetivo de financiar os programas aprovados pelo governo federal que visem à implementação de núcleos habitacionais que tornem acessíveis a moradia para parcelas populacionais de diversos segmentos de renda familiar mediante a construção de núcleos habitacionais que contem com serviços públicos básicos, além de comércio e serviços. São eles constituídos como condomínios fechados, sem personalidade jurídica, sendo que suas cotas, no valor mínimo igual a R$ 3.000,00, deverão ser ofertadas por instituição componente do sistema de distribuição de valores mobiliários, e necessariamente negociáveis no mercado secundário, em bolsa de valores ou mercado de balcão organizado.

O ponto de partida ocorre com a apresentação do projeto imobiliário do núcleo habitacional aos órgãos públicos competentes da União, de sorte que possam eles, nos dizeres da Instrução n. 399/2003, "fazer uma criteriosa e rígida análise de risco do mesmo, que poderá utilizar sua experiência na área habitacional ou contratar terceiros de reconhecida capacidade técnica para esta avaliação".

Para melhor e constante avaliação do desempenho do fundo, deverá ele, necessariamente, ser examinado por empresa classificadora de risco. Uma vez tendo obtido a autorização da autoridade habitacional, o fundo é constituído por seu administrador, o qual, no mesmo ato, aprovará seu regulamento, submetendo-o à CVM, à qual competirá autorizar ou não a oferta de suas cotas ao público investidor. Uma vez obtida a aprovação, o fundo terá o prazo de 180 dias para colocar suas cotas junto ao público. Quando da colocação das cotas, fica vedado à instituição administradora do fundo vender as cotas a instituições financeiras e sociedades de arrendamento mercantil cedentes de direitos creditórios, exceto quando se tratar de cotas cuja classe se subordine às demais para efeito de resgate.

Como as cotas são escriturais, deve a instituição administradora, por deliberação dos cotistas, contratar os serviços de consultoria destinada à análise e seleção dos direitos creditórios, da gestão da carteira do fundo, bem como contratar os serviços de um agente custodiante, ao qual cabe receber e analisar a documentação e o lastro dos direitos creditórios recebidos, bem como validá-los perante o fundo em face de seu regulamento. Também cabe ao custodiante realizar a liquidação física e financeira dos créditos, avisar do vencimento aos sacados, cobrar e receber as rendas relativas aos direitos creditórios custodiados, depositando os montantes na conta dos cotistas.

As cotas não são emitidas, mas delas são feitos registros contábeis sob a forma escritural, mantidas em nome de seus titulares e correspondendo a frações ideais do patrimônio líquido do fundo, sendo que a qualidade de cotista se materializa com a abertura da conta bancária em seu nome, destinada a receber a remuneração de seu investimento.

O valor de cada cota deve ser calculado por ocasião da apresentação das demonstrações financeiras, as quais devem ser apresentadas mensal e anualmente, calculadas de acordo com os critérios adotados no regulamento do respectivo fundo. A legislação, mais uma vez, demonstra a importância que dá ao prospecto que acompanha a oferta das cotas do fundo, ao obrigar que o subscritor ateste o recebimento desse documento, dos riscos do negócio e da regra geral que não permite o resgate da cota, sendo o investidor sempre obrigado a sair de seu investimento via mercado secundário ou via liquidação do fundo como um todo. A negociação no mercado secundário, entretanto, somente poderá ocorrer após o decurso do prazo de 180 dias, destinado à colocação das cotas junto ao público investidor.

O fundo, como uma comunidade de interesses, atua por intermédio de assembleia de cotistas, à qual compete, além de alterar as regras estatutárias instituídas pelo administrador, tomar e aprovar as contas, substituir o administrador, deliberar sobre a alteração da taxa de administração e decidir sobre a liquidação do fundo.

De forma bem mais moderna e econômica do que a publicação em Diário Oficial, estabeleceu a Instrução n. 399/2003 que os cotistas do fundo podem ser convocados por meio eletrônico ou por correspondência.

A administração financeira do fundo será sempre feita por instituição aprovada pelo Banco Central e pela Comissão de Valores Mobiliários. A inserção do Banco Central significa que tal administradora será uma instituição componente do sistema financeiro nacional, conforme definido pela Lei n. 4.595/1964. Ao lado da destituição do administrador, permite a norma legal que ele mesmo peça demissão. Este ato, entretanto, demanda que haja um aviso prévio de 180 dias da produção de seus efeitos, sendo tal ato de vontade enviado a todos os cotistas do fundo pela maneira eleita para as comunicações, ou seja, por carta ou por meio eletrônico.

Após a colocação pública das cotas do fundo, são os recursos alocados ao projeto imobiliário previamente aprovado, servindo cada unidade como garantia aos cotistas do fundo financiador. Tais direitos creditórios são administrados por uma entidade custodiante, a qual tem por dever receber e analisar a documentação que evidencie o lastro dos direitos creditórios, liquidar física e financeiramente tais direitos, custodiar e administrar os créditos e demais ativos da carteira do fundo e receber e depositar os valores recebidos dos adquirentes e outorgantes dos direitos creditórios na conta dos cotistas.

Com a finalidade de não romper a cadeia de financiamento, caso algum adquirente se veja incapacitado de continuar seus pagamentos, obriga a Instrução n. 399/2003 que:

> O administrador do fundo deve comprovar a existência de uma demanda para os imóveis residenciais que serão adquiridos pelos mutuários de no mínimo 150% (cento e cinquenta por cento) das unidades ofertadas e manter um cadastro de interessados não atendidos, de forma a possibilitar uma rápida substituição de um eventual mutuário inadimplente.

Uma vez recebidos os recursos financeiros pela colocação das cotas, o fundo pode investir ao menos 50% destes em direitos creditórios, sendo que o saldo pode ser aplicado em títulos de emissão do Tesouro Nacional, do Banco Central, créditos securitizados pelo Tesouro Nacional, títulos de emissão dos Estados e Municípios, certificados e recibos de depósito bancário, ou outros valores mobiliários de renda fixa, excetuadas as cotas do fundo de desenvolvimento social. Ademais, podem os FIDCs realizar operações compromissadas, operações no mercado de derivativos, subordinadas à hipótese de proteção às posições detidas à vista.

Se as aplicações forem feitas com a aquisição de *warrants*, contratos de compra e venda mercantis de produtos e serviços para entrega futura, devem tais operações contar com garantia de instituição financeira ou de sociedade seguradora. Tais aquisições são limitadas a 10% do patrimônio do fundo em relação às emissões ou coobrigações de uma mesma pessoa jurídica, de seu controlador ou de outras sociedades sob controle comum, de um mesmo Estado ou Município, pessoa física, ou fundo de investimento. Um segundo limite refere-se ao total de emissão e/ou coobrigação de uma mesma instituição financeira, seu controlador ou sociedade direta ou indiretamente por ele controlada, que não pode ultrapassar 20% do patrimônio líquido do fundo.

O fundo dos fundos pode ser constituído e administrado por bancos comerciais, múltiplos, de investimento, sociedades de crédito e financiamento, sociedades corretoras de valores ou sociedades distribuidoras, cujas aplicações nos FIDCs será de no mínimo 95% de seu patrimônio líquido, limitando a 25% de seu patrimônio líquido as aplicações em cotas de um mesmo fundo.

Entretanto, tal limite pode ser ultrapassado desde que haja previsão específica no regulamento do fundo. O saldo remanescente será aplicado em títulos do Tesouro

Nacional, do Banco Central, créditos securitizados do Tesouro Nacional, títulos de renda fixa, aceite de instituições financeiras ou operações compromissadas.

Finalmente, deve ser mencionado o Fundo de Investimento em Direitos Creditórios Não Padronizados – FIDC-NP. Esses fundos têm por política de investimento a realização de investimentos, em qualquer proporção de seu patrimônio líquido, em direitos creditórios: (i) que estejam vencidos e pendentes de pagamento quando de sua cessão para o fundo; (ii) que sejam decorrentes de receitas públicas, de autarquias ou de fundações; (iii) que resultem de ações judiciais em curso, constituam objeto de litígio ou tenham sido judicialmente penhoradas ou dadas em garantia; (iv) cuja constituição ou validade jurídica da cessão para o FIDC seja considerada um fator preponderante de risco; (v) que sejam originados de empresas em processo de recuperação judicial ou extrajudicial; (vi) que sejam de existência futura e montante desconhecido, desde que emergentes de relações já constituídas; (vi) no caso do FIDC, em direitos creditórios cuja carteira tenha seu rendimento exposto a ativos que não os de créditos cedidos ao fundo, tais como derivativos de crédito, quando não utilizados para proteção ou mitigação de risco e, (vii) no caso do Fundo de Investimento em cotas de FIDC, a aplicação deve ser feita em cotas de FIDC-NP.

Por se tratar de investimento de altíssimo risco, determina a Instrução que só podem ser cotistas do fundo investidores qualificados, bem como somente os investidores qualificados podem negociar tais cotas junto ao mercado secundário. Ademais, cada cota terá o valor unitário e nominal de emissão de no mínimo R$ 1.000.000,00, sendo possível a negociação de fração da cota com outro detentor de no mínimo outra cota do mesmo fundo.

Quando da aquisição da cota, além de firmar documento de próprio punho atestando que recebeu o prospecto, que tomou ciência dos riscos envolvidos e da política de investimento, terá que declarar que tomou ciência da possibilidade de perdas decorrentes das características dos direitos creditórios que integram o patrimônio do fundo (Instrução CVM n. 444/2006).

10.5.3.8 Fundo de Índice

Com base na Resolução CMN n. 1.787/1991, que em seu artigo 3º autorizou a Comissão de Valores Mobiliários "a baixar as normas e adotar as medidas que entender necessárias relativamente à constituição e ao funcionamento dos fundos mútuos de ações", a CVM, por meio da Instrução n. 359/2002, regulamentou a constituição e funcionamento dos fundos de índices, compostos por ações negociadas em bolsa de valores.

Esse fundo adquire contratos futuros que tentam prever a variação que irá ocorrer com uma cesta ideal de ações, no caso, um grupo de ações mais negociadas na Bolsa de Valores de São Paulo. Para tanto, cada tipo de ação de determinadas companhias recebe uma ponderação que leva em consideração sua liquidez, sendo que a ponderação varia em períodos determinados conforme apuração da própria bolsa de valores, a fim de refletir a variação ocorrida no período anterior.

Assim, o índice é o valor atual, em moeda corrente, de uma carteira teórica de ações constituída em 02 de janeiro de 1968 com valor igual a 100 pontos, considerada uma aplicação hipotética, refletindo, no tempo, os incrementos ou reduções de valor, levando em consideração ajustes tais como a reinversão de dividendos, a venda de direitos de subscrição e as bonificações. O marco numérico "100" sofreu algumas poucas variações desde 1968 buscando adaptar-se às mudanças monetárias ocorridas no país em função do corte de zeros na moeda nacional.

Dessa forma, o índice reflete não somente a variação do preço em bolsa, mas também o impacto da distribuição de proventos, sendo considerada uma metodologia que avalia o retorno total das ações componentes da cesta ideal. O objetivo é servir como indicador médio do comportamento do mercado e do perfil das negociações à vista em dado período de tempo. No caso da Bovespa, as ações componentes da cesta hipotética respondem por 80% do número de negócios e do volume financeiro, gerando um lote padrão que serve como metro para medir-se a variação diária ocorrida.

A finalidade precípua do investimento em contratos de índice é buscar proteção de venda futura ou *hedge* para as posições detidas no mercado à vista, sendo a "trava" tanto mais eficiente quanto mais a posição à vista se aproximar da composição teórica das ações representativas da cesta.

O fundo é uma comunhão de recursos destinada à aplicação em carteira de valores mobiliários que vise refletir as variações e rentabilidade de um índice de referência, por prazo indeterminado (Instrução CVM n. 359/2002). O "índice de referência" é a medida de variação em determinado mercado que seja reconhecido pela CVM, ao qual a política de investimento do fundo esteja associada.

O fundo deverá sempre ser constituído como fundo aberto, sendo que suas cotas deverão necessariamente ser negociadas em uma bolsa de valores ou no mercado de balcão organizado. As cotas do fundo serão sempre nominativas e escriturais, correspondendo a frações ideais de seu patrimônio.

Dentro prazo máximo de 90 dias após a autorização para seu funcionamento, as cotas deverão estar colocadas junto aos investidores, sendo que nenhum deles poderá deter mais do que 49% das cotas colocadas. A desobediência ao preceito implicará a liquidação do fundo ou sua incorporação a outro de idênticas características.

A integralização de cotas pode ser feita em dinheiro ou com a entrega de valores mobiliários que integrem o mercado de índice de referência, observadas as mesmas proporções existentes na cesta teórica de valores mobiliários. O regulamento do fundo deverá estabelecer o regramento a ser seguido quando da integralização em valores mobiliários ou quando do resgate de cotas no que concerne aos acréscimos oriundos de direitos, recibos de subscrição ou certificados de desdobramento relativos aos valores mobiliários constantes da carteira. As cotas do fundo podem ser resgatadas ou amortizadas.

Na primeira hipótese, levar-se-á em consideração o valor existente no dia do pedido. Já na segunda situação, o administrador deve efetuar a amortização de forma equitativa entre todos os cotistas.

Como nos demais fundos, também aqui o administrador é quem o constitui; somente após ter sido sua constituição aprovada pela Comissão de Valores Mobiliários poderá o fundo oferecer cotas ao público investidor e iniciar o seu funcionamento. Como suas cotas são necessariamente negociadas no mercado secundário, para seu funcionamento deverá o fundo já ter em mãos a concordância prévia da bolsa de valores ou do mercado de balcão organizado onde suas cotas serão negociadas.

Diferentemente do regramento de alguns fundos de investimento, este elege como meio de comunicação com os cotistas o endereço do fundo na rede mundial de computadores. Os gestores serão necessariamente pessoas jurídicas autorizadas pela CVM para o exercício profissional de atividade de administração de carteira. A pessoa jurídica gestora indicará o diretor ou o sócio-gerente responsável pela gestão perante a CVM.

A administração poderá ser feita totalmente pelo responsável, ou poderá ele contratar terceiro para realizar: (i) a gestão da carteira do fundo; (ii) a execução dos serviços de tesouraria; (iii) a escrituração da emissão, da negociação ou do resgate de cotas; (iv) a distribuição de cotas do fundo e (v) a prestação dos serviços de custódia dos valores mobiliários integrantes da carteira do fundo. Todos os terceiros exercentes dessas atividades respondem solidariamente com o administrador do fundo pelos prejuízos que causarem aos cotistas no exercício de suas atribuições.

O regulamento do fundo deve estabelecer as regras quanto ao direito de voto dos valores mobiliários componentes de sua carteira, na medida em que tal direito pode ser exercido pelo próprio cotista, tendo o administrador que justificar perante a CVM o porquê do seu exercício de voto, ao invés do cotista. Na hipótese de o cotista exercer o voto referente às ações correspondentes às suas cotas, deverá o administrador emprestar as ações e providenciar a transferência junto à entidade custodiante, caucionando as respectivas cotas junto ao fundo. O cotista deverá devolver as ações ao fundo em até um dia após a realização da respectiva assembleia geral.

Como as demais comunhões de interesse, o fundo de índice regula sua vida através de assembleias de cotistas, às quais cabe deliberar sobre: (i) as demonstrações financeiras do fundo; (ii) a amortização de cotas e a distribuição de resultados, caso não estejam previstas no regulamento; (iii) a substituição do administrador; (iv) a mudança na política de investimento; (v) o aumento das taxas de administração; (vi) a fusão, a incorporação, a cisão, a transformação ou a liquidação do fundo; (vii) alterações no contrato entre a instituição proprietária do índice e o administrador, caso essas alterações acarretem aumento de despesas para o fundo.[47] As alterações que sejam decorrentes de mudança produzida por norma da CVM entram em vigor independentemente da realização de assembleia de cotistas.

No caso de incorporação, esta somente poderá ocorrer com fundo que tenha como política de investimento o mesmo índice de referência. Já no caso da cisão, será a operação admitida somente na hipótese da criação de fundo de índice que siga novo índice de referência, composto unicamente de parte dos valores mobiliários do índice de referência original.

Caso o fundo seja liquidado, por deliberação da assembleia, deverá o administrador, no prazo de 30 dias a contar da assembleia de liquidação, promover a divisão proporcional de seu patrimônio entre os cotistas.

De maneira mais moderna do que estabelecido em outros regramentos, aqui estabelece a CVM que as convocações serão feitas através do endereço do fundo na rede mundial de computadores, além do envio do edital para a bolsa de valores ou mercado de balcão organizado onde as cotas do fundo sejam negociadas, em ambas hipóteses com 10 dias antes da realização da assembleia.

As assembleias ordinárias devem ser convocadas pelo administrador do fundo, com a disponibilização, no endereço do fundo na rede mundial de computadores, das demonstrações contábeis relativas ao exercício findo com pelo menos 15 dias antes da realização do conclave, ficando, ademais, à disposição dos cotistas na sede do administrador.

Ademais, pode a assembleia de cotistas ser convocada por cotistas que representem mais de 5% do total das cotas emitidas, sendo que, nesta hipótese, a convocação deverá ser feita com uma antecedência mínima de 30 dias, correndo por conta do requerente as despesas incorridas para tanto. Tal gasto poderá ser ressarcido se a assembleia assim o deliberar. A assembleia se instala com a presença de no mínimo um cotista ou seu representante legal, sendo que as deliberações serão tomadas pela maioria dos presentes, ressalvadas as hipóteses constantes dos itens (iii), (iv), (v) e (vi) acima mencionados. As experiências quanto ao método de convocação das assembleias, bem como quanto aos quóruns de deliberação, são experiências modernizantes, não paternalistas, que poderiam servir de tema para discussão como proposta para atualização da Lei das Companhias.

---

47. Tal preceito parte da premissa de que o mercado de índice calculado sobre uma cesta ideal de valores mobiliários negociados em determinada bolsa de valores ou no mercado de balcão organizado possa gerar direitos autorais sobre a metodologia e sua correlação com os ativos que a compõem.

Por se tratar de investimento de risco mais acentuado, estabelece a Instrução n. 359/2002 que nenhum material de divulgação poderá assegurar ou sugerir garantia de resultado futuro ou qualquer isenção de risco para o investidor, bem como que o administrador não garante os investimentos do fundo, seja por qualquer mecanismo de seguro, seja pelo fundo garantidor de crédito. O mesmo ocorre com informações referentes à lucratividade do investimento.

Assim é que quando for mencionada a rentabilidade do fundo, deverá tal informação ser acompanhada da menção: (i) à data de início de seu funcionamento; (ii) aos resultados dos três últimos anos ou, se menor o prazo de sua instituição, desde o início de seu funcionamento; (iii) à rentabilidade do índice de referência para o mesmo período; (iv) ao valor da média aritmética da soma de seu patrimônio líquido apurado no último dia de cada mês, nos últimos três anos ou, se mais recente, desde sua constituição e (v) à incidência da taxa de saída que reduza o valor patrimonial da cota ou o número de cotas no resgate, esclarecendo quanto ao seu valor e forma de apuração.

A carteira do fundo deve manter no mínimo 95% de seu patrimônio aplicado em valores mobiliários e outros ativos de renda variável autorizados pela CVM, obedecida a proporção em que estes integram o índice de referência, ou em posições compradas no mercado futuro do índice de referência, de forma a refletir a variação e rentabilidade de tal índice.

Nas aplicações facultativas, não poderá exceder a 20% do patrimônio líquido do fundo o recolhimento de margens nas operações efetuadas com derivativos. Pode o fundo realizar operações de *swap* com ajuste e liquidação financeira diária desde que tenha por objeto a negociação da diferença da variação da rentabilidade entre o fundo e o índice de referência, ou operações de empréstimo de ações, desde que seja com prazo determinado para sua devolução e dentro dos limites estabelecidos pela CVM.

Do saldo de 5% das aplicações dirigidas, se houver, deverá este ser necessariamente ser aplicado em: (i) títulos públicos de emissão do Tesouro Nacional ou do Banco Central; (ii) títulos de renda fixa de emissão de instituições financeiras; (iii) cotas de fundo de investimento financeiro – FIF; (iv) operações compromissadas permitidas pelo Conselho Monetário Nacional.

10.5.3.9 *Fundo de Investimento Garantidor de Locação Imobiliária*

Com a edição da Lei n. 11.196/2005 (artigos 88 e 90), abriu-se a possibilidade de que as cotas deste fundo possam ser dadas pelo cotista aos locadores de imóveis, servindo como garantia do contrato de locação. A vantagem é que o locador é garantido por parte dos ativos do fundo, sendo que as cotas continuam a render os frutos do investimento, permitindo ao locatário evitar o congelamento de recursos ou o custo de alternativas mais caras como quando, por exemplo, a garantia é prestada por terceiro.

Desta feita, a Comissão de Valores Mobiliários autoriza instituições destinadas à administração de carteira de valores mobiliários a constituírem fundos que permitam a cessão de suas cotas em garantia do pagamento contratual devido por locações imobiliárias. Tal cessão é registrada perante o administrador do fundo, pelo titular das cotas cedidas, cuja cessão é feita em caráter fiduciário ao locador e vinculadas ao contrato de locação.

A cessão fiduciária também pode ser feita caso o cedente não seja o locatário, mas garantidor do pagamento dos alugueres. A cessão das cotas é feita com as cláusulas de indisponibilidade, inalienabilidade e impenhorabilidade, sendo a instituição financeira administradora do fundo o seu agente fiduciário. Ocorrendo a mora, o credor fiduciário deverá notificar o locatário e o cedente para o pagamento no prazo de dez dias. Caso este não ocorra de forma total ou parcial, poderá o locador-credor excutir seu crédito, requerendo ao agente fiduciário que lhe transfira a titularidade de tantas cotas quanto necessárias à satisfação de seu crédito, sendo o fundo administrador responsável pelo recolhimento dos impostos e contribuições incidentes sobre as aplicações efetuadas junto ao fundo, além de ser o responsável pelo cumprimento das demais obrigações acessórias.

Com base no dispositivo legal, a CVM editou a Instrução n. 432/2006, a qual, ao regulamentar os dispositivos de lei, estabeleceu que esses fundos serão constituídos sob a forma de condomínio aberto, sendo vedado o resgate das cotas cedidas fiduciariamente. Assim, o fundo admite duas categorias de investidor. A primeira será aquela dos investidores que preferem aplicar em cotas do fundo, as quais serão dadas em garantia do pagamento do contrato de locação, fazendo com que os recursos representados pelas cotas continuem a render e, quando do término da locação, não tenha o locatário gasto nada, mas apenas garantido o cumprimento de sua obrigação. A outra é aquela em que se dão as cotas a terceiro para que sirvam como garantia do contrato.

Caso não haja disposição em contrário, o cedente das cotas continua o detentor do direito de voto nas assembleias do fundo. Quando da execução das cotas pelo inadimplemento da obrigação, será feita de forma extrajudicial, conforme disposição constante no regulamento do fundo, com base do disposto na Lei n. 11.196/2005. Ampliando o escopo legal, permitiu a Comissão de Valores Mobiliários que as cotas de outros fundos também pudessem ter a mesma destinação garantidora de contratos de locação, conforme o previsto na Instrução n. 409/2004.[48]

---

48. Especificamente: (i) Fundos de Investimento em Participações; (ii) Fundos de Investimento em Cotas de Fundos de Investimento em Participações; (iii) Fundos de Investimento em Direitos Creditórios; (iv) Fundos de Investimento em Direitos Creditórios no Âmbito do Programa de Incentivo à Implementação de Projetos Sociais; (v) Fundos de Investimento em Fundos de Investimento em Direitos Creditórios; (vi)

10.5.4 Os limites da competência da CVM

Como já discutido anteriormente, é de se ter em mente que a competência autorizativa, regulatória e punitiva da CVM nasce pela ocorrência de dois qualificativos concomitantes. O primeiro é que a oferta seja feita com um valor mobiliário; o segundo, que a oferta seja pública, nos termos definidos pelos artigos 2º e 19 da Lei n. 6.385/1976.

Disso decorre que nem todos os fundos de investimento estão sujeitos ao poder normativo da Comissão de Valores Mobiliários, mas somente aqueles cuja oferta à subscrição de cotas seja feita ao público indistintamente. Ademais, se a subscrição das cotas for feita de maneira privada, tal colocação privada não necessita ser feita com a intervenção de instituição componente do mercado de distribuição de valores mobiliários.

Entretanto, dentro da própria Autarquia havia dúvida quanto a sua intervenção no processo, principalmente em relação aos fundos de investimentos imobiliários. Com a finalidade de unificar seu pensamento e atuação, o colegiado da Comissão de Valores Mobiliários, no processo RJ 2005/2345, e em respondendo à consulta feita pela Superintendência de Registro da Autarquia, decidiu unanimemente acompanhar o voto de seu Relator, Presidente Marcelo Fernandez Trindade, dado em 21 de fevereiro de 2006. A decisão será objeto de análise mais minudente quando analisarmos a diferença entre as distribuições pública e privada das cotas dos fundos de investimento. Esta separação é importante na medida em que somente as distribuições públicas, como já repetido várias vezes, estão sujeitas ao campo regulatório e punitivo da Comissão de Valores Mobiliários. Como decorrência da incompetência regulatória no que se refere às ofertas privadas, é de se chamar a atenção para a inaplicabilidade dos comandos constantes da Lei n. 6.735/1976, em sua forma consolidada, inclusive quanto à desnecessidade da intermediação de entidade do sistema de distribuição, bem como quanto à natureza condominial dos fundos de investimentos previstos pelo Código Civil. Para o que interessa esclarecer nesta passagem, será de se ter em mente que para a Autarquia só serão objeto de sua análise e autorização prévia as ofertas públicas. Isto porque:

[...] 2. O Colegiado é chamado a opinar sobre os seguintes pontos:

Fundos de Investimento da Indústria Cinematográfica Nacional; (vii) Fundos Mútuos de Privatização – FGTS; (viii) Fundos Mútuos de Privatização – FGTS – Carteira Livre; (ix) Fundos de Investimento em Empresas Emergentes; (x) Fundos de Índice, com Cotas Negociáveis em Bolsa de Valores ou Mercado de Balcão Organizado; (xi) Fundos Mútuos de Investimento em Empresas Emergentes – Capital Estrangeiro; (xii) Fundos de conversão; (xiii) Fundos de Investimento Imobiliário; (xiv) Fundos de Privatização – Capital Estrangeiro; (xv) Fundos Mútuos de Ações Incentivadas e (xvi) Fundos de Investimento Cultural e Artístico.

i. possibilidade de colocação privada de cotas de Fundos Fechados;
ii. necessidade de intervenção de instituição intermediária integrante do sistema de distribuição em colocação privada de cotas de Fundos Fechados;
iii. consequências da eventual intervenção de instituição intermediária em colocação privada de cotas de Fundos Fechados, à luz da Deliberação CVM 20/85;
iv. possibilidade e requisitos para a negociação em bolsa ou em mercado de balcão de cotas de Fundos Fechados colocadas privadamente; e,
v. necessidade de registro perante a CVM de Fundos Fechados cujas cotas sejam colocadas privadamente.

Sobre os registros dos fundos de investimento, diz a decisão:

5. O "registro" dos fundos de investimento perante a CVM percorreu um longo histórico em que se constata a existência de duas grandes modalidades de registro: o "registro de funcionamento" do fundo, próximo de um "registro constitutivo", mas que legalmente não tem esse efeito, e o "registro de distribuição de cotas", destinado a permitir que a colocação das cotas dos fundos seja feita com apelo público à poupança dos investidores.
6. A análise da evolução e da natureza do "registro de funcionamento" é relevante para a solução de uma das questões objeto da consulta, relativa à necessidade de registro, perante a CVM, de Fundos Fechados cujas cotas sejam colocadas privadamente. Já a análise das normas relativas ao "registro de distribuição de cotas" é fundamental para a resposta às demais questões postas na consulta. Passo, então, a analisar ambas as questões.
II. Normas relativas ao registro de fundos de investimento
[...]
9. A natureza dos fundos de investimento continua a ser, portanto, aquela estabelecida pela Lei 4.728/65, de "fundos em condomínio" (art. 49), então administrados por "sociedades de investimento", e agora, dada a natureza de valores mobiliários de suas cotas, por pessoas previamente autorizadas pela CVM (art. 23 da Lei 6.385/76).
10. Tratando-se de condomínio sobre coisas móveis, os fundos de investimento não demandam registro para constituírem-se, podendo ser criados por quaisquer dos meios de aquisição de propriedade móvel em condomínio admitidas pela lei civil (sucessão, aquisição de fração ideal, aquisição em conjunto, etc.).

Sobre o condomínio e o registro, diz a decisão:

11. Contudo, condomínios assim criados não seriam mecanismos viáveis de captação e organização de quantias para investimento conjunto, pois não permitiriam a livre alienação das frações do patrimônio sem direito de preferência (Código Civil, art. 1.322), a organização do condomínio sob um regime padronizado e regulamentar, com administração profissional (Lei 6.385/76, art. 23), a faculdade de captação de recursos e consequente aumento do patrimônio, com agregação de novos condôminos, sem autorização dos anteriores e, no caso dos fundos abertos, o direito dos condôminos resgatarem sua parcela de patrimônio, sem que se extinga o condomínio (Código Civil, art. 1.320).

12. Esta terá sido a razão pela qual, replicando o sistema de duplo registro (do valor mobiliário e do emissor) dos arts. 19 e 21 da Lei 6.385/76, a regulamentação da CVM evoluiu para a concessão de dois registros aos fundos de investimento: o de autorização para o "funcionamento" de fundos e o de autorização para a "distribuição" das cotas de fundos. O primeiro sempre estabelecido pelas normas regulamentares como requisito para o segundo; o primeiro, não essencial, mas desejado pelos agentes de mercado em prol da segurança jurídica e da eficiência operacional do produto; o segundo, imposto genericamente pelo art. 19 da Lei 6.385/76.

13. Mas a existência dessa autorização para funcionamento, desse "registro dos fundos" (como o denomina a Seção II do Capítulo II da Instrução CVM 409/04), não transforma a natureza condominial da propriedade dos ativos. Tal registro tampouco é constitutivo do condomínio. Sua existência insista-se — ao menos enquanto não sobrevier lei que confira personalidade jurídica aos fundos de investimento, ou que altere a Lei 6.385/76 para conferir caráter constitutivo ao registro do regulamento do fundo na CVM ou no registro de títulos e documentos — decorre da propriedade de coisas móveis (os ativos do fundo) por mais de um titular (os cotistas).

14. A evolução das normas da CVM relativas ao registro para "funcionamento" dos fundos de investimento revela não só o crescente reconhecimento de que o registro para "funcionamento" não tem caráter constitutivo, como uma clara tendência para a concessão automática de tal registro.

Conclusões do julgado:

17. Portanto, em resumo, pode-se afirmar que:
i. a constituição de condomínios sobre valores mobiliários (ressalvada a situação legal específica dos FII) não depende de registro na CVM;
ii. sem prejuízo disto, a CVM disciplina a constituição de tais condomínios (do ponto de vista do conteúdo dos documentos de constituição e da publicidade a eles imposta), quando organizados sob a forma de fundos de investimento, visando à regulação mais adequada (e obrigatória) da subsequente distribuição pública de cotas dos fundos; e,
iii. a existência de uma regulação sobre a constituição e o funcionamento dos fundos de investimento termina por assegurar aos agentes de mercado certeza jurídica sobre a disciplina de tais condomínios, o que faz com que, na prática, mesmo os fundos de investimento que não se destinam a posterior distribuição pública de cotas prefiram obter registro na CVM.

Sobre a distribuição pública, diz a decisão:

Normas relativas à distribuição pública de cotas de fundos
18. A Instrução 400/03, regulamentando o art. 19 da Lei 6.385/76, é a regra geral que atualmente disciplina as distribuições públicas de valores mobiliários, e o seu respectivo registro perante a CVM (cf. art. 1º), ressalvada a regulamentação específica, quando

houver, no que se refere aos temas descritos no parágrafo único de seu art. 60. Como visto, as cotas de fundos de investimento em geral, quando distribuídas publicamente, são valores mobiliários, e portanto sua distribuição pública está, em regra, sujeita às normas da Instrução CVM 400.

19. A Instrução CVM 400/03 considera pública "a venda, promessa de venda, oferta à venda ou subscrição, assim como a aceitação de pedido de venda ou subscrição de valores mobiliários" quando presente qualquer dos elementos elencados nos incisos do seu art. 3º.

20. Tais elementos indicam, em resumo, a existência, na venda, de um esforço de colocação junto a um público indeterminado ou a uma "classe, categoria ou grupo de pessoas, ainda que individualizadas nesta qualidade" (art. 3º, § 1º).

A Instrução CVM 409/04, por sua vez, é a regra geral que disciplina a maior parte dos fundos de investimento do Brasil, e trata de certas matérias relativas a sua distribuição pública, no espaço de regulamentação específica anunciado pela Instrução 400/03. Para efeito (embora não somente para esse efeito) de estabelecer normas específicas relativas à distribuição pública dos fundos de investimento de que trata, a Instrução 409/04, seguindo longa tradição regulamentar da CVM, tratou de distinguir entre fundos abertos e fundos fechados.

Sobre as cotas de fundos abertos, diz a decisão:

21. Os fundos abertos, para a Instrução 409,[49] são necessariamente distribuídos publicamente. Esta é a minha interpretação do art. 19 da Instrução, segundo o qual a "distribuição de cotas de fundo aberto independe de prévio registro na CVM", mas sempre "será realizada por instituições intermediárias integrantes do sistema de distribuição de valores mobiliários".

22. A outra interpretação possível seria a de que a regra do art. 19 se aplicaria somente aos fundos cujas cotas fossem distribuídas publicamente. No caso de distribuição privada de cotas de fundo aberto (isto é, sem o esforço de venda ao público de que trata a Instrução 400), o fundo poderia ser registrado na CVM, sem distribuição por instituição intermediária.

23. A primeira interpretação me parece melhor porque, na medida em que é oferecida a qualquer pessoa (ou a grupos de pessoas, como por exemplo clientes de determinadas instituições) a possibilidade de adquirir, a qualquer momento, e nas condições do regulamento, cotas do fundo aberto, sua colocação é necessariamente pública. Isto é, o fundo é aberto não apenas quanto à possibilidade de saída dos investidores, mas também de entrada.

---

49. Será de se discutir a assertiva da decisão da CVM segundo a qual os fundos de investimento abertos serão necessariamente objeto de uma oferta pública de suas cotas. Isso porque a distinção entre fundos abertos e fechados ocorre com a entrada de novos cotistas, aumento das participações e pelo diferencial quanto ao mecanismo de saída do fundo de investimento. Tais mecanismos, entretanto, são aplicáveis quer com os fundos que fazem oferta pública de suas cotas, quer com aqueles outros que se capitalizam por meio de uma oferta privada.

24. Por outro lado, dada exatamente aquela possibilidade de saída (resgate das cotas), e portanto a maior liberdade dos cotistas (com a consequente diminuição de seu risco), o art. 19 da Instrução 409 estabelece que a "distribuição de cotas de fundo aberto independe de prévio registro na CVM", sendo, entretanto, realizada por integrante do sistema de distribuição. De todo modo, creio que essa presunção de distribuição pública dos fundos abertos poderia ficar mais explícita na norma.
[...]
28. Parece-me, adicionalmente, que qualquer que seja a modalidade de fundo de investimento aberto, a presunção que permite a dispensa de maiores requisitos para a distribuição pública está na possibilidade de livre resgate a qualquer tempo, com liquidez bastante rápida. Assim, entendo que se deva cogitar da introdução de norma que determine a aplicação da Instrução 400/03 (ou do tratamento específico conferido à distribuição de fundos fechados por normas específicas) quando houver limitação significativa ao exercício do resgate, ou à disponibilidade do valor resultante daquele exercício.

Como se verifica da orientação acima, o assunto mereceu tratamento minudente do Colegiado da Comissão. Porém, como todo assunto complexo — estabelecendo os limites de atuação da Autarquia, bem como desenhando as diferenças entre os fundos abertos e os fechados —, merece maior reflexão, principalmente no que tange a competência da CVM não expressamente prevista na Lei n. 6.385/1976.

Tradicionalmente, e por influência da normatização norte-americana, o fundo aberto é aquele em que o cotista pode pedir o resgate de suas cotas na proporção e no tempo previsto na escritura de emissão, sem necessariamente aguardar o seu termo final. Já o fundo fechado é aquele no qual o cotista só recebe de volta o principal após a expiração do termo final do fundo, conforme previsto na escritura de emissão, recebendo o cotista a rentabilidade periódica, conforme, inclusive, consta de sua cartilha de investidor, a qual explicita detalhadamente as regras do fundo de investimento imobiliário.[50]

Entretanto, se "fundo aberto" se referir, por empréstimo do Direito norte-americano, ao conceito utilizado nas "companhias de capital aberto", poderemos entender que fundos abertos são aqueles cujas cotas tenham sido objeto de oferta pública, independentemente do fato de sua colocação ter se dado com esforço restrito ou não.

---

50. COMISSÃO DE VALORES MOBILIÁRIOS. **Fundo de investimento imobiliário**: cartilha do investidor. Disponível em: <http://www.cvm.gov.br/port/protinv/caderno6.asp>. Acesso em: 10 dez. 2014. Vide item XIII, que esclarece que: "Por ser constituído como condomínio fechado, não é admitido ao Fundo de Investimento Imobiliário o resgate de quotas. No entanto, é admitida sua negociação em mercado. As quotas podem ser transferidas tanto em transações privadas quanto no mercado secundário de valores mobiliários, nos mercados de balcão ou bolsas de valores. O investidor deve considerar se há histórico de liquidez das quotas do Fundo ou previsão de mecanismo de formação de mercado. [...]".

Porém, decidiu o Colegiado (item 21 da decisão) pela interpretação equivocada ao tomar emprestada a antiga nomenclatura utilizada para nominar as companhias de capital aberto. Assim é que escreveu a Autarquia que:

> Os fundos abertos, para a Instrução 409, são necessariamente distribuídos publicamente. Esta é a minha possível interpretação do artigo 19 da Instrução, segundo o qual decidiu-se que a *"distribuição de cotas de fundo aberto independe de prévio registro da CVM"*, mas sempre, *"será realizada por instituições intermediárias integrantes do sistema do sistema de distribuição de valores mobiliários"*. (grifei)

Tal conclusão não iria contra a dicção do artigo 19 da Lei n. 6.385/1976 e contra a decisão da mesma Comissão no Processo CVM RJ2009/3736? E aqui tem início a confusão semântica, agravada com a introdução do provável conceito de "distribuição realizada com esforço restrito" e/ou "investidor qualificado", que só será desfeita com o julgamento do processo abaixo transcrito e que tem nascimento, como se verá, de consulta quanto à obrigação de se registrar na CVM um fundo de investimento, com a colocação de cotas de forma não pública, como planejamento de diminuição de carga fiscal.

No item 22 da decisão, chancela o Colegiado o entendimento de que:

> A outra interpretação possível seria a de que a regra do art. 19 se aplicaria somente aos fundos cujas cotas fossem distribuídas publicamente. No caso de distribuição privada de cotas de fundo aberto (isto é, sem o esforço de venda ao público de que trata a Instrução 400), o fundo poderia ser registrado na CVM, sem distribuição por instituição intermediária.

Porém, mais adiante, no item 29 da decisão o Colegiado esclareceu que:

> Já no caso das cotas de fundos fechados, a Instrução 409 adota duas soluções distintas: *em primeiro lugar*, quando o acesso ao fundo não for restrito a investidores qualificados, isto é, quando se tratar de fundos em que sejam admitidos quaisquer investidores (qualificados ou não), o art. 22 da Instrução presume que a distribuição é pública, e manda aplicar a Instrução 400.

Essa tentativa de adequar o inadequável seria mais facilmente resolvida com a unificação de linguagem, já que as duas Instruções são originárias da mesma autarquia. Poderia a Comissão ficar com o conceito estabelecido em lei, e de grande tradição em várias legislações, segundo o qual, independentemente de o fundo ser aberto ou fechado (segundo o entendimento da cartilha do investidor), qualquer oferta pública de cotas, nos termos do artigo 19 da Lei n. 6.385/1976, necessita de autorização prévia da Autarquia, já que ali está delimitado o campo de sua competência, sendo qualquer avanço normativo ilegal por lhe faltar legitimidade que somente a lei pode atribuir. Enfim, malgrado todo o esforço feito, temo que a solução será de se invocar Champollion para decifrar o enigma semântico da decisão acima.

No caso abaixo, analisado pela CVM,[51] se discutiu a criação de um fundo de investimento fechado, com a finalidade específica de conter bens destinados, quando do falecimento dos pais, à distribuição aos dois filhos herdeiros. Para tanto, os pais, enquanto representantes dos beneficiários, consideraram os filhos como investidores qualificados, nos termos do artigo 109, inciso IV, da Instrução CVM n. 409/2004.

Em consulta feita pela Superintendência competente ao registro dos fundos de investimento, indagou esta ao Colegiado da autarquia se seria o caso de dispensa de registro, "em atendimento ao disposto nos artigos 63 e 100 da Instrução 409/04, desde que o regulamento do fundo detalhe adequadamente a estrutura a ser adotada".

Em seu voto, o Relator Eli Loria ressaltou, em consonância com a manifestação da Procuradoria Federal Especializada, que os fundos de investimento cujas cotas não sejam destinadas a oferta pública de distribuição podem, não obstante, ser registrados na CVM; no entanto, tais fundos devem submeter-se a todas as normas impostas pela CVM.

Assim, como se verá abaixo, o registro de ofertas privadas não é competência da Comissão de Valores Mobiliários, não podendo um fundo de investimento constituído sem a realização de uma oferta pública ser registrado junto à Autarquia, quando buscou só a redução da carga fiscal incidente.[52] Nesse sentido, é de especial interesse a razão de decidir contida no item 27 abaixo transcrito, quando afirmou o voto vencedor que:

> No meu entender, as preocupações do órgão regulador devem ser pautadas pelo interesse público e não pela busca da melhor solução para algum cliente de algum banco e, dessa forma, considerando a existência de vedação expressa e genérica no bojo da Instrução CVM n. 409/04, voto pelo indeferimento do pleito do HSBC por considerá-lo inconveniente e inoportuno.

Assim, após discussão do assunto, o Colegiado, acompanhando o voto apresentado pelo Relator Eli Loria, decidiu que:

---

51. Processo CVM RJ2009/3736, pedido de constituição de fundo com exceção do art. 63 da Instrução CVM 409/04 – HSBC Bank Brasil S.A.
52. Vide item 26, quando a decisão afirma que "aliás, o argumento de que outras estruturas sucessórias levam a um custo tributário mais elevado não serve como justificativa a autorizar a exceção pretendida".

De início, concordo com a SIN que os filhos dos clientes podem ser considerados investidores qualificados, ainda que representados por seus pais ou tutores que atestarão essa condição.

Com relação à indagação da SIN a propósito da competência da CVM, me parece que a decisão do Processo CVM n. RJ2005/2345, de 21/02/06, como apontado pela PFE, foi esclarecedora:

"(v) Necessidade de registro perante a CVM de Fundos Fechados cujas cotas sejam colocadas privadamente: Como visto, o Colegiado entendeu que não há nem necessidade nem possibilidade de registro na CVM de fundos de investimento em geral cujas cotas destinem-se à colocação privada, sem prejuízo de que, em busca da segurança jurídica decorrente da existência de regulamentação, ou por qualquer outra razão lícita, os administradores obtenham o registro de fundos junto à CVM, sujeitando-se a todos os ônus inerentes, e não venham a realizar efetivo esforço de colocação pública."

Segundo a citada decisão, ainda que a legislação em vigor não atribua à CVM o registro de fundos que não distribuam publicamente suas cotas, não existe impedimento a que administradores, por qualquer razão lícita, obtenham o registro de fundos junto à CVM e não realizem efetivo esforço de colocação pública. O registro deverá ser examinado e concedido como se o esforço de venda fosse realizado e o fundo fica sujeito a todas as normas impostas pela regulamentação da CVM.

O fato de outra norma, no caso a Instrução CVM n. 356/01, prever a possibilidade de existir um comitê remunerado pelo próprio Fundo de Investimento em Direitos Creditórios, com a introdução do inciso IX ao art. 56 pela Instrução CVM n. 393/03, me diz apenas que por ocasião da formulação da Instrução CVM N. 409/04 já existia essa norma e que tal procedimento não foi adotado pelo Colegiado para os Fundos de Investimento em geral.

Aliás, o argumento de que outras estruturas sucessórias levam a um custo tributário mais elevado não serve como justificativa a autorizar a exceção pretendida.

No meu entender, as preocupações do órgão regulador devem ser pautadas pelo interesse público e não pela busca da melhor solução para algum cliente de algum banco e, dessa forma, considerando a existência de vedação expressa e genérica no bojo da Instrução CVM n. 409/04, voto pelo indeferimento do pleito do HSBC por considerá-lo inconveniente e inoportuno.

Talvez devamos nos preocupar com a falta de lei regulando a vida dos fundos de investimento em geral, na medida em que a nossa CVM está longe de deter os poderes normativos que sua fonte de inspiração — a Securities and Exchange Commission — detém. Nosso sistema legal parte de um texto constitucional extremamente detalhista, contendo matérias que nem de longe deveriam estar em uma constituição de um país; mas o fato é que tais preceitos foram por ela agasalhados, sendo comandos constitucionais. De outro lado, nunca será demais lembrar que o artigo 5º do texto constitucional, ao agasalhar os direitos e garantias individuais, previu em seu inciso II que "ninguém será obrigado a fazer ou deixar de fazer alguma coisa senão em virtude de lei". Ou seja, o comando de lei é imprescindível para criar, modificar ou extinguir direitos, restando saber da legalidade ou não da delegação de lei à Administração Pública para inovar nos direitos e obrigações atribuíveis à lei. Tal ponto, que será objeto de análise mais adiante, é de extrema importância para o Direito dos Valores Mobiliários, na medida em que — tomemos, por exemplo, os fundos de investimento — quase toda a normatização, senão toda, advém de norma administrativa. Porém, esta será uma discussão a ser eventualmente enfrentada no volume adequado.

capítulo 11
CONCLUSÕES

O conceito de valor mobiliário na legislação brasileira nasceu não propriamente como cópia da legislação norte-americana, mas da separação política de alguns gêneros específicos — aqueles nominados pela Lei n. 6.385/1976 —, sempre e quando emitidos por sociedades anônimas. A aproximação de alguns comandos constantes das leis de 1933, 1934 e 1940 ocorre com a maior sofisticação de nosso mercado, principalmente com a entrada dos investidores estrangeiros e com o enorme crescimento dos *pools* de investimento.

A escolha legislativa de 1976 deveu-se em grande parte à solução possível no sentido de atender e diminuir as resistências então colocadas pelo Banco Central quando das discussões legislativas para a criação da Comissão de Valores Mobiliários. Nunca será demais lembrar que o próprio Banco Central, até a edição da Lei n. 6.385/1976, era a autoridade reguladora do mercado de valores mobiliários desde as primeiras competências a ele atribuídas pelas Leis n. 4.595/1964 e 4.728/1965, sendo tal regulação e fiscalização levada a cabo pela então Diretoria de Mercado de Capitais, posteriormente transformada em Diretoria de Normas. Assim, pode-se dizer que a CVM, como a Eva bíblica, nasce de uma costela do Banco Central — Eva essa que não fez senão crescer ao longo do tempo, culminando por abarcar todo e qualquer valor mobiliário, com a adoção do critério das leis de 1933 e 1934 norte-americanas ao estipular como qualificador do valor mobiliário o contrato de investimento coletivo.

Porém, antes da adoção do conceito do investimento coletivo materializado em um contrato objeto de oferta pública, o campo de competência da CVM foi objeto de periódicos acréscimos, sempre designados pelos respectivos nomes dos valores mobiliários, desde que emitidos por sociedade por ações, e não por conceitos legais. Neste sentido, o artigo 2º da Lei n. 6.385/1976 passou a sofrer acréscimos em detrimento da competência originária do Banco Central, cuja atuação já era exercida dentro do permissivo dado pelas leis de 1964 e 1965, muito embora estas não delimitassem o seu campo de atuação, dada a indefinição do conceito de valor mobiliário.

Assim é que, sob a técnica legislativa de itemizar nominando os vários valores mobiliários, sob os quais incidia a competência regulatória da CVM, a Lei n. 6.385/1976 previu que ao Conselho Monetário Nacional caberia atribuir o poder regulatório à CVM ou ao Banco Central, sobre outros valores mobiliários não previstos na listagem então existente em seu artigo 2º, desde que esse novo valor mobiliário fosse emitido por sociedade anônima. De outro lado, desde sua edição o mesmo artigo 2º da Lei n. 6.385/1976 retirou da CVM qualquer competência regulatória sobre os títulos públicos e aqueles outros emitidos por instituições financeiras, ressalvadas as ações e as debêntures, quando seja permitida a emissão destas últimas pelas instituições financeiras. Claro está que desde seu nascimento a competência regulatória da CVM só alcança os valores mobiliários que sejam objeto de oferta pública.

Já existente a CVM, e dentro da capacidade atribuída ao Conselho Monetário Nacional, este atribui a competência para que a autarquia passasse a regular os contratos de índice, então negociados nas bolsas de valores. Tal outorga foi feita tendo em consideração que tal tipo de contrato tem sua variação de valor de acordo com as mudanças de preço das ações negociadas no mercado à vista, sendo que cada ação componente dessa cesta ideal sofre a ponderação em função de sua negociabilidade na respectiva bolsa de negociação.

Com o passar do tempo, ocorre uma crescente movimentação dos investidores pessoas físicas em direção aos mecanismos de investimento coletivo, movimento esse patrocinado pela vinda dos investidores institucionais estrangeiros e nacionais, bem como pela criação de um enorme leque de fundos de investimento, podendo se afirmar que seus congêneres — os certificados de investimento e os clubes de investimento — são representantes de uma parcela insignificante quando se compara com a totalidade dos investimentos feitos. A verificação da afirmação supra pode ser comprovada quando se analisam, por exemplo, as ofertas iniciais de ações ou debêntures. Nestes investimentos, se retirarmos os montantes aportados pelos investidores institucionais estrangeiros e nacionais, será visível que, se contássemos só com o aporte dos investidores pessoas físicas, inexistiria mercado de valores mobiliários entre nós. O papel do investidor pessoa física, atuando diretamente junto ao mercado de subscrição e junto ao mercado secundário, vem apresentando crescente diminuição, fato verificável inclusive junto aos mercados das economias centrais. Assim, será recomendável aos adeptos da teoria da "democracia societária" sua mudança de foco para a "democracia dos *pools* de investimento coletivo".

Tal constatação leva à minha última colocação no que concerne a este bloco sobre os valores mobiliários: a inexistência de um mercado de liquidez para os valores mobiliários de renda fixa, já que o *locus* onde são negociados não tem transparência na formação de preços e muito menos acesso no sentido de propiciar a negociação direta dos investidores, estando muito mais próximo do exercício de um oligopólio do mercado financeiro.

REFERÊNCIAS

ADIERS, Leandro Bittencourt. Valores mobiliários, especulação e consequências jurídicas. **Revista de Direito Mercantil**, v. 121, p. 160-181, jan./mar. 2001.

ALLEN, Linda. **Capital Markets and Institutions**: A Global View. New York: John Wiley & Sons, 1997.

ALMEIDA, Carlos Ferreira de. Contratos diferenciais. **Revista Direito dos Valores Mobiliários**. Coimbra: Coimbra, v. 10, p. 9-42, 2011.

ALVES, Jones Figueiredo. **Novo Código Civil comentado.** São Paulo: Saraiva, 2002. Coordenação Ricardo Fiuza.

ANDERSON, William C. **A Dictionary of Law**. New Jersey: The Law Book Exchange, 1998.

ASCARELLI, Túlio. **Problemas das sociedades anônimas e Direito comparado**. Campinas: Bookseller, 2001.

ASSOCIAÇÃO BRASILEIRA DAS ENTIDADES DOS MERCADOS FINANCEIRO E DE CAPITAIS – ANBIMA. **Características do *crowdfunding* e respostas regulatórias**. Disponível em: <http://portal.anbima.com.br/informacoes-tecnicas/estudos/radar/Documents/201401_radar_anexo02.pdf>. Acesso em: 11 out. 2014.

AZEVEDO, Álvaro Villaça. **Código Civil comentado**. São Paulo: Atlas, 2008.

BALLANTINE, Henry W. **Law of Corporation**. Chicago: Callaghan, 1946.

BANK FOR INTERNATIONAL SETTLEMENTS. **80th Annual Report**. 28 jun. 2010. Disponível em: <http://www.bis.org/publ/arpdf/ar2010e.htm>. Acesso em: 10 dez. 2014.

BEER, Edith Lynn. **Monarch's Dictionary of Investment Terms**. New York: Monarch, 1983.

BEVILÁQUA, Clóvis. **Código Civil dos Estados Unidos do Brasil comentado**. Rio de Janeiro: Francisco Alves, 1958.

BLACK, Fischer; SCHOLES, Myron. The Pricing of Options and Corporate Liabilities. **Journal of Political Economy**, v. 81, n. 3, p. 637-654, 1973.

BLACK, Henry Campbell. **Black's Law Dictionary**. Union: Lawbook Exchange, 1991.

BM&FBOVESPA. Clubes de Investimento perdem atrativos. **Capital Aberto**, v. 2, n. 125, p. 13, jan. 2014.

BM&FBOVESPA. **Mercados derivativos**, 31 jan. 2012. Disponível em: <http://lojavirtual.bmf.com.br/lojaie/portal/pages/pdf/apostila_pqo_cap_06_parte_a_v2.pdf>.

BORBA, José Edwaldo Tavares. **Das debêntures**. Rio de Janeiro: Renovar, 2005.

BORBA, José Edwaldo Tavares. Debêntures. **Revista de Direito Mercantil, Industrial, Econômico e Financeiro**, v. 16, n. 26, nova série, p. 135-152, 1977.

BOVESPA. **Índice Bovespa**: definição e metodologia, nov. 2002.

BOYLE, A. J.; BIRDS, John; PENN, Graham. **Company Law**. Londres: Jordan & Sons, 1987.

BRADFORD, C. Steven. Crowdfunding and the Federal Securities Law. **Columbia Business Law Review**, v. 2012, n. 1, 2012. Disponível em: <http://papers.ssrn.com/sol3/papers.cfm?abstract_id=1916184>. Acesso em 10 dez. 2014.

BROOK, Harrington. **Pop Finance**: Investment Clubs and the New Investor Populism. Princeton University, 2008.

BROWN, Claude. How to Recognize a Derivative. **International Financial Law Review**, p. 28-29, maio 1995.

CALHEIROS, Maria Clara. **O contrato de *swap***. Coimbra: Coimbra, 2000.

CARVALHO DE MENDONÇA, José Xavier. **Tratado de Direito Comercial brasileiro**. Rio de Janeiro: Freitas Bastos, 1963.

CARVALHOSA, Modesto. **A nova Lei das Sociedades Anônimas**: seu modelo econômico. Rio de Janeiro: Paz e Terra, 1976.

CARVALHOSA, Modesto. **Comentários à Lei de Sociedades Anônimas**. 2. ed., São Paulo: Saraiva, 1997.

CARVALHOSA, Modesto. **Comentários à Lei de Sociedades Anônimas**. 6. ed., São Paulo: Saraiva, 2011.

CARY, Willian; EINSEMBERG, Melvin. **Corporations**: Cases and Materials. Brooklyn: The Foundation Press, 1959.

CHICAGO BOARD OF TRADE. **Commodity Trading Manual**. Chicago: Global Professional, 1982.

COMISSÃO DE VALORES MOBILIÁRIOS. **Fundo de investimento imobiliário**: cartilha do investidor. Disponível em: <http://www.cvm.gov.br/port/protinv/caderno6.asp>. Acesso em: 10 dez. 2014.

COMMODITY FUTURES TRADING COMMISSION. **Handbook**: Strategic Information and Regulations. Guide of Terms and Operations. Washington: International Business, 2013.

CORDEIRO FILHO, Ari. Os derivativos e a legislação comparada. **Resenha BM&F**, n. 101, p. 45-71, set./out. 1994. Disponível em: <http://www2.bmf.com.br/cimConteudo/W_Artigos Periodicos/00270305.pdf >.

CORDEIRO FILHO, Ari. ***Swaps***: aspectos jurídicos, operacionais e administrativos. Rio de Janeiro: Forense Universitária, 2000.

CORTE, Carlos Alberto Menezes; CAVALIERI FILHO, Sérgio. **Comentários ao novo Código Civil**, v. 13. Rio de Janeiro: Forense, 2004. Coordenação Sálvio de Figueiredo Teixeira.

DINIZ, Maria Helena. **Tratado teórico e prático dos contratos**. 9. ed., São Paulo: Saraiva, 1993.

DOWNES, John; GOODMAN, Jordan Elliot. **Dictionary of Finance and Investment Terms**. New York: Barron, 1998.

EIZIRIK, Nelson. **Lei das S/A comentada**. São Paulo: Quartier Latin, 2011.

FABOZZI, Frank; MODIGLIANI, Franco. **Capital Markets**: Institutions and Instruments. Londres: Prentice Hall, 1996.

FERREIRA, Guilherme Rizzieri de Godoy. Debêntures subordinadas com garantia real e falência. **Revista de Direito Mercantil**, v. 130, p. 119-124, abr./jun. 2003.

FERREIRA, Waldemar. **Tratado das debêntures**. Rio de Janeiro: Freitas Bastos, 1944.

GASTINEAU, Gary L. **Dictionary of Financial Risk Management**. Chicago: Probus, 1992.

GASTINEAU, Gary L.; KRITZMAN, Mark P. **Dicionário de administração de risco financeiro**. São Paulo: BM&FBovespa, 2000.

GOMES, Orlando. **Direitos Reais**. Atualização Luiz Edson Fachin. 19. ed., Rio de Janeiro: Forense, 1997.

GOWER, L. C. B. **Gower's Principles of Modern Company Law**. Londres: Stevens & Sons, 1979.

GUIMARÃES, Francisco José Pinheiro. Debêntures. In: LAMY FILHO, Alfredo; PEDREIRA, José Luiz Bulhões (Coords.). **Direito das companhias**, v. 1, p. 579-645, Rio de Janeiro: Forense, 2009.

HAHLO, H. R. **A Case Book on Company Law**. Londres, Sweet & Maxwell, 1970.

HAYTON, D. J. **The Law of Trusts**. Londres: Sweet & Maxwell, 1998.

INGLEZ DE SOUZA, Herculano. **Títulos ao portador**. Rio de Janeiro: Francisco Alves, 1898.

JOSSERAND, Louis. Evolução da responsabilidade civil. Tradução Raul Lima. **Revista Forense**, v. 86, n. 454, p. 548-559, jun. 1941.

LAMY FILHO, Alfredo. **A Lei das S/A**: pressupostos e elaboração. 2. ed., Rio de Janeiro: Renovar, 1993.

LAMY FILHO, Alfredo; PEDREIRA, José Luiz Bulhões. **A Lei das S.A.** 3. ed., Rio de Janeiro: Renovar, 1997.

LEÃES, Luiz Gastão Paes de Barros. **Comentários à Lei das Sociedades Anônimas**. São Paulo: Saraiva, 1980.

LEÃES, Luiz Gastão Paes de Barros. **Estudos e pareceres sobre sociedades anônimas**. São Paulo: Revista dos Tribunais, 1989.

LEV, Efrat. The Indenture Trustee: Does it Really Protect Bondholders? **University of Miami Law Review**, v. 8, n. 47, p. 47-121, 1999.

LIMA, Paulo C. A. **Sociedade por ações**: crítica-exegese. Rio de Janeiro: Trabalhistas, 1977.

LOPES, Mauro Brandão. **S.A.**: títulos e contratos novos. São Paulo: Revista dos Tribunais, 1978.

LOSS, Louis. **Securities Regulation**. Boston: Little, Brown, 1961.

LUCENA, José Waldecy. **Das sociedades anônimas**: comentários à lei. Rio de Janeiro: Renovar, 2009.

MARTINS, Fran. **Comentários à Lei das S.A.** Rio de Janeiro: Forense, 1977.

MOLLICK, Ethan. The Dynamics of Crowdfunding: an Exploratory Study. **Journal of Business Venturing**, v. 29, n. 1, p. 1-16, 2014.

MONIZ, Eduardo. Debênture: natureza jurídica, novas normas. **Revista Forense**, v. 281, p. 216-223, 1983.

MONIZ, Salvador. **Sociedades anonymas**. Rio de Janeiro: Francisco Alves, 1914.

NAJJARIAN, Ilene Patrícia de Noronha. O *crowdfunding* e a oferta pública de valores. **Revista FMU Direito**. São Paulo, v. 26, n. 37, 2012.

NEFTCI, Salih N. FX short positions, balance sheets, and financial turbulence: an interpretation of the Asian financial crisis. In: EATWELL, John; TAYLOR, Lance (Ed.). **International Capital Markets Systems in Transitions**. Oxford: Oxford University, 2002.

PEIXOTO, Carlos Fulgêncio da Cunha. **Sociedade por ações**. São Paulo: Saraiva, 1972-1973. 3 v.

PENNINGTON, Robert R. **Company Law**. Londres: Butterworths, 1990.

PEREIRA, Caio Mario da Silva. **Instituições de Direito Civil**: v. 3: contratos. 15. ed., Rio de Janeiro: Forense, 1985.

PINTO JUNIOR, Mário Engler. Debêntures: direito dos debenturistas: comunhão e assembleia: agente fiduciário. **Revista de Direito Mercantil, Econômico e Financeiro**. São Paulo: Revista dos Tribunais, v. 21, n. 48, nova série, p. 25-37, out./dez. 1982.

RAJAN, Uday. Book Reviews, **Journal of Economic Literature**. University of Michigan, v. 47, jun. 2009.

REQUIÃO, Rubens. **Comentários à Lei das Sociedades Anônimas**. São Paulo: Saraiva, 1980.

RUBINTON, Brian J. Crowdfunding: Disintermediated Investment Banking. **Munich Personal RePEc Archive**, n. 31.649, 17 jun. 2011. Disponível em: <http://mpra.ub.uni-muenchen.de/31649>. Acesso em: 10 dez. 2014.

RUGGIERO, Roberto. **Instituições de Direito Civil**. Campinas: Bookseller, 1999.

SALOMÃO NETO, Eduardo. **Direito Bancário**. São Paulo: Atlas, 2005.

SANTOS, Francisco Cláudio de Almeida. A regulamentação da alienação fiduciária de imóveis em garantia. **Revista de Direito Bancário e do Mercado de Capitais**, v. 2, n. 4, jan./abr. 1999.

SANTOS, João Manoel de Carvalho. **Código Civil brasileiro interpretado**. 11. ed., Rio de Janeiro: Freitas Bastos, 1986.

SANTOS, João Manoel de Carvalho. **Repertório enciclopédico do Direito brasileiro**. Rio de Janeiro: Borsoi, 1947.

SECURITIES AND EXCHANGE COMMISSION. Division of Investment Management. **Mutual Funds and Derivatives Instruments**, 26 set. 1994.

SECURITIES AND EXCHANGE COMMISSION. **Investment Clubs and the SEC**. Disponível em: <https://www.sec.gov/investor/pubs/invclub.htm>. Acesso em: 10 dez. 2014.

SILVA NETO, Lauro de Araujo da. Posições sintéticas. **Resenha BM&F**, n. 85, p. 17-22, 1992.

SILVA, Marco Aurélio S. da. **Comentários ao novo Código Civil**, v. 16: dos Direitos Reais. Rio de Janeiro: Forense, 2003. Coordenação Sálvio de Figueiredo Teixeira.

SOLOMON, Lewis; STEVENSON JUNIOR, Russell; SCHWARTZ, Donald. **Corporations Law and Policy**: Materials and Problems. St. Paul, Minn.: West, 1982.

STUBERT, Walter Douglas. A legitimidade do *trust* no Brasil. **Revista de Direito Mercantil**, v. 28, n. 76, p. 103-108, 1989.

SWAN, Edward J. **The Building of the Global Market**: a 4000 Year History of Derivatives. Londres: Kluwer Law International, 1999.

SWAN, Edward J. Transactions in Derivatives Legal Obligations of Banks to Customers: a Discussion Paper. **Financial Law Panel**, p. 11-12, maio 1995.

SZTAJN, Rachel. **Futuros e *swaps***: uma visão jurídica. São Paulo: Cultural Paulista, 1999.

TANURI, Luiz Antonio. **O Encilhamento**. São Paulo: Hucitec; FunCamp, 1981.

TAUNAY, Alfredo d'Escragnolle (Visconde de). **O Encilhamento**: scenas contemporâneas da Bolsa em 1890, 1891 e 1892. São Paulo: Melhoramentos, 1923.

TEIXEIRA, Egberto Lacerda; GUERREIRO, José Alexandre Tavares. **Das sociedades anônimas no Direito brasileiro**. São Paulo: José Bushasky, 1979.

TEIXEIRA, Hugo Leonardo. **Legitimidade ativa na execução de debêntures**. 2008. 103 f. Dissertação (Mestrado em Direito) – Faculdade de Direito Milton Campos, Nova Lima, 2008.

THEODORO JÚNIOR, Humberto. **Comentários ao novo Código Civil**, v. 3, t. 2. Rio de Janeiro: Forense, 2003. Coordenação Sálvio de Figueiredo Teixeira.

TRAEGER, Heather L.; KASSINGER, Theodore W.; KAUFMAN, Zachary D. Insights, Democratizing Entrepreneurship: an Overview of Past, Present, and Future of Crowdfunding. **Bureau of National Affairs**, 04 fev. 2013. Disponível em: <http://www.bna.com/democratizing-entrepreneurship-an-overview-of-the-past-present-and-future-of-crowdfunding>. Acesso em: 10 dez. 2014.

U.S. GOVERNMENT ACCOUNTABILITY OFFICE. **Actions Needed to Protect the Financial System**, 18 maio 1994. Disponível em: <http://www.gao.gov/products/GGD-94-133>.

VALVERDE, Trajano de Miranda. **Sociedade por ações**: comentários ao Decreto-Lei n. 2.627, de 26 de setembro de 1940. Rio de Janeiro: Forense, 1959.

VEIGA JÚNIOR, Didimo Agapito da. **As sociedades anonymas**. Rio de Janeiro: Imprensa Nacional, 1888.

WALD FILHO, Arnold; ANTUNES, Mariana Tavares; GAENSLY, Marina. Contratos de *swap*. **Revista de Direito Bancário e do Mercado de Capitais**, v. 8, n. 28, p. 309-320, 2005.

WALD, Arnold. Alguns aspectos do regime jurídico do Sistema Financeiro Imobiliário (Lei 9.514/97). **Revista de Direito Bancário e do Mercado de Capitais**, v. 2, n. 4, p. 13-27, jan./abr. 1999.

WALD, Arnold. **Direito Civil**: v. 4: Direito das Coisas. 12. ed., São Paulo: Saraiva, 2009.

YAZBECK, Otavio. **Regulação do mercado financeiro e de capitais**. Rio de Janeiro: Elsevier, 2007.

ÍNDICE REMISSIVO

Certificado de investimento: 333

    Certificado de depósito de valor mobiliário – DR (depositary receipt): 338

    Certificado de depósito de valor mobiliário – BDR (brazilian depositary receipt): 339

    Certificado de depósito de valores mobiliários: 334

    Certificado de investimento a termo em energia elétrica: 340

    Certificado de investimento na indústria cinematográfica: 336

    Certificado de potencial adicional de construção – Cepac: 341

    Certificado de privatização: 333

    Certificado de recebíveis imobiliários: 337

Clube de investimento: 318

    Cota de participação: 323

    Estatuto: 327

    Extinção: 330

    Gestão: 328

    Registro: 324

    Regulação: 322

Colocação: 31, 193, 283, 312

Condomínio: 306

Contrato de investimento coletivo: 29, 297

Crowdfunding: 310

    Distribuição: 316

    Negociação: 316

Debênture: 11
  Agente fiduciário: 124
    Dever: 150
    Incompatibilidades: 144
    Remuneração: 143
    Requisitos: 142
    Responsabilidade: 153, 156, 159
  Amortização: 83, 115
  Assembleia: 187
    Convocação: 188
    Deliberação: 189
    Realização: 188
  Cédula: 197
  Circulação: 80
  Conversão: 120
  Direito de subscrição: 26
  Emissão: 31
    Escritura: 40
    Exterior: 193
    Garantia: 54
    Limite: 35
    Registro: 194
  Extinção: 119
  Forma: 76
  Natureza: 16
  Propriedade: 78
  Remuneração: 43, 195
  Resgate: 115
  Série: 31
  Valor nominal: 41
  Vencimento: 84

Debenturista: 15
  Defesa: 163, 170
  Dever: 40, 187
  Direito: 43, 54, 187, 195
  Responsabilidade: 187

Depositário: 81

Derivado: 209
  Competência regulatória: 227
  Contestação: 235
  Contrato a termo: 253
  Contrato futuro: 257
  Jogo de azar: 223
  Opção: 261
    Contrato de índice: 295
  Registro: 234
  Sintético: 273
  Swap: 266

Fundo: 343
  Fundo de Índice: 373
  Fundo de Investimento em Direitos Creditórios: 365
  Fundo de Investimento em Fundos de Direitos Creditórios: 365, 369
  Fundo de Investimento em Participações: 367
  Fundo de Investimento Garantidor de Locação Imobiliária: 377
  Fundo de Investimento Imobiliário: 358
  Fundo Mútuo de Investimento em Ações – Carteira Livre (FMIA-CL): 362
  Fundo Mútuo de Investimento em Ações (FMIA): 357, 362
  Fundo Mútuo de Investimento em Cotas de Fundos Mútuos de Investimento em Ações (FIQFMIA): 362
  Fundo Mútuo de Investimento em Empresa Emergente: 360

Garantia: 55
  Garantia flutuante: 70
  Garantia real: 55
    Alienação fiduciária: 66
    Anticrese: 62
    Hipoteca: 64
    Penhor: 59

Juros
  Juros fixos: 45
  Juros variáveis: 47

Oferta pública: 31, 214, 315, 333, 344

Trustee: 124

Copyright © 2015 Ary Oswaldo Mattos Filho

Todos os direitos reservados. A reprodução não autorizada desta publicação, no todo ou em parte, constitui violação do copyright (Lei n. 9.610/98).

1ª edição – 2015

Edição de texto: Hugo Maciel de Carvalho
Revisão de provas: Hugo Maciel de Carvalho
Serviços bibliográficos: Valkiria Zacharias da Silva
Projeto gráfico de miolo: Negrito Produção Editorial
Diagramação: Negrito Produção Editorial
Capa e aberturas de capítulo: Ultravioleta Design
Produção gráfica: Ultravioleta Design

M435d
    Mattos Filho, Ary Oswaldo.
    Direito dos Valores Mobiliários / Ary Oswaldo Mattos Filho. – Rio de Janeiro: FGV, 2015.

    Inclui Bibliografia.
    ISBN: 978-85-225-1725-1 (v.1, t.2).

    1. Valores Mobiliários. 2. Direito. 3. Debêntures. 4. Contratos Derivados. 5. Fundos de Investimento Coletivo. I. Título. II. Ary Oswaldo Mattos Filho, 1940-. III. Fundação Getúlio Vargas.

                                                                                                 CDD – 332.6322

Direitos desta edição reservados à
EDITORA FGV
Rua Jornalista Orlando Dantas, 37
22231-010 – Rio de Janeiro – Brasil
Tels.: 0800-021-7777 – 21-3799-4427
Fax: 21-3799-4430
E-mail: editora@fgv.br – pedidoseditora@fgv.br

Impresso no Brasil/Printed in Brazil